새로운 ██████ ██한 자료
동양북스 홈페이지에서 만나보세요!

홈페이지 활용하여 외국어 실력 두 배 늘리기!

홈페이지 이렇게 활용해보세요!

1 도서 자료실에서 학습자료 및
MP3 무료 다운로드!

❶ 도서 자료실 클릭
❷ 검색어 입력
❸ MP3, 정답과 해설, 부가자료 등
첨부파일 다운로드

* 원하는 자료가 없는 경우 '요청하기' 클릭!

2 동영상 강의를 어디서나 쉽게!
외국어부터 바둑까지!

500만 독자가 선택한

가장 쉬운
독학 일본어 첫걸음
14,000원

가장 쉬운
독학 중국어 첫걸음
14,000원

가장 쉬운
독학 베트남어 첫걸음
15,000원

가장 쉬운
독학 스페인어 첫걸음
15,000원

가장 쉬운
독학 프랑스어 첫걸음
16,500원

가장 쉬운
독학 태국어 첫걸음
16,500원

가장 쉬운
프랑스어 첫걸음의 모든 것
17,000원

가장 쉬운
독일어 첫걸음의 모든 것
18,000원

가장 쉬운
스페인어 첫걸음의 모든 것
14,500원

첫걸음 베스트 1위!

가장 쉬운 러시아어
첫걸음의 모든 것
16,000원

가장 쉬운 이탈리아어
첫걸음의 모든 것
17,500원

가장 쉬운 포르투갈어
첫걸음의 모든 것
18,000원

동양북스
www.dongyangbooks.com
m.dongyangbooks.com

버전업! 가장 쉬운
베트남어 첫걸음
16,000원

가장 쉬운 터키어
첫걸음의 모든 것
16,500원

버전업! 가장 쉬운
아랍어 첫걸음
18,500원

가장 쉬운 인도네시아어
첫걸음의 모든 것
18,500원

버전업! 가장 쉬운
태국어 첫걸음
16,800원

가장 쉬운 영어
첫걸음의 모든 것
16,500원

버전업! 굿모닝
독학 일본어 첫걸음
14,500원

가장 쉬운 중국어
첫걸음의 모든 것
14,500원

가장 쉬운 독학 중국어 첫걸음

가장 쉬운 독학 일본어 첫걸음

오늘부터는 팟캐스트로 공부하자!

팟캐스트 무료 음성 강의

▸▸1
iOS 사용자

Podcast 앱에서
'동양북스' 검색

▸▸2
안드로이드 사용자

플레이스토어에서 '팟빵' 등
팟캐스트 앱 다운로드,
다운받은 앱에서
'동양북스' 검색

▸▸3
PC에서

팟빵(www.podbbang.com)에서
'동양북스' 검색
애플 iTunes 프로그램에서
'동양북스' 검색

⊙ **현재 서비스 중인 강의 목록** (팟캐스트 강의는 수시로 업데이트 됩니다.)

- 가장 쉬운 독학 일본어 첫걸음
- 페이의 적재적소 중국어
- 가장 쉬운 독학 중국어 첫걸음
- 중국어 한글로 시작해
- 가장 쉬운 독학 베트남어 첫걸음

일단 합격

TSC

TEST OF SPOKEN CHINESE

한권이면 끝

郑琴 지음 | 홍승우, 최시아 번역 | 闫骏 감수

동양북스

일단 합격

TSC
TEST OF SPOKEN CHINESE
한권이면 끝

개정 1쇄 발행 | 2019년 10월 20일

저   자 | 郑琴
번   역 | 홍승우, 최시아
감   수 | 闫骏
발행인 | 김태웅
편집장 | 강석기
책임편집 | 김다정
디자인 | 정혜미, 남은혜, 이하나
마케팅 | 나재승
제   작 | 현대순

발행처 | 동양북스
등   록 | 제10-806호(1993년 4월 3일)
주   소 | 서울시 마포구 동교로 22길 14 (04030)
구입 문의 | (02) 337-1737   팩   스 | (02) 334-6624
내용 문의 | (02) 337-1762   dybooks2@gmail.com

ISBN 979-11-5768-545-5 13720

스피킹 고수가 되는 가장 빠른 지름길

저자는 오랫동안 학생들을 가르쳐 오면서, 각기 다른 수준의 학습자들에게 맞춤복 같은 교재는 없을까 고민해 오다가 저의 교수 노하우를 모두 담아낸 이 책을 조심스럽게 내놓게 되었습니다.

공부하는 데 있어서 왕도가 없을지는 모르지만, 나름대로의 규칙과 방법은 항상 존재하는 법입니다. 이젠 학습자 여러분 스스로 자신의 방식을 만들어 가면서 공부하십시오. 이 책이 그 길을 안내해주리라 기대합니다.

〈일단 합격 TSC 한 권이면 끝〉은 TSC 시험에 응시하기 위한 기본적이고도 필수적인 발음, 문법, 표현, 실전문제를 모두 학습할 수 있도록 구성되어, TSC 학습에 최적화된 교재라 자부할 수 있습니다. TSC는 시행된 이후 매년 새로운 문제들이 추가되긴 했으나, 많은 부분 기출문제가 반복적으로 출제되고 있어 TSC의 기출문제를 학습해두는 것은 매우 중요하다 할 수 있습니다. 지난 수년간의 기출문제를 바탕으로 앞으로 출제 가능성이 높은 문제들을 엄선하여 실었으며, 최신 출제 문제들에 대해서 파트별 풀이 전략 및 유형별 공략법도 함께 제시하였습니다.

또한, 실전에 바로 응용할 수 있는 모범답안과 TSC 빈출 핵심어휘, 답변에 유용한 문형, 한국인이 자주 틀리는 표현, 중국어 말하기를 위한 필수어법 및 성어와 속어 등을 수록하여 학습자들의 TSC 고득점 획득은 물론이고 전반적인 중국어 말하기 실력을 업그레이드할 수 있도록 하였습니다. 이 중 모범답안은 수험생들의 수준을 고려하여 말하기 실력 초급에서 고급까지 모두 대비할 수 있도록 수준에 따른 난이도에 차이를 두어 작성하여 수험생의 학습에 실질적인 도움이 될 수 있도록 하였습니다. 〈일단 합격 TSC 한 권이면 끝〉의 이런 세심한 구성 요소들을 통해 학습자들은 중국어 말하기의 기초를 닦고, 실전에 대비할 수 있는 실력을 확고하게 다질 수 있으리라 확신합니다.

'중국어 말하기'에 왕도는 없습니다. 그러나 비법은 반드시 존재합니다. 어떤 시험이든 시간을 절약하여 최대한의 효과를 얻을 수 있는 것이 가장 좋은 비법이라는 점을 고려해 보았을 때, 이 책은 TSC 시험을 보는 수험생들에게 최선의 선택이 될 것이라 믿습니다.

중국어 말하기에 대해 막연한 두려움을 안고 공부를 하던 학습자들도 이 책을 가지고 꾸준히 공부한다면 마지막 책장을 덮는 순간 훌쩍 성장해 있는 자신을 느끼게 될 것입니다.

여러분 모두 〈일단 합격 TSC 한 권이면 끝〉과 함께 원하는 목표를 이루고 큰 꿈을 향해 한 걸음 더 나아갈 수 있길 기원합니다.

마지막으로 부족한 저를 믿고 많은 조언과 지원을 아끼지 않으신 동양북스의 모든 분들과 항상 옆에서 격려해준 친구와 동료, 선후배들 그리고 예병화 님과 가족들에게 감사의 말을 전합니다.

저자 郑琴

TSC 소개

1 TSC란?

TSC는 Test of Spoken Chinese의 약자로, 일상생활이나 실무 현장 등에서 실제로 의사소통할 수 있는 능력을 평가하는 CBT 방식의 '중국어 말하기 시험'입니다.

2 TSC의 특징

TSC는 중국어에 대한 이론적 지식의 정도로서가 아니라, 일상생활이나 실무 현장 등 사회적 상황 속에서 실제로 의사소통할 수 있는 능력을 전문적으로 평가하는 시험으로, TSC가 기타 시험과 다른 가장 큰 특징은 바로 일상생활에서의 실용적인 회화 응용능력을 위주로 하여 발음과 어휘, 어법, 유창함의 네 가지 방면에서 종합적으로 판단한다는 점입니다.

TSC는 친숙한 삽화와 일상적인 장면 및 상황 등을 소재로 하여 제시된 질문에 답하는 형식으로 수험자의 부담을 최소화하고 난이도를 낮추기 위해 제1~4부분까지는 비교적 쉬운 난이도로 시작합니다. 제1~4부분까지 수험생은 가장 짧은 시간 안에 신속하고 정확하게 대답하여, 중국어로의 전달 능력과 기본기가 확실한지 테스트하게 됩니다. 제5~7부분의 난이도는 대체로 높은 편으로 한자 읽기의 유창성과 언어 조합 능력, 논리적이고도 완전하게 표현할 줄 아는지를 위주로 테스트합니다.

3 TSC 시간 및 문항 수

TSC는 모두 7개 부분, 총 26개 문항으로 구성되어 있으며, 평가 시간은 총 50분(오리엔테이션: 20분, 시험: 30분) 정도 소요됩니다.

구분	구성	문항 수	준비 시간(초)	답변 시간(초)
제1부분	自我介绍 자기소개하기	4	0	10
제2부분	看图回答 그림 보고 답하기	4	3	6
제3부분	快速回答 대화 완성하기	5	2	15
제4부분	简短回答 간단하게 대답하기	5	15	25

제5부분	**拓展回答** 논리적으로 대답하기	4	30	50
제6부분	**情景应对** 상황에 맞게 대답하기	3	30	40
제7부분	**看图说话** 그림 보고 이야기하기	1	30	90

④ TSC의 등급

TSC는 시험 성적에 따라 아래의 총 10개 등급으로 나뉘어 평가됩니다.

上级	10급	모든 질문에 풍부한 어휘와 복잡한 문형, 사자성어와 관용어를 사용해 조리 있게, 자유자재로 답변할 수 있다. 고급 수준의 화제에 대해서도 논리적으로 유창하게 말할 수 있다.
	9급	대부분의 일반적인 화제에 적극적으로 대처하고 참여할 수 있으며 자세하게 설명할 수 있다. 고급 수준의 화제에 대해 자신의 의견을 논리적으로 전개할 수 있지만 어법이나 단어 사용에서 약간의 실수가 나타나기도 한다. 그러나 이해하는 데는 전혀 영향을 주지 않는다.
	8급	대부분의 일반적인 문제에 비교적 분명하고 명료하게, 어느 정도의 설득력을 갖추고 자신의 의견을 비교적 폭넓은 어휘력으로 표현해낸다. 그러나 논리적으로 의견을 제시할 때는 말하는 속도가 떨어지고 어법상의 실수를 하기도 한다.
中级	7급	일반적인 화제에 대해 적극적으로, 자신감을 갖고 대응할 수 있다. 익숙하지 않은 화제 혹은 분야에 대해서도 어느 정도 답변이 가능하지만 복잡한 어법과 단어를 사용하면 실수가 눈에 띄게 늘어나고 유창함이 떨어진다.
	6급	일반적인 화제에 대해 적절히 대응할 수 있고 구체적으로 답할 수 있으며 내용도 충실한 편이다. 기본적인 어법은 명확히 이해하고 있으나, 고급 수준의 어법 구조는 충분히 파악하지 못하고 있기 때문에 이런 경우 약간의 어려움이 있을 수 있다.
	5급	자신의 관심 분야 등과 같은 일반적인 화제에 대해 구체적으로 답변할 수 있고 기본적인 사회활동을 하는 데 큰 문제가 없다. 일반적인 화제 가운데서도 익숙한 화제나 경험에 대해서는 짧지만 구체적으로 설명할 수 있으나 익숙하지 않은 화제에 대해서는 어려움이 느껴질 수 있다.
	4급	자신과 관련된 화제와 말하기에 대해서는 의사소통이 가능하며 기초적인 사회활동에 필요한 대화를 할 수 있다. 자주 쓰는 단어와 기본적인 어법을 사용할 수 있지만 종종 실수를 하고 말하는 속도가 약간 느리다.
	3급	자기 자신과 관련된 화제 중에서도 자주 접하는 질문에만 간단하게 대답할 수 있고 제한된 일상적인 화제에 대해서 아주 간단한 단어와 기초적인 어법에 맞춰 구성한 간단한 문장으로 다른 사람과 대화할 수 있다. 발음과 성조가 부정확하고 어휘가 부족할 수 있다.
初级	2급	자신과 밀접하게 관련된 화제 중에서도 자주 접하는 질문에 대해서는 간단하게 대답할 수 있다. 학습한 단어와 구를 이용하여 제한적이고 기초적인 의사소통이 가능하다. 어법 지식과 어휘도 상당히 부족하다.
	1급	이름, 나이 등 자신과 밀접하게 관련된 질문과 간단한 인사말만 겨우 말할 수 있으며, 암기한 단어와 짧은 구 등 극히 한정된 표현으로만 아주 간단하게 대답할 수 있는 정도의 수준이다.

5 TSC 시험 활용 현황

대학교	학업 능력 측정, 학점 반영, 교환학생 선발 시에 활용
일반 기업 및 공기관	인사고과 기준 마련, 직원 평가 및 신입 선발 자료, 해외 파견자 선발, 효과적인 인재 육성 등에 활용
항공사	인사고과 및 평가, 국제선 승무원 선발 평가 기준, 승무원 선발 시 가점 등에 활용

6 시험 일정 및 접수

❶ 정기시험은 월 1회 이상 실시하고 있으므로, YBM 홈페이지를 참조하세요.

★ 특별시험은 단체의 필요에 의해 수시로 진행합니다.

❷ 접수: YBM 홈페이지 http://www.ybmtsc.co.kr을 통해서만 접수 가능

★ 접수는 인터넷을 통해서만 가능하며 방문접수는 실시하지 않습니다.

❸ 응시료: 72,600원(VAT 포함)

7 시험 당일 준비물 및 성적 확인

❶ 준비물: 유효한 신분증(주민등록증, 운전면허증, 기간 만료 이전의 여권 등 규정 신분증 지참)

❷ 입실 시간 엄수: (시험 시간이 오전 11:40인 경우) 11:30~11:39까지만 입실 가능

❸ 성적 확인: 시험 후 약 3주 후 인터넷을 통해 확인 가능, 성적표는 접수 시 기재한 주소지로 발송됩니다.

★ 성적은 시험 시행일로부터 2년 뒤 해당 시험일자까지 유효합니다.

⑧ TSC 시험 화면 구성

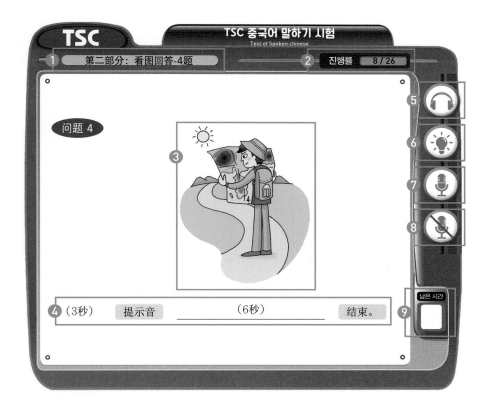

① 第一部分에서 第七部分까지 현재 진행중인 부분이 표시됩니다.

② 총 26문제 중 몇 번째 문제를 풀고 있는지 보여줍니다.

③ 제2, 3, 6, 7부분은 그림이 제시됩니다.

④ 부분별 또는 문제별로 할당된 시간을 미리 보여줍니다.

⑤ '질문 듣기' 버튼으로 이 버튼에 불이 들어오면 문제가 자동 재생됩니다.

⑥ '생각하기' 버튼으로, 이 버튼에 불이 들어오고 '딩동'하는 알림음이 울리면 답변을 생각합니다. 각 부분별로 이 시간이 다를 수 있으므로 화면 맨 아래 '남은 시간'의 숫자를 확인하세요.

⑦ '답변하기' 버튼으로, 이 버튼에 불이 들어오고 '딩동'하는 알림음이 울리면 답변을 합니다. 각 부분별로 이 시간이 다를 수 있으므로 화면 맨 아래 '남은 시간'의 숫자를 확인하세요.

⑧ '멈춤' 버튼으로, 주어진 시간이 끝나면 이 버튼에 불이 들어옵니다. 불이 들어온 이후에는 마이크에 대고 말을 하더라도 녹음이 되지 않습니다.

⑨ '남은 시간' 버튼으로 문제별로 남은 시간을 보여줍니다. 시간이 지나면 답변을 하여도 소용이 없으니 반드시 시간을 잘 보고 진행하세요.

TSC 영역별 공략법

• **제1부분: 자기소개하기**

제1부분은 본인에 대해 간단히 소개하면서 워밍업하는 부분으로 자신감 있게 큰소리로, 정확한 발음과 성조로 말하면서 앞으로 있을 시험에 대한 긴장을 풀 수 있도록 합니다.

• **제2부분: 그림 보고 답하기**

제2부분은 제시된 그림을 보고 질문에 알맞은 대답을 하는 부분입니다. 대답을 할 때에는 가능한 질문에 사용된 어휘를 사용하면 오류를 막을 수 있고, 길게 대답하는 것보단 짧고 정확하게 대답하는 것이 더 중요합니다.

• **제3부분: 대화 완성하기**

제3부분은 제시된 그림을 보고 질문에 알맞은 대답을 하는 부분으로 주로 일상생활에 관련된 문제가 제시되고 대화를 하듯 대답을 해야 합니다. 제3부분에서의 핵심은 질문의 의도를 정확하게 파악하는 것으로, 먼저 수험생이 어떤 역할이 되어 대답해야 하는지 파악해야 합니다.

• **제4부분: 간단하게 대답하기**

제4부분은 일상생활에 관련된 화제에 대해 수험생 본인의 생각을 간단하게 설명하는 문제로, 대답에서 가장 점수에 영향을 미치는 점은 바로 문장이 완전한지입니다. 따라서 가능한 완전한 문장으로 표현해야 하며, 적당한 접속사 등을 활용하여 대답하는 것이 좋습니다. 복잡한 문장을 말하려 하지 말고 간결하게 표현하며, 문제에 대한 답을 명확하게 표현해야 하는 것이 포인트입니다. 또한 불필요한 수식도 피하는 것이 좋습니다.

• **제5부분: 논리적으로 대답하기**

제5부분은 사회 전반에 걸친 현상이나 문제점에 대해 수험생 자신의 의견을 논리적으로 밝히는 문제로, 논술할 때에는 먼저 본인의 입장을 명확히 밝히고, 그 이유에 대해 논리적이고도 되도록 완전하게 대답하는 것이 중요합니다.

• **제6부분: 상황에 맞게 대답하기**

제6부분은 수험생이 주어진 상황에 적절하게 대처해야 하는 문제로, 되도록 생생한 중국어로 유창하게 대답을 해야 합니다. 실제로 학생들이 어렵고 당황스러운 상황에 적절하게 대처할 수 있는지, 또 그런 상황에서 능숙하게 대화할 수 있는지의 중국어 응용능력을 평가합니다.

• **제7부분: 그림 보고 이야기하기**

제7부분은 연관성 있는 그림 네 개를 보고 수험생이 지정된 시간 내에 그럴듯하고 생생한 스토리를 직접 꾸미는 문제입니다. 수험생은 자신의 상상력을 최대한 발휘하여 그림을 분석하고 그에 맞게 대답해야 합니다.

이 책의 특징

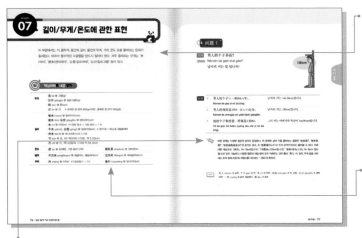

유형별 공략법 제시!

어떻게 하면 각 부분의 유형에 맞게 공부하고 대처할 수 있을지, TSC 전문강사가 제안하는 유형별 공략법에 따라 열심히 공부하면서 나만의 TSC 노하우를 만들어보세요!

Tip! 고득점을 위해서는 중국인들이 자주 쓰는 성어나 속담 등을 언급해주는 것이 좋은데, 대답 시에 꼭 필요한 것들을 모아 팁으로 엮었습니다. Tip의 어휘들을 외워 네이티브처럼 말해보세요.

핵심어휘 모여라!

주제별로 알아두면 좋을 핵심어휘를 모았습니다. 핵심어휘를 내 것으로 만든 후 응용하여 대답하면, 고득점이 바로 눈앞에 보입니다.

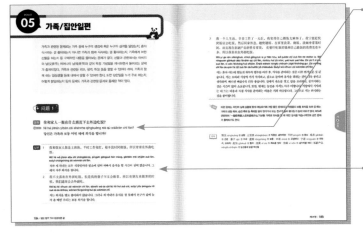

기출문제만 쏙쏙!

최신 TSC 기출문제가 다 모였다! 문제은행 형식으로 출제되는 TSC는 기출문제의 반복학습이 무엇보다 중요합니다. 기출문제를 풀다 보면 최신 경향이 보입니다. 문제를 꼼꼼히 풀고 모범답안을 외워보세요.

수준에 맞게 대답하자!

어려운 단어로 길게만 대답한다고 고득점이 되지는 않습니다. 수험생 각자의 수준에 꼭 맞춘 모범답안을 준비했습니다. 본인의 수준에 맞는 적절한 모범답안을 채택하여 외우고 또 응용해보세요.

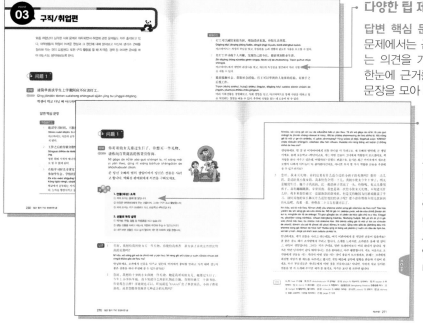

다양한 팁 제공

답변 핵심 문장 의견을 제시하는 문제에서는 근거를 많이 댈 수 있는 의견을 가지는 것이 유리해요. 한눈에 근거를 볼 수 있도록 핵심 문장을 모아 제시하였습니다.

답변 요령

질문을 듣고 당황하지 마세요! 어떻게 답변해야 할지를 답변요령에 요약 제시하였습니다. 답변요령을 학습한 후 스스로 수험생 본인의 의견을 정리해 대답을 해보세요!

실력 다지기

각 point의 주제와 연관된 다섯 문제를 풀면서 그 주제를 마스터할 수 있습니다. 숫자와 간단한 단어만 바뀐다고 생각하고 문제 유형을 모두 익히세요!

파트별 실력점검

각 부분을 모두 학습한 후 기출문제를 풀어볼 수 있도록 다섯 문제를 제시하였습니다. 시간에 맞추어 대답하는 연습을 해 보세요!

모의고사로 실력 테스트!

국내 유일의 TSC 기출문제 종합
서 〈일단 합격 TSC 한 권이면 끝〉
을 모두 학습하셨다면, 모의고사로
실력을 테스트해본 후, 모범답안을
확인하세요!

각 부분에서 꼭 알아둘 핵심 표현을
뽑아 작고 간편한 핸드북에 모았습
니다. 시험장에도 이 핸드북만 가지
고 가서 읽으며 긴장을 풀고 시험에
임하세요!

차례

第一部分　제 ① 부분

第二部分　제 ② 부분

第三部分 제 ③ 부분

第四部分 제 ④ 부분

40일 학습 플랜

Day 1	Day 2	Day 3	Day 4	Day 5
제1부분 point 01, 02	제1부분 point 03, 04	제2부분 point 01, 02	제2부분 point 03, 04	제2부분 point 05, 06
Day 6	**Day 7**	**Day 8**	**Day 9**	**Day 10**
제2부분 point 07 제3부분 point 01	제3부분 point 02, 03	제3부분 point 04, 05	제3부분 point 06, 07	제3부분 point 08
Day 11	**Day 12**	**Day 13**	**Day 14**	**Day 15**
제2,3부분 파트별 실력 점검	제4부분 point 01	제4부분 point 02	제4부분 point 03	제4부분 point 04
Day 16	**Day 17**	**Day 18**	**Day 19**	**Day 20**
제4부분 point 05	제4부분 point 06	제4부분 파트별 실력 점검	제5부분 point 01	제5부분 point 02
Day 21	**Day 22**	**Day 23**	**Day 24**	**Day 25**
제5부분 point 03	제5부분 point 04	제5부분 point 05	제5부분 파트별 실력 점검	제6부분 point 01
Day 26	**Day 27**	**Day 28**	**Day 29**	**Day 30**
제6부분 point 02	제6부분 point 03	제6부분 point 04	제6부분 point 05	제6부분 파트별 실력 점검
Day 31	**Day 32**	**Day 33**	**Day 34**	**Day 35**
제7부분 point 01	제7부분 point 02	제7부분 point 03	제7부분 point 04	제7부분 point 05
Day 36	**Day 37**	**Day 38**	**Day 39**	**Day 40**
제7부분 파트별 실력 점검	핸드북 2, 3부분	핸드북 4, 5부분	핸드북 6, 7부분	모의고사 및 총정리

※ 20일에 끝내고 싶은 사람은 이틀 치를 한꺼번에 공부하세요. 하지만 말하기 시험이니 너무 급하게 마스터하려 하기보다 적정 공부 시간을 갖고 정확한 발음까지 내 것으로 만들어 시험 보는 것을 추천합니다.

第一部分 | 自我介绍
자기소개하기

第一部分: 自我介绍

在这部分考试中，你将听到四个简单的问句。请听到提示音之后开始回答。每道题的回答时间是10秒。

下面开始提问。

제1부분: 자기소개하기

이 부분에서는 네 개의 간단한 질문을 듣게 됩니다. 제시음을 듣고 나서 답해주십시오. 모든 문제의 대답 시간은 10초입니다.

다음 질문을 시작하겠습니다.

TSC 시험에서 제1부분은 '自我介绍(자기소개하기)' 부분으로 4문제가 출제된다. 난이도가 낮은 부분이지만 간단한 문제라고 쉽게 봤다가는 큰코다칠 수 있다. 시험의 도입 부분이라 긴장을 할 수도 있고, 준비할 시간 없이 대답 시간이 10초밖에 없으므로 잠깐 머뭇거리다가 시간을 놓칠 수도 있기 때문이다. 문제 내용은 응시자의 이름, 생년월일, 가족, 직업에 관한 문제이다. 항상 고정된 문제이므로 연습을 통해서 충분히 고득점을 노릴 수 있다!

이 부분에서 가장 중요한 점은 자신감 있게 큰소리로, 정확한 발음과 성조로 말해야 한다는 점이다. 따라서 평소에 정확한 발음과 성조에 유의하여 연습할 필요가 있다. 중국어를 학습한 기간이 오래된 중·상급자의 경우 약간 긴 문장을 비교적 빠른 속도로 말할 수 있도록 연습하고, 학습 기간이 짧은 초급자의 경우는 짧은 문장을 되도록 정확하게 말하도록 연습하자! 제1부분은 절대 놓칠 수 없는 부분이다. 많은 연습을 통해 자동으로 유창하게 대답이 나오도록 암기하는 것이 좋다.
그럼 이제 TSC의 세계로 들어가보자!

이름 묻고 대답하기

이름을 묻는 문제는 가장 기본적인 문제이다. 자신의 이름을 말할 때는 어떤 한자를 쓰는지도 함께 말해야 한다. 한자를 말할 때는 보통 그 뜻이나 쓰임을 말하면 되는데, 이는 우리나라와 비슷하니 낯설지는 않을 것이다. 성과 이름을 한꺼번에 '我叫……。(저는 ~라 부릅니다.)'라고 말할 수도 있고, 성과 이름을 따로 떼서 '我姓……, 名字 叫……。(제 성은 ~이고, 이름은 ~라 합니다.)'라고 말할 수도 있다. 자신이 편한 방법을 선택하고 각각 한자의 뜻을 말하면 된다. 상대방이 바로 알아들을 수 있도록 정확한 성조와 발음으로 말하는 것이 중요하다.

문제 你叫什么名字? 당신의 이름은 무엇입니까?

🎧 1-1-1 Nǐ jiào shénme míngzi?

답변	1	我叫金善美。 Wǒ jiào Jīn Shànměi.	저는 김선미라고 합니다.
	2	我叫林智慧, 双木林的林, 智慧的智, 聪慧的慧。 Wǒ jiào Lín Zhìhuì, shuāng mù lín de Lín, zhìhuì de Zhì, cōnghuì de huì.	저는 임지혜라고 합니다. '木'자가 두 개 있는 '임', 지혜 '지', 슬기로운 '혜' 자를 씁니다.
	3	我姓李, 叫嘉诚。木子李, 嘉诚是真心诚意的意思。 Wǒ xìng Lǐ, jiào Jiāchéng. Mù zǐ Lǐ, Jiāchéng shì zhēnxīn chéngyì de yìsi.	제 성은 이, 이름은 가성입니다. '木' 자와 '子' 자가 있는 '이'를 쓰고, '가성'은 '성심성의를 다하다'라는 뜻입니다.

Tip 한자는 뜻글자이다. 위의 답안에서도 알 수 있듯이 '智(zhì)'와 '志(zhì)'는 발음은 같지만 뜻이 다르다. 따라서 이름에 어떤 뜻의 글자를 사용하는지 정확히 알려줄 필요가 있다.
주의할 점은 역시나 발음을 정확하게 해야 한다는 점이다. 초급자의 경우 뜻까지 설명하는 것은 무리일 수 있다. 길게 말하다가 실수하는 것보다는 이름만 정확하고 분명하게 이야기하는 것이 좋다.

한자를 설명할 때 쓰는 말

한자를 설명하기 위해서는 익숙한 단어나 모두 다 아는 사람의 이름이나 서명, 지명 등을 인용하기도 하고, 복잡한 한자의 경우 좌우 또는 상하를 분리하여 하나씩 설명하기도 한다.

역사적 인물의 이름 인용

★ 曹 → 曹操的曹 ('曹操(조조)'의 '조')
　 Cáo → Cáo Cāo de Cáo

★ 姜 → 姜太公的姜 ('姜太公(강태공)'의 '강')
　 Jiāng → Jiāng Tàigōng de Jiāng

★ 刘 → 刘备的刘 ('刘备(유비)'의 '유')
　 Liú → Liú Bèi de Liú

지명 인용

★ 韩 → 韩国的韩 ('한국'의 '한')
　 Hán → Hánguó de Hán

★ 郑 → 郑州的郑 ('郑州(정주)'의 '정')
　 Zhèng → Zhèngzhōu de Zhèng
　 *郑州: 중국의 도시 이름

★ 苏 → 苏州的苏 ('苏州(소주)'의 '소')
　 Sū → Sūzhōu de Sū
　 *苏州: 중국의 도시 이름

한자의 좌우 또는 상하를 분리하여 설명

★ 崔 → 山字头的崔 ('山' 자가 머리에 있는 '최')
　 Cuī → shān zì tóu de Cuī

★ 朴 → 木字旁的朴 ('木' 자가 옆에 있는 '박')
　 Piáo → mù zì páng de Piáo

★ 吴 → 口天吴 ('口' 자와 '天' 자가 있는 '오')
　 Wú → kǒu tiān Wú

★ 张 → 弓长张 ('弓' 자와 '长' 자가 있는 '장')
　 Zhāng → gōng cháng Zhāng

★ 卢 → 虎头卢 ('호랑이 호' 자 위에 있는 '노')
　 Lú → hǔ tóu Lú

쉬운 단어 인용

★ 白 → 白色的白 ('백색'의 '백')
　 Bái → báisè de Bái

★ 高 → 高兴的高 ('기쁠' '고')
　 Gāo → gāoxìng de Gāo

★ 金 → 金子的金 ('금'의 '금') *金子: 금
　 Jīn → jīnzi de Jīn

★ 千 → 一千的千 ('일천'의 '천')
　 Qiān → yìqiān de Qiān

그 외 이름 설명의 예

★ 昌 → 昌盛的昌 ('창성하다'의 '창')
　 Chāng → chāngshèng de chāng

★ 荣 → 光荣的荣 ('영광'의 '영')
　 Róng → guāngróng de róng

★ 吉 → 吉祥的吉 ('길하다'의 '길')
　 Jí → jíxiáng de jí

★ 美 → 美丽的美 ('아름답다'의 '미')
　 Měi → měilì de měi

★ 旭 → 旭日的旭 ('떠오르는 태양'의 '욱')
　 Xù → xùrì de xù

★ 训 → 训练的训 ('훈련하다'의 '훈')
　 Xùn → xùnliàn de xùn

★ 重 → 重量的重 ('무게'의 '중')
　 Zhòng → zhòngliàng de zhòng

단어 叫 jiào 동 ~라고 부르다 | 姓 xìng 명 성씨 동 성이 ~이다 | 名字 míngzi 명 이름 | 智慧 zhìhuì 형 지혜롭다 | 聪慧 cōnghuì 형 총명하다 | 真心诚意 zhēnxīn chéngyì 성 진심으로, 성심성의의 | 意思 yìsi 명 의미, 뜻

POINT 02

생년월일 말하기

이 문제의 대답 유형은 여러 가지로 '我出生于…….', '我生于…….', '我是在……出生的.', '我于……出生.' 등이 있고, 모두 자주 사용하는 표현이다. 빠른 속도로 말할 수 있으면 나이까지 말해도 좋다. 대신 주어진 '10초' 안에 말해야 하므로, 아예 암기하여 자동으로 대답할 수 있도록 하자. 생년월일을 말할 때 숫자 '1'은 '么(yāo)'로 발음하지 않고 '一(yī)'로 발음한다는 점에 주의한다. 또한 연도는 숫자를 하나씩 말하면 되는데, 예를 들어 1980年은 '一九八零年(yī jiǔ bā líng nián)'으로 말한다. 출생연도를 말하고 이어서 나이를 말하면 된다. 숫자를 유창하게 말할 수 있도록 많이 연습하자!

문제 　请说出你的出生年月日。 당신의 생년월일을 말해 보세요.

🎧 1-2-1　Qǐng shuōchū nǐ de chūshēng niányuèrì.

답변 　1　我是在1988(一九八八)年12(十二)月6(六)号出生的。　저는 1988년 12월 6일에 태어났습니다.

　　　Wǒ shì zài yī jiǔ bā bā nián shí'èr yuè liù hào chūshēng de.

　2　我生于1978(一九七八)年11(十一)月14(十四)号。　저는 1978년 11월 14일에 태어났습니다.

　　　Wǒ shēngyú yī jiǔ qī bā nián shíyī yuè shísì hào.

　3　我于1991(一九九一)年7(七)月1(一)号在首尔出生，今年已经28(二十八)岁了。　저는 1991년 7월 1일 서울에서 태어났고, 올해 스물여덟 살이 되었습니다.

　　　Wǒ yú yī jiǔ jiǔ yī nián qī yuè yī hào zài Shǒu'ěr chūshēng, jīnnián yǐjīng èrshíbā suì le.

Tip　생일 표현

1) 出生于+생년월일
2) 我是+생년월일+出生的
3) 于+생년월일

 단어　出生 chūshēng 통 출생하다, 태어나다 | 生于 shēngyú 통 ~에(서) 태어나다 | 于 yú 개 ~에[뒤에 시간, 장소가 올 수 있음] | 首尔 Shǒu'ěr 지명 서울 | 今年 jīnnián 명 올해, 금년 | 已经 yǐjīng 부 이미, 벌써

가족에 대해 말하기

중국어에서 식구를 표현하는 양사는 '口(kǒu)'이다. 한국어에서 '식구'의 한자가 '食口'라는 점을 생각하면 기억하기 쉬울 것이다. 가족 구성원을 말할 때는 보통 연장자를 먼저 말하고, 본인은 마지막에 말한다. 식구가 두 명일 때, '2'의 표현인 '两(liǎng)'으로 말하는 것에 주의하자! 또한 '慈祥的奶奶(자상하신 할머니)'와 같이 가족 앞에는 수식어를 붙이지 않는 게 좋다. 시간도 문제가 되고, 가족을 소개할 때는 보통 수식어를 붙이지 않기 때문이다. 이 문제에서는 기본적인 정보를 완벽하게 말하는 게 중요하다.

문제 你家有几口人? 가족이 몇 명입니까?

🎧 1-3-1 Nǐ jiā yǒu jǐ kǒu rén?

답변

1 我家只有两口人，妻子和我。
　　Wǒ jiā zhǐ yǒu liǎng kǒu rén, qīzi hé wǒ.

우리 가족은 단둘뿐으로, 아내와 제가 있습니다.

2 我家有四口人。爸爸、妈妈、姐姐和我。
　　Wǒ jiā yǒu sì kǒu rén. Bàba、māma、jiějie hé wǒ.

우리 가족은 네 식구입니다. 아버지, 어머니, 누나(언니) 그리고 제가 있습니다.

3 我家有爸爸、妈妈、哥哥、弟弟和我，一共五口人。
　　Wǒ jiā yǒu bàba、māma、gēge、dìdi hé wǒ, yígòng wǔ kǒu rén.

우리 가족은 아버지, 어머니, 형(오빠), 남동생 그리고 저까지 모두 다섯 식구입니다.

 Tip 이 문제는 식구 수와 가족 구성원을 함께 대답하는 문제이다. 식구 수와 가족 구성원 중 어느 것을 먼저 말해도 상관없다. '和(~와)'를 넣어서 말할 경우 '和'의 위치에 주의하자.

예 爸爸、妈妈、哥哥和我 (아버지, 어머니, 형 그리고 나)

단어 口 kǒu 양 식구를 세는 양사 | 只 zhǐ 분 단지, 오직 | 妻子 qīzi 명 아내 | 一共 yígòng 분 모두, 전부

직업에 대해 말하기

이 문제는 응시자가 다양한 만큼 여러 가지 대답이 나올 것이다. 역시 시간 제한이 있으므로, 시간 안에 묻는 말에 정확하게 대답하는 것이 중요하다. 경찰, 교사, 의사 등과 같이 직종을 나타내는 단어를 써서 '저는 ~이며, ~에서 일합니다'로 말하거나, 회사원이면 '저는 ~회사에서/~부서에서 일합니다'로, 학생일 경우 '저는 ~학교에 다니는 ~학년 학생입니다'와 같이 핵심만 잘 대답하면 된다. 종종 '我在……的三星工作.(저는 ~에 있는 삼성에서 일합니다.)'처럼 회사 앞에 수식어를 넣는 경우가 있는데, 이는 불필요하므로 바로 '我在三星工作.(저는 삼성에서 일합니다.)'라고 말하면 된다.

문제 你在什么地方工作？或者你在哪个学校上学？

🎧1-4-1 Nǐ zài shénme dìfang gōngzuò? Huòzhě nǐ zài nǎ ge xuéxiào shàngxué?

당신은 어디에서 일합니까? 혹은 당신은 어느 학교에 다닙니까?

你在什么地方工作？ Nǐ zài shénme dìfang gōngzuò?	당신은 어디에서 일합니까?
답변 1　我在国民银行工作。 Wǒ zài Guómín yínháng gōngzuò.	저는 국민은행에서 일합니다.
2　我公司位于水原，我在研发部工作。 Wǒ gōngsī wèiyú Shuǐyuán, wǒ zài yánfābù gōngzuò.	저의 회사는 수원에 있습니다. 저는 연구개발부에서 일합니다.
3　我在银行工作，工作很稳定，是铁饭碗。 Wǒ zài yínháng gōngzuò, gōngzuò hěn wěndìng, shì tiěfànwǎn.	저는 은행에서 일합니다. 일은 매우 안정적이고 철밥통입니다.

 직업 소개 표현

1) 我在+회사명+工作。
　　예 我在现代公司工作。

2) 我在+회사명+부서명+工作。
　　예 我在一家贸易公司的销售部工作。

你在哪个学校上学？
Nǐ zài nǎ ge xuéxiào shàngxué?

당신은 어느 학교에 다닙니까?

답변

1 我在汉阳大学上学。
Wǒ zài Hànyáng Dàxué shàngxué.

저는 한양대학교에 다닙니다.

2 我在首尔大学读大三。
Wǒ zài Shǒu'ěr Dàxué dú dàsān.

저는 서울대학교 3학년에 재학중입니다.

3 我在北语上学，是一名大三的学生。
Wǒ zài Běiyǔ shàngxué, shì yì míng dàsān de xuésheng.

저는 북경어언대학교에 다니는 3학년 학생입니다.

Tip 학교 소개 표현

1) 在+학교명+上学/读书
    我在建国大学上学。

2) 我是+학교명+的+学生。
    我是高丽大学一年级的学生。

more

公司名 (회사명)

三星半导体公司 Sānxīng bàndǎotǐ gōngsī 삼성반도체 | 现代汽车 Xiàndài qìchē 현대자동차 | 新世界百货公司 Xīnshìjiè bǎihuò gōngsī 신세계백화점 | 乐天酒店 Lètiān jiǔdiàn 롯데호텔 | 友利银行 Yǒulì yínháng 우리은행 | 香奈儿 Xiāngnài'ér 샤넬 | 华为 Huáwéi 화웨이 | 小米 Xiǎomǐ 샤오미 | 京东 Jīngdōng 징둥

工作部门 (회사 부서)

营销部 yíngxiāobù 마케팅부 | 营业部 yíngyèbù 영업부 | 海外事业部 hǎiwài shìyèbù 해외사업부 | 企划部 qǐhuàbù 기획부 | 总务部 zǒngwùbù 총무부 | 人事部 rénshìbù 인사부 | 研发部 yánfābù 연구개발부

职业 (직업)

工程师 gōngchéngshī 엔지니어 | 家庭主妇 jiātíng zhǔfù 가정주부

大学专业 (대학교 전공)

中文系 zhōngwénxì 중어중문학과 | 英语系 yīngyǔxì 영어과 | 经济系 jīngjìxì 경제학과 | 经营系 jīngyíngxì 경영학과 | 机械工程系 jīxiè gōngchéngxì 기계공학과 | 电子工程系 diànzǐ gōngchéngxì 전자공학과 | 计算机工程系 jìsuànjī gōngchéngxì 컴퓨터공학과 | 建筑系 jiànzhùxì 건축학과 | 设计系 shèjìxì 디자인과

단어 地方 dìfang 몡 곳, 장소 | 工作 gōngzuò 몡동 일(하다) | 或者 huòzhě 졥 혹은, 또는 | 学校 xuéxiào 몡 학교 | 上学 shàngxué 동 등교하다 | 银行 yínháng 몡 은행 | 位于 wèiyú 동 ~에 위치하다 | 稳定 wěndìng 혱 안정되다 | 大三 dàsān 대학교 3학년('大学三年级'의 약칭)

第二部分 | 看图回答
그림 보고 답하기

第二部分：看图回答

在这部分考试中，你将看到提示图，请看图回答下列问题。请听到提示音之后，准确地回答出来。每道题的回答时间是6秒。

下面开始提问。

제2부분: 그림 보고 답하기

이 부분에서는 제시된 그림을 보고 다음 문제에 답해주십시오. 제시음을 듣고 나서 정확하게 대답해주십시오. 모든 문제의 대답 시간은 6초입니다.

다음 질문을 시작하겠습니다.

제2부분	
준비시간	3초
답변시간	6초
문항수	4문항
문제유형	그림 보고 답하기
난이도	하

TSC시험 제2부분은 '看图回答(그림 보고 답하기)' 부분이다. 이제부터는 다양한 상황에 따른 문제에 대답해야 하므로 순발력이 요구된다. 사실 제2부분의 문제는 그렇게 어렵지는 않다. 다만, 시간이 짧다는 점에 유의해야 한다. 그림을 보고 3초의 짧은 준비 시간이 지난 후 바로 6초 안에 대답을 해야 하기 때문이다. 시간이 짧기 때문에 순발력이 중요한데, 평소에 어떤 장면이나 그림을 볼 때 완전한 문장으로 중국어를 떠올리는 연습을 해보는 것도 좋다. 또한 대답을 할 때 가능한 질문에 사용된 어휘를 사용하여 대답을 하면 오류를 막을 수 있다. 예를 들어,

예	问题	教室里有什么?	교실에는 무엇이 있습니까?
	回答	教室里有……。	교실 안에는 ……이 있습니다.

	问题	墙上挂着什么?	벽에는 무엇이 걸려 있습니까?
	回答	墙上挂着……。	벽에는 ……이 걸려 있습니다.

위의 문제에서 바로 '有……', '挂着……'라고 대답하는 것보다, 문제에 주어진 '教室里'와 '墙上'을 그대로 사용하여 대답하는 것이 훨씬 좋은 점수를 받을 수 있다.

평소에 이렇게 연습을 하는 것도 중요하지만, 뭐니뭐니 해도 어휘력이 뒷받침이 되어야 하므로 우선 키워드나 기본 단어는 모두 암기한다고 마음을 먹어보자!

준비가 되었다면 이제 그림을 보면서 제2부분을 시작해보자.

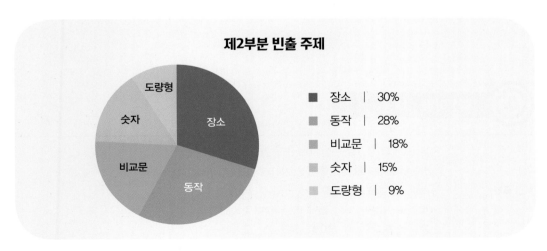

제2부분 빈출 주제

- 장소 | 30%
- 동작 | 28%
- 비교문 | 18%
- 숫자 | 15%
- 도량형 | 9%

시간/날짜/요일에 관한 표현

시간, 날짜, 요일을 말할 때는 동사 '是'를 넣어도 되고, 넣지 않아도 된다. 따라서 대답할 때는 질문한 대로 대답하자.

예

문제 今天星期几? 오늘은 무슨 요일입니까?

답변 今天星期一。 오늘은 월요일입니다.

다만, 부정문의 경우에는 '不是'를 반드시 넣어야 한다.

문제 今天星期天吗? 오늘은 일요일입니까?

답변 今天不是星期天。 오늘은 일요일이 아닙니다.

시간을 말할 때는 '2시'의 표현이 '两点'인 점에 유의하고, 만일 그림에 '18시'로 나오면 '6点'이라고 하는 것보다 '晚上6点(저녁 6시)'으로 명확하게 답하는 것이 고득점을 받을 수 있다.

날짜를 말할 때는 '3月14号'를 '3月14日'로도 말할 수 있고, 요일에서는 '星期天'과 '星期日' 둘 다 '일요일'이라는 것도 알아두자.

상술한 몇 가지는 모두 응시자들이 쉽게 틀리거나 헷갈려하는 부분이므로 정확히 익혀두자!

 핵심어휘로 내공 쌓기

시간 표현	· 点 diǎn 양 시 예 一点(1시), 十一点(11시)
	· 分 fēn 양 분 예 两点零五分(2시 5분), 四点二十分(4시 20분)
	· 刻 kè 양 15분, 1/4 예 一点一刻(1시 15분)
	· 半 bàn 수 절반, 1/2 예 十二点半(12시 30분)
	· 差 chà 동 모자라다 예 差一刻五点, 五点差一刻(5시 15분 전)

월, 일, 날짜 표현	几月几号 jǐ yuè jǐ hào 몇 월 며칠 ┃ 三十一号 sānshíyī hào 31일 ┃ 几天 jǐ tiān 며칠 两天以前 liǎng tiān yǐqián, 两天之前 liǎng tiān zhīqián 이틀 전 ┃ 几天以前 jǐ tiān yǐqián 며칠 전 ┃ 前天 qiántiān 그저께 ┃ 昨天 zuótiān 어제 ┃ 今天 jīntiān 오늘 ┃ 明天 míngtiān 내일 ┃ 后天 hòutiān 모레 ┃ 当天 dāngtiān 그날 ┃ 第二天 dì èr tiān 이튿날 ┃ 两天以后 liǎng tiān yǐhòu, 两天之后 liǎng tiān zhīhòu 이틀 후
요일 표현	星期一 xīngqīyī 월요일 ┃ 星期二 xīngqī'èr 화요일 ┃ 星期三 xīngqīsān 수요일 ┃ 星期四 xīngqīsì 목요일 ┃ 星期五 xīngqīwǔ 금요일 ┃ 星期六 xīngqīliù 토요일 ┃ 星期天 xīngqītiān, 星期日 xīngqīrì 일요일
주 단위 표현	上上个星期 shàngshàng ge xīngqī 지지난 주 ┃ 上个星期 shàng ge xīngqī 지난 주 ┃ 这个星期 zhè ge xīngqī 이번 주 ┃ 下个星期 xià ge xīngqī 다음 주 ┃ 下下个星期 xiàxià ge xīngqī 다다음 주
월 단위 표현	上个月 shàng ge yuè 지난 달 ┃ 这个月 zhè ge yuè 이번 달 ┃ 下个月 xià ge yuè 다음 달
연도 표현	前年 qiánnián 재작년 ┃ 去年 qùnián 작년 ┃ 今年 jīnnián 올해 ┃ 明年 míngnián 내년 ┃ 后年 hòunián 내후년
하루의 시간 표현	凌晨 língchén 새벽 ┃ 早晨 zǎochen 이른 아침 ┃ 早上 zǎoshang 아침 ┃ 上午 shàngwǔ 오전 ┃ 中午 zhōngwǔ 정오 ┃ 下午 xiàwǔ 오후 ┃ 傍晚 bàngwǎn 저녁 무렵 ┃ 晚上 wǎnshang 저녁, 밤 ┃ 半夜 bànyè 한밤중 ┃ 深夜 shēnyè 깊은 밤, 심야
대략적인 시간 표현	最近 zuìjìn 최근 ┃ 近来 jìnlái 요즘 ┃ 平时 píngshí 평소 ┃ 周末 zhōumò 주말 ┃ 月初 yuèchū 월초 ┃ 月底 yuèdǐ 월말 ┃ 年初 niánchū 연초 ┃ 年底 niándǐ 연말
시간 준수에 관한 표현	准时 zhǔnshí 정시에 ┃ 按时 ànshí 제때에 ┃ 及时 jíshí 즉시, 곧바로 ┃ 马上 mǎshàng 곧, 즉시, 바로
기타 표현	公休日 gōngxiūrì 공휴일 ┃ 法定假日 fǎdìng jiàrì 법정 공휴일 ┃ 休息日 xiūxīrì 휴일 ┃ 节日 jiérì 기념일, 명절

问题 1 ★

문제　你什么时候有课?

🎧 2-1-1　Nǐ shénme shíhou yǒu kè?

당신은 언제 수업이 있습니까?

답변

1　我8(八)点有课。
　　Wǒ bā diǎn yǒu kè.

저는 8시에 수업이 있습니다.

2　我从8点到12(十二)点有课。
　　Wǒ cóng bā diǎn dào shí'èr diǎn yǒu kè.

저는 8시부터 12시까지 수업이 있습니다.

3　我从早上8点到12点有课。
　　Wǒ cóng zǎoshang bā diǎn dào shí'èr diǎn yǒu
　　kè.

저는 아침 8시부터 낮 12시까지 수업이 있습니다.

 이 부분의 문제는 다양한 유형으로 출제되고 있는데, 위의 1번 문제와 같이 그림에 서로 다른 시각을 가리키는 시계 두 개가 주어져 '언제부터 언제까지'라는 대답을 이끌어내는 문제로 출제될 수 있다. 이런 문제에서는 '从A到B' 용법을 써서 'A부터 B까지'라는 표현을 사용해 말할 줄 알아야 한다.

 从A到B: A부터 B까지(시간 또는 공간상의 거리를 나타냄)

　　예　我从前天起开始上班了。 저는 그저께부터 출근하기 시작했습니다.
　　　　从1990年到1992年, 我在北京大学学习汉语。
　　　　1990년부터 1992년까지 저는 북경대학교에서 중국어를 공부했습니다.

단어　什么时候 shénme shíhou 언제 | 课 kè 몡 수업 | 早上 zǎoshang 몡 아침 | 中午 zhōngwǔ 몡 정오, 낮 12시 전후

问题 2 ★

문제 音乐会几点结束?

🎧 2-1-2 Yīnyuèhuì jǐ diǎn jiéshù?

음악회는 몇 시에 끝납니까?

답변

1	音乐会两点四十五结束。	음악회는 2시 45분에 끝납니다.
	Yīnyuèhuì liǎng diǎn sìshíwǔ jiéshù.	
2	今晚的音乐会两点三刻结束。	오늘 저녁 음악회는 2시 45분에 끝납니다.
	Jīnwǎn de yīnyuèhuì liǎng diǎn sān kè jiéshù.	
3	音乐会两点四十五结束。结束后我们一起去喝一杯吧。	음악회는 2시 45분에 끝납니다. 끝나고 난 뒤 우리 같이 한잔하러 갑시다.
	Yīnyuèhuì liǎng diǎn sìshíwǔ jiéshù. Jiéshù hòu wǒmen yìqǐ qù hē yì bēi ba.	

 위의 답안처럼 같은 시간도 여러 방법으로 표현할 수 있으니, 각각의 표현법을 반드시 숙지하도록 하자. 시간을 말할 때 가장 주의할 점은 두 가지이다. '2시'는 '两点'이라는 것과 10분 미만의 시각은 앞에 '零'을 넣어 '零~分'으로 말한다는 것이다. 예를 들어 2시 20분은 '两点二十分' 또는 '两点二十'라고 해야 한다. 얼떨결에 '二点'으로 말하지 않도록 주의하자. 또한 10시 5분은 '十点零五分'으로 '零'을 넣어서 말하도록 연습하자.

단어 音乐会 yīnyuèhuì 圆 음악회, 콘서트 | 结束 jiéshù 통 끝나다, 마치다 | 三刻 sān kè 45분

问题 3 [★]

문제 　你的结婚纪念日是几月几号?

2-1-3 　Nǐ de jiéhūn jìniànrì shì jǐ yuè jǐ hào?

당신의 결혼기념일은 언제입니까?

답변
1 结婚纪念日是9(九)月1(一)号。　　　　　결혼기념일은 9월 1일입니다.
　 Jiéhūn jìniànrì shì jiǔ yuè yī hào.

---

2 9月1号是结婚纪念日。　　　　　　　　9월 1일은 결혼기념일입니다.
　 Jiǔ yuè yī hào shì jiéhūn jìniànrì.

---

3 9月1号是结婚两周年纪念日。　　　　　9월 1일은 결혼 2주년 기념일입니다.
　 Jiǔ yuè yī hào shì jiéhūn liǎng zhōunián jìniànrì.

Tip　때, 날짜 등을 묻는 문제의 질문 방식에는 두 가지가 있다는 점에 주의해야 한다. '结婚纪念日是什么时候? (결혼기념일은 언제입니까?)'로 물을 수 있고, '结婚纪念日是几月几号? (결혼기념일은 몇 월 며칠입니까?)'로 물을 수도 있다. 두 가지 질문 방식을 모두 익혀두어야 제대로 대답을 할 수 있다.

단어　结婚 jiéhūn 명동 결혼(하다) | 纪念日 jìniànrì 명 기념일 | 周年 zhōunián 명 주년

问题 4 *

문제 小王睡了几个小时?

🎧 2-1-4   Xiǎo Wáng shuì le jǐ ge xiǎoshí?

샤오왕은 몇 시간 잤습니까?

답변   1   他睡了三个小时。

        Tā shuì le sān ge xiǎoshí.

        그는 세 시간 잤습니다.

2   他才睡了三个小时，今天工作没精神。

    Tā cái shuì le sān ge xiǎoshí, jīntiān gōngzuò méi jīngshen.

    그는 세 시간밖에 자지 못해서, 오늘 일할 때 기운이 없었습니다.

3   昨晚他熬夜加班，最多也就睡了三个小时吧。

    Zuówǎn tā áoyè jiābān, zuì duō yě jiù shuì le sān ge xiǎoshí ba.

    어젯밤 그는 밤샘 근무를 했는데, 많아야 세 시간 잤을 거예요.

 '才'는 여기에서 수량이나 능력이 적은 것을 나타낸다.

단어   才 cái 曱 겨우 | 精神 jīngshen 명 활력, 원기 | 熬夜 áoyè 동 밤샘하다 | 加班 jiābān 동 초과 근무하다

问题 5

문제 这次和客户的会议定在什么时间了?

2-1-5 Zhè cì hé kèhù de huìyì dìng zài shéme shíjiān le?

이번 고객과의 회의는 몇 시로 정했습니까?

답변 1 下午一点。

Xiàwǔ yī diǎn.

오후 한 시입니다.

2 这次和客户的会议定在了下午一点。

Zhè cì hé kèhù de huìyì dìng zài le xiàwǔ yī diǎn.

이번 고객과의 회의는 오후 한 시로 정했습니다.

3 这次和客户的会议定在了下午一点，为了这次会议昨晚我又加班了。

Zhè cì hé kèhù de huìyì dìng zài le xiàwǔ yī diǎn, wèile zhè cì huìyì zuówǎn wǒ yòu jiābān le.

이번 고객과의 회의는 오후 한 시로 정했습니다. 이번 회의를 위해 어젯밤도 야근을 했습니다.

단어 客户 kèhù 圀 고객 | 会议 huìyì 圀 회의 | 为了 wèile 꽤 ~를 위해서

❶ 我们几点在咖啡厅见?

❷ 你工作多长时间了?

❸ 你是什么时候进公司的?

❹ 银行几点关门?

❺ 我们是星期四开会吗?

① 7点10分在咖啡厅见。　② 我工作十年了。　③ 我是2001年进公司的。　④ 银行四点关门。　⑤ 不是。我们星期三开会。

POINT 02

장소에 관한 표현

장소에 관한 문제는 다음의 세 가지 유형을 들 수 있다. 첫째, 구체적인 장소를 묻는 문제로 '在哪儿?', '在哪里?', '在什么地方?' 등으로 물어본다. 같은 질문이지만 단어가 조금씩 다르므로 모두 다 익혀두자. 둘째, 방향을 나타내는 방위사를 이용해 대답하는 문제이다. '孩子在医院的前面。(아이는 병원 앞에 있습니다.)'에서 '前面'이 방위사이다. 마지막으로 존재 여부를 묻는 문제이다. '学生在教室里吗?(학생은 교실에 있습니까?)'와 같은 질문에는 '学生在教室里。(학생은 교실에 있습니다.)' 또는 '学生不在教室里。(학생은 교실에 없습니다.)'라고 대답해야 한다.

 핵심어휘로 내공 쌓기

방위사	
· 上边儿 shàngbianr 명 위쪽	· 下边儿 xiàbianr 명 아래쪽
· 左边儿 zuǒbianr 명 왼쪽	· 右边儿 yòubianr 명 오른쪽
· 前边儿 qiánbianr 명 앞(쪽)	· 后边儿 hòubianr 명 뒤(쪽)
· 里边儿 lǐbianr 명 안(쪽)	· 外边儿 wàibianr 명 바깥(쪽)
· 旁边儿 pángbiānr 명 옆	· 中间 zhōngjiān 명 중간
· 对面 duìmiàn 명 맞은편	· 西 xī 명 서(쪽)
· 东 dōng 명 동(쪽)	· 北 běi 명 북(쪽)
· 南 nán 명 남(쪽)	

장소 명사	
· 学校 xuéxiào 명 학교	· 补习班 bǔxíbān 명 학원
· 教室 jiàoshì 명 교실	· 图书馆 túshūguǎn 명 도서관
· 视听教室 shìtīng jiàoshì 명 시청각실	· 自习室 zìxíshì 명 자습실
· 银行 yínháng 명 은행	· 商店 shāngdiàn 명 상점
· 市场 shìchǎng 명 시장	· 超市 chāoshì 명 슈퍼마켓
· 书店 shūdiàn 명 서점	· 服装店 fúzhuāngdiàn 명 옷가게
· 食堂 shítáng 명 (구내) 식당	· 饭馆儿 fànguǎnr 명 식당
· 电影院 diànyǐngyuàn 명 영화관	· 咖啡厅 kāfēitīng 명 커피숍
· 酒吧 jiǔbā 명 술집	· 网吧 wǎngbā 명 PC방
· 动物园 dòngwùyuán 명 동물원	· 游乐场 yóulèchǎng 명 놀이동산
· 幼儿园 yòu'éryuán 명 유치원	· 医院 yīyuàn 명 병원
· 操场 cāochǎng 명 운동장	

- 体育馆 tǐyùguǎn 몡 체육관
- 游泳池 yóuyǒngchí 몡 수영장
- 广场 guǎngchǎng 몡 광장
- 警察局 jǐngchájú 몡 경찰서
- 办公室 bàngōngshì 몡 사무실
- 酒店 jiǔdiàn 몡 호텔
- 机场 jīchǎng 몡 공항
- 地铁站 dìtiězhàn 몡 지하철역
- 公共汽车站 gōnggòng qìchēzhàn 몡 버스정류장
- 长途客运站 chángtú kèyùnzhàn 몡 시외버스 터미널

- 健身房 jiànshēnfáng 몡 헬스클럽
- 公园 gōngyuán 몡 공원
- 邮局 yóujú 몡 우체국
- 消防站 xiāofángzhàn 몡 소방서
- 饭店 fàndiàn 몡 호텔, 식당
- 旅馆 lǚguǎn 몡 여관
- 火车站 huǒchēzhàn 몡 기차역

기타 관련 단어

- 一直 yìzhí 囝 곧장, 줄곧
- 掉头 diàotóu 동 (차 등의 방향을) 되돌리다, 유턴하다
- 过马路 guò mǎlù 대로를 건너다
- 十字路口 shízìlùkǒu 몡 사거리
- 红绿灯 hónglǜdēng 몡 신호등
- 人行横道 rénxíng héngdào 몡 횡단보도
- 附近 fùjìn 몡 부근
- 开车去 kāichē qù 운전해서 가다
- 骑 qí + 自行车 zìxíngchē / 摩托车 mótuōchē + 去 qù: 자전거/오토바이를 타고 가다
- 坐 zuò + 公交车 gōngjiāochē / 公共汽车 gōnggòngqìchē / 巴士 bāshì + 去 qù: 버스를 타고 가다
- 坐 zuò + 地铁 dìtiě / 船 chuán / 飞机 fēijī + 去 qù: 지하철/배/비행기를 타고 가다

问题 1 ★

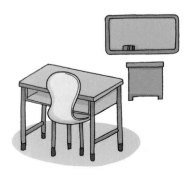

문제 教室里有什么?

2-2-1 Jiàoshì lǐ yǒu shénme?

교실에는 무엇이 있습니까?

답변

1 教室里有一把椅子。
   Jiàoshì lǐ yǒu yì bǎ yǐzi.

   교실에는 의자 하나가 있습니다.

2 教室里有一把椅子和一张桌子。
   Jiàoshì lǐ yǒu yì bǎ yǐzi hé yì zhāng zhuōzi.

   교실에 의자 하나와 책상 하나가 있습니다.

3 教室里只有一把椅子和一张桌子,
   没有别的了。
   Jiàoshì lǐ zhǐ yǒu yì bǎ yǐzi hé yì zhāng zhuōzi,
   méiyǒu bié de le.

   교실에 의자 하나와 책상 하나만 있고,
   다른 것은 없습니다.

 특정한 장소에 어떠한 사람 / 사물이 있음을 표현

A + **有** + B

예 箱子里有一把香蕉。

 자주 출제되는 양사 정리

件 jiàn 옷을 셀 때 쓰임	一件衣服(옷 한 벌) 一件大衣(외투 한 벌)
条 tiáo 가늘고 긴 물건, 구부러지는 것에 많이 쓰임	一条裤子(바지 한 벌) 一条裙子(치마 한 벌) 一条领带(넥타이 하나) 一条河(한 줄기 강)
双 shuāng 쌍을 이루어 사용하는 물건에 쓰임 (주로 몸에 착용하는 것)	一双鞋(신발 한 켤레) 一双袜子(양말 한 켤레)
支 zhī 곧고 딱딱하며 가늘고 긴 물건을 셀 때 쓰임	一支铅笔(연필 한 자루)
瓶 píng 병을 셀 때 쓰임	一瓶酒(술 한 병)
幅 fú 그림을 셀 때 쓰임	一幅画(그림 한 폭)

份 fèn 신문, 문건을 셀 때 쓰임　　　　　一份报纸(신문 한 부)

杯 bēi 잔을 셀 때 쓰임　　　　　一杯茶(차 한 잔)

本 běn 책, 출판물을 셀 때 쓰임　　　　　一本书(책 한 권)　　　一本杂志(잡지 한 권)

台 tái 기계를 셀 때 쓰임　　　　　一台电脑(컴퓨터 한 대)

部 bù 기계 또는 차량에 쓰임　　　　　一部手机(휴대전화 한 대)

　　　　영화에 쓰임　　　　　一部电影(영화 한 편)

朵 duǒ 꽃을 셀 때 쓰임　　　　　一朵花(꽃 한 송이)

张 zhāng 평면이나 평면이 있는 물체에 쓰임　　一张桌子(책상 하나)　　一张照片(사진 한 장)

　　　　　펼칠 수 있는 물건에 쓰임　　　　一张地图(지도 한 장)

块 kuài 덩어리나 조각 모양의 물건에 쓰임　　一块橡皮(지우개 하나)　　一块蛋糕(케익 한 조각)

顶 dǐng 꼭대기가 있는 물건에 쓰임　　　　一顶帽子(모자 한 개)

只 zhī 동물을 세는 데 쓰임　　　　　一只猫(고양이 한 마리)　　一只狗(개 한 마리)

本 běn 책, 출판물을 셀 때 쓰임　　　　　一本书(책 한 권)　　一本词典(사전 한 권)

辆 liàng 차량, 탈 것을 세는 데 쓰임　　　一辆出租车(택시 한 대)　　一辆自行车(자전거 한 대)

把 bǎ 손잡이가 있는 물건을 세는 데 쓰임　　一把椅子(의자 한 개)　　一把雨伞(우산 한 자루)

副 fù 한 벌, 또는 한 쌍으로 이루어진 물건을 세는 데 쓰임　　一副眼镜(안경 한 쌍)　　一副手套(장갑 한 쌍)

双 shuāng 쌍을 이루어 사용하는 물건에 쓰임
(신체에 입는 것에 많이 씀)　　　一双鞋(신발 한 켤레)　　一双袜子(양말 한 켤레)

단어　教室 jiàoshì 명 교실 | 椅子 yǐzi 명 의자 | 桌子 zhuōzi 명 책상 | 张 zhāng 양 책상, 탁자, 침대 등을 세는 양사

问题 2 *

문제 要开会了，科长要去哪儿?

🎧 2-2-2 Yào kāi huì le, kēzhǎng yào qù nǎr?

회의가 곧 시작하는데, 과장님은 어디 가십니까?

답변

1	他要去洗手间。 Tā yào qù xǐshǒujiān.	그는 화장실에 가려고 합니다.
2	他肚子不舒服，要去洗手间一趟。 Tā dùzi bù shūfu, yào qù xǐshǒujiān yí tàng.	그는 배가 아파서 화장실에 다녀오려고 합니다.
3	科长脸色不太好，看样子要去洗手间。 Kēzhǎng liǎnsè bútài hǎo, kànyàngzi yào qù xǐshǒujiān.	과장님 안색이 안 좋은 것으로 보아 화장실에 가려고 하는 것 같습니다.

 Tip 要는 '동사'와 '조동사' 두 가지 역할을 한다.

동사: 주어 + 要 + 목적어

예 孩子要那个玩具。 아이는 그 장난감을 원한다.

조동사: 주어 + 要 + 동사 + 목적어

예 我要去公司食堂吃饭。 나는 회사 식당에서 밥을 먹으려 한다.

我要参加比赛。 나는 시합에 참가하려 한다.

단어 洗手间 xǐshǒujiān 몡 화장실 | 舒服 shūfu 혱 편안하다 | 趟 tàng 양 번, 차례(왕래한 횟수) | 脸色 liǎnsè 몡 안색 | 看样子 kànyàngzi 보아하니

问题 3 *

女人要去哪里?

2-2-3 Nǚrén yào qù nǎlǐ?

여자는 어디를 가려고 합니까?

답변		
1	她要去咖啡厅。 Tā yào qù kāfēitīng.	그녀는 커피숍에 가려고 합니다.
2	她要去咖啡厅见朋友。 Tā yào qù kāfēitīng jiàn péngyou.	그녀는 커피숍에 가서 친구를 만나려고 합니다.
3	她现在要出门，去咖啡厅见朋友。 Tā xiànzài yào chūmén, qù kāfēitīng jiàn péngyou.	그녀는 지금 외출하려고 합니다. 커피숍에 가서 친구를 만납니다.

단어 咖啡厅 kāfēitīng 명 커피숍 | 见 jiàn 동 만나다 | 朋友 péngyou 명 친구 | 出门 chūmén 동 외출하다

问题 4 ★

문제 新款手机在哪里买的?

🎧 2-2-4 Xīn kuǎn shǒujī zài nǎlǐ mǎi de?

새 휴대전화는 어디에서 샀습니까?

답변

1 在百货商店买的。
  Zài bǎihuò shāngdiàn mǎi de.

백화점에서 산 것입니다.

2 打五折的时候，在百货商店买的。
  Dǎ wǔ zhé de shíhou, zài bǎihuò shāngdiàn mǎi de.

50% 할인할 때 백화점에서 산 것입니다.

3 我在百货商店买的。这部手机是我最喜欢的一款。
  Wǒ zài bǎihuò shāngdiàn mǎi de. Zhè bù shǒujī shì wǒ zuì xǐhuan de yì kuǎn.

백화점에서 산 것입니다. 이 휴대전화는 내가 가장 좋아하는 스타일입니다.

 打折는 '할인하다'라는 뜻으로 '打'와 '折' 사이에 비율을 넣어 나타낸다. 원래 가격에서 빼는 금액을 할인율로 나타내는 우리와 달리, 打折는 소비자가 지불할 부분을 비율로 나타내는 방식이다. 이는 한국어와 반대되는 표현 방식이므로 주의해야 한다.

예 打三折 dǎ sān zhé → 70% 할인
打八折 dǎ bā zhé → 20% 할인
打五折(打对折) dǎ wǔ zhé(dǎ duìzhé) → 50% 할인

단어 款 kuǎn 몡 양식, 스타일, 디자인 | 百货商店 bǎihuò shāngdiàn 몡 백화점 | 打折 dǎzhé 동 할인하다 | 部 bù 양 대(기계 또는 차량에 쓰임)

문제 百货商店在哪儿?

(2-2-5) Bǎihuò shāngdiàn zài nǎr?

백화점은 어디에 있습니까?

답변

1 百货商店在公司对面。

　Bǎihuò shāngdiàn zài gōngsī duìmiàn.

백화점은 회사 맞은편에 있습니다.

2 百货商店在电影院和邮局的中间。

　Bǎihuò shāngdiàn zài diànyǐngyuàn hé yóujú de zhōngjiān.

백화점은 극장과 우체국 사이에 있습니다.

3 你一直往前走100(一百)米，第一个十字路口就是。

　Nǐ yìzhí wǎng qián zǒu yìbǎi mǐ, dì yī ge shízì lùkǒu jiùshì.

앞으로 곧장 100미터를 가서, 첫 번째 사거리에 바로 백화점이 있습니다.

Tip 장소에 찾아가는 방법을 묻거나, 길을 설명할 때 '~쪽으로 가다가' 혹은 '~쪽으로 돌아서' 등과 같은 표현이 필요할 수 있는데, 방위사 앞에 다음과 같이 방향을 가리키는 개사를 쓰고, 방위사 뒤에 동사를 쓰면 된다.

　· 往 wǎng / 向 xiàng + 방위사 + 走 zǒu: ~쪽으로 가다

　예 往前走 wǎng qián zǒu → 앞으로 가다

　· 往 wǎng / 向 xiàng + 방위사 + 拐 guǎi / 转 zhuǎn: ~쪽으로 돌다

　예 往右拐 wǎng yòu guǎi → 오른쪽으로 돌다

단어 公司 gōngsī 몡 회사, 직장 | 电影院 diànyǐngyuàn 몡 영화관, 극장 | 邮局 yóujú 몡 우체국 | 一直 yìzhí 톈 줄 곧 | 往 wǎng 께 ~쪽으로 | 前 qián 몡 앞 | 走 zǒu 동 걷다 | 米 mǐ 얭 미터(m) | 第一 dì yī 준 첫 번째 | 十字路口 shízìlùkǒu 몡 사거리

　↓

　· 사거리가 십자 모양이라 十字路口, 그렇다면 삼거리는? → 丁字路口 dīngzìlùkǒu

❶ 墙上有什么?

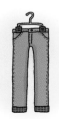

❷ 从家到公司远吗?

❸ 猫在屋里吗?

❹ 公司附近有什么?

❺ 他们在做什么?

① 墙上有一条裤子。 ② 不太远，大概有200米。 ③ 猫不在屋里。 ④ 公司附近有很多餐厅。 ⑤ 他们在公园散步。

POINT 03 동작과 상태에 관한 표현

이 부분은 동작에 관한 단어를 알고 있어야 한다. 문제에 출현하는 동사의 범위는 매우 넓다. 그중 자주 출제되는 단어를 아래에 정리해놓았으니 우선 이 단어를 중심으로 외우자. 일상생활에서 많이 하는 동작에 관한 단어이므로 평소에 같이 공부하는 친구나 동료들에게 중국어로 문자를 보내며 연습해보는 것도 좋다. 지금 바로 친구에게 '我在看书，你在干什么? (나는 책 보고 있어, 너는 뭐해?)'라고 보내보자!

 핵심어휘로 내공 쌓기

학습 관련

- 上课 shàngkè 통 수업하다, 수업을 듣다
- 下课 xiàkè 통 수업이 끝나다
- 上大学 shàng dàxué 대학교에 다니다
- 考试 kǎoshì 명통 시험(을 보다)
- 预习 yùxí 명통 예습(을 하다)
- 复习 fùxí 명통 복습(을 하다)
- 做作业 zuò zuòyè, 写作业 xiě zuòyè 숙제를 하다
- 图书馆 túshūguǎn 명 도서관
- 留学 liúxué 통 유학하다
- 上补习班 shàng bǔxíbān 학원에 다니다
- 考研究生 kǎo yánjiūshēng 대학원 시험을 보다
- 考大学 kǎo dàxué 대입 시험을 보다
- 测验 cèyàn 통 테스트하다
- 查资料 chá zīliào 자료를 찾다
- 复读 fùdú 통 재수하다
- 旷课 kuàngkè 통 무단 결석하다
- 落榜 luòbǎng 통 시험에서 떨어지다
- 转学 zhuǎnxué 통 전학하다
- 检查作业 jiǎnchá zuòyè 숙제 검사
- 补考 bǔkǎo 통 재시험을 보다
- 放假 fàngjià 통 방학하다
- 开学 kāixué 통 개학하다
- 毕业典礼 bìyè diǎnlǐ 명 졸업식
- 毕业 bìyè 명통 졸업(하다)
- 成绩 chéngjì 명 성적

운동, 건강 관련

- 打羽毛球 dǎ yǔmáoqiú 배드민턴을 치다
- 打棒球 dǎ bàngqiú 야구하다
- 打乒乓球 dǎ pīngpāngqiú 탁구를 치다
- 踢足球 tī zúqiú 축구를 하다
- 打篮球 dǎ lánqiú 농구를 하다
- 打排球 dǎ páiqiú 배구를 하다
- 打台球 dǎ táiqiú 당구를 치다
- 打网球 dǎ wǎngqiú 테니스를 하다
- 打高尔夫球 dǎ gāo'ěrfūqiú 골프를 치다
- 打跆拳道 dǎ táiquándào 태권도를 하다
- 打太极拳 dǎ tàijíquán 태극권을 하다
- 游泳 yóuyǒng 명통 수영(하다)
- 爬山 páshān 명통 등산(하다)
- 跑步 pǎobù 통 달리다 명 달리기
- 玩滑雪板 wán huáxuěbǎn 스노보드를 타다
- 滑雪 huáxuě 스키를 타다
- 滑旱冰 huáhànbīng 롤러 스케이트를 타다
- 滑冰 huábīng 스케이트를 타다
- 堆雪人 duī xuěrén 눈사람을 만들다
- 打雪仗 dǎ xuězhàng 눈싸움하다
- 冲浪 chōnglàng 명통 서핑(하다)
- 练瑜伽 liàn yújiā 요가를 수련하다

일, 회사 관련	· 上班 shàngbān 통 출근하다 · 出差 chūchāi 통 출장 가다 · 开会 kāihuì 통 회의하다 · 见客户 jiàn kèhù 고객을 만나다 · 工作狂 gōngzuòkuáng 명 워커홀릭, 일벌레* · 派 pài 통 파견하다 · 聚餐 jùcān 통 회식하다 · 请假 qǐngjià 통 휴가를 신청하다 · 工资 gōngzī 명 월급, 임금 · 裁员 cáiyuán 통 감원하다 · 辞职 cízhí 명통 사직(하다) · 部门 bùmén 명 부문, 부서 · 福利制度 fúlì zhìdù 복리후생제도	· 下班 xiàbān 통 퇴근하다 · 打卡 dǎkǎ 명 출근 카드를 찍다* · 加班 jiābān 통 초과 근무를 하다 · 用电脑 yòng diànnǎo 컴퓨터를 사용하다 · 业务 yèwù 명 업무 · 培训 péixùn 통 양성하다, 육성하다 · 奖金 jiǎngjīn 명 상여금, 보너스 · 坐班车 zuò bānchē 통근차를 타다 · 加薪 jiāxīn 명 임금이 오르다 · 炒鱿鱼 chǎo yóuyú 통 해고하다 · 升职 shēngzhí 명통 승진(하다), 진급(하다) · 待遇 dàiyù 명 대우, 대접 · 写报告 xiě bàogào 보고서를 작성하다
오락 취미 관련	· 唱歌 chànggē 통 노래를 부르다 · 看电视 kàn diànshì TV를 보다 · 看书 kànshū 책을 보다 · 上网 shàngwǎng 인터넷을 하다 · 散步 sànbù 명통 산책(하다) · 画画儿 huà huàr 그림을 그리다 · 下围棋 xià wéiqí 바둑을 두다 · 旅游 lǚyóu 명통 여행(하다) · 听音乐 tīng yīnyuè 음악을 듣다 · 看表演 kàn biǎoyǎn 공연을 보다 · 打扑克 dǎ pūkè 포커(트럼프 놀이)를 치다* · 收集邮票 shōují yóupiào 우표를 수집하다 · 弹钢琴 tán gāngqín 피아노를 치다 · 弹尤克里里琴 tán yóukèlǐlǐqín 우쿨렐레를 연주하다	· 跳舞 tiàowǔ 통 춤을 추다 · 看电影 kàn diànyǐng 영화를 보다 · 看报 kàn bào 신문을 보다 · 玩游戏 wán yóuxì 게임을 하다 · 照相 zhàoxiàng, 摄影 shèyǐng 통 사진을 찍다 · 练书法 liàn shūfǎ 서예를 연습하다 · 下棋 xiàqí 장기를 두다 · 钓鱼 diàoyú 명통 낚시(하다) · 演奏乐器 yǎnzòu yuèqì 악기 연주 · 看演唱会 kàn yǎnchànghuì 콘서트를 보다 · 打麻将 dǎ májiàng 마작을 하다 · 插花 chāhuā 통 꽃꽂이하다
집안일 관련	· 做饭 zuò fàn 통 밥을 하다 · 洗碗 xǐ wǎn 통 설거지하다 · 洗衣服 xǐ yīfu 빨래를 하다 · 收拾 shōushi 통 치우다, 정돈하다 · 看孩子 kān háizi 아이를 돌보다 · 拖地板 tuō dìbǎn 바닥을 닦다 · 用吸尘器吸地板 yòng xīchénqì xī dìbǎn 바닥을 (진공 청소기로) 청소하다	· 做菜 zuò cài 통 요리를 하다 · 倒垃圾 dào lājī 쓰레기를 버리다 · 晾衣服 liàng yīfu 옷을 말리다 · 打扫 dǎsǎo 통 청소하다 · 擦玻璃 cā bōli 유리를 닦다

쇼핑 관련	
· 百货商店 bǎihuò shāngdiàn 명 백화점	· 市场 shìchǎng 명 시장
· 超市 chāoshì 명 슈퍼마켓	· 网上购物 wǎngshàng gòuwù 온라인 쇼핑
· 买东西 mǎi dōngxi 물건을 사다	· 逛街 guàngjiē 동 아이쇼핑하다
· 试衣服 shì yīfu 옷을 입어보다	· 颜色 yánsè 명 색, 색깔
· 适合 shìhé 동 ~에 적합하다, ~에 알맞다	· 合适 héshì 형 적당하다, 알맞다
· 发票 fāpiào 명 영수증	· 推荐 tuījiàn 동 추천하다
· 换货 huànhuò 동 물건을 교환하다, 바꾸다	· 退货 tuìhuò 동 물건을 반품하다
· 款式 kuǎnshì 명 스타일	· 新款 xīnkuǎn 명/형 새로운 스타일(의)
· 挑 tiāo 동 고르다, 선택하다	· 打折 dǎzhé 동 할인하다
· 付现金 fùxiànjīn 현금으로 지불하다	· 刷(信用)卡 shuā (xìnyòng)kǎ (신용)카드로 결제하다
· 讲价 jiǎngjià 값을 흥정하다	· 讨价还价 tǎojià huánjià 동 값을 흥정하다
· 服务员 fúwùyuán 명 종업원	· 日用品 rìyòngpǐn 명 일용품, 생활 필수품
· 玩具 wánjù 명 장난감	· 流行 liúxíng 동 유행하다
· 柜台 guìtái 명 카운터	· 服务台 fúwùtái 명 프런트 데스크
· 顾客 gùkè 명 고객	· 售货员 shòuhuòyuán 명 판매원, 점원
· 退钱 tuìqián 동 환불하다	· 送货 sònghuò 명/동 배송, 배달하다
· 质量 zhìliàng 명 질, 품질	· 售后服务 shòuhòu fúwù 명 애프터서비스(A/S)
· 价格 jiàgé 명 가격, 값	· 购物 gòuwù 명/동 구매, 물건을 사다
· 上菜 shàngcài 동 요리를 내오다	· 服务态度好 fúwù tàidu hǎo 서비스 태도가 좋다
· 找钱 zhǎoqián 동 거스름돈을 주다	· 赠送 zèngsòng 명/동 증정(하다)
· 时尚 shíshàng 형 유행하는	· 过时 guòshí 형 유행이 지난, 시대에 뒤떨어진
일상 생활	
· 吃饭 chī fàn 동 밥을 먹다, 식사하다	· 睡觉 shuìjiào 동 잠을 자다
· 抽烟 chōu yān 담배를 피우다	· 戒烟 jiè yān 담배를 끊다
· 喝酒 hē jiǔ 술을 마시다	· 戒酒 jiè jiǔ 술을 끊다
· 点菜 diǎncài 동 요리를 주문하다	· 结账 jiézhàng 동 결제하다, 계산하다
· 参加婚礼 cānjiā hūnlǐ 결혼식에 참석하다	· 参加聚会 cānjiā jùhuì 모임에 참석하다
· 打电话 dǎ diànhuà 전화를 걸다	· 聊天儿 liáotiānr 동 이야기를 나누다
· 约会 yuēhuì 동 만날 약속을 하다	· 预订 yùdìng 동 예약하다
· 买礼物 mǎi lǐwù 선물을 사다	· 排队 páiduì 동 줄을 서다*
· 存钱 cún qián 저금하다	· 取钱 qǔ qián 돈을 인출하다
· 跟A见面 gēn A jiànmiàn A와(과) 만나다	· 等朋友 děng péngyou 친구를 기다리다
· 看医生 kàn yīshēng 진찰을 받다	· 去医院 qù yīyuàn 병원에 가다
· 生病 shēngbìng 동 병이 나다	· 失眠 shīmián 동 불면증에 걸리다

* 4부분에서도 자주 나오는 단어입니다. 꼭 알아두세요!

问题 1 ⭐

문제 他在干什么?

🎧 2-3-1 　Tā zài gàn shénme?

그는 무엇을 하고 있습니까?

답변

1　他在画画儿呢。

　　Tā zài huà huàr ne.

그는 그림을 그리고 있습니다.

2　他在画一座山，画得真美。

　　Tā zài huà yí zuò shān, huà de zhēn měi.

그는 산을 하나 그리고 있는데, 정말 아름답게 그렸습니다.

3　听说他要参加比赛，每天练习画画儿。

　　Tīngshuō tā yào cānjiā bǐsài, měitiān liànxí huà huàr.

듣자 하니 그는 대회에 참가해야 해서, 매일 그림 그리는 연습을 한다고 합니다.

Tip　현재 무엇을 하고 있는지를 묻는 문제이다. 동사 앞에 동작이 진행되고 있음을 나타내는 '在'나 '正在'를 써서 '~을 하고 있다, ~하고 있는 중이다'로 대답해야 한다. 이렇게 진행형을 말할 때는 문장 끝에 '了'나 '过'를 넣지 않도록 주의해야 한다!

　예 他在学习了。(X)　　他在学习过。(X)

단어　画画儿 huà huàr 그림을 그리다 | 座 zuò 양 산이나 건물과 같이 부피가 큰 것을 세는 양사 | 山 shān 명 산 | 美 měi 형 아름답다 | 听说 tīngshuō 동 듣자 하니 | 参加 cānjiā 동 참가하다, 참여하다 | 比赛 bǐsài 명 시합, 대회 | 练习 liànxí 동 연습하다

问题 2

 문제 他在厨房做什么?

(🎧 2-3-2) Tā zài chúfáng zuò shénme?

그는 주방에서 무엇을 하고 있습니까?

답변 | 1 | 他在厨房做菜呢。 | 그는 주방에서 요리를 하고 있습니다.
| | Tā zài chúfáng zuò cài ne. |
| 2 | 由于工作到很晚，他现在才回到家做菜。 | 늦게까지 일하느라, 그는 이제야 집에 와서 요리를 합니다.
| | Yóuyú gōngzuò dào hěn wǎn, tā xiànzài cái huídào jiā zuò cài. |
| 3 | 为了庆祝爱人的生日，他正在厨房做拿手菜。 | 아내의 생일을 축하하기 위하여, 그는 주방에서 자기가 가장 자신 있는 요리를 만들고 있습니다.
| | Wèile qìngzhù àiren de shēngrì, tā zhèngzài chúfáng zuò náshǒucài. |

 Tip 이 문제는 단어를 많이 알고 있으면 어렵지 않은 문제이다. 일상적인 장소로 자주 출제되는 것을 꼭 외워두자!

more 장소 관련 단어

客厅 kètīng 거실 | 卧室 wòshì 침실 | 书房 shūfáng 서재 | 洗手间 xǐshǒujiān 화장실 | 阳台 yángtái 베란다

단어 厨房 chúfáng 📵 주방 | 做菜 zuò cài 📱 요리를 하다 | 由于 yóuyú 🔵 ~때문에, ~로 인하여 | 晚 wǎn 📗 (시간이) 늦다 | 回家 huíjiā 📱 집으로 돌아가다 | 为了 wèile 🔵 ~을 하기 위하여 | 庆祝 qìngzhù 📱 축하하다 | 爱人 àiren 📵 남편 또는 아내 | 拿手菜 náshǒucài 📵 가장 자신 있는 요리

问题 3 ★

문제 他在坐公交车吗?

🎧2-3-3 Tā zài zuò gōngjiāochē ma?

그는 버스를 타고 있습니까?

답변

1 不，他正坐地铁呢。

Bù, tā zhèng zuò dìtiě ne.

아니요, 그는 지하철을 타는 중입니다.

2 不，他正坐地铁去学校呢。

Bù, tā zhèng zuò dìtiě qù xuéxiào ne.

아니요, 그는 지하철을 타고 학교에 가는 중입니다.

3 不是，他正坐地铁去学校呢。坐地铁真是又快又安全。

Búshì, tā zhèng zuò dìtiě qù xuéxiào ne. Zuò dìtiě zhēnshì yòu kuài yòu ānquán.

아니요, 그는 지하철을 타고 학교에 가는 중입니다. 지하철은 정말 빠르고 안전합니다.

Tip 이 문제와 같이 그림과 다른 동작에 관한 문제를 내서 부정의 답을 이끌어내는 문제도 출제된다. 이럴 땐 먼저 '不是', '不'로 '아니다'라고 말하고, 그림에 부합하도록 동작에 대한 설명을 간단하게 하면 된다.

단어 坐 zuò 동 (교통수단을) 타다 | 公交车 gōngjiāochē 명 버스 | 地铁 dìtiě 명 지하철 | 又……又…… yòu……yòu…… 명 ~하면서 ~하다 | 快 kuài 형 빠르다 | 安全 ānquán 형 안전하다

> 동시적인 상황을 설명할 때 쓰임
> 예 房间又大又干净。방이 크고 깨끗합니다.

问题 4

문제 这儿不可以做什么?

🎧 2-3-4 Zhèr bù kěyǐ zuò shénme?

이곳에서는 무엇을 하면 안 됩니까?

제 2 부분

답변

1	这儿不可以拍照。 Zhèr bù kěyǐ pāizhào.	이곳에서는 사진을 찍으면 안 됩니다.
2	不好意思，小姐，这儿不可以拍照。 Bùhǎoyìsi, xiǎojie, zhèr bù kěyǐ pāizhào.	죄송합니다, 아가씨. 이곳에서는 사진을 찍으면 안 됩니다.
3	这儿是展览馆，不可以拍照，谢谢合作。 Zhèr shì zhǎnlǎnguǎn, bù kěyǐ pāizhào, xièxie hézuò.	이곳은 전시관이어서 사진을 찍으면 안 됩니다. 협조해 주셔서 감사합니다.

단어 拍照 pāizhào 图 사진을 찍다 | 展览馆 zhǎnlǎnguǎn 图 전시관 | 合作 hézuò 图 협력하다

问题 5

문제 她在做什么?

🎧 2-3-5 Tā zài zuò shénme?

그녀는 무엇을 하고 있습니까?

답변

1 她在一边吃饭，一边看电视呢。 그녀는 밥을 먹으면서 TV를 보고 있습니다.
   Tā zài yìbiān chī fàn, yìbiān kàn diànshì ne.

2 她喜欢一边吃饭，一边看电视。 그녀는 밥을 먹으면서 TV를 보는 것을 좋아
   Tā xǐhuan yìbiān chī fàn, yìbiān kàn diànshì. 합니다.

3 她在一边吃饭，一边看电视呢。其实 그녀는 밥을 먹으면서 TV를 보고 있습니다.
   这种习惯很不好。 사실 이런 습관은 매우 좋지 않습니다.
   Tā zài yìbiān chī fàn, yìbiān kàn diànshì ne.
   Qíshí zhè zhǒng xíguàn hěn bù hǎo.

 이 문제는 두 가지 동작을 동시에 진행하는 것에 대한 표현을 묻고 있다. 이때는 '一边 동사A, 一边 동사B (A하면서 B하다)'로 나타낸다.

📷 他一边喝咖啡，一边看书。 그는 커피를 마시면서 책을 본다.

단어 吃饭 chī fàn 图 밥을 먹다 | 看电视 kàn diànshì TV를 보다 | 其实 qíshí 图 사실 | 种 zhǒng 图 종, 종류 | 习惯 xíguàn 图 습관

❶ 他们在做什么?

❷ 他在看地图吗?

❸ 这里可以看书吗?

❹ 男的在准备什么呢?

❺ 他们在做什么?

① 他们在图书馆看书呢。 ② 不是，他在看报。 ③ 对不起，这里不可以看书。 ④ 今天是女朋友的生日，他在准备礼物呢。 ⑤ 他们在厨房洗碗呢。

각종 번호에 관한 표현

우리는 일상생활 속에서 많은 번호들과 만나게 된다. 전화번호, 휴대전화 번호, 방 번호, 버스 번호 등 수도 없이 많다. 여기에서는 바로 이런 번호를 말하는 문제가 출제된다. 대답을 할 때 주의할 점은 전화번호, 방 번호, 버스나 열차, 항공편의 번호를 말할 때 숫자 1은 'yāo'로 발음해야 하며, 숫자를 하나씩 말해야 한다는 점이다. 다른 번호들도 하나하나씩 익혀보자!

 핵심어휘로 내공 쌓기

**번호
표현**

· 电话号码 diànhuà hàomǎ 명 전화번호
　예 995-3758(九九五一三七五八) jiǔ jiǔ wǔ - sān qī wǔ bā

· 手机号码 shǒujī hàomǎ 명 휴대전화 번호
　예 010-1234-5678(零幺零一幺二三四一五六七八) líng yāo líng - yāo èr sān sì - wǔ liù qī bā

· 公交车 gōngjiāochē, 公共汽车 gōnggòng qìchē, 公车 gōngchē, 巴士 bāshì 명 시내버스
　예 501路车(五百零一路车) wǔ bǎi líng yī lù chē / (五零幺路车) wǔ líng yāo lù chē 501번 버스

· 地铁 dìtiě 명 지하철　예 1号线 yī hào xiàn 1호선, 2号线 èr hào xiàn 2호선

· 房间号码 fángjiān hàomǎ 방 번호　예 619(六幺九)号 liù yāo jiǔ hào 619호
· 病房号 bìngfáng hào 병실 번호　예 258(二五八)号 èr wǔ bā hào 258호

· 车次 chēcì 명 열차 번호　예 T6次列车 T liù cì lièchē T6번 열차

· 航班 hángbān 명 항공편　예 OZ435(四三五)次航班 OZ sì sān wǔ cì hángbān OZ435번 항공편
· 座位 zuòwèi 명 좌석　예 34A(三十四) sānshísì A

· 车牌号 chēpáihào 명 차량 번호　예 京 A 88888 (베이징의 차량 번호) jīng A bā bā bā bā bā
　　　　　　　　　　　　　　　　　　川 A 67867 (쓰촨의 차량 번호) chuān A liù qī bā liù qī

· 护照号 hùzhàohào 명 여권 번호　예 M883223 (한국의 여권 번호) M bā bā sān èr èr sān

· 邮编号码 yóubiān hàomǎ 명 우편 번호　예 120-010(幺二零一零幺零) yāo èr líng - líng yāo líng

* '一'는 '杠(gàng)'으로 읽지만 짧은 수를 말할 때는 보통 생략하고 숫자만 말한다.

问题 1 ★

문제　他的房间号是多少?

(2-4-1)　Tā de fángjiān hào shì duōshao?

그의 방은 몇 호실입니까?

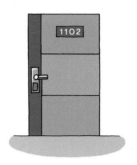

답변

1　他的房间号码是1102(幺幺零二)号。　그의 방 번호는 1102호실입니다.

　　Tā de fángjiān hàomǎ shì yāo yāo líng èr hào.

2　他住在1102号房间。　그는 1102호실에 살고 있습니다.

　　Tā zhùzài yāo yāo líng èr hào fángjiān.

3　听说他住在1102号房间，那个房间又　그는 1102호실에 살고 있는데, 그 방은 안
　　舒服又安静。　락하고 조용하다고 들었습니다.

　　Tīngshuō tā zhùzài yāo yāo líng èr hào fángjiān,
　　nà ge fángjiān yòu shūfu yòu ānjìng.

 방 번호를 말할 때는 반드시 숫자를 하나씩 읽어준다. 또한 숫자 1은 '幺 yāo'로 읽어야 하는 것에 주의한다.

예 4009 → 四零零九 sì líng líng jiǔ　　　1830 → 一八三零 yāo bā sān líng

 房间号 fángjiān hào 방 번호 | 住 zhù 图 살다, 거주하다 | 听说 tīngshuō 图 듣자 하니 | 舒服 shūfu 웹 안락
하다, 편안하다 | 安静 ānjìng 웹 조용하다

问题 2 ★

문제 他坐几路公交车回家?

🎧 2-4-2 Tā zuò jǐ lù gōngjiāochē huíjiā?

그는 몇 번 버스를 타고 집에 갑니까?

답변

1 他坐66(六十六)路车回家。

Tā zuò liùshíliù lù chē huíjiā.

그는 66번 버스를 타고 집에 갑니다.

2 他每天坐66路公车回家。

Tā měitiān zuò liùshíliù lù gōngchē huíjiā.

그는 매일 66번 버스를 타고 집에 갑니다.

3 他每天坐66路车，要一个半小时才能到家。

Tā měitiān zuò liùshíliù lù chē, yào yí ge bàn xiǎoshí cái néng dào jiā.

그는 매일 66번 버스를 타고 한 시간 반 정도를 가야 집에 도착합니다.

 Tip 버스의 번호를 말할 때에는 '버스 번호+路'로 말한다. 두 자리 숫자의 번호는 숫자를 하나씩 말하면 안 되고 숫자를 세는 법으로 읽어야 한다. 66번 버스의 경우 '六十六路'로만 말한다. 그러나 100 이상의 번호는 두 가지 방법으로 읽을 수 있다. 447번 버스의 경우 '四百四十七路', '四四七路' 둘 다 가능하다.

단어 公交车 gōngjiāochē 명 버스(= 公车 gōngchē) | 每天 měitiān 명 매일 | 大概 dàgài 부 대개 | 才 cái 부 이제야, 겨우 | 能 néng 조동 ~할 수 있다 | 到 dào 동 도착하다

问题 3 ★

문제 你住在几号病房？

🎧 2-4-3 Nǐ zhùzài jǐ hào bìngfáng?

당신은 몇 호 병실에 입원했습니까?

답변

1	我住在302号病房。 Wǒ zhùzài sān líng èr hào bìngfáng.	저는 302호 병실에 입원했습니다.
2	我住在三星医院的主楼，在302号病房。 Wǒ zhùzài sānxīng yīyuàn de zhǔlóu, zài sān líng èr hào bìngfáng.	저는 삼성병원 본관에 입원했습니다. 302호 병실입니다.
3	我住在302号病房，医院离你家挺远，别来了。 Wǒ zhùzài sān líng èr hào bìngfáng, yīyuàn lí nǐ jiā tǐng yuǎn, bié lái le.	저는 302호 병실에 입원했습니다. 병원은 당신의 집에서 너무 머니 오지 마십시오.

단어 病房 bìngfáng 몡 병실 | 医院 yīyuàn 몡 병원 | 主楼 zhǔlóu 몡 본관 | 离 lí 깨 ~에서, ~로부터 | 远 yuǎn 혱 멀다

问题 4 ★

문제 请问，去江南站怎么走？

🎧 2-4-4 Qǐngwèn, qù Jiāngnán Zhàn zěnme zǒu?

말씀 좀 여쭐게요, 강남역까지 어떻게 갑니까?

답변 1 去江南站坐2(二)号线就行。

Qù Jiāngnán Zhàn zuò èr hàoxiàn jiù xíng.

강남역에 가려면 2호선을 타면 됩니다.

2 江南站离这儿不远，坐地铁2号线5(五)分钟就到。

Jiāngnán Zhàn lí zhèr bù yuǎn, zuò dìtiě èr hàoxiàn wǔ fēnzhōng jiù dào.

강남역은 여기서 멀지 않습니다. 지하철 2호선을 타고 5분만 가면 도착합니다.

3 先坐3(三)号线到教大站，然后换2号线，再坐1(一)站就行。

Xiān zuò sān hàoxiàn dào Jiàodà Zhàn, ránhòu huàn èr hàoxiàn, zài zuò yí zhàn jiù xíng.

먼저 3호선을 타고 교대역에 가서 2호선으로 갈아타고, 한 정거장만 가면 됩니다.

 이 문제는 다음의 두 가지 질문을 포함하고 있다. 하나는 몇 호선을 타야 하는지를 묻고 있고, 또 하나는 출발지에서 목적지까지 몇 정거장이 걸리는지를 묻고 있다. 그림을 잘 보고 숫자를 정확하게 사용하여 대답해야 한다.

단어 江南站 Jiāngnán Zhàn 강남역 | 号线 hàoxiàn 명 지하철 호선 | 行 xíng 형 좋다, 괜찮다, 충분하다 | 分钟 fēnzhōng 명 분 | 先 xiān 명 원래, 처음 | 教大站 Jiàodà Zhàn 교대역 | 然后 ránhòu 접 그런 후에, 그 다음에 | 换 huàn 동 바꾸다 | 再 zài 부 재차

问题 5 ⭐

문제 他坐哪班飞机?

🎧 2-4-5 Tā zuò nǎ bān fēijī?

그는 어느 항공편을 탑니까?

답변		
1	他坐KE332(三三二)次航班。 Tā zuò KE sān sān èr cì hángbān.	그는 KE332편 항공을 탑니다.
2	航班号是KE332。 Hángbān hào shì KE sān sān èr.	항공편 번호는 KE332입니다.
3	听说他坐KE332次航班去西安旅游， 我真羡慕他。 Tīngshuō tā zuò KE sān sān èr cì hángbān qù Xī'ān lǚyóu, wǒ zhēn xiànmù tā.	듣자 하니 그는 KE332편 항공을 타고 시안 으로 여행을 간다고 합니다. 정말 부럽습 니다.

 한국어로 항공편을 말할 때, 보통 'KE332편을 타고 간다'고 말한다. 이를 중국어로 말할 때 반드시 KE332 뒤에 次와 航班을 넣어야 하는 것을 기억하자.

예 他坐OZ430次航班去青岛。(O) 그는 OZ430편 항공을 타고 칭다오에 갑니다.
　他坐OZ430去青岛。(X)

단어 班 bān 몡 교통 기관의 운행표 또는 노선 | 飞机 fēijī 몡 비행기 | 次 cì 양 차례, 번, 회 | 航班 hángbān 몡 (배·비행기의) 운항편, 항공편 | 航班号 hángbān hào 몡 항공편 번호 | 西安 Xī'ān 지명 시안 | 旅游 lǚyóu 동 여행하다 | 羡慕 xiànmù 동 부러워하다

❶ 你坐几路车去公司?

❷ 书店在几楼?

❸ 公司的电话是多少?

❹ 小王住在几号病房?

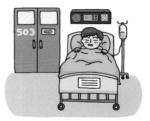

❺ 这座大楼多高?

---

① 我坐5211(五二幺幺)路去公司。 ② 书店在2(二)楼。 ③ 公司的电话是02-678-5532(零二六七八五五三二)。
④ 小王住在503(五零三)号病房。 ⑤ 这座大楼63(六十三)层。

POINT 05 날씨/계절에 관한 표현

날씨에 관한 문제는 종종 아래의 예제처럼 그림과 다른 질문을 하는 문제가 출제된다.

예

또, 위와 같은 그림을 제시하고 '他怎么了？(그는 왜 저렇습니까?)' 또는 '他感觉怎么样？(그는 어떻게 느낍니까?)'와 같이 물어보기도 하는데, 이때는 날씨와 연관지어서 '他觉得很热.(그는 매우 덥다고 느낍니다.)'와 같이 대답해야 한다.

핵심어휘로 내공 쌓기

날씨 표현

· 天气 tiānqì 몡 날씨
· 晴天 qíngtiān 몡 맑은 날씨
· 晴 qíng 혱 맑다
· 温度 wēndù 몡 온도
· 气温 qìwēn 몡 기온
· 早晚温差 zǎowǎn wēnchā 일교차
· 下阵雨 xià zhènyǔ 소나기가 내리다
· 梅雨 méiyǔ 몡 장마
· 彩虹 cǎihóng 몡 무지개
· 打雷 dǎléi 동 천둥이 치다
· 风沙 fēngshā 몡 황사
· 微尘 wēichén 몡 미세먼지

· 气候 qìhòu 몡 기후
· 阴天 yīntiān 몡 흐린 날씨
· 阴 yīn 혱 흐리다
· 湿度 shīdù 몡 습도
· 最高气温 zuìgāo qìwēn 최고 기온
· 下雨 xiàyǔ 동 비가 오다
· 下暴雨 xià bàoyǔ 폭우가 내리다
· 下雪 xiàxuě 동 눈이 내리다
· 下霜 xiàshuāng 서리가 내리다
· 大雾 dàwù 짙은 안개
· 刮风 guāfēng 동 바람이 불다
· 雾霾 wùmái 몡 스모그, 초미세먼지

	春天 chūntiān 봄	夏天 xiàtiān 여름
계절 관련 표현	· 融化 rónghuà 图 (얼음·눈이) 녹다 · 暖和 nuǎnhuo 휑 따뜻하다 · 刮风 guāfēng 图 바람이 불다 · 刮风沙 guā fēngshā 황사가 불다 · 万物复苏 wànwù fùsū 껑 만물이 소생하다 · 漫山遍野 mànshān biànyě 껑 도처에 널려있다 · 春暖花开 chūnnuǎn huākāi 　　껑 화창하고 꽃 피는 봄날의 경관 · 风和日丽 fēnghé rìlì 　　껑 바람은 산들산들하고 햇볕은 따사롭 　　다, 날씨가 화창하다 · 鲜花盛开 xiānhuā shèngkāi 　　아름다운 꽃이 활짝 피어 있다	· 闷热 mēnrè 휑 무덥다, 후텁지근하다 · 炎热 yánrè 휑 (날씨가) 무덥다 · 下雨 xiàyǔ 图 비가 오다 · 梅雨 méiyǔ 명 장마 · 避暑 bìshǔ 图 더위를 피하다 · 出汗 chūhàn 图 땀이 나다 · 晒黑 shài hēi 图 햇빛에 그을리다 · 暴雨 bàoyǔ 명 폭우 · 降水量 jiàngshuǐliàng 명 강수량 · 台风 táifēng 명 태풍

	秋天 qiūtiān 가을	冬天 dōngtiān 겨울
	· 凉快 liángkuai 휑 시원하다 · 看红叶 kàn hóngyè 단풍을 구경하다 · 读书 dúshū 图 독서하다 · 浪漫 làngmàn 휑 낭만적이다 · 秋高气爽 qiūgāo qìshuǎng 　　껑 가을 하늘이 높고 상쾌하다 · 爬山 páshān 图 등산하다 · 旅游 lǚyóu 图 여행하다, 관광하다	· 寒冷 hánlěng 휑 춥고 차다 · 滑冰 huábīng 图 스케이트를 타다 · 滑雪 huáxuě 图 스키를 타다 · 堆雪人 duī xuěrén 눈사람을 만들다 · 打雪仗 dǎ xuězhàng 눈싸움을 하다 · 大雪纷飞 dàxuě fēnfēi 껑 눈이 펄펄 내리다 · 冰天雪地 bīngtiān xuědì 　　껑 얼음과 눈으로 뒤덮여 있다, 　　지독히 춥다

问题 1 ★

문제 今天下雨吗?

 Jīntiān xiàyǔ ma?

오늘 비가 옵니까?

답변 1 今天会下雨的。 오늘 비가 올 겁니다.

Jīntiān huì xiàyǔ de.

2 不，今天会下雪的。 아니요, 오늘은 눈이 올 겁니다.

Bù, jīntiān huì xiàxuě de.

3 听天气预报说，今天会下雨。 일기예보에서 오늘 비가 올 거라고 했습니다.

Tīng tiānqì yùbào shuō, jīntiān huì xiàyǔ.

 Tip 이 부분의 문제에서는 그림과 다른 질문을 해서 부정의 답을 요구하는 문제가 많이 나온다. 그림을 잘 보고 정확한 날씨나 계절을 묘사해야 한다. '今天刮风吗? (오늘 바람이 붑니까?)', '他觉得今天怎么样? (그는 오늘 어떻다고 느낍니까?)', '天气热不热? (날씨가 덥나요, 안 덥나요?)' 등의 문제가 자주 출제된다. 추측의 표현으로 대답할 때 '会', '估计', '我想', '我觉得', '我认为' 등을 사용한다.

단어 今天 jīntiān 명 오늘 | 下雨 xiàyǔ 통 비가 오다 | 会 huì 통 ~할 가능성이 있다, ~할 것이다 | 下雪 xiàxuě 통 눈이 내리다 | 听说 tīngshuō 통 듣자 하니 | 天气预报 tiānqì yùbào 명 일기예보

问题 2 ★

문제 小李，你觉得今天比昨天热吗?

🎧 2-5-2 Xiǎo Lǐ, nǐ juéde jīntiān bǐ zuótiān rè ma?

샤오리, 당신 생각에 오늘은 어제보다 덥습니까?

답변

1	是啊，今天太热了。 Shì a, jīntiān bǐ zuótiān rè.	그래요, 오늘은 너무 덥습니다.
2	可不是吗，今天比昨天热多了。 Kě búshì ma, jīntiān bǐ zuótiān rè duō le.	그러게 말이에요, 오늘은 어제보다 많이 덥습니다.
3	今天没有昨天热。 Jīntiān méiyǒu zuótiān rè.	오늘은 어제만큼 덥지 않습니다.

 Tip 이 문제에 대답을 잘 하려면 비교문 용법을 잘 익혀야 한다. 비교문의 형식은 'A比B + (更/还) + 형용사(A는 B보다 (더) ~하다)'이다. 비교문을 말할 때 다음의 세 가지에 주의하자.

첫째, 형용사 앞에 정도부사 '很'을 쓸 수 없고, 대신 '更', '还'를 써야 한다.

예 今天比昨天更热。(O) 오늘은 어제보다 훨씬 덥다.
　　今天比昨天很热。(X)

둘째, 정도보어를 사용하여 정도를 나타낼 수 있다.

예 今天比昨天冷得多。| 今天比昨天冷得很。 오늘은 어제보다 많이 춥다.

셋째, 부정형에 주의하자! 비교문의 부정형은 'A没有B + 형용사(A는 B만큼 ~하지 않다)'이다.

예 昨天没有今天热。(O) 어제는 오늘만큼 덥지 않다.
　　昨天比今天不热。(X)

단어 今天 jīntiān 몡 오늘 | 比 bǐ 통 비교하다, ~에 비하여 | 昨天 zuótiān 몡 어제 | 热 rè 혱 덥다

问题 3 ★

문제 热死了，打开窗户好吗?

🎧 2-5-3 Rè sǐ le, dǎkāi chuānghu hǎo ma?

더워 죽겠네요. 창문 좀 열어도 되겠습니까?

답변		
1	好，我这就去开。 Hǎo, wǒ zhè jiù qù kāi.	좋습니다. 제가 바로 열겠습니다.
2	好，我也觉得太热了。 Hǎo, wǒ yě juéde tài rè le.	좋습니다. 저도 너무 덥다고 생각했습니다.
3	屋子里面是够热的，我马上去开窗户。 Wūzi lǐmiàn shì gòu rè de, wǒ mǎshàng qù kāi chuānghu.	방 안이 제법 더워서, 제가 곧 창문을 열겠습니다.

단어 打开 dǎkāi 동 열다 | 窗户 chuānghu 명 창문 | 这就 zhè jiù 지금 바로, 이제 곧 | 屋子 wūzi 명 방 | 够 gòu 형 충분하다, 넉넉하다 | 马上 mǎshàng 명 곧, 즉시

问题 4 ★

문제 水温多少度?

🎧 2-5-4 Shuǐwēn duōshao dù?

수온은 몇 도입니까?

답변

1 水温46度。

Shuǐwēn sìshíliù dù.

수온은 46도 입니다.

2 水温46度，我感觉有点热，你小心别烫着！

Shuǐwēn sìshíliù dù, wǒ gǎnjué yǒudiǎn rè, nǐ xiǎoxīn bié tàngzhe!

수온은 46도입니다. 조금 뜨거운 것 같으니. 데이지 않게 조심하십시오.

3 水温46度，太烫了。你要小心哦！

Shuǐwēn sìshíliù dù, tài tàng le. Nǐ yào xiǎoxīn ò!

수온은 46도입니다. 너무 뜨거우니 조심하십시오!

단어 水温 shuǐwēn 몡 수온, 물의 온도 | 小心 xiǎoxīn 됭 주의하다, 조심하다 | 烫 tàng 됭 데다, 화상을 입다

问题 5 ⭐

문제 外面在下雪吗?

🎧 2-5-5 Wàimiàn zài xiàxuě ma?

밖에 눈이 내리고 있습니까?

답변 1 是的，外面在下雪。   네, 밖에 눈이 내리고 있습니다.

Shìde, wàimiàn zài xiàxuě.

2 是的，外面雪下得很大。   네, 밖에는 눈이 많이 내립니다.

Shìde, wàimiàn xuě xià de hěn dà.

3 是的，外面正在下雪，你出门时多穿   네, 밖에는 눈이 내리고 있습니다. 나갈 때
点儿吧。   옷을 좀 많이 입으십시오.

Shìde, wàimiàn zhèngzài xiàxuě, nǐ chūmén shí

duō chuān diǎnr ba.

🏷️ **Tip** 먼저 그림과 질문의 내용이 일치하는지를 정확히 파악하는 게 중요하다. 질문이 그림과 일치하지 않을 경우,
먼저 '不是'라고 답하고 그림의 내용을 설명해야 한다. 질문이 그림과 일치할 경우에는 '是的'로 답한 후, 정
도보어나 양사 등을 활용하여 더욱 생동감 있게 묘사하면 고득점을 받을 수 있다.

📕 雨下得很大。 비가 매우 많이 내린다.
下了一场大雪。 한 차례 함박눈이 내렸다.

 단어 外面 wàimian 몡 바깥, 밖 | 在 zài 뷔 마침 ~하고 있다, 막 ~하고 있는 중이다(= 正在) | 下雪 xiàxuě 통 눈이 오
다 | 是的 shìde 그렇다, 맞다, 옳다 | 出门 chūmén 통 외출하다, 집을 나서다 | 穿 chuān 통 (옷·신발·양말 등
을) 입다, 신다

❶ 今天比昨天冷吗？

❷ 你最喜欢什么季节？

❸ 今天天气怎么样？

❹ 你最不喜欢什么样的天气？

❺ 今天冷不冷？

① 今天没有昨天冷。 ② 我最喜欢秋天。 ③ 今天天气有点阴。 ④ 我最不喜欢下雨天。 ⑤ 今天特别冷。

POINT 06 가격과 나이에 관한 표현

이 부분에서는 주로 물건, 의복, 모자, 신발, 책, 과일 등의 가격을 물어보거나 가격을 비교하는 문제가 나온다. 이 유형에서는 '……多少钱？(~은 얼마입니까?)', '一斤多少钱？(한 근에 얼마입니까?)', '一共多少钱？(모두 얼마입니까?)', '加起来多少钱？(합쳐서 얼마입니까?)'처럼 가격을 물어보는 문제와 가장 비싼 것 또는 가장 싼 것을 물어보는 문제가 주로 출제된다.

 핵심어휘로 내공 **쌓기**

인민폐는 문어 표현과 구어 표현이 있다. 문어 표현은 인민폐에 실제로 쓰여있는 화폐 단위로 보도, 문서 등과 같은 공식적인 상황에서 쓰이며, 구어 표현은 주로 회화에서 말할 때 쓰인다.

문어 표현	元 yuán 📵 위안	角 jiǎo 📵 쟈오(0.1위안)	分 fēn 📵 펀(0.01위안)
구어 표현	块 kuài 📵 콰이	毛 máo 📵 마오(0.1위안)	分 fēn 📵 펀(0.01위안)

※ 1元(块) = 10角(毛) = 100分

인민폐
人民币
(Rénmínbì)
화폐 단위

100元

50元

20元

10元

1元

1元

5角

1角

一百块 yìbǎi kuài 100위안	五十块 wǔshí kuài 50위안
二十块 èrshí kuài 20위안	十块 shí kuài 10위안
五块 wǔ kuài 5위안	一块 yí kuài 1위안
两毛 liǎng máo 2마오(0.2위안)	一毛 yì máo 1마오(0.1위안)

咖啡 kāfēi 커피	苹果 píngguǒ 사과
茶 chá 차	葡萄 pútao 포도
可乐 kělè 콜라	香蕉 xiāngjiāo 바나나
牛奶 niúnǎi 우유	橘子 júzi 귤
啤酒 píjiǔ 맥주	橙子 chéngzi 오렌지
葡萄酒 pútaojiǔ 와인	西瓜 xīguā 수박

鸡蛋 jīdàn 계란	面包 miànbāo 빵
牛肉 niúròu 소고기	比萨饼 bǐsàbǐng 피자
鸡肉 jīròu 닭고기	汉堡包 hànbǎobāo 햄버거
猪肉 zhūròu 돼지고기	冰淇淋 bīngqílín 아이스크림
羊肉 yángròu 양고기	鸭肉 yāròu 오리고기

관련 단어

书 shū 책	铅笔 qiānbǐ 연필
大衣 dàyī 외투 [양 件]	杯子 bēizi 컵
帽子 màozi 모자 [양 顶]	椅子 yǐzi 의자
裤子 kùzi 바지 [양 条]	床 chuáng 침대
袜子 wàzi 양말	桌子 zhuōzi 테이블
鞋 xié 신발	电脑 diànnǎo 컴퓨터 [양 台]
皮鞋 píxié 구두	手机 shǒujī 휴대전화 [양 部]
运动鞋 yùndòngxié 운동화	笔记本电脑 bǐjìběn diànnǎo 노트북 컴퓨터
高跟鞋 gāogēnxié 하이힐	电饭锅 diànfànguō 전기 밥솥
拖鞋 tuōxié 슬리퍼	饮水机 yǐnshuǐjī 정수기
钱包 qiánbāo 지갑	电冰箱 diànbīngxiāng 냉장고
皮包 píbāo (가죽) 가방	微波炉 wēibōlú 전자레인지
书包 shūbāo 책가방	加湿器 jiāshīqì 가습기
手提包 shǒutíbāo 핸드백	空调 kōngtiáo 에어컨
洗衣机 xǐyījī 세탁기	摄像机 shèxiàngjī 비디오 카메라, 캠코더

红色 hóngsè 빨간색	蓝色 lánsè 파란색	绿色 lǜsè 녹색	白色 báisè 하얀색
黑色 hēisè 검정색	黄色 huángsè 노란색	粉色 fěnsè 분홍색	紫色 zǐsè 보라색

问题 1 ★

문제 这件大衣多少钱?

(2-6-1) Zhè jiàn dàyī duōshao qián?

이 외투는 얼마입니까?

답변

1	这件大衣4300(四千三百)块。 Zhè jiàn dàyī sìqiān sānbǎi kuài.	이 외투는 4,300위안입니다.
2	这件大衣4300块,我很满意。 Zhè jiàn dàyī sìqiān sānbǎi kuài, wǒ hěn mǎnyì.	이 외투는 4,300위안인데, 아주 마음에 듭니다.
3	这件大衣4300块,质量和颜色都不错, 真是物超所值。 Zhè jiàn dàyī sìqiān sānbǎi kuài, zhìliàng hé yánsè dōu búcuò, zhēnshì wùchāo suǒzhí.	이 외투는 4,300위안인데, 품질과 색도 괜찮고 정말 가격 대비 좋은 옷입니다.

Tip 이 부분은 우선 금액을 말할 줄 알아야 하고, 물건을 세는 양사를 적합하게 쓸 줄 알아야 한다. 그중 의복과 관련된 양사는 특히 주의해야 한다. '衣服(옷)'를 세는 양사는 '件'이지만, '裤子(바지)', '裙子(치마)', '连衣裙 (원피스)'은 모두 '条'로 말한다. '帽子(모자)'의 양사는 '顶', '鞋(신발)'의 양사는 '双'이다. 모두 시험에 자주 나오는 양사이니 반드시 외우도록 하자!

단어 大衣 dàyī 몡 외투 | 满意 mǎnyì 휑 만족하다 | 质量 zhìliàng 몡 품질 | 颜色 yánsè 몡 색깔 | 物超所值 wùchāo suǒzhí 쳉 가격 이상의 품질이다

问题 2 ★

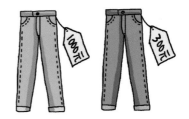

문제 小王，哪条裤子更贵?

2-6-2 Xiǎo Wáng, nǎ tiáo kùzi gèng guì?

샤오왕, 어느 바지가 더 비쌉니까?

답변

1 蓝色的裤子更贵。

　　Lánsè de kùzi gèng guì.

　　파란색 바지가 더 비쌉니다.

2 蓝色的裤子比红色的裤子贵多了。

　　Lánsè de kùzi bǐ hóngsè de kùzi guì duō le.

　　파란색 바지가 빨간색 바지보다 많이 비쌉니다.

3 红色的裤子没有蓝色的裤子贵。你买蓝色的吧。

　　Hóngsè de kùzi méiyǒu lánsè de kùzi guì. Nǐ mǎi lánsè de ba.

　　빨간색 바지는 파란색 바지보다 비싸지 않습니다. 파란색을 사세요.

단어 条 tiáo ⑱ 벌(바지를 세는 단위) | 裤子 kùzi ⑲ 바지 | 蓝 lán ⑲ 푸르다, 남색의 | 红 hóng ⑲ 붉다, 빨갛다

问题 3 ★

문제 你要换多少美元?

(2-6-3) Nǐ yào huàn duōshao Měiyuán?

당신은 몇 달러를 환전하려고 합니까?

$1 = ¥6.13

답변

1　我要换100(一百)美元。
　　Wǒ yào huàn yìbǎi Měiyuán.

저는 100달러를 환전하려고 합니다.

2　今天汇率是多少? 我要换100美元。
　　Jīntiān huìlǜ shì duōshao? Wǒ yào huàn yìbǎi Měiyuán.

오늘 환율이 얼마입니까? 저는 100달러를 환전하려고 합니다.

3　我要换100美元。请问，1(一)美元可以换多少人民币呢?
　　Wǒ yào huàn yìbǎi Měiyuán. Qǐngwèn, yì Měiyuán kěyǐ huàn duōshao Rénmínbì ne?

저는 100달러를 환전하려고 합니다. 말씀 좀 여쭐게요, 1달러를 인민폐 얼마로 환전할 수 있습니까?

 '인민폐(人民币)', '한화(韩币)', '달러(美元)' 등을 환전하는 문제가 자주 출제된다. 이중 특히 인민폐 읽는 방법을 확실히 알아두어야 한다. 또한 돈을 말할 때 중간에 숫자 '0'이 몇 개가 되더라도 하나만 읽는다는 점에 주의해야 한다. 예를 들어, 5,009의 경우 '五千零九'로 말해야 한다. '0(零)'을 빼고 '五千九'로 말하면 5,900이 되니 주의해야 한다.

예 105 : 一百零五 (○)　　150 : 一百五 (○)

 换 huàn 图 교환하다, 바꾸다 | 多少 duōshao 때 얼마 | 美元 Měiyuán 图 달러[미국의 화폐 단위] | 汇率 huìlǜ 图 환율 | 可以 kěyǐ 조동 ~할 수 있다, 가능하다 | 人民币 Rénmínbì 图 인민폐[중국의 화폐 단위]

问题 4 ★

 문제 那个女人看起来多大?

🎧 2-6-4 Nà ge nǚrén kànqǐlái duō dà?

그녀는 몇 살로 보입니까?

답변	1	40(四十)岁左右。 Sìshí suì zuǒyòu.	40세 정도로 보입니다.
	2	她看上去40岁，真年轻。 Tā kànshàngqù sìshí suì, zhēn niánqīng.	그녀는 보기에 40세 같으며, 정말 젊습니다.
	3	她保养得真好，一点儿都不像40岁。 Tā bǎoyǎng de zhēn hǎo, yìdiǎnr dōu bú xiàng sìshí suì.	그녀는 (피부를) 잘 가꾸어서, 전혀 40세 같지 않습니다.

Tip 그림을 보고 대답하는 것이므로 '보아하니', '보기에' 등의 뜻인 '看起来 kànqǐlái', '看上去 kànshàngqù', '看样子 kàn yàngzi', '显得 xiǎnde'를 사용하여 나이를 말하는 것이 좋다.

단어 多大 duō dà 몇 살입니까?[10세 이상의 사람에게 나이를 물을 때 쓰임] | 岁 suì 양 세,살(나이를 세는 단위) | 左右 zuǒyòu 명 가량, 안팎, 내외 | 看上去 kànshàngqù 보아하니 | 年轻 niánqīng 형 젊다 | 保养 bǎoyǎng 동 가꾸다, 보양하다 | 像 xiàng 동 ~와 같다, 비슷하다

문제 她几岁?

🎧 2-6-5 Tā jǐ suì?

그녀는 몇 살입니까?

답변

1 她两岁。
   Tā liǎng suì.

   그녀는 두 살입니다.

---

2 她两岁，这个孩子真可爱。
   Tā liǎng suì, zhè ge háizi zhēn kě'ài.

   그녀는 두 살입니다. 아이가 정말 귀엽습니다.

---

3 她两岁，这个孩子长得真像妈妈。
   Tā liǎng suì, zhè ge háizi zhǎng de zhēn xiàng māma.

   그녀는 두 살입니다. 아이가 정말 엄마를 닮았습니다.

나이 '두 살'은 반드시 '两岁'라고 말한다. 또한 대상의 연령에 따라서 나이를 묻는 표현도 다르기 때문에 표현을 알아야 적합한 대답을 할 수가 있다. 열 살 이하로 보이는 아주 어린 아이에겐 '几岁?', 10세 이상 혹은 자신의 나이 또래로 보이는 사람에게는 '多大?'로 묻는다. 성인의 나이는 '多大年纪?' 또는 '您多大?'로 묻고, '연세가 어떻게 되세요?'와 같은 경어 표현은 '您高寿?'를 쓸 수 있다.

二과 两 비교

二 èr	两 liǎng
• 十 앞에는 二만 사용	• 양사 앞에 사용
예 二十 : 20 (O)　　两十 (X)	• 百 , 千 , 万 , 亿에는 보통 两을 사용
• 서수, 분수, 소수, 기수 앞에는 二만 사용	※ 百는 二 , 两 모두 가능
예 第二个 두 번째 것 (O)　　第两个 (X)	
二分之一 2분의 1(O)　　两分之一 (X)	
二零零二年 èr líng líng èr nián 2002년	两年 liǎng nián 2년
二月 èr yuè 2월	两个月 liǎng ge yuè 두 달
二号 èr hào 2일	两天 liǎng tiān 이틀 (동안)
二点五 èrdiǎn wǔ 2.5	两个小时 liǎng ge xiǎoshí 두 시간 (동안)
(零)二分 líng'èr fēn 2분[시각]	两分钟 liǎng fēnzhōng 2분 (동안)
二层 èr céng 2층	两点 liǎng diǎn 두 시[시각]
二路车 èr lù chē 2번 버스	两斤 liǎng jīn 2근
二号线 èr hàoxiàn 2호선	两米 liǎng mǐ 2미터
第二 dì èr 제2	两千 liǎng qiān 2천
二十块 èrshí kuài 20위안	两万 liǎng wàn 2만
	两块 liǎng kuài 2위안
* 二百 / 两百 200	

❶ 哪个贵?

❷ 手表多少钱?

❸ 这本杂志多少钱?

❹ 他多大?

❺ 他今年多大了?

① 右边的更贵。 ② 手表100块，闹钟才70块。 ③ 一本杂志17块4毛。 ④ 他看起来像20岁。 ⑤ 他今年40岁了。

길이/무게/온도에 관한 표현

이 부분에서는 키, 몸무게, 물건의 길이, 물건의 무게, 거리, 온도 등을 물어보는 문제가 출제된다. 따라서 필수적인 도량형을 반드시 알아야 한다. 자주 출제되는 단위는 '米 (미터)', '厘米(센티미터)', '公里(킬로미터)', '公斤(킬로그램)' 등이 있다.

 핵심어휘로 내공 쌓기

무게	· 克 kè 양 그램(g) · 公斤 gōngjīn 양 킬로그램(kg) · 吨 dūn 양 톤(ton) · 斤 jīn 양 근　 ※ 한국은 한 근이 600g이지만, 중국은 한 근이 500g임.
길이	· 毫米 háomǐ 양 밀리미터(mm) · 厘米 límǐ, 公分 gōngfēn 양 센티미터(cm) · 米 mǐ 양 미터(m) ※1000 毫米 = 100 厘米 = 1 米 · 千米 qiānmǐ, 公里 gōnglǐ 양 킬로미터(km) ※ 两千米 = 两公里 2킬로미터 · 分米 fēnmǐ 양 데시미터(1m의 1/10) · 寸 cùn 양 촌, 치(1척(尺)의 1/10로, 약 3.33cm) · 尺 chǐ 양 자, 척(1丈(장)의 1/10로 약 33.3cm)
온도	· 度 dù 양 도(체온, 기온 등의 단위)　　· 摄氏度 shèshìdù 양 섭씨(온도)
넓이·부피	· 平方米 píngfāngmǐ 양 제곱미터, 평방미터(m²)　　· 立方米 lìfāngmǐ 양 세제곱미터(m³) · 升 shēng 양 리터(l) ※1000毫升 = 1升　　· 毫升 háoshēng 양 밀리리터(ml)

问题 1

문제 男人的个子多高?

🎧 2-7-1 Nánrén de gèzi duō gāo?

남자의 키는 몇 입니까?

답변

1 男人的个子1(一)米80(八零)。
   Nánrén de gèzi yì mǐ bā (líng).
   남자의 키는 1m 80cm입니다.

2 男人的身高是180(一百八十)公分。
   Nánrén de shēngāo shì yìbǎi bāshí gōngfēn.
   남자의 키는 180cm입니다.

3 他的个子和爸爸一样都是1米80。
   Tā de gèzi hé bàba yíyàng dōu shì yì mǐ bā
   (líng).
   그의 키는 아버지와 똑같이 1m 80cm입니다.

Tip 이런 문제는 다양한 질문의 방식이 등장한다. 위 문제와 같이 키를 물어보는 질문은 '他多高?', '他有多高?', '他的身高是多少?'로 묻기도 하고, 또 '谁更高?(누가 더 키가 큰가?)'라고도 물어볼 수 있다. 키에 대한 대답으로 '1米76。(1m 76cm입니다)', '176厘米。(176cm입니다)', '他有1米76。(그는 1m 76cm 정도 됩니다)' 모두 가능하다. 다양한 질문과 대답 방식 모두 익혀두는 것이 좋다. '有'는 키, 길이, 무게 등을 나타내는 숫자 앞에 쓰일 때, 어림수를 나타내는 '~정도'의 뜻이다.

단어 男人 nánrén 몡 남자 | 个子 gèzi 몡 키 | 米 mǐ 양 미터 | 身高 shēngāo 몡 키, 신장 | 公分 gōngfēn 양 센티미터 | 一样 yíyàng 톙 같다, 동일하다 | 都 dōu 틘 모두

问题 2

문제 红色铅笔多长?

🎧 2-7-2 Hóngsè qiānbǐ duō cháng?

빨간색 연필은 길이가 얼마입니까?

답변

1	红色铅笔17(十七)厘米。 Hóngsè qiānbǐ shíqī límǐ.	빨간색 연필은 17cm입니다.
2	红色铅笔长17厘米。 Hóngsè qiānbǐ cháng shíqī límǐ.	빨간색 연필의 길이는 약 17cm입니다.
3	红色铅笔17厘米，红色铅笔比蓝色铅笔长两厘米。 Hóngsè qiānbǐ shíqī límǐ, Hóngsè qiānbǐ bǐ lánsè qiānbǐ cháng liǎng límǐ.	빨간색 연필은 17cm이고, 빨간색 연필은 파란색 연필보다 2cm 길이가 더 깁니다.

 이런 유형의 문제에 대한 대답의 예로는 '圆珠笔长14厘米。(볼펜의 길이는 14cm이다)', '圆珠笔14厘米。(볼펜은 14cm이다)', '圆珠笔有14厘米长。(볼펜은 14cm 정도이다)' 세 가지 모두 가능하다.

단어 红色 hóngsè 몡 붉은색, 빨간색 | 铅笔 qiānbǐ 몡 연필 | 长 cháng 혱 (길이가) 길다 | 蓝色 lánsè 몡 파란색

问题 3 ⭐

문제 今天气温多少度?

🎧 2-7-3 Jīntiān qìwēn duōshao dù?

오늘 기온이 몇 도입니까?

1	今天气温零下5(五)度。 Jīntiān qìwēn língxià wǔ dù.	오늘 기온은 영하 5도입니다.
2	今天气温零下5度，大家今天最好不要出门。 Jīntiān qìwēn língxià wǔ dù, dàjiā jīntiān zuìhǎo bú yào chūmén.	오늘 기온은 영하 5도입니다. 오늘은 모두 외출을 하지 않는 게 좋겠습니다.
3	听天气预报说，今天最低气温是零下5度。 Tīng tiānqì yùbào shuō, jīntiān zuìdī qìwēn shì língxià wǔ dù.	일기예보에서 말하길, 오늘 최저 기온은 영하 5도입니다.

🏷 **Tip** 이 부분은 기온, 체온, 실내 온도 등을 묻는 것으로 응용될 수 있다. 예를 들어, '他的体温多少度? (그의 체온은 몇 도입니까?)', '室内温度多少? (실내 온도는 몇 도입니까?)', '今天气温多少(度)? (오늘 기온이 몇 도입니까?)' 등의 문제가 나올 수 있다.

 气温 qìwēn 몡 기온 | 零下 língxià 몡 영하 | 最好 zuìhǎo 뷔 ~하는 게 제일 좋다 | 出门 chūmén 통 외출하다 | 天气预报 tiānqì yùbào 몡 일기예보 | 低 dī 혱 낮다

问题 4 ★

문제 他的行李箱多重?

🎧 2-7-4　Tā de xínglixiāng duō zhòng?

그의 짐 가방은 무게가 얼마입니까?

답변 1　他的行李箱25(二十五)公斤。 | 그의 짐 가방은 25kg입니다.

　　Tā de xínglixiāng èrshíwǔ gōngjīn.

2　他的行李箱25公斤，超重了。 | 그의 짐 가방은 25kg으로, 규정된 중량을 초과했습니다.

　　Tā de xínglixiāng èrshíwǔ gōngjīn, chāozhòng le.

3　他的行李箱25公斤，我看托运比较好。 | 그의 짐 가방은 25kg입니다. 제 생각엔 짐을 부치는 것이 좋을 것 같습니다.

　　Tā de xínglixiāng èrshíwǔ gōngjīn, wǒ kàn tuōyùn bǐjiào hǎo.

Tip 이 문제는 무게를 묻는 문제이다. 사람의 체중(体重)이나 짐(行李), 상자(箱子), 동물(动物), 소포(包裹) 등의 무게를 물어보는 문제가 주로 출제된다. 질문의 방식은 '……有多重? (~무게가 얼마입니까?)', '……多重? (~무게가 얼마입니까?)', '……重量是多少? (~중량이 얼마입니까?)'와 같이 다양하다.

 行李箱 xínglixiāng 圆 여행용 가방, 짐 가방 | 公斤 gōngjīn 영 킬로그램(kg) | 超重 chāozhòng 동 (기준) 중량을 초과하다 | 托运 tuōyùn 동 (짐 · 화물을) 탁송하다, 운송을 위탁하다 | 比较 bǐjiào 부 비교적

问题 5 ★

문제 电影院离这儿多远？

🎧 2-7-5 Diànyǐngyuàn lí zhèr duō yuǎn?

영화관은 여기에서 얼마나 멉니까?

답변 1 电影院离这儿200(二百/两百)米。

영화관은 여기에서 200m 떨어져 있습니다.

Diànyǐngyuàn lí zhèr èrbǎi (liǎngbǎi) mǐ.

2 从这儿到电影院只有200米。

여기에서 영화관까지 200m 밖에 되지 않습니다.

Cóng zhèr dào diànyǐngyuàn zhǐ yǒu èrbǎi (liǎngbǎi) mǐ.

3 电影院离这儿很近，过第一个十字路口左拐就是。

영화관은 여기에서 가깝습니다. 첫 번째 사거리를 지나서 왼쪽으로 돌면 바로 있습니다.

Diànyǐngyuàn lí zhèr hěn jìn, guò dì yī ge shízì lùkǒu zuǒ guǎi jiù shì.

 주어(서술 대상)가 기준이 되는 어떤 '지점으로부터 떨어져 있다'는 것을 나타낼 때는 '离'를 사용해야 한다. 하지만 이런 경우에 많은 응시자들이 '从'을 써서 틀리곤 한다. '从'은 출발점·기점을 나타내는 말로 도착점·종점을 나타내는 '到'와 함께 쓴다는 점에 유의하자.

 电影院 diànyǐngyuàn 몡 영화관, 극장 ┃ 离 lí 게 ~에서, ~로부터 ┃ 这儿 zhèr 떼 이곳 ┃ 米 mǐ 양 미터(m) ┃ 从 A到B cóng A dào B A에서 B까지 ┃ 只 zhǐ 뷔 단지, 오직 ┃ 近 jìn 혱 가깝다 ┃ 过 guò 됭 지나다 ┃ 十字路口 shízìlùkǒu 몡 사거리 ┃ 左 zuǒ 몡 왼쪽 ┃ 拐 guǎi 됭 (방향을) 꺾다, 바꾸다

❶ 这个行李多重?

❷ 从家到地铁站多远?

❸ 今天最高气温多少度?

❹ 男朋友的个子多高?

❺ 电脑多重?

① 这个行李15公斤。 ② 从家到地铁站大概1公里。 ③ 据天气预报说，今天最高温度40摄氏度。 ④ 男朋友个子1米80。 ⑤ 电脑有3公斤重。/ 电脑重3公斤。

파트별 실력점검

다음의 제2부분 문제를 풀어보세요.

제 2 부분

문제 1

문제 2

문제 3

문제 4

문제 5

(3秒)　　　提示音　　　　　　　　(6秒)　　　　　　　　結束。

第三部分 | 快速回答
대화 완성하기

第三部分：快速回答

在这部分考试中，你需要完成五段简单的对话。这些对话出自不同的日常生活情景，在每段对话前，你将看到提示图。请尽量用完整的句子来回答，句子的长短和用词将影响你的分数。请听例句。

问题：老张在吗？

回答1：不在。

回答2：他现在不在，您有什么事儿吗？要给他留言吗？

两种回答都可以，但第二种回答更完整更详细，你将得到较高的分数。请听到提示音之后开始回答问题。每道题的回答时间是15秒。

下面开始提问。

제3부분: 대화 완성하기

이 부분에서는 다섯 단락의 간단한 대화를 완성해야 합니다. 이 대화들은 각기 다른 일상생활의 상황입니다. 각 단락의 대화 전에 제시된 그림을 봅니다. 최대한 완성된 문장으로 대답해주십시오. 문장의 길이와 사용된 단어는 당신의 점수에 영향을 미칩니다. 예문을 들어보세요.

문제 : 라오장 있어요?

대답 1 : 없습니다.

대답 2 : 그는 지금 없는데요. 무슨 일이십니까? 메모를 남기시겠습니까?

두 가지 대답 모두 가능하지만, 대답 2가 더 완전하고 상세하기 때문에 높은 점수를 받을 수 있습니다. 제시음을 듣고 나서 대답해주십시오. 모든 문제의 대답 시간은 15초입니다.

다음 질문을 시작하겠습니다.

제3부분	
준비시간	2초
답변시간	15초
문항수	5문항
문제유형	대화 완성하기
난이도	중

제3부분은 '快速回答(대화 완성하기)'이다. 여기에서는 그림을 보고 그림대로 설명하는 것이 아니라, 그림을 보면서 질문을 듣고 그 질문에 맞는 답을 하는 문제이다. 따라서 응시자 자신이 처한 상황이라고 가정하고 대화를 완성해야 한다. 문제가 나오고 2초 후에 마이크 아이콘에 불이 켜지면 바로 대답을 한다.

제3부분에서 중요한 점은, 첫째로 질문의 의도를 정확하게 파악하는 것으로, 먼저 응시자가 어떤 역할의 대답을 해야 하는지 파악해야 한다. 예를 들어, 생일 축하 장면일 때, 문제로 제시되는 문장이 생일을 축하해주는 친구의 말일 수도 있고 생일을 맞이한 당사자의 말일 수도 있으므로, 제시되는 문장에 따라서 응시자가 대답해야 할 말이 달라지는 것이다.

둘째로는 답변을 간단하게 하는 것으로, 묻는 말에만 대답을 한 다음, 간단한 설명을 붙이는 것이 좋다.

셋째로 마치 바로 앞에 있는 사람과 대화를 나누듯이 자연스럽게 대답하도록 하는 것이다. 채점 항목에 억양, 유창성에 대한 평가도 있기 때문에 자연스러울수록 좋은 점수를 받을 수 있다.

제3부분에서 제시되는 상황은 광범위하다. 감사, 축하, 사과, 원망, 불만, 제안, 쇼핑 등 일상생활 중 대인관계에서 발생할 수 있는 여러 가지 상황이 모두 출제 범위에 속할 수 있다. 초급자의 경우에는 1~2문장으로, 중급자 이상의 경우에는 2~3문장으로 대답하면 된다. 평소에 중국어 공부를 할 때, 친구나 동료와 짤막하게 대화하기, 상황마다 순발력 있게 대답하기 등으로 연습을 하면 도움이 될 것이다.

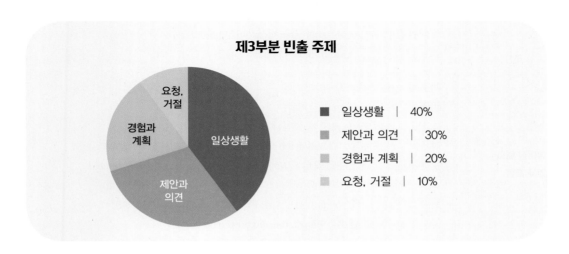

제3부분 빈출 주제

요청, 거절

경험과 계획

일상생활

제안과 의견

- ■ 일상생활 | 40%
- ■ 제안과 의견 | 30%
- ■ 경험과 계획 | 20%
- ■ 요청, 거절 | 10%

인사와 이별에 관한 표현

'你好！'와 '再见！'은 만나고 헤어질 때 가장 보편적으로 쓰는 인사말이다. 하지만 처음 만났을 때나 오랜만에 만났을 때, 또는 동료나 친구가 장기간 출장을 가거나 멀리 여행을 갈 때 등 각각의 상황에는 그에 적절한 인사말이 따로 있다. 따라서 제3부분에서는 어떤 상황인지 알아듣고 상황에 맞는 인사말을 적재적소에 쓰는 것이 중요하다. 또한 중국어는 존칭을 많이 쓰지 않지만, 처음 만나거나 공식적인 자리, 정중한 자리에서 상대방의 직함이 높거나 연장자이면 '您'으로 말하는 것이 좋다.

이 부분에서는 상사, 동료, 학교 친구 등을 처음 만나는 상황(初次见面！), 또는 친구나 동료, 가족의 안부를 묻는 상황(过得怎么样？), 모임에서 먼저 떠나며 하는 인사(失陪了！), 출장을 떠나거나 여행을 가는 사람에게 하는 인사(一路顺风！) 등이 출제된 적이 있다.

 핵심어휘로 내공 쌓기

만날 때의 인사 표현	· 初次见面。 Chūcì jiànmiàn. 처음 뵙겠습니다.
	· 请多多关照。 Qǐng duōduō guānzhào. 잘 부탁드립니다.
	· 很高兴见到你。 Hěn gāoxìng jiàndào nǐ. 만나서 반갑습니다.
	· 久仰，久仰！ Jiǔyǎng, jiǔyǎng! 존함은 익히 들었습니다!
	· 请问您贵姓？ Qǐngwèn nín guì xìng? 실례지만, 성(성함)이 어떻게 되십니까?
	· 你叫什么名字？ Nǐ jiào shénme míngzi? 이름이 뭐예요?
	· 这是我的名片。 Zhè shì wǒ de míngpiàn. 이것은 제 명함입니다.

헤어질 때의 인사 표현	· 回头见。 Huítóu jiàn. 이따 봐요.
	· 明天见。 Míngtiān jiàn. 내일 봐요.
	· 先走了。 Xiān zǒu le. 먼저 가보겠습니다.
	· 对不起，我失陪了。 Duìbuqǐ, wǒ shīpéi le. 죄송하지만, 먼저 실례하겠습니다.
	· 我就不送了，路上注意安全。 Wǒ jiù bú sòng le, lùshàng zhùyì Ānquán. 멀리 나가지 않겠습니다. 살펴가십시오.
	· 后会有期。 Hòuhuì yǒuqī. 다시 만날 날이 있을 겁니다(나중에 다시 만납시다).
	· 天下没有不散的宴席。 Tiānxià méiyǒu bú sàn de yànxí. 만나면 헤어짐이 있는 법입니다(세상에 파하지 않는 술자리는 없다).

问题 1 ★

문제 谢谢你来接我。
🎧 3-1-1 Xièxie nǐ lái jiē wǒ.
마중 나와주셔서 감사해요.

답변

1 一路上辛苦了。
   Yílù shàng xīnkǔ le.

   오시느라 고생하셨어요.

2 不用客气，我们快回公司吧。
   Búyòng kèqi, wǒmen kuài huí gōngsī ba.

   별말씀을요, 우리 어서 회사로 가시죠.

3 应该的，刚下飞机很累吧。我先送你
   去酒店休息，晚上再去公司开会。
   Yīnggāi de, gāng xià fēijī hěn lèi ba. Wǒ xiān
   sòng nǐ qù jiǔdiàn xiūxi, wǎnshang zài qù
   gōngsī kāihuì.

   마땅히 해야 할 일인걸요. 막 비행기에서 내려 피곤하시죠. 먼저 호텔로 모셔다드릴 테니 쉬시고, 저녁에 회사로 가서 회의를 하시죠.

 '一路上'은 '길을 오시는 동안'이라는 뜻이다. 멀리서 온 사람에게 '你好(안녕하세요)'보다는 '一路上辛苦了
(오시느라 수고하셨어요)'라는 인사말을 함으로써 상대방에 대한 관심과 친밀감을 나타낼 수 있다.

단어 接 jiē 图 마중하다 | 一路 yílù 圏 도중(길을 가는 중간) | 辛苦 xīnkǔ 圏 고생스럽다, 수고롭다 | 不用 búyòng 冊
~할 필요가 없다 | 客气 kèqi 圏 예의를 차리다 | 应该 yīnggāi 图 마땅히 ~해야 한다 | 刚 gāng 冊 방금, 막 | 累
lèi 圏 지치다, 피곤하다 | 送 sòng 图 배웅하다, 전송하다 | 酒店 jiǔdiàn 圏 (대형) 호텔 | 开会 kāihuì 图 회의를 열
다(하다)

问题 2

문제 真是久仰您的大名，我早就想认识您了。

🎧3-1-2 Zhēnshì jiǔyǎng nín de dàmíng, wǒ zǎojiù xiǎng rènshi nín le.

존함을 익히 들어, 일찌감치 만나 뵙고 싶었어요.

답변

1 哈哈。您太客气了。

Hāhā. Nín tài kèqi le.

하하. 별말씀을요.

2 不敢当，不敢当。认识您，我也很高兴。

Bùgǎndāng, bùgǎndāng. Rènshi nín, wǒ yě hěn gāoxìng.

천만의 말씀이세요. 만나게 되어서 저도 반가워요.

3 您真是太客气了，我哪里有什么大名啊。您能知道我的名字就让我很高兴了。

Nín zhēnshì tài kèqi le, wǒ nǎlǐ yǒu shénme dàmíng a. Nín néng zhīdào wǒ de míngzi jiù ràng wǒ hěn gāoxìng le.

별말씀을요. 제가 무슨 명성이라 할 것이 있나요. 제 이름을 아시는 것만으로도 기뻐요.

 처음 만났을 때 하는 인사라는 점에 유의하자! 처음 만나는 상황에서는 단순한 '你好！'가 아닌, '认识您很高兴！(만나서 반갑습니다!)', '久仰，久仰！(존함을 익히 들었습니다!)', '初次见面！(처음 뵙겠습니다)' 등으로 표현한다. 또한 상대방이 상사나 연장자일 경우에는 '你' 대신 '您'으로 표현해야 한다.

 真是 zhēnshì 图 정말, 사실상 | 久仰 jiǔyǎng 존함은 오래전부터 많이 들었습니다 | 大名 dàmíng 명 존함, 명성 | 早就 zǎojiù 图 오래전에, 일찌감치 | 认识 rènshi 동 알다, 인식하다 | 哈哈 hāha 의정 하하[웃음소리를 나타냄] | 不敢当 bùgǎndāng 천만의 말씀입니다 | 高兴 gāoxìng 형 기쁘다, 즐겁다 | 哪里 nǎlǐ 대 어디, 어떻게[반어적으로 쓰여 부정을 나타냄] | 名字 míngzi 명 이름, 성명

问题 3

문제   下个月我要去国外出差。

🎧 3-1-3   Xià ge yuè wǒ yào qù guówài chūchāi.

다음 달에 저 외국으로 출장 가요.

1	是吗? 真是羡慕你呀! Shì ma? Zhēnshì xiànmù nǐ ya!	그래요? 정말 부럽네요!
2	是吗? 你真辛苦, 我祝你一路顺风。 Shì ma? Nǐ zhēn xīnkǔ, wǒ zhù nǐ yílù shùnfēng.	그래요? 정말 수고가 많아요. 잘 다녀오시길 기원할게요.
3	太好了。 你到了别忘了给我带点儿当地的土特产品。 Tài hǎo le. Nǐ dào le bié wàng le gěi wǒ dài diǎnr dāngdì de tǔtè chǎnpǐn.	정말 잘됐네요. 가서서 저한테 현지 특산품 사다주는 거 잊지 마세요.

Tip 평소에 만나고 헤어질 때는 서로 '再见!', '明天见!' 등으로 인사를 주고받는다. 하지만 여행, 출장, 유학을 가거나 또는 고향에 가는 등, 멀리 길을 떠나는 사람에게는 '一路顺风!(가는 길이 순조롭기를 바랍니다!)', '一路平安!(가는 길이 편안하길 바랍니다)', '旅途愉快!(즐거운 여행 하세요!)' 등으로 인사말을 대신한다.

단어 下个月 xià ge yuè 다음 달 | 国外 guówài 몡 국외, 외국 | 出差 chūchāi 동 출장 가다 | 羡慕 xiànmù 동 부러워하다 | 一路顺风 yílù shùnfēng 솅 가시는 길이 순조롭기를 바랍니다 | 别 bié 뿐 ~하지 마라 | 忘 wàng 동 잊다 | 给 gěi 동 (~에게) ~을 주다 | 带 dài 동 (몸에) 지니다, 가지다 | 当地 dāngdì 몡 현지 | 土特产品 tǔtè chǎnpǐn 몡 특산품

问题 4 ★

문제 谢谢你的盛情款待。
🎧 3-1-4　Xièxie nǐ de shèngqíng kuǎndài.
초대해줘서 고마워.

답변 1 你别客气，以后有机会常来。　　　천만에. 나중에 기회 되면 자주 와.
Nǐ bié kèqi, yǐhòu yǒu jīhuì cháng lái.

2 你别客气了。以后我希望你带着家人　　별말을 다 하네. 나중에 가족들 데리고 우리
常来我家玩儿。　　　　　　　　　집에 자주 놀러 와.
Nǐ bié kèqi le. Yǐhòu wǒ xīwàng nǐ dàizhe jiārén
cháng lái wǒ jiā wánr.

3 吃得可好？有招待不周的地方还要多　　잘 먹었어? 대접이 변변치 못한 데가 있어
多担待啊。以后一定要常来啊。　　　도 이해해줘. 앞으로 자주 와.
Chī de kě hǎo? Yǒu zhāodài bùzhōu de dìfang
hái yào duōduo dāndài a. Yǐhòu yídìng yào
cháng lái a.

문제에 나온 '盛情款待'는 초대 받은 손님이 환대에 대해 고마움을 나타내는 인사말이다. 좀 어려운 단어지
만 숙지해두면 문제에 유연하게 응답할 수 있다. 또한 이 문제는 응시자가 손님을 초대한 주인이 되어 대답
해야 한다는 것에 유의해야 한다.

단어　盛情款待 shèngqíng kuǎndài 극진하게 대우하다 | 以后 yǐhòu 몡 이후, 금후 | 机会 jīhuì 몡 기회 | 常 cháng
몡 늘, 자주 | 希望 xīwàng 동 희망하다, 바라다 | 带 dài 동 인솔하다, 이끌다 | 家人 jiārén 몡 한 가족 | 玩 wán
동 놀다 | 吃 chī 동 먹다 | 可 kě 동 ~할 만하다 | 招待 zhāodài 동 (손님에게) 대접하다 | 不周 bùzhōu 혱 주도면
밀하지 못하다 | 担待 dāndài 동 양해하다, 관대히 보아 주다 | 一定 yídìng 뮈 반드시, 필히

问题 5 [★]

문제 要转学了，怎么和老师同学告别?

🎧 3-1-5 Yào zhuǎnxué le, zěnme hé lǎoshī tóngxué gàobié?

전학을 가게 되었는데, 선생님과 반 친구들에게 어떻게 인사할까요?

답변

1	大家好，我要转到别的学校了，我会想你们的。 Dàjiā hǎo, wǒ yào zhuǎndào bié de xuéxiào le, wǒ huì xiǎng nǐmen de.	여러분 안녕하세요! 저는 다른 학교로 전학을 가게 되었는데, 여러분이 보고 싶을 거예요.
2	我要走了，我特别感谢老师和你们对我的鼓励和支持。 Wǒ yào zǒu le, wǒ tèbié gǎnxiè lǎoshī hé nǐmen duì wǒ de gǔlì hé zhīchí.	저는 떠나게 되었지만, 선생님과 여러분의 격려와 지지에 매우 감사드려요.
3	俗话说，有缘千里来相会，在这段时间里，与各位一起学习、玩耍，这一切都会让我终生难忘。 Súhuà shuō, yǒuyuán qiānlǐ lái xiānghuì, zài zhè duàn shíjiān lǐ, yǔ gèwèi yìqǐ xuéxí, wánshuǎ, zhè yíqiè dōu huì ràng wǒ zhōngshēng nánwàng.	속담에 '인연이 있으면 꼭 다시 만난다'고 했지요. 그동안 여러분과 함께 공부하고 놀았던 모든 것을 저는 영원히 잊지 못할 거예요.

 Tip 다음은 다시 만날 기약 없이 헤어지는 상황에서 자주 쓰이는 관용 표현이므로, 꼭 알아두자.

天下没有不散的宴席。 만나면 반드시 헤어짐이 있다. | 有缘千里来相会。 인연이 있으면 다시 만날 것이다. | 后会有期。 다시 만날 날이 있을 것이다.

단어 转学 zhuǎnxué 圄 전학하다 | 同学 tóngxué 圕 학우, 학교 친구 | 告别 gàobié 圄 작별 인사를 하다 | 走 zǒu 圄 떠나다 | 感谢 gǎnxiè 圄 고맙다, 감사하다 | 鼓励 gǔlì 圕圄 격려(하다) | 支持 zhīchí 圕圄 지지(하다) | 俗话 súhuà 圕 속담, 옛말 | 有缘千里来相会 yǒuyuán qiānlǐ lái xiānghuì 圐 인연이 있으면 아무리 멀리 있어도 만난다 | 这段时间 zhè duàn shíjiān 그동안 | 各位 gèwèi 떼 여러분 | 一起 yìqǐ 圉 같이, 함께 | 玩耍 wánshuǎ 圄 놀다, 장난치다 | 一切 yíqiè 떼 일체, 전부 | 终生难忘 zhōngshēng nánwàng 圀 평생 잊지 못하다

1   "만나서 반갑습니다."

认识你, 我很高兴。 당신을 알게 되어 기쁩니다.
Rènshi nǐ,   wǒ hěn gāoxìng.

是我的荣幸。 당신을 알게 되어 영광입니다.
shì wǒ de róngxìng.

→ 크나큰 행운

真是我三生有幸。 당신을 알게 되어 참으로 큰 행운입니다.
zhēnshì wǒ sānshēng yǒuxìng.

2   "잘 부탁드립니다."

今后，在工作上，请多多指教。 앞으로 업무적으로 많은 지도 부탁드립니다.
Jīnhòu, zài gōngzuò shàng, qǐng duōduō zhǐjiào.

帮助。 앞으로 업무적으로 많은 도움 부탁드립니다.
bāngzhù.

关照。 앞으로 업무적으로 많은 관심 부탁드립니다.
guānzhào.

3   "여전하시네요."

你还是老样子。 당신 여전하십니다.
Nǐ háishi   lǎoyàngzi.

风采依旧。 당신 여전히 보기 좋습니다.
fēngcǎi yījiù.

宝刀未老。 당신 예전과 같습니다.
bǎodāo wèilǎo.

부탁과 제안에 관한 표현

이 부분에서는 부탁과 제안에 대해서 승낙하거나 거절하는 대답을 해야 한다. 주로 이사, 번역, 전자제품 수리 등을 부탁하는 상황이 출제된 적이 있고, 함께 놀러 가거나 식사, 쇼핑을 하러 가자고 제안하는 상황도 출제된 적이 있다. 부탁과 제안에 자주 쓰이는 말을 키워드를 통해서 익혀두고 각각의 상황 관련 단어도 익혀두어야 한다.

대답을 할 때, 승낙의 표현은 '没问题 ! (문제없어요!)', '好的 ! (좋죠!)', '当然可以 ! (당연히 가능하죠!)' 등으로 말문을 열고, 거절의 표현은 '不好意思。(죄송합니다.)'로 말문을 연 뒤에 간단한 설명을 덧붙이면 된다.

핵심어휘로 내공 쌓기

부탁에 관한 표현	· 请问。 Qǐngwèn. 말씀 좀 여쭤보겠습니다.
	· 打扰一下。 Dǎrǎo yíxià. 실례합니다.
	· 请你……。 Qǐng nǐ ……. ~좀 해주세요.
	· 可以帮我……? Kěyǐ bāng wǒ ……? 저를 도와 ~해줄 수 있습니까?
	· 麻烦你……。 Máfan nǐ ……. 죄송합니다만 ~.
	· 我可以……? Wǒ kěyǐ ……? ~해도 됩니까?
제안에 관한 표현	· 我建议…… Wǒ jiànyì …… 내가 제안하는 바로는
	· 我看，你还是…… Wǒ kàn, nǐ háishi …… 내가 봤을 때는 그래도
	· 我劝你…… Wǒ quàn nǐ …… 내가 권하는 바로는
	· 我认为…… Wǒ rènwéi …… 내 생각으로는

제 **3** 부분

问题 1 ★

문제 你可以帮我翻译一下这个资料吗？

🎧 3-2-1 Nǐ kěyǐ bāng wǒ fānyì yíxià zhè ge zīliào ma?

저를 도와서 이 자료 좀 번역해줄 수 있어요?

답변

1 好的，没问题。

　　Hǎode, méi wèntí.

　　네, 문제없어요.

2 好的，我抽时间帮你翻译。你别担心。

　　Hǎode, wǒ chōu shíjiān bāng nǐ fānyì. Nǐ bié dānxīn.

　　네. 시간을 내서 번역해줄게요. 걱정하지 마세요.

3 真不好意思，我最近一直加班，根本抽不出时间来。下次吧。

　　Zhēn bùhǎoyìsi, wǒ zuìjìn yìzhí jiābān, gēnběn chōubuchū shíjiān lái. Xiàcì ba.

　　정말 미안해요. 제가 요즘 계속 야근을 해서 전혀 시간을 낼 수 없어요. 다음에 해줄게요.

 Tip 부탁할 때나, 누구 대신 또는 누구를 도와 무엇을 해준다는 표현으로 '帮'을 많이 사용한다. '你可以帮我……吗?(당신 제가 ~하는 것 좀 도와줄 수 있어요?)', '你帮我……吗?(제가 ~하는 것 좀 도와주시겠어요?)' 등으로 부탁을 하고, 반대로 누군가를 도와주거나 대신 무엇을 해줄 때는 '我帮你…… (제가 당신을 도와 ~해드릴게요)'로 말한다. 잘 알아듣고 말할 수 있도록 연습하자!

　📖 你可以帮我开门吗? 나 대신 문 좀 열어줄래요?

　　你帮我们照一张相，好吗? 저희에게 사진 한 장 찍어주시겠어요?

　　我帮你请假。제가 당신 대신 휴가를 신청해줄게요.

단어 可以 kěyǐ 조동 ~할 수 있다, 가능하다 | 帮 bāng 동 돕다, 거들다 | 翻译 fānyì 동 번역하다, 통역하다 | 资料 zīliào 명 자료 | 抽时间 chōu shíjiān 시간을 내다 | 担心 dānxīn 동 걱정하다 | 不好意思 bùhǎoyìsi 부끄럽다, 미안하다 | 最近 zuìjìn 명 최근, 요즈음 | 加班 jiābān 동 초과 근무를 하다 | 根本 gēnběn 부 전혀, 도무지 | 下次 xiàcì 명 다음 번

问题 2 ★

문제 电脑坏了，能不能帮我修理一下儿？

🎧 3-2-2 Diànnǎo huài le, néng bu néng bāng wǒ xiūlǐ yíxiàr?

컴퓨터가 고장 났는데, 수리 좀 해주실 수 있나요?

답변

1	好的，我马上派人过去。 Hǎode, wǒ mǎshàng pài rén guòqu.	네, 지금 곧 사람을 보낼게요.
2	好的。麻烦你告诉我一下房间号码。 Hǎode. Máfan nǐ gàosu wǒ yíxià fángjiān hàomǎ.	네, 죄송합니다만, 방 번호 좀 알려주세요.
3	好的。我今天下午正好有时间，就去帮你修理一下吧。 Hǎode. Wǒ jīntiān xiàwǔ zhènghǎo yǒu shíjiān, jiù qù bāng nǐ xiūlǐ yíxià ba.	네, 제가 오늘 오후에 마침 시간이 있으니 가서 수리해 드릴게요.

 Tip '坏'는 '나쁘다'라는 뜻도 있고 '고장 나다'의 뜻도 있다. '고장 났다'는 '坏了 / 出了毛病 / 有问题 / 出了故障'으로 표현할 수 있다. 이 문제에서는 종업원의 입장에서 대답해야 했지만 반대로 구매자의 입장에서 말하는 문제가 출제되기도 하니 단어를 반드시 익혀두어야 한다.

단어 电脑 diànnǎo 몡 컴퓨터 | 坏 huài 동 고장 나다 | 修理 xiūlǐ 동 수리하다 | 马上 mǎshàng 부 곧, 즉시 | 派 pài 동 파견하다, 보내다 | 麻烦 máfan 동 귀찮게 하다, 번거롭게 하다 | 告诉 gàosu 동 말하다, 알리다 | 房间 fángjiān 몡 방 | 号码 hàomǎ 몡 번호 | 下午 xiàwǔ 몡 오후 | 正好 zhènghǎo 부 마침

제3부분

③
부
분

问题 3 ★

문제 请问，小李在吗？

(3-2-3) Qǐngwèn, Xiǎo Lǐ zài ma?

말씀 좀 여쭐게요, 샤오리 있어요?

답변

1 他不在，他刚刚出去了。

Tā bú zài, tā gānggāng chūqù le.

그는 없어요. 방금 나갔어요.

2 他不在，请问您贵姓，他回来了我告诉他。

Tā bú zài, qǐngwèn nín guì xìng, tā huílái le wǒ gàosu tā.

그는 자리에 없어요. 실례지만, 성함이 어떻게 되세요? 그가 돌아오면 그에게 알려줄게요.

3 真不巧，他刚刚出门，你早一分钟打来就好了。请问，你有什么事儿吗？

Zhēn bùqiǎo, tā gānggāng chūmén, nǐ zǎo yì fēnzhōng dǎlái jiù hǎo le. Qǐngwèn, nǐ yǒu shénme shìr ma?

공교롭게도 그는 방금 나갔어요. 1분만 빨리 전화했어도 좋았을 텐데요. 실례지만, 무슨 일이시죠?

 전화를 걸어 누구를 찾는 상황이나 전화를 받는 상황의 문제가 출제될 수 있다. 아래 관련된 표현을 익혀 두자.

예 您找哪位？누구를 찾으세요?
    你有什么事儿吗？무슨 일이세요?
    请留一下言。메시지를 남겨주세요.
    请他回个电话。그에게 전화해 달라고 해주세요.

请他接电话。그를 좀 바꿔주세요.
你要留言吗？메시지를 남기시겠습니까?
请转告他……。그에게 ~라고 전해주세요.

단어 刚刚 gānggāng 🔢 방금, 막 ㅣ 贵姓 guìxìng 🔢 (상대방의) 성 ㅣ 不巧 bùqiǎo 🔢 공교롭게도 ㅣ 出门 chūmén 🔢 외출하다, 집을 나서다 ㅣ 分钟 fēnzhōng 🔢 분 ㅣ 打 dǎ 🔢 전화를 걸다 ㅣ 事儿 shìr 🔢 일, 사건

问题 4

문제
（3-2-4）

我有两张电影票，下班后我们一起去看，怎么样?

Wǒ yǒu liǎng zhāng diànyǐngpiào, xiàbān hòu wǒmen yìqǐ qù kàn, zěnmeyàng?

저한테 영화표가 두 장 있는데, 퇴근 후에 우리 함께 영화 보러 가는 거 어때요?

답변

1 好呀! 我们下班后在公司门口见吧。

Hǎo ya! Wǒmen xiàbān hòu zài gōngsī ménkǒu jiàn ba.

좋죠! 우리 퇴근 후에 회사 앞에서 만나요.

2 太好了，我都好久没看电影了。心里怪痒痒的。

Tài hǎo le, wǒ dōu hǎojiǔ méi kàn diànyǐng le. Xīnli guài yǎngyang de.

정말 잘됐네요. 저는 아주 오랫동안 영화를 못 봐서 근질근질했어요.

3 不好意思，我今天身体有点儿不舒服，我想早点儿回去休息。

Bùhǎoyìsi, wǒ jīntiān shēntǐ yǒudiǎnr bù shūfu, wǒ xiǎng zǎodiǎnr huíqù xiūxi.

미안해요, 제가 오늘 몸이 좀 안 좋네요. 일찍 돌아가서 쉬고 싶어요.

 부탁이나 제안을 할 때 문장 끝에 '好吗?', '可以吗?', '行吗?', '怎么样?', '好不好?' 등을 붙이면 한결 부드러운 어기로 나타낼 수 있다.

예 周六我们一起去看电影，好不好? 토요일에 우리 함께 영화 보러 가는 거 어때요?

 电影票 diànyǐngpiào 몡 영화표 | 下班 xiàbān 통 퇴근하다 | 门口 ménkǒu 몡 입구 | 见 jiàn 통 만나다 | 好久 hǎojiǔ 혱 (시간이) 오래다 | 怪 guài 뭐 대단히, 몹시 | 痒痒 yǎngyang 혱 ~하고 싶어 못 견디다, 근질근질하다 | 舒服 shūfu 혱 (육체나 정신이) 편안하다

问题 5 ⭐

문제 周日我们一起去爬山吧。
🎧 3-2-5　Zhōurì wǒmen yìqǐ qù páshān ba.
일요일에 우리 함께 등산 갑시다.

답변 1　好呀！我最近正想减肥呢。

　　　　Hǎo ya! Wǒ zuìjìn zhèng xiǎng jiǎnféi ne.

좋죠! 요즘 마침 다이어트하고 싶었어요.

2　不好意思呀，我周日得去参加朋友的
　　婚礼，我们下次去吧。

　　Bùhǎoyìsi ya, wǒ zhōurì děi qù cānjiā péngyou
　　de hūnlǐ, wǒmen xiàcì qù ba.

미안해요, 저는 일요일에 친구 결혼식에 가
야 해요. 다음에 가죠.

3　听天气预报说，周日有雨，我估计你
　　们的计划又泡汤了。

　　Tīng tiānqì yùbào shuō, zhōurì yǒu yǔ, wǒ gūjì
　　nǐmen de jìhuà yòu pàotāng le.

일기예보에서 일요일에 비가 온다고 했어
요. 제 생각에는 당신들의 계획이 또 수포로
돌아갈 것 같은데요.

 '吧'는 문장 끝에서 '~합시다', '~하세요' 등과 같이 제안이나 청유 또는 가벼운 명령을 나타낸다.
　　🔲 我们一起去看棒球比赛吧。우리 함께 야구 경기 보러 갑시다.
　　　　我们下次一起去吃饭吧。우리 다음에 함께 식사하러 갑시다.
　　　　你们快来吧。빨리 오세요.

 바라던 일이나 계획이 이루어지지 않을 때 '计划落空(계획이 허사가 되다)', '计划泡汤(계획이
　　수포로 돌아가다)'이라고 표현한다.

단어　周日 zhōurì 몡 일요일 | 爬山 páshān 통 등산하다 | 减肥 jiǎnféi 통 살을 빼다 | 得 děi 조통 ~해야 한다 | 参加
cānjiā 통 참가하다, 참석하다 | 朋友 péngyou 몡 친구 | 婚礼 hūnlǐ 몡 결혼식 | 天气预报 tiānqì yùbào 몡 일기
예보 | 估计 gūjì 통 추측하다, 예측하다 | 计划 jìhuà 몡 계획 | 泡汤 pàotāng 통 물거품이 되다, 수포로 돌아가다

실력 다지기 다음의 표현을 익혀보세요.

1 "번거로우시겠지만 저를 좀 도와주십시오."

麻烦您帮我 翻译一下英文资料。 번거로우시겠지만 영문 자료 번역 좀 도와주십시오.
Máfan nín bāng wǒ fānyì yíxià yīngwén zīliào.

修理一下电脑。 번거로우시겠지만 컴퓨터 수리 좀 도와주십시오.
xiūli yíxià diànnǎo.

请一下假。 번거로우시겠지만 휴가 신청 좀 해주십시오.
qǐng yíxià jià.

2 "이곳에서는 안 됩니다."

在这里不可以 拍照。 이곳에서는 사진을 찍으면 안 됩니다.
Zài zhèlǐ bù kěyǐ pāizhào.

游泳。 이곳에서는 수영을 하면 안 됩니다.
yóuyǒng.

抽烟。 이곳에서는 흡연을 하면 안 됩니다.
chōuyān.

3 "… 해 주실 수 있습니까?"

能不能 帮我叫一辆出租车? 택시를 불러주실 수 있습니까?
Néng bu néng bāng wǒ jiào yí liàng chūzūchē?

帮我把窗户关上? 창문을 닫아주실 수 있습니까?
bāng wǒ bǎ chuānghu guān shàng?

把你的车借给我? 당신의 차를 좀 빌려주실 수 있습니까?
bǎ nǐ de chē jiè gěi wǒ?

POINT 03 초대와 거절에 관한 표현

이 부분에서는 결혼식, 생일, 식사 등에 초대를 하거나, 반대로 이런 초대를 받은 상황에서 승낙이나 거절을 하는 대화가 문제로 출제된다.

초대에 응할 때는 먼저, '好啊(좋아요)', '太好了(정말 잘됐네요)' 등으로 답하고, 뒤에 간단한 말을 더하면 된다. 또 거절할 때는 직접적으로 안 된다고 말하기보다는 우선 '不好意思(미안해요)', '对不起(죄송해요)'라고 완곡하게 말한 뒤, 거절하는 이유를 간단하게 설명하는 것이 좋다.

 핵심어휘로 내공 쌓기

	· 我想请你……。 Wǒ xiǎng qǐng nǐ ……. 저는 당신이 ~을 해주었으면 좋겠습니다.
	· 我请客。 Wǒ qǐng kè. 제가 한턱 내겠습니다.
	· 晚上吃饭我做东。 Wǎnshang chī fàn wǒ zuòdōng. 저녁 식사는 제가 사겠습니다.
	· 到我家吃个便饭吧。 Dào wǒ jiā chī ge biànfàn ba. 우리 집에 가서 간단하게 식사를 합시다.
	· 可以参加吗? Kěyǐ cānjiā ma? 참가할 수 있나요?
초대에 관한 **표현**	· 有空吗? Yǒu kòng ma? 시간 있습니까?
	· 真不好意思，让你这么破费。 이렇게 돈을 쓰게 해서 정말 몸 둘 바를 모르겠습니다. Zhēn bùhǎoyìsi, ràng nǐ zhème pòfèi.
	· 希望你能参加我们的婚礼。 Xīwàng nǐ néng cānjiā wǒmen de hūnlǐ. 당신이 제 결혼식에 참석해주시기를 바랍니다.
	· 不用客气，这算不了什么。 Búyòng kèqi, zhè suànbuliǎo shénme. 천만에요, 이게 뭐라고요.
거절에 관한 **표현**	· 不好意思，我已经有约了。 Bùhǎoyìsi, wǒ yǐjīng yǒu yuē le. 죄송해요, 그날은 이미 약속이 있습니다.
	· 真不巧，我那天有事儿。 Zhēn bùqiǎo, wǒ nà tiān yǒu shìr. 정말 유감스러워요, 그날은 제가 일이 있습니다.
	· 我们改天吧。 Wǒmen gǎitiān ba. 다음에(다른 날에) 봅시다.
	· 恐怕不行。 Kǒngpà bùxíng. 안 될 것 같습니다.

문제 今天晚上你有空吗? 咱们一起去吃火锅吧!

🎧 3-3-1 Jīntiān wǎnshang nǐ yǒu kòng ma? Zánmen yìqǐ qù chī huǒguō ba!

오늘 저녁에 시간 있어요? 우리 같이 훠궈 먹으러 가요!

답변

1　太好了。我们想到一块儿去了。

　　Tài hǎo le. Wǒmen xiǎngdào yíkuàir qù le.

　　정말 잘됐어요. 우리 같은 생각을 했네요.

2　不好意思, 今天晚上我有一些事。要不改天吧。

　　Bùhǎoyìsi, jīntiān wǎnshang wǒ yǒu yìxiē shì. Yàobù gǎitiān ba.

　　미안해요, 오늘 저녁에 일이 좀 있어요. 아니면 다음에 가죠.

3　好啊! 公司附近新开了一家火锅店, 听说生意挺火的。我们就去那里吧。

　　Hǎo a! Gōngsī fùjìn xīn kāi le yì jiā huǒguō diàn, tīngshuō shēngyi tǐng huǒ de. Wǒmen jiù qù nàlǐ ba.

　　좋아요! 회사 근처에 훠궈 식당이 새로 문을 열었는데 장사가 아주 잘 된다고 들었어요. 우리 거기로 가죠.

 Tip　초대나 제안을 받았을 때 마침 나도 가고 싶었거나, 하고 싶었던 일일 경우가 있다. 이럴 때 '나도 같은 생각을 했어!', '우리 둘이 같은 생각을 했네!'의 뜻으로 '我们想到一块儿了', '两个人正好想到一起了'라고 말할 수 있다.

단어　有空 yǒu kòng 틈이 나다, 시간이 나다 | 咱们 zánmen 때 우리(들) | 火锅 huǒguō 몡 훠궈[샤브샤브의 일종] | 一块儿 yíkuàir 囝 함께 | 要不 yàobù 젭 그렇지 않으면 | 改天 gǎitiān 뗑 다른 날, 나중 | 附近 fùjìn 몡 근처 | 新 xīn 새로이 | 开 kāi 통 영업을 시작하다, 문을 열다 | 听说 tīngshuō 통 듣자 하니 | 生意 shēngyi 몡 장사 | 挺 tǐng 囝 상당히, 대단히 | 火 huǒ 톙 왕성하다, 번창하다

问题 2 ★

문제 周六你休息的话，来我家玩儿吧，怎么样?

🎧3-3-2 Zhōuliù nǐ xiūxi de huà, lái wǒ jiā wánr ba, zěnmeyàng?

너 토요일에 쉬면, 우리 집에 놀러 오는 거 어때?

답변

1 好的，我一定去。

　　Hǎode, wǒ yídìng qù.

좋아, 꼭 갈게.

2 不好意思，我最近公司很忙，周六得加班。

　　Bùhǎoyìsi, wǒ zuìjìn gōngsī hěn máng, zhōuliù děi jiābān.

미안해, 요즘 회사 일이 바빠서 토요일에는 특근을 해야 해.

3 好啊，正好我周末没有什么事儿，那我就恭敬不如从命了。

　　Hǎo a, zhènghǎo wǒ zhōumò méiyǒu shénme shìr, nà wǒ jiù gōngjìng bùrú cóngmìng le.

좋아. 나 마침 주말에 아무 일도 없으니, 사양하지 않고 그렇게 할게.

 '正好'는 '마침, 딱'이라는 뜻으로 구어에서 자주 사용되는 말이다. '正好' 대신 '恰好', '刚好', '正巧'로도 말할 수 있다.

예 正好想去 마침 가고 싶다
正好想吃 마침 먹고 싶다
正好有事 마침 일이 있다

 周六 zhōuliù 몡 토요일 | 的话 de huà 조 ~하다면, ~이면 | 得 děi 조동 ~해야 한다 | 加班 jiābān 통 초과 근무를 하다 | 正好 zhènghǎo 몡 마침 | 周末 zhōumò 몡 주말 | 恭敬不如从命 gōngjìng bùrú cóngmìng 염치 불고하고 따르다, 더 사양하지 않고 기꺼이 호의를 받겠다

问题 3 ★

문제 你就来唱一首吧。

🎧 3-3-3 Nǐ jiù lái chàng yì shǒu ba.

당신이 한 곡 불러요.

답변 1 好的，那我今天就给大家露一手吧。

Hǎode, nà wǒ jīntiān jiù gěi dàjiā lòu yìshǒu ba.

좋아요, 그럼 제가 오늘 여러분에게 한 수 보여 드리죠.

2 我实在不会唱，唱得也不好，就别为难我了。

Wǒ shízài bú huì chàng, chàng de yě bù hǎo, jiù bié wéinán wǒ le.

저는 정말 노래 못해요, 잘하지도 못하는데 저를 난처하게 하지 말아주세요.

3 我今天嗓子特别不舒服，一唱就跑调。我就不献丑了。等我以后练好了，再给大家唱吧。

Wǒ jīntiān sǎngzi tèbié bù shūfu, yí chàng jiù pǎodiào. Wǒ jiù bú xiànchǒu le. Děng wǒ yǐhòu liànhǎo le, zài gěi dàjiā chàng ba.

제가 오늘 목이 특히 안 좋아서, 노래하면 음도 안 맞을 거예요. 저는 안 부를게요. 제가 나중에 잘 연습해서 여러분께 불러 드릴게요.

Tip '露一手(솜씨를 보여주다)'는 자신 있어 하는 무언가를 남들에게 해줄 때 자주 쓰는 말이다. 누구에게 요리를 해줄 때나 사람들 앞에서 노래를 할 때 등과 같은 상황에서 쓸 수 있는 말이다. 보여주는 대상을 말할 때는 '给'를 써서 '我给大家露一手(여러분께 한 수 보여 드리죠)'와 같이 표현한다.

단어 唱 chàng 图 노래하다 | 首 shǒu 양 수[시·노래 등을 세는 단위] | 露一手 lòu yìshǒu (솜씨를) 한 수 보여주다 | 实在 shízài 부 정말, 참으로 | 为难 wéinán 형 난처하다, 난감하다 | 嗓子 sǎngzi 명 목소리, 목청 | 舒服 shūfu 형 (몸이) 편하다, 쾌적하다 | 跑调 pǎodiào 곡조가 맞지 않다 | 献丑 xiànchǒu 图 부끄러운 솜씨를 보여 드리겠습니다 | 等 děng 图 (~까지) 기다리다 | 练 liàn 图 연습하다

问题 4 ★

문제 请问，有小一号的鞋吗？

🎧 3-3-4 Qǐngwèn, yǒu xiǎo yí hào de xié ma?

실례지만, 한 치수 작은 신발 있나요?

답변 1 对不起，你试穿的鞋只剩下这一双了。

Duìbuqǐ, nǐ shìchuān de xié zhǐ shèngxià zhè yì shuāng le.

죄송합니다만, 신어보신 신발은 이것밖에 안 남았어요.

2 有，小姐，请稍等一会儿。我马上给你拿。

Yǒu, xiǎojie, qǐng shāo děng yíhuìr. Wǒ mǎshàng gěi nǐ ná.

있어요, 손님. 잠시만 기다리세요. 제가 바로 갖다 드릴게요.

3 小姐，你现在试穿的鞋只剩下这一双了。要不，你试一试其他款式的鞋？怎么样？

Xiǎojie, nǐ xiànzài shìchuān de xié zhǐ shèngxià zhè yì shuāng le. Yàobù, nǐ shì yi shì qítā kuǎnshì de xié? Zěnmeyàng?

손님, 지금 신어보신 신발은 이것밖에 안 남았어요. 아니면 다른 스타일로 한번 신어보시겠어요? 어떠세요?

 이 문제는 응시자가 백화점 점원이 되어 대답해야 하는 문제이다. 응시자가 항상 손님, 구매자만 되는 게 아니라 점원, 가게 주인, 판매자 등의 입장으로 대답하는 문제도 출제되니 주의해야 한다.

 小 xiǎo 휑 (크기나 양이) 작다, 적다 ┃ 号 hào 휑 사이즈 ┃ 鞋 xié 휑 신(발), 구두 ┃ 试穿 shìchuān 동 입어보다 ┃ 剩 shèng 동 남다, 남기다 ┃ 双 shuāng 휑 켤레 ┃ 小姐 xiǎojie 휑 아가씨, 젊은 여자 ┃ 稍 shāo 휑 약간, 조금 ┃ 马上 mǎshàng 휑 곧, 즉시 ┃ 拿 ná 동 잡다, 가지다 ┃ 现在 xiànzài 휑 지금, 현재 ┃ 其他 qítā 때 다른 사물(사람), 기타 ┃ 款式 kuǎnshì 휑 스타일, 양식

问题 5 ⭐

문제 下班后，我们一起去运动吧。

（3-3-5） Xiàbān hòu, wǒmen yìqǐ qù yùndòng ba.

퇴근 후에 우리 같이 운동하러 가요.

답변

1	好呀，我也正想去呢。 Hǎo ya, wǒ yě zhèng xiǎng qù ne.	좋죠, 저도 마침 갈 생각이었어요.
2	我也好久没去了，今天就陪你一起去吧。 Wǒ yě hǎojiǔ méi qù le, jīntiān jiù péi nǐ yìqǐ qù ba.	저도 오랫동안 안 갔으니, 오늘은 당신과 함께 가죠.
3	不好意思，我全身不舒服，今天我想早点儿回去休息。我们下次去吧。 Bùhǎoyìsi, wǒ quánshēn bù shūfu, jīntiān wǒ xiǎng zǎodiǎnr huíqù xiūxi. Wǒmen xiàcì qù ba.	미안해요, 제가 온몸이 편치가 않아서, 오늘은 일찍 돌아가서 쉬고 싶어요. 우리 다음에 가요.

상대방의 요구나 제안에 응할 때 '같이 가줄게요', '같이 하죠'라는 표현으로 '陪'를 자주 쓴다. '陪'는 보통 동년배나 연장자에게 쓸 수 있다.

예 我陪你去。 내가 너랑 갈게. (내가 함께 가줄게.)

我陪妈妈去吧。 제가 엄마를 모시고 가죠.

반면에 '带'는 보통 동년배 또는 나이가 어린 사람에게 '(내가) 데리고'의 의미로 사용한다. 연장자에게는 쓸 수 없는 것에 유의하자.

단어 运动 yùndòng 동 운동하다 | 陪 péi 동 동반하다 | 全身 quánshēn 명 전신, 온몸

1 "당신을 초대하고 싶습니다."

我想邀请你 来参加我的生日派对。 당신을 제 생일파티에 초대하고 싶습니다.
Wǒ xiǎng yāoqǐng nǐ lái cānjiā wǒ de shēngrì pàiduì.

来我家做客。 당신을 저의 집에 초대하고 싶습니다.
lái wǒ jiā zuòkè.

参加我们的婚礼。 당신을 저희 결혼식에 초대하고 싶습니다.
cānjiā wǒmen de hūnlǐ.

2 "정말 죄송합니다만…"

真不好意思， 我那天正好去出差。 정말 죄송합니다만, 저는 그날 마침 출장 갑니다.
Zhēn bùhǎoyìsi, wǒ nà tiān zhènghǎo qù chūchāi.

我今天身体不舒服，可能要提前回家休息。
wǒ jīntiān shēntǐ bù shūfu, kěnéng yào tíqián huíjiā xiūxī.
정말 죄송합니다만, 저는 오늘 몸이 안 좋아서, 일찍 집에 가서 쉬어야겠습니다.

我的车已经借出去了。 정말 죄송합니다만, 제 차는 이미 빌려주었습니다.
wǒ de chē yǐjīng jiè chūqu le.

3 "… 좀 하고 싶습니다."

我想把 订餐的时间取消。 저는 식사 예약을 취소하고 싶습니다.
Wǒ xiǎng bǎ dìngcān de shíjiān qǔxiāo.

明天的机票改成下周五。 저는 내일 비행기를 다음주 금요일로 바꾸고 싶습니다.
míngtiān de jīpiào gǎichéng xià zhōu wǔ.

今天的会议延后半个小时。 저는 오늘 회의를 30분만 미루고 싶습니다.
jīntiān de huìyì yánhòu bàn ge xiǎoshí.

감사와 사과에 관한 표현

일상생활 속에서 감사와 사과의 표현을 해야 할 순간들이 많이 있다. 제3부분에서는 다양한 중국어 표현들을 익히는 것이 관건이다. 감사를 나타내야 할 때 '谢谢。'처럼 간단한 표현도 있는 반면, '向你表示感谢。(당신에게 감사합니다.)' 같은 관용 표현을 비롯해 여러 가지 표현이 있다. '죄송합니다'라는 표현도 '不好意思。', '对不起。', '抱歉。' 등으로 다양하게 말할 수 있다. 물론 쓰이는 상황이 조금씩 다르므로 문제를 통해서 구체적인 상황과 표현을 익혀보기로 하고, 우선 키워드를 중심으로 기본 표현을 익혀두자.

 핵심어휘로 내공 쌓기

감사의 표현

· 向你表示感谢。 당신에게 감사드립니다. *向A表示感谢 A에게 감사하다
  Xiàng nǐ biǎoshì gǎnxiè.

· 我要衷心地谢谢你。 Wǒ yào zhōngxīn de xièxie nǐ. 진심으로 당신에게 감사를 드립니다.

· 真不知道怎么感谢你才好。 어떻게 감사해야 좋을지 정말 모르겠습니다.
  Zhēn bù zhīdào zěnme gǎnxiè nǐ cái hǎo.

· 你的好意我心领了。 Nǐ de hǎoyì wǒ xīnlǐng le. 당신의 호의는 마음으로 받겠습니다.

· 在你的帮助下。 Zài nǐ de bāngzhù xià. 당신의 도움 덕입니다.

· 多亏你的帮助。 Duōkuī nǐ de bāngzhù. 당신의 도움 덕분입니다.

· 谢谢你的盛情款待。 Xièxie nǐ de shèngqíng kuǎndài. 초대해주셔서 감사합니다.

겸손의 표현

· 太客气了。 / 别客气。 / 不用那么客气。 / 客气什么呀。
  Tài kèqi le. / Bié kèqi. / Búyòng nàme kèqi. / Kèqi shénme ya.
  예의 차리지 마세요. 사양하지 마세요.

· 你太见外了。 Nǐ tài jiànwài le. 남처럼 대하시네요.

· 没什么。 Méi shénme. 별것 아닙니다.

· 咱俩谁跟谁呀。 Zán liǎ shéi gēn shéi ya. 우리가 어떤 사이인데요. 우리 사이에 뭘요.

· 哪儿的话。 Nǎr de huà. 아닙니다. 천만에요.

· 哪里哪里。 Nǎlǐ nǎlǐ. 별말씀요. 천만에요.

· 您过奖了。 Nín guòjiǎng le. 과찬이십니다.

· 还差得远呢。 Hái chà de yuǎn ne. 아직 멀었습니다. 많이 부족합니다.

· 别见外。 Bié jiànwài. 남처럼 대하지 마세요.

사과의 표현	· 不好意思。Bùhǎoyìsi. / 对不起。Duìbuqǐ. / 抱歉。Bàoqiàn. 죄송합니다.
	· 请原谅我的错误。Qǐng yuánliàng wǒ de cuòwù. 제 잘못을 용서해주세요.
	· 都是我的失误。Dōu shì wǒ de shīwù. 모두 제 잘못입니다.
	· 我知错了。Wǒ zhī cuò le. 제가 잘못한 것을 압니다.
	· 老这么麻烦您，真不好意思。항상 이렇게 폐를 끼쳐 정말 미안합니다.
	Lǎo zhème máfan nín, zhēn bùhǎoyìsi.
	· 对不起，让您久等了。Duìbuqǐ, ràng nín jiǔ děng le. 오래 기다리게 해서 죄송합니다.
	· 都怪我。Dōu guài wǒ. 다 제 탓입니다.
사과에 대한 대답	· 没关系。Méi guānxi. / 没事儿。Méi shìr. 괜찮습니다.
	· 不要紧。Búyàojǐn. 괜찮습니다.
	· 千万别放在心上。Qiānwàn bié fàngzài xīn shàng. 절대 마음에 담아두지 마세요.

问题 1

문제 谢谢你送给我礼物。

(3-4-1) Xièxie nǐ sòng gěi wǒ lǐwù.

내게 선물을 줘서 고마워.

답변

1	别客气，只要你喜欢就行。	별말을 다 하네, 네가 마음에 든다면 그걸로 됐어.
	Bié kèqi, zhǐyào nǐ xǐhuan jiù xíng.	
2	千万别和我客气，只要你喜欢，我就已经很高兴了。	그런 말 하지 마, 네가 마음에 든다면 난 그걸로 기뻐.
	Qiānwàn bié hé wǒ kèqi, zhǐyào nǐ xǐhuan, wǒ jiù yǐjīng hěn gāoxìng le.	
3	这只是我的一片心意，更何况你平时那么帮我。常言说得好，礼轻情意重，区区小礼，不足挂齿。	이건 그저 내 성의야, 더군다나 너는 평소에 나를 많이 도와줬잖아. 선물은 보잘것없어도 마음은 깊다는 속담도 있잖아. 별거 아니지만 내 마음을 담은 거야.
	Zhè zhǐshì wǒ de yí piàn xīnyì, gèng hékuàng nǐ píngshí nàme bāng wǒ. Chángyán shuō de hǎo, lǐ qīng qíngyì zhòng, qūqū xiǎolǐ, bùzú guàchǐ.	

Tip
'谢谢。'에 대한 대답으로 '不客气。', '不用客气。', '别客气。' 등이 자주 쓰인다. 모두 '천만에요.', '그렇게 격식 차리지 않아도 돼요.' 등의 의미이다. 여기서 '客气'는 '겸손하다, 예의를 차리다, 사양하다' 등의 의미이다. 다른 말로는 '不谢。(천만에요。)'도 많이 쓰인다.

칭찬이나 선물을 받았을 때는 '(你)太客气了。'라고도 많이 말하는데, 상대방에게 '너무 격식을 차린다.(격식 차리지 마라.)', '뭘 이런 걸.' 등의 의미를 나타낸다. 항상 쓰이는 말이므로 외워두자.

단어
送 sòng 图 주다, 선물하다 | 礼物 lǐwù 圆 선물 | 别 bié 图 ~하지 마라 | 客气 kèqi 圈 겸손하다, 예의를 차리다 | 只要 zhǐyào 圈 ~하기만 하면 | 喜欢 xǐhuan 图 좋아하다, 마음에 들다 | 行 xíng 图 좋다, 됐다 | 千万 qiānwàn 图 제발, 절대로 | 高兴 gāoxìng 圈 기쁘다, 즐겁다 | 片 piàn 窗 마음 · 언어 · 분위기 따위를 세는 단위 | 心意 xīnyì 圆 마음, 성의 | 更 gèng 图 또, 게다가, 더욱 | 何况 hékuàng 圈 더군다나 | 平时 píngshí 圆 평소 | 那么 nàme 때 그렇게 | 帮 bāng 图 돕다 | 常言 chángyán 圆 속담 | 轻 qīng 圈 (정도가) 경미하다, (무게가) 가볍다 | 情意 qíngyì 圆 정, 호의 | 重 zhòng 圈 무겁다 | 区区 qūqū 圈 사소하다, 별것 아니다 | 不足挂齿 bùzú guàchǐ 젱 말할 만한 가치가 없다, 보잘것없다

问题 2 ★

문제 这是我送你的礼物。

🎧3-4-2 Zhè shì wǒ sòng nǐ de lǐwù.

이건 너한테 주는 선물이야.

답변	1	哎呀，还送礼物干什么？	아이고, 무슨 선물을 주고 그래?

답변

1 哎呀，还送礼物干什么？

Āiyā, hái sòng lǐwù gàn shénme?

아이고, 무슨 선물을 주고 그래?

2 你太客气了，不用这么破费的。咱们之间谁跟谁呀！

Nǐ tài kèqi le, búyòng zhème pòfèi de. Zánmen zhījiān shéi gēn shéi ya!

뭘 이런 걸 주고 그래, 이렇게 돈 쓸 필요 없어. 우리 사이에 뭘!

3 这是我至今收到的最好的礼物。真不知道怎么感谢你才好。下次有机会我请你大吃一顿。

Zhè shì wǒ zhìjīn shōudào de zuì hǎo de lǐwù. Zhēn bù zhīdào zěnme gǎnxiè nǐ cái hǎo. Xiàcì yǒu jīhuì wǒ qǐng nǐ dàchī yídùn.

내가 지금까지 받은 선물 중에 가장 좋은 선물이야. 뭐라고 고맙다고 해야 좋을지 모르겠네. 다음에 기회 되면 크게 한턱넬게.

'咱们之间谁跟谁呀。(우리가 어떤 사이인데.)'는 '상대방을 남으로 생각하지 않는다'는 뜻으로 매우 친밀한 사이임을 강조하는 말이다. 상대방이 고맙다고 말하면, '남도 아닌데 뭘, 우리 사이에 뭘'이란 의미로 자주 사용되는 표현이다. '咱俩谁跟谁啊。'라고도 쓴다.

예 咱俩谁跟谁啊. 别那么客气。우리가 어떤 사이인데, 그렇게 격식 차리지 마.

물론 다른 상황에서도 말할 수 있는데, 친구가 도움이 필요할 때 '我来帮你，咱俩谁跟谁啊。(내가 도와줄게, 우리가 어떤 사이인데.)'와 같이 쓰인다.

단어 哎呀 āiyā 웹 아이고(놀라움을 나타냄) | 干 gàn 등 (~을) 하다 | 破费 pòfèi 등 (돈·시간을) 쓰다, 들이다 | 咱们 zánmen 団 우리 | 之间 zhījiān 명 (~의) 사이 | 谁跟谁呀 shéi gēn shéi ya 누구와 누구냐, (누구를 구분할 필요가 없을 정도로) 각별한 사이이다 | 至今 zhìjīn 부 지금까지, 여태껏 | 收到 shōudào 등 받다 | 感谢 gǎnxiè 등 감사하다 | 才 cái 부 오직 ~해야만, 비로소 | 机会 jīhuì 명 기회 | 请 qǐng 동 (식사 등에) 한턱내다 | 一顿 yídùn (식사의) 한 끼 | 大吃一顿 dàchī yídùn 푸짐하게 먹다

问题 3 ★

문제 你汉语说得真好!
🎧 3-4-3 Nǐ Hànyǔ shuō de zhēn hǎo!
당신 중국어를 정말 잘하시네요!

답변

1 哪里哪里，你太客气了。

Nǎlǐ nǎlǐ, nǐ tài kèqi le.

별말씀을요, 천만에요.

2 哪儿啊，我还差得远呢，还要多跟你学习。

Nǎr a, wǒ hái chà de yuǎn ne, háiyào duō gēn nǐ xuéxí.

별말씀을요. 아직 멀었어요. 아직도 당신에게 많이 배워야 해요.

3 您过奖了，我还需要更加努力地学习，争取说得更好。

Nín guòjiǎng le, wǒ hái xūyào gèngjiā nǔlì de xuéxí, zhēngqǔ shuō de gèng hǎo.

과찬이세요. 아직도 더 열심히 공부해야 하고, 말도 더 잘해야 해요.

Tip 서양 문화권에서는 칭찬을 받으면 고맙다고 받는 것이 예의인데, 중국에서는 고맙다는 말보다는 '겸손'의 표현을 하는 것이 더 예의바른 것이다. 겸손의 표현으로는 '哪里哪里(별말씀을요)', '哪儿啊(별말씀을요)', '您过奖了(과찬이십니다.)', '不敢当(황송합니다.)', '您太客气了(뭘 그런 말씀을. 천만에요.)' 등이 있다.

단어 汉语 Hànyǔ 고유 중국어, 한어 | 说得好 shuō de hǎo 말을 잘하다, 말을 멋지게 하다 | 哪里哪里 nǎlǐ nǎlǐ 별말씀을요, 천만에요 | 差 chà 동 부족하다, 모자라다 | 远 yuǎn 형 (차이가) 크다, 심하다 | 跟 gēn 개 ~와(과) | 过奖了 guòjiǎng le 과찬이십니다 | 需要 xūyào 동 필요하다, 요구되다 | 更加 gèngjiā 부 더욱 | 争取 zhēngqǔ 동 실현하기 위해 노력하다

问题 4 ⭐

문제 对不起，我来晚了。

🎧3-4-4 Duìbuqǐ, wǒ lái wǎn le.

미안해, 내가 늦었어.

답변

1. 没关系，我也是刚到。你先休息一会儿。

   Méi guānxi, wǒ yě shì gāng dào. Nǐ xiān xiūxi yíhuìr.

   괜찮아, 나도 방금 도착했어. 우선 한숨 좀 돌려.

2. 没关系，现在正好是交通堵塞的时间段，难免会迟到。

   Méi guānxi, xiànzài zhènghǎo shì jiāotōng dǔsè de shíjiānduàn, nánmiǎn huì chídào.

   괜찮아, 지금 마침 차가 막힐 시간대잖아. 늦을 수밖에 없지.

3. 你怎么来得这么晚，我都等你好久了。你就不能早点儿出来吗?

   Nǐ zěnme lái de zhème wǎn, wǒ dōu děng nǐ hǎojiǔ le. Nǐ jiù bù néng zǎodiǎnr chūlái ma?

   왜 이렇게 늦게 왔어? 나 정말 오래 기다렸단 말야. 좀 더 일찍 나올 수 없어?

 '对不起(미안합니다.)'와 같은 사과의 말에 대답을 할 때는 '没关系(괜찮습니다.)', '不要紧(괜찮습니다.)', '没什么(별것 아닙니다.)', '没事儿(괜찮습니다.)', '没什么大不了的(별것 아닙니다.)' 등으로 대답한다. 일상생활에서 자주 쓸 수 있는 말이므로 꼭 익혀두자!

 晚 wǎn 휑 (규정된 혹은 적합한 시간보다) 늦다 | 没关系 méi guānxi 괜찮다, 상관없다 | 刚 gāng 뷔 방금, 막, 바로 | 到 dào 동 도달하다, 도착하다 | 先 xiān 뷔 먼저 | 休息 xiūxi 동 쉬다 | 一会儿 yíhuìr 잠시 | 正好 zhènghǎo 뷔 마침 | 交通 jiāotōng 명 교통 | 堵塞 dǔsè 동 막히다 | 时间段 shíjiānduàn 시간대 | 难免 nánmiǎn 동 ~하기 마련이다, 피하기 어렵다 | 迟到 chídào 동 늦게 도착하다 | 好久 hǎojiǔ 휑 (시간이) 오래다

问题 5 ★

문제 你做菜做得真好！

🎧 3-4-5 Nǐ zuò cài zuò de zhēn hǎo!

음식을 정말 맛있게 하셨네요!

답변 1 哪里哪里，您过奖了。

Nǎlǐ nǎlǐ, nín guòjiǎng le.

별말씀을요, 과찬이세요.

2 真的吗? 我可是第一次做菜啊！

Zhēnde ma? Wǒ kě shì dì yī cì zuò cài a!

정말이에요? 저 요리 처음 한 거예요!

3 真的好吃吗? 那你以后有空的时候，可以经常来我家，我做给你吃。

Zhēnde hǎochī ma? Nà nǐ yǐhòu yǒu kòng de shíhou, kěyǐ jīngcháng lái wǒ jiā, wǒ zuò gěi nǐ chī.

정말 맛있어요? 그럼 나중에 시간 있을 때 우리 집에 자주 오세요. 제가 만들어줄게요.

Tip 어떤 능력이나 솜씨 등에 대해서 상대방이 칭찬을 할 때, 겸손의 의미로 '哪里哪里.(별말씀을요.)', '还差得远呢.(아직 멀었어요.)'라고 대답한다. 또한 '真的吗？(정말이에요?)', '是吗？(그래요?)' 등도 실제 대화에서 많이 쓰인다.

단어 做菜 zuò cài 통 요리를 하다 | 可 kě 분 [강조를 나타냄] | 第一次 dì yī cì 명 제1차, 최초 | 有空 yǒu kòng 틈이 나다

1 "감사드립니다."

谢谢 你的支持。 당신의 지지에 감사드립니다.
Xièxie nǐ de zhīchí.

大家的鼓励。 여러분의 격려에 감사드립니다.
dàjiā de gǔlì.

老师的关心。 선생님의 관심에 감사드립니다.
lǎoshī de guānxīn.

2 "덕분에 할 수 있었습니다."

多亏了你的 忠告，我才可以成功。
Duōkuī le nǐ de zhōnggào, wǒ cái kěyǐ chénggōng.
당신의 충고 덕분에 제가 비로소 성공할 수 있었습니다.

建议， 我才获得那份工作。
jiànyì, wǒ cái huòdé nà fèn gōngzuò.
당신의 제안 덕분에 비로소 그 직업을 얻을 수 있었습니다.

帮助，我才可以通过考试。
bāngzhù, wǒ cái kěyǐ tōngguò kǎoshì.
당신의 도움 덕분에 비로소 시험에 합격할 수 있었습니다.

3 "죄송합니다."

对不起， 这次是我的失误。 죄송합니다. 이번은 저의 실수입니다.
Duìbuqǐ, zhè cì shì wǒ de shīwù.

这次我大意了。 죄송합니다. 이번은 제가 부주의했습니다.
zhè cì wǒ dàyì le.

我真的不是故意的。 죄송합니다. 이번은 정말 고의가 아닙니다.
wǒ zhēnde bú shì gùyì de.

POINT 05 원망과 불만에 관한 표현

이 부분에서는 보통 차가 막히거나 옷이 맞지 않는 상황, 또는 거주하는 환경이나 숙박 환경이 좋지 않거나 종업원의 태도가 좋지 않은 상황 등에서 이루어지는 대화가 문제로 출제된다. 이럴 때는 '怎么(왜, 어째서)', '怎么又(어째서 또)', '怎么回事(어떻게 된 거죠?)' 등으로 처한 상황이나 상대방에 대한 원망과 불평을 나타낼 수 있다.

 핵심어휘로 내공 쌓기

원망에 관한 표현	· 别提了。Bié tí le. 말도 마세요.
	· 太糟糕了。Tài zāogāo le. 너무 망쳐버렸어요.
	· 我可真倒霉。Wǒ kě zhēn dǎoméi. 정말 재수가 없습니다.
	· 真是一团糟。Zhēnshì yìtuánzāo. 정말 엉망입니다.
	· 最近运气太差了！Zuìjìn yùnqì tài chà le! 요즘 정말 재수가 너무 없어!
	· 太让人生气了！Tài ràng rén shēngqì le! 정말 사람 화나게 하네!
	· 太欺负人了！Tài qīfù rén le! 사람을 이렇게 업신여기다니!
	· 实在让人无法接受！Shízài ràng rén wúfǎ jiēshòu! 정말 받아들일 수가 없어!
불만에 관한 표현	· 这到底是怎么回事？Zhè dàodǐ shì zěnme huíshì? 이거 도대체 어떻게 된 겁니까?
	· 真不像话。Zhēn búxiànghuà. 정말 말도 안 됩니다.
	· 好是好，就是有点儿贵。Hǎo shì hǎo, jiùshì yǒudiǎnr guì. 좋긴 좋은데, 단지 약간 비쌉니다.
	· 你怎么才到？ Nǐ zěnme cái dào? 당신 왜 이제야 도착하는 겁니까?
	· 烦死了，怎么又堵车了！Fán sǐ le, zěnme yòu dǔchē le! 짜증나 죽겠어, 왜 또 차가 막히는 거야!
	· 服务态度简直太差了！Fúwù tàidu jiǎnzhí tài chà le! 서비스 태도가 정말이지 너무 엉망이네요!

问题 1 ★

문제 你怎么又迟到了?

🎧 3-5-1 Nǐ zěnme yòu chídào le?

당신 왜 또 지각한 거예요?

답변

1 对不起，李科长，下次我一定不会迟到了。

Duìbuqǐ, Lǐ kēzhǎng, xiàcì wǒ yídìng bú huì chídào le.

죄송합니다, 이 과장님. 다음부터는 절대 늦지 않겠습니다.

---

2 对不起，今天堵车堵得厉害，请原谅，下次我会注意的。

Duìbuqǐ, jīntiān dǔchē dǔ de lìhai, qǐng yuánliàng, xiàcì wǒ huì zhùyì de.

죄송합니다, 오늘 차가 심하게 막혔습니다. 양해해주십시오, 다음에는 반드시 주의하겠습니다.

---

3 真是不好意思，让各位久等了。下次我一定提前出门。这次请大家见谅。

Zhēnshì bùhǎoyìsi, ràng gèwèi jiǔ děng le. Xiàcì wǒ yídìng tíqián chūmén. Zhè cì qǐng dàjiā jiànliàng.

여러분 오래 기다리게 해서 정말 죄송합니다. 다음에는 꼭 일찍 나오겠습니다. 이번에는 여러분께서 양해해주시기 바랍니다.

Tip '为什么'와 '怎么'는 모두 '왜, 어째서, 어떻게' 등의 의미가 있다. 그 중 '为什么'는 이유, 원인을 묻는 것에 포인트가 있다면, '怎么'는 이유를 물으면서 동시에 '질책'의 의미가 포함되어 있어 원망이나 불만을 나타낼 때 자주 쓰일 수 있는 표현이다.

예 怎么还没来呢? 왜 아직 안 오는 겁니까?

단어 迟到 chídào 图 지각하다 | 科长 kēzhǎng 명 과장 | 下次 xiàcì 명 다음번 | 堵车 dǔchē 图 교통이 꽉 막히다 | 厉害 lìhai 형 대단하다, 심하다 | 原谅 yuánliàng 图 양해하다, 용서하다 | 注意 zhùyì 图 주의하다 | 让 ràng 图 ~하게 하다 | 各位 gèwèi 때 여러분 | 提前 tíqián 图 시간을 앞당기다 | 出门 chūmén 图 외출하다, 집을 나서다 | 见谅 jiànliàng 图 용서를 빌다, 양해를 구하다

问题 2 ★

문제 又堵车了? 真烦人。

🎧 3-5-2 Yòu dǔchē le? Zhēn fánrén.

또 막히는 거예요? 정말 짜증나네요.

답변

1	我就说应该早点出门。	제가 좀 일찍 나와야 한다고 했잖아요.
	Wǒ jiù shuō yīnggāi zǎodiǎn chūmén.	
2	你别着急，我们还有一些时间。	조급해하지 마세요. 아직 시간이 조금 있습니다.
	Nǐ bié zháojí, wǒmen háiyǒu yìxiē shíjiān.	
3	这个时间最堵。我们还是绕路走吧。别担心，还来得及。	이 시간이 가장 막히니 길을 돌아가는 게 좋겠어요. 걱정하지 마세요, 아직 늦지 않았어요.
	Zhè ge shíjiān zuì dǔ. Wǒmen háishi ràolù zǒu ba. Bié dānxīn, hái láidejí.	

Tip 상대방이 불평을 하거나 불안해할 때는 '没事儿(괜찮습니다.)', '别担心(걱정하지 마세요.)', '别着急(조급해하지 마세요.)' 등과 같이 상대방을 안심시키는 말을 먼저 해주는 것이 좋다.

'来得及'는 '아직 어떤 일을 할 시간이 된다', '~할 시간에 맞추어 갈 수 있다'는 뜻이며, 반대말은 '来不及'로 '어떤 일을 할 시간이 별로 없다', '~할 시간에 맞추어 갈 수 없다'는 뜻이다. 구어에서 자주 쓰는 표현이니 반드시 익혀두자!

📖 现在准备TSC考试我还来得及。 지금 TSC 시험을 준비하는 것은 시간이 아직 있다.

现在准备TSC考试我看是来不及了。
지금 TSC 시험을 준비하기에는 내 생각에 시간이 안 될 것 같다.

단어 烦人 fánrén 휑 귀찮다, 번거롭다, 짜증스럽다 ㅣ 着急 zháojí 동 조급해하다 ㅣ 一些 yìxiē 수량 약간, 조금, 얼마간 ㅣ 绕路 ràolù 동 우회하다, 길을 돌아가다 ㅣ 担心 dānxīn 동 염려하다, 걱정하다 ㅣ 来得及 láidejí 늦지 않다, 제 시간에 할 수 있다

问题 3 ⭐

문제 这家服务员的态度太差了。

🎧3-5-3 Zhè jiā fúwùyuán de tàidu tài chà le.

이곳 종업원의 태도가 너무 형편없네요.

답변

1 别生气了，我们就凑合吃一顿吧。

Bié shēngqì le, wǒmen jiù còuhe chī yí dùn ba.

화내지 말고, 아쉬운 대로 그냥 먹어요.

2 是啊，什么态度啊? 太差了! 走! 我们
换一家吧 。

Shì a, shénme tàidu a? Tài chà le! Zǒu! Wǒmen
huàn yì jiā ba.

맞아요, 무슨 태도래요? 너무 형편없네요!
가요! 다른 식당으로 가죠.

3 我真是要气死了。还是去别的地方
吧。弄得我都没胃口了。走吧。

Wǒ zhēnshì yào qì sǐ le. Háishi qù bié de dìfang
ba. Nòng de wǒ dōu méi wèikǒu le. Zǒu ba.

정말 짜증나네요. 다른 곳으로 가는 게 좋겠
어요. 입맛까지 다 없어졌어요. 갑시다.

'凑合'는 일상생활에서 자주 쓰는 매우 구어적인 표현이다. 다른 선택 사항이 없을 때 '아쉬운 대로 ~할 만
하다, 그런대로 ~할 만하다'라는 뜻이며, 같은 뜻으로 **'将就'**가 있다.

예 我就凑合着穿吧。 아쉬운 대로 입을게요.
凑合着过日子吧。 아쉬운 대로 지내봐요.

단어 服务员 fúwùyuán 몡 종업원 | 态度 tàidu 몡 태도 | 差 chà 혱 나쁘다, 형편없다 | 生气 shēngqì 동 화내다 | 凑
合 còuhe 혱 그런대로 ~할 만하다 | 顿 dùn 양 끼[식사·끼니를 세는 양사] | 换 huàn 동 바꾸다, 변환하다 | 气死
qìsǐ 동 화가 나서 죽을 지경이다 | 弄 nòng 동 행하다, 만들다 | 胃口 wèikǒu 몡 식욕

问题 4

문제 这是怎么回事儿?

🎧 3-5-4 Zhè shì zěnme huíshìr?

이게 어떻게 된 겁니까?

답변

1   很抱歉，这次给您添了很多麻烦。

     Hěn bàoqiàn, zhè cì gěi nín tiān le hěn duō máfan.

많이 번거롭게 해 드려서 정말 죄송합니다.

2   对不起，因为我的疏忽给公司带来了很多麻烦。

     Duìbuqǐ, yīnwèi wǒ de shūhu gěi gōngsī dàilái le hěn duō máfan.

죄송합니다, 저의 부주의로 회사에 많은 폐를 끼쳤습니다.

3   这次都是我的不好，是我太马虎了。如果要怪的话，就怪我好了。我会承担一切后果的。

     Zhè cì dōu shì wǒ de bùhǎo, shì wǒ tài mǎhu le. Rúguǒ yào guài de huà, jiù guài wǒ hǎo le. Wǒ huì chéngdān yíqiè hòuguǒ de.

이번 일은 제가 잘못했고 너무 부주의했어요. 꾸짖으실 거면 저를 꾸짖으시면 됩니다. 제가 모든 결과를 책임지겠습니다.

 Tip   사과를 할 때는 먼저 자신의 잘못을 밝힌 다음 양해, 용서 등을 구한다. 먼저 '对不起.(죄송합니다.)', '真抱歉. (정말 죄송합니다.)', '给你添麻烦了.(당신께 폐를 끼쳤습니다.)', '请原谅我吧.(저를 용서해주세요.)', '请您接受我的道歉.(제 사과를 받아주세요.)' 등으로 표현할 수 있다.

'对不起'와 '抱歉'은 둘 다 '미안하다'는 의미인데, 사소한 일인 경우에는 일반적으로 '对不起'로 말하고, 상대방에게 경제적, 정신적인 피해 등을 입혔거나 심각한 상황인 경우에는 '抱歉'으로 말한다. '抱歉'은 '对A抱歉(A에게 죄송하다)'의 형식으로 사용한다는 것에 주의하자.

   例 对你抱歉。(○)   抱歉你。(×)

단어   抱歉 bàoqiàn 통 미안해하다 | 添麻烦 tiān máfan 폐를 끼치다, 번거롭게 하다 | 疏忽 shūhu 통 부주의하다, 소홀히 하다 | 带来 dàilái 통 일으키다, 야기하다 | 马虎 mǎhu 형 세심하지 못하다 | 怪 guài 통 책망하다, 꾸짖다 | 承担 chéngdān 통 감당하다, 책임지다 | 后果 hòuguǒ 명 (주로 안 좋은) 결과, 뒤탈

问题 5 ★

문제 你要换衣服的时候会怎么说?

🎧 3-5-5 Nǐ yào huàn yīfu de shíhou huì zěnme shuō?

당신은 옷을 교환하려고 할 때 어떻게 말하겠습니까?

답변	1 我想换别的衣服。 Wǒ xiǎng huàn bié de yīfu.	저는 다른 옷으로 바꾸고 싶어요.
	2 唉，这件衣服太大了。我要退货。 Ài, zhè jiàn yīfu tài dà le. Wǒ yào tuìhuò.	아이고, 옷이 너무 크네요. 반품할게요.
	3 这是怎么回事，我收到的衣服和实物 相差太大了。请给我换货。 Zhè shì zěnme huíshì, wǒ shōudào de yīfu hé shíwù xiāngchà tài dà le. Qǐng gěi wǒ huànhuò.	이게 어떻게 된 거죠? 제가 받은 옷과 실물 이 너무 다르네요. 교환해주세요.

 '怎么回事？(어떻게 된 일입니까?)'는 일의 자초지종을 묻는 말로, 상황에 따라서 불만의 느낌을 표현할 수 있다. 위의 질문처럼 물건을 구매한 후에 물건에서 하자를 발견했을 때 전화를 걸어서 해결해 줄 것을 요구해보라는 문제가 출제될 수 있는데, 이때는 '这是怎么回事？'이라고 먼저 말하고 나서 요구 조건을 간단하게 설명하면 된다.

단어 退货 tuìhuò 등 반품하다 ┃ 实物 shíwù 명 실물 ┃ 相差 xiāngchà 등 서로 차이가 나다

3-5-6

1 **"마땅히 … 해야 합니다."**

我就说应该 早点出发。 마땅히 일찍 출발해야 합니다.
Wǒ jiù shuō yīnggāi zǎodiǎn chūfā.

提前做好准备。 마땅히 미리 준비해야 합니다.
tíqián zuòhǎo zhǔnbèi.

提前制定计划。 마땅히 미리 계획을 세워야 합니다.
tíqián zhìdìng jìhuà.

2 **"이번에는 여러분께 부탁드립니다."**

这次请大家 谅解一下。 이번에는 여러분께 양해 부탁드립니다.
Zhè cì qǐng dàjiā liàngjiě yíxià.

互相理解一下。 이번에는 여러분께 서로 이해해주시길 부탁드립니다.
hùxiāng lǐjiě yíxià.

互相转告一下。 이번에는 여러분께 서로 말씀 전달해주시길 부탁드립니다.
hùxiāng zhuǎngào yíxià.

3 **"이 일은 …에게 가져다 주었습니다."**

这件事给我们带来了很大的麻烦。 이 일은 우리에게 많은 불편을 가져다 주었습니다.
Zhè jiàn shì gěi women dàilái le hěn dà de máfan.

给公司带来了巨大的损失。 이 일은 회사에 큰 손실을 가져다 주었습니다.
gěi gōngsī dàilái le jùdà de sǔnshī.

给周围的环境带来巨大的影响。 이 일은 주위 환경에 큰 영향을 가져다 주었습니다.
gěi zhōuwéi de huánjng dàilái le jùdà de yǐngxiǎng.

축하에 관한 표현

생일, 승진, 결혼, 출산, 진학, 이사 등 생활 속에서 축하를 하는 여러 가지 상황이 문제로 출제된다. 중국어에는 축하에 관한 표현이 굉장히 풍부하다. 축하할 일과 연령에 따라서 다양한 표현이 있기 때문에 구분하여 익혀둬야 한다. 예를 들어, 일반적인 생일 축하 표현은 '生日快乐'지만, 연세가 많은 분께는 '福如东海, 寿比南山'으로 말하는 것이 일반적이다. 또한 축하 표현에는 특히 사자성어(四字成语)가 많다. 외우기에 조금은 힘들겠지만 일단 외워두면 아주 유용하게 쓸 수 있을 것이다.

 핵심어휘로 내공 쌓기

축하 표현

· 生日快乐。Shēngrì kuàilè. 생일 축하합니다.

· 恭喜恭喜。Gōngxǐ gōngxǐ. 축하합니다.

· 祝贺你。Zhùhè nǐ. 축하합니다.

· 祝贺你升职。Zhùhè nǐ shēngzhí. 승진을 축하합니다.

· 你真有能力。Nǐ zhēn yǒu nénglì. 당신 정말 능력 있네요.

· 祝你早生贵子(千金)。Zhù nǐ zǎoshēng guìzǐ(qiānjīn).
하루빨리 득남(득녀)하길 바랍니다.[결혼식에서 하는 말]

· 你真了不起。Nǐ zhēn liǎobuqǐ. 정말 대단하네요.

· 你真棒。Nǐ zhēn bàng. 정말 잘했어요.

问题 1 ★

문제 我这次当上代理了。(升职了)

🎧3-6-1 Wǒ zhè cì dāngshàng dàilǐ le. (shēngzhí le)

제가 이번에 대리가 되었어요.(승진했어요)

답변

| 1 | 恭喜恭喜，今天你要请客呀！ | 축하드려요, 오늘 한턱내셔야 해요! |
| | Gōngxǐ gōngxǐ, jīntiān nǐ yào qǐngkè ya! | |

| 2 | 你真了不起，这么快就升职了。 | 이렇게 빨리 승진을 하다니, 정말 대단해요. |
| | Nǐ zhēn liǎobuqǐ, zhème kuài jiù shēngzhí le. | |

| 3 | 你真有两把刷子，我得向你学习。以后可要多帮帮我啊。 | 정말 대단하네요, 저도 당신에게 배워야겠어요. 앞으로 저 좀 많이 도와주세요. |
| | Nǐ zhēn yǒu liǎngbǎ shuāzi, wǒ děi xiàng nǐ xuéxí. Yǐhòu kě yào duō bāngbang wǒ a. | |

🏷️**Tip** 중국인들은 손님을 초대하여 대접하길 좋아하는데, 보통 결혼, 출산, 승진, 시험 합격 등 좋은 일이 있으면 사람들을 초대하여 대접하며 축하를 받는다. 이를 '请客(한턱내다)'라고 하는데, '做东(주인 노릇을 하다, 한턱내다)'이라고도 한다. 보통 '我来请客.(제가 한턱내겠습니다.)'라고 말하며, '请客你.(×)'라고는 말하지 않는 것에 주의하자!

단어 当 dāng 图 맡다, ~이 되다 | 代理 dàilǐ 图 대리 | 升职 shēngzhí 图 승진하다 | 请客 qǐngkè 图 한턱내다 | 了不起 liǎobuqǐ 图 놀랄 만하다, 뛰어나다, 대단하다 | 两把刷子 liǎngbǎ shuāzi 대단하다

问题 2 ⭐

문제 我的儿子被大公司录取了。

🎧3-6-2 Wǒ de érzi bèi dàgōngsī lùqǔ le.

우리 아들이 대기업에 채용되었어요.

답변

1. 恭喜恭喜，你儿子真了不起。

   Gōngxǐ gōngxǐ, nǐ érzi zhēn liǎobuqǐ.

   축하해요, 아들이 정말 대단하네요.

2. 你这么厉害，你的儿子果然也不差！

   Nǐ zhème lìhai, nǐ de érzi guǒrán yě bú chà!

   당신이 이렇게 대단하니 아들도 역시 뛰어나군요!

3. 真羡慕你有这么个好儿子。他将来肯定前途无量啊！

   Zhēn xiànmù nǐ yǒu zhème ge hǎo érzi. Tā jiānglái kěndìng qiántú wúliàng a!

   그런 훌륭한 아들이 있다니, 정말 부럽네요. 아들이 앞으로 분명히 잘 될 겁니다!

🏷️ **Tip** 대학 진학, 취직, 승진 등의 일이 있을 때에는 '恭喜恭喜(축하합니다.)'라고 말한 뒤, '真了不起(정말 대단합니다.)', '前途无量(앞으로 잘 될 거예요./미래가 밝군요.)'과 같은 덕담을 한두 마디 더해주면 좋다.

 儿子 érzi 몡 아들 | 被 bèi 껜 (~에게) ~를 당하다 | 大公司 dàgōngsī 대기업 | 录取 lùqǔ 툉 채용하다 | 厉害 lìhai 톙 대단하다, 굉장하다 | 果然 guǒrán 뷔 과연, 생각한 대로 | 差 chà 톙 차이가 나다 | 羡慕 xiànmù 툉 부러워하다 | 将来 jiānglái 몡 장래, 미래 | 肯定 kěndìng 뷔 확실히, 틀림없이 | 前途无量 qiántú wúliàng 쎙 전도가 양양하다

문제 你的朋友生了一个孩子，你会怎么说?

🎧 3-6-3 Nǐ de péngyou shēng le yí ge háizi, nǐ huì zěnme shuō?

당신의 친구가 아이를 낳으면, 당신은 어떻게 말하겠어요?

답변

1	恭喜恭喜，真为你高兴。 Gōngxǐ gōngxǐ, zhēn wèi nǐ gāoxìng.	축하해. 나도 정말 기뻐.
2	恭喜你，喜得千金(喜得贵子)。 Gōngxǐ nǐ, xǐdé qiānjīn (xǐdé guìzǐ).	딸(아들) 낳은 거 축하해.
3	可喜可贺，祝你的宝宝健健康康。 前途无量，有一个美好的未来。 Kěxǐ kěhè, zhù nǐ de bǎobao jiànjian kāngkāng. Qiántú wúliàng, yǒu yí ge měihǎo de wèilái.	정말 축하해! 아이가 건강하길 바란다. 앞날이 한없이 넓고, 밝은 미래가 있길 기원할게.

 출산을 축하할 때에는 '喜得贵子(아드님을 얻으신 것 축하합니다)', '喜得千金(따님을 얻으신 것 축하합니다)'라고 말한다. 여기에서 '贵子'는 아들, '千金'은 딸을 가리킨다.

단어 生 shēng 동 낳다 | 喜得 xǐdé (자녀를) 낳다, 득남(녀)하다 | 千金 qiānjīn 명 따님, 영애(다른 사람의 딸에 대한 경칭) | 贵子 guìzǐ 명 아드님, 영식(다른 사람의 아들에 대한 경칭) | 可喜可贺 kěxǐ kěhè 정말 기쁘고 축하할 일이다 | 宝宝 bǎobao 명 귀염둥이, 예쁜이 | 健健康康 jiànjian kāngkāng 형 건강하다 | 美好 měihǎo 형 아름답다, 행복하다 | 未来 wèilái 명 미래

问题 4 ★

문제 参加朋友的婚礼时，你会说什么?

🎧 3-6-4 Cānjiā péngyou de hūnlǐ shí, nǐ huì shuō
shénme?

친구의 결혼식에 참석했을 때 뭐라고 말할 것
인가요?

답변

1 恭喜恭喜，祝你们幸福!

Gōngxǐ gōngxǐ, zhù nǐmen xìngfú!

축하해, 둘이 행복하길 바랄게!

2 恭喜恭喜，祝你们百年好合，早生贵
子!

Gōngxǐ gōngxǐ, zhù nǐmen bǎinián hǎohé,
zǎoshēng guìzǐ!

축하해, 평생 행복하고, 빨리 아이를 낳길
바랄게!

3 今天是你们喜结良缘的日子，我代表
我家人祝贺你们，祝你俩幸福美满，
永结同心。

Jīntiān shì nǐmen xǐjié liángyuán de rìzi, wǒ
dàibiǎo wǒ jiārén zhùhè nǐmen, zhù nǐ liǎ xìngfú
měimǎn, yǒngjié tóngxīn.

오늘 네가 결혼하는 날이구나. 내가 우리 가
족을 대표해서 축하할게. 둘이 행복하고 늘
한마음으로 잘 살기를 바랄게.

🏷️ **Tip** 결혼식에 가서 건네는 덕담으로 여러 가지가 있는데, 한두 가지 정도는 외워서 바로 말할 수 있도록 준비해
두자. 그중에서 '무生贵子'는 '귀한 자녀를 빨리 갖길 바란다'는 덕담이다.

결혼식 관련 단어

新郎 xīnláng 신랑 | 新娘 xīnniáng 신부 | 喜酒 xǐjiǔ 결혼 축하주 | 喜糖 xǐtáng 결혼 축하 사탕[결혼식 때 사
람들에게 나눠주는 사탕] | 请帖 qǐngtiě 청첩장 | 礼金 lǐjīn 축의금 | 婚纱 hūnshā 웨딩드레스 | 接绣球 jiē
xiùqiú 부케를 받다

단어 参加 cānjiā 동 참여하다, 참석하다 | 婚礼 hūnlǐ 명 결혼식 | 幸福 xìngfú 형 행복하다 | 百年好合 bǎinián
hǎohé 성 평생 화목하게 살다 | 喜结良缘 xǐjié liángyuán 성 기쁜 마음으로 좋은 인연을 맺다 | 代表 dàibiǎo 동
대표하다, 대신하다 | 祝贺 zhùhè 동 축하하다 | 俩 liǎ 수 두 사람 | 美满 měimǎn 형 아름답고 원만하다 | 永结同
心 yǒngjié tóngxīn 성 늘 한마음으로 지내다

问题 5

문제 今天是爷爷的大寿。

🎧 3-6-5 Jīntiān shì yéye de dàshòu.

오늘은 할아버지의 생신이에요.

1	祝他老人家健康长寿、生日快乐！ Zhù tā lǎorenjiā jiànkāng chángshòu、shēngrì kuàilè!	할아버지 건강하시고 장수하세요! 생신 축하드려요!
2	祝爷爷福如东海、寿比南山！ Zhù yéye fúrú dōnghǎi、shòubǐ nánshān!	할아버지 큰 복 누리시고 만수무강하세요!
3	祈望您心灵深处芳草永绿，青春常驻，笑口常开。祝您生日快乐，健康幸福！ Qíwàng nín xīnlíng shēnchù fāngcǎo yǒnglǜ, qīngchūn chángzhù, xiàokǒu chángkāi. Zhù nín shēngrì kuàilè, jiànkāng xìngfú!	할아버지 마음도 몸도 언제까지나 젊게 사시고, 늘 웃음 가득하시길 바랄게요. 생신 축하드려요. 건강하고 행복하세요!

Tip 생일을 축하할 때도 다양한 표현이 있다. 그중에서 할아버지, 할머니 등 연로하신 분들의 생신을 축하할 때는 '祝您生日快乐'만으로는 부족한 느낌이 있다. '福如东海、寿比南山.'이라는 표현으로 축하를 드리면 되는데, 이 말은 '(중국의) 동해만큼 큰 복을 누리시고, (중국의) 남산만큼 오래 사세요.'라는 뜻으로 만수무강을 기원하는 말이다. 약간 어렵긴 하지만 이런 표현을 할 수 있다면 좋은 점수를 받을 수 있다.

爷爷 yéye 몡 할아버지 ┃ 大寿 dàshòu 몡 생신[50세 이상 노인들의 매 10주년 생일을 가리킴] ┃ 老人家 lǎorenjiā 몡 어르신 ┃ 长寿 chángshòu 동 장수하다, 오래 살다 ┃ 祈望 qíwàng 동 기대하다, 바라다 ┃ 心灵 xīnlíng 몡 정신, 마음 ┃ 深处 shēnchù 몡 깊숙한 곳 ┃ 芳草永绿 fāngcǎo yǒnglǜ 솅 영원히 푸르르다, 젊음을 유지하다 ┃ 青春常驻 qīngchūn chángzhù 솅 젊음이 늘 함께하다 ┃ 笑口常开 xiàokǒu chángkāi 솅 늘 웃다

1 "축하드립니다."

祝贺你 通过这次面试。 이번 면접에 합격하신 것을 축하드립니다.
Zhùhè nǐ tōngguò zhè cì miànshì.

升职，你真的太棒了。 승진하신 것을 축하드립니다. 당신은 정말 멋집니다.
shēngzhí, nǐ zhēnde tài bàng le.

喜得贵子。 득남하신 것을 축하드립니다.
xǐdé guìzǐ.

2 "당신은 정말…"

你真是 了不起。 당신은 정말 대단합니다.
Nǐ zhēnshì liǎobuqǐ.

太棒了。 당신은 정말 멋집니다.
tài bàng le.

有眼光。 당신은 정말 안목이 있습니다.
yǒu yǎnguāng.

3 "당신 덕분에…"

我真为你 骄傲。 당신이 정말 자랑스럽습니다.
Wǒ zhēn wèi nǐ jiāo'ào.

感动。 당신에게 정말 감동했습니다.
gǎndòng.

幸福。 당신 덕분에 저는 정말 행복합니다.
xìngfú.

POINT 07 건강에 관한 표현

아프거나 다치는 일은 생활 속에서 흔히 겪는 일이기는 하지만 막상 중국어로 표현하려면 생소하고 어렵게 느껴진다. '哪儿不舒服?(어디가 불편하세요?)'라고 물으면 '头疼。(머리가 아파요.)', '肚子疼。(배가 아파요.)' 등으로 대답하는 비교적 간단한 문제가 나올 수 있다. 하지만, 병원에서 있을 법한 여러 상황에 대해 질문할 수도 있다. 예를 들어 병문안을 가서 뭐라고 말할 건지, 아플 때는 어떻게 해야 하는지, 다친 부위의 그림을 제시하면서 '你怎么了?(어떻게 된 거죠?)'라고 묻기도 한다. 따라서 관련 단어들을 알아두어야 답을 할 수가 있다. 또한 제7부분에서 부상을 입은 그림을 제시하고 이야기를 구성하는 문제도 자주 출제되므로, 관련 단어를 숙지해두면 제7부분에서도 활용할 수 있다.

 핵심어휘로 내공 쌓기

병원 관련 표현	· 看病 kànbìng 진료를 받다(하다) · 出院 chūyuàn 퇴원하다	· 住院 zhùyuàn 입원하다 · 病房 bìngfáng 병실
질병에 관한 표현	· 生病 shēngbìng 병이 나다 · 发烧 fāshāo 열이 나다 · 肚子疼 dùzi téng 배가 아프다 · 打针 dǎzhēn 주사를 맞다	· 感冒 gǎnmào 감기(에 걸리다) · 流鼻涕 liú bítì 콧물이 나다 · 没胃口 méi wèikǒu 식욕이 없다 · 发炎 fāyán 염증이 생기다
부상에 관한 표현	· 骨折 gǔzhé 골절되다 · 流鼻血 liú bíxuè 코피가 나다 · 打石膏 dǎ shígāo 깁스하다 · 留下伤疤 liúxià shāngbā 상처가 남다	· 跌倒 diēdǎo 넘어지다, 쓰러지다 · 扭伤 niǔshāng 삠, 접질림 · 烫伤 tàngshāng 뜨거운 것에 데다

제3

③

부

분

问题 1 ★

문제 你哪儿不舒服?

🎧3-7-1 Nǐ nǎr bù shūfu?

어디가 불편하세요?

답변 1 我感冒了，没什么大事儿，不用担心。

Wǒ gǎnmào le, méi shénme dàshìr, búyòng dānxīn.

감기에 걸렸어요. 큰일 아니니까 걱정하지 마세요.

2 我从昨天晚上开始就一直头疼、恶心、发烧。

Wǒ cóng zuótiān wǎnshang kāishǐ jiù yìzhí tóuténg、ě'xin、fāshāo.

저는 어제 저녁부터 계속 머리가 아프고, 속이 메스껍고 열이 나기 시작했어요.

3 我好像感冒了。我现在头疼、恶心、流鼻涕、浑身不舒服。

Wǒ hǎoxiàng gǎnmào le. Wǒ xiànzài tóuténg、ě'xin、liú bítì、húnshēn bù shūfu.

저는 아마도 감기에 걸린 것 같아요. 지금 머리가 아프고 속이 메스껍고, 콧물도 나고 온몸이 아픕니다.

Tip '舒服'에는 여러 가지 뜻이 있다. 몸이 아프거나 불편할 때 보통 '身体不舒服'로 표현한다. 의사나 약사가 물어볼 때도 '你哪儿不舒服？'로 물어보고, 마음이 불편하고 홀가분하지 않은 것도 '心里不舒服。'로 표현한다. 또한 환경이 쾌적하고 안락한 것도 '舒服'로 표현하여 '我觉得还是自己的家最舒服.(역시 내 집이 가장 편한 것 같아.)'라고 말할 수도 있다.

단어 舒服 shūfu 형 (몸·마음이) 편안하다 | 感冒 gǎnmào 명 감기 | 不用 búyòng 부 ~할 필요가 없다 | 担心 dānxīn 동 걱정하다 | 从…开始 cóng…kāishǐ ~부터 시작하다 | 头疼 tóuténg 동 머리가 아프다 | 恶心 ě'xin 동 속이 메스껍다 | 发烧 fāshāo 동 열이 나다 | 好像 hǎoxiàng 부 마치 ~과 같다 | 鼻涕 bítì 명 콧물 | 浑身 húnshēn 명 전신, 온몸

问题 2 ★

문제 你什么时候能出院?

🎧 3-7-2 Nǐ shénme shíhou néng chūyuàn?

당신은 언제 퇴원할 수 있어요?

답변

1 我明天就能出院。
Wǒ míngtiān jiù néng chūyuàn.

저는 내일 바로 퇴원할 수 있어요.

2 不太清楚，我的检查结果还没出来，可能还要等一段时间。
Bútài qīngchu, wǒ de jiǎnchá jiéguǒ hái méi chūlái, kěnéng hái yào děng yíduàn shíjiān.

잘 모르겠어요. 제 검사 결과가 아직 안 나왔는데, 아마 좀 더 기다려야 할 거예요.

3 听医生说，我还得住院观察一段时间。你们别担心，我会马上好起来的。
Tīng yīshēng shuō, wǒ hái děi zhùyuàn guānchá yíduàn shíjiān. Nǐmen bié dānxīn, wǒ huì mǎshàng hǎo qǐlái de.

의사 선생님이 아직은 얼마 동안 입원해서 지켜봐야 한다고 했어요. 걱정하지 마세요. 곧 좋아질 거예요.

Tip 아팠다가 회복되는 것은 '好起来(좋아지다)', '早日康复(빨리 건강을 회복하다)', '恢复(회복하다)' 등으로 표현한다. 상대방에게 회복하라는 덕담을 할 때는 '我希望你马上好起来.(얼른 좋아지길 바랍니다.)', '我祝你早日康复.(하루빨리 건강을 찾길 바랍니다.)', '我希望你尽快恢复健康.(얼른 건강을 회복하길 바랍니다.)' 등으로 말한다.

 什么时候 shénme shíhòu 언제 | 出院 chūyuàn 튕 퇴원하다 | 清楚 qīngchu 휑 명백하다, 뚜렷하다 | 检查 jiǎnchá 몡튕 검사(하다) | 结果 jiéguǒ 몡 결과, 결실 | 段 duàn 양 [일정 시·공간의 거리나 구간] | 住院 zhùyuàn 튕 입원하다 | 观察 guānchá 튕 관찰하다, 살피다 | 马上 mǎshàng 閉 곧, 즉시, 바로 | 好起来 hǎoqǐlái 좋아지다

问题 3 ⭐

문제 你怎么了?

🎧 3-7-3 Nǐ zěnme le?

어떻게 된 거예요?

답변 1 我昨天不小心扭到了。 | 어제 잘못해서 접질렸어요.

Wǒ zuótiān bù xiǎoxīn niǔdào le.

---

2 别提了，我昨天骑自行车时，骑得太 | 말도 마세요. 어제 자전거를 탈 때 너무 빨
快，摔倒了。 | 리 타다가 넘어졌어요.

Bié tí le, wǒ zuótiān qí zìxíngchē shí, qí de tài
kuài, shuāidǎo le.

---

3 昨天和几个朋友骑自行车时，不小心 | 어제 친구 몇 명과 자전거를 타다가 잘못해
扭伤了脚。医生说休养一段时间就会 | 서 발을 접질렸어요. 의사 선생님이 얼마간
好的。 | 잘 쉬면 좋아질 거라고 하셨어요.

Zuótiān hé jǐ ge péngyou qí zìxíngchē shí, bù
xiǎoxīn niǔshāng le jiǎo. Yīshēng shuō xiūyǎng
yíduàn shíjiān jiù huì hǎo de.

 '小心'은 '조심하다'의 뜻이고, '不小心'은 '잘못하여, 부주의하여'의 뜻이다. 다치거나 물건을 잃어버리거나
하는 등의 상황에서 자주 사용되는 표현이다.

🔲 我不小心被车撞倒了。 나는 잘못하여 차에 부딪혀 넘어졌다.

 小心 xiǎoxīn ⑧ 조심하다 | 扭 niǔ ⑧ 접질리다 | 提 tí ⑧ 말을 꺼내다, 언급하다 | 骑自行车 qí zìxíngchē 자전
거를 타다 | 摔倒 shuāidǎo ⑧ 넘어지다 | 扭伤 niǔshāng ⑧ 삐다, 접질리다 | 脚 jiǎo ⑲ 발 | 休养 xiūyǎng ⑧
요양하다, 휴양하다

问题 4 ★

문제 你常常感冒吗?
Nǐ chángcháng gǎnmào ma?
당신은 자주 감기에 걸리나요?

답변

1 我动不动就感冒。
Wǒ dòngbudòng jiù gǎnmào.

저는 걸핏하면 감기에 걸려요.

---

2 我从小身体就特别好。所以，我很少感冒。
Wǒ cóngxiǎo shēntǐ jiù tèbié hǎo. Suǒyǐ, wǒ hěn shǎo gǎnmào.

저는 어려서부터 몸이 무척 건강했어요. 그래서 감기에 잘 걸리지 않아요.

---

3 我很少感冒。为了保持身体健康，我常常运动。
Wǒ hěn shǎo gǎnmào. Wèile bǎochí shēntǐ jiànkāng, wǒ chángcháng yùndòng.

저는 감기에 잘 걸리지 않아요. 건강을 유지하기 위해서 저는 항상 운동을 해요.

'动不动'은 '걸핏하면, 툭하면'의 뜻으로 원하지 않는 일이나 행동 등이 자주 발생하는 것을 나타낸다. 주로 부정적인 의미로 쓰인다고 할 수 있다.

예 他动不动就迟到。 그는 걸핏하면 지각을 한다.
他动不动就生气。 그는 툭하면 화를 낸다.

단어 动不动 dòngbudòng 뷔 걸핏하면, 툭하면 | 从小 cóngxiǎo 뷔 어릴 때부터 | 身体 shēntǐ 뗑 몸, 신체 | 少 shǎo 휑 적다 | 为了 wèile 꽤 ~을 하기 위하여 | 保持 bǎochí 통 (지속적으로) 유지하다 | 健康 jiànkāng 휑 건강하다 | 运动 yùndòng 통 운동하다

제
3
부분

问题 5 ★

문제 你伤得怎么样?

(3-7-5) Nǐ shāng de zěnmeyàng?

얼마나 다쳤어요?

답변

1 我伤得不重, 你别担心。

Wǒ shāng de bú zhòng, nǐ bié dānxīn.

심하게 다치지 않았으니 걱정하지 마세요.

2 没事儿, 只是点儿小伤, 擦破点儿皮。
很快就会好的。

Méi shìr, zhǐshì diǎnr xiǎoshāng, cā pò diǎnr pí.
Hěn kuài jiù huì hǎo de.

괜찮아요. 살갗이 조금 찢긴 작은 상처일 뿐
이에요. 금방 나을 거예요.

3 我过马路时, 被一辆车子撞倒了, 还
好车速不快, 所以伤得不重。

Wǒ guò mǎlù shí, bèi yí liàng chēzi zhuàngdǎo
le, háihǎo chēsù bú kuài, suǒyǐ shāng de bú
zhòng.

제가 길을 건너다가 자전거에 부딪쳐 넘어
졌는데, 다행히 자전거 속도가 빠르지 않아
서 많이 다치지 않았어요.

Tip '被자문'은 '(~에게) ~을 당하다'라는 피동의 의미를 강조할 때 쓴다. 또한 보통 원하지 않는 일을 당할 때
'被' 자를 사용해서 말한다.

예 我被他打伤了。나는 그에게 맞아서 다쳤습니다.
车子被偷了。차를 도둑 맞았습니다.

단어 伤 shāng 图 다치다 | 重 zhòng 图 (정도가) 심하다 | 只是 zhǐshì 图 단지, 다만, 오직 | 小伤 xiǎoshāng 图 작은
상처 | 擦破皮 cā pòpí 찰과상을 입다 | 过马路 guò mǎlù 길을 건너다 | 辆 liàng 図 대, 량[차량을 세는 단위] |
车子 chēzi 図 자전거 | 撞倒 zhuàngdǎo 图 부딪쳐 넘어뜨리다 | 还好 háihǎo 图 다행히(도) | 车速 chēsù 図
차의 속도, 속력

1 "저는 조금…"

我有点儿 发烧，全身没劲儿。
Wǒ yǒudiǎnr fāshāo, quánshēn méijìnr.
저는 조금 열이 나고 온몸에 힘이 없습니다.

感冒，而且身上比较冷。
gǎnmào, érqiě shēn shàng bǐjiào lěng.
저는 약간 감기에 걸린 것 같습니다. 게다가 조금 춥습니다.

咳嗽，感觉吃药也没什么效果。
késou, gǎnjué chī yào yě méi shénme xiàoguǒ.
저는 조금 기침이 납니다. 약을 먹어도 소용이 없는 것 같습니다.

2 "돌아가면 …하십시오."

回去后，一定要多喝水。 돌아가면 물을 많이 마십시오.
Huíqù hòu, yídìng yào duō hē shuǐ.

好好休息。 돌아가면 푹 쉬십시오.
hǎohāo xiūxi.

多睡觉。 돌아가면 잠을 많이 주무십시오.
duō shuìjiào.

POINT

08 쇼핑에 관한 표현

쇼핑과 관련된 여러 가지 상황이 문제로 출제된다. 예를 들면 물건을 구매하는 상황, 교환 또는 환불하는 상황, 물건에 대해 불만을 표시하는 상황, 옷을 사면서 점원 또는 친구에게 의견을 묻는 상황, 요즘 유행하는 옷이나 전자제품에 대해서 설명하는 상황, 가격을 흥정하는 상황 등의 다양한 상황이 출제될 수 있다. 이 부분에서는 특히 응시자가 판매자의 역할인지 구매자의 역할인지 잘 파악해야 한다.

 핵심어휘로 내공 쌓기

쇼핑 관련 표현

· 购物 gòuwù 물건을 사다, 쇼핑하다
· 衣服 yīfu 옷
· 百货商店 bǎihuò shāngdiàn 백화점
· 大小 dàxiǎo 크기, 사이즈
· 质量 zhìliàng 품질
· 颜色 yánsè 색깔
· 款式 kuǎnshì 스타일
· 流行 liúxíng 유행하다
· 讲价 jiǎngjià 가격을 흥정하다
· 退货 tuìhuò 환불하다, 반품하다
· 结账 jiézhàng 계산하다
· 刷卡 shuā kǎ 카드로 결제하다
· 积累积分 jīlěi jīfēn 마일리지 적립
· 送货上门 sònghuò shàngmén 배송 서비스
· 发票 fāpiào 영수증
· 付现金 fù xiànjīn 현금으로 지불하다
· 卖家 màijiā 판매자, 판매처
· 搞活动 gǎo huódòng (할인 이벤트 등의) 행사를 하다
· 适合 shìhé 적당하다

문제
3-8-1
请问，您想买什么样的衣服？我可以帮您介绍一下。

Qǐngwèn, nín xiǎng mǎi shénme yàng de yīfu?

Wǒ kěyǐ bāng nín jièshào yíxià.

어떤 옷을 사고 싶으세요? 제가 소개해 드릴게요.

답변

1	我想买一身运动服，有适合我穿的吗？ Wǒ xiǎng mǎi yì shēn yùndòngfú, yǒu shìhé wǒ chuān de ma?	저는 운동복을 사고 싶은데, 제가 입기 알맞은 것이 있나요?
2	我想买一套看起来比较成熟的服装。请帮我推荐一款。 Wǒ xiǎng mǎi yí tào kànqǐlái bǐjiào chéngshú de fúzhuāng. Qǐng bāng wǒ tuījiàn yì kuǎn.	저는 좀 성숙해 보이는 옷을 한 벌 사고 싶어요. 하나 추천 좀 해주세요.
3	我现在上班了，不能总是穿运动服和休闲的服装，所以准备买套西服来穿。 Wǒ xiànzài shàngbān le, bù néng zǒngshì chuān yùndòngfú hé xiūxián de fúzhuāng, suǒyǐ zhǔnbèi mǎi tào xīfú lái chuān.	제가 이제 출근을 하게 되어서, 항상 운동복과 캐주얼 차림만 입을 수는 없거든요. 그래서, 정장을 한 벌 사서 입으려고 해요.

 옷을 사고 파는 문제가 출제되면 '合适'와 '适合'를 말하게 되는데, 잘못 표현하는 경우가 많으니 주의해서 말해야 한다.

合适는 '어울리다, 적당하다'라는 형용사로, 뒤에 목적어를 넣어 말할 수 없다.

예 合适你。(X)　　对你很合适。당신에게 잘 어울립니다. (O)

适合는 '적합하다, 어울리다'라는 동사로, 뒤에 목적어를 넣어 말할 수 있다.

예 适合你。당신에게 어울립니다. (O)　　适合休闲装。캐주얼 차림에 적합합니다. (O)

단어　介绍 jièshào 통 소개하다 | 身 shēn 양 벌[옷을 세는 단위] | 运动服 yùndòngfú 명 운동복 | 适合 shìhé 통 적합하다 | 套 tào 양 세트, 벌 | 成熟 chéngshú 형 성숙하다 | 服装 fúzhuāng 명 의류, 의상 | 推荐 tuījiàn 통 추천하다 | 一款 yì kuǎn 한 가지 스타일 | 总是 zǒngshì 부 늘, 줄곧 | 休闲 xiūxián 명 캐주얼 | 准备 zhǔnbèi 통 준비하다 | 西服 xīfú 명 양복, 정장

问题 2 ⭐

문제 你觉得这双鞋怎么样?

🎧3-8-2 Nǐ juéde zhè shuāng xié zěnmeyàng?

당신은 이 신발이 어떤 것 같아요?

---

1 样式不错，就是小了点儿。

　　Yàngshì búcuò, jiùshì xiǎo le diǎnr.

스타일은 괜찮은데 조금 작네요.

---

2 不合适。鞋子有点儿小，穿起来会非常不舒服的。

　　Bù héshì. Xiézi yǒudiǎnr xiǎo, chuān qǐlái huì fēicháng bù shūfu de.

안 맞아요. 신발이 좀 작아서, 신으면 무척 불편할 거예요.

---

3 各方面都很合适，就是小了些。不过鞋子穿一段时间后会变大，如果不是太挤脚就可以买下来。

　　Gè fāngmiàn dōu hěn héshì, jiùshì xiǎo le xiē. Búguò xiézi chuān yíduàn shíjiān hòu huì biàndà, rúguǒ bú shì tài jǐjiǎo jiù kěyǐ mǎi xiàlái.

모든 면에서 다 괜찮은데 크기가 약간 작아요. 그런데 신발은 얼마 동안 신으면 늘어나니까, 너무 발에 꽉 끼지만 않으면 사도 좋겠어요.

💬 **Tip** '有点儿 + 형용사'는 불만족을 나타내는 데에 포인트가 있다. '有点儿大'는 '조금 커서 안 좋다'는 의미이고, '有点儿贵'도 '비싼 게 약간 불만이다'라는 의미이다. 반면에 '형용사 + (了)一点'은 비교의 의미만 나타낸다. 예를 들면 '贵了点'은 '(생각보다) 좀 비싸다', '大了一点'은 '(본인의 치수보다) 좀 크다'고만 말하는 것이다. 따라서 불만족의 표현인지 아니면 정도의 비교인지 구분하여 사용하면 된다.

단어 双 shuāng 양 짝, 켤레, 쌍 ┃ 鞋 xié 명 신(발), 구두 ┃ 样式 yàngshì 명 모양, 스타일, 디자인 ┃ 合适 héshì 형 알맞다, 적당하다 ┃ 舒服 shūfu 형 (몸·마음이) 편안하다 ┃ 方面 fāngmiàn 명 방면, 부분 ┃ 变 biàn 동 변하다, 바뀌다 ┃ 挤脚 jǐjiǎo (신발이) 발에 꽉 끼다 ┃ 买下来 mǎi xiàlái 사들이다, 사 두다

问题 3 [★]

문제 听说，小王买了一部新手机，怎么样？

🎧3-8-3 Tīngshuō, Xiǎo Wáng mǎi le yí bù xīn shǒujī, zěnmeyàng?

샤오왕이 새 휴대전화를 샀다고 하던데, 어때요?

답변

1 非常好，听说他花了不少钱呢。

Fēicháng hǎo, tīngshuō tā huā le bù shǎo qián ne.

아주 좋아요. 듣자 하니 돈을 많이 썼다고 하던데요.

2 我觉得很一般。就是看起来比较漂亮，功能并不多。

Wǒ juéde hěn yìbān. Jiùshì kànqǐlái bǐjiào piàoliang, gōngnéng bìng bù duō.

제가 보기엔 보통이에요. 단지 보기에 예쁠 뿐이지, 기능은 많지 않아요.

3 好极了！昨天我借来看了看，手机很薄，拿着很方便，功能也很多，里面还有好多游戏呢。

Hǎo jí le! Zuótiān wǒ jièlái kàn le kàn, shǒujī hěn báo, názhe hěn fāngbiàn, gōngnéng yě hěn duō, lǐmiàn háiyǒu hǎo duō yóuxì ne.

엄청나요! 어제 제가 빌려와서 좀 봤는데 아주 얇아서 들기 편하고, 기능도 많아요. 게임도 아주 많이 들어있어요.

 '형용사 + 极了'는 형용사의 정도가 아주 심한 것을 강조한다. '很好', '非常漂亮' 등에만 국한하지 말고, 다양한 표현으로 더욱 생생하게 나타내자!

예 棒极了。끝내줍니다.   可爱极了。무지 귀여워요.

漂亮极了。굉장히 예뻐요.   美极了。대단히 아름다워요.

难看极了。너무 안 예뻐요.   冷极了。엄청나게 추워요.

단어 部 bù 영 대[휴대전화와 같은 기계를 세는 양사] | 手机 shǒujī 영 휴대전화 | 花钱 huāqián 통 (돈을) 쓰다 | 一般 yìbān 영 보통이다, 일반적이다 | 漂亮 piàoliang 영 예쁘다, 아름답다 | 功能 gōngnéng 영 기능 | 并 bìng 분 그다지, 별로 | 好极了 hǎo jí le 엄청나게 좋다 | 借 jiè 통 빌리다 | 薄 báo 영 얇다 | 方便 fāngbiàn 영 편리하다 | 游戏 yóuxì 영 게임

问题 4 ★

문제 这台电视是在我们商店买的吗?

🎧 3-8-4 Zhè tái diànshì shì zài wǒmen shāngdiàn mǎi de ma?

이 텔레비전은 저희 가게에서 사신 건가요?

답변

1 是的。是我昨天在你们店买的。

Shìde. Shì wǒ zuótiān zài nǐmen diàn mǎi de.

네, 제가 어제 당신네 가게에서 산 거예요.

2 当然是了，我把发票也带来了，你看一下。

Dāngrán shì le, wǒ bǎ fāpiào yě dàilái le, nǐ kàn yíxià.

당연히 그렇죠. 제가 영수증도 가져왔으니 좀 보세요.

3 是的。昨天在你们店买的，可是回家后发现电视上有划痕，这到底是怎么回事?

Shìde. Zuótiān zài nǐmen diàn mǎi de, kěshì huíjiā hòu fāxiàn diànshì shàng yǒu huáhén, zhè dàodǐ shì zěnme huíshì?

네, 어제 당신네 가게에서 샀어요. 그런데 집에 돌아가고 나서 텔레비전에 긁힌 자국이 있는 걸 발견했어요. 도대체 어떻게 된 건가요?

 '当然'은 '당연하다'의 의미로 '당연히 ~하다'라는 표현에 자주 쓰인다.

예 当然是了。당연하죠.　　　　　　当然好了。당연히 좋죠.

当然没问题了。당연히 문제없습니다.　当然可以了。당연히 가능하죠.

当然行了。당연히 됩니다.

단어 电视 diànshì 몡 텔레비전 | 商店 shāngdiàn 몡 상점, 판매점 | 当然 dāngrán 閈 당연히, 물론 | 发票 fāpiào 몡 영수증 | 发现 fāxiàn 뗭 발견하다, 알아차리다 | 划痕 huáhén 몡 긁힌 자국, 생채기 | 到底 dàodǐ 閈 도대체

问题 5 ✱

문제 蓝色的鞋已经卖完了。红色的可以吗?

🎧 2-1-1 Lánsè de xié yǐjīng màiwán le. Hóngsè de kěyǐ ma?

파란색 신발은 이미 다 팔렸습니다. 빨간색도 괜찮습니까?

답변 1　我不喜欢红色的鞋子,没有别的颜色的吗?

　　Wǒ bù xǐhuan hóngsè de xiézi, méiyǒu bié de yánsè de ma?

빨간색 신발은 싫은데, 다른 색은 없나요?

2　也可以,不过红色的没有蓝色的好看,你们得给我打个八折。

　　Yě kěyǐ, búguò hóngsè de méiyǒu lánsè de hǎokàn, nǐmen děi gěi wǒ dǎ ge bā zhé.

빨간색 신발도 괜찮지만 파란색 신발만큼 예쁘지 않으니, 20% 할인해주세요.

3　蓝色的什么时候能有新货来? 我太喜欢这双蓝色的了,我可以先付钱,晚些再来拿。

　　Lánsè de shénme shíhou néng yǒu xīnhuò lái? Wǒ tài xǐhuan zhè shuāng lánsè de le, wǒ kěyǐ xiān fùqián, wǎn xiē zài lái ná.

파란색 신발은 언제 새 제품이 들어오나요? 전 이 파란색 신발이 너무 마음에 들어요. 먼저 돈을 지불하고 나중에 다시 와서 가져가도 돼요.

단어 蓝色 lánsè 圀 파란색 | 卖完 màiwán 완판하다, 다 팔리다 | 红色 hóngsè 圀 붉은색, 빨간색 | 喜欢 xǐhuan 图 좋아하다, 마음에 들다 | 颜色 yánsè 圀 색, 색깔 | 好看 hǎokàn 톙 근사하다, 보기 좋다 | 得 děi 区통 ~해야만 한다 | 打八折 dǎ bā zhé 20% 할인 | 新货 xīnhuò 圀 신제품, 새로 도착한 상품 | 付钱 fùqián 图 돈을 지불하다

1 "저는 사고 싶습니다."

我想买 一件衣服。 저는 옷을 한 벌 사고 싶습니다.
Wǒ xiǎng mǎi yí jiàn yīfu.

一块手表。 저는 시계를 하나 사고 싶습니다.
yí kuài shǒubiǎo.

一条连衣裙。 저는 원피스를 한 벌 사고 싶습니다.
yì tiáo liányīqún.

2 "저는 바꾸고 싶습니다."

我想换 更大/小一点的。 저는 더 큰 것 / 더 작은 것으로 바꾸고 싶습니다.
Wǒ xiǎng huàn gèng dà / xiǎo yìdiǎn de.

颜色亮/暗一点的。 저는 색이 더 밝은 것 / 더 어두운 것으로 바꾸고 싶습니다.
yánsè liàng / àn yìdiǎn de.

便宜一点的。 저는 조금 더 싼 것으로 바꾸고 싶습니다.
piányi yìdiǎn de.

3 "선물을 주려고 합니다."

我打算送给 女朋友。麻烦你能包一下吗?
Wǒ dǎsuan sòng gěi nǚpéngyou. Máfan nǐ néng bāo yíxià ma?
여자친구에게 선물을 주려고 합니다. 포장해주실 수 있습니까?

家人。 麻烦能帮我换一下吗?
jiārén. Máfan néng bāng wǒ huàn yíxià ma?
가족에게 선물을 주려고 합니다. 교환해주실 수 있습니까?

上司。 你能给我推荐一下吗?
shàngsi. Nǐ néng gěi wǒ tuījiàn yíxià ma?
상사에게 선물을 주려고 합니다. 추천해주실 수 있습니까?

다음의 제3부분 문제를 풀어보세요.

3-9-0

문제 1

문제 2

문제 3

문제 4

문제 5

(2秒)　　　提示音　　　　　　　　（15秒）　　　　　　　結束。

第四部分 | 简短回答
간단하게 대답하기

第四部分：简短回答

在这部分考试中，你将听到五个问题。请尽量用完整的句子来回答，句子的长短和用词将影响你的分数。请听例句。

> 问题：周末你常常做什么？
> 回答1：看电影。
> 回答2：我有时候在家看电视，有时候和朋友一起见面，聊天、看电影什么的。

两种回答都可以，但第二种回答更完整更详细，你将得到较高的分数。请听到提示音之后开始回答问题。每道题请你用15秒思考，回答时间是25秒。

下面开始提问。

제4부분: 간단하게 대답하기

이 부분에서는 다섯 문제를 듣게 됩니다. 최대한 완전한 문장으로 대답해주십시오. 문장의 길이와 사용하는 단어는 당신의 점수에 영향을 미칩니다. 예문을 들어보세요.

문제 : 주말에 주로 무엇을 하십니까?

대답 1 : 영화를 봅니다.

대답 2 : 집에서 TV를 보기도 하고, 친구를 만나 이야기하거나 영화를 보기도 합니다.

두 가지 대답은 모두 가능하지만, 대답 2가 더 완전하고 자세하기 때문에 높은 점수를 받을 수 있습니다. 제시음을 듣고 나서 대답해주십시오. 모든 문제마다 15초 동안 생각할 수 있으며, 대답할 시간은 25초입니다.

다음 질문을 시작하겠습니다.

제4부분	
준비시간	15초
답변시간	25초
문항수	5문항
문제유형	간단하게 대답하기
난이도	중

TSC 시험에서 제4부분은 '簡短回答(간단하게 대답하기)' 부분으로 모두 5문제가 출제되며, 그림이 제시되지 않고 문제만 듣고 대답을 해야 한다. 문제의 내용은 주로 개인의 일상생활과 여러 가지 경험을 묻는 문제이다. 대답을 할 때는 주로 자신의 상황, 생각, 경험 등을 말해야 한다. 우선 질문이 끝났다고 바로 대답을 하면 안 되고, 주어진 15초 동안 모니터의 시간을 보면서 대답을 정리했다가 제시음이 나오면 그때 대답을 해야 한다.

제4부분의 대답에서 가장 점수에 영향을 미치는 점은 바로 문장의 완성도이다. 따라서 가능한 완전한 문장으로 표현해야 하며, 적당한 접속사 등을 활용하여 대답하는 것이 좋다. 복잡한 문장을 말하려 하지 말고 되도록 간결하게 표현하며, 문제에 대한 답을 명확하게 표현해야 한다. 불필요한 수식도 피하는 것이 좋다. 쓸데없는 수식으로 문장이 길어지면 실수가 많아질 수 있고, 그렇게 되면 말을 아무리 많이 해도 고득점을 받을 수가 없다.

초급 수준의 학습자라면 1~2문장 정도를 말하고, 중·고급 수준의 학습자라면 3~4문장 정도를 말하면 된다. 가능한 동문서답을 피해야 하지만, 간혹 한 문항 정도 질문을 못 알아듣는 경우가 있을 수 있는데, 이런 때에는 가급적 가장 근접한 영역에 관해서 간단하게 대답하고 마무리하는 것이 좋다.
제4부분은 질문에 맞는 정확한 대답과 이유를 최대한 완전한 문장으로 표현하면 고득점을 받을 수 있는 부분이다. 평소에 완전한 문장으로 말하는 습관을 들이면 시험에서 제대로 실력을 발휘할 수 있을 것이다.

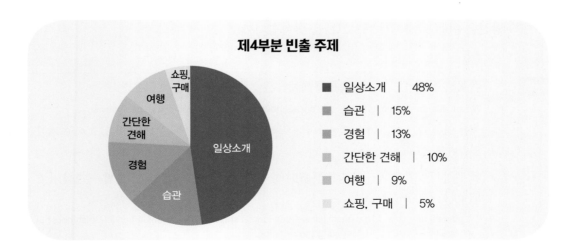

제4부분 빈출 주제

- 일상소개 | 48%
- 습관 | 15%
- 경험 | 13%
- 간단한 견해 | 10%
- 여행 | 9%
- 쇼핑, 구매 | 5%

여가/취미/인물소개편

여가, 취미 관련 문제는 취미가 무엇인지 직접적으로 묻는 문제보다는 구체적인 두 가지를 제시하고 그중에서 좋아하는 것이 무엇인지를 묻는 문제가 더 많다. 예를 들면 등산(爬山)과 자전거 타는 것(骑自行车) 중에서 어떤 것을 더 좋아하는지 묻는 것이다. 따라서 여가, 취미와 관련된 동식물, 악기 연주, 영화, TV 프로그램, 책 제목 등의 어휘를 꼭 알아야 대답할 수 있으니, 잘 알아두자.

인물 소개에 관한 문제는 주로 성격의 장단점을 묻는 문제가 많다. 그리고 좋아하는 스타, 유명한 사람, 상사, 선생님, 친구, 가족 등을 소개하는 문제도 출제된다. 주로 인물의 성격과 그 사람을 좋아하는 이유에 대해 설명하면 된다. 이때 주의할 점은 성격에 대한 형용사를 대상, 연령에 맞게 사용해야 한다는 점이다. 예를 들어, '活泼好动(활발하고 움직이기 좋아하다)'은 '小孩子活泼好动'으로 아이에게 쓰는 것이 일반적이지만, '老师活泼好动'과 같이 선생님이나 연장자에게는 다소 적절하지 않다.

问题 1 ★

문제 你喜欢看什么样的电视节目?

🎧4-1-1 Nǐ xǐhuan kàn shénmeyàng de diànshì jiémù?

당신은 어떤 텔레비전 프로그램을 좋아합니까?

답변 1 我最喜欢看电影了，特别是恐怖片。我觉得很刺激，也很有意思。

Wǒ zuì xǐhuan kàn diànyǐng le, tèbié shì kǒngbùpiàn. Wǒ juéde hěn cìjī, yě hěn yǒuyìsi.

저는 영화 보는 것을 가장 좋아합니다. 특히 공포 영화를 좋아하는데, 스릴 있고 아주 재미있습니다.

2 我平时很少看电视，因为很浪费时间。只有感觉很累的时候，会看一些娱乐类的节目，放松一下心情。

Wǒ píngshí hěn shǎo kàn diànshì, yīnwèi hěn làngfèi shíjiān. Zhǐyǒu gǎnjué hěn lèi de shíhou, huì kàn yìxiē yúlè lèi de jiémù, fàngsōng yíxià xīnqíng.

저는 평소에 텔레비전을 잘 보지 않는데, 왜냐하면 시간 낭비이기 때문입니다. 아주 피곤할 때만 예능 프로그램 같을 것을 보면서 마음의 여유를 찾습니다.

3 我对电视节目不挑剔，什么样的节目都可以，因为上班比较累，晚上回家之后，吃过晚饭，靠在沙发上看电视，感觉真是享受，妻子看什么，我就看什么，我觉得和家人一起享受看电视的时间是最重要的。但是因为工作特别辛苦，我经常看着电视就睡着了。对我来说，看电视能够放松我紧张的神经，缓解压力。

Wǒ duì diànshì jiémù bù tiāoti, shénmeyàng de jiémù dōu kěyǐ, yīnwèi shàngbān bǐjiào lèi, wǎnshang huíjiā zhīhòu, chīguo wǎnfàn, kào zài shāfā shàng kàn diànshì, gǎnjué zhēnshì xiǎngshòu, qīzi kàn shénme, wǒ jiù kàn shénme, wǒ juéde hé jiārén yìqǐ xiǎngshòu kàn diànshì de shíjiān shì zuì zhòngyào de. Dànshì yīnwèi gōngzuò tèbié xīnkǔ, wǒ jīngcháng kànzhe diànshì jiù shuìzháo le. Duì wǒ lái shuō, kàn diànshì nénggòu fàngsōng wǒ jǐnzhāng de shénjīng, huǎnjiě yālì.

저는 텔레비전 프로그램을 가리지 않습니다. 어떤 프로그램도 다 괜찮습니다. 출근하는 것이 다소 피곤하기 때문에, 저녁에 집에 돌아와 밥을 먹고 소파에 기대어 텔레비전을 보는 것은 정말 행복으로 느껴집니다. 아내가 보고 있는 것을 저도 봅니다. 제 생각에 가족과 함께 텔레비전을 보는 시간은 저에게 가장 중요합니다. 하지만 일이 너무 고단해서 자주 텔레비전을 보다가 잠이 듭니다. 저에게 있어 텔레비전을 보는 것은 긴장을 풀고, 스트레스를 해소하기에 충분합니다.

 Tip 텔레비전 프로그램은 아주 다양하다. 예를 들면 뉴스(新闻), 드라마(电视剧), 예능(娱乐), 영화(电影), 애니메이션(动漫), 코미디(喜剧), 음악(音乐), 스포츠(体育) 등이 있다.

 단어 电视节目 diànshì jiémù 몡 TV프로그램 | 特别 tèbié 뷔 유달리, 각별히 | 恐怖片 kǒngbùpiàn 몡 공포 영화 | 刺激 cìjī 동 자극하다 | 平时 píngshí 몡 평소, 평상시 | 浪费 làngfèi 동 낭비하다, 허비하다 | 娱乐 yúlè 오락, 엔터테인먼트 | 类 lèi 몡 종류, 같은 부류 | 放松 fàngsōng 동 이완시키다, 정신적 긴장을 풀다 | 心情 xīnqíng 몡 마음, 기분 | 挑剔 tiāoti 동 까다롭다, 지나치게 트집 잡다 | 靠 kào 동 기대다 | 沙发 shāfā 몡 소파 | 享受 xiǎngshòu 동 누리다, 향유하다 | 能够 nénggòu 동 할 수 있다 | 紧张 jǐnzhāng 뒝 (정신적으로) 긴장해 있다, | 神经 shénjīng 몡 신경 | 缓解 huǎnjiě 동 완화시키다, 풀어지다 | 压力 yālì 몡 스트레스

문제 你喜欢养猫还是养狗?

🎧 4-1-2 Nǐ xǐhuan yǎng māo háishi yǎng gǒu?

당신은 고양이와 개 중에서 어떤 동물을 키우는 것을 좋아합니까?

답변 1 我喜欢养猫。因为它太可爱了,而且还很爱干净,抱在怀里很舒服。

Wǒ xǐhuan yǎng māo. Yīnwèi tā tài kě'ài le, érqiě hái hěn ài gānjìng, bào zài huái lǐ hěn shūfu.

저는 고양이 키우는 것을 좋아합니다. 고양이는 매우 사랑스럽고 깔끔하며, 가슴에 안으면 포근하기 때문입니다.

---

2 我喜欢养狗。因为狗非常忠诚而且专一,狗一直跟在我的身边,狗给人带来安全感,它带给我无尽的快乐。我从小就一直养狗,所以和狗有特别的感情。

Wǒ xǐhuan yǎng gǒu. Yīnwèi gǒu fēicháng zhōngchéng érqiě zhuānyī, gǒu yìzhí gēn zài wǒ de shēnbiān, gǒu gěi rén dàilái ānquángǎn, tā dài gěi wǒ wújìn de kuàilè. Wǒ cóngxiǎo jiù yìzhí yǎng gǒu, suǒyǐ hé gǒu yǒu tèbié de gǎnqíng.

저는 강아지 키우는 것을 좋아합니다. 강아지는 매우 충성심이 강하고 한결같기 때문입니다. 강아지는 항상 제 곁에 있으며, 사람에게 안정감을 주며, 무한한 기쁨을 줍니다. 저는 어릴 때부터 줄곧 강아지를 키웠기 때문에 강아지와 특별한 감정이 있습니다.

---

3 我两个都喜欢,因为猫和狗都是我的好朋友,生病时,有它们陪着我,快乐、难过时,也有它们陪着我。它们都很聪明,喜欢与人玩耍。它们有时候跟我撒娇,我们是互相依赖的。它们迷迷糊糊地赖在你的腿上,偶尔蹭蹭我的腿,多乖啊!

Wǒ liǎng ge dōu xǐhuan, yīnwèi māo hé gǒu dōu shì wǒ de hǎo péngyǒu, shēngbìng shí, yǒu tāmen péizhe wǒ, kuàilè、nánguò shí, yě yǒu tāmen péizhe wǒ. Tāmen dōu hěn cōngmíng, xǐhuan yǔ rén wánshuǎ. Tāmen yǒushíhou gēn wǒ sājiāo, wǒmen shì hùxiāng yīlài de. Tāmen mími hūhū de lài zài nǐ de tuǐ shàng, ǒu'ěr cèngceng wǒ de tuǐ, duō guāi a!

저는 둘 다 좋아하는데, 고양이와 강아지는 모두 저의 좋은 친구이기 때문입니다. 아플 때 그들이 있고, 기쁘거나 힘들 때도 그들이 함께해줍니다. 그들은 매우 총명하고 사람과 노는 것을 좋아합니다. 그들은 어떨 때 애교도 부리고, 저희는 서로 의지합니다. 그들이 비몽사몽한 상태로 우리의 다리에 기대거나, 때론 우리 다리에 몸을 비비는데, 얼마나 귀여운지요!

고양이를 좋아하는 사람들은 대부분 고양이의 자태가 우아하고 개성이 뚜렷하며, 호기심이 강하고 사랑스럽다고 생각하기 때문이다. 개를 좋아하는 사람들은 개가 충성스럽고 집을 지켜주며, 사람들의 좋은 벗이라고 생각하기 때문이다.

단어 养 yǎng 图 부양하다, 양육하다, 기르다 | 猫 māo 몡 고양이 | 狗 gǒu 몡 개 | 干净 gānjìng 톙 깨끗하다, 청결하다 | 抱 bào 图 안다, 껴안다 | 怀 huái 몡 가슴, 품 | 忠诚 zhōngchéng 톙 충성하다, 충실하다 | 安全感 ānquángǎn 몡 안정감 | 无尽 wújìn 톙 무한하다, 무궁무진하다 | 陪 péi 图 모시다, 동반하다 | 难过 nánguò 톙 괴롭다, 고생스럽다 | 玩耍 wánshuǎ 图 놀다, 장난하다 | 撒娇 sājiāo 图 아양을 떨다, 애교 부리다 | 互相 hùxiāng 閉 서로, 상호 | 依赖 yīlài 图 의지하다, 기대다 | 迷迷糊糊 mími hūhū 톙 (정신이) 얼떨떨하다, 몽롱하다 | 赖 lài 图 기대다 | 蹭 cèng 图 비비다, 문지르다 | 乖 guāi 톙 말을 잘듣다, 착하다

问题 3 *

문제　看运动比赛时，你喜欢在家看还是在现场看?

🎧 4-1-3　Kàn yùndòng bǐsài shí, nǐ xǐhuan zài jiā kàn háishi zài xiànchǎng kàn?

당신은 스포츠 경기를 볼 때, 집에서 보는 것을 좋아합니까, 아니면 현장에서 보는 것을 좋아합니까?

답변　1　我对比赛没什么兴趣，所以平时就算是看，也会在家里看。

Wǒ duì bǐsài méi shéme xìngqù, suǒyǐ píngshí jiù suànshi kàn, yě huì zài jiā lǐ kàn.

저는 경기에 별로 관심이 없어서, 평소에 보게 되면 그냥 집에서 봅니다.

2　我喜欢看棒球比赛，我喜欢在现场看，因为在现场看的时候，我可以给我喜欢的球队加油。而且边看比赛还能边吃炸鸡喝啤酒，下班后和朋友去能够缓解压力。所以我喜欢去现场看比赛。

Wǒ xǐhuan kàn bàngqiú bǐsài, wǒ xǐhuan zài xiànchǎng kàn, yīnwèi zài xiànchǎng kàn de shíhou, wǒ kěyǐ gěi wǒ xǐhuan de qiúduì jiāyóu. Érqiě biān kàn bǐsài hái néng biān chī zhájī hē píjiǔ, xiàbān hòu hé péngyou qù nénggòu huǎnjiě yālì. Suǒyǐ wǒ xǐhuan qù xiànchǎng kàn bǐsài.

저는 야구 경기 보는 것을 좋아합니다. 저는 현장에서 보는 것을 좋아하는데, 현장에서 보면 제가 좋아하는 팀을 직접 응원할 수 있기 때문입니다. 게다가 경기를 보면서 치킨과 맥주를 먹을 수도 있어서 퇴근 후에 친구와 가면 스트레스를 해소할 수 있습니다. 그래서 저는 현장에서 경기 보는 것을 좋아합니다.

3   在家看比赛不用担心堵车，看比赛也不受天气的影响，在家还能从不同的角度看到比赛的实况，家里比较安静没有现场那么嘈杂，所以我觉得在家看电视直播也不错。而在现场看的话，更有震撼感，现场的气氛会更让人投入，亲身体验，给人一种兴奋的感觉，可以让人消除烦恼，有效减缓压力，同时，去观看自己喜欢的球队比赛，看到他们赢，心里很高兴。所以我觉得在哪里看都可以。

Zài jiā kàn bǐsài búyòng dānxīn dǔchē, kàn bǐsài yě bú shòu tiānqì de yǐngxiǎng, zài jiā hái néng cóng bù tóng de jiǎodù kàndào bǐsài de shíkuàng, jiā lǐ bǐjiào ānjìng méiyǒu xiànchǎng nàme cáozá, suǒyǐ wǒ juéde zài jiā kàn diànshì zhíbō yě búcuò. Ér zài xiànchǎng kàn de huà, gèng yǒu zhènhàngǎn, xiànchǎng de qìfēn huì gèng ràng rén tóurù, qīnshēn tǐyàn, gěi rén yì zhǒng xìngfèn de gǎnjué, kěyǐ ràng rén xiāochú fánnǎo, yǒuxiào jiǎnhuǎn yālì, tóngshí, qù guānkàn zìjǐ xǐhuan de qiúduì bǐsài, kàndào tāmen yíng, xīn li hěn gāoxìng. Suǒyǐ wǒ juéde zài nǎlǐ kàn dōu kěyǐ.

집에서 경기를 보면 차 막힐 걱정을 하지 않아도 되고, 날씨의 영향을 받지도 않습니다. 또한 집에서는 다른 각도에서 경기 실황을 볼 수 있고, 집은 조용해서 경기장처럼 시끄럽지 않기 때문에 집에서 생중계를 보는 것도 좋다고 생각합니다. 반면에 현장에서 보면 시끌벅적하고, 분위기가 더욱 몰입하게 하고 실감나게 하여 더욱 흥분됩니다. 걱정거리를 없애 주고 스트레스를 풀 수 있는 데다가 자신이 좋아하는 팀의 경기를 보러 가서 그들이 이기는 것을 보게 되면 기분이 아주 좋습니다. 그래서 저는 어디에서 보든 모두 다 좋다고 생각합니다.

집에서 보는 것을 즐기는 사람들은 주로 경제적, 시간적인 제약 때문일 것이고, 또 자신이 살고 있는 곳에서 경기가 열리지 않는 경우도 있을 것이다. 현장에 가서 보려면 시간적인 여유가 있어야 하고, 돈도 들여야 한다. 그래도 현장에서 보는 것을 즐기는 사람들은 현장의 열기를 직접 느끼고 싶어하기 때문에 경제적 · 시간적 문제는 별로 중요하지 않을 수 있다.

运动比赛 yùndòng bǐsài 운동 경기 | 现场 xiànchǎng 명 (사건이나 사고의) 현장 | 兴趣 xìngqù 명 흥미, 흥취 | 就算 jiùsuàn 접 설령 ~하더라도 | 球队 qiúduì 명 운동 경기의 단체, 팀 | 加油 jiāyóu 동 힘을 내다, 파이팅 | 炸鸡 zhájī 명 치킨 | 啤酒 píjiǔ 명 맥주 | 缓解 huǎnjiě 동 완화시키다 | 压力 yālì 명 스트레스 | 堵车 dǔchē 명 교통 체증 | 影响 yǐngxiǎng 명 영향 동 영향을 주다 | 角度 jiǎodù 명 각도, 관점 | 实况 shíkuàng 명 실황 | 嘈杂 cáozá 형 떠들썩하다, 시끄럽다 | 直播 zhíbō 명동 생방송(하다) | 震撼感 zhènhàngǎn 명 짜릿함, 감동 | 气氛 qìfēn 명 분위기 | 投入 tóurù 동 뛰어들다, 참가하다 | 亲身 qīnshēn 형 친히, 몸소 | 体验 tǐyàn 동 경험하다, 체험하다 | 兴奋 xīngfèn 형 흥분하다, 감격하다 | 消除 xiāochú 동 제거하다, 퇴치하다 | 烦恼 fánnǎo 명 번뇌, 걱정 | 有效 yǒuxiào 형 유효하다, 효과가 있다 | 同时 tóngshí 접 게다가, 또한 | 观看 guānkàn 동 관찰하다, 관람하다 | 赢 yíng 동 이기다

문제 你是一个节约的人吗?

🎧 4-1-4　Nǐ shì yí ge jiéyuē de rén ma?

당신은 검소한 사람입니까?

답변 1　我是一个节约的人，我从来不乱花钱。所以我每个月的生活费只要很少就够了。

Wǒ shì yí ge jiéyuē de rén, wǒ cónglái bú luàn huā qián. Suǒyǐ wǒ měi ge yuè de shēnghuófèi zhǐyào hěn shǎo jiù gòu le.

저는 검소한 사람으로 여태껏 돈을 허투루 쓴 적이 없습니다. 따라서 저는 매달 생활비가 조금만 있어도 충분합니다.

2　我比较节约，因为我的家庭比较困难。平时父母没有太多的钱给我，所以我从小就养成了节约的好习惯。

Wǒ bǐjiào jiéyuē, yīnwèi wǒ de jiātíng bǐjiào kùnnan. Píngshí fùmǔ méiyǒu tài duō de qián gěi wǒ, suǒyǐ wǒ cóngxiǎo jiù yǎngchéng le jiéyuē de hǎo xíguàn.

저는 비교적 검소한 편입니다. 가정 형편이 어려워서 평소에 부모님이 돈을 많이 주지 않았습니다. 그래서 저는 어릴 때부터 절약하는 좋은 습관이 몸에 배었습니다.

3　我是一个不节俭的人，可以说是一个大手大脚的人，我喜欢追求品质，无论是自己辛苦挣来的钱，还是爸妈挣的都一样，只要我喜欢，我都会买下来。但是我喜欢给老婆花钱，给爸妈花钱，给孩子花钱，虽然他们都说不要买这些东西，但每次收到的时候他们都非常开心。

Wǒ shì yí ge bù jiéjiǎn de rén, kěyǐ shuō yí shì ge dàshǒu dàjiǎo de rén, wǒ xǐhuan zhuīqiú pǐnzhì, wúlùn shì zìjǐ xīnkǔ zhènglái de qián, háishi bà mā zhèng de dōu yíyàng, zhǐyào wǒ xǐhuan, wǒ dōu huì mǎi xiàlai. Dànshì wǒ xǐhuan gěi lǎopo huā qián, gěi bà mā huā qián, gěi háizi huā qián, suīrán tāmen dōu shuō bú yào mǎi zhèxiē dōngxi, dàn měi cì shōudào de shíhou tāmen dōu fēicháng kāixīn.

저는 검소한 사람이 아닙니다. 모든 것에 손이 큰 편입니다. 저는 품질을 따지며, 스스로 힘들게 번 돈이나 부모님이 번 것이나 모두 같습니다. 저는 제가 좋아하면 반드시 사고야 맙니다. 하지만 저는 아내와 부모님, 아이에게 돈 쓰는 것을 좋아합니다. 비록 그들은 그런 것들을 사지 말라고 말하지만, 받을 때마다 매우 기뻐합니다.

먼저 검소한 사람인지 아닌지를 말하고 그 이유를 설명하면 된다. 만약 검소한 사람이라면 어떻게 절약하는 지 설명한다. 예를 들면 돈을 허투루 쓰지 않고 근검절약하며 생활하고, 먹고 입는 것은 소박하고 평범하다 고 말할 수 있다. 만약 검소한 사람이 아니라면, 평소에 갖고 싶은 것이 있으면 돈에 구애받지 않고 마음대로 산다거나 자주 친구들과 만나 돈을 많이 쓴다는 등의 설명을 하면 된다.

제 4 부분

단어　节约 jiéyuē 휑 검소하다, 소박하다 | 从来…不 cónglái…bù 여태까지 ~않다 | 生活费 shēnghuófèi 몡 생활비 | 困难 kùnnan 휑 곤란하다, 어렵다 | 养成 yǎngchéng 동 습관이 되다, 길러지다 | 节俭 jiéjiǎn 휑 검소하다, 소박하다 | 大手大脚 dàshǒudàjiǎo 휑 손이 크다 | 追求 zhuīqiú 동 추구하다 | 无论 wúlùn 젭 ~에도 불구하고 | 挣 zhèng 동 일하여 벌다 | 老婆 lǎopo 몡 아내 | 花钱 huā qián 돈을 쓰다 | 收到 shōudào 동 받다

问题 5 ★

문제　你和朋友通常在哪里见面?

4-1-5　Nǐ hé péngyou tōngcháng zài nǎlǐ jiànmiàn?

당신은 친구들과 주로 어떤 장소에서 만납니까?

답변

1　我和朋友见面时，通常会选择在家里。感觉更方便些。

Wǒ hé péngyou jiànmiàn shí, tōngcháng huì xuǎnzé zài jiā lǐ. Gǎnjué gèng fāngbiàn xiē.

저는 친구와 만날 때 보통 집에서 만납니다. 집이 훨씬 편하기 때문입니다.

2　我常和朋友在咖啡厅见面。我们都喜欢喝咖啡，一边喝咖啡，一边聊天，也是一种享受。

Wǒ cháng hé péngyou zài kāfēitīng jiànmiàn. Wǒmen dōu xǐhuan hē kāfēi, yìbiān hē kāfēi, yìbiān liáotiān, yě shì yì zhǒng xiǎngshòu.

저는 친구들과 카페에서 자주 만납니다. 저와 친구들은 모두 커피를 즐겨 마시기 때문에, 커피를 마시면서 이야기하는 것은 생활의 즐거움입니다.

3　我喜欢和朋友在有气氛的地方见面。我喜欢安静的，特别是有特色的咖啡厅，这种生活方式已经融入了我的生活，我不喜欢去大型连锁咖啡厅，我喜欢有室内设计感的私人咖啡厅，因为那里人少，空间结构、光照、色彩、材质、家具等方面都很有自己的特色，越来越多的人选择和朋友边喝咖啡边享受美好的时光。

Wǒ xǐhuan hé péngyou zài yǒu qìfēn de dìfang jiànmiàn. Wǒ xǐhuan ānjìng de, tèbié shì yǒu tèsè de kāfēitīng, zhè zhǒng shēnghuó fāngshì yǐjīng róngrù le wǒ de shēnghuó, wǒ bù xǐhuan qù dàxíng liánsuǒ kāfēitīng, wǒ xǐhuan yǒu shìnèi shèjìgǎn de sīrén kāfēitīng, yīnwèi nàlǐ rén shǎo, kōngjiān jiégòu、guāngzhào、sècǎi、cáizhì、jiājù děng fāngmiàn dōu hěn yǒu zìjǐ de tèsè, yuèláiyuè duō de rén xuǎnzé hé péngyou biān hē kāfēi biān xiǎngshòu měihǎo de shíguāng.

저는 친구와 분위기 있는 곳에서 만나는 것을 좋아합니다. 저는 조용한 곳을 좋아하는데, 특히 특색있는 카페를 좋아합니다. 이러한 생활 방식은 이미 제 삶에 녹아들어 저는 대형 프랜차이즈 카페보다는 감각 있는 실내 디자인으로 된 개인 카페를 좋아합니다. 사람이 적고, 공간 구조, 채광, 색채, 자재, 가구 등이 모두 각자의 특색이 있기 때문입니다. 점점 많은 사람이 친구와 커피를 마시면서 아름다운 시간을 보내는 것을 선택합니다.

친구들과 만날 수 있는 장소는 집, 카페, 극장, 서점, 쇼핑몰, 음식점, 바 등으로 아주 다양하다. 장소를 먼저 말하고 그 장소를 선택하게 된 이유를 설명하면 된다. 예를 들면 그 카페의 커피가 맛있어서 그곳에서 만나게 된다든지, 아이쇼핑을 좋아해서 쇼핑몰에서 만난다든지 등의 이유가 있을 것이다.

단어 通常 tōngcháng 圐 평상시, 보통 | 选择 xuǎnzé 圐 고르다, 선택하다 | 咖啡厅 kāfēitīng 圐 커피숍, 카페 | 一边…一边… yìbiān…yìbiān… ~하면서 ~하다 | 享受 xiǎngshòu 圐 누리다, 향유하다 | 安静 ānjìng 圐 조용하다, 평온하다 | 特色 tèsè 圐 특색, 특징 | 融入 róngrù 圐 융합되어 들어가다 | 大型 dàxíng 圐 대형(의) | 连锁 liánsuǒ 圐 프랜차이즈 | 室内 shìnèi 圐 실내 | 设计 shèjì 圐 설계하다, 디자인하다 | 私人 sīrén 圐 개인 | 空间 kōngjiān 圐 공간 | 结构 jiégòu 圐 구성, 구조 | 光照 guāngzhào 圐 일조 | 비추다 | 色彩 sècǎi 圐 색채 | 材质 cáizhì 圐 재질, 재료 | 家具 jiājù 圐 가구 | 时光 shíguāng 圐 시간, 세월

问题 6 ★

문제 你喜欢什么样的上司？

🎧4-1-6 Nǐ xǐhuan shémeyàng de shàngsi?

당신은 어떤 상사를 좋아합니까?

답변 1 虽然上司不是我能挑的，我要做的是适应与配合。但我喜欢的是能真诚地欣赏我的优点，对人诚实、正直、公正、和善和宽容的上司。

Suīrán shàngsi bú shì wǒ néng tiāo de, wǒ yào zuò de shì shìyìng yǔ pèihé. Dàn wǒ xǐhuan de shì néng zhēnchéng de xīnshǎng wǒ de yōudiǎn, duì rén chéngshí、zhèngzhí、gōngzhèng、héshàn hé kuānróng de shàngsi.

비록 상사는 제가 고를 수 있는 것은 아니지만, 제가 해야 하는 것은 적응과 조화입니다. 그러나 저는 진심으로 저의 장점을 좋아하고, 진실하고 정직하며, 공정하고 선량하고 너그러운 상사를 좋아합니다.

2 我喜欢关心下属的上司。加班时间要不要吃夜宵，或者加班之后对我说，今天辛苦了，快回去休息吧。上班的时候可以一本正经，不忙的时候大家可以坐在一起聊聊天，像朋友一样相处。有困难的时候他可以帮助你，有什么工作处理不了的时候他可以帮你出面解决。

Wǒ xǐhuan guānxīn xiàshǔ de shàngsi. Jiābān shí wèn yào bú yào chī yèxiāo, huòzhě jiābān zhīhòu duì wǒ shuō, jīntiān xīnkǔ le, kuài huíqù xiūxi ba. Shàngbān de shíhou kěyǐ yì běn zhèngjīng, bù máng de shíhou dàjiā kěyǐ zuò zài yìqǐ liáoliao tiān, xiàng péngyou yíyàng xiāngchǔ. Yǒu kùnnan de shíhou tā kěyǐ bāngzhù nǐ, yǒu shénme gōngzuò chǔlǐ buliǎo de shíhou tā kěyǐ bāng nǐ chūmiàn jiějué.

저는 부하 직원에게 관심을 갖는 상사를 좋아합니다. 야근할 때 야식이 필요한지 묻거나, 야근 후 오늘 매우 수고했다며 어서 집에 가서 쉬라고 말해주는 것입니다. 일할 때는 진지하지만, 바쁘지 않을 때는 다 함께 앉아 이야기도 하고 친구처럼 어울립니다. 어려움이 있을 때는 상사가 당신을 도와주고, 처리하지 못하는 업무가 있을 때 상사가 직접 나서서 해결할 수 있도록 도와줍니다.

3   我喜欢的上司是：首先，他信任我的能力，给我相当宽松的发挥空间。其次，他自己有主见，不随便听信别人打的小报告。最后，为人真诚，赏罚分明。

Wǒ xǐhuan de shàngsi shì : shǒuxiān, tā xìnrèn wǒ de nénglì, gěi wǒ xiàngdāng kuānsōng de fāhuī kōngjiān. Qícì, tā zìjǐ yǒu zhǔjiàn, bù suíbiàn tīngxìn biérén dǎ de xiǎo bàogào. Zuìhòu, wéirén zhēnchéng, shǎngfá fēnmíng.

제가 좋아하는 상사는 우선, 저의 능력을 신임합니다. 저에게 여유 있는 능력 발휘 공간을 주어야 합니다. 다음으로 자신의 주관이 있어, 다른 사람이 만들어 내는 고자질을 쉽게 믿지 않습니다. 마지막으로 성품이 성실하고 진실하며, 상과 벌이 엄격하고 분명합니다.

이 문제에 대답할 때는 먼저 상사의 성별과 나이를 설명한 다음, 성격이나 일 처리 스타일 그리고 부하 직원에 대한 태도 등을 설명하면 된다. 예를 들면 성격이 온화하고 직원들에게 너그럽다거나 혹은 아주 엄격하고 요구 조건이 까다로운 것 등을 말할 수 있다.

단어   上司 shàngsi 몡 상사 | 挑 tiāo 통 선택하다, 가려내다 | 适应 shìyìng 몡 통 적응(하다) | 配合 pèihé 몡 협력, 조화 통 협동하다, 보조를 맞추다 | 真诚 zhēnchéng 혱 진실하다 | 欣赏 xīnshǎng 통 좋다고 여기다 | 优点 yōudiǎn 몡 장점 | 诚实 chéngshí 혱 성실하다 | 正直 zhèngzhí 혱 정직하다 | 公正 gōngzhèng 혱 공정하다 | 和善 héshàn 혱 온화하고 선량하다 | 宽容 kuānróng 통 너그럽게 받아들이다 | 关心 guānxīn 통 관심을 갖다 | 下属 xiàshǔ 몡 부하, 아랫사람 | 夜宵 yèxiāo 몡 야식 | 正经 zhèngjing 혱 진지하다 | 相处 xiāngchǔ 통 함께 지내다 | 处理 chǔlǐ 통 처리하다, 처벌하다 | 出面 chūmiàn 통 친히 나가서 사무를 처리하다 | 解决 jiějué 통 해결하다 | 首先 shǒuxiān 몡 우선 | 信任 xìnrèn 통 신임하다 | 宽松 kuānsōng 혱 여유있다, 널찍하다 | 发挥 fāhuī 통 발휘하다 | 其次 qícì 몡 다음 | 主见 zhǔjiàn 몡 주견 | 随便 suíbiàn 閉 마음대로 | 听信 tīngxìn 통 곧이듣다 | 小报告 xiǎobàogào 몡 밀고, 고자질 | 最后 zuìhòu 몡 최후, 마지막 | 为人 wéirén 몡 됨됨이, 성품 | 赏罚 shǎngfá 몡 상벌

의식주/회사편

이 부분에서는 옷차림, 음식, 입맛, 식사 장소, 거주 환경, 함께 사는 사람 등을 물어보는 문제가 출제된 적이 있다. 최근 이 부분의 문제가 점점 다양해지고 있는데 헤어스타일을 묻는 문제, 식사 속도가 빠른지를 묻는 문제도 출제되었다. 의식주 방면은 제5부분에서도 출제되기 때문에 관련 어휘와 표현을 잘 익혀두면 제5부분에 대한 대비도 될 수 있다.

회사와 관련한 문제로는 출근할 때의 복장, 회사 분위기, 동료간의 관계, 업무, 컴퓨터 사용 능력, 야근, 보너스 등에 관한 문제가 있다. 또한 첫 출근한 날의 느낌을 묻는 문제와 같은 개인적인 느낌을 물어보는 문제도 출제된 적이 있다.

问题 1 ★

문제 你现在住的房子是什么样的?

🎧4-2-1 Nǐ xiànzài zhù de fángzi shì shénmeyàng de?

현재 당신이 살고 있는 집은 어떤 집입니까?

답변 1　我住在小公寓，房间不太大，有各种家具，整齐干净。而且窗口朝南，阳光很充足。

Wǒ zhùzài xiǎo gōngyù, fángjiān bú tài dà, yǒu gè zhǒng jiājù, zhěngqí gānjìng. Érqiě chuāngkǒu cháo nán, yángguāng hěn chōngzú.

저는 작은 아파트에 살고 있습니다. 방은 그렇게 크지 않지만, 여러 가지 가구가 갖추어져 있고 깨끗하고 잘 정리되어 있습니다. 또한 창은 남향이고, 햇볕이 충분히 듭니다.

2　我住的房间又宽敞又明亮，属于欧式建筑风格。两个卧室，一厨一卫。又整齐又干净。客厅里摆满了各种书。所以我对我住的地方很满意。

Wǒ zhù de fángjiān yòu kuānchang yòu míngliàng, shǔyú ōushì jiànzhù fēnggé. Liǎng ge wòshì, yī chú yī wèi. Yòu zhěngqí yòu gānjìng. Kètīng lǐ bǎimǎn le gè zhǒng shū. Suǒyǐ wǒ duì wǒ zhù de dìfang hěn mǎnyì.

제가 사는 집은 넓고 채광이 좋으며, 유럽식 건축 스타일입니다. 침실 두 개, 주방 하나, 화장실 하나입니다. 단정하고 깨끗합니다. 거실에는 각종 책이 가득합니다. 그래서 저는 제가 사는 공간에 아주 만족합니다.

3 我住在小型公寓里，距离地铁站非常近，上下班很方便。我的小公寓有4层，一楼是停车位，2到4楼居住着很多上班族，我住在3楼，房间采光非常好，房间的价格不是很贵，很适合我这种单身上班族，房间虽然很小，但是房间的功能很齐全，有空调、地暖、洗衣机、燃气灶、冰箱、热水器等。

Wǒ zhùzài xiǎoxíng gōngyù lǐ, jùlí dìtiězhàn fēicháng jìn, shàngxiàbān hěn fāngbiàn. Wǒ de xiǎo gōngyù yǒu sì céng, yī lóu shì tíngchēwèi, èr dào sì lóu jūzhù zhe hěn duō shàngbānzú, wǒ zhùzài sān lóu, fángjiān cǎiguāng fēicháng hǎo, fángjiān de jiàgé bú shì hěn guì, hěn shìhé wǒ zhè zhǒng dānshēn shàngbānzú, fángjiān suīrán hěn xiǎo, dànshì fángjiān de gōngnéng hěn qíquán, yǒu kōngtiáo, dìnuǎn, xǐyījī, ránqìzào, bīngxiāng, rèshuǐqì děng.

저는 빌라에 살고 있습니다. 지하철 역에서 매우 가까워 출퇴근이 아주 편리합니다. 저의 빌라는 4층으로 되어 있는데, 1층은 주차장이고, 2~4층은 직장인들이 많이 살고 있습니다. 저는 3층에 삽니다. 방은 채광이 아주 좋고, 집값도 많이 비싸지 않아 저같은 싱글 직장인에게 아주 적합합니다. 방은 비록 작지만 에어컨, (바닥) 난방, 세탁기, 가스레인지, 냉장고, 온수기 등 필요한 기능이 모두 잘 갖춰져 있습니다.

 먼저 자신이 어떤 집에 거주하고 있는지를 말해야 한다. 단독주택인지 아파트인지 집의 형태에 대해 소개한 다음, 집안의 구조나 인테리어 스타일, 특징, 자신이 좋아하는 점에 대해서 간략하게 말하면 된다.

단어

房子 fángzi 명 집 | 公寓 gōngyù 명 아파트 | 家具 jiājù 명 가구 | 整齐 zhěngqí 형 정연하다, 단정하다, 깔끔하다 | 干净 gānjìng 형 깨끗하다, 청결하다 | 窗口 chuāngkǒu 명 창문 | 朝 cháo 개 ~을 향하여 | 阳光 yángguāng 명 햇빛 | 充足 chōngzú 형 충분하다, 충족하다 | 宽敞 kuānchang 형 넓다, 널찍하다 | 明亮 míngliàng 형 밝다, 분명하다 | 属于 shǔyú 동 ~에 속하다 | 建筑 jiànzhù 명동 건축(하다) | 厨 chú 주방 | 卫 wèi 명 화장실 | 整齐 zhěngqí 형 단정하다, 가지런하다 | 摆满 bǎimǎn 동 가득차다 | 小型 xiǎoxíng 명 소형 | 公寓 gōngyù 명 아파트 | 距离 jùlí 동 ~로부터 떨어지다 | 停车位 tíngchēwèi 명 주차장 | 居住 jūzhù 거주하다 | 上班族 shàngbānzú 명 샐러리맨, 직장인 | 采光 cǎiguāng 명 채광 | 价格 jiàgé 명 가격 | 适合 shìhé 동 적합하다 | 单身 dānshēn 명 독신, 홀몸 | 功能 gōngnéng 명 기능, 작용 | 齐全 qíquán 형 완전히 갖추다 | 空调 kōngtiáo 명 에어컨 | 地暖 dìnuǎn 명 바닥 난방 | 洗衣机 xǐyījī 명 세탁기 | 燃气灶 ránqìzào 명 가스레인지 | 冰箱 bīngxiāng 명 냉장고 | 热水器 rèshuǐqì 명 온수기

🎧 问题 2 ⭐

문제 如果可以搬家的话，你想去哪里？

🎧 4-2-2 Rúguǒ kěyǐ bānjiā de huà, nǐ xiǎng qù nǎlǐ?

만약 이사하게 된다면, 어디로 이사 가고 싶습니까?

답변

1 我想住在首尔，因为首尔是韩国的首都，经济文化政治中心。我觉得在首尔能长见识，自然是我向往的地方。

Wǒ xiǎng zhùzài Shǒu'ěr, yīnwèi Shǒu'ěr shì Hánguó de shǒudū, jīngjì wénhuà zhèngzhì zhōngxīn. Wǒ juéde zài Shǒu'er néng zhǎng jiànshi, zìrán shì wǒ xiàngwǎng de dìfang.

저는 서울에서 살고 싶습니다. 왜냐하면, 서울은 한국의 수도이며, 경제, 문화 및 정치의 중심지입니다. 서울에서 산다면 더욱 넓은 시야를 가질 수 있다고 생각됩니다. 그러므로 당연히 제가 갈망하는 곳입니다.

2 如果可以搬家的话，我想定居在济州岛，济州岛被叫做东方夏威夷，环境非常好，因为那里没有任何工业设施，所以空气好，我喜欢爬山，喜欢亲近大自然。济州岛可以说是休闲度假养老的好地方。

Rúguǒ kěyǐ bānjiā de huà, wǒ xiǎng dìngjū zài Jìzhōu Dǎo, Jìzhōu Dǎo bèi jiàozuò dōngfāng Xiàwēiyí, huánjìng fēicháng hǎo, yīnwèi nàlǐ méiyǒu rènhé gōngyè shèshī, suǒyǐ kōngqì hǎo, wǒ xǐhuan páshān, xǐhuan qīnjìn dàzìrán. Jìzhōu Dǎo kěyǐ shuō shì xiūxián dùjià yǎnglǎo de hǎo dìfang.

만약 이사할 수 있다면, 저는 제주도에서 살고 싶습니다. 제주도는 동양의 하와이라고 불리며, 환경이 아주 좋습니다. 그곳에는 어떤 공업 시설도 없기 때문에 공기가 좋습니다. 또한, 저는 등산을 즐기며 대자연과 가까이 있는 것을 좋아합니다. 제주도는 그야말로 레저 및 휴양을 즐기고 여생을 보내기에 좋은 곳이라고 볼 수 있습니다.

---

3 如果可以搬家去其他的国家的话，我会想去加拿大。加拿大的空气非常好，风景也很美。如果搬家去那里的话，我会在湖边买一座房子，然后自己建一座花园，和家人一起简单、安静的生活，因为我觉得最简单的生活就是最幸福的。而且加拿大是一个移民国家，那里有来自世界各地的人，没有种族歧视，将来孩子上学也不用学费。福利不错，政策也好，所以我想移民去加拿大。

Rúguǒ kěyǐ bānjiā qù qítā de guójiā de huà, wǒ huì xiǎng qù Jiānádà. Jiānádà de kōngqì fēicháng hǎo, fēngjǐng yě hěn měi. Rúguǒ bānjiā qù nàlǐ de huà, wǒ huì zài húbiān mǎi yí zuò fángzi, ránhòu zìjǐ jiàn yí zuò huāyuán, hé jiārén yìqǐ jiǎndān、ānjìng de shēnghuó, yīnwèi wǒ juéde zuì jiǎndān de shēnghuó jiùshì zuì xìngfú de. Érqiě Jiānádà shì yí ge yímín guójiā, nàlǐ yǒu láizì shìjiè gèdì de rén, méiyǒu zhǒngzú qíshì, jiānglái háizi shàngxué yě búyòng xuéfèi. Fúlì búcuò, zhèngcè yě hǎo, suǒyǐ wǒ xiǎng yímín qù Jiānádà.

만약 다른 나라로 이사 갈 수 있다면, 저는 캐나다로 가고 싶습니다. 캐나다의 공기는 아주 좋고, 경치도 아름답습니다. 그쪽으로 이사 가게 된다면, 저는 호수 근처에 집 하나를 산 다음 직접 정원을 만들어 가족들과 평범하고 조용하게 생활하고 싶습니다. 왜냐하면, 저는 가장 평범한 생활이야말로 가장 큰 행복이라고 생각하고 있기 때문입니다. 또한, 캐나다는 이민 국가로서 그곳에는 세계 각지에서 온 사람들이 살고 있어 인종 차별이 없으며, 어린 이들은 학비를 내지 않고 학교에 다닐 수 있습니다. 복지가 아주 훌륭하고 정책도 좋습니다. 그러므로 저는 캐나다로 이민 가고 싶습니다.

 Tip 도시에서 살기 좋아하는 사람들은 발달된 도시의 모습이나 도시 생활의 좋은 점을 말할 수 있다. 조용한 곳을 선호한다면 그곳의 날씨나 기후, 주변 환경은 어떠한지도 말할 수 있다. 또한, 해외로의 이민을 선호하는 사람은 해외의 좋은 점은 무엇이며 정책 및 복지에는 어떤 좋은 점이 있는지 말할 수 있다.

 搬家 bānjiā 图 이사하다 | 首尔 Shǒu'ěr 지명 서울 | 经济 jīngjì 명 경제 | 文化 wénhuà 명 문화 | 政治 zhèngzhì 명 정치 | 见识 jiànshí 명 견문, 지식 | 自然 zìrán 부 저절로, 자연히 | 向往 xiàngwǎng 图 동경하다, 지향하다 | 定居 dìngjū 图 정착하다 | 济州岛 Jìzhōudǎo 지명 제주도 | 叫做 jiàozuò 图 ~라고 부르다 | 东方 dōngfāng 명 동쪽 | 夏威夷 Xiàwēiyí 지명 하와이 | 环境 huánjìng 명 환경 | 任何 rènhé 대 어떠한 | 工业设施 gōngyè shèshī 공업 시설 | 空气 kōngqì 명 공기 | 亲近 qīnjìn 图 가깝다 | 休闲 xiūxián 명 휴식·오락 활동을 하다 | 度假 dùjià 图 휴가를 보내다 | 养老 yǎnglǎo 图 여생을 보내다 | 移民 yímín 图 이민하다 | 种族歧视 zhǒngzú qíshì 명 인종 차별 | 福利 fúlì 명 복지 | 政策 zhèngcè 명 정책

问题 3 ★

문제 你喜欢喝茶还是咖啡，为什么?

🎧 4-2-3 Nǐ xǐhuan hē chá háishi kāfēi, wèishénme?

당신은 차와 커피 중 어떤 것을 즐겨 마십니까? 이유는 무엇입니까?

답변 1 我喜欢喝茶，因为茶水颜色漂亮，味道很香，有助于身体健康。

Wǒ xǐhuan hē chá, yīnwèi cháshuǐ yánsè piàoliang, wèidao hěn xiāng, yǒuzhùyú shēntǐ jiànkāng.

저는 차 마시는 것을 좋아합니다. 왜냐하면 그것을 우려낸 색이 예쁘고 맛이 좋으며 건강에도 좋기 때문입니다.

2 　我喜欢喝咖啡，喝咖啡可以提神，特别是需要加班或熬夜的时候，会让你有精力继续工作。但是咖啡喝多了对心脏不好，所以尽量要少喝。

　　Wǒ xǐhuan hē kāfēi, hē kāfēi kěyǐ tíshén, tèbié shì xūyào jiābān huò áoyè de shíhou, huì ràng nǐ yǒu jīnglì jìxù gōngzuò. Dànshì kāfēi hē duō le duì xīnzàng bù hǎo, suǒyǐ jǐnliàng yào shǎo hē.

　　저는 커피를 좋아합니다. 커피를 마시면 졸음을 쫓을 수 있는데, 특히 야근이나 밤을 샐 때 계속 일을 할 수 있도록 기운을 북돋아줍니다. 하지만 많이 마시면 심장에 좋지 않기 때문에 가급적이면 적게 마셔야 합니다.

3 　我既不喜欢喝茶也不喜欢喝咖啡，我觉得和我一样的年轻人大都不喜欢喝茶。原因是我的生活节奏很快，方便饮料很多，喝茶是要有一定时间，要有心情，还要有慢节奏生活，只有心静的时候，我才能想起来喝茶。我觉得喝咖啡容易上瘾，危及身体健康。因为我有胃病，每次空腹喝咖啡都会胃疼，每次喝完咖啡我的心脏跳动都会加快，呼吸困难，增加心血管的负担，而且每次喝完失眠。因为我喜欢甜的东西，每次喝咖啡时都加奶精，特别容易长胖，所以我也不喜欢喝咖啡。

　　Wǒ jì bù xǐhuan hē chá yě bù xǐhuan hē kāfēi, wǒ juéde hé wǒ yíyàng de niánqīngrén dàdōu bù xǐhuan hē chá. Yuányīn shì wǒ de shēnghuó jiézòu hěn kuài, fāngbiàn yǐnliào hěn duō, hē chá shì yào yǒu yídìng shíjiān, yào yǒu xīnqíng, háiyào yǒu màn jiézòu shēnghuó, zhǐyǒu xīnjìng de shíhou, wǒ cái néng xiǎng qǐlai hē chá. Wǒ juéde hē kāfēi róngyì shàngyǐn, wēijí shēntǐ jiànkāng. Yīnwèi wǒ yǒu wèibìng, měi cì kōngfù hē kāfēi dōu huì wèiténg, měi cì hē wán kāfēi wǒ de xīnzàng tiàodòng dōu huì jiākuài, hūxī kùnnan, zēngjiā xīnxuèguǎn de fùdān, érqiě měi cì hē wán shīmián. Yīnwèi wǒ xǐhuan tián de dōngxi, měi cì hē kāfēi shí dōu jiā nǎijīng, tèbié róngyì zhǎng pàng, suǒyǐ wǒ yě bù xǐhuan hē kāfēi.

　　저는 차를 마시는 것도 커피를 마시는 것도 좋아하지 않습니다. 저처럼 젊은 사람들은 대체로 차 마시는 것을 좋아하지 않는다고 생각합니다. 왜냐하면, 생활 리듬이 무척 빠르고, 마시기 편한 음료도 많은데, 차를 마시려면 어느 정도의 시간과 마음가짐이 있어야 하며 느긋한 생활 리듬이 있어야 하기 때문입니다. 마음이 평온해졌을 때 비로소 차 마시는 것을 떠올리게 됩니다. 커피를 마시면 쉽게 중독이 되며, 신체 건강에 해롭다고 생각됩니다. 저는 위장병이 있어 공복에 커피를 마시게 되면 항상 위가 아프며, 커피를 마시고 나면 심장 박동이 빨라지고 호흡이 힘들어지며, 심혈관의 부담이 가중됩니다. 또한, 매번 마시고 나면 항상 잠을 이루지 못합니다. 저는 단 것을 좋아해서 커피를 마실 때마다 항상 크림을 추가하는데 이는 쉽게 살찌게 됩니다. 그러므로 저는 커피 마시는 것도 좋아하지 않습니다.

　　차를 즐겨 마시는 사람들은 보통 차의 은은한 향을 좋아하며, 차를 마시는 여유와 마음의 고요함을 음미한다. 반면에 커피를 즐겨 마시는 사람들은 보통 쓴맛이나 신맛 등 커피만의 다양한 맛과 짙은 커피 향을 좋아하며, 커피를 마시면서 그 멋과 트렌드를 즐긴다고 볼 수 있다.

问题 4 ★

문제 你认为用电脑可以做些什么?

(4-2-4) Nǐ rènwéi yòng diànnǎo kěyǐ zuò xiē shénme?

당신은 컴퓨터로 무엇을 할 수 있다고 생각합니까?

답변 1 我经常用电脑看新闻，看电影，看网络电视连续剧，听歌，还可以和朋友聊天，我经常用电脑购物，在电脑上能买到各种各样的商品。

Wǒ jīngcháng yòng diànnǎo kàn xīnwén, kàn diànyǐng, kàn wǎngluò diànshì liánxùjù, tīng gē, hái kěyǐ hé péngyou liáotiān, wǒ jīngcháng yòng diànnǎo gòuwù, zài diànnǎo shàng néng mǎidào gè zhǒng gè yàng de shāngpǐn.

저는 자주 컴퓨터로 뉴스를 보고, 영화를 시청하며, 인터넷을 통하여 텔레비전 드라마를 시청하고 노래를 듣습니다. 그 외에도 친구들과 채팅을 하기도 합니다. 또한, 컴퓨터로 자주 쇼핑을 하는데, 컴퓨터로 가지각색의 상품을 구매할 수 있습니다.

2 我喜欢用电脑打游戏，电脑游戏种类繁多，电脑游戏的画面精细，能给我较好的视觉享受，电脑游戏情节设计精彩，我常常和朋友组团打游戏，不但能够缓解压力，还能和朋友经常保持联系。

Wǒ xǐhuan yòng diànnǎo dǎ yóuxì, diànnǎo yóuxì zhǒnglèi fánduō, diànnǎo yóuxì de huàmiàn jīngxì, néng gěi wǒ jiào hǎo de shìjué xiǎngshòu, diànnǎo yóuxì qíngjié shèjì jīngcǎi, wǒ chángcháng hé péngyou zǔtuán dǎ yóuxì, búdàn nénggòu huǎnjiě yālì, hái néng hé péngyou jīngcháng bǎochí liánxì.

저는 컴퓨터로 게임하는 것을 좋아합니다. 컴퓨터 게임은 종류가 굉장히 많고, 컴퓨터 게임의 그래픽도 정교해서 더욱 훌륭한 시각 효과를 누릴 수 있습니다. 또한, 컴퓨터 게임은 시나리오 구상이 아주 훌륭합니다. 저는 자주 친구들과 함께 팀을 만들어 게임을 하는데, 스트레스를 해소할 뿐만 아니라 친구들과도 자주 연락을 유지할 수 있습니다.

3   电脑已经走进千家万户，我经常用电脑写程序，其实电脑还可以做很多工作，我还经常用电脑开国际视频会议，发封电子邮件，因为工作需要我经常在互联网上搜索我感兴趣的东西，查找资料，通过电脑了解天下事，新闻的实时性、信息量大。我还喜欢炒股理财，随时观察股票行情，买入卖出，更加方便快捷！业余时间我喜欢在电脑上学习中文。专家、名师远程授课，很适合我这种没时间去补习班的上班族，提高学习效率。

Diànnǎo yǐjīng zǒujìn qiānjiā wànhù, wǒ jīngcháng yòng diànnǎo xiě chéngxù, qíshí diànnǎo hái kěyǐ zuò hěn duō gōngzuò, wǒ hái jīngcháng yòng diànnǎo kāi guójì shìpín huìyì, fā fēng diànzǐ yóujiàn, yīnwèi gōngzuò xūyào wǒ jīngcháng zài hùliánwǎng shàng sōusuǒ wǒ gǎn xìngqù de dōngxi, cházhǎo zīliào, tōngguò diànnǎo liǎojiě tiānxià shì, xīnwén de shíshíxìng, xìnxīliàng dà. Wǒ hái xǐhuan chǎogǔ lǐcái, suíshí guānchá gǔpiào hángqíng, mǎirù màichū, gèngjiā fāngbiàn kuàijié! Yèyú shíjiān wǒ xǐhuan zài diànnǎo shàng xuéxí zhōngwén. Zhuānjiā, míngshī yuǎnchéng shòukè, hěn shìhé wǒ zhè zhǒng méi shíjiān qù bǔxíbān de shàngbānzú, tígāo xuéxí xiàolǜ.

컴퓨터는 이미 천만 가정과 함께하고 있으며, 저도 자주 컴퓨터 프로그래밍을 합니다. 사실 컴퓨터로 많은 일을 할 수 있는데, 저는 자주 국제 화상 회의도 진행하며, 이메일을 보내기도 합니다. 또한, 일의 성격상 저는 늘 온라인을 통하여 제가 관심이 있는 것과 자료들을 검색해야 하는데, 컴퓨터를 사용하면 세상만사를 알 수 있고, 제때에 뉴스를 확인할 수 있으며, 그 정보량도 방대합니다. 그 외에도 저는 주식으로 재테크하는 것을 즐기는데, 수시로 주식 시세를 확인하고 그에 따라 매수와 매도를 진행할 수 있어서, 아주 편리합니다! 여가 시간에는 컴퓨터로 중국어 학습을 즐깁니다. 전문가 및 유명 강사의 온라인 강의를 들을 수 있어서, 저처럼 학원에 다닐 시간이 없는 직장인에게 아주 적합하며, 학습의 효율도 향상시킬 수 있습니다.

 컴퓨터는 이젠 우리들의 업무와 학습에서 뗄레야 뗄 수 없는 친근한 친구이다. 우리는 컴퓨터로 많은 것을 할 수 있다. 실제 상황과 관련지어 레저, 오락, 문화 등의 다양한 생활 모습에서 어떻게 컴퓨터를 사용하고 있는지 구체적으로 설명할 수 있다. 또한, 일이나 업무에서 컴퓨터로 무엇을 하였는지도 말할 수 있다.

 新闻 xīnwén 몡 뉴스 | 网络 wǎngluò 몡 네트워크 | 连续剧 liánxùjù 몡 연속극 | 购物 gòuwù 통 쇼핑하다 | 游戏 yóuxì 몡 게임 | 种类 zhǒnglèi 몡 종류 | 繁多 fánduō 톙 풍부하다 | 精细 jīngxì 톙 정교하다, 세밀하다 | 视觉 shìjué 몡 시각 | 情节 qíngjié 몡 줄거리, 상황 | 设计 shèjì 몡 설계, 구상 | 精彩 jīngcǎi 톙 뛰어나다, 훌륭하다 | 组团 zǔtuán 통 팀을 구성하다 | 保持 bǎochí 통 유지하다 | 联系 liánxì 몡 연락 | 千家万户 qiānjiāwànhù 많은 집 | 程序 chéngxù 몡 순서, 프로그램 | 视频 shìpín 몡 동영상 | 电子邮件 diànzǐyóujiàn 몡 전자우편 | 需要 xūyào 통 요구되다, 필요로 하다 | 互联网 hùliánwǎng 몡 인터넷 | 搜索 sōusuǒ 통 검색하다 | 查找 cházhǎo 통 조사하다 | 资料 zīliào 몡 자료, 필수품 | 实时性 shíshíxìng 몡 실시간성 | 信息 xìnxī 몡 소식 | 炒股 chǎogǔ 통 주식 투자하다 | 理财 lǐcái 통 재정을 관리하다 | 随时 suíshí 톙 아무때나 | 观察 guānchá 통 관찰하다 | 股票 gǔpiào 몡 주식 | 行情 hángqíng 몡 시세, 시장 가격 | 快捷 kuàijié 톙 재빠르다 | 业余 yèyú 여가의 | 专家 zhuānjiā 몡 전문가 | 名师 míngshī 유명한 스승 | 补习班 bǔxíbān 몡 학원 | 提高 tígāo 통 향상시키다 | 效率 xiàolǜ 몡 효율

문제 你在找工作单位的时候都要准备什么？

🎧4-2-5 Nǐ zài zhǎo gōngzuò dānwèi de shíhou dōu yào zhǔnbèi shénme?

당신은 직장을 구할 때, 어떠한 준비를 합니까?

답변 1 我觉得得准备语言考试的成绩，比如英语成绩，汉语成绩等，还要考各种资格证，不断完善自己，积极参加社会活动。

Wǒ juéde děi zhǔnbèi yǔyán kǎoshì de chéngjì, bǐrú yīngyǔ chéngjì, Hànyǔ chéngjì děng, hái yào kǎo gè zhǒng zīgézhèng, búduàn wánshàn zìjǐ, jījí cānjiā shèhuì huódòng.

제 생각에는 영어 성적, 중국어 성적 등과 같이 언어 시험 성적을 준비해야 하는 것 같습니다. 그 외에도 여러 가지 자격증 시험도 봐야 하며, 자신을 끊임없이 향상시키고 사회 활동에도 적극적으로 참가해야 합니다.

2 我觉得工作经验最重要，所以找工作单位之前，我积极参加学生会活动，在学生会的活动中竞选会长，提高自己的领导能力。寒暑假期间找了各种兼职工作，还参加过很多企业的实习的工作。我虽然不是名牌大学毕业生，但是我不缺乏工作经验，最后我成功地在大企业里找到了理想的工作。

Wǒ juéde gōngzuò jīngyàn zuì zhòngyào, suǒyǐ zhǎo gōngzuò dānwèi zhīqián, wǒ jījí cānjiā xuéshēnghuì huódòng, zài xuéshēnghuì de huódòng zhōng jìngxuǎn huìzhǎng, tígāo zìjǐ de lǐngdǎo nénglì. Hánshǔjià qījiān zhǎo le gè zhǒng jiānzhí gōngzuò, hái cānjiāguo hěn duō qǐyè de shíxí de gōngzuò. Wǒ suīrán bú shì míngpái dàxué bìyèshēng, dànshì wǒ bù quēfá gōngzuò jīngyàn, zuìhòu wǒ chénggōng de zài dàqǐyè lǐ zhǎodào le lǐxiǎng de gōngzuò.

제가 보기엔 근무 경험이 가장 중요합니다. 그러므로 구직하기 전, 저는 학생회 활동에 적극적으로 참가하였으며, 학생회 활동 중 회장 선출에도 나서면서, 리더십을 향상하였습니다. 또한, 여름과 겨울방학 기간에는 여러 가지 아르바이트도 해 보았고, 여러 기업의 인턴에도 참가해 봤습니다. 저는 비록 명문대 출신은 아니지만, 업무 경험이 부족하지 않았기에, 저는 결국 대기업에서 제가 원하는 직장을 찾게 되었습니다.

3 现在就业难问题很现实，要想找到理想的工作并不容易。首先要准备简历，简历的内容应该多看看求职网站上的职位要求，多写自己的实习经历。然后要准备服装，找一套适合你自己求职的职位的服装。最后要准备面试，对自己要去面试的公司要有比较详细的了解，在网上要先查清楚面试的职位、职责。不要什么都不准备也不看就去面试。这样就能找到一个好工作。

Xiànzài jiùyè nán wèntí hěn xiànshí, yào xiǎng zhǎodào lǐxiǎng de gōngzuò bìng bù róngyì. Shǒuxiān yào zhǔnbèi jiǎnlì, jiǎnlì de nèiróng yīnggāi duō kànkan qiúzhí wǎngzhàn shàng de zhíwèi yāoqiú, duō xiě zìjǐ de shíxí jīnglì. Ránhòu yào zhǔnbèi fúzhuāng, zhǎo yí tào shìhé nǐ zìjǐ qiúzhí de zhíwèi de fúzhuāng. Zuìhòu yào zhǔnbèi miànshì, duì zìjǐ yào qù miànshì de gōngsī yào yǒu bǐjiào xiángxì de liǎojiě, zài wǎngshàng yào xiān chá qīngchu miànshì de zhíwèi、zhízé. Bú yào shénme dōu bù zhǔnbèi yě bú kàn jiù qù miànshì. Zhèyàng jiù néng zhǎodào yí ge hǎo gōngzuò.

현재의 취업난 문제는 아주 현실적이며, 자신이 원하는 이상적인 직장을 찾기란 결코 쉽지 않습니다. 우선 이력서를 준비해야 하며, 이력서의 내용은 구인 사이트의 채용 요건을 자주 봐야하며, 자신의 인턴 경력을 많이 써야 합니다. 또한, 복장도 준비해야 하는데, 자신이 찾는 직무에 적합한 복장을 찾아야 합니다. 마지막으로는 면접을 준비해야 하는데, 자신이 면접 보러 가는 회사에 대한 상세한 이해가 있어야 하며, 인터넷을 통하여 미리 면접 보게될 직무와 직책을 알아두어야 합니다. 아무것도 준비하지 않거나 보지 않은 채로 면접에 응해서는 안 됩니다. 이렇게만 한다면 좋은 직장을 구할 수 있을 것입니다.

 현재의 젊은이들은 구직을 위하여 많은 노력을 기울이며, 언어를 공부하는 사람도 있고, 취업 코칭을 받는 사람도 있으며, 여러 가지 사회 봉사 활동에 참가하거나 면접 대비 훈련에 참가하는 사람도 있다. 실제 상황에 결부시켜, 자신이 구직할 때 어떠한 노력을 기울였는지 말할 수 있다.

 资格证 zīgézhèng 圓 자격증 | 完善 wánshàn 屬 완전하게 하다 | 积极 jījí 圈 적극적이다 | 经验 jīngyàn 圓屬 경험(하다) | 竞选 jìngxuǎn 屬 선거 경쟁을 하다 | 领导能力 lǐngdǎonénglì 圓 리더십 | 兼职 jiānzhí 屬 겸직하다 | 缺乏 quēfá 屬 결핍되다 | 现实 xiànshí 圓 현실 | 简历 jiǎnlì 圓 이력서, 약력 | 服装 fúzhuāng 圓 복장 | 面试 miànshì 圓屬 면접 시험(을 보다) | 详细 xiángxì 圈 자세하다 | 职责 zhízé 圓 직책

问题 6 ★

문제 公司附近都有什么样的商店?

🎧 4-2-6 Gōngsī fùjìn dōu yǒu shénmeyàng de shāngdiàn?

회사 근처에는 어떠한 가게들이 있나요?

답변 1 我公司在郊区，附近什么商店也没有，十分不方便，但是公司里面有很多好吃的饭店和便利店，还有银行和邮局等等。

Wǒ gōngsī zài jiāoqū, fùjìn shénme shāngdiàn yě méiyǒu, shífēn bù fāngbiàn, dànshì gōngsī lǐmiàn yǒu hěn duō hǎochī de fàndiàn hé biànlìdiàn, háiyǒu yínháng hé yóujú děng děng.

우리 회사는 교외에 자리 잡고 있는데, 근처에 상가들이 별로 없어서 아주 불편합니다. 하지만 회사 내부에는 여러 가지 맛있는 식당과 편의점이 있고, 은행과 우체국 등도 있습니다.

2 我的公司在汝矣岛，公司附近有LG电子、MBC和KBS电视台的总部。"63大厦"里面有水族馆，免税店，十分方便。我和同事每天都去首尔国际金融中心的IFC mall吃饭，里面还有国际休闲时尚品牌和化妆品店，还有电影院、美食街、大型书店等，我下班也经常去那里购物。

Wǒ de gōngsī zài Rǔyǐdǎo, gōngsī fùjìn yǒu LG diànzǐ、MBC hé KBS diànshìtái de zǒngbù. "63 dàshà" lǐmiàn yǒu shuǐzúguǎn, miǎnshuìdiàn, shífēn fāngbiàn. Wǒ hé tóngshì měitiān dōu qù Shǒu'ěr guójì jīnróng zhōngxīn de IFC mall chī fàn, lǐmiàn háiyǒu guójì xiūxián shíshàng pǐnpái hé huàzhuāngpǐn diàn、háiyǒu diànyǐngyuàn、měishíjiē、dàxíng shūdiàn děng, wǒ xiàbān yě jīngcháng qù nàlǐ gòuwù.

우리 회사는 여의도에 자리 잡고 있으며, 회사 근처에는 LG전자, MBC 및 KBS 방송국 본부가 있습니다. "63빌딩"에는 수족관과 면세점도 있어 아주 편리합니다. 저와 회사 동료들은 매일 서울국제금융센터의 IFC mall에서 식사하는데, 그곳에는 글로벌 레저, 패션 브랜드와 화장품 매장이 있으며, 그 외에도 영화관, 맛집, 대형 서점 등이 있습니다. 저는 퇴근하고 나서도 자주 그곳에 가서 쇼핑을 합니다.

3 我的公司在江南，说起江南，脑海里立刻响起了鸟叔那首"江南STYLE"，江南地区是豪华的富人区，除了大型的新世界百货店，各种时装店和饰品店以外，江南区有很多各种装修小资而别致的咖啡馆和小餐馆。江南是引领着韩国文化、艺术、时尚、整形医疗、金融商业及经济发展的重要区域，同时还有很多娱乐公司，说不定你就能在江南遇到喜欢的明星呢。

Wǒ de gōngsī zài Jiāngnán, shuōqǐ Jiāngnán, nǎohǎi lǐ lìkè xiǎngqǐ le Niǎoshū nà shǒu "Jiāngnán Style", Jiāngnán dìqū shì háohuá de fùrénqū, chúle dàxíng de xīnshìjiè bǎihuòdiàn, gè zhǒng shízhuāngdiàn hé shìpǐndiàn yǐwài, Jiāngnánqū yǒu hěn duō gè zhǒng zhuāngxiū xiǎozī ér biézhì de kāfēiguǎn hé xiǎo cānguǎn. Jiāngnán shì yǐnlǐng zhe Hánguó wénhuà、yìshù、shíshàng、zhěngxíng yīliáo、jīnróng shāngyè jí jīngjì fāzhǎn de zhòngyào qūyù, tóngshí háiyǒu hěn duō yúlè gōngsī, shuōbudìng nǐ jiù néng zài Jiāngnán yùdào xǐhuan de míngxīng ne.

우리 회사는 강남에 자리 잡고 있는데, 강남이라고 하면 머릿속에서 바로 싸이의 "강남스타일"을 떠올리게 될 겁니다. 강남 지역은 호화로운 부촌으로서 대형 신세계백화점 외에도 여러 가지 패션 매장과 장식품 가게가 있으며, 그 외에도 다양한 인테리어와 젊은 층을 사로잡는 독특한 카페와 레스토랑이 있습니다. 강남은 한국의 문화, 예술, 패션, 성형 의료, 금융 비즈니스 및 경제 발전을 이끄는 중요한 지역입니다. 또한 많은 엔터테인먼트 회사도 있으며, 아마도 강남에서 당신이 좋아하는 연예인을 만나게 될지도 모릅니다.

 어떤 회사는 외딴 공업단지 구역에 자리잡고 있기에 상가가 별로 없고, 어떤 회사는 번화한 상업 중심지에 자리잡고 있기에 주변에는 많은 대형 쇼핑몰이 있다. 그러면 어떠한 종류의 가게들이 있을까? 퇴근 후에는 어떤 가게들을 방문하는지 구체적으로 말하고, 어떠한 물건을 사며, 이런 가게들을 어떻게 생각하는지 말할 수 있다.

단어

郊区 jiāoqū 圆 교외 지역 | 附近 fùjìn 圆 부근,근처 | 便利店 biànlìdiàn 圆 편의점 | 汝矣岛 Rǔyǐdǎo 지명 여의도 | 电视台 diànshìtái 圆 텔레비전 방송국 | 总部 zǒngbù 圆 본부 | 水族馆 shuǐzúguǎn 圆 수족관 | 免税店 miǎnshuìdiàn 圆 면세점 | 时尚 shíshàng 圆 당시의 풍조 | 品牌 pǐnpái 圆 상표 | 豪华 háohuá 圆 호화롭다 | 富人 fùrén 圆 부자 | 区 qū 圆 구역, 지역 | 除了 chúle 젭 ~을 제외하고는 | 饰品 shìpǐn 圆 장식품, 액세서리 | 小资 xiǎozī 圆 젊은층 | 别致 biézhì 圆 색다르다, 신기하다 | 引领 yǐnlǐng 동 인솔하다 | 整形医疗 zhěngxíng yīliáo 圆 성형 의료 | 娱乐公司 yúlè gōngsī 圆 엔터테인먼트 회사 | 明星 míngxīng 圆 인기 있는 배우나 운동선수, 스타

POINT 03 전자제품/학습편

전자제품 부분에서는 주로 스마트폰, MP3, 컴퓨터, 통신도구 등에 대한 문제가 나온다. 기본적으로는 색상, 스타일과 같은 외형적인 면과 기능 등에 관한 어휘와 표현법을 익혀두어야 한다. 또한 전자제품에 관한 문제는 제5부분과 제6부분에서도 심화한 형태로 출제되기도 한다. 전자제품이 생활에 미친 영향이나 제품의 장점 등에 대해서 물어볼 수 있다.

학습면으로는 공부, 유학, 아르바이트, 학습 스트레스와 관련된 문제가 출제되며 공부하는 장소, 자료를 찾는 방법, 외국어 또는 중국어를 학습하는 방법 등 구체적인 내용을 묻는 문제도 출제된 적이 있다. 관련 어휘를 잘 익혀서 자신의 경험에 비추어 대답할 수 있도록 준비하자.

问题 1 ★

문제 最近买了哪些电子产品?

🎧4-3-1 Zuìjìn mǎi le nǎxiē diànzǐ chǎnpǐn?

당신은 최근에 어떤 전자제품을 샀습니까?

답변 1 　我最近买了一个新的苹果手机，外形时尚，还有多种多样的功能。

Wǒ zuìjìn mǎi le yí ge xīn de Píngguǒ shǒujī, wàixíng shíshàng, háiyǒu duō zhǒng duō yàng de gōngnéng.

저는 최근에 신형 애플 휴대전화를 한 대 샀는데, 외관이 세련되고 여러 가지 기능이 있습니다.

2 　我刚刚购买了一台迷你IPAD。比之前的老产品更加轻薄、小巧，携带起来非常方便，而且可以看电影、上网、聊天、功能一应俱全。

Wǒ gānggāng gòumǎi le yì tái mínǐ IPAD. Bǐ zhīqián de lǎo chǎnpǐn gèngjiā qīngbó, xiǎoqiǎo, xiédài qǐlai fēicháng fāngbiàn, érqiě kěyǐ kàn diànyǐng, shàngwǎng, liáotiān, gōngnéng yìyīng jùquán.

저는 얼마전 미니 아이패드를 샀습니다. 이전의 제품보다 훨씬 가볍고 작고 깜찍해서 휴대하기에 무척 편리합니다. 게다가 영화도 볼 수 있고, 인터넷도 하고, 채팅도 할 수 있는 등 모든 기능을 빠짐없이 갖추었습니다.

3 我刚刚买了一台数码摄像机。我平时爱好摄影，最大的梦想是拥有一台自己的摄像机。我买的这台摄像机兼具数码相机和单反相机的特点，外形小巧，拍出的画质很不错，真是物超所值。

Wǒ gānggāng mǎi le yì tái shùmǎ shèxiàngjī. Wǒ píngshí àihào shèyǐng, zuì dà de mèngxiǎng shì yōngyǒu yì tái zìjǐ de shèxiàngjī. Wǒ mǎi de zhè tái shèxiàngjī jiānjù shùmǎ xiàngjī hé dānfǎn xiàngjī de tèdiǎn, wàixíng xiǎoqiǎo, pāichū de huàzhì hěn búcuò, zhēnshì wùchāo suǒzhí.

저는 막 디지털 카메라 한 대를 샀습니다. 저는 평소에 사진 찍기를 좋아해서 제 소원 중의 하나가 제 카메라를 갖는 것이었습니다. 제가 산 카메라는 디지털 카메라와 DSLR 카메라의 특징을 모두 갖추었습니다. 외관이 작고 깜찍하며, 촬영 화질이 좋아서 정말 가격 대비 성능이 좋습니다.

Tip 전자제품의 종류는 매우 많다. 어떤 제품을 말하든지 외관, 기능, 특징 등에 대해서 간단하게 설명해야 한다. 휴대전화를 샀다고 말한다면, 휴대전화의 브랜드, 색깔, 외관 및 기능과 가격에 대해서 설명하면 된다.

단어 电子产品 diànzǐ chǎnpǐn 몡 전자제품 | 苹果 Píngguǒ 고유 미국 애플사(社) | 外形 wàixíng 몡 외형 | 多种多样 duōzhǒng duōyàng 셩 (종류나 모양이) 아주 다양하다 | 迷你 mínǐ 몡 미니(mini)의, 소형의 | 轻薄 qīngbó 혱 얇다 | 小巧 xiǎoqiǎo 혱 작고 정교하다, 작고 깜찍하다 | 携带 xiédài 통 휴대하다, 지니다 | 功能 gōngnéng 몡 기능, 작용, 효능 | 一应俱全 yíyìng jùquán 셩 있어야 할 것은 다 갖추어져 있다 | 数码摄像机 shùmǎ shèxiàngjī 몡 디지털 카메라 | 摄影 shèyǐng 통 사진을 찍다 | 梦想 mèngxiǎng 몡 꿈 | 兼具 jiānjù 겸하다, 겸비하다 | 单反相机 dānfǎn xiàngjī 몡 DSLR 카메라 | 画质 huàzhì 몡 화질 | 物超所值 wùchāo suǒzhí 가격 대비 성능이 좋다

 问题 2 ★

문제 你喜欢发短信还是打电话，为什么？

4-3-2 Nǐ xǐhuan fā duǎnxìn háishi dǎ diànhuà, wèishénme?

당신은 문자 메시지 보내는 것을 좋아합니까, 아니면 전화하는 것을 좋아합니까? 그 이유는 무엇입니까?

답변 1 我喜欢打电话，因为打字太麻烦，直接说多方便。

Wǒ xǐhuan dǎ diànhuà, yīnwèi dǎ zì tài máfan, zhíjiē shuō duō fāngbiàn.

저는 전화하는 것이 좋은데, 문자 입력이 너무 번거롭고 직접 말하는 게 편리하기 때문입니다.

제 ④ 부분

2 我比较喜欢发短信，短信可以传递不同的情感。有时候，一两句问候不需要打
电话，发个短信，打个招呼就可以了。

Wǒ bǐjiào xǐhuan fā duǎnxìn, duǎnxìn kěyǐ chuándì bù tóng de qínggǎn. Yǒushíhou, yī liǎng jù
wènhòu bù xūyào dǎ diànhuà, fā ge duǎnxìn, dǎ ge zhāohu jiù kěyǐ le.

저는 문자 메시지 보내는 것을 비교적 좋아하는데, 문자 메시지는 여러 가지 감정을 전달
할 수 있기 때문입니다. 가끔은 한두 마디로 안부를 물을 때, 전화할 필요 없이 문자 메시
지를 보내서 인사하면 됩니다.

3 我一般有重要的事情和有着急的事情的时候，会打电话。平时主要以发短信为
主。一点儿也不影响沟通，还省钱，一举多得。

Wǒ yìbān yǒu zhòngyào de shìqing hé yǒu zháojí de shìqing de shíhou, huì dǎ diànhuà. Píngshí
zhǔyào yǐ fā duǎnxìn wéizhǔ. Yìdiǎnr yě bù yǐngxiǎng gōutōng, hái shěngqián, yìjǔ duōdé.

저는 보통 중요하거나 급한 일이 있을 때는 전화를 하고, 평소에는 주로 문자 메시지를 보냅
니다. 의사소통에 조금도 영향을 주지 않으며 돈도 절약되고, 여러모로 쓸모가 있습니다.

 문자 메시지 보내기를 좋아하는 사람은 보통 급한 일이 없을 때에는 문자 메시지로 이야기를 한다. 전화는
바쁘더라도 바로 받아야 하는 것과는 달리 문자 메시지는 바로 답신을 하지 않아도 되기 때문이다. 따라서
문자 메시지를 주고 받는 것이 덜 부담될 수 있다. 그에 비해 전화를 좋아하는 사람은 직접적인 걸 좋아해서
말로써 바로 자신의 뜻을 표현한다.

전화 사용 관련 단어

联系 연락하다 | **沟通方式** 의사소통 방식 | **安静** 조용하다 | **吵闹** 시끄럽다 | **什么时候** 언제 | **什么场合** 어떤 장소 | **在什么情况下** 어떤 상황에서 | **注意礼仪** 예의에 주의하다 | **电话费** 전화요금 | **打几次电话** 몇 번 전화를 하다 | **公共场所** 공공장소

 发短信 fā duǎnxìn 문자 메시지를 보내다 | 打电话 dǎ diànhuà 전화를 걸다 | 打字 dǎzì 图 타자를 치다 | 麻烦 máfan 图 귀찮다, 성가시다 | 传递 chuándì 图 전달하다, 전하다 | 情感 qínggǎn 图 감정, 느낌 | 问候 wènhòu 图 안부를 묻다 | 打招呼 dǎ zhāohu (말이나 행동으로) 인사하다 | 着急 zháojí 图 조급해하다, 안달하다 | 为主 wéizhǔ 图 ~을(를) 위주로 하다 | 沟通 gōutōng 图 잇다, 연결하다, 서로 통하게 하다 | 省钱 shěngqián 图 돈을 아끼다 | 一举多得 yìjǔ duōdé 图 일거양득, 일석이조

问题 3 ★

문제 你的电脑应用能力怎么样?

4-3-3 Nǐ de diànnǎo yīngyòng nénglì zěnmeyàng?

당신의 컴퓨터 응용 능력은 어떻습니까?

답변 1 我的电脑应用能力普通，但是用电脑处理一些简单的问题，还是可以的。没有专业人士好，但还说得过去。

Wǒ de diànnǎo yīngyòng nénglì pǔtōng, dànshì yòng diànnǎo chǔlǐ yìxiē jiǎndān de wèntí, háishi kěyǐ de. Méiyǒu zhuānyè rénshì hǎo, dàn hái shuō de guòqu.

제 컴퓨터 응용 능력은 보통이지만, 컴퓨터로 간단한 문제를 처리하는 것은 그런대로 괜찮은 편입니다. 전문가처럼 잘하지는 못하지만 그런대로 괜찮은 편입니다.

2 在大学期间，学校很重视电脑应用能力的培养，所以我的电脑应用能力很熟练，能够使用各种软件进行工作。

Zài dàxué qījiān, xuéxiào hěn zhòngshì diànnǎo yīngyòng nénglì de péiyǎng, suǒyǐ wǒ de diànnǎo yīngyòng nénglì hěn shúliàn, nénggòu shǐyòng gè zhǒng ruǎnjiàn jìnxíng gōngzuò.

대학에 다닐 때 학교에서 컴퓨터 응용 능력을 기르는 것을 중시했습니다. 그래서 저는 컴퓨터 응용에 매우 능숙하며, 여러 가지 소프트웨어를 사용하여 일을 할 수 있습니다.

3 我在大学期间通过了计算机应用能力考试，能够熟练使用各种软件。例如：制作PPT、Word、Excel、动画等。电脑在工作中起了很大的作用。电脑是我最得力的助手，我现在每天已经离不开它了。

Wǒ zài dàxué qījiān tōngguò le jìsuànjī yīngyòng nénglì kǎoshì, nénggòu shúliàn shǐyòng gè zhǒng ruǎnjiàn. Lìrú : zhìzuò PPT、Word、Excel、dònghuà děng. Diànnǎo zài gōngzuò zhōng qǐ le hěn dà de zuòyòng. Diànnǎo shì wǒ zuì délì de zhùshǒu, wǒ xiànzài měitiān yǐjīng líbukāi tā le.

저는 대학에 다닐 때 컴퓨터 응용 능력 시험에 합격했고, PPT, Word, Excel, 애니메이션 등과 같은 각종 소프트웨어를 능숙하게 사용할 수 있습니다. 컴퓨터는 일을 하는 데에 있어서 많은 역할을 합니다. 컴퓨터는 저에게 가장 유능한 조수이고, 저는 이제 매일 그것을 떠날 수 없습니다.

 컴퓨터 응용 능력에는 몇 가지 수준이 있을 수 있다. 가장 간단한 것은 기본적인 컴퓨터 조작 능력을 말하며, 이보다 약간 어려운 것은 Word, Excel과 같은 오피스 프로그램을 사용하는 능력을 말한다. 또 더 어려운 것은 전문적인 컴퓨터 응용 기술을 말하므로, 있는 그대로 자신의 실제 능력을 말하면 된다.

应用能力 yìngyòng nénglì 圆 응용 능력 | 专业人士 zhuānyè rénshì 圆 프로, 전문 인사 | 重视 zhòngshì 圆 중시하다, 중요시하다 | 培养 péiyǎng 圆 배양하다 | 熟练 shúliàn 圆 능숙하다, 숙련되어 있다 | 使用 shǐyòng 圆 사용하다 | 软件 ruǎnjiàn 圆 소프트웨어 | 通过 tōngguò 圆 ~을 통하다 | 计算机 jìsuànjī 圆 컴퓨터 | 考试 kǎoshì 圆 시험을 치다 | 制作 zhìzuò 圆 제작하다 | 动画 dònghuà 圆 애니메이션 | 起作用 qǐ zuòyòng 역할을 하다, 효과가 나타나다 | 得力 délì 圆 도움을 받다 | 助手 zhùshǒu 圆 조수 | 离不开 líbùkāi 圆 떨어질 수 없다

问题 4 ★

문제 你周围去国外留学的人多吗?

4-3-4 Nǐ zhōuwéi qù guówài liúxué de rén duō ma?

당신 주위에는 외국으로 유학 가는 사람이 많습니까?

답변 1 我周围去外国留学的人很少，因为他们觉得出国留学不仅花很多时间，而且也会花很多钱。

Wǒ zhōuwéi qù wàiguó liúxué de rén hěn shǎo, yīnwèi tāmen juéde chūguó liúxué bùjǐn huā hěn duō shíjiān, érqiě yě huì huā hěn duō qián.

제 주위에는 외국으로 유학 간 사람이 매우 적습니다. 왜냐하면 사람들은 외국 유학은 시간이 많이 걸리고, 또한 돈도 많이 든다고 생각하기 때문입니다.

---

2 我同学有很多人都出国了。国外教育产业非常发达。学生毕业的要求也很严格。所以他们都选择含金量很高的国家的名牌大学进行深造。

Wǒ tóngxué yǒu hěn duō rén dōu chūguó le. Guówài jiāoyù chǎnyè fēicháng fādá. Xuéshēng bìyè de yāoqiú yě hěn yángé. Suǒyǐ tāmen dōu xuǎnzé hánjīnliàng hěn gāo de guójiā de míngpái dàxué jìnxíng shēnzào.

제 학우들 중 많은 이들이 해외로 떠났습니다. 해외의 교육 산업은 아주 발전하였고 학생의 졸업 요건도 아주 엄격합니다. 그러므로 그들은 모두 인지도가 높은 나라들의 명문대로 진학하여 계속해서 공부하는 것을 결정하였습니다.

---

3 我周围出国的人真不少。尤其是大学毕业以后，面对激烈的竞争社会，加上越来越多的 "海归" 回国，很多毕业生们又出国进一步深造，提高自己的竞争力。不但能够增长人生经历，毕业以后还可以寻找在海外发展的机会。

Wǒ zhōuwéi chūguó de rén zhēn bù shǎo. Yóuqí shì dàxué bìyè yǐhòu, miànduì jīliè de jìngzhēng shèhuì, jiāshàng yuèláiyuè duō de "hǎiguī" huíguó, hěn duō bìyèshēngmen yòu chūguó jìn yí bù shēnzào, tígāo zìjǐ de jìngzhēnglì. Búdàn nénggòu zēngzhǎng rénshēng jīnglì, bìyè yǐhòu hái kěyǐ xúnzhǎo zài hǎiwài fāzhǎn de jīhuì.

제 주위에는 외국으로 간 친구가 정말 많습니다. 특히 대학을 졸업하고 나서, 치열한 경쟁 사회에 직면하게 되고, 게다가 '유학파'가 갈수록 많아지면서, 많은 졸업생들이 외국에 가서 더 공부하여 자신의 경쟁력을 높이고 있습니다. 인생의 경험을 늘릴 수 있을 뿐 아니라, 졸업 후 해외에서 발전할 기회도 찾을 수 있습니다.

Tip 우선 자신의 상황에 비추어 유학 가는 사람이 많은지 적은지 대답을 한다. 그리고 유학을 간 사람이 어디로 갔는지, 왜 유학을 갔는지 등에 대해서 간단하게 설명을 한다. 견문과 지식을 넓히기 위해서, 어떤 나라를 좋아하기 때문에 또는 앞으로 이민을 가기 위해서 등 여러 가지 이유가 있을 수 있다. 반대의 경우에는 현재 자신의 상황에 만족한다든지, 집을 떠나기 싫다든지 등의 이유를 들어서 말하면 된다.

단어 周围 zhōuwéi 圀 주위 | 不仅……而且 bùjǐn…érqiě 젭 ~일 뿐만 아니라 또한 | 发达 fādá 图 발달하다 | 要求 yāoqiú 图 요구하다 | 严格 yángé 阌 엄격하다 | 选择 xuǎnzé 图 선택하다 | 含金量 hánjīnliàng 圀 금 함량, 실속 | 名牌 míngpái 圀 유명 상표, 명문 | 深造 shēnzào 图 깊이 연구하다 | 面对 miànduì 图 마주보다 | 激烈 jīliè 阌 격렬하다 | 竞争 jìngzhēng 图 경쟁하다 | 越来越 yuèláiyuè 囝 점점, 갈수록 | 海归 hǎiguī 圀 (비유) 해외 유학파 | 提高 tígāo 图 향상시키다 | 增长 zēngzhǎng 图 늘어나다 | 经历 jīnglì 圀 경험, 경력 图 겪다 | 寻找 xúnzhǎo 图 찾다 | 发展 fāzhǎn 图 발전하다

제 **④** 부분

 问题 5 ★

문제 你喜欢自己学习，还是和一堆人学习？为什么？

🎧 4-3-5 Nǐ xǐhuan zìjǐ xuéxí, háishi hé yì duī rén xuéxí? Wèishénme?

당신은 혼자 공부하는 것을 좋아하나요, 아니면 많은 이들과 함께 공부하는 것을 좋아하나요? 이유는 무엇입니까?

답변 1　我喜欢自己学，自己学习的时间可长可短，学习进度自己定，学习内容可以自己定，难易可以适度，在家自学，省学费、省交通费。

Wǒ xǐhuan zìjǐ xué, zìjǐ xuéxí de shíjiān kě cháng kě duǎn, xuéxí jìndù zìjǐ dìng, xuéxí nèiróng kěyǐ zìjǐ dìng, nányì kěyǐ shìdù, zài jiā zìxué, shěng xuéfèi, shěng jiāotōngfèi.

저는 혼자 공부하는 것을 좋아합니다. 혼자 공부하게 되면 시간의 길고 짧음을 통제할 수 있고, 스스로 학습 진도를 정할 수 있고 스스로 학습 내용을 정할 수 있습니다. 또한, 난이도도 적당하게 할 수 있으며, 집에서 공부하면 학비도 절약되고 교통비도 절약됩니다.

2 我喜欢一堆人学，大家聚集在一起，很容易创造良好的学习氛围，大家可以互相帮助，互相讨论，互相学习，成绩会一起提高。一堆人在一起学习，还有助于培养竞争意识与竞争能力等。

Wǒ xǐhuan yì duī rén xué, dàjiā jùjí zài yìqǐ, hěn róngyì chuàngzào liánghǎo de xuéxí fēnwéi, dàjiā kěyǐ hùxiāng bāngzhù, hùxiāng tǎolùn, hùxiāng xuéxí, chéngjì huì yìqǐ tígāo. Yì duī rén zài yìqǐ xuéxí, hái yǒuzhùyú péiyǎng jìngzhēng yìshí yǔ jìngzhēng nénglì děng.

저는 다른 사람들과 함께 공부하는 것을 좋아합니다. 여러 명이 함께 모이면, 좋은 학습 분위기를 조성해, 서로 도움을 줄 수 있으며, 서로 토론하고 배우면서 성적을 함께 올릴 수 있습니다. 여럿이 함께 공부하면, 경쟁 의식과 경쟁 능력을 키우는 데도 도움이 됩니다.

3 我喜欢一堆人学，学习的过程当中可以培养良好的团队意识，有助于培养学生合作的精神。为将来的工作打好的基础。小组合作学习有利于提高学习效率。在合作学习过程中，每个成员都要积极参与到学习活动中，学习任务由大家共同分担，集思广益，各抒己见。

Wǒ xǐhuan yì duī rén xué, xuéxí de guòchéng dāngzhōng kěyǐ péiyǎng liánghǎo de tuánduì yìshí, yǒuzhùyú péiyǎng xuéshēng hézuò de jīngshen. Wèi jiānglái de gōngzuò dǎhǎo de jīchǔ. Xiǎo zǔ hézuò xuéxí yǒulìyú tígāo xuéxí xiàolǜ. Zài hézuò xuéxí guòchéng zhōng, měi ge chéngyuán dōu yào jījí cānyù dào xuéxí huódòng zhōng, xuéxí rènwu yóu dàjiā gòngtóng fēndān, jísī guǎngyì, gèshū jǐjiàn.

저는 다른 사람들과 함께 공부하는 것을 좋아합니다. 공부하는 과정에서 훌륭한 팀워크 의식을 키우고, 학생들의 협력 마인드를 키우는 데 도움을 주며, 장차 업무를 위한 기초를 닦아줍니다. 팀 협력 학습은 학습 효율을 높이며, 협력 학습 과정에서는 모든 구성원이 적극적으로 학습 활동에 참여하게 되는데, 모든 이들이 학업 임무를 공동으로 맡아서 여러 사람의 지혜를 모으고 각자의 견해를 표현할 수 있습니다.

 일부 사람들은 혼자 공부하는 것을 좋아하는데, 혼자 공부하는 것에는 어떠한 특징이 있는가? 혼자 공부하는 좋은 점은 무엇인가? 여럿이 함께 공부하는 것에는 또 어떤 다른 특징이 있는가? 함께 공부하면 당신의 어떠한 능력이 향상하는가? 자신의 평소 학습 방식을 되새겨 보면서, 혼자 공부하는 것과 여럿이 함께 공부하는 것의 좋은 점을 말해 보자.

단어 | 一堆 yì duī 한 무더기 | 进度 jìndù 몡 진도 | 内容 nèiróng 몡 내용 | 难易 nányì 몡 어려움과 쉬움 | 适度 shìdù 몡 적당하다 | 省 shěng 통 아끼다 | 聚集 jùjí 통 모이다 | 创造 chuàngzào 통 창조하다 | 良好 liánghǎo 혱 양호하다 | 氛围 fēnwéi 몡 분위기 | 互相 hùxiāng 휘 서로, 상호 | 讨论 tǎolùn 통 토론하다 | 成绩 chéngjì 몡 성적 | 提高 tígāo 통 향상시키다 | 培养 péiyǎng 통 배양하다 | 竞争意识 jìngzhēng yìshí 몡 경쟁의식 | 过程 guòchéng 몡 과정 | 团队意识 tuánduì yìshí 몡 단체 의식, 팀워크 | 合作 hézuò 통 합작하다 | 将来 jiānglái 몡 장래 | 基础 jīchǔ 몡 토대, 기초 | 有利于 yǒulìyú ~에 이롭다 | 效率 xiàolǜ 몡 효율 | 积极 jījí 혱 적극적이다 | 参与 cānyù 통 참여하다 | 任务 rènwu 몡 임무 | 共同 gòngtóng 혱 공통의 | 分担 fēndān 몡 분담하다 | 集思广益 jísī guǎngyì 솅 여러 사람의 의견을 모아 보다 큰 효과를 거두다 | 各抒己见 gèshū jǐjiàn 솅 제각기 각자 의견을 말하다

问题 6 ★

문제 选择大学时，你主要考虑什么呢?

🎧 4-3-6 Xuǎnzé dàxué shí, nǐ zhǔyào kǎolǜ shénme ne?

대학을 선택할 때, 당신은 주로 어떤 것들을 고려합니까?

답변 1 选大学时，要先考虑知名度，结合自己的实力选择，再看自己报考专业，结合专业再从中选择。

Xuǎn dàxué shí, yào xiān kǎolǜ zhīmíngdù, jiéhé zìjǐ de shílì xuǎnzé, zài kàn zìjǐ bàokǎo zhuānyè, jiéhé zhuānyè zài cóngzhōng xuǎnzé.

대학을 선택할 때, 우선 지명도를 고려해야 하며, 자신의 실력과 결부하여 선택해야 합니다. 그다음에는 자신이 지원하고자 하는 전공을 고려해야 하며, 그중에서 전공과 관련 지어 선택해야 합니다.

---

2 我选大学时候主要考虑专业，学校的优势专业是什么，这个专业的就业前景好不好，其次我考虑，学校硬件设施怎么样，比如：实验室水平，大学的宿舍，环境以及学校的地理位置，要出行方便。

Wǒ xuǎn dàxué shíhou zhǔyào kǎolǜ zhuānyè, xuéxiào de yōushì zhuānyè shì shénme, zhè ge zhuānyè de jiùyè qiánjǐng hǎo bu hǎo, qícì wǒ kǎolǜ, xuéxiào yìngjiàn shèshī zěnmeyàng, bǐrú : shíyànshì shuǐpíng, dàxué de sùshè, huánjìng yǐjí xuéxiào de dìlǐ wèizhì, yào chūxíng fāngbiàn.

저는 대학을 선택할 때 주로 전공을 고려하며, 학교의 주력 전공이 무엇인지, 해당 전공의 취업 전망이 좋은지 좋지 않은지를 고려합니다. 그 다음, 저는 학교의 인프라 시설을 고려하는데, 예를 들어, 실험실 수준, 학교의 기숙사, 환경 및 학교의 지리적 위치, 통행의 편의성 등입니다.

---

3 我选大学时先要考虑学校的名气，毕竟名牌大学毕业生会比较好找工作。毕竟要住4年，我还会比对硬件设施以及学费。还有就是学校周边环境是否合适，有的学校校园非常的偏远，我不喜欢与世隔绝的学校，我希望能多接触社会，最好学校附近有能够打工的地方。

Wǒ xuǎn dàxué shí xiān yào kǎolǜ xuéxiào de míngqì, bìjìng míngpái dàxué bìyèshēng huì bǐjiào hǎo zhǎo gōngzuò. Bìjìng yào zhù sì nián, wǒ hái huì bǐ duì yìngjiàn shèshī yǐjí xuéfèi. Háiyǒu jiùshì xuéxiào zhōubiān huánjìng shìfǒu héshì, yǒu de xuéxiào xiàoyuán fēicháng de piānyuǎn, wǒ bù xǐhuan yǔ shì géjué de xuéxiào, wǒ xīwàng néng duō jiēchù shèhuì, zuìhǎo xuéxiào fùjìn yǒu nénggòu dǎgōng de dìfang.

제
4
부분

저는 대학을 선택할 때 우선 학교의 지명도를 고려합니다. 결국 명문대 졸업생이 취업할 때 상대적으로 쉽기 때문입니다. 또한, 4년 동안 살아야 하기에, 저는 인프라 시설과 학비도 고려합니다. 그다음에는 학교의 근처 환경이 적합한지를 고려하는데, 어떤 학교들은 아주 멀고 외딴곳에 있는데, 저는 세상과 단절된 학교를 좋아하지 않습니다. 저는 사회와 더욱 많이 접촉하기를 원하며, 학교 근처에 아르바이트를 할 수 있는 곳이 있으면 좋겠습니다.

대학을 선택할 때, 한평생의 운명을 결정하게 될 수도 있다. 그러므로 종합적으로 이 문제를 고려해야 한다. 대학에 대한 선택은 학교의 순위, 전공, 취업 전망, 교수진 및 학교의 인프라 시설, 학교 주변의 환경 등 여러 가지 요소에 대하여 다방면적으로 고려해야 한다.

考虑 kǎolǜ 图 고려하다ㅣ知名度 zhīmíngdù 圀 지명도ㅣ结合 jiéhé 图 결합하다ㅣ实力 shílì 圀 실력ㅣ选择 xuǎnzé 图 선택하다ㅣ报考 bàokǎo 图 시험에 응시하다ㅣ主要 zhǔyào 圀 주로ㅣ优势 yōushì 圀 우세ㅣ前景 qiánjǐng 圀 전망, 장래ㅣ硬件设施 yìngjiàn shèshī 圀 하드웨어 시설ㅣ实验室 shíyànshì 圀 실험실ㅣ环境 huánjìng 圀 환경ㅣ以及 yǐjí 젭 및, 그리고ㅣ地理位置 dìlǐ wèizhì 圀 지리적 위치ㅣ出行 chūxíng 图 다른 지역으로 가다ㅣ名气 míngqì 圀 명성ㅣ周边 zhōubiān 圀 주변ㅣ合适 héshì 圀 적당하다, 편안하다ㅣ偏远 piānyuǎn 圀 외지다ㅣ隔绝 géjué 图 끊어지다, 차단하다ㅣ接触 jiēchù 图 접촉하다

습관/쇼핑편

습관에 대한 문제는 생활 습관, 음식 습관, 일하고 쉬는 습관, 건강 관련 습관 등으로 나눌 수 있다. 구체적으로는 일찍 자고 일찍 일어나는지, 일기 쓰는 습관이 있는지, 낮잠을 자는 습관이 있는지, 수업할 때 특이한 습관이 있는지 등의 문제가 출제된 적이 있다. 대답을 할 때 묻는 말에 맞는 대답, 또는 논리적인 모순이 없는 누구나 수긍할 수 있는 대답을 하도록 해야 한다.

쇼핑에 대한 문제는 쇼핑하는 방식, 가격 흥정을 하는지의 여부, 돈을 주로 어디에 쓰는지 등을 묻는 문제가 출제되었다. 묻는 말에 단답형으로 대답하지 말고, 가능한 완전한 문장으로 대답하도록 주의해야 한다.

问题 1 ★

문제 你喜欢早睡早起还是晚睡晚起？

🎧 4-4-1 Nǐ xǐhuan zǎo shuì zǎo qǐ háishi wǎn shuì wǎn qǐ?

당신은 일찍 자고 일찍 일어납니까, 아니면 늦게 자고 늦게 일어납니까?

답변 1 我喜欢早睡早起，因为早睡早起可以解除疲劳，第二天可以充分地利用时间工作和学习。

Wǒ xǐhuan zǎo shuì zǎo qǐ, yīnwèi zǎo shuì zǎo qǐ kěyǐ jiěchú píláo, dì èr tiān kěyǐ chōngfèn de lìyòng shíjiān gōngzuò hé xuéxí.

저는 일찍 자고 일찍 일어나는 것을 좋아합니다. 일찍 자고 일찍 일어나면 피로가 해소되고, 이튿날 일과 공부를 하는 데에 충분히 시간을 활용할 수 있기 때문입니다.

---

2 我是上班族，每天早上准时上班。如果晚上睡得太晚，第二天工作时不能集中精力，影响工作效率，所以我喜欢早睡早起。

Wǒ shì shàngbānzú, měitiān zǎoshang zhǔnshí shàngbān. Rúguǒ wǎnshang shuì de tài wǎn, dì èr tiān gōngzuò shí bù néng jízhōng jīnglì, yǐngxiǎng gōngzuò xiàolǜ, suǒyǐ wǒ xǐhuan zǎo shuì zǎo qǐ.

저는 직장인이라 매일 아침 제시간에 출근해야 합니다. 저녁에 너무 늦게 자게 되면 이튿날 정신을 집중하여 일을 할 수 없어서 업무 효율에 영향을 주게 됩니다. 그러므로 저는 일찍 자고 일찍 일어나는 것을 좋아합니다.

3 我是工作狂，所以经常晚睡晚起。有时在公司加班到很晚才回家，累得筋疲力尽。每天早上也不想起床，恶性循环导致我的身体免疫力越来越差。所以我希望能够调整现在的生活作息规律，养成早睡早起的习惯。

Wǒ shì gōngzuòkuáng, suǒyǐ jīngcháng wǎn shuì wǎn qǐ. Yǒushí zài gōngsī jiābān dào hěn wǎn cái huíjiā, lèi de jīnpí lìjìn. Měitiān zǎoshang yě bù xiǎng qǐchuáng, èxìng xúnhuán dǎozhì wǒ de shēntǐ miǎnyìlì yuèláiyuè chà. Suǒyǐ wǒ xīwàng nénggòu tiáozhěng xiànzài de shēnghuó zuòxī guīlǜ, yǎngchéng zǎo shuì zǎo qǐ de xíguàn.

저는 워커홀릭이어서, 자주 늦게 자고 늦게 일어납니다. 가끔 회사에서 늦게까지 야근하고 집에 돌아오면 온몸의 기운이 다 빠질 정도로 피곤합니다. 그래서 아침에도 일어나기가 싫습니다. 이런 악순환이 반복되면서 제 면역력은 갈수록 떨어지고 있습니다. 그래서 저는 앞으로 일하는 시간과 일상생활 시간을 가급적 조정하여, 일찍 자고 일찍 일어나는 습관을 형성하고 싶습니다.

Tip 일찍 자고 일찍 일어나는 것을 선호하는 사람들은 업무의 필요성 때문이 아니라 규칙적인 생활과 건강을 중요시하기 때문이다. 반대로 늦게 자고 늦게 일어나는 사람들은 주로 하는 일이 시간적으로 여유가 있고 주로 밤에 일을 하기 때문이다.

단어 早睡早起 zǎo shuì zǎo qǐ 일찍 자고 일찍 일어나다 | 解除 jiěchú 图 제거하다, 해소하다 | 疲劳 píláo 图 피곤하다 | 集中 jízhōng 图 집중시키다, 집중되다 | 精力 jīnglì 图 정력, 정신과 체력 | 效率 xiàolǜ 图 능률 | 工作狂 gōngzuòkuáng 일벌레 | 筋疲力尽 jīnpí lìjìn 圈 기진맥진하다, 파김치가 되다 | 恶性循环 èxìng xúnhuán 图 악순환하다 | 导致 dǎozhì 图 초래하다 | 免疫力 miǎnyìlì 图 면역력 | 调整 tiáozhěng 图 조정하다, 조절하다 | 养成 yǎngchéng 图 기르다, 양성하다 | 习惯 xíguàn 图 습관

问题 2 ★

문제 你觉得年轻时应该多攒钱还是多花钱呢?

🎧 4-4-2 Nǐ juéde niánqīng shí yīnggāi duō zǎnqián háishi duō huā qián ne?

젊은 시절에는 돈을 많이 모아야 하나요, 아니면 돈을 많이 써야 하나요?

답변 1 我觉得年轻时，应该多花钱，多投资，花出去的钱才是自己的钱，多花才能多挣，多花在有用的地方，比如花在学习上，可以提高自己能力的地方。

Wǒ juéde niánqīng shí, yīnggāi duō huā qián, duō tóuzī, huā chūqu de qián cái shì zìjǐ de qián, duō huā cái néng duō zhèng, duō huā zài yǒuyòng de dìfang, bǐrú huā zài xuéxí shàng, kěyǐ tígāo zìjǐ nénglì de dìfang.

저는 젊을 때는 돈을 많이 쓰면서 투자도 많이 해야 한다고 생각합니다. 돈을 써야만 진정한 자신의 돈이며, 많이 써야 더 많이 벌어들일 수가 있습니다. 쓸모있는 곳에 많이 써야 하는데, 이를테면 학업과 같이 자신의 능력을 향상시킬 수 있는 곳입니다.

2 我觉得年轻时，应该多攒钱，给生活留有余地，将来要用到很多钱，结婚、买房、买车、红白喜事份子钱、生病、各种聚会等，都要花钱。

Wǒ juéde niánqīng shí, yīnggāi duō zǎnqián, gěi shēnghuó liúyǒu yúdì, jiānglái yào yòng dào hěn duō qián, jiéhūn、mǎi fáng、mǎi chē、hóngbái xǐshì fènziqián、shēngbìng、gè zhǒng jùhuì děng, dōu yào huā qián.

저는 젊을 때는 돈을 많이 모아, 생활에 여유를 두어 장차 필요한 곳에 써야 한다고 생각합니다. 예를 들어, 결혼, 집 장만, 자동차 구매, 경조사 지출, 질병, 여러 가지 모임 등은 모두 돈을 써야 하는 경우이기 때문입니다.

3 年轻人应该买自己觉得有价值的东西，比如买笔记本电脑，买单反相机。我攒钱去旅游，攒钱给妈妈买礼物，无论是花钱还是攒钱都为了让钱花的更有价值。学会理财很重要。财富是一个积累的过程，不单纯只是攒钱，而是我们在攒够了第一桶金之后，如何能够让钱再生钱，这样才能制造出更多的社会财富。

Niánqīngrén yīnggāi mǎi zìjǐ juéde yǒu jiàzhí de dōngxi, bǐrú mǎi bǐjìběn diànnǎo, mǎi dānfǎn xiàngjī. Wǒ zǎnqián qù lǚyóu, zǎnqián gěi māma mǎi lǐwù, wúlùn shì huāqián háishi zǎnqián dōu wèile ràng qián huā de gèng yǒu jiàzhí. Xuéhuì lǐcái hěn zhòngyào. Cáifù shì yí ge jīlěi de guòchéng, bù dānchún zhǐshì zǎnqián, érshì wǒmen zài zǎn gòu le dì yī tǒngjīn zhīhòu, rúhé nénggòu ràng qián zài shēngqián, zhèyàng cái néng zhìzào chū gèng duō de shèhuì cáifù.

젊은이들은 자신이 생각하기에 가치가 있는 물건을 사야합니다. 예로, 노트북을 산다든지, DSLR 카메라를 산다든지 하는 것입니다. 저는 돈을 모아 여행을 다니며, 돈을 모아 어머니한테 선물을 사드립니다. 돈을 쓰든 모으든 모두 돈을 더욱 가치 있게 쓰기 위해서입니다. 돈을 관리하는 법을 배우는 것도 아주 중요합니다. 재산은 하나의 축적하는 과정이며, 단순히 돈을 모으는 것이 아닌, 우리들의 인생의 첫 금싸라기를 모은 후, 이것으로 다시금 돈을 낳도록 하는 것입니다. 이렇게 해야만, 더욱 많은 사회적 부를 창출해 낼 수 있습니다.

젊은이들은 아직 돈이 많지 않기 때문에, 어떤 사람들은 장래를 대비하여 돈을 모으기를 좋아하며, 돈을 모아서 장차 더욱 나은 삶을 살고자 한다. 또한, 어떤 사람들은 돈을 쓰기를 좋아하며, 돈을 버는 목적이 바로 돈을 쓰면서 인생을 누리는 것으로 생각한다. 당신의 상황과 결부하여 당신은 돈 모으기를 좋아하는지, 아니면 돈 쓰기를 좋아하는지 말해보자.

단어 攒钱 zǎnqián ⑧ 돈을 모으다 | 投资 tóuzī ⑧ 투자하다 | 余地 yúdì ⑲ 여지 | 红白喜事 hóngbái xǐshì ⑲ 경조사 | 份子钱 fènziqián ⑲ 부조금 | 聚会 jùhuì | 모으다, 회합하다 | 价值 jiàzhí ⑲ 가치 | 笔记本电脑 bǐjìběn diànnǎo ⑲ 노트북 컴퓨터 | 单反相机 dānfǎn xiàngjī ⑲ DSLR카메라 | 理财 lǐcái ⑧ 재정을 관리하다 | 财富 cáifù ⑲ 재산, 부 | 积累 jīlěi ⑧ 쌓이다 | 单纯 dānchún ⑧ 단순하다 | 制造 zhìzào ⑧ 제조하다

问题 3 ⭐

문제 你买东西时喜欢用现金还是信用卡？为什么？

🎧 4-4-3 Nǐ mǎi dōngxi shí xǐhuan yòng xiànjīn háishi xìnyòngkǎ? Wèishénme?

당신은 물건을 살 때 현금 결제를 선호합니까, 아니면 신용카드 결제를 선호합니까? 그 이유는 무엇입니까?

답변

1 用信用卡购物时，虽然安全、方便，但是由于无法直接看到消费的金额，所以很容易盲目消费。

Yòng xìnyòngkǎ gòuwù shí, suīrán ānquán、fāngbiàn, dànshì yóuyú wúfǎ zhíjiē kàndào xiāofèi de jīn'é, suǒyǐ hěn róngyì mángmù xiāofèi.

신용카드로 쇼핑을 하면 안전하고 편리하긴 하지만, 소비하는 액수가 직접 보이지 않기 때문에 맹목적인 소비가 되기 쉽습니다.

2 我喜欢用现金消费，结账的时候，从自己的包里拿出现金，然后花出去的那种感觉非常好，我很享受消费的感觉。但是用卡消费的时候，看到的只是一个数，感觉不到自己花出去了多少钱，很难享受消费的快乐心情。

Wǒ xǐhuan yòng xiànjīn xiāofèi, jiézhàng de shíhou, cóng zìjǐ de bāo lǐ náchū xiànjīn, ránhòu huā chūqu de nà zhǒng gǎnjué fēicháng hǎo, wǒ hěn xiǎngshòu xiāofèi de gǎnjué. Dànshì yòng kǎ xiāofèi de shíhou, kàndào de zhǐshì yí ge shù, gǎnjué bu dào zìjǐ huā chūqu le duōshao qián, hěn nán xiǎngshòu xiāofèi de kuàilè xīnqíng.

저는 현금으로 소비하는 것을 좋아합니다. 계산할 때, 자신의 지갑에서 돈을 꺼내어 소비한다는 느낌이 아주 좋고, 저는 소비의 느낌을 누리고 있습니다. 하지만 신용카드로 소비할 때는 그저 숫자만 보게 되며, 자신이 얼마나 썼는지를 느낄 수가 없으며, 소비가 가져다 주는 기쁜 심정을 누릴 수가 없습니다.

3 我觉得用信用卡购物时，虽然很方便，但是由于没法看到我到底花了多少钱，所以很容易过度消费。我喜欢用信用卡，我觉得用信用卡可以不用带现金付款，所以非常方便，不那么的麻烦。没钱的时候，看到喜欢的东西的时候还能够透支买下来。但是容易养成大手大脚的习惯。

Wǒ juéde yòng xìnyòngkǎ gòuwù shí, suīrán hěn fāngbiàn, dànshì yóuyú méifǎ kàndào wǒ dàodǐ huā le duōshao qián, suǒyǐ hěn róngyì guòdù xiāofèi. Wǒ xǐhuan yòng xìnyòngkǎ, wǒ juéde yòng xìnyòngkǎ kěyǐ búyòng dài xiànjīn fùkuǎn, suǒyǐ fēicháng fāngbiàn, bú nàme de máfan. Méi qián de shíhou, kàndào xǐhuan de dōngxi de shíhou hái nénggòu tòuzhī mǎi xiàlai. Dànshì róngyì yǎngchéng dàshǒu dàjiǎo de xíguàn.

저는 비록 신용카드로 쇼핑하게 되면 아주 간편하지만, 도대체 얼마나 썼는지 알 수가 없어서, 과도한 소비를 하기 쉽다고 생각합니다. 저는 신용카드를 사용하는 것을 좋아합니다. 신용카드를 사용하게 되면, 현금을 지참하여 돈을 낼 필요가 없기에 아주 편리하고 번거롭지 않습니다. 돈이 없을 때는, 원하는 물건을 보게 되면 가불로 구매할 수도 있습니다. 하지만 돈을 헤프게 쓰는 습관을 키울 염려가 있습니다.

> **Tip** 현금을 쓰면 자신이 쓴 금액을 직접 알 수 있지만 신용카드를 쓰면 자신이 쓴 돈에 대하여 직접적인 느낌이 없기 때문에 과소비를 할 수 있다. 하지만 현금 액수가 많으면 지니고 다니기 불편한 점도 있다.

단어 现金 xiànjīn 圀 현금 | 信用卡 xìnyòngkǎ 圀 신용카드 | 安全 ānquán 蜀 안전하다 | 方便 fāngbiàn 蜀 편리하다 | 消费 xiāofèi 圄 소비하다 | 金额 jīn'é 圀 금액 | 盲目 mángmù 蜀 맹목적(인) | 结账 jiézhàng 圄 계산하다 | 享受 xiǎngshòu 圄 누리다, 향수하다 | 透支 tòuzhī 圀 가불 | 养成 yǎngchéng 圄 양성하다 | 大手大脚 dàshǒu dàjiǎo 圀 돈을 물 쓰듯이 쓰다

问题 4 ★

문제 你有定期存款的习惯吗?

🎧4-4-4 Nǐ yǒu dìngqī cúnkuǎn de xíguàn ma?

당신은 정기적으로 저축하는 습관이 있습니까?

답변 1 我觉得定期存款可以限制一下自己乱花钱的习惯，定期存款的时间是银行制定，为以后用钱做准备，所以我很喜欢这种形式的存款。

Wǒ juéde dìngqī cúnkuǎn kěyǐ xiànzhì yíxià zìjǐ luàn huāqián de xíguàn, dìngqī cúnkuǎn de shíjiān shì yínháng zhìdìng, wèi yǐhòu yòngqián zuò zhǔnbèi, suǒyǐ wǒ hěn xǐhuan zhè zhǒng xíngshì de cúnkuǎn.

제가 생각하기에 정기예금은 돈을 함부로 쓰는 습관을 제한할 수 있다고 봅니다. 정기예금의 시간은 은행이 제정하므로, 장차 돈을 쓰기 위하여 준비할 수 있습니다. 그러므로 저는 이러한 형식의 저금을 좋아합니다.

2   我的钱都还房贷了。所以我没有定期存款。我不希望定期存了一辈子到六十岁终于存够了钱，买了一套房子来住，我希望到六十岁，还清所有的房贷，但房子已经住了一辈子。

Wǒ de qián dōu huán fángdài le. Suǒyǐ wǒ méiyǒu dìngqī cúnkuǎn. Wǒ bù xīwàng dìngqī cún le yíbèizi dào liùshí suì zhōngyú cúngòu le qián, mǎi le yí tào fángzi lái zhù, wǒ xīwàng dào liùshí suì, huán qīng suǒyǒu de fángdài, dàn fángzi yǐjīng zhù le yíbèizi.

저의 돈은 모두 주택 융자금을 갚는 데 사용하였습니다. 그러므로 저는 정기예금이 없습니다. 저는 정기적으로 돈을 평생 모아 60세가 되어서야 돈을 다 저축해 집 한 채 사는 것을 원치 않습니다. 제가 바라는 것은, 60세가 될 때까지 주택 융자금을 다 갚는 것이며, 동시에 한평생 이 집에 살아가는 것입니다.

3   我觉得存不存钱不重要，把钱花到有意义的地方更重要。不管是住房，水电气，还是柴米油盐都需要钱，婚丧应酬，如果你没钱，会有困难的，房屋贷款也需要钱，所以能赚钱最重要，存钱也是为了自己有更美好的生活。

Wǒ juéde cún bu cún qián bú zhòngyào, bǎ qián huādào yǒu yìyi de dìfang gèng zhòngyào. Bùguǎn shì zhùfáng, shuǐdiànqì, háishi cháimǐ yóuyán dōu xūyào qián, hūnsāng yīngchóu, rúguǒ nǐ méi qián, huì yǒu kùnnan de, fángwū dàikuǎn yě xūyào qián, suǒyǐ néng zuàn qián zuì zhòngyào, cúnqián yě shì wèile zìjǐ yǒu gèng měihǎo de shēnghuó.

저는 돈을 저축하건 저축하지 않건 중요하지 않다고 봅니다. 오직 돈을 의미가 있는 곳에 쓰는 것이 가장 중요합니다. 거주할 집, 수도광열비 아니면 생활 필수품 모두 돈이 필요합니다. 경조사에서도 돈이 없다면, 곤란할 수 있습니다. 주택 융자금도 돈이 필요합니다. 그러므로 돈을 버는 것이 가장 중요하며, 돈을 모으는 것도 자신에게 더욱 아름다운 삶이 있도록 하기 위해서입니다.

 정기예금의 좋은 점은 돈을 은행에 보관해 두기에, 기한이 되기 전까지 함부로 찾을 수 없는 것이다. 그렇지 않으면 이자를 받을 수가 없다. 그러므로 많은 사람은 이러한 방식으로 돈을 벌기도 한다. 하지만 어떤 사람들은 정기예금이 의미가 없다고 말하며, 돈을 써야만 진정으로 자신의 돈이 될 수 있다고 주장한다. 당신의 실제 상황과 관련 지어, 정기예금을 하는 습관을 키워야 하는지 아닌지에 대하여 말할 수 있다.

 定期 dìngqī 图 기한을 정하다 | 存款 cúnkuǎn 图 저금하다 | 限制 xiànzhì 图 제한하다 | 制定 zhìdìng 图 제정하다 | 形式 xíngshì 몡 형태 | 房贷 fángdài 몡 주택 융자금 | 一辈子 yíbèizi 몡 한평생 | 意义 yìyì 몡 뜻 | 不管 bùguǎn 图 관계하지 않다 | 水电气 shuǐdiànqì 몡 수도광열비 | 柴米油盐 cháimǐyóuyán 몡 땔감·곡식·기름·소금 등의 생활 필수품 | 婚丧 hūnsāng 몡 혼례와 장례 | 应酬 yìngchou 몡 접대, 응대

문제 你常在网上购物吗？简单谈一下网购的好处和坏处。

🎧 4-4-5 Nǐ cháng zài wǎng shàng gòuwù ma? Jiǎndān tán yíxià wǎnggòu de hǎochu hé huàichu.

당신은 자주 온라인에서 쇼핑을 합니까? 인터넷 쇼핑의 좋은 점과 나쁜 점을 간단하게 말해 보세요.

답변 1 网上购物可以节省时间，节省外出费用，可是因为看不到实物，买到的宝贝不一定是自己想要的质量。

Wǎng shàng gòuwù kěyǐ jiéshěng shíjiān, jiéshěng wàichū fèiyòng, kěshì yīnwèi kàn búdào shíwù, mǎidào de bǎobèi bùyídìng shì zìjǐ xiǎngyào de zhìliàng.

인터넷 쇼핑은 시간을 절약할 수 있으며, 외출 비용도 절약할 수 있습니다. 하지만 실물을 볼 수 없기 때문에 구매한 물품이 자신이 원하는 품질의 것이 아닐 수도 있습니다.

2 网上购物的好处是可以海量挑选同类产品，可以轻易比价，买到最低价产品，但是别忘记网购的风险，买到的宝贝不一定是自己想要的质量。网络购物价格低，容易变成购物狂，买一些没有必要的东西。

Wǎngshàng gòuwù de hǎochu shì kěyǐ hǎiliàng tiāoxuǎn tónglèi chǎnpǐn, kěyǐ qīngyì bǐjià, mǎidào zuì dījià chǎnpǐn, dànshì bié wàngjì wǎnggòu de fēngxiǎn, mǎidào de bǎobèi bùyídìng shì zìjǐ xiǎngyào de zhìliàng. Wǎngluò gòuwù jiàgé dī, róngyì biànchéng gòuwùkuáng, mǎi yìxiē méiyǒu bìyào de dōngxi.

인터넷 쇼핑의 좋은 점은 같은 종류의 물건을 넓은 선택의 폭에서 선택할 수 있는 것으로, 쉽게 가격을 비교하면서 가장 싼 물건을 구매할 수 있습니다. 하지만 인터넷 쇼핑의 위험을 간과해서는 안 됩니다. 구매한 물건은 자신이 원하는 품질이 아닐 수도 있습니다. 인터넷 쇼핑은 가격이 싸서, 쉽게 쇼핑광이 될 수 있고, 자신에게 필요없는 물건을 사기 쉽습니다.

3 网上购物不用出门，就可以购物，而且选择的范围很大。网购的东西比商场肯定是便宜的。但是网上购物时价格差距很大，多少钱都有，就看你是不是一个精明的买家了。东西寄到后，如果出现问题，处理起来可能会麻烦一点。还有银行卡以及相关个人信息容易泄露，不是很安全。

Wǎngshàng gòuwù búyòng chūmén, jiù kěyǐ gòuwù, érqiě xuǎnzé de fànwéi hěn dà. Wǎnggòu de dōngxi bǐ shāngchǎng kěndìng shì piányi de. Dànshì wǎngshàng gòuwù shí jiàgé chājù hěn dà, duōshao qián dōu yǒu, jiù kàn nǐ shì bu shì yí ge jīngmíng de mǎijiā le. Dōngxi jìdào hòu, rúguǒ chūxiàn wèntí, chǔlǐ qǐlai kěnéng huì máfan yìdiǎn. Háiyǒu yínhángkǎ yǐjí xiāngguān gèrén xìnxī róngyì xièlòu, bú shì hěn ānquán.

제 4 부분

인터넷 쇼핑은 집을 나서지 않고 물건을 구매할 수 있으며, 선택의 범위도 아주 넓습니다. 인터넷 쇼핑을 마트와 비교하면 당연히 쌉니다. 하지만. 인터넷 쇼핑도 가격 차이가 엄청나게 크며, 어떠한 가격대도 모두 존재하며, 당신이 능력있는 구매자인지는 당신이 하기 나름입니다. 또한, 물건이 도착한 후, 만약 하자가 있다면, 이를 처리하기가 아주 귀찮습니다. 그 외에도 은행카드 및 개인정보가 쉽게 유출될 수 있기에, 아주 불안전합니다.

 인터넷 쇼핑은 어느덧 현대인들의 하나의 소비형식으로 자리 잡았다. 왜냐하면 인터넷 쇼핑은 가격이 저렴하고, 선택의 폭이 넓기에 젊은층의 선택을 받고 있다. 하지만 인터넷 상에는 함정도 많다. 실물을 볼 수가 없어 이미지에 기만되는 경우도 많기 때문에 인터넷 쇼핑을 할 때는 매우 신중해야 한다. 하지만 당신에게 훌륭한 눈이 있다면, 여러 가게를 비교하다 보면, 안목이 생겨 결국 당신이 원하는 상품을 구매할 수 있다.

 购物 gòuwù 图 쇼핑하다 | 网购 wǎnggòu 图 인터넷 쇼핑을 하다 | 好处 hǎochu 图 좋은 점 | 坏处 huàichu 图 나쁜 점 | 海量 hǎiliàng 图 해량(바다와 같이 양이 많음을 비유) | 挑选 tiāoxuǎn 图 고르다 | 同类 tónglèi 图 같은 무리이다 | 轻易 qīngyì 图 간단하게 | 比价 bǐjià 图 값을 비교하다 | 风险 fēngxiǎn 图 위험 | 质量 zhìliàng 图 품질 | 购物狂 gòuwùkuáng 图 쇼핑광 | 范围 fànwéi 图 범위 | 商场 shāngchǎng 图 상가 | 差距 chājù 图 격차 | 精明 jīngmíng 图 총명하다 | 处理 chǔlǐ 图 처리하다, 해결하다 | 相关 xiāngguān 图 상관되다 | 个人信息 gèrén xìnxī 图 개인 정보 | 泄露 xièlòu 图 누설하다

 问题 6 ★

문제 你喜欢在网上买东西还是去大型超市？为什么？

🎧 4-4-6 Nǐ xǐhuan zài wǎngshàng mǎi dōngxi háishi qù dàxíng chāoshì? Wèishénme?

당신은 인터넷에서 쇼핑하는 것을 좋아합니까, 아니면 대형 마트에서 쇼핑하는 것을 좋아합니까? 이유는 무엇입니까?

답변 1 我喜欢在网上购物。因为网上购物高效便捷。网上购物只需通过网络完成挑选商品、在线支付，无需逛实体店。

Wǒ xǐhuan zài wǎngshàng gòuwù. Yīnwèi wǎngshàng gòuwù gāoxiào biànjié. Wǎngshàng gòuwù zhǐ xū tōngguò wǎngluò wánchéng tiāoxuǎn shāngpǐn、zàixiàn zhīfù, wúxū guàng shítǐdiàn.

저는 인터넷 쇼핑을 좋아합니다. 왜냐하면, 인터넷 쇼핑은 효율적이고 편리하며 신속합니다. 인터넷 쇼핑은 온라인으로 상품 선택만 진행하고, 온라인으로 지불만 하면 되기에, 실물 상점을 돌아다닐 필요가 없습니다.

2 我喜欢在超市买东西。大型超市商品齐全，在这里可以有多种选择，并且经常打折，物美价廉，并且超市的规模十分庞大，可以给我心情舒畅的感觉。

Wǒ xǐhuan zài chāoshì mǎi dōngxi. Dàxíng chāoshì shāngpǐn qíquán, zài zhèlǐ kěyǐ yǒu duō zhǒng xuǎnzé, bìngqiě jīngcháng dǎzhé, wùměi jiàlián, bìngqiě chāoshì de guīmó shífēn pángdà, kěyǐ gěi wǒ xīnqíng shūchàng de gǎnjué.

저는 마트에서 물건을 사는 것을 좋아합니다. 대형 마트에는 상품이 완비되어, 그곳에서 여러 가지 선택을 할 수 있습니다. 또한 자주 할인도 하고, 상품도 훌륭합니다. 또한, 마트는 규모가 엄청나게 방대하기에, 저에게 기쁘고 상쾌한 기분을 가져다줍니다.

3 我觉得在哪儿购物都可以，各有各的好处。我购物的时候有时会选择大型超市，超市购物商品看得见，并且商品的质量有保证。网上购物比较便宜，几分钟即可完成，省时省力，方便快捷。但是商品要等收到以后才能确认真假、质量。

Wǒ juéde zài nǎr gòuwù dōu kěyǐ, gè yǒu gè de hǎochu. Wǒ gòuwù de shíhòu yǒushí huì xuǎnzé dàxíng chāoshì, chāoshì gòuwù shāngpǐn kàn de jiàn, bìngqiě shāngpǐn de zhìliàng yǒu bǎozhèng. Wǎngshàng gòuwù bǐjiào piányi, jǐ fēnzhōng jíkě wánchéng, shěngshí shěnglì, fāngbiàn kuàijié. Dànshì shāngpǐn yào děng shōudào yǐhòu cái néng quèrèn zhēnjiǎ, zhìliàng.

저는 어디에서 쇼핑하든지 상관없다고 생각하며, 모두 각자의 좋은 점이 있다고 생각합니다. 저는 쇼핑할 때, 때로는 대형 마트를 선택하는데, 마트에서는 모든 상품을 눈으로 볼 수 있고, 상품의 질도 보장됩니다. 인터넷 쇼핑은 편리하고, 몇 분 사이에 완성할 수 있어서 시간과 노력을 절약할 수 있으며, 간편하고 신속합니다. 하지만 상품을 받은 후에야만 진짜인지 가짜인지와 상품의 질을 확인할 수 있습니다.

Tip 많은 인터넷 상점은 표상과 실체가 다르기에, 인터넷 상에서 구매하는 것으로는 맨눈으로 본, 사고 싶은 품질의 물건을 구할 수가 없다. 그러므로 쉽게 기만당합니다. 하지만 인터넷 쇼핑은 그 나름의 좋은 점이 있는데, 바로 쉽고 빠른 것이다. 대형 마트는 여전히 대중들의 신뢰를 받는 소비 장소이다. 당신은 어디에서 쇼핑하기를 좋아하는가? 그것은 어떠한 특징을 지니고 있는가?

단어

大型超市 dàxíng chāoshì 명 대형 마트 | 高效 gāoxiào 높은 효율 | 便捷 biànjié 형 간편하다, 민첩하다 | 挑选 tiāoxuǎn 통 고르다 | 在线 zàixiàn 형 온라인 | 支付 zhīfù 통 지불하다 | 齐全 qíquán 통 완전히 갖추다 | 打折 dǎzhé 통 할인하다, 꺾다 | 物美价廉 wùměi jiàlián 성 물건도 좋고 값도 싸다 | 规模 guīmó 명 규모 | 庞大 pángdà 형 방대하다 | 舒畅 shūchàng 형 상쾌하다 | 质量 zhìliàng 명 품질 | 保证 bǎozhèng 통 보증하다 | 快捷 kuàijié 형 재빠르다 | 确认 quèrèn 명 확인하다

POINT 05 가족/집안일편

가족과 관련된 문제로는 가족 중에 누구의 생김새 혹은 누구의 성격을 닮았는지, 혼자 식사하는 걸 좋아하는지 아니면 가족과 함께 식사하는 걸 좋아하는지, 가족에게 어떤 선물을 하는지 등 구체적인 내용을 물어보는 문제가 많다. 선물과 관련해서는 아버지의 날(父亲节), 어머니의 날(母亲节)과 같이 특정 기념일을 제시하면서 물어보는 문제가 출제되었다. 가족과 관련된 외모, 성격, 특징 등을 말할 수 있어야 하며, 가족과 함께 하는 일상생활 등에 대해서 말할 수 있어야 한다. 또한 집안일을 누가 주로 하는지, 어떻게 분담하는지 등의 문제도 가족과 관련된 문제로 출제된 적이 있다.

问题 1 ★

문제 你和家人一般在什么情况下去外边吃饭?

🎧 4-5-1 Nǐ hé jiārén yìbān zài shénme qíngkuàng xià qù wàibiān chī fàn?

당신은 가족과 보통 어떤 때에 외식을 합니까?

답변 1 我和我家人都是上班族，平时工作很忙，根本没时间做饭，所以常常在外面吃饭。

Wǒ hé wǒ jiārén dōu shì shàngbānzú, píngshí gōngzuò hěn máng, gēnběn méi shíjiān zuò fàn, suǒyǐ chángcháng zài wàimiàn chī fàn.

저와 제 아내는 모두 직장인이라 평소에 일이 바빠서 음식을 할 시간이 전혀 없습니다. 그래서 자주 외식을 합니다.

2 我不太喜欢在外面吃饭，但是我的妻子不太会做菜，所以有朋友来做客的时候，我们通常会去外面吃。

Wǒ bú tài xǐhuan zài wàimiàn chī fàn, dànshì wǒ de qīzi bú tài huì zuò cài, suǒyǐ yǒu péngyou lái zuòkè de shíhou, wǒmen tōngcháng huì qù wàimiàn chī.

저는 외식을 별로 좋아하지 않습니다. 그러나 제 아내가 음식을 잘 못해서 친구가 집에 놀러 올 때면 우리는 보통 외식을 합니다.

3　我一个人生活，辛苦工作了一天后，我觉得自己做饭太麻烦了。我宁愿赶快到饭店去吃饭，然后回家休息，越快越好。在家里洗菜，做饭，洗碗非常花时间。而且现在农副产品价格非常贵。 在餐厅吃饭的钱和自己做饭的花费也差不多。所以我喜欢在外面吃饭。

Wǒ yí ge rén shēnghuó, xīnkǔ gōngzuò le yì tiān hòu, wǒ juéde zìjǐ zuò fàn tài máfan le. Wǒ níngyuàn gǎnkuài dào fàndiàn qù chī fàn, ránhòu huí jiā xiūxi, yuè kuài yuè hǎo. Zài jiā lǐ xǐ cài, zuò fàn, xǐ wǎn fēicháng huā shíjiān. Érqiě xiànzài nóngfù chǎnpǐn jiàgé fēicháng guì. Zài cāntīng chī fàn de qián hé zìjǐ zuò fàn de huāfèi yě chàbuduō. Suǒyǐ wǒ xǐhuan zài wàimiàn chī fàn.

저는 혼자 사는데 힘들게 하루의 업무를 마친 후, 식사를 준비하는 것은 너무 번거로운 것 같습니다. 저는 오히려 식당에 가서 식사하고, 집으로 돌아와 휴식을 취하는 것이 더욱 좋다고 생각하며, 빠르면 빠를수록 더욱 좋습니다. 집에서 채소를 씻고, 밥을 조리하고, 설거지하는 것은 시간이 많이 소요됩니다. 또한, 현재는 농산물 가격도 아주 비쌉니다. 식당에서 식사하는 데 드는 비용과 직접 식사를 준비하는 비용은 거의 비슷합니다. 그러므로 저는 외식하는 것을 좋아합니다.

이런 문제는 자신의 실제 상황에 맞게 대답하기에 가장 좋은 문제이다. 사람들이 보통 외식을 하러 갈 때는, 가족의 생일 축하, 승진 축하 등 축하할 일이 있다거나 또는 친구가 놀러 왔다든가 등의 이유가 있다. 외식과 관련하여 '一般你和家人在外面吃什么？(보통 가족과 외식을 할 때 어떤 음식을 먹습니까?)'와 같은 문제가 출제되기도 한다.

情况 qíngkuàng 몡 상황 | 上班族 shàngbānzú 몡 직장인, 샐러리맨 | 平时 píngshí 몡 평소 | 根本 gēnběn 몡 근본 | 妻子 qīzi 몡 아내 | 通常 tōngcháng 몡 보통 | 辛苦 xīnkǔ 톙 고생하다 | 宁愿 nìngyuàn 뷔 차라리, 오히려 | 赶快 gǎnkuài 뷔 빨리 | 洗菜 xǐ cài 통 채소를 씻다 | 洗碗 xǐ wǎn 통 설거지를 하다 | 农副产品 nóngfù chǎnpǐn 몡 농산물과 농업 부산물

问题 2 ★

문제 你有重要的事情，一般和谁商量呢？

(4-5-2) Nǐ yǒu zhòngyào de shìqing, yìbān hé shéi shāngliang ne?

만약 당신에게 중요한 일이 생기면, 보통 누구와 상의합니까?

답변 1 遇到重要的事情，我喜欢找家人商量，因为家人是值得信赖的人。我自己没有社会经验。找家人商量最放心。家人可以给出有价值的建议。

Yùdào zhòngyào de shìqing, wǒ xǐhuan zhǎo jiārén shāngliang, yīnwèi jiārén shì zhídé xìnlài de rén. Wǒ zìjǐ méiyǒu shèhuì jīngyàn. Zhǎo jiārén shāngliang zuì fàngxīn. Jiārén kěyǐ gěi chū yǒu jiàzhí de jiànyì.

중요한 사안에 직면하였을 때, 저는 가족들을 찾아 상의하는 것이 좋습니다. 왜냐하면, 가족은 믿을 만한 사람이고 저는 사회 경험이 부족하기 때문에, 가족을 찾아가는 것이 가장 마음이 놓입니다. 가족들은 의미 있는 의견을 줄 수 있습니다.

2 遇到重要的事情，我喜欢找朋友商量。我家人都住在很远的地方。平时很难和家人沟通，孤独无助。所以我找信任的朋友商量事情。找信得过的朋友，有丰富社会经验的朋友商量最好。

Yùdào zhòngyào de shìqing, wǒ xǐhuan zhǎo péngyou shāngliang. Wǒ jiārén dōu zhùzài hěn yuǎn de dìfang. Píngshí hěn nán hé jiārén gōutōng, gūdú wúzhù. Suǒyǐ wǒ zhǎo xìnrèn de péngyou shāngliang shìqing. Zhǎo xìn de guò de péngyou, yǒu fēngfù shèhuì jīngyàn de péngyou shāngliang zuì hǎo.

중요한 사안에 직면하였을 때, 저는 친구를 찾아 상의하는 것을 좋아합니다. 제 가족은 모두 먼 곳에 살고 있어서 평소 가족과 소통하기가 어렵기 때문에 도움을 받지 못해 외롭습니다. 그러므로 저는 믿음직한 친구를 찾아서 사안을 의논합니다. 믿을 만한 친구, 사회 경험이 풍부한 친구를 찾는 것이 가장 좋습니다.

3 遇到重要的事情，我喜欢找博学的人商量。无论是家人还是朋友都可以。找一个社会经验丰富，博学的人商量几次。几次之后自己就有决定的能力了，虽然他的答案不一定是对的。但每次都能在沟通中学到很多为人处事的方法，不断完善自己。

Yùdào zhòngyào de shìqing, wǒ xǐhuan zhǎo bóxué de rén shāngliang. Wúlùn shì jiārén háishi péngyou dōu kěyǐ. Zhǎo yí ge shèhuì jīngyàn fēngfù, bóxué de rén shāngliang jǐ cì. Jǐ cì zhīhòu zìjǐ jiù yǒu juédìng de nénglì le, suīrán tā de dá'àn bùyídìng shì duì de. Dàn měi cì dōu néng zài gōutōng zhōng xuédào hěn duō wéi rén chǔshì de fāngfǎ, búduàn wánshàn zìjǐ.

중요한 사안에 직면하였을 때, 저는 박식한 사람을 찾아가기를 좋아합니다. 가족이든 친구든 상관없습니다. 사회 경험이 풍부하고, 박식한 사람을 찾아가 몇 차례 의논합니다. 몇 번후에는 스스로 결정 내릴 수 있는 능력이 생깁니다. 비록 그의 해답이 항상 정확한 것은아니지만, 매번 소통하면서 인간으로서의 처신 방법을 많이 배울 수 있어, 끊임없이 자기자신을 채워나가게 됩니다.

Tip 우리는 살아가면서 많은 중요한 사안에 직면하게 된다. 또한, 문제를 해결해 나가는 과정에서 우리는 혼자 결정을 내리기가 힘들 때가 있다. 그러므로 우리는 보통 믿을 만한 사람을 찾아 상의하며, 어떤 사람은 가장 믿을 수 있는 부모님, 친척을 찾아가고, 어떤 사람은 사회 경험이 풍부한 선배 혹은 경험자를 찾아간다. 당신은 어떤 사람들과 상의하는 것을 좋아하는가?

단어 商量 shāngliang ⑧ 상의하다 | 遇到 yùdào ⑧ 우연히 마주치다 | 值得 zhídé ⑧ ~할 만한 가치가 있다 | 信赖 xìnlài ⑧ 신뢰하다 | 经验 jīngyàn ⑲⑧ 경험(하다) | 建议 jiànyì ⑲⑧ 건의(하다) | 沟通 gōutōng ⑧ 소통하다 | 孤独 gūdú ⑲ 고독하다 | 无助 wúzhù 도움이 없다 | 信任 xìnrèn ⑧ 신임하다 | 丰富 fēngfù ⑲ 풍부하다 | 博学 bóxué ⑲ 박학하다 | 无论 wúlùn 졥 ~에도 불구하고 | 决定 juédìng ⑧ 결정하다 | 答案 dá'àn ⑲ 답안 | 不断 búduàn ⑨ 끊임없이 | 完善 wánshàn ⑧ 완전해지게 하다

问题 3 ★

문제 你们家的家务一般由谁来做呢?

🎧4-5-3 Nǐmen jiā de jiāwù yìbān yóu shéi lái zuò ne?

당신 집에서 집안일은 보통 누가 합니까?

답변 1 我和太太是双职工，平时太忙。根本没时间去做家务。

Wǒ hé tàitai shì shuāngzhígōng, píngshí tài máng. Gēnběn méi shíjiān qù zuò jiāwù.

나와 아내는 맞벌이 부부여서, 평소에 무척 바쁩니다. 집안일을 할 시간이 전혀 없습니다.

2 我不太喜欢做家务，我爱人比较理解我。所以，大部分的家务由我爱人来做。

Wǒ bú tài xǐhuan zuò jiāwù, wǒ àiren bǐjiào lǐjiě wǒ. Suǒyǐ, dàbùfen de jiāwù yóu wǒ àiren lái zuò.

저는 집안일 하는 것을 그다지 좋아하지 않습니다. 제 아내가 저를 이해해줘서 대부분의 집안일은 아내가 합니다.

3 　我们家的家务一般由我太太来做。因为我平时工作很忙，每天都很晚下班。回家后，都累得筋疲力尽，什么都不想做。所以，我们分别分担家务。我太太做饭、洗衣服，我来洗碗等。

Wǒmen jiā de jiāwù yìbān yóu wǒ tàitai lái zuò. Yīnwèi wǒ píngshí gōngzuò hěn máng, měitiān dōu hěn wǎn xiàbān. Huíjiā hòu, dōu lèi de jīnpí lìjìn, shénme dōu bù xiǎng zuò. Suǒyǐ, wǒmen fēnbié fēndān jiāwù. Wǒ tàitai zuò fàn, xǐ yīfu, wǒ lái xǐ wǎn děng.

저희 집의 집안일은 보통 제 아내가 합니다. 저는 평소에 일이 바빠서 매일 늦게 퇴근하기 때문입니다. 집에 와서는 녹초가 되어서 아무것도 하기 싫습니다. 그래서 저와 아내는 집안일을 분담했는데, 아내가 음식과 빨래를 하고 저는 설거지 등을 합니다.

Tip 이 문제에서는 누가 집안일을 하는지 그리고 왜 그렇게 정했는지 말하면 된다. 당번을 정해서 두 사람이 번갈아 할 수도 있고, 또는 한 사람이 너무 바빠서 다른 한 사람이 집안일을 모두 할 수도 있다.

단어 家务 jiāwù 몡 가사, 집안일 | 由 yóu 꼐 ~(으)로부터, ~에 의해 | 太太 tàitai 몡 부인 | 双职工 shuāngzhígōng 몡 맞벌이 부부 | 根本 gēnběn 뷔 전혀, 아예 | 爱人 àiren 몡 남편 혹은 아내, 배우자 | 理解 lǐjiě 동 알다, 이해하다 | 筋疲力尽 jīnpí lìjìn 졩 기진맥진하다, 파김치(녹초)가 되다 | 分担 fēndān 동 분담하다 | 分别 fēnbié 뷔 각각, 따로따로 | 洗碗 xǐ wǎn 설거지하다

问题 4 ★

문제 　用现金送过家人礼物吗?

🎧4-5-4　Yòng xiànjīn sòngguo jiārén lǐwù ma?

가족들에게 현금으로 선물을 준 적이 있습니까?

답변 1　千里送鹅毛，礼轻情意重！只要是自己的真心诚意，那么送什么都有意义有价值。

Qiān lǐ sòng é máo, lǐ qīng qíngyì zhòng! Zhǐyào shì zìjǐ de zhēnxīn chéngyì, nàme sòng shénme dōu yǒu yìyì yǒu jiàzhí.

멀리서 보내는 선물은 거위 깃털처럼 보잘것없어도, 그 성의만큼은 지극합니다! 자신의 진심과 정성이기만 하다면, 무엇을 선물로 주든지 모두 의미 있고 가치가 있습니다.

---

2 我没有送过家人现金。送礼物更能显示出我的用心，投其所好的礼物往往更能让家人高兴，送礼物更能增进感情。这些都是送钱不能做到的。

Wǒ méiyǒu sòngguo jiārén xiànjīn. Sòng lǐwù gèng néng xiǎnshì chū wǒ de yòngxīn, tóu qí suǒ hào de lǐwù wǎngwǎng gèng néng ràng jiārén gāoxìng, sòng lǐwù gèng néng zēngjìn gǎnqíng. Zhèxiē dōu shì sòng qián bù néng zuòdào de.

저는 가족에게 현금을 선물한 적이 없습니다. 선물을 주는 것이 저의 마음 씀씀이를 더욱 잘 나타냅니다. 상대방의 취향에 맞춘 선물은, 더욱 상대방을 기쁘게 만듭니다. 선물은 감정을 더욱 증폭시킬 수 있는데, 이 모든 것들은 돈을 주고서는 할 수 없는 것들입니다.

3 虽然我最喜欢有心意和新意的，不过我觉得还要看送礼对象怎么想。如果比较实际的话可能现金更好。特别是新年，如果是小孩的话送红包最好，对于小孩来讲，新年收到压岁钱，是小孩子喜欢过新年的原因。

Suīrán wǒ zuì xǐhuan yǒu xīnyì hé xīnyì de, búguò wǒ juéde hái yào kàn sòng lǐ duìxiàng zěnme xiǎng. Rúguǒ bǐjiào shíjì de huà kěnéng xiànjīn gèng hǎo. Tèbié shì xīnnián, rúguǒ shì xiǎohái de huà sòng hóngbāo zuì hǎo, duìyú xiǎohái lái jiǎng, xīnnián shōudào yāsuìqián, shì xiǎoháizi xǐhuan guò xīnnián de yuányīn.

저는 성의가 있거나 참신한 점이 있는 것을 가장 좋아하지만, 선물할 상대방이 어떻게 생각하는지도 고려해야 한다고 생각합니다. 만약 현실적인 사람이라면, 현금이 더욱 좋을 수도 있습니다. 만약 어린이라면, 특히 새해에는 세뱃돈을 주는 것이 가장 좋습니다. 어린이에게는 새해에 세뱃돈을 받는 것이 그들이 새해를 즐겁게 맞이하는 이유이기도 합니다.

 많은 사람들이 현금을 주는 것이 좋은지, 아니면 선물을 주는 것이 좋은지, 어떤 선물이 더 의미가 있는지 등에 대하여 고민한다. 왜냐면 상대방이 어떠한 선물을 필요로 하는지 알 수가 없기 때문이다. 그러므로 많은 사람들이 직접 현금을 준다. 현금을 선물로 주면, 상대방은 자신이 필요로 하는 것을 살 수 있기 때문이다. 하지만 현금을 선물로 주면, 정성이 느껴지지 않을 수도 있어서 실용적인 선물을 사서 선물하기도 한다.

 千里送鹅毛，礼轻情意重 qiān lǐ sòng é máo, lǐ qīng qíngyì zhòng 웹 천 리 밖에서 거위 깃털을 보내왔으니 선물은 보잘것없으나 그 성의만은 지극하다 | 真心诚意 zhēnxīn chéngyì 웹 진심으로 | 意义 yìyì 웹 뜻 | 价值 jiàzhí 웹 가치 | 显示 xiǎnshì 통 뚜렷하게 나타내 보이다 | 用心 yòngxīn 웹 생각 통 마음을 쓰다 | 投其所好 tóu qí suǒ hào 웹 남의 비위를 잘 맞추다 | 往往 wǎngwǎng 문 자주 | 增进 zēngjìn 통 증진시키다 | 心意 xīnyì 웹 마음 | 对象 duìxiàng 웹 상대 | 实际 shíjì 웹 실제의 | 红包 hóngbāo 웹 세뱃돈, 상여금 | 压岁钱 yāsuìqián 웹 세뱃돈

문제 家人过生日的时候，你会做什么呢?

🎧4-5-5 Jiārén guò shēngrì de shíhou, nǐ huì zuò shénme ne?

가족의 생일에 보통 무엇을 합니까?

답변 1 家人过生日的时候，我一般会送礼物。送点实用的。家人一直想要，但没舍得买的，生日的时候收到的话，他(她)会很开心的。

Jiārén guò shēngrì de shíhou, wǒ yìbān huì sòng lǐwù. Sòng diǎn shíyòng de. Jiārén yìzhí xiǎngyào, dàn méi shěde mǎi de, shēngrì de shíhou shōudào de huà, tā huì hěn kāixīn de.

가족이 생일을 맞이할 때면, 저는 보통 실용적이고, 평소에 갖고 싶어했지만 기꺼이 사지 못했던 것을 선물합니다. 만약 생일에 이런 것들을 받게 된다면, 아주 기쁠 것입니다.

2 家人过生日的时候，我常常在外地出差。妈妈，爸爸生日当天，回不去的话，就提前告诉姐姐和哥哥让他们给父母过生日，然后到生日那天会给妈妈、爸爸打个电话，祝福他们生日快乐。

Jiārén guò shēngrì de shíhou, wǒ chángcháng zài wàidì chūchāi. Māma, bàba shēngrì dàngtiān, huí bu qù de huà, jiù tíqián gàosu jiějie hé gēge ràng tāmen gěi fùmǔ guò shēngrì, ránhòu dào shēngrì nà tiān huì gěi māma、bàba dǎ ge diànhuà, zhùfú tāmen shēngrì kuàilè.

가족이 생일을 맞이할 때, 저는 자주 외지에 출장나가 있습니다. 만약, 부모님의 생일 당일에 귀가할 수 없다면, 미리 언니나 오빠에게 말하여 부모님의 생일을 챙겨드리라고 말합니다. 그리고 생일 당일에 부모님께 전화를 드려서 생신을 축하드린다고 말씀드립니다.

3 家人过生日的时候，我会为我的家人准备美味的晚餐。当然，还包括一个插着蜡烛的蛋糕。我帮家人点亮生日蜡烛，一起唱生日歌，烘托生日气氛，为他们留下一个难以忘记的有意义的生日。

Jiārén guò shēngrì de shíhou, wǒ huì wèi wǒ de jiārén zhǔnbèi měiwèi de wǎncān. Dāngrán, hái bāokuò yí ge chā zhe làzhú de dàngāo. Wǒ bāng jiārén diǎnliàng shēngrì làzhú, yìqǐ chàng shēngrì gē, hōngtuō shēngrì qìfēn, wèi tāmen liúxià yí ge nányǐ wàngjì de yǒu yìyì de shēngrì.

가족이 생일을 맞이할 때, 저는 가족들을 위하여 풍성하고 맛있는 저녁 식사를 마련합니다. 당연히 초를 꽂은 케이크도 빠질 수 없습니다. 가족들을 위하여 생일 케이크의 불을 밝히고, 함께 생일 축가를 부르면서, 분위기를 띄웁니다. 가족에게 잊을 수 없는 의미 깊은 생일로 남을 수 있도록 합니다.

Tip 생일은 아주 큰 의미가 있는 날이다. 또한, 가족은 우리와 가장 가까운 사람이다. 그렇다면 가족들이 생일을 맞이하게 된다면, 당신은 어떠한 준비를 하여 서프라이즈를 선사하는가? 다른 곳에서 갑자기 나타나 깜짝 감동을 가져다주는가? 아니면 선물이나 현금, 혹은 풍성한 생일상을 준비하는가? 당신의 실제 상황과 관련 지어 당신은 어떻게 가족과 함께 가족의 생일을 보내는지 말할 수 있다.

단어 实用 shíyòng 톙 실용적이다 | 舍得 shěde 톙 아깝지 않다 | 祝福 zhùfú 통 축복하다 | 准备 zhǔnbèi 통 준비하다 | 美味 měiwèi 톙 맛있는 음식 | 晚餐 wǎncān 톙 만찬 | 包括 bāokuò 통 포함하다 | 插 chā 통 끼우다, 꽂다 | 蜡烛 làzhú 톙 초 | 点亮 diǎnliàng 통 불을 켜 밝게 하다 | 烘托 hōngtuō 통 부각시키다, 돋보이게 하다 | 气氛 qìfēn 톙 분위기 | 难以 nányǐ 톙 ~하기 어렵다 | 忘记 wàngjì 통 잊다

问题 6 ★

문제 你在你的家人中长得比较像谁呢？

🎧 4-5-6　Nǐ zài nǐ de jiārén zhōng zhǎng de bǐjiào xiàng shéi ne?

당신의 가족 중에서 당신은 누구와 닮았습니까?

답변 1　我长得像妈妈，我妈妈长得非常漂亮，所以我觉得我的外貌还可以。有的人也说我像爸爸，但是我觉得像妈妈多一些。

Wǒ zhǎng de xiàng māma, wǒ māma zhǎng de fēicháng piàoliang, suǒyǐ wǒ juéde wǒ de wàimào hái kěyǐ. Yǒu de rén yě shuō wǒ xiàng bàba, dànshì wǒ juéde xiàng māma duō yìxiē.

저는 어머니를 닮았습니다. 저의 어머니는 무척 아름다워서 저의 외모도 괜찮은 편이라고 생각합니다. 비록 제가 아버지를 닮았다고 말하는 사람도 있지만, 저는 어머니를 더 많이 닮았다고 생각합니다.

2　小时候人家都说我长得像爸爸，可是现在长大了，人家都说我长得像妈妈，可我自己一点也看不出来。大家都说我的高鼻子，瓜子脸像妈妈，双眼皮儿像爸爸，各取其优，我对自己的外貌很满意。

Xiǎo shíhou rénjiā dōu shuō wǒ zhǎng de xiàng bàba, kěshì xiànzài zhǎngdà le, rénjiā dōu shuō wǒ zhǎng de xiàng māma, kě wǒ zìjǐ yìdiǎn yě kàn bu chūlai. Dàjiā dōu shuō wǒ de gāo bízi, guāzǐ liǎn xiàng māma, shuāngyǎnpír xiàng bàba, gè qǔ qí yōu, wǒ duì zìjǐ de wàimào hěn mǎnyì.

어릴 적 주변 사람들로부터 제가 아버지를 닮았다는 말을 많이 들었습니다. 하지만 이제 자라고 나니, 주변 사람들은 제가 어머니를 닮았다고 합니다. 하지만 저는 조금도 그렇게 느껴지지 않습니다. 다들 제 높은 코와 길쭉한 얼굴은 어머니를 닮았고, 쌍꺼풀은 아버지를 닮아서, 각각의 좋은 점을 모두 가졌다고 말합니다. 저는 저의 외모에 만족하는 편입니다.

3 我长得像爸爸，双眼皮儿，挺鼻梁，上下嘴唇微薄，五官端正，很多人都说我现在和年轻的爸爸一模一样。但是皮肤干爽润滑像妈妈。我继承了父母的优点。

Wǒ zhǎng de xiàng bàba, shuāngyǎnpír, tǐng bíliáng, shàngxià zuǐchún wēibáo, wǔguān duānzhèng, hěn duō rén dōu shuō wǒ xiànzài hé niánqīng de bàba yìmú yíyàng. Dànshì pífū gānshuǎng rùnhuá xiàng māma. Wǒ jìchéng le fùmǔ de yōudiǎn.

저의 생김새는 아버지를 닮았는데, 쌍꺼풀과 오뚝한 콧대에, 입술은 작고 얇은 편이며 이목구비가 단정합니다. 많은 사람들은 현재의 제가 젊었을 때의 아버지와 완전히 똑같다고 합니다. 하지만 매끈하고 윤기 있는 피부는 어머니를 닮았습니다. 저는 부모님의 좋은 점을 모두 이어받았습니다.

 Tip 누구와 닮았는지는 전체적인 느낌이 닮은 걸 말할 수도 있고, 눈, 코, 입, 얼굴형, 몸매 등과 같이 닮은 곳을 구체적으로 말할 수도 있다. 또한 성격 면에서 닮은 점을 말해도 된다.

단어 像 xiàng 통 닮다, 비슷하다 | 外貌 wàimào 명 외모 | 瓜子脸 guāzǐliǎn 명 오이 같이 갸름한 얼굴 | 双眼皮儿 shuāngyǎnpír 명 쌍꺼풀 | 挺 tǐng 형 굳고 곧다 | 鼻梁 bíliáng 명 콧대 | 嘴唇 zuǐchún 명 입술 | 五官 wǔguān 명 오관(눈, 코, 입, 귀, 피부), 용모 | 端正 duānzhèng 형 단정하다, 바르다 | 一模一样 yìmú yíyàng 형 모양이 완전히 같다(닮았다) | 干爽 gānshuǎng 형 보송보송하다 | 润滑 rùnhuá 형 윤이 나고 매끄럽다 | 继承 jìchéng 통 이어받다 | 优点 yōudiǎn 명 장점, 우수한 점

여행/교통/스트레스편

여행에 관한 문제는 자주 출제되는 문제 중 하나이다. 어디로 여행을 가는지, 여행을 갈 때 자주 이용하는 교통수단은 무엇인지, 여행을 계획할 때 고려하는 것이 무엇인지, 누구와 여행을 가는지, 혼자 가는 것을 좋아하는지 등을 묻는 문제가 출제되었다. 또한 국내 여행과 해외여행, 자유 여행과 단체 여행, 명승고적 관람과 자연 풍경 감상 중 어느 것을 좋아하는지 등의 선택형 문제와 그 선택의 이유에 대해 묻는 문제도 출제되었다. 여행과 관련된 다양한 어휘와 표현을 반드시 익혀두어야 한다.

또한 교통과 관련해서 교통수단, 차가 막히는 시간대, 지하철과 버스 중 어느 것을 자주 타는지 등을 묻는 문제가 출제되었다. 마지막으로 스트레스에 관한 문제는 스트레스 해소 방법, 스트레스의 원인 등을 구체적으로 물어보는 문제가 출제되었다.

问题 1 ★

문제 你喜欢国内旅游还是国外旅游?

（4-6-1） Nǐ xǐhuan guónèi lǚyóu háishi guówài lǚyóu?

당신은 국내 여행을 좋아합니까, 아니면 해외여행을 좋아합니까?

답변 1 我喜欢国内旅游。因为更方便，价钱也比较便宜。

Wǒ xǐhuan guónèi lǚyóu. Yīnwèi gèng fāngbiàn, jiàqián yě bǐjiào piányi.

저는 국내 여행을 좋아합니다. 훨씬 편리하고 가격도 비교적 저렴하기 때문입니다.

---

2 我喜欢国外旅游，去国外旅行可以了解国外的文化。领略异国的美丽风光和不同的民俗风情，增长个人的见识，学到更多的知识。还可以买到一些国内很难买到的工艺品等各种国外生产的商品。

Wǒ xǐhuan guówài lǚyóu, qù guówài lǚxíng kěyǐ liǎojiě guówài de wénhuà. Lǐnglüè yìguó de měilì fēngguāng hé bùtóng de mínsú fēngqíng, zēngzhǎng gèrén de jiànshi, xuédào gèng duō de zhīshi. Hái kěyǐ mǎidào yìxiē guónèi hěn nán mǎidào de gōngyìpǐn děng gè zhǒng guówài shēngchǎn de shāngpǐn.

저는 해외여행을 좋아하는데, 해외로 여행을 나가면 외국의 문화를 이해하는 데 도움이 됩니다. 타국의 아름다운 풍경과 다양한 민속 문화를 만끽할 수 있으며, 자신의 견해를 넓힐 수 있고, 더욱 다양한 지식을 배우게 됩니다. 그 외에도 국내에서 구매하기 힘든 예술품 등 해외에서 생산된 상품을 구매할 수 있습니다.

3 我喜欢去济州岛旅游，济州岛的风景让我非常喜欢。一年四季都有独特的美景，气候宜人，特别是海边景色非常美丽。我夏天喜欢和朋友自己组团去首尔避暑，有时候还喜欢带着孩子和老人去济州岛休闲度假。

Wǒ xǐhuan qù Jìzhōudǎo lǚyóu, Jìzhōudǎo de fēngjǐng ràng wǒ fēicháng xǐhuan. Yì nián sìjì dōu yǒu dútè de měijǐng, qìhòu yírén, tèbié shì hǎibiān jǐngsè fēicháng měilì. Wǒ xiàtiān xǐhuan hé péngyou zìjǐ zǔtuán qù Shǒu'ěr bìshǔ, yǒushíhou hái xǐhuan dàizhe háizi hé lǎorén qù Jìzhōudǎo xiūxián dùjià.

저는 제주도로 여행 떠나는 것을 좋아하는데, 제주도의 경치가 아주 마음에 듭니다. 제주도는 일 년 사계절 모두 독특한 경치를 자랑하고 있고 날씨도 아주 훌륭합니다. 특히, 바닷가의 경치는 무척 아름답습니다. 여름이 다가오면, 저는 친구들과 함께 팀을 만들어 서울로 피서 여행을 가는 것을 좋아하고, 가끔은 아이들을 데리고 어르신들과 함께 제주도로 휴가를 떠납니다.

 국내 여행을 좋아한다면 아마도 더 편하기 때문일 것이다. 외국으로 가면 언어도 통하지 않거나 여정이 길어서 힘들 수 있다. 반면에 해외여행을 좋아하는 사람은 특별히 좋아하는 곳이 있거나, 또는 국내 여행지는 거의 가 보았기 때문일 수도 있다.

 旅游 lǚyóu 圖 여행하다 | 方便 fāngbiàn 圈 편리하다 | 价钱 jiàqián 圓 가격, 조건 | 比较 bǐjiào 圖 비교하다 | 领略 lǐnglüè 圖 이해하다, 음미하다 | 异国 yìguó 이국 | 风光 fēngguāng 圓 풍경, 경치 | 民俗 mínsú 圓 민속 | 增长 zēngzhǎng 圖 늘어나다 | 见识 jiànshi 圖 견문을 넓히다 | 只是 zhǐshì 團 다만 | 工艺品 gōngyìpǐn 圓 공예품 | 商品 shāngpǐn 圓 상품 | 四季 sìjì 圓 사계 | 独特 dútè 圈 독특하다 | 宜人 yírén 圖 사람에게 좋은 느낌을 주다 | 海边 hǎibiān 圓 바닷가 | 景色 jǐngsè 圓 경치 | 避暑 bìshǔ 圖 피서하다

문제 如果有机会去中国旅游，你最想去哪里？

（4-6-2）Rúguǒ yǒu jīhuì qù Zhōngguó lǚyóu, nǐ zuì xiǎng qù nǎlǐ?

만약 중국으로 여행을 갈 기회가 있다면, 당신은 어디에 가장 가고 싶습니까?

답변 1　如果我去中国旅游，我最想去中国的首都——北京。因为北京有很多好玩儿的地方。

Rúguǒ wǒ qù Zhōngguó lǚyóu, wǒ zuì xiǎng qù Zhōngguó de shǒudū-Běijīng. Yīnwèi Běijīng yǒu hěn duō hǎo wánr de dìfang.

만약 제가 중국으로 여행을 간다면, 저는 중국의 수도인 베이징에 가장 가고 싶습니다. 베이징에는 재미있는 곳이 매우 많기 때문입니다.

2　我最想去上海，上海是个国际化的大都市，但也不缺乏传统特色。白天在城隍庙转转，里面有传统小商品，各种小吃，还有豫园，然后晚上去外滩看夜景，还可以去对岸的东方明珠看看，上面有旋转餐厅。其实我最想去的是迪士尼乐园。我特别喜欢迪士尼的动画片。

Wǒ zuì xiǎng qù Shànghǎi, Shànghǎi shì ge guójìhuà de dà dūshì, dàn yě bù quēfá chuántǒng tèsè. Báitiān zài Chénghuángmiào zhuànzhuan, lǐmiàn yǒu chuántǒng xiǎo shāngpǐn, gè zhǒng xiǎochī, háiyǒu Yùyuán, ránhòu wǎnshang qù Wàitān kàn yèjǐng, hái kěyǐ qù duì'àn de Dōngfāng míngzhū kànkan, shàngmiàn yǒu xuánzhuàn cāntīng. Qíshí wǒ zuì xiǎng qù de shì Díshìní lèyuán. Wǒ tèbié xǐhuan Díshìní de dònghuàpiàn.

저는 상하이에 가장 가보고 싶습니다. 왜냐하면, 상하이는 세계적인 대도시이면서도 전통적인 요소도 적지 않기 때문입니다. 낮에는 성황당 근처를 걷고 싶은데, 그곳에는 전통적인 가게들이 많으며, 여러 가지 먹거리도 있고, 예원도 있습니다. 그리고 밤이 되면, 와이탄에 가서 야경을 보고, 강 건너의 동방명주도 볼 수 있습니다. 위에는 회전 레스토랑도 있습니다. 사실은 제가 가장 가보고 싶은 곳은 디즈니랜드입니다. 저는 디즈니의 애니메이션을 무척 좋아합니다.

3　我是上班族，没有时间长途旅行，我想去离韩国只有一个小时的青岛。青岛是一座美丽的海滨城市，空气很好。海滩旁边海水清澈漂亮。崂山的风景不错。青岛的海鲜很便宜，边吃海鲜边喝青岛啤酒边吹风很惬意。

Wǒ shì shàngbānzú, méiyǒu shíjiān chángtú lǚxíng, wǒ xiǎng qù lí Hánguó zhǐ yǒu yí ge xiǎoshí de Qīngdǎo. Qīngdǎo shì yí zuò měilì de hǎibīn chéngshì, kōngqì hěn hǎo. Hǎitān pángbiān hǎishuǐ qīngchè piàoliang. Láoshān de fēngjǐng búcuò. Qīngdǎo de hǎixiān hěn piányi, biān chī hǎixiān biān hē Qīngdǎo píjiǔ biān chuīfēng hěn qièyì.

저는 회사원이어서 장거리 여행을 할 시간이 없습니다. 그래서 저는 한국과 1시간 거리에 있는 칭다오에 가보고 싶습니다. 칭다오는 하나의 아름다운 해안 도시이며 공기가 매우 좋고, 해변의 바닷물은 투명하고 아름답습니다. 또한, 라오산의 경치도 아주 좋습니다. 칭다오는 해산물이 매우 저렴한데, 바닷가에서 해산물을 먹으며 칭따오 맥주를 마시는 것은 정말로 인생의 별미가 아닐 수 없습니다.

 가보고 싶은 곳의 특색과 가고 싶은 이유를 중심으로 말하면 된다. 예를 들어 중국의 쓰촨은 판다가 유명하고, 시안은 진시황 병마용이 유명하다. 베이징은 중국의 수도로 만리장성, 고궁, 이화원 등 명승지가 많이 있다.

 首都 shǒudū 몡 수도 | 好玩儿 hǎowánr 혱 재미있다 | 国际化 guójìhuà 몡 국제화 | 缺乏 quēfá 통 결핍되다 | 传统 chuántǒng 몡 전통 | 特色 tèsè 몡 특색 | 城隍庙 Chénghuángmiào 지명 성황당 | 小吃 xiǎochī 몡 스낵 | 豫园 Yùyuán 지명 예원 | 外滩 Wàitān 지명 와이탄 | 夜景 yèjǐng 몡 야경 | 岸 àn 몡 언덕 | 东方明珠 Dōngfāngmíngzhū 고유 동방명주 탑 | 旋转 xuánzhuǎn 통 빙빙 회전하다 | 迪士尼乐园 Díshìní Lèyuán 고유 디즈니랜드 | 动画片 dònghuàpiān 몡 만화 영화 | 上班族 shàngbānzú 몡 직장인 | 长途旅行 chángtúlǚxíng 몡 장거리 여행 | 青岛 Qīngdǎo 지명 칭다오 | 海滨 hǎibīn 몡 해안, 해변 | 海滩 hǎitān 몡 해변의 모래사장 | 清澈 qīngchè 혱 맑다, 깨끗하다 | 崂山 Láoshān 지명 라오산 | 风景 fēngjǐng 몡 풍경 | 海鲜 hǎixiān 몡 해산물 | 吹风 chuīfēng 통 바람이 불다 | 惬意 qièyì 혱 흡족하다

 问题 3 ★

문제 如果外国朋友来你们国家来旅游，你会推荐他去什么地方？

🎧4-6-3 Rúguǒ wàiguó péngyou lái nǐmen guójiā lái lǚyóu, nǐ huì tuījiàn tā qù shénme dìfang?

만약 외국 친구가 당신 나라에 여행을 온다면, 당신은 어떤 곳에 가보라고 추천하겠습니까?

답변 1 如果是年轻人我会推荐他去明洞。那里是韩国年轻人最喜欢去的地方，可以买到很多时尚的东西。

Rúguǒ shì niánqīngrén wǒ huì tuījiàn tā qù Míngdòng. Nàlǐ shì Hánguó niánqīngrén zuì xǐhuan qù de dìfang, kěyǐ mǎidào hěn duō shíshàng de dōngxi.

만약 젊은 친구라면 저는 명동을 추천하겠습니다. 그곳은 한국 젊은이들이 즐겨가는 곳으로, 여러 가지 유행하는 물건들을 살 수 있습니다.

2 　我会推荐他去釜山。因为釜山有海云台、太宗台等等，在那边可以欣赏美丽的
　　景色。除了看风景以外，也可以去号称亚洲最大的百货商场逛一逛。

Wǒ huì tuījiàn tā qù Fǔshān. Yīnwèi Fǔshān yǒu Hǎiyúntái、Tàizōngtái děngdeng, zài nàbiān kěyǐ
xīnshǎng měilì de jǐngsè. Chú le kàn fēngjǐng yǐwài, yě kěyǐ qù hàochēng Yàzhōu zuì dà de bǎihuò
shāngchǎng guàng yí guàng.

저는 부산에 가볼 것을 추천하겠습니다. 부산에는 해운대, 태종대 등이 있는데, 그곳에서
아름다운 경치를 감상할 수 있기 때문입니다. 경치를 보는 것 외에도, 아시아 최대 규모로
유명한 백화점도 다녀볼 수 있습니다.

3 　我会推荐济州岛。众所周知，济州岛是一个美丽的海岛。如果春天去的话，有
　　大片的油菜花，相当漂亮。由于是海岛，所以夏天去海边玩儿也不错。不过从
　　天气方面来看，秋高气爽的九月去最合适。而且济州岛的柑橘、石头爷爷、海
　　女都很有名。如果有机会一定要去，会让你不虚此行的。

Wǒ huì tuījiàn Jìzhōudǎo. Zhòng suǒ zhōu zhī, Jìzhōudǎo shì yí ge měilì de hǎidǎo. Rúguǒ
chūntiān qù de huà, yǒu dà piàn de yóucàihuā, xiàngdāng piàoliang. Yóuyú shì hǎidǎo, suǒyǐ
xiàtiān qù hǎibiān wánr yě búcuò. Búguò cóng tiānqì fāngmiàn lái kàn, qiū gāo qì shuǎng de jiǔ
yuè qù zuì héshì. Érqiě Jìzhōudǎo de gānjú、shítou yéye、hǎinǚ dōu hěn yǒumíng. Rúguǒ yǒu jīhuì
yídìng yào qù, huì ràng nǐ bù xū cǐ xíng de.

저는 제주도를 추천하겠습니다. 아시다시피, 제주도는 아름다운 섬입니다. 만약 봄에 가게
된다면, 드넓게 펼쳐진 유채꽃이 있어서 무척 아름답습니다. 바다에 둘러싸인 섬이기 때
문에 여름에는 해변으로 가서 노는 것도 좋습니다. 하지만 날씨 면에서 볼 때 가을 하늘이
높고 쾌청한 9월에 가는 것이 가장 좋습니다. 또한, 제주도는 귤과 돌하르방, 해녀가 유명
합니다. 만약 기회가 된다면 반드시 가야 할 곳으로, 당신의 여행을 결코 헛되게 하지 않을
것입니다.

한국에는 특색이 있는 지역이 아주 많은데, 예로 든다면 젊은이들이 자주 찾는 명동이 있다. 그렇다면 명동
의 특색은 무엇인가? 다른 지역, 예로 든다면 부산, 대구, 제주도 등은 또 어떠한가? 모든 도시는 각각의 특
색이 있는 법이다. 바다 가까이에 있는 도시도 있고, 유적지가 많이 남아있는 도시도 있다. 그렇다면 이들의
특색을 한번 말해보자.

推荐 tuījiàn 图 추천하다 | 明洞 Míngdòng 지명 명동(서울의 대표적인 쇼핑, 관광 명소) | 时尚 shíshàng 명 유
행, 시대적 풍모 | 海云台 Hǎiyúntái 지명 해운대(부산에 있는 해수욕장) | 太宗台 Tàizōngtái 지명 태종대(부산의
명승지) | 欣赏 xīnshǎng 图 감상하다, 마음에 들어 하다 | 景色 jǐngsè 명 경치, 풍경 | 号称 hàochēng 图 ~라
고 불리다, ~로 유명하다 | 亚洲 Yàzhōu 지명 아시아 주 | 众所周知 zhòng suǒ zhōu zhī 성 모든 사람이 다 알고
있다 | 油菜花 yóucàihuā 명 유채꽃 | 相当 xiāngdāng 부 상당히, 무척 | 秋高气爽 qiū gāo qì shuǎng 성 가
을 하늘은 높고 공기는 상쾌하다 | 柑橘 gānjú 명 감귤 | 石头爷爷 shítou yéye 명 돌하르방 | 不虚 bù xū 图 헛
되지 않다, 보람 있다 | 此行 cǐ xíng 이번 여행, 이번 행차

문제 你上下班乘坐什么交通工具?

🎧 4-6-4 Nǐ shàngxiàbān chéngzuò shénme jiāotōng gōngjù?

당신은 출퇴근할 때 어떤 교통수단을 이용합니까?

답변 1　我特别喜欢坐地铁。因为坐地铁又方便又安全，而且不会堵车。

Wǒ tèbié xǐhuan zuò dìtiě. Yīnwèi zuò dìtiě yòu fāngbiàn yòu ānquán, érqiě bú huì dǔchē.

저는 지하철 타는 것을 매우 좋아합니다. 지하철은 편리하고 안전한 데다가 차가 막히지 않기 때문입니다.

2　我每天乘坐公交车上下班。因为公交车非常便宜，我是一个刚入职的上班族，现在的油价太贵，买了车还要养车，我没有那么多钱。乘坐公交车还环保。每个人都自己开车的话，排出的废气污染环境。

Wǒ měitiān chéngzuò gōngjiāochē shàngxiàbān. Yīnwèi gōngjiāochē fēicháng piányi, wǒ shì yí ge gāng rùzhí de shàngbānzú, xiànzài de yóujià tài guì, mǎi le chē háiyào yǎng chē, wǒ méiyǒu nàme duō qián. Chéngzuò gōngjiāochē hái huánbǎo. Měi ge rén dōu zìjǐ kāichē de huà, páichū de fèiqì wūrǎn huánjìng.

저는 매일 버스를 타고 출퇴근합니다. 왜냐하면, 버스는 매우 저렴하고, 저는 갓 입사한 회사원이기 때문입니다. 현재의 석유 가격은 너무 비싸고, 차를 사고 유지할 때 필요한 많은 돈을 가지고 있지 않습니다. 버스를 타면 환경도 보호할 수 있습니다. 모든 사람이 각자 차를 운전한다면, 배출되는 배기가스는 환경을 오염시킬 것입니다.

3　我喜欢开私家车上下班。不管大暴雨还是台风，不用费力打伞到车站，浑身湿透。不必忍受公共交通车厢内各种气味。方便快捷，不用挤公车受累，也不用等车，省去了等待的时间，可以节省在路上的时间，还可以自由选择路线。所以我喜欢开私家车上下班。

Wǒ xǐhuan kāi sījiāchē shàngxiàbān. Bùguǎn dàbàoyǔ háishi táifēng, búyòng fèilì dǎsǎn dào chēzhàn, húnshēn shītòu. Búbì rěnshòu gōnggòng jiāotōng chēxiāng nèi gè zhǒng qìwèi. Fāngbiàn kuàijié, búyòng jǐ gōngchē shòu lèi, yě búyòng děng chē, shěngqù le děngdài de shíjiān, kěyǐ jiéshěng zài lùshàng de shíjiān, hái kěyǐ zìyóu xuǎnzé lùxiàn. Suǒyǐ wǒ xǐhuan kāi sījiāchē shàngxiàbān.

저는 자가용으로 출퇴근하는 것을 좋아합니다. 폭우가 내리든 태풍이 오든 힘들게 우산을 들고 온몸이 흠뻑 젖으면서 정거장까지 갈 필요가 없습니다. 대중교통 차량 안의 각종 냄새를 참을 필요도 없습니다. 빠르고 편리하며, 붐비는 차에서 고생할 필요도 없고, 차를 기다릴 필요도 없으니 기다리는 시간을 덜어서 길에서의 시간을 절약할 수 있습니다. 또한 자유롭게 노선을 선택할 수도 있습니다. 그래서 저는 자가용으로 출퇴근하는 것을 좋아합니다.

다양한 대중교통이 있는데, 그중 지하철이 가장 편리하고 안전하며, 지각할 걱정도 없다. 또한, 어떤 사람은 버스 타는 것을 좋아하는데, 이는 창밖의 풍경을 볼 수 있고, 경제적이고도 환경친화적이기 때문이다. 자가용을 소유한 사람들도 있는데, 자가용은 편리하고 승차감도 아주 편안하며, 사람들을 비집고 탈 필요도 없다. 그러므로 모든 교통수단은 모두 각자의 좋은 점이 있다. 그러면 당신이 주로 탑승하는 교통수단의 특징은 어떠한지 말해 보자.

단어 交通工具 jiāotōng gōngjù 뗑 교통수단 | 地铁 dìtiě 뗑 지하철 | 公交车 gōngjiāochē (대중교통의) 버스 | 安全 ānquán 톙 안전하다 | 堵车 dǔchē 뙝 교통이 꽉 막히다 | 入职 rùzhí 뙝뗑 입사(하다) | 油价 yóujià 뗑 유가 | 养 yǎng 뙝 보수하다, 관리하다 | 环保 huánbǎo 뗑 '环境保护'(환경 보호)의 준말 | 排出 páichū 뙝 배출하다, 내뿜다 | 废气 fèiqì 뗑 폐기, 배출가스 | 污染 wūrǎn 뙝 오염시키다 | 环境 huánjìng 뗑 환경 | 私家车 sījiāchē 뗑 자가용 | 不管 bùguǎn 젭 ~에 관계없이 | 暴雨 bàoyǔ 뗑 폭우 | 台风 táifēng 뗑 태풍 | 费力 fèilì 뙝 애쓰다 | 浑身 húnshēn 뗑 온몸 | 湿透 shītòu 뙝 흠뻑 젖다 | 不必 búbì 뙝 ~할 필요가 없다 | 忍受 rěnshòu 뙝 견디어 내다, 참다 | 车厢 chēxiāng 뗑 차량 | 气味 qìwèi 뗑 냄새 | 快捷 kuàijié 톙 재빠르다 | 挤 jǐ 뙝 빽빽이 들어 차다, 붐비다 | 受累 shòulèi 뙝 고생을 하다 | 省去 shěngqù 뙝 덜다, 제거하다 | 节省 jiéshěng 뙝 아끼다, 절약하다 | 选择 xuǎnzé 뙝 선택하다 | 路线 lùxiàn 뗑 노선

问题 5 ★

문제 你上下班的时候，交通方便吗？

🎧 4-6-5 Nǐ shàngxiàbān de shíhou, jiāotōng fāngbiàn ma?

당신은 출퇴근할 때, 교통이 편리합니까？

답변 1 公司在很偏僻的地方，交通不方便，旁边都是工厂，也没什么商店。也没有公交车，每次都要坐公司的班车或者打车上下班。

Gōngsī zài hěn piānpì de dìfang, jiāotōng bù fāngbiàn, pángbiān dōu shì gōngchǎng, yě méi shénme shāngdiàn. Yě méiyǒu gōngjiāochē, měi cì dōu yào zuò gōngsī de bānchē huòzhě dǎ chē shàngxiàbān.

우리 회사는 아주 외딴 곳에 자리 잡고 있어서 교통이 불편합니다. 근처에는 온통 공장이며 상가도 별로 없으며, 버스도 없습니다. 그러므로 매번 회사의 통근버스를 타거나 택시를 타고 출퇴근합니다.

2 我的公司在汝矣岛，交通非常发达，基础设施完备。有两条地铁贯穿其中，还
  有很多条公交路线。我平时既可以乘坐地铁也可以乘坐公交车上下班，非常方
  便。

Wǒ de gōngsī zài Rǔyǐdǎo, jiāotōng fēicháng fādá, jīchǔ shèshī wánbèi. Yǒu liǎng tiáo dìtiě
guànchuān qízhōng, háiyǒu hěn duō tiáo gōngjiāo lùxiàn. Wǒ píngshí jì kěyǐ chéngzuò dìtiě yě
kěyǐ chéngzuò gōngjiāochē shàngxiàbān, fēicháng fāngbiàn.

우리 회사는 여의도에 자리 잡고 있어서, 교통이 아주 발달하고, 인프라도 완비되어 있습
니다. 두 개의 전철 노선이 관통하고 있는데다 버스 노선도 많습니다. 저는 평소 지하철이
나 버스를 타고 출퇴근할 수 있어서, 아주 편리합니다.

---

3 我的公司在江南区，虽然这里交通非常发达，但是因为这一地区公司特别多。
  上班族也特别多。我平时乘坐地铁时，非常拥挤，车厢里挤满了人。公交车在
  上下班高峰期也需要等待很长时间。开私家车的话，更是堵得无法移动。

Wǒ de gōngsī zài Jiāngnánqū, suīrán zhèlǐ jiāotōng fēicháng fādá, dànshì yīnwèi zhè yí dìqū
gōngsī tèbié duō. Shàngbānzú yě tèbié duō. Wǒ píngshí chéngzuò dìtiě shí, fēicháng yōngjǐ,
chēxiāng lǐ jǐmǎn le rén. Gōngjiāochē zài shàngxiàbān gāofēngqī yě xūyào děngdài hěn cháng
shíjiān. Kāi sījiāchē de huà, gèng shì dǔ de wúfǎ yídòng.

우리 회사는 강남구에 있고, 이곳의 교통은 아주 발달했지만, 이 지역에는 회사가 특히 많
아서 출퇴근하는 사람도 엄청나게 많습니다. 제가 평소 지하철을 탈 때면, 아주 비좁고 차
량에는 사람들로 가득찹니다. 버스는 출퇴근하는 혼잡 시간에는 오랫동안 기다려야 하며,
자가용을 타면 움직일 수 없을 정도로 차가 막힙니다.

 일부 회사는 인적이 드문 외딴 지역에 공장을 짓기 때문에 교통이 그리 편하지 않다. 또한, 일부 회사는 번화
한 도시 중심에 자리 잡고 있는데 교통수단이 다양하기 때문에 이동할 때에도 아주 편리하다. 하지만 번화
한 도시 중심에는 사람도 아주 많기 때문에 출퇴근할 때 교통체증이 자주 발생할 수 있다. 실제 상황과 관련
지어 당신의 출퇴근은 어떠한지 말해보자.

 交通 jiāotōng 뗑 교통 | 偏僻 piānpì 뗑 외지다 | 工厂 gōngchǎng 뗑 공장 | 汝矣岛 Rǔyǐdǎo 지명 여의도 |
发达 fādá 됭 발달하다 | 基础 jīchǔ 뗑 기초 | 设施 shèshī 뗑 시설 | 完备 wánbèi 뗑 완전하다, 완비되어 있다
| 贯穿 guànchuān 됭 관통하다 | 拥挤 yōngjǐ 됭 한데 모이다 | 挤满 jǐmǎn 됭 꽉 차다 | 高峰期 gāofēngqī 뗑
러시아워(혼잡 시간), 절정기 | 移动 yídòng 됭 이동하다

问题 6 ★

문제 最近感到压力大的事情是什么？为什么？

🎧 4-6-6 Zuìjìn gǎndào yālì dà de shìqing shì shénme? Wèishénme?

최근에 스트레스를 크게 받은 일은 무엇입니까? 그 이유는 무엇입니까?

답변 **1** 我最近在准备TSC考试。中文对我来说很难，我每天都去补习班补习汉语。我总是担心我不能通过考试。所以我的压力主要来自学习。

Wǒ zuìjìn zài zhǔnbèi TSC kǎoshì. Zhōngwén duì wǒ lái shuō hěn nán, wǒ měitiān dōu qù bǔxíbān bǔxí Hànyǔ. Wǒ zǒngshì dānxīn wǒ bù néng tōngguò kǎoshì. Suǒyǐ wǒ de yālì zhǔyào láizì xuéxí.

저는 최근 TSC 시험을 준비하고 있는데, 저에게 중국어는 매우 어렵습니다. 저는 매일 중국어를 배우러 학원에 갑니다. 저는 시험에 합격하지 못할까 봐 늘 걱정입니다. 그러므로 저의 스트레스는 주로 학업에서 오는 것입니다.

2 我在韩国的大企业工作。我的工作压力很大，工作进度要求高、工作速度也很快，为了升职和业绩，我付出了很多努力。为了缓解压力，我常常得参与公司的聚餐，与上司和同事一同吃晚餐，然后喝酒聊天，缓解工作上的压力。

Wǒ zài Hánguó de dàqǐyè gōngzuò. Wǒ de gōngzuò yālì hěn dà, gōngzuò jìndù yāoqiú gāo、gōngzuò sùdù yě hěn kuài, wèile shēngzhí hé yèjì, wǒ fùchū le hěn duō nǔlì. Wèile huǎnjiě yālì, wǒ chángcháng děi cānyù gōngsī de jùcān, yǔ shàngsi hé tóngshì yì tóng chī wǎncān, ránhòu hē jiǔ liáotiān, huǎnjiě gōngzuò shàng de yālì.

저는 한국의 대기업에서 근무하고 있는데, 저의 업무 스트레스는 아주 큽니다. 업무 진척에 대한 요구가 높고, 업무 속도도 아주 빠르며, 승진과 실적을 위하여 저는 많은 노력을 기울였습니다. 그러므로 스트레스를 해소하기 위하여 저는 자주 회사의 회식에 참가해 상사와 동료들과 함께 저녁 식사를 하고, 술을 마시면서 대화를 나누는 방식으로 업무상의 스트레스를 해소합니다.

3 我的压力主要来自家庭，我有两个可爱的孩子，他们还小，他们的奶粉，纸尿裤，床，衣服，玩具，等等都需要花钱，我的房子也要每月还贷款。我的爱人也希望我经常能够帮助她做一些家务事。而且她希望我能尽快升职，以便过上更好的生活。我觉得我现在压力很大部分来自家庭。

Wǒ de yālì zhǔyào láizì jiātíng, wǒ yǒu liǎng ge kě'ài de háizi, tāmen hái xiǎo, tāmen de nǎifěn, zhǐniàokù, chuáng, yīfu, wánjù, děngdeng dōu xūyào huāqián, wǒ de fángzi yě yào měi yuè huán dàikuǎn. Wǒ de àiren yě xīwàng wǒ jīngcháng nénggòu bāngzhù tā zuò yìxiē jiāwùshì. Érqiě tā xīwàng wǒ néng jǐnkuài shēngzhí, yǐbiàn guòshàng gèng hǎo de shēnghuó. Wǒ juéde wǒ xiànzài yālì hěn dà bùfen láizì jiātíng.

저의 스트레스는 주로 가정에서 옵니다. 저에게는 두 명의 귀여운 자녀가 있는데, 아직 어려서 분유, 기저귀, 침대, 옷과 장난감 등을 마련하는 데 돈이 많이 듭니다. 또한, 저는 매달 집의 대출금도 갚아야 합니다. 저의 아내는 제가 자주 그녀를 도와 집안일도 좀 해주기를 바랍니다. 또한, 아내는 제가 빨리 진급해서 더 나은 삶을 살기를 원합니다. 저의 대부분의 스트레스는 가정에서 오는 것 같습니다.

인생을 살다 보면 부득이하게 여러 가지 스트레스를 받게 된다. 학생은 학생으로서의 학업 스트레스, 시험 및 진학 등의 스트레스를 받게 된다. 회사원으로서는 당연히 직장 상사로부터 오는 스트레스가 있고, 업무 스트레스, 승진 스트레스 등이 있다. 남편과 아내로서는 가정에 대한 책임과 의무, 자녀 양육 스트레스가 있을 수 있고, 주택이나 자동차 할부금 등과 같은 금전 상의 스트레스도 있다.

压力 yālì 뗑 스트레스, 압력 | 补习班 bǔxíbān 뗑 학원 | 来自 láizì 동 ~에서 오다 | 大企业 dàqǐyè 뗑 대기업 | 要求 yāoqiú 뗑 요구 | 升职 shēngzhí 동 승진하다 | 业绩 yèjì 뗑 업적 | 缓解 huǎnjiě 동 완화시키다 | 聚餐 jùcān 동 회식하다 | 奶粉 nǎifěn 뗑 분유 | 纸尿裤 zhǐniàokù 뗑 일회용 기저귀 | 贷款 dàikuǎn 뗑 대출금 | 家务事 jiāwùshì 뗑 가사 | 尽快 jǐnkuài 분 되도록 빨리

다음의 제4부분 문제를 풀어보세요.

 4-7-0

문제 1

你希望结婚后生男孩儿还是女孩儿？为什么？

문제 2

在你住过的地方中，哪个地方最拥挤？

문제 3

退休以后，你打算做什么？

문제 4

你买衣服的时候注意哪些方面？

문제 5

谈谈大型超市的优点。

(15秒)　　　提示音 _____ (25秒) _____ 结束。

第五部分 | 拓展回答
논리적으로 대답하기

第五部分：拓展回答

在这部分考试中，你将听到四个问题，请发表你的观点和看法。请尽量用完整的句子来回答，句子的长短和用词将影响你的分数。请听例句。

> 问题：你怎么看待减肥?
> 回答1：我觉得减肥不太好。
> 回答2：我我认为减肥是件好事，不但可以使身体更健康，而且还能让自己看起来更漂亮，减肥还要注意选择适当的方法，比如通过适当的运动和调整饮食来达到减肥的目的。

两种回答都可以，但第二种回答更完整更详细，你将得到较高的分数。请听到提示音之后开始回答问题。每道题请你用15秒思考，回答时间是25秒。

下面开始提问。

제5부분: 논리적으로 대답하기

이 부분에서는 네 개의 문제를 듣게 되는데, 당신의 견해와 관점을 발표해주십시오. 최대한 완전한 문장으로 대답해 주시고, 문장의 길이와 사용하는 단어는 당신의 점수에 영향을 미칩니다. 예문을 들어보세요.

문제 : 다이어트에 대해 어떻게 보십니까?

대답 1 : 다이어트는 그다지 좋지 않다고 생각합니다.

대답 2 : 다이어트는 좋은 것이라고 봅니다. 몸을 건강하게 할 뿐 아니라, 자신을 더 예뻐 보이게 합니다. 다이어트는 알맞은 방법을 주의해서 선택해야 합니다. 예를 들어 적당한 운동과 식이 조절로 다이어트의 목적에 이르는 것입니다.

두 가지 대답은 모두 가능하지만, 대답 2가 더 완전하고 상세하기 때문에 높은 점수를 받을 수 있습니다. 제시음을 듣고 나서 대답해주십시오. 모든 문제마다 생각할 시간은 30초이고 대답할 시간은 50초입니다.

다음 질문을 시작하겠습니다.

제5부분	
준비시간	30초
답변시간	50초
문항수	4문항
문제유형	논리적으로 대답하기
난이도	상

제5부분은 '拓展回答(논리적으로 대답하기)' 부분으로 모두 4문제가 출제되며, TSC 전 영역에서 제일 어려운 부분이라고 할 수 있다. 주제는 보통 성형, 학교 폭력, 국제결혼, 인구의 노령화 등 일반적인 사회 이슈부터 최근의 이슈까지 광범위하게 출제된다. 문제의 유형은 어떤 사안에 대해서 어떻게 생각하는지를 묻는 문제와 찬반 논쟁에 대한 응시자의 견해와 이유를 묻는 문제로 나눌 수 있다.

대답하는 요령은 먼저 질문에 대한 자신의 관점을 말하고, 그 이유나 근거를 두 가지 이상 제시한다. 마지막으로 다시 한번 자신의 견해를 짧게 강조하며 마무리하는 것이 좋다. 이유와 근거를 말할 때는 '第一(첫째)', '第二(둘째)', '第三(셋째)', '首先(먼저)', '其次(다음으로)', '再次(그 다음으로)', '最后(마지막으로)' 등이 있다. 마지막으로 자신의 주장을 강조하며 정리할 때는 '总而言之(결론적으로 말하자면)', '综上所述(위에서 말한 바를 종합하면)' 등으로 말하며 정리를 한다.

제5부분에서 주의해야 할 점은 다음과 같다.
첫째, 논리적으로 대답한다. 자신의 주장과 견해를 뒷받침할 이유와 근거를 제시한다. 둘째, 자신의 수준에 맞게 대답한다. 초보자는 가능한 표현할 수 있는 말을 위주로 비문이 되지 않게 정확하게 대답하는 것이 중요하다. 중급 이상자는 자신의 관점과 이유를 논리적으로 말하고, 내용을 풍부하게 하여 50초의 시간을 잘 활용하여 대답하는 것이 좋다. 셋째, 중국인이 자주 쓰는 접속사, 성어, 관용구 등을 활용하여 말하는 것이 좋다. 적절한 성어나 관용구를 사용하면 높은 점수를 받는 데에 유리하다.

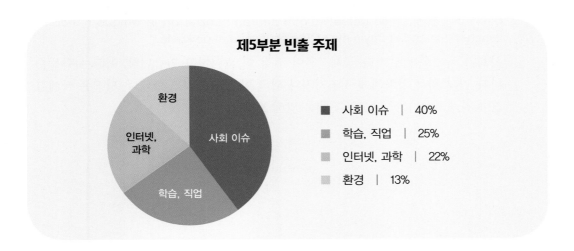

제5부분 빈출 주제

- 사회 이슈 | 40%
- 학습, 직업 | 25%
- 인터넷, 과학 | 22%
- 환경 | 13%

사회이슈편

제5부분에서는 사회의 쟁점이 되는 문제가 가장 자주 출제되고, 주제 범위도 가장 광범위하다. 일반적으로 최근 몇 년 동안 사회에서 주목을 받았던 이슈들이 문제로 출제된다. 그동안 주로 '성형(整容)', '다이어트(减肥)', '비만(肥胖)', '국제결혼(跨国婚姻)', '출생률(出生率)', '남녀평등(男女平等)', '늦은 결혼과 출산(晚婚晚育)', '학력과 능력(学历与能力)', '남자들의 화장(男人化妆)', '청소년 인터넷 중독(青少年上网成瘾)', '실업 문제(失业问题)', '대학생 취업(大学生就业)' 등의 문제가 출제되었으며 새로운 다른 이슈도 얼마든지 출제될 수 있다. 고득점을 원한다면 평소에 이슈가 되는 문제에 대해서 자신의 생각을 정리해보고 중국어로 말해보는 연습이 필요하다. 동시에 이슈에 해당하는 중국어 단어도 익혀두어야 한다. 중국어 어휘와 자신의 견해가 모두 뒷받침이 되어야 제대로 대답을 할 수가 있다.

问题 1 ★

문제
随着全球化的发展，跨国婚姻越来越多了。有些人漂洋过海，嫁给了外国男人或者娶了外国女孩。你赞成跨国婚姻吗？ 请说说你的看法。

Suízhe quánqiúhuà de fāzhǎn, kuàguó hūnyīn yuèláiyuè duō le. Yǒu xiē rén piāoyáng guòhǎi, jià gěi le wàiguó nánrén huòzhě qǔ le wàiguó nǚhái. Nǐ zànchéng kuàguó hūnyīn ma? Qǐng shuōshuo nǐ de kànfǎ.

사회가 국제화됨에 따라 국제결혼이 점점 더 많아지고 있습니다. 어떤 사람들은 바다 건너 외국 남자에게 시집가거나 외국 아내를 얻기도 합니다. 당신은 국제결혼에 찬성하십니까? 당신의 견해를 말해 보세요.

답변 핵심 문장

1 我觉得有些国家男女比较平等，男人责任心也比较强。

Wǒ juéde yǒu xiē guójiā nánnǚ bǐjiào píngděng, nánrén zérènxīn yě bǐjiào qiáng.

어떤 국가들은 남녀가 비교적 평등하고, 남자들의 책임감도 강하다고 생각한다.

2 跨国婚姻另一半国家的社会福利待遇比较好。

Kuàguó hūnyīn lìng yǐ bàn guójiā de shèhuì fúlì dàiyù bǐjiào hǎo.

국제결혼에서 배우자 국가의 사회복지 혜택을 볼 수 있다.

3 子女从小就学习不同的语言，语言学习环境比较好。

Zǐnǚ cóngxiǎo jiù xuéxí bùtóng de yǔyán, yǔyán xuéxí huánjìng bǐjiào hǎo.

아이들이 어렸을 때부터 다른 언어를 배울 수 있어서 언어 학습환경이 좋다.

1 我觉得价值观不一样，感情很不容易维持。

Wǒ juéde jiàzhíguān bù yíyàng, gǎnqíng hěn bù róngyì wéichí.

가치관이 달라서 감정을 유지하는 것이 쉽지 않다고 생각한다.

2 因为语言交流的障碍，可能两个人有时候不能正常交流，会出现矛盾。

Yīnwèi yǔyán jiāoliú de zhàng'ài, kěnéng liǎng ge rén yǒushíhou bù néng zhèngcháng jiāoliú, huì chūxiàn máodùn.

언어 교류의 장벽이 있기 때문에, 상호 간에 정상적인 교류가 어려워서 갈등이 생기는 경우가 있을 수도 있다.

3 如果定居异国他乡，生活上可能会出现不适应。

Rúguǒ dìngjū yìguó tāxiāng, shēnghuó shàng kěnéng huì chūxiàn bú shìyìng.

만약 이국 타향에서 정착해서 살게 되면, 생활하는 데 있어서 부적응이 생길 수 있다.

답변 1 我赞成跨国婚姻，因为在后天教育培养上，跨国婚姻也会有优势，从小双语环境，会把小孩培养得更优秀，这不仅仅掌握了两门语言，还有两种文化的不同的思考方式，对于孩子的成长也是很有帮助的。

Wǒ zànchéng kuàguó hūnyīn, yīnwèi zài hòutiān jiàoyù péiyǎng shàng, kuàguó hūnyīn yě huì yǒu yōushì, cóngxiǎo shuāngyǔ huánjìng, huì bǎ xiǎohái péiyǎng de gèng yōuxiù, zhè bùjǐnjǐn zhǎngwò le liǎng mén yǔyán, háiyǒu liǎng zhǒng wénhuà de bù tóng de sīkǎo fāngshì, duìyú háizi de chéngzhǎng yě shì hěn yǒu bāngzhù de.

저는 국제결혼에 찬성합니다. 왜냐하면 후천적 교육 육성에 있어서 국제결혼은 이점이 있기 때문입니다. 어릴 때부터 이중 언어의 환경에 있는 것은 아이가 더욱 우수하게 자랄 수 있습니다. 두 가지 언어를 습득할 수 있을 뿐 아니라 두 문화의 서로 다른 사고방식 역시 아이가 자라는 데 도움이 될 것입니다.

2   我反对跨国婚姻。首先，两个人从小生活的环境不同，文化不同，思维方式、观念都不同，这就会造成很多矛盾。其次，因两人各方面的习惯和文化背景差异，往往会有很多争吵。最后，跨国婚姻因为语言交流的障碍，两个人有时候不能正常交流，出现矛盾也不容易化解，所以我觉得感情上很难稳定，因此我反对跨国婚姻。

Wǒ fǎnduì kuàguó hūnyīn. Shǒuxiān, liǎng ge rén cóngxiǎo shēnghuó de huánjìng bùtóng, wénhuà bùtóng, sīwéi fāngshì, guānniàn dōu bùtóng, zhè jiù huì zàochéng hěn duō máodùn. Qícì, yīn liǎng rén gè fāngmiàn de xíguàn hé wénhuà bèijǐng chāyì, wǎngwǎng huì yǒu hěn duō zhēngchǎo. Zuìhòu, kuàguó hūnyīn yīnwèi yǔyán jiāoliú de zhàng'ài, liǎng ge rén yǒushíhou bù néng zhèngcháng jiāoliú, chūxiàn máodùn yě bù róngyì huàjiě, suǒyǐ wǒ juéde gǎnqíng shàng hěn nán wěndìng, yīncǐ wǒ fǎnduì kuàguó hūnyīn.

저는 국제결혼에 대해 반대합니다. 우선 두 사람은 어렸을 때부터 생활 환경이 다르고, 문화가 다르고, 사고방식과 관념도 다릅니다. 이런 것들이 갈등을 만들어 낼 수 있습니다. 또한 두 나라의 습관과 문화 배경에 차이가 있어 종종 많은 말다툼을 일으키기도 합니다. 끝으로, 국제결혼은 언어 교류에 장벽이 있기 때문에, 두 사람은 어떤 때는 정상적으로 소통이 어렵고 발생한 갈등도 쉽게 해결하기가 어렵습니다. 그래서 감정적인 측면에서도 안정을 유지하기가 어려울 것이라 생각됩니다. 그러므로 저는 국제결혼에 반대합니다.

 跨国婚姻 kuàguó hūnyīn 국제결혼 | 培养 péiyǎng 图 배양하다, 기르다 | 优势 yōushì 图 우세, 우위 | 双语 shuāngyǔ 이중 언어 | 环境 huánjìng 图 환경 | 不仅仅 ~뿐만 아니라 | 掌握 zhǎngwò 图 파악하다 | 语言 yǔyán 图 언어, 말 | 思维 sīwéi 图 사고 | 方式 fāngshì 图 방식 | 矛盾 máodùn 图 모순 | 放弃 fàngqì 图 포기하다 | 障碍 zhàng'ài 图 장애, 방해물 | 维持 wéichí 图 유지하다 | 稳定 wěndìng 안정하다

문제 你觉得早婚早育好还是晚婚晚育好？为什么？

🎧 5-1-2 Nǐ juéde zǎo hūn zǎo yù hǎo háishi wǎn hūn wǎn yù hǎo? Wèishénme?

당신은 일찍 결혼하고 일찍 아이를 낳는 것이 좋다고 생각합니까 아니면 늦게 결혼하고 늦게 아이를 낳는 것이 좋다고 생각합니까? 이유는 무엇입니까?

답변 핵심 문장

早婚早育好

1 早婚早育有利于生两个孩子，有利于缓解老龄化问题，为社会做贡献。

Zǎo hūn zǎo yù yǒulìyú shēng liǎng ge háizi, yǒulìyú huǎnjiě lǎolínghuà wèntí, wèi shèhuì zuò gòngxiàn.

일찍 결혼해 일찍 아이를 낳는 것은 두 아이를 낳아 기르는 데 유리하고, 노령화 문제를 해결하는 데 도움이 되며 사회적으로 공헌할 수 있다.

2 有利于优生优育。

Yǒulìyú yōu shēng yōu yù.

건강한 아이를 낳아 잘 키울 수 있다.

3 有利于女性健康。

Yǒulìyú nǚxìng jiànkāng.

여성의 건강에 이롭다.

晚婚晚育好

1 实行晚婚晚育有利于学习和工作。

Shíxíng wǎn hūn wǎn yù yǒulìyú xuéxí hé gōngzuò.

늦게 결혼해 늦게 아이를 낳는 것은 공부와 일에 도움이 된다.

2 晚婚晚育的人身心成熟，有利于子女的成长。

Wǎn hūn wǎn yù de rén shēnxīn chéngshú, yǒulìyú zǐnǚ de chéngzhǎng.

늦게 결혼해 늦게 아이를 낳으면 부모의 몸과 마음이 성숙해서 자녀들의 성장에 이롭다.

3 晚婚晚育的人有一定的经济基础，经济状况也更有保障。

Wǎn hūn wǎn yù de rén yǒu yídìng de jīngjì jīchǔ, jīngjì zhuàngkuàng yě gèng yǒu bǎozhàng.

늦게 결혼해 늦게 아이를 낳는 사람은 어느 정도의 경제적 기초가 있어서, 경제 상황 역시 더 보장된다.

제 **5** 부분

1　我觉得早婚早育好。第一，最近生育率下降，老龄化问题日益严重，养老问题困扰国人。早婚早育不但能解决这些社会问题，更重要的是，有利于优生优育。第二，女性最佳生育年龄在23到30岁之间，年纪越大，不孕不育和难产率越高，其他疾病发病率也高。第三，早婚早育有利于产后身体恢复。年轻人身体免疫力强，更容易恢复身材和体力，所以我觉得早婚早育好。

Wǒ juéde zǎo hūn zǎo yù hǎo. Dì yī, zuìjìn shēngyùlǜ xiàjiàng, lǎolínghuà wèntí rìyì yánzhòng, yǎnglǎo wèntí kùnrǎo guórén. Zǎo hūn zǎo yù búdàn néng jiějué zhèxiē shèhuì wèntí, gèng zhòngyào de shì, yǒulìyú yōu shēng yōu yù. Dì èr, nǚxìng zuìjiā shēngyù niánlíng zài èrshísān dào sānshísuì zhījiān, niánjì yuè dà, bú yùn bú yù hé nánchǎnlǜ yuè gāo, qítā jíbìng fābìnglǜ yě gāo. Dì sān, zǎo hūn zǎo yù yǒulìyú chǎnhòu shēntǐ huīfù. Niánqīngrén shēntǐ miǎnyìlì qiáng, gèng róngyì huīfù shēncái hé tǐlì, suǒyǐ wǒ juéde zǎo hūn zǎo yù hǎo.

저는 일찍 결혼하고 일찍 아이를 낳는 것이 좋다고 생각합니다. 첫째, 최근 출산율이 저하되고 있고, 노령화 문제도 나날이 심각해지고 있습니다. 노인 부양 문제는 국민들을 힘들게 하고 있습니다. 일찍 결혼하고 일찍 아이를 낳는 것은 이러한 사회 문제를 해결해 줄 수 있을 뿐만 아니라, 더 중요한 것은 건강한 아이를 낳아 잘 키울 수 있다는 것에 있습니다. 둘째, 여성이 임신하기에 최적의 연령은 23세~30세 사이에 있습니다. 나이가 들면 불임이나 난산의 확률도 높아지게 됩니다. 또한 기타 질병의 발병률도 높아집니다. 셋째, 일찍 결혼하고 일찍 아이를 낳으면 산후의 몸이 회복하는 데 유리합니다. 젊은 사람의 신체는 면역력이 강하고, 체격과 체력이 더 쉽게 회복이 됩니다. 그래서 저는 일찍 결혼하고 일찍 아이를 낳는 것이 좋다고 생각합니다.

2　我觉得晚婚晚育好。第一，青年人正是努力的时期。如果过早地结婚生子会分散精力，影响学习和工作。第二，年轻夫妇生活上缺乏经验，心理还不够成熟，容易导致婚姻失败，更别提承担家庭责任和养育孩子的事了。第三，最近年轻人生活、工作压力和经济负担都逐渐加重。如果适当推迟婚育期，家庭的稳固性更大，生活就会更加美满幸福。总而言之，我认为晚婚晚育有利于家庭幸福和子女的成长。

Wǒ juéde wǎn hūn wǎn yù hǎo. Dì yī, qīngniánrén zhèngshì nǔlì de shíqī. Rúguǒ guòzǎo de jiéhūn shēngzǐ huì fēnsàn jīnglì, yǐngxiǎng xuéxí hé gōngzuò. Dì èr, niánqīng fūfù shēnghuó shàng quēfá jīngyàn, xīnlǐ hái bú gòu chéngshú, róngyì dǎozhì hūnyīn shībài, gèng bié tí chéngdān jiātíng zérèn hé yǎngyù háizi de shì le. Dì sān, zuìjìn niánqīngrén shēnghuó、gōngzuò yālì hé jīngjì fùdān dōu zhújiàn jiāzhòng. Rúguǒ shìdàng tuīchí hūnyùqī, jiātíng de wěngùxìng gèng dà, shēnghuó jiù huì gèngjiā měimǎn xìngfú. Zǒng'ér yánzhī, wǒ rènwéi wǎn hūn wǎn yù yǒulìyú jiātíng xìngfú hé zǐnǚ de chéngzhǎng.

저는 늦게 결혼하고 늦게 아이를 낳는 것이 좋다고 생각합니다. 첫째, 청년들은 한창 노력할 시기입니다. 만약 너무 일찍 결혼해서 아이를 낳게 되면, 에너지가 분산되어 학습과 일에 영향을 주게 됩니다. 둘째, 젊은 부부는 생활 면에서 경험이 부족하고, 심리 상태가 아직 충분히 성숙하지 않아 쉽게 결혼의 실패로 치달을 수 있습니다. 가정을 책임지고 아이를 키우는 일은 더 말할 것도 없습니다. 셋째, 최근 젊은이의 생활과 일의 스트레스와 경제적 부담이 점차 가중되고 있습니다. 만약 적당히 결혼과 출산 시기를 늦추면, 가정의 안정성은 더 커지고, 생활도 더 행복하고 원만해질 수 있습니다. 결론적으로 저는 늦게 결혼하고 늦게 아이를 낳는 것이 가정의 행복과 자녀의 성장에 도움이 된다고 생각합니다.

生育率 shēngyùlǜ 阅 출산율 | 下降 xiàjiàng 阅 하강하다 | 老龄化 lǎolínghuà 阅 노령화 | 日益 rìyì 阅 날로 | 困扰 kùnrǎo 阅 괴롭히다, 곤혹케 하다 | 最佳zuìjiā 阅 최적이다 | 孕 yùn 阅 임신하다 | 难产 nánchǎn 阅 난산 | 发病率 fābìnglǜ 阅 발병률 | 恢复 huīfù 阅 회복하다, 회복되다 | 免疫力 miǎnyìlì 阅 면역력 | 过早 guòzǎo 阅 너무 이르다 | 分散 fēnsàn 阅 분산하다 | 精力 jīnglì 阅 정력, 힘 | 缺乏 quēfá 阅 결핍되다, 모자라다 | 经验 jīngyàn 阅 경험 | 导致 dǎozhì 阅 야기하다, 초래하다 | 婚姻 hūnyīn 阅 혼인, 결혼 | 失败 shībài 阅 실패하다 | 承担 chéngdān 阅 담당하다 | 责任 zérèn 阅 책임 | 负担 fùdān 阅 부담 | 逐渐 zhújiàn 阅 점차 | 加重 jiāzhòng 阅 가중하다 | 推迟 tuīchí 阅 미루다, 연기하다 | 稳固性 wěngùxìng 阅 안정성 | 美满 měimǎn 阅 아름답고 원만하다 | 总而言之 zǒng'ér yánzhī 총괄적으로 말하면

问题 3 ★

你认为未来社会家庭养老好，还是社会养老好？为什么？

🎧 5-1-3　Nǐ rènwéi wèilái shèhuì jiātíng yǎnglǎo hǎo, háishi shèhuì yǎnglǎo hǎo? Wèishénme?

당신은 미래 사회에서 가정이 노인을 부양하는 것이 좋다고 생각합니까, 아니면 사회가 노인을 부양하는 것이 좋다고 생각합니까? 이유는 무엇입니까?

답변 핵심 문장

社会养老好

1　社会养老是现代社会的发展趋势，国家非常重视，而且西方国家已经有成熟的经验。

　　Shèhuì yǎnglǎo shì xiàndài shèhuì de fāzhǎn qūshì, guójiā fēicháng zhòngshì, érqiě xīfāng guójiā yǐjīng yǒu chéngshú de jīngyàn.

　　사회가 노인을 부양하는 것은 현대 사회의 발전 추세로, 국가는 이를 매우 중시하고 있습니다. 게다가 서방 국가는 이미 이에 대한 성숙한 경험이 있다.

2　社会养老减轻现代家庭负担，养老补助可以减轻子女的压力。

　　Shèhuì yǎnglǎo jiǎnqīng xiàndài jiātíng fùdān, yǎnglǎo bǔzhù kěyǐ jiǎnqīng zǐnǚ de yālì.

　　사회가 노인을 부양하게 되면, 현대 가정의 부담을 경감시켜 준다. 노인 부양을 보조하면 자녀의 스트레스를 줄일 수 있다.

3　社会养老的专业化服务和产业化发展能够真正满足老年人的需求。

　　Shèhuì yǎnglǎo de zhuānyèhuà fúwù hé chǎnyèhuà fāzhǎn nénggòu zhēnzhèng mǎnzú lǎoniánrén de xūqiú.

　　사회가 노인을 부양하는 전문화된 서비스와 산업 발전은 진정으로 노인의 요구를 만족시킬 수 있다.

1   父母养育儿女，儿女赡养父母，两代之间的付出与回报是均衡的。

Fùmǔ yǎngyù érnǚ, érnǚ shànyǎng fùmǔ, liǎng dài zhījiān de fùchū yǔ huíbào shì jūnhéng de.

부모가 자녀를 양육하고, 자녀가 부모를 양육하는 것은, 두 세대 간의 노력과 보답이 균형을 이루는 것이다.

2   老人更喜欢在自己熟悉的家庭养老，享受儿孙满堂的天伦之乐。

Lǎorén gèng xǐhuan zài zìjǐ shúxi de jiātíng yǎnglǎo, xiǎngshòu érsūn mǎntáng de tiānlún zhīlè.

노인은 자신이 익숙한 가정에서 봉양받는 것을 좋아한다. 자손들이 집안에 가득한 가정의 단란함을 누리고 싶어한다.

3   政府公办养老机构不能满足所有老人的需求。民办机构收费较高，老人难以承受。

Zhèngfǔ gōngbàn yǎnglǎo jīgòu bù néng mǎnzú suǒyǒu lǎorén de xūqiú. Mínbàn jīgòu shōufèi jiào gāo, lǎorén nányǐ chéngshòu.

정부 공공 양로기관은 모든 노년층의 수요를 만족시킬 수 없다. 민간 기관은 비용이 비교적 비싸서 노년층이 감당하기가 어렵다.

답변 1   我赞成社会养老，首先，社会养老是现代社会的发展趋势，国家非常重视，而且西方国家已经有成熟的经验。其次，现代的年轻人很难兼顾赡养、工作和抚养子女三座大山，社会养老减轻现代家庭负担和子女的压力。最后，社会养老逐步走向专业化和产业化，政府提供资金，雇佣专业的看护人员，补充家庭养老的不足。总而言之，家庭养老，不能满足老年人的需求，我赞成社会养老。

Wǒ zànchéng shèhuì yǎnglǎo, shǒuxiān, shèhuì yǎnglǎo shì xiàndài shèhuì de fāzhǎn qūshì, guójiā fēicháng zhòngshì, érqiě xīfāng guójiā yǐjīng yǒu chéngshú de jīngyàn. Qícì, xiàndài de niánqīngrén hěn nán jiāngù shànyǎng, gōngzuò hé fǔyǎng zǐnǚ sānzuò dàshān, shèhuì yǎnglǎo jiǎnqīng xiàndài jiātíng fùdān hé zǐnǚ de yālì. Zuìhòu, shèhuì yǎnglǎo zhúbù zǒuxiàng zhuānyèhuà hé chǎnyèhuà, zhèngfǔ tígōng zījīn, gùyòng zhuānyè de kànhù rényuán, bǔchōng jiātíng yǎnglǎo de bùzú. Zǒng'ér yánzhī, jiātíng yǎnglǎo, bù néng mǎnzú lǎoniánrén de xūqiú, wǒ zànchéng shèhuì yǎnglǎo.

저는 사회가 노인을 부양하는 것에 찬성합니다. 먼저, 사회의 노인 부양은 현대사회의 발전 추세이고, 국가 역시 매우 중시하고 있기 때문입니다. 서방 국가에서는 이미 성숙된 경험을 가지고 있습니다. 둘째, 현대의 젊은이는 노인 봉양 및 일과 자녀 양육의 세 가지 과제를 모두 살피는 것은 어렵습니다. 사회가 노인을 부양하는 것이 현대 가정의 부담과 자녀의 스트레스를 경감시킬 수 있습니다. 끝으로, 사회의 노인 부양은 점차 전문화와 산업화로 나아가고 있는데, 정부가 자금을 제공해서 전문 간병 인력을 고용해서 가정의 부족한 부분을 보충해 줄 수 있습니다. 요컨대, 가정이 노인을 부양하는 일은, 노인의 수요를 만족시킬 수 없기 때문에 저는 사회가 노인을 부양하는 것에 찬성합니다.

2 我赞成家庭养老，首先，受传统观念影响，赡养老人，是子女理所当然的义务。其次，老人更喜欢在自己熟悉的家中养老，选择到养老机构生活的老人不到百分之二十。最后，目前养老机构供不应求，收费较高，对有些老人来说难以承担，家庭养老能降低社会成本。所以我赞成家庭养老。

Wǒ zànchéng jiātíng yǎnglǎo, shǒuxiān, shòu chuántǒng guānniàn yǐngxiǎng, shànyǎng lǎorén, shì zǐnǚ lǐsuǒ dāngrán de yìwù. Qícì, lǎorén gèng xǐhuan zài zìjǐ shúxi de jiāzhōng yǎnglǎo, xuǎnzé dào yǎnglǎo jīgòu shēnghuó de lǎorén bú dào bǎifēn zhī èrshí. Zuìhòu, mùqián yǎnglǎo jīgòu gòng bú yìng qiú, shōufèi jiào gāo, duì yǒu xiē lǎorén láishuō nányǐ chéngdān, jiātíng yǎnglǎo néng jiàngdī shèhuì chéngběn. Suǒyǐ wǒ zànchéng jiātíng yǎnglǎo.

저는 가정에서 노인을 부양하는 것을 찬성합니다. 전통적 관념의 영향으로, 노인을 부양하는 것은 자녀의 지당한 의무입니다. 다음으로, 노인은 자신이 익숙한 가정에서 보살핌 받는 것을 더 좋아합니다. 양로 기관에서 생활하는 것을 선택한 노인은 전체의 20%가 되지 않습니다. 마지막으로, 현재 양로 기관은 공급이 수요를 충족시키지 못합니다. 비용이 꽤 비싸서, 일부 노인들에게는 감당하기 어렵습니다. 가정에서 노인을 부양하면 사회적 비용을 절감할 수 있습니다. 그래서 저는 가정에서 노인을 부양하는 것에 찬성합니다.

단어 发展 fāzhǎn 몡 발전 | 趋势 qūshì 몡 추세 | 兼顾 jiāngù 동 고루 돌보다 | 赡养 shànyǎng 동 부양하다 | 减轻 jiǎnqīng 동 경감하다, 덜다 | 负担 fùdān 몡 부담 | 压力 yālì 몡 압력, 정신적 부담 | 逐步 zhúbù 閉 차츰, 점차 | 走向 zǒuxiàng 동 ~를 향해 나아가다 | 提供 tígōng 동 제공하다 | 资金 zījīn 몡 자본금 | 雇佣 gùyōng 동 고용하다 | 人员 rényuán 몡 인원, 요원 | 受……影响 shòu …… yǐngxiǎng ~의 영향을 받다 | 传统 chuántǒng 몡 전통 | 观念 guānniàn 몡 관념 | 理所当然 lǐsuǒ dāngrán 셩 이치상 당연하다 | 义务 yìwù 몡 의무 | 供不应求 gōng bú yìng qiú 공급이 수요를 따르지 못하다 | 难以 nányǐ ~하기 어렵다 | 承担 chéngdān 동 담당하다, 맡다 | 降低 jiàngdī 동 내리다, 인하하다 | 成本 chéngběn 몡 생산비

问题 4 ★

문제 我国的人口老龄化问题给社会的发展所带来的影响有哪些呢?

🎧 5-1-4 Wǒ guó de rénkǒu lǎolínghuà wèntí gěi shèhuì de fāzhǎn suǒ dàilái de yǐngxiǎng yǒu nǎxiē ne?

우리나라의 인구 노령화 문제가 사회 발전에 미치는 영향에는 어떤 것들이 있습니까?

답변

1　人口老龄化问题会给社会、家庭及个人带来影响。首先，老龄化会给社会带来压力，因为养老保险的支出会越来越大，工作的人却逐渐减少。第二，老年人赡养问题，现在的年轻人大多忙于工作，照顾自己的小孩，很难照顾父母，赡养父母。第三，老年人心理健康越来越成为问题，他们不愿意去养老院，他们希望自己的孩子陪伴在他们的身边，但年轻人工作压力大，很难陪伴在老年人身边，所以很多老年人感到很孤独。

Rénkǒu lǎolínghuà wèntí huì gěi shèhuì, jiātíng jí gèrén dàilái yǐngxiǎng. Shǒuxiān, lǎolínghuà huì gěi shèhuì dàilái yālì, yīnwèi yǎnglǎo bǎoxiǎn de zhīchū huì yuèláiyuè dà, gōngzuò de rén què zhújiàn jiǎnshǎo. Dì èr, lǎoniánrén shànyǎng wèntí, xiànzài de niánqīngrén dà duō mángyú gōngzuò, zhàogù zìjǐ de xiǎohái, hěn nán zhàogù fùmǔ, shànyǎng fùmǔ. Dì sān, lǎoniánrén xīnlǐ jiànkāng yuèláiyuè chéngwéi wèntí, tāmen bú yuànyì qù yǎnglǎoyuàn, tāmen xīwàng zìjǐ de háizi péibàn zài tāmen de shēnbiān, dàn niánqīngrén gōngzuò yālì dà, hěn nán péibàn zài lǎoniánrén shēnbiān, suǒyǐ hěn duō lǎoniánrén gǎndào hěn gūdú.

인구 노령화 문제는 사회와 가정 및 개인에 영향을 미칩니다. 우선, 노령화는 사회에 부담을 가져다 줍니다. 양로 보험의 지출은 갈수록 커지고 일하는 사람은 점점 줄어들기 때문입니다. 둘째, 노인 부양의 문제인데, 요즘 젊은이들은 대부분 직장에 다니면서 자신의 아이를 돌보는 데 바빠서 부모를 돌보고 봉양하기가 어렵습니다. 셋째, 노인의 심리적 건강은 갈수록 문제가 되고 있습니다. 그들은 양로원에 가기를 원하지 않으며, 자신의 자녀가 곁에 있어 주기를 바랍니다. 그러나 젊은 세대는 업무 스트레스가 크고, 노인 곁에 함께 있는 것이 어렵습니다. 그래서 많은 노인들이 고독감을 느낍니다.

2　我国的人口老龄化问题日益严重。首先，工作的人少，而退休的人多，这一定会对经济发展和劳动生产率产生消极的影响。其次，人口老龄化导致了老年社会保障的费用大幅增加，给政府带来比较重的负担。最后，人口老龄化促进了"银色产业"的发展，为老年人提供了再就业的机会，提升了对劳动力的需求，对劳动力的需求量较大，人口老龄化将影响第三产业的发展。

Wǒ guó de rénkǒu lǎolínghuà wèntí rìyì yánzhòng. Shǒuxiān, gōngzuò de rén shǎo, ér tuìxiū de rén duō, zhè yídìng huì duì jīngjì fāzhǎn hé láodòng shēngchǎnlǜ chǎnshēng xiāojí de yǐngxiǎng. Qícì, rénkǒu lǎolínghuà dǎozhì le lǎonián shèhuì bǎozhàng de fèiyòng dàfú zēngjiā, gěi zhèngfǔ dàilái bǐjiào zhòng de fùdān. Zuìhòu, rénkǒu lǎolínghuà cùjìn le "yínsè chǎnyè" de fāzhǎn, wèi lǎoniánrén tígōng le zàijiùyè de jīhuì, tíshēng le duì láodònglì de xūqiú, duì láodònglì de xūqiúliàng jiào dà, rénkǒu lǎolínghuà jiāng yǐngxiǎng dìsān chǎnyè de fāzhǎn.

우리나라의 인구 노령화 문제는 나날이 심각해지고 있습니다. 우선 일하는 사람은 적고, 퇴직하는 사람은 많은데, 이는 분명 경제 발전과 노동 생산성에 부정적 영향을 끼칠 수 있습니다. 둘째, 인구 노령화는 노인 사회 보장 비용을 크게 증가시켜 정부에 큰 부담을 주게 됩니다. 마지막으로 인구 노령화는 '실버산업'의 발전을 촉진시켰습니다. 노인들에게 재취업의 기회를 제공하고 노동력의 수요를 증가시킵니다. 이러한 노동력에 대한 수요량은 상당히 커서 인구 노령화는 제3차 산업의 발전에 영향을 줄 것입니다.

养老保险 yǎnglǎo bǎoxiǎn 실버 보험, 양로 보험 ┃ 支出 zhīchū 몡통 지출(하다) ┃ 逐渐 zhújiàn 뭐 점차, 점점 ┃ 忙于 mángyú ~에 바쁘다 ┃ 心理健康 xīnlǐ jiànkāng 심리 건강 ┃ 陪伴 péibàn 통 수행하다, 동반하다 ┃ 孤独 gūdú 휑 고독하다 ┃ 消极 xiāojí 휑 부정적인 ┃ 导致 dǎozhì 통 초래하다, 야기시키다 ┃ 大幅 dàfú 휑 대폭적인, 크게 ┃ 银色产业 yínsè chǎnyè 몡 실버산업 ┃ 提升 tíshēng 통 진급시키다, 향상되다 ┃ 劳动力 láodònglì 몡 노동력 ┃ 需求 xūqiú 몡 수요, 필요 ┃ 第三产业 dìsānchǎnyè 몡 제3차 산업, 서비스 산업

问题 5 ⭐

문제　你认为你们国家的自然灾害是什么呢？请谈谈你的看法。

🎧 5-1-5　Nǐ rènwéi nǐmen guójiā de zìrán zāihài shì shénme ne? Qǐng tántan nǐ de kànfǎ.

당신 나라의 자연재해에는 어떤 것이 있다고 생각합니까? 당신의 견해를 말씀해 주세요.

답변　1　我国自然灾害相对较少，春天有的时候会有沙尘暴；夏天有时暴雨频繁，有的地方甚至发生了山体滑坡；秋冬季节雾霾较多，对人体特别有害。我觉得这些自然灾害的发生，主要是因为我们破坏了环境，为了避免这些自然灾害，我们应该多种树，少使用一次性用品，保护大自然。

Wǒ guó zìrán zāihài xiāngduì jiào shǎo, chūntiān yǒu de shíhou huì yǒu shāchénbào; xiàtiān yǒushí bàoyǔ pínfán, yǒu de dìfang shènzhì fāshēng le shāntǐ huápō; qiūdōng jìjié wùmái jiào duō, duì réntǐ tèbié yǒu hài. Wǒ juéde zhèxiē zìrán zāihài de fāshēng, zhǔyào shì yīnwèi wǒmen pòhuài le huánjìng, wèile bìmiǎn zhèxiē zìrán zāihài, wǒmen yīnggāi duō zhǒng shù, shǎo shǐyòng yícìxìng yòngpǐn, bǎohù dàzìrán.

우리나라는 자연재해가 상대적으로 적은 편입니다. 봄에는 황사가 있을 때가 있고, 여름에는 폭우가 잦아 어떤 곳은 산사태가 나기도 합니다. 가을과 겨울에는 미세먼지가 많아 인체에 특히 해롭습니다. 저는 이러한 자연재해의 발생은 주로 우리가 환경을 파괴했기 때문이라고 생각합니다. 이런 자연재해를 방지하기 위해, 우리는 나무를 많이 심고, 일회용품을 적게 사용하여 자연을 보호해야 합니다.

2　我国在夏末常常刮台风，会引发暴雨，造成洪灾，甚至泥石流。为了减少这些自然灾害对我们的影响，我觉得我们首先应该保护环境，多种树，减少水土流失，增加山体的植物覆盖率。再次，对危险山体进行加固，进行一些有效的工程措施防护。最后，及时发送灾害预警，禁止人们接近危险的地方。做到以上这些，我们就能尽量避免自然灾害对我们的影响。

Wǒ guó zài xiàmò chángcháng guā táifēng, huì yǐnfā bàoyǔ, zàochéng hóngzāi, shènzhì níshíliú. Wèile jiǎnshǎo zhèxiē zìrán zāihài duì wǒmen de yǐngxiǎng, wǒ juéde wǒmen shǒuxiān yīnggāi bǎohù huánjìng, duō zhòng shù, jiǎnshǎo shuǐtǔ liúshī, zēngjiā shāntǐ de zhíwù fùgàilǜ. Zàicì, duì wēixiǎn shāntǐ jìnxíng jiāgù, jìnxíng yìxiē yǒuxiào de gōngchéng cuòshī fánghù. Zuìhòu, jíshí fāsòng zāihài yùjǐng, jìnzhǐ rénmen jiējìn wēixiǎn de dìfang. Zuòdào yǐshàng zhèxiē, wǒmen jiù néng jǐnliàng bìmiǎn zìrán zāihài duì wǒmen de yǐngxiǎng.

우리나라는 늦여름에 태풍이 자주 있습니다. 이는 폭우를 초래하여 홍수를 일으키고, 심지어 산사태까지 일으킬 수 있습니다. 이런 자연재해가 우리에게 미치는 영향을 감소시키기 위해서는, 우선 환경을 보호해야 한다고 생각합니다. 나무를 많이 심어 수분과 토양이 유실되는 것을 감소시키고, 삼림율을 높입니다. 또한 위험한 산체는 보강 작업을 실시하고, 방재에 효과적인 공사 조치를 실시합니다. 마지막으로 산사태에 대한 예보를 제때 실시하고, 사람들이 위험 지역에 접근하는 것을 금지시킵니다. 이렇게 함으로써 우리는 자연재해가 우리에게 미치는 영향을 최대한 줄일 수 있습니다.

단어

自然灾害 zìrán zāihài 몡 자연재해 | 沙尘暴 shāchénbào 몡 황사 | 暴雨 bàoyǔ 몡 폭우 | 频繁 pínfán 혱 빈번하다 | 山体滑坡 shāntǐ huápō 산사태 | 雾霾 wùmái 몡 미세먼지 | 对……有害 duì yǒu……hài ~에 해롭다 | 破坏 pòhuài 통 파괴하다 | 环境 huánjìng 몡 환경 | 避免 bìmiǎn 통 피하다, 모면하다 | 一次性用品 yícìxìng yòngpǐn 일회용품 | 洪灾 hóngzāi 몡 수재, 수해 | 泥石流 níshíliú 흙과 모래와 돌 따위가 섞인 물사태 | 减少 jiǎnshǎo 통 감소시키다 | 保护环境 bǎohù huánjìng 환경 보호 | 水土流失 shuǐtǔ liúshī 수분과 토양이 유실되다 | 增加 zēngjiā 통 증가하다 | 覆盖率 fùgàilǜ 몡 점유율 | 加固 jiāgù 통 단단하게 하다 | 工程 gōngchéng 몡 공사 | 措施 cuòshī 몡 조치, 대책 | 防护 fánghù 통 방어하고 지키다 | 预警 yùjǐng 통 경보를 미리 알리다 | 接近 jiējìn 통 접근하다

학습/교육편

학습 부분에서는 먼저 학생들의 공부와 관련된 문제로 조기 교육, 사설 학원, 조기 유학, 청소년 인터넷 중독 문제, 초등학생들의 휴대전화 사용에 관한 문제가 출제되었다. 스트레스에 관한 문제는 크게 회사에서 받는 스트레스 문제와 학생들의 스트레스 문제로 나눌 수 있다. 또한 '有人说压力就是动力你赞成吗？(스트레스가 생활의 원동력이라고도 하는데 당신은 찬성합니까?)'와 같이 찬반 의견과 그 이유를 대답해야 하는 문제도 출제된다. 이 부분의 문제는 누구나 경험해보거나 생각해본 적이 있는 문제들이므로, 관련 어휘를 잘 익혀서 자신의 생각을 논리적으로 말할 수 있도록 하자.

问题 1 *

문제 你认为父母对孩子应该严格还是慈爱？为什么？

5-2-1 Nǐ rènwéi fùmǔ duì háizi yīnggāi yángé háishi cí'ài? Wèishénme?

당신은 부모가 아이에게 엄격해야 한다고 생각합니까, 아니면 다정하고 인자하게 대해야 한다고 생각합니까? 이유는 무엇입니까?

답변 핵심 문장

严格好

1. 从小形成良好的习惯，让孩子守规矩，树立父母在孩子心中的地位。
   Cóngxiǎo xíngchéng liánghǎo de xíguàn, ràng háizi shǒu guīju, shùlì fùmǔ zài háizi xīn zhōng de dìwèi.
   어려서부터 좋은 습관을 형성하여, 아이가 규율을 잘 지키게 하고 자녀의 마음에 부모로서의 권위를 세울 수 있다.

2. 溺爱对孩子没好处，严格可以帮助孩子建立正确的世界观、价值观和人生观。
   Nì'ài duì háizi méi hǎochu, yángé kěyǐ bāngzhù háizi jiànlì zhèngquè de shìjièguān、jiàzhíguān hé rénshēngguān.
   익애하는 것은 아이에게 좋을 것이 없다. 엄격하게 대하면 아이가 올바른 세계관, 가치관, 인생관을 확립하는 데 도움이 될 수 있다.

3 　严格对孩子长大后成人有好处。

Yángé duì háizi zhǎngdà hòu chéngrén yǒu hǎochu.

아이를 엄격하게 대하면 아이가 자란 뒤 성인이 되어서 좋은 점이 있다.

慈爱好

1 　太严格的话，孩子会产生自卑或者叛逆的心理。

Tài yángé de huà, háizi huì chǎngshēng zìbēi huòzhě pànnì de xīnlǐ.

너무 엄격하면 아이가 열등감을 갖거나 반항하는 심리가 있을 수 있다.

2 　慈爱地对待孩子，孩子能在一个良好的环境中长大。

Cí'ài de duìdài háizi, háizi néng zài yí ge liánghǎo de huánjìng zhōng zhǎngdà.

자애롭게 아이를 대하면 아이는 좋은 환경 속에서 성장할 수 있다.

3 　慈爱的方式进行教育，可以更好地了解孩子的内心，和孩子成为朋友。

Cí'ài de fāngshì jìnxíng jiàoyù, kěyǐ gèng hǎo de liǎojiě háizi de nèixīn, hé háizi chéngwéi péngyou.

자애로운 방식으로 교육하면 아이의 마음을 더욱 잘 이해하고 아이와 친구가 될 수 있다.

답변　1 　我赞成严格要求自己的孩子。首先，这样能树立父母在孩子心中的威信，从而改掉孩子的坏毛病。其次，赏罚分明能让孩子从小区分黑白是非，帮助孩子建立正确的世界观、价值观和人生观。最后，进入社会以后，万事靠自己。孩子小的时候不吃苦受苦，那么以后的苦日子会更多。总而言之，我觉得严格有助于孩子的成长。

Wǒ zànchéng yángé yāoqiú zìjǐ de háizi. Shǒuxiān, zhèyàng néng shùlì fùmǔ zài háizi xīn zhōng de wēixìn, cóng'ér gǎidiào háizi de huài máobìng. Qícì, shǎngfá fēnmíng néng ràng háizi cóngxiǎo qūfēn hēibái shìfēi, bāngzhù háizi jiànlì zhèngquè de shìjièguān、jiàzhíguān hé rénshēngguān. Zuìhòu, jìnrù shèhuì yǐhòu, wànshì kào zìjǐ. Háizi xiǎo de shíhou bù chīkǔ shòukǔ, nàme yǐhòu de kǔ rìzi huì gèng duō. Zǒng'ér yánzhī, wǒ juéde yángé yǒuzhùyú háizi de chéngzhǎng.

저는 자신의 아이에게 엄격하게 대하는 것에 찬성합니다. 우선, 이렇게 해야 부모가 아이의 마음 속에서 더욱 위신을 높일 수 있고, 그럼으로써 아이의 잘못을 고칠 수 있습니다. 다음으로, 상벌을 분명히 하는 것은 아이가 어릴 때부터 옳고 그름을 구별할 수 있게 해서, 아이가 올바른 세계관, 가치관, 인생관을 수립하는 데 도움이 됩니다. 마지막으로, 사회에 진출한 후에 무슨 일이든 자신의 힘으로 이룰 수 있습니다. 아이가 어렸을 때 고생을 모르고 자라면, 이후에 고생하는 날이 더 많아질 것입니다. 따라서 저는 엄격함이 아이들의 성장에 도움이 된다고 생각합니다.

2 我反对严格要求孩子。过度严格要求孩子的话，孩子们会产生逆反或自卑心理。在大人的阴影下成长，会形成做什么都小心翼翼的，什么都要靠大人来完成的特点。与其用严格的方式教育孩子，不如用慈爱的方式诱导孩子。总而言之，慈爱地对待孩子，孩子身心能健康地发展，所以我赞成对孩子要慈爱一些。

Wǒ fǎnduì yángé yāoqiú háizi. Guòdù yángé yāoqiú háizi de huà, háizǐmen huì chǎnshēng nìfǎn huò zìbēi xīnlǐ. Zài dàrén de yīnyǐng xià chéngzhǎng, huì xíngchéng zuò shénme dōu xiǎoxīn yìyì de, shénme dōu yào kào dàrén lái wánchéng de tèdiǎn. Yǔqí yòng yángé de fāngshì jiàoyù háizi, bùrú yòng cí'ài de fāngshì yòudǎo háizi. Zǒng'ér yánzhī, cí'ài de duìdài háizi, háizi shēnxīn néng jiànkāng de fāzhǎn, suǒyǐ wǒ zànchéng duì háizi yào cí'ài yìxiē.

저는 아이들을 엄하게 대하는 것에 반대합니다. 지나치게 엄격하게 대하면, 아이들은 반항심이나 열등감을 가지게 될 수 있습니다. 어른의 그늘 아래에서 자라면, 무슨 일이든 너무 조심스럽게 행동하고, 무엇이든지 어른에게 의지해서 처리하려는 습관이 생길 수 있습니다. 아이를 엄격하게 교육하기보다 자상하게 알려주고, 인도하는 것이 좋습니다. 요컨대, 아이를 자애롭게 대하면, 아이의 몸과 마음이 건강하게 자랄 수 있는 것입니다. 따라서 저는 아이에게 좀더 어질고 다정하게 대해야 한다는 것에 찬성합니다.

단어 严格 yángé 휑 엄격하다 통 엄하게 하다 | 慈爱 cí'ài 휑 자애롭다 통 자애를 베풀다 | 树立 shùlì 통 수립하다, 확립하다 | 威信 wēixìn 휑 위신 | 从而 cóng'ér 휑 따라서 | 改掉 gǎidiào 통 고치다 | 赏罚 shǎngfá 휑 상벌 | 分明 fēnmíng 휑 분명하다 | 区分 qūfēn 통 구분하다 | 黑白 hēibái 휑 시비, 옳고 그른 것 | 建立 jiànlì 통 수립하다 | 过度 guòdù 휑 지나치다, 과도하다 | 产生 chǎnshēng 통 발생하다 | 逆反 nìfǎn 통 상반되다 | 반항심 | 自卑心理 zìbēi xīnlǐ 휑 열등감 | 在……的阴影下 zài ……de yīnyǐng xià ~의 그늘 아래에 | 小心翼翼 xiǎoxīn yìyì 휑 매우 조심스럽다 | 与其A不如B yǔqí A bùrú B A하느니 B하는 편이 낫다 | 诱导 yòudǎo 통 유도하다, 권유하다 | 总而言之 zǒng'ér yánzhī 휑 총괄적으로 말하면

问题 2 ＊

문제 请你谈谈父母让孩子去补习班的看法。

🎧5-2-2 Qǐng nǐ tántan fùmǔ ràng háizi qù bǔxíbān de kànfǎ.

부모가 아이를 학원에 보내는 것에 대한 당신의 견해를 이야기해 보세요.

답변 핵심 문장

赞成去补习班

1 去补习班可以加深理解学习的内容，消化不懂的知识，提高考试成绩。
   Qù bǔxíbān kěyǐ jiāshēn lǐjiě xuéxí de nèiróng, xiāohuà bù dǒng de zhīshi, tígāo kǎoshì chéngjì.
   학원에 가면 학습 내용을 깊이 있게 이해할 수 있으며 몰랐던 지식을 소화하여 시험 성적도 높일 수 있다.

2 可以学习更多课外的知识，大多数补习班都是提高性质的，学习高年级的知识，可以结识新的伙伴，可以经常在一起交流。
   kěyǐ xuéxí gèng duō kèwài de zhīshi, dàduōshù bǔxíbān dōu shì tígāo xìngzhì de, xuéxí gāo niánjí de zhīshi, kěyǐ jiéshí xīn de huǒbàn, kěyǐ jīngcháng zài yìqǐ jiāoliú.
   과외의 지식을 더 많이 공부할 수 있는데 대부분의 학원들은 거의 학생을 향상시키고자 하는 성격을 가진 것으로, 고학년 지식을 배우고, 새로운 친구를 사귀며, 자주 모여서 함께 교류할 수 있다.

3 现在竞争非常激烈，多学一样特长就多一份优势。运动补习班还可以强身健体。
   Xiànzài jìngzhēng fēicháng jīliè, duō xué yíyàng tècháng jiù duō yí fèn yōushì. Yùndòng bǔxíbān hái kěyǐ qiángshēn jiàntǐ.
   지금은 경쟁이 심해서, 한 가지의 특기를 더 배우면 또 하나의 이점을 갖게 된다. 또한 운동 학원은 신체를 건강하게 할 수 있다.

反对去补习班

1 坏处就是小孩子失去自由和快乐的童年，周末和晚上就应当放松。
   Huàichu jiù shì xiǎoháizi shīqù zìyóu hé kuàilè de tóngnián, zhōumò hé wǎnshang jiù yīngdāng fàngsōng.
   나쁜 점은 바로 어린이가 자유와 즐거움을 누려야 할 어린 시절을 상실하는 것이다. 주말과 저녁에는 마땅히 긴장을 늦추고 편안하게 쉬어야 한다.

2 上自己没有兴趣的补习班，学生会更加排斥，可能会厌学，导致恶性循环，失去自主学习的能力。
   Shàng zìjǐ méiyou xìngqù de bǔxíbān, xuésheng huì gèngjiā páichì, kěnéng huì yànxué, dǎozhì èxìng xúnhuán, shīqù zìzhǔ xuéxí de nénglì.
   자신이 흥미가 없는 학원에 다니면 학생들은 더욱 반발심이 생기고, 공부에 싫증이 나게 되어 악순환을 초래한다. 또한, 주체적인 학습 능력을 잃어버릴 수도 있다.

3 上很多补习班不但孩子有负担，家长也有经济压力。
   Shàng hěn duō bǔxíbān búdàn háizi yǒu fùdān, jiāzhǎng yě yǒu jīngjì yālì.
   많은 학원을 다니는 것은 아이들에게 부담이 될 뿐만 아니라, 가장도 경제적인 스트레스를 받게 한다.

1 　我赞成去补习班。首先，去补习班可以巩固在学校所学习的内容，帮助学生消化不懂的知识。其次，在补习班里可以先学习更多课外的知识，起到提前预习的作用。还有在辅导班里，可以结识新的伙伴，交际范围更广。最后，现代社会，技多不压身，学习艺术可以陶冶情操，运动方面的学习还可以增强体质。

Wǒ zànchéng qù bǔxíbān. Shǒuxiān, qù bǔxíbān kěyǐ gǒnggù zài xuéxiào suǒ xuéxí de nèiróng, bāngzhù xuésheng xiāohuà bù dǒng de zhīshi. Qícì, zài bǔxíbān lǐ kěyǐ xiān xuéxí gèng duō kèwài de zhīshi, qǐdào tíqián yùxí de zuòyòng. Háiyǒu zài fǔdǎobān lǐ, kěyǐ jiéshí xīn de huǒbàn, jiāojì fànwéi gèng guǎng. Zuìhòu, xiàndài shèhuì, jìduō bù yāshēn, xuéxí yìshù kěyǐ táoyě qíngcāo, yùndòng fāngmiàn de xuéxí hái kěyǐ zēngqiáng tǐzhì.

저는 학원에 가는 것에 찬성합니다. 우선 학원에 가면 학교에서 배운 내용을 튼튼히 다질 수 있고, 몰랐던 지식을 소화할 수 있도록 도움 받을 수 있습니다. 둘째, 학원에서는 더 많은 과외의 지식을 앞서 배울 수 있어서 예습의 효과를 가집니다. 게다가 학원에서 새로운 친구를 사귀어 교제의 범위를 넓힐 수 있습니다. 마지막으로, 현대 사회는 재능이 많으면 도움이 됩니다. 예술을 배워 두면 정서를 함양할 수 있고, 운동을 배워 두면 체력을 증강시킬 수 있습니다.

2 　我反对家长让孩子上补习班。第一，小孩子完成学校的作业后，就应该高兴地玩耍，如果家长强迫孩子去补习班学习，不仅使孩子的身心得不到放松，还可能会导致厌学。第二，总是要人指导，有的孩子还会养成不能自主学习的习惯，没有独立思考解决问题的习惯。第三，现在私教育费用很高，上很多补习班会给家长带来经济压力。综上所述，所以我反对去补习班学习。

Wǒ fǎnduì jiāzhǎng ràng háizi shàng bǔxíbān. Dì yī, xiǎoháizi wánchéng xuéxiào de zuòyè hòu, jiù yīnggāi gāoxìng de wánshuǎ, rúguǒ jiāzhǎng qiángpò háizi qù bǔxíbān xuéxí, bùjǐn shǐ háizi de shēnxīn débùdào fàngsōng, hái kěnéng huì dǎozhì yànxué. Dì èr, zǒngshì yào rén zhǐdǎo, yǒu de háizi hái huì yǎngchéng bù néng zìzhǔ xuéxí de xíguàn, méiyǒu dúlì sīkǎo jiějué wèntí de xíguàn. Dì sān, xiànzài sījiàoyù fèiyòng hěn gāo, shàng hěn duō bǔxíbān huì gěi jiāzhǎng dàilái jīngjì yālì. Zōngshàng suǒshù, suǒyǐ wǒ fǎnduì qù bǔxíbān xuéxí.

저는 학부모가 아이를 학원에 보내는 것에 반대합니다. 첫째, 어린이는 학교 숙제를 마친 뒤에 즐겁게 놀아야 하는데, 만약 학부모가 억지로 학원에 보내면 아이는 심신이 휴식을 취할 수 없을 뿐 아니라 공부에 싫증을 느낄 수 있습니다. 둘째, 늘 누군가의 지도를 받아야 하면 아이는 자기주도적인 공부 습관을 기를 수 없고, 스스로 생각해서 문제를 해결하는 습관을 기를 수 없게 될 수도 있습니다. 셋째, 현재 사교육 비용이 매우 비싼데 많은 학원에 다니는 것은 학부모에게 경제적 부담감을 주게 됩니다. 그래서 저는 (아이들이) 학원에 가서 공부하는 것에 반대합니다.

단어　巩固 gǒnggù 통 공고히 하다, 튼튼히 다지다 | 消化 xiāohuà 통 소화하다 | 起到……作用 qǐdào……zuòyòng ~한 역할을 하다 | 提前 tíqián 통 앞당기다 | 结识 jiéshí 통 사귀다 | 伙伴 huǒbàn 명 짝, 동료 | 交际范围 jiāojì fànwéi 교제 범위, 인간관계 | 技多不压身 jìduō bù yāshēn 재주는 배워두면 도움이 된다 | 陶冶 táoyě 통 양성하다 | 情操 qíngcāo 명 정서, 지조 | 增强 zēngqiáng 통 증강하다, 강화하다 | 体质 tǐzhì 명 재질, 체력 | 玩耍 wánshuǎ 통 놀다 | 强迫 qiángpò 통 강요하다, 강박하다 | 不仅……还…… bùjǐn……hái…… 접 ~일 뿐만 아니라 | 身心 shēnxīn 명 심신 | 放松 fàngsōng 통 느슨하게 하다 | 导致 dǎozhì 통 야기하다 | 厌学 yànxué 통 공부에 싫증을 느끼다 | 自主 zìzhǔ 통 스스로 하다 | 独立 dúlì 통 독립하다 | 经济 jīngjì 명 경제

문제 孩子帮父母干家务活，你觉得家长应不应该给报酬？为什么？

🎧 5-2-3 Háizi bāng fùmǔ gàn jiāwùhuó, nǐ juéde jiāzhǎng yīng bu yīnggāi gěi bàochóu? Wèishénme?

아이가 부모님을 도와 집안일을 하면 부모가 대가를 주어야 (혹은 주지 않아야) 한다고 생각합니까? 이유는 무엇입니까?

답변 핵심 문장

应该给

1 培养孩子独立做家务的能力，从小学习如何擦地、洗碗、洗衣服，会越来越勤劳。

Péiyǎng háizi dúlì zuò jiāwù de nénglì, cóngxiǎo xuéxí rúhé cā dì, xǐ wǎn, xǐ yīfu, huì yuèláiyuè qínláo.

아이가 혼자 집안일을 할 수 있는 능력을 기르고, 어릴 때부터 바닥을 닦고, 설거지를 하고, 빨래를 하는 방법을 배우면서 점점 더 부지런해 질 수 있다.

2 可以让孩子懂得付出就有回报。以后在社会上，他就会为了实现理想去付出努力。

Kěyǐ ràng háizi dǒngde fùchū jiù yǒu huíbào. Yǐhòu zài shèhuì shàng, tā jiù huì wèile shíxiàn lǐxiǎng qù fùchū nǔlì.

아이로 하여금 노력을 바치면 보답이 있다는 것을 깨닫게 할 수 있다. 앞으로 사회에 진출해서도 꿈을 실현하기 위해 기꺼이 노력이라는 대가를 치를 것이다.

3 培养孩子对生活的认知，体会父母的辛苦，明白赚钱不容易，人是要劳动的，要独立养活自己。

Péiyǎng háizi duì shēnghuó de rènzhī, tǐhuì fùmǔ de xīnkǔ, míngbái zhuànqián bù róngyì, rén shì yào láodòng de, yào dúlì yǎnghuó zìjǐ.

아이가 생활에 대한 인지 능력을 기를 수 있게 한다. 부모님의 수고를 몸소 느끼고, 돈을 버는 것이 쉽지 않다는 것을 알게 되며, 사람은 노동을 해야 하며, 스스로 자기 자신을 먹여 살려야 함을 깨닫게 된다.

不应该给

1 孩子和父母之间只有金钱交易，可能会疏远父母与孩子的亲情，会让孩子变得冷漠。

Háizi hé fùmǔ zhījiān zhǐ yǒu jīnqián jiāoyì, kěnéng huì shūyuǎn fùmǔ yǔ háizi de qīnqíng, huì ràng háizi biàn de lěngmò.

자식과 부모 사이에 금전 거래만 있으면, 부모와 자식 간의 혈육의 정이 멀어져, 아이가 냉정하게 변할 수 있다.

2 会给孩子的价值观造成负面影响，在小时候就形成一切的付出都需要回报的概念。

Huì gěi háizi de jiàzhíguān zàochéng fùmiàn yǐngxiǎng, zài xiǎoshíhou jiù xíngchéng yíqiè de fùchū dōu xūyào huíbào de gàiniàn.

아이의 가치관에 부정적인 영향을 미쳐서, 어릴 때부터 모든 노력에는 반드시 보답이 따라야 한다는 관념을 갖게 할 수 있다.

3 家务不应该以金钱报酬为目的，家长应该鼓励孩子去做家务，父母的肯定和赞扬更有意义。

Jiāwù bù yīnggāi yǐ jīnqián bàochóu wéi mùdì, jiāzhǎng yīnggāi gǔlì háizi qù zuò jiāwù, fùmǔ de kěndìng hé zànyáng gèng yǒu yìyì.

집안일은 금전적인 대가를 목적으로 해서는 안 되며, 부모는 아이에게 집안일을 하도록 장려해야 한다. 부모의 인정과 칭찬이 더욱 의의가 있는 것이다.

답변 1 我认为孩子帮父母干家务活，家长应该给报酬。首先，给报酬可以促进孩子做家务的积极性，培养孩子独立做家务的能力。其次，可以让孩子懂得付出就有回报的道理，培养他们为了实现理想去努力付出的习惯。从而使孩子体会到父母的辛苦，明白赚钱不易的道理。最后，孩子们用赚到的钱买自己想要的东西的时候，还可以学习如何理财，养成合理支配的习惯。所以，我认为应该给报酬。

Wǒ rènwéi háizi bāng fùmǔ gàn jiāwùhuó, jiāzhǎng yīnggāi gěi bàochóu. Shǒuxiān, gěi bàochóu kěyǐ cùjìn háizi zuò jiāwù de jījíxìng, péiyǎng háizi dúlì zuò jiāwù de nénglì. Qícì, kěyǐ ràng háizi dǒngde fùchū jiù yǒu huíbào de dàolǐ, péiyǎng tāmen wèile shíxiàn lǐxiǎng qù nǔlì fùchū de xíguàn. Cóng'ér shǐ háizi tǐhuì dào fùmǔ de xīnkǔ, míngbái zhuànqián bú yì de dàolǐ. Zuìhòu, háizǐmen yòng zhuàndào de qián mǎi zìjǐ xiǎngyào de dōngxi de shíhou, hái kěyǐ xuéxí rúhé lǐcái, yǎngchéng hélǐ zhīpèi de xíguàn. Suǒyǐ, wǒ rènwéi yīnggāi gěi bàochóu.

저는 아이가 부모를 도와 집안일을 하는 것에 부모가 대가를 주어야 한다고 생각합니다. 우선, 대가를 주는 것은 아이가 집안일을 하는 것에 대한 적극성을 고무시키고, 아이가 스스로 집안일을 하는 능력을 기를 수 있습니다. 다음으로, 아이에게 노력한 만큼 보답이 있다는 것을 깨닫게 하고, 아이들이 꿈을 실현하기 위해 노력하는 습관을 기르도록 할 수 있습니다. 그리하여 아이는 부모님의 수고를 깨닫고, 돈을 버는 것이 쉽지 않다는 이치를 알게 됩니다. 마지막으로, 아이들이 번 돈으로 자신이 원하는 것을 살 때, 돈을 관리하는 방법도 배울 수 있게 되어 합리적으로 할당하는 습관을 기를 수 있습니다. 그러므로, 저는 마땅히 대가를 주어야 한다고 생각합니다.

2 我认为孩子帮父母干家务活，家长不应该给报酬。首先，孩子和父母之间如果只有金钱交易，可能会疏远父母与孩子之间的亲情，会让孩子变得冷漠。其次，做家务就给零花钱，会给孩子的价值观造成负面影响，形成一切的付出都需要回报的概念。最后，孩子也是家庭的一员，他们也应该参与到做家务中，这样能培养他们的责任感。有时父母的一句鼓励会比金钱更有价值。所以我觉得小孩做家务不该要报酬。

Wǒ rènwéi háizi bāng fùmǔ gàn jiāwùhuó, jiāzhǎng bù yīnggāi gěi bàochóu. Shǒuxiān, háizi hé fùmǔ zhījiān rúguǒ zhǐ yǒu jīnqián jiāoyì, kěnéng huì shūyuǎn fùmǔ yǔ háizi zhījiān de qīnqíng, huì ràng háizi biànde lěngmò. Qícì, zuò jiāwù jiù gěi línghuāqián, huì gěi háizi de jiàzhíguān zàochéng fùmiàn yǐngxiǎng, xíngchéng yíqiè de fùchū dōu xūyào huíbào de gàiniàn. Zuìhòu, háizi yě shì jiātíng de yì yuán, tāmen yě yīnggāi cānyù dào zuò jiāwù zhōng, zhèyàng néng péiyǎng tāmen de zérèngǎn. Yǒu shí fùmǔ de yí jù gǔlì huì bǐ jīnqián gèng yǒu jiàzhí. Suǒyǐ wǒ juéde xiǎohái zuò jiāwù bù gāi yào bàochóu.

저는 아이가 부모를 도와 집안일을 하는 것에 부모가 대가를 주지 않아야 한다고 생각합니다. 우선, 자녀와 부모 사이에 금전 거래만 있다면, 부모와 자녀 사이의 돈독한 정이 멀어져 아이는 냉담해질 수 있습니다. 다음으로, 집안일을 하는 것에 용돈을 주는 것은 아이의 가치관에 부정적인 영향을 줄 수 있으며, 모든 노력에는 반드시 보답이 따라야 한다는 관념을 심어줄 수 있습니다. 마지막으로, 자녀도 가족의 일원으로서 마땅히 집안일에 참여하면서 그들의 책임감도 길러질 수 있습니다. 때로는 부모의 격려 한 마디가 돈보다 더욱 가치 있습니다. 그러므로 저는 아이가 집안일을 하는 것에 대가가 따라서는 안 된다고 생각합니다.

단어 报酬 bàochóu 명 보수, 대가 | 促进 cùjìn 동 촉진하다 | 积极性 jījíxìng 명 적극성 | 培养 péiyǎng 동 기르다, 양성하다 | 能力 nénglì 명 능력 | 懂得 dǒngde 동 알다, 이해하다 | 付出 fùchū 동 바치다, 들이다 | 回报 huíbào 동 보답하다 | 赚钱不易 zhuànqián búyì 돈을 버는 것이 쉽지 않다 | 道理 dàolǐ 명 도리, 이치 | 理财 lǐcái 명 재경, 재테크 | 合理 hélǐ 형 합리적이다 | 支配 zhīpèi 동 안배하다, 할당하다 | 金钱 jīnqián 명 금전 | 交易 jiāoyì 명 교역, 거래 | 疏远 shūyuǎn 동 소원하게 하다 | 亲情 qīnqíng 명 혈육간의 정 | 冷漠 lěngmò 형 냉담하다, 무관심하다 | 造成 zàochéng 동 조성하다 | 负面影响 fùmiàn yǐngxiǎng 부정적 영향 | 形成 xíngchéng 동 형성하다, 이루다 | 概念 gàiniàn 명 관념, 개념 | 参与 cānyù 동 참여하다 | 责任感 zérèngǎn 명 책임감 | 鼓励 gǔlì 동 격려하다

问题 4 ★

문제 请你谈谈对早期留学的看法。

🎧5-2-4 Qǐng nǐ tántan duì zǎoqī liúxué de kànfǎ.

조기 유학에 대한 당신의 견해를 이야기해 보세요.

답변 핵심 문장

赞成

1   早期留学因为年龄小，语言学习能力很强，比较容易融入外国人的圈子，适应环境，年龄太大出国的话，语言学习得慢。

Zǎoqī liúxué yīnwèi niánlíng xiǎo, yǔyán xuéxí nénglì hěn qiáng, bǐjiào róngyì róngrù wàiguórén de quānzi, shìyìng huánjìng, niánlíng tài dà chūguó de huà, yǔyán xuéxí de màn.

조기 유학은 나이가 어리기 때문에 언어 학습 능력이 뛰어나고, 외국인의 울타리 안에 비교적 쉽게 녹아들고 환경에 적응할 수 있다. 나이가 많은 상태에서 유학을 가면, 언어 학습이 느리다.

2   低龄留学有利于尽早适应当地的生活、养成当地人的思维习惯，将来更容易融入当地的社会。

Dīlíng liúxué yǒulìyú jìn zǎo shìyìng dāngdì de shēnghuó, yǎngchéng dāngdìrén de sīwéi xíguàn, jiānglái gèng róngyì róngrù dāngdì de shèhuì.

나이가 어려서 유학을 가면 일찍 현지 생활에 적응하는 데 유리하고, 현지인의 사고 습관을 기르는 데 도움이 되어 장차 현지 사회에 더 잘 융화될 수 있다.

3   有些国家的教育方式不是单一的老师讲，学生听的模式，而是有活动课程。低龄留学生一般都喜欢这种学习方式。

Yǒuxiē guójiā de jiàoyù fāngshì bú shì dànyī de lǎoshī jiǎng, xuésheng tīng de móshì, érshì yǒu huódòng kèchéng. Dīlíng liúxuéshēng yìbān dōu xǐhuan zhè zhǒng xuéxí fāngshì.

어떤 나라들의 교육은 선생님이 강의를 하고 학생이 듣는 단순한 유형이 아니고, 함께 활동하는 커리큘럼이다. 조기 유학생은 일반적으로 거의 이런 학습방식을 선호한다.

反对

1   学生年龄偏小，自理能力和独立生活的能力都还不够强，心智也还不是很成熟。

Xuésheng niánlíng piān xiǎo, zìlǐ nénglì hé dúlì shēnghuó de nénglì dōu hái bú gòu qiáng, xīnzhì yě hái bú shì hěn chéngshú.

학생의 나이가 어린 편이고, 스스로 해결하는 능력과 독립적 생활 능력이 아직 충분하지 못하며, 정신도 아직 그다지 성숙하지 못하다.

2   年龄太小出去留学的话，自主的学习能力，适应能力都比较弱。

Niánlíng tài xiǎo chūqù liúxué de huà, zìzhǔ de xuéxí nénglì, shìyìng nénglì dōu bǐjiào ruò.

너무 어릴 때 유학을 가면, 주체적인 학습 능력과 적응력이 모두 약하다.

3   年龄太小出国的话，容易把母语忘掉，父母的经济负担也很大。

Niánlíng tài xiǎo chūguó de huà, róngyì bǎ mǔyǔ wàngdiào, fùmǔ de jīngjì fùdān yě hěn dà.

너무 어려서 외국을 가면, 모국어를 잊어버리기 쉽고, 부모의 경제적 부담 역시 크다.

제 5 부분

답변 1　我赞成早期留学。首先，早期留学因为孩子年龄小，语言学习能力强，能很容易接受当地的文化、养成当地人的思维习惯，尽快融入到外国人的圈子中。年龄太大出国的话，学习语言会越来越有困难，而且有口音。其次，国外的教育不是填鸭式教学，通过大量的让学生参与和动手的活动，来提高学生的理解和独立思考的能力，从而获得良好的教育效果。所以我认为早期留学更有助于学生的发展。

Wǒ zànchéng zǎoqī liúxué. Shǒuxiān, zǎoqī liúxué yīnwèi háizi niánlíng xiǎo, yǔyán xuéxí nénglì qiáng, néng hěn róngyì jiēshòu dāngdì de wénhuà, yǎngchéng dāngdìrén de sīwéi xíguàn, jǐnkuài róngrù dào wàiguórén de quānzi zhōng. Niánlíng tài dà chūguó de huà, xuéxí yǔyán huì yuèláiyuè yǒu kùnnan, érqiě yǒu kǒuyīn. Qícì, guówài de jiàoyù bú shì tiányā shì jiàoxué, tōngguò dàliàng de ràng xuéshēng cānyù hé dòngshǒu de huódòng, lái tígāo xuéshēng de lǐjiě hé dúlì sīkǎo de nénglì, cóng'ér huòdé liánghǎo de jiàoyù xiàoguǒ. Suǒyǐ wǒ rènwéi zǎoqī liúxué gèng yǒuzhùyú xuéshēng de fāzhǎn.

저는 조기 유학에 찬성합니다. 우선 조기 유학은 나이가 어리기 때문에, 언어 학습 능력이 뛰어나, 현지 문화를 쉽게 흡수하고 현지인의 사고 습관을 키울 수 있어서 빠르게 외국인의 울타리 안으로 융화될 수 있습니다. 나이가 많을 때 출국하면 언어 습득에 점점 더 어려움이 생기고, 또 특유의 억양이 생기게 됩니다. 다음으로, 외국의 교육은 주입식 교육이 아니라, 다수의 학생 참여와 체험적 활동을 통해 학생들의 이해와 독립적 사고 능력을 향상시켜 좋은 교육 효과를 얻을 수 있습니다. 그래서 저는 조기 유학이 학생의 발전에 더 도움이 된다고 생각합니다.

2　我反对早期留学。首先，学生年龄偏小，心智也还不是很成熟，自理能力也不够强，对父母的依赖程度比较高，会感到很孤单。其次，年龄太小出国的话，容易把母语忘掉，甚至自己国家的传统都可能忘掉。最后，从小出国，父母的经济负担也很大。所以我反对早期留学。

Wǒ fǎnduì zǎoqī liúxué. Shǒuxiān, xuéshēng niánlíng piān xiǎo, xīnzhì yě hái bú shì hěn chéngshú, zìlǐ nénglì yě bú gòu qiáng, duì fùmǔ de yīlài chéngdù bǐjiào gāo, huì gǎndào hěn gūdān. Qícì, niánlíng tài xiǎo chūguó de huà, róngyì bǎ mǔyǔ wàngdiào, shènzhì zìjǐ guójiā de chuántǒng dōu kěnéng wàngdiào. Zuìhòu, cóngxiǎo chūguó, fùmǔ de jīngjì fùdān yě hěn dà. Suǒyǐ wǒ fǎnduì zǎoqī liúxué.

저는 조기 유학에 반대합니다. 우선, 학생은 나이가 비교적 어리고, 사고 능력도 충분히 성숙하지 않습니다. 스스로 해결하는 능력도 부족하고 부모에 대한 의존도도 꽤 높아서 외로움을 느낄 수 있습니다. 다음으로, 너무 어려서 유학을 가면 모국어를 잊어버리기 쉽고, 심지어 자기 나라의 전통도 잊을 수 있습니다. 마지막으로, 어릴 때부터 유학을 가면 부모의 경제적 부담 역시 크게 됩니다. 그래서 저는 조기 유학에 반대합니다.

단어　年龄 niánlíng 몡 연령 ┃ 接受 jiēshòu 됭 받아들이다 ┃ 当地 dāngdì 몡 현지 ┃ 养成 yǎngchéng 됭 기르다 ┃ 思维 sīwéi 몡 사고 ┃ 习惯 xíguàn 몡 습관 ┃ 尽快 jǐnkuài 뮈 되도록 빨리 ┃ 融入 róngrù 됭 융합되다 ┃ 圈子 quānzi 몡 범위, 테두리 ┃ 口音 kǒuyīn 몡 억양, 어투 ┃ 填鸭式 tiányāshì 몡 주입식 ┃ 参与 cānyù 됭 참여하다 ┃ 动手 dòngshǒu 됭 행동하다 ┃ 获得 huòdé 됭 얻다 ┃ 偏 piān 됭 치우치다 ┃ 心智 xīnzhì 몡 마음의 지혜 ┃ 成熟 chéngshú 됭 성숙하다 ┃ 依赖程度 yīlài chéngdù 의존도 ┃ 母语 mǔyǔ 몡 모국어 ┃ 甚至 shènzhì 뮈 심지어 ┃ 经济负担 jīngjì fùdān 경제적 부담

문제 你对小学生用手机怎么看?

🎧 5-2-5 Nǐ duì xiǎoxuéshēng yòng shǒujī zěnme kàn?

당신은 초등학생이 휴대전화를 사용하는 것에 대하여 어떻게 생각합니까?

답변 핵심 문장

赞成

1 学生可以通过手机及时与家长联系，当小学生遇到危险时可以及时向家长、老师或警察求助。

Xuésheng kěyǐ tōngguò shǒujī jíshí yǔ jiāzhǎng liánxì, dāng xiǎoxuéshēng yùdào wēixiǎn shí kěyǐ jíshí xiàng jiāzhǎng、lǎoshī huò jǐngchá qiúzhù.

학생은 휴대전화를 통해 학부모와 제때에 연락할 수 있다. 초등학생이 위험에 닥쳤을 때 신속히 학부모, 교사 또는 경찰에게 도움을 요청할 수 있다.

2 与同学多交流，遇到疑难问题时，可以用手机进行讨论。

Yǔ tóngxué duō jiāoliú, yùdào yínán wèntí shí, kěyǐ yòng shǒujī jìnxíng tǎolùn.

친구들과 많이 교류할 수 있고, 어려운 문제가 있을 때도 휴대전화로 상담할 수 있다.

3 小学生较早接触手机，熟悉和掌握现代科技产品，会为今后打下基础。

Xiǎoxuéshēng jiào zǎo jiēchù shǒujī, shúxī hé zhǎngwò xiàndài kējì chǎnpǐn, huì wéi jīnhòu dǎxià jīchǔ.

초등학생은 비교적 일찍 휴대전화를 접하게 되는데, 이는 앞으로 현대 과학 기술 제품에 익숙해지고 능숙해지는 데 기초를 다지는 것이 될 수 있다.

反对

1 常常用手机，影响视力、还影响生长发育，大量使用手机会引起健康问题。

Chángcháng yòng shǒujī、yǐngxiǎng shìlì, hái yǐngxiǎng shēngzhǎng fāyù, dàliàng shǐyòng shǒujī huì yǐnqǐ jiànkāng wèntí.

휴대전화를 자주 사용하면 시력에 영향을 주고, 성장 발육에도 영향을 미친다. 휴대전화를 많이 사용하면 건강에 문제가 될 수 있다.

2 沉迷游戏、小说、上网等，孩子失去与他人面对面交流的机会。

Chénmí yóuxì、xiǎoshuō、shàngwǎng děng, háizi shīqù yǔ tārén miàn duì miàn jiāoliú de jīhuì.

게임, 소설, 인터넷 등에 심취하여, 아이는 다른 사람들과 대면해서 교류하는 기회를 잃는다.

3　课余时间或放学以后，互相比较款式和功能。这会增加小学生的虚荣心。

Kèyú shíjiān huò fàngxué yǐhòu, hùxiāng bǐjiào kuǎnshì hé gōngnéng. Zhè huì zēngjiā xiǎoxuéshēng de xūróngxīn.

수업이 없는 시간이나 방과 후에 서로의 (휴대전화) 모델과 기능을 비교하기도 하는데, 이는 초등학생의 허영심을 증가시킬 수 있다.

답변　1　我赞成小学生使用手机。第一，手机可以给我们带来许多生活上的方便，小学生可以通过手机及时与家长联系。第二，作业有问题时，学生们可以用手机互相讨论，促进同学间的交流，增进友谊。第三，手机是现代科技产品，小学生较早接触手机，可以熟悉和了解科技产品，为今后的发展打下基础。所以我赞成小学生使用手机。

Wǒ zànchéng xiǎoxuéshēng shǐyòng shǒujī. Dì yī, shǒujī kěyǐ gěi wǒmen dàilái xǔduō shēnghuó shàng de fāngbiàn, xiǎoxuéshēng kěyǐ tōngguò shǒujī jíshí yǔ jiāzhǎng liánxì. Dì èr, zuòyè yǒu wèntí shí, xuéshēngmen kěyǐ yòng shǒujī hùxiāng tǎolùn, cùjìn tóngxué jiān de jiāoliú, zēngjìn yǒuyì. Dì sān, shǒujī shì xiàndài kējì chǎnpǐn, xiǎoxuéshēng jiào zǎo jiēchù shǒujī, kěyǐ shúxī hé liǎojiě kējì chǎnpǐn, wéi jīnhòu de fāzhǎn dǎxià jīchǔ. Suǒyǐ wǒ zànchéng xiǎoxuéshēng shǐyòng shǒujī.

저는 초등학생이 휴대전화를 사용하는 것에 찬성합니다. 첫째, 휴대전화는 우리에게 여러 가지 생활의 편리함을 가져다 줄 수 있는데, 초등학생은 휴대전화로 학부모와 제때 연락할 수 있습니다. 둘째, 숙제에 문제가 있을 때 학생들은 휴대전화로 서로 상의할 수 있습니다. 친구들과 더 많은 교류를 할 수 있고, 우정을 증진시킬 수 있습니다. 셋째, 휴대전화는 현대 과학 기술 제품입니다. 초등학생은 휴대전화를 비교적 일찍 접하게 되는데, 과학 기술 제품에 보다 익숙해지고 이해할 수 있게 되어 앞으로의 발전을 위한 기초를 다질 수 있습니다. 그래서 저는 초등학생이 휴대전화를 사용하는 것에 찬성합니다.

2　我反对小学生使用手机。第一，常用手机影响视力及生长发育，大量使用手机会引起记忆力不好、头痛、睡眠不好等健康问题。第二，小学生没有自控能力，容易沉迷于游戏、小说、上网等，孩子就失去了与他人面对面交流的机会。最后，手机会增加孩子的攀比心理，造成父母的经济负担。所以我反对小学生用手机。

Wǒ fǎnduì xiǎoxuéshēng shǐyòng shǒujī. Dì yī, chángyòng shǒujī yǐngxiǎng shìlì jí shēngzhǎng fāyù, dàliàng shǐyòng shǒujī huì yǐnqǐ jìyìlì bù hǎo, tóutòng, shuìmián bù hǎo děng jiànkāng wèntí. Dì èr, xiǎoxuéshēng méiyǒu zìkòng nénglì, róngyì chénmíyú yóuxì, xiǎoshuō, shàngwǎng děng, háizi jiù shīqù le yǔ tārén miàn duì miàn jiāoliú de jīhuì. Zuìhòu, shǒujī huì zēngjiā háizi de pānbǐ xīnlǐ, zàochéng fùmǔ de jīngjì fùdān. Suǒyǐ wǒ fǎnduì xiǎoxuéshēng yòng shǒujī.

저는 초등학생이 휴대전화를 사용하는 것에 반대합니다. 첫째, 휴대전화를 자주 사용하면 시력과 성장 발육에 영향을 줍니다. 많이 사용하면 기억력이 안 좋아지고, 머리가 아프거나, 잠을 잘자지 못하는 등의 건강상의 문제를 일으킬 수 있습니다. 둘째, 초등학생은 스스로 통제할 능력이 없어서, 게임, 소설, 인터넷 등에 빠지기 쉬우며, 다른 사람들과 대면해서 교류할 기회를 잃게 됩니다. 마지막으로, 휴대전화는 남과 비교하는 심리를 조장하여, 부모의 경제적 부담이 증가할 수 있습니다. 그래서 저는 초등학생이 휴대전화를 사용하는 것에 반대합니다.

단어

带来 dàilái 图 가져오다 | 方便 fāngbiàn 혱 편리하다 | 及时 jíshí 囝 제때에 | 讨论 tǎolùn 图 토론하다, 논의하다 | 促进 cùjìn 图 촉진하다 | 交流 jiāoliú 명 교류 | 增进 zēngjìn 图 증진하다 | 友谊 yǒuyì 명 우정 | 现代 xiàndài 명 현대 | 科技 kējì 명 과학 기술 | 接触 jiēchù 图 접촉하다, 교류하다 | 熟悉 shúxī 图 익숙하다, 숙지하다 | 产品 chǎnpǐn 명 제품 | 打下基础 dǎxià jīchǔ 기초를 다지다 | 视力 shìlì 명 시력 | 生长发育 shēngzhǎng fāyù 성장 발육 | 记忆力 jìyìlì 명 기억력 | 自控能力 zìkòng nénglì 자기 관리 능력 | 沉迷于 chénmíyú ~에 빠지다 | 面对面 miàn duì miàn 얼굴을 맞대다 | 攀比 pānbǐ 图 (다른 사람과) 상향 비교하다

요즘 취업난이 심각한 사회 문제로 대두되면서 취업에 관한 문제들도 자주 출제되고 있다. 대학생들의 취업이 어려운 현상과 그 원인에 대해 알아보고 자신의 생각과 견해를 정리해 두는 것이 도움된다. 또한 구직 활동을 할 때 자격증, 경력 등 어떠한 준비를 해야 하는지도 생각해보도록 한다.

问题 1 ★

문제 请简单谈谈学生上学期间应不应该打工。

Qǐng jiǎndān tántan xuésheng shàngxué qījiān yīng bu yīnggāi dǎgōng.

학생이 학교 다닐 때 아르바이트를 해야 하는지에 대해 간단히 이야기해 보세요.

답변 핵심 문장

不应该打工

1　耽误学习时间，不能把兼职与学习的时间分配处理好。
　　Dānwù xuéxí shíjiān, bù néng bǎ jiānzhí yǔ xuéxí de shíjiān fēnpèi chǔlǐ hǎo.
　　아르바이트 시간과 공부 시간의 배분을 제대로 할 수 없기 때문에, 공부 시간을 허비하게 된다.

2　工作之后的劳累分散精力，无心学习，导致专业知识掌握不精。
　　Gōngzuò zhīhòu de láolèi fēnsàn jīnglì, wúxīn xuéxí, dǎozhì zhuānyè zhīshi zhǎngwò bù jīng.
　　일한 뒤에 지쳐서 에너지는 분산되고, 공부할 마음이 없어져, 전공 지식의 습득도 제대로 할 수 없게 된다.

3　在校学习时光非常宝贵，毕业以后这样的机会不会再有了。想提高能力，参加学生会，学校社团等活动就可以了。
　　Zài xiào xuéxí shíguāng fēicháng bǎoguì, bìyè yǐhòu zhèyàng de jīhuì bú huì zài yǒu le. Xiǎng tígāo nénglì, cānjiā xuéshēnghuì, xuéxiào shètuán děng huódòng jiù kěyǐ le.
　　학교에서 공부하는 시기는 매우 귀중하다. 졸업 후에는 이러한 기회는 다시 없을 것이다. 능력을 향상시키고 싶다면, 학생회, 학교 동아리 등의 활동에 참여하면 된다.

1   打工可以减轻家庭负担，增加经济来源，补贴生活所需。

Dǎgōng kěyǐ jiǎnqīng jiātíng fùdān, zēngjiā jīngjì láiyuán, bǔtiē shēnghuó suǒxū.

아르바이트는 가정의 부담을 덜고, 수입원을 늘려 생활에 필요한 지출을 보조할 수 있다.

---

2   在打工中寻找个人兴趣，发现自己的专长。提前规划职业生涯。

Zài dǎgōng zhōng xúnzhǎo gèrén xìngqù, fāxiàn zìjǐ de zhuāncháng. Tíqián guīhuà zhíyè shēngyá.

아르바이트에서 개인의 관심사를 찾고, 자신의 특장점을 발견해서 미리 직업 진로계획을 세울 수 있다.

---

3   提前接触社会，获取社会经验，打工可以学到待人处事的经验，有助于之后找工作。

Tíqián jiēchù shèhuì, huòqǔ shèhuì jīngyàn, dǎgōng kěyǐ xuédào dàirén chǔshì de jīngyàn, yǒuzhùyú zhīhòu zhǎo gōngzuò.

미리 사회생활을 경험해보고, 사회 경험을 얻고, 아르바이트를 통해 사람을 대하고 일을 처리하는 경험을 배울 수 있다. 추후에 직업을 찾는 데 도움이 될 수 있다.

답변   1   我觉得学生上学期间不应该打工。首先，打工浪费时间，占用大量的学习时间，很多学生不能把兼职与学习的时间分配处理好。其次，打工之后十分劳累，分散精力，无心学习，很多学生主要精力放在打工上，而忽略了学习，导致所学专业知识差。如果想提高能力，有其他方式，如参加学生会，学校社团，组织学校的活动等。所以我认为学生上学期间不应该打工。

Wǒ juéde xuésheng shàngxué qījiān bù yīnggāi dǎgōng. Shǒuxiān, dǎgōng làngfèi shíjiān, zhànyòng dàliàng de xuéxí shíjiān, hěn duō xuésheng bù néng bǎ jiānzhí yǔ xuéxí de shíjiān fēnpèi chǔlǐ hǎo. Qícì, dǎgōng zhīhòu shífēn láolèi, fēnsàn jīnglì, wúxīn xuéxí, hěn duō xuésheng zhǔyào jīnglì fàng zài dǎgōng shàng, ér hūlüè le xuéxí, dǎozhì suǒ xué zhuānyè zhīshi chà. Rúguǒ xiǎng tígāo nénglì, yǒu qítā fāngshì, rú cānjiā xuéshēnghuì, xuéxiào shètuán, zǔzhī xuéxiào de huódòng děng. Suǒyǐ wǒ rènwéi xuésheng shàngxué qījiān bù yīnggāi dǎgōng.

저는 학생들이 학교 다닐 때 아르바이트를 해서는 안 된다고 생각합니다. 우선 아르바이트는 시간을 낭비합니다. 많은 학생들이 아르바이트 시간과 공부 시간을 잘 배분하지 못해, 공부하는 시간을 뺏기게 됩니다. 또한, 아르바이트 후에는 피로로 인해 에너지가 분산되고 공부할 기분이 나지 않게 됩니다. 많은 학생들이 주로 아르바이트에 힘쓰다가 공부를 소홀히 하게 되어, 전공 지식이 부족해지는 결과가 생깁니다. 만약 능력을 키우고 싶다면 학생회나 학교 동아리에 참가하거나, 학교 활동을 조직하는 등의 다른 방법이 있습니다. 그래서 저는 학생들이 학교 다닐 때 아르바이트를 해서는 안 된다고 생각합니다.

2　我觉得学生上学期间应该打工。第一，打工可以减轻家庭经济负担，也可以增加自己的经济收入。第二，打工能提前体验各种类型的职业，寻找个人兴趣，提前安排职业规划，在打工中发现自己的专长。第三，打工可以提前接触社会，获取社会经验，增加社会实践经验，给自己以后就业增加一些资本。因为我认为打工可以提高自己的综合能力，所以我赞成学生上学期间打工。

Wǒ juéde xuésheng shàngxué qījiān yīnggāi dǎgōng. Dì yī, dǎgōng kěyǐ jiǎnqīng jiātíng jīngjì fùdān, yě kěyǐ zēngjiā zìjǐ de jīngjì shōurù. Dì èr, dǎgōng néng tíqián tǐyàn gè zhǒng lèixíng de zhíyè, xúnzhǎo gèrén xìngqù, tíqián ānpái zhíyè guīhuà, zài dǎgōng zhōng fāxiàn zìjǐ de zhuāncháng. Dì sān, dǎgōng kěyǐ tíqián jiēchù shèhuì, huòqǔ shèhuì jīngyàn, zēngjiā shèhuì shíjiàn jīngyàn, gěi zìjǐ yǐhòu jiùyè zēngjiā yìxiē zīběn. Yīnwèi wǒ rènwéi dǎgōng kěyǐ tígāo zìjǐ de zōnghé nénglì, suǒyǐ wǒ zànchéng xuésheng shàngxué qījiān dǎgōng.

저는 학생들이 학교에 다니는 동안 아르바이트를 해야 한다고 생각합니다. 첫째, 아르바이트는 가계의 경제적 부담을 덜어줄 수 있고, 자신의 경제 수입을 증가시킬 수 있습니다. 둘째, 아르바이트는 다양한 유형의 직업을 미리 체험해 볼 수 있어서, 개인의 관심사를 찾고, 진로 계획을 미리 세워볼 수 있습니다. 또한 아르바이트를 하면서 자신의 특장점을 발견할 수도 있습니다. 셋째, 아르바이트는 사회를 미리 접해볼 수 있어 사회 경험을 얻을 수 있고, 사회 실천 경험을 쌓을 수 있습니다. 이는 향후 자신이 취업하는 데 또 하나의 밑천이 됩니다. 그래서 저는 아르바이트가 자신의 종합적인 여러 능력을 향상시킬 수 있다고 생각하기 때문에, 학생들이 학교 다닐 때 아르바이트하는 것에 찬성합니다.

단어　浪费 làngfèi 图 낭비하다 | 占用 zhànyòng 图 (남의 것을) 점용하다 | 兼职 jiānzhí 명 아르바이트, 겸직 | 分配 fēnpèi 图 분배하다, 안배하다 | 劳累 láolèi 图 피곤해지다 | 无心 wúxīn 图 생각이 없다 | 忽略 hūlüè 图 소홀히 하다 | 导致 dǎozhì 图 야기하다 | 减轻 jiǎnqīng 图 경감하다 | 增加 zēngjiā 图 증가하다 | 收入 shōurù 명 수입 | 体验 tǐyàn 图 체험하다 | 提前 tíqián 图 앞당기다 | 规划 guīhuà 명 계획 | 专长 zhuāncháng 명 특기, 전문 기술 | 接触 jiēchù 图 접촉하다, 닿다 | 获取 huòqǔ 图 획득하다 | 实践 shíjiàn 图 실천하다 | 资本 zīběn 명 자본 | 综合 zōnghé 图 종합하다

问题 2 ⭐

문제 你觉得妇女婚后应不应该工作？请对这个问题谈谈你的看法。

🎧 5-3-2 Nǐ juéde fùnǚ hūn hòu yīng bu yīnggāi gōngzuò? Qǐng duì zhège wèntí tántan nǐ de kànfǎ.

당신은 부녀자가 결혼 후에 일을 해야 한다고 생각합니까? 이 문제에 대한 당신의 견해를 이야기해 보세요.

답변 핵심 문장

应该工作

1 女人一定要经济独立，不然在家没有话语权。
   Nǚrén yídìng yào jīngjì dúlì, bùrán zài jiā méiyou huàyǔquán.
   여자는 반드시 경제적 독립을 해야 한다. 그렇지 않으면 집에서 발언권이 없어질 수 있다.

2 生活多元化，工作可以让你有社会圈子，交到朋友，生活也很有规律。
   Shēnghuó duōyuánhuà, gōngzuò kěyǐ ràng nǐ yǒu shèhuì quānzi, jiāodào péngyǒu, shēnghuó yě hěn yǒu guīlǜ.
   생활이 다원화되면서, 일은 당신이 사회적 울타리를 갖게 하고, 친구를 사귀게 할 수 있으며, 규칙적으로 생활하게 한다.

3 在家平等。因为您也要工作，可以和丈夫一起承担家务。
   Zài jiā píngděng. Yīnwèi nín yě yào gōngzuò, kěyǐ hé zhàngfu yìqǐ chéngdān jiāwù.
   집에서는 평등하다. 당신도 일을 하기 때문에 남편과 함께 집안일을 책임질 수 있다.

不应该工作

1 应该以孩子为重，照顾孩子和家务已经非常辛苦了。
   Yīnggāi yǐ háizi wéi zhòng, zhàogù háizi hé jiāwù yǐjīng fēicháng xīnkǔ le.
   아이를 중요시해야 한다. 아이를 돌보고 집안일을 하는 것도 이미 굉장히 힘든 일이다.

2 老公的收入足以让家庭过安稳的日子。
   Lǎogōng de shōurù zúyǐ ràng jiātíng guò ānwěn de rìzi.
   남편의 수입으로 가정은 안정적인 생활을 꾸려갈 수 있다.

3 男女应该分工合作，男主外，女主内。
   Nánnǚ yīnggāi fēngōng hézuò, nán zhǔ wài, nǚ zhǔ nèi.
   남자는 밖에서 일하고 여자는 집안일을 하면서, 남녀가 일을 나눠서 협력해야 한다.

제 **5** 부분

1   我觉得女人应该去工作。第一，能够保证自己经济独立，至少花钱的时候很自由，自己想买东西也不用跟任何人说。第二，女人有自己的工作，生活会多元化，让人觉得很充实，可以获得成就感。第三，家庭主妇的生活就是家庭，单调乏味，家务活都是女人的。而工作的女性，夫妻两个人一起做家庭劳动，在这个过程中，能够互相理解对方的辛苦。所以我觉得女人婚后也应该工作，这样婚姻生活才能更美满。

Wǒ juéde nǚrén yīnggāi qù gōngzuò. Dì yī, nénggòu bǎozhèng zìjǐ jīngjì dúlì, zhìshǎo huāqián de shíhou hěn zìyóu, zìjǐ xiǎng mǎi dōngxi yě búyòng gēn rènhé rén shuō. Dì èr, nǚrén yǒu zìjǐ de gōngzuò, shēnghuó huì duōyuánhuà, ràng rén juéde hěn chōngshí, kěyǐ huòdé chéngjiùgǎn. Dì sān, jiātíng zhǔfù de shēnghuó jiùshì jiātíng, dāndiào fáwèi, jiāwùhuó dōu shì nǚrén de. ér gōngzuò de nǚxìng, fūqī liǎng ge rén yìqǐ zuò jiātíng láodòng, zài zhè ge guòchéng zhōng, nénggòu hùxiāng lǐjiě duìfāng de xīnkǔ. Suǒyǐ wǒ juéde nǚrén hūn hòu yě yīnggāi gōngzuò, zhèyàng hūnyīn shēnghuó cái néng gèng měimǎn.

저는 여자가 일을 해야 한다고 생각합니다. 첫째, 자신의 경제적 독립을 보장할 수 있고, 적어도 돈을 쓸 때는 자유롭기 때문입니다. 자신이 사고 싶은 물건이 있어도 누구에게 말할 필요가 없습니다. 둘째, 여성이 자신의 직업이 있으면, 생활이 다원화되어 충만함을 느끼고, 성취감을 얻을 수 있습니다. 셋째, 가정주부의 생활은 가정에서만 이루어지기 때문에 단조롭고 무미건조하며, 집안일도 모두 여자들의 몫이 됩니다. 반면, 일하는 여성의 경우, 부부가 함께 집안일을 하는데, 이 과정에서 상대방의 노고를 서로 이해할 수 있게 됩니다. 그래서 여자도 결혼 후에 일을 해야 한다고 생각하며, 이러한 결혼 생활이 비로소 더 아름답고 원만할 것입니다.

2   我赞成女人婚后不工作。第一，孩子出生前，就和妈妈母体相连，出生后，还是非常依恋母亲的，所以有妈妈在身旁，孩子会更有安全感。第二，老公的收入能让我过安稳的日子，我有没有收入都无所谓。第三，自古以来，都是男主外，女主内。更何况，女人上班也竞争不过男人，公司里的上司大多是男人，虽然也有个别女人当领导，但她们失去的太多，我不希望成为这样的女强人。

Wǒ zànchéng nǚrén hūn hòu bù gōngzuò. Dì yī, háizi chūshēng qián, jiù hé māma mǔtǐ xiānglián, chūshēng hòu, háishi fēicháng yīliàn mǔqīn de, suǒyǐ yǒu māma zài shēnpáng, háizi huì gèng yǒu ānquángǎn. Dì èr, lǎogōng de shōurù néng ràng wǒ guò ānwěn de rìzi, wǒ yǒu méiyou shōurù dōu wúsuǒwèi. Dì sān, zìgǔ yǐlái, dōu shì nán zhǔ wài, nǚ zhǔ nèi. Gèng hékuàng, nǚrén shàngbān yě jìngzhēng buguò nánrén, gōngsī lǐ de shàngsi dà duō shì nánrén, suīrán yě yǒu gèbié nǚrén dāng lǐngdǎo, dàn tāmen shīqù de tài duō, wǒ bù xīwàng chéngwéi zhèyàng de nǚqiángrén.

나는 여자들이 결혼 후에 일을 하지 않는 것에 찬성합니다. 첫째, 아이는 태어나기 전에 엄마와 서로 연결되어 있다가, 출생 후에는 엄마를 무척 그리워 합니다. 그래서 엄마가 곁에 있을 때 아이는 더욱 안정감을 느낍니다. 둘째, 남편의 수입으로 충분히 안정적인 생활을 꾸려갈 수 있기 때문에 제 수입이 있고 없고는 상관없습니다. 셋째, 옛말에 남자는 밖에서 일하고, 여자는 집안일을 한다는 말이 있습니다. 게다가 여자가 사회에서 남자와의 경쟁에서 이길 수 없다는 것은 더 말할 것도 없습니다. 직장 내 상사도 대부분 남자이고, 일부 여성이 리더로 있는 경우도 있지만, 그녀들이 잃는 것은 너무 많습니다. 저는 이런 억척녀가 되고 싶지는 않습니다.

단어　经济独立 jīngjì dúlì 경제적 독립 | 任何 rènhé 때 어떠한 | 多元化 duōyuánhuà 圄 다원화하다 | 充实 chōngshí 圄 충실하다, 풍부하다 | 获得 huòdé 圄 얻다 | 成就感 chéngjiùgǎn 圄 성취감 | 单调 dāndiào 圄 단조롭다 | 乏味 fáwèi 圄 무미건조하다 | 美满 měimǎn 圄 아름답고 원만하다 | 母体 mǔtǐ 圄 모체 | 相连 xiānglián 圄 서로 닿다, 연결되다 | 依恋 yīliàn 圄 그리워하다, 아쉬워하다 | 安全感 ānquángǎn 圄 안정감 | 收入 shōurù 圄 수입 | 安稳 ānwěn 圄 안정하다 | 无所谓 wúsuǒwèi 상관없다 | 自古以来 zìgǔ yǐlái 자고로, 예로부터 | 男主外女主内 nán zhǔ wài nǚ zhǔ nèi 남자는 밖에서 일하고, 여자는 집안일을 하다 | 更何况 gèng hékuàng 하물며 말할 필요가 없다 | 竞争 jìngzhēng 圄 경쟁하다 | 领导 lǐngdǎo 圄 지도자

问题 3 ⭐

문제　你认为人们换工作的主要原因是什么呢?

🎧 5-3-3　Nǐ rènwéi rénmen huàn gōngzuò de zhǔyào yuányīn shì shénme ne?

사람들이 직장을 옮기는 주요 원인은 무엇이라고 생각합니까?

답변　1　现在年轻人经常换工作，原因有很多。第一，原来的工作没有发展空间，看不到未来，觉得眼前一片黑暗，没有成功的机会。第二，在公司里学不到很多经验，公司规模有限，人才也有限，在公司没有什么可以学的，对目前的工作状态不满意。第三，在公司不能发挥自己的才能，没有适合自己的平台，实现不了自我的价值。总而言之，因为公司没前景，学习不到技能，提升不了自己，得不到认可，所以换工作。

Xiànzài niánqīngrén jīngcháng huàn gōngzuò, yuányīn yǒu hěn duō. Dì yī, yuánlái de gōngzuò méiyǒu fāzhǎn kōngjiān, kàn bu dào wèilái, juéde yǎnqián yí piàn hēi'àn, méiyǒu chénggōng de jīhuì. Dì èr, zài gōngsī lǐ xué bu dào hěn duō jīngyàn, gōngsī guīmó yǒuxiàn, réncái yě yǒuxiàn, zài gōngsī méiyǒu shénme kěyǐ xué de, duì mùqián de gōngzuò zhuàngtài bù mǎnyì. Dì sān, zài gōngsī bù néng fāhuī zìjǐ de cáinéng, méiyǒu shìhé zìjǐ de píngtái, shíxiàn buliǎo zìwǒ de jiàzhí. Zǒng'ér yánzhī, yīnwèi gōngsī méi qiánjǐng, xuéxí bu dào jìnéng, tíshēng buliǎo zìjǐ, dé bu dào rènkě, suǒyǐ huàn gōngzuò.

요즘 젊은이들은 자주 직업을 바꾸는데, 원인은 매우 많습니다. 첫째, 원래 하던 일이 발전의 여지가 없고, 미래가 보이지 않으면, 눈앞이 캄캄해지고 성공의 기회가 없다고 생각하게 됩니다. 둘째, 회사에서 많은 경험을 배울 수 없고, 회사 규모는 한계가 있고, 인재도 한정적이며 회사에서 배울 만한 것이 별로 없다면, 현재의 업무 환경에 만족하지 못하게 됩니다. 셋째, 회사에서 자신의 재능을 발휘할 수 없고, 자신에게 맞는 무대가 없으며, 자아의 가치를 실현할 수 없을 때입니다. 요컨대, 회사가 전망이 없거나, 기술을 배울 수 없고, 자신을 향상시키거나 인정받을 수 없기 때문에 직장을 옮기는 것입니다.

제 **5** 부분

2 　换工作已经成为了普遍现象。首先，之前的工作脱离了个人的职业规划，和梦想有一些差距，之前的工作自己能完全控制好，能够完全地胜任。但是这样的工作在3个月以后，就会让你厌烦不已，变得无所事事，每天都做一样的事情，所以缺少工作激情，希望工作能具有一定的挑战性。其次，很多人在公司不被主要领导重视，得不到重用，很难有升职的机会，公司的规模较小，工资福利待遇一般，没有教育培训的机会，觉得在这样的公司工作没有成功的可能性。最后，工作上班地点太远，不利于全身心地投入工作，把很多时间都浪费在了路上。总而言之，很多人因为觉得自己目前的工作和理想的工作有差距，还有公司的发展前景如何以及个人的家庭因素等等而考虑换工作。

Huàn gōngzuò yǐjīng chéngwéi le pǔbiàn xiànxiàng. Shǒuxiān, zhīqián de gōngzuò tuōlí le gèrén de zhíyè guīhuà, hé mèngxiǎng yǒu yìxiē chājù, zhīqián de gōngzuò zìjǐ néng wánquán kòngzhì hǎo, nénggòu wánquán de shèngrèn. Dànshì zhèyàng de gōngzuò zài sān ge yuè yǐhòu, jiù huì ràng nǐ yànfán bùyǐ, biàn de wúsuǒ shìshì, měitiān dōu zuò yíyàng de shìqing, suǒyǐ quēshǎo gōngzuò jīqíng, xīwàng gōngzuò néng jùyǒu yídìng de tiǎozhànxìng. Qícì, hěn duō rén zài gōngsī bú bèi zhǔyào lǐngdǎo zhòngshì, dé bu dào zhòngyòng, hěn nán yǒu shēngzhí de jīhuì, gōngsī de guīmó jiào xiǎo, gōngzī fúlì dàiyù yìbān, méiyǒu jiàoyù péixùn de jīhuì, juéde zài zhèyàng de gōngsī gōngzuò méiyǒu chénggōng de kěnéngxìng. Zuìhòu, gōngzuò shàngbān dìdiǎn tài yuǎn, búlìyú quánshēnxīn de tóurù gōngzuò, bǎ hěn duō shíjiān dōu làngfèi zài le lùshàng. Zǒng'ér yánzhī, hěn duō rén yīnwèi juéde zìjǐ mùqián de gōngzuò hé lǐxiǎng de gōngzuò yǒu chājù, háiyǒu gōngsī de fāzhǎn qiánjǐng rúhé yǐjí gèrén de jiātíng yīnsù děngděng ér kǎolǜ huàn gōngzuò.

직장을 바꾸는 것은 이미 보편적인 현상이 되었습니다. 먼저, 이전의 일이 자신의 진로 계획에서 벗어나 자신의 꿈과는 다소 차이가 있을 때입니다. 이전의 일은 스스로 완벽하게 통제할 수 있고, 완전히 감당할 수 있습니다. 하지만 이런 일은 3개월이 지나면 하기 싫어지고, 아무것도 하지 않게 됩니다. 매일 같은 일을 하다보면 업무에 대한 열정도 줄어들고 일이 어느 정도의 도전 정신을 갖기를 바라게 됩니다. 둘째, 많은 사람이 회사에서 리더에게 관심을 받지 못하면, 중용되지 않고 승진 기회도 갖기 어렵습니다. 또한 회사의 규모가 비교적 작고 급여와 복지는 보통이며, 교육이나 연수의 기회가 없으면, 이런 회사에서 일하는 것은 성공의 가능성이 없다고 생각하기도 합니다. 끝으로, 회사 출퇴근 거리가 너무 멀어서, 몸과 마음을 일에 몰두하는 데 불리하고 많은 시간을 길에서 허비하게 됩니다. 요컨대, 많은 사람들이 현재 업무는 자신이 생각하는 이상적인 업무와 차이가 난다고 생각하고, 회사의 발전 전망의 여부 그리고 개인의 가정적 요인 등등으로 인해 직장을 바꾸는 것을 고려하게 됩니다.

단어

发展 fāzhǎn 통 발전하다 | 空间 kōngjiān 명 공간 | 黑暗 hēi'àn 형 어둡다, 암담하다 | 成功 chénggōng 통 성공하다 | 规模 guīmó 명 규모 | 状态 zhuàngtài 명 상태 | 发挥 fāhuī 통 발휘하다 | 平台 píngtái 명 테이블, [비유] 공간, 기회 | 实现 shíxiàn 통 실현하다 | 价值 jiàzhí 명 가치 | 前景 qiánjǐng 명 전망 | 认可 rènkě 명 승낙, 허가 | 普遍 pǔbiàn 형 보편적이다 | 控制 kòngzhì 통 제어하다, 제압하다 | 胜任 shèngrèn 통 감당하다 | 厌烦 yànfán 통 싫어하다 | 无所事事 wúsuǒshìshì 성 아무 일도 하지 않다 | 缺少 quēshǎo 통 모자라다 | 激情 jīqíng 명 열정 | 挑战性 tiǎozhànxìng 명 도전성 | 重视 zhòngshì 통 중요시하다 | 重用 zhòngyòng 통 중요한 자리에 임용하다 | 福利 fúlì 명 복지 | 待遇 dàiyù 명 대우 | 培训 péixùn 통 훈련하다 | 全身心 quánshēnxīn 몸과 마음을 다해 | 投入 tóurù 통 뛰어들다, 투입하다 | 因素 yīnsù 명 요소

문제 你认为在大企业工作好还是中小企业工作好?

🎧5-3-4 Nǐ rènwéi zài dàqǐyè gōngzuò hǎo háishi zhōngxiǎo qǐyè gōngzuò hǎo?

당신은 대기업에서 일하는 것이 좋습니까, 아니면 중소기업에서 일하는 것이 좋습니까?

답변 핵심 문장

大企业好

1 大企业相对稳定，签订合同、保险、加班费等有保障，而且收入高。
Dàqǐyè xiāngduì wěndìng, qiāndìng hétong、bǎoxiǎn、jiābānfèi děng yǒu bǎozhàng, érqiě shōurù gāo.
대기업은 상대적으로 안정적이고 계약 체결, 보험, 야근수당 등이 보장되며 수입도 높다.

2 大公司注重培训，可以塑造专业性的职场人。
Dàgōngsī zhùzhòng péixùn, kěyǐ sùzào zhuānyèxìng de zhíchǎngrén.
대기업은 교육을 중시해서 전문성을 갖춘 인재를 양성할 수 있다.

3 公司可以遇到很多高端人才，多跟高端人才学习，对你将来的职业发展可以加分。
Gōngsī kěyǐ yùdào hěn duō gāoduān réncái, duō gēn gāoduān réncái xuéxí, duì nǐ jiānglái de zhíyè fāzhǎn kěyǐ jiāfēn.
회사는 고급 인재를 많이 만날 수 있고, 고급 인재에게 많이 배울 수 있어, 당신의 장래 커리어 발전에 플러스가 될 것이다.

中小企业好

1 大公司压力大，很难受到重用。而中小企业对员工的了解程度较高。
Dàgōngsī yālì dà, hěn nán shòudào zhòngyòng. Ér zhōngxiǎo qǐyè duì yuángōng de liǎojiě chéngdù jiào gāo.
대기업은 스트레스가 많고, 중용되기가 매우 어렵다. 반면 중소기업은 직원에 대한 이해도가 비교적 높다.

2 中小公司的好处很多，小公司通常是一人多岗，接触的工作范围广。
Zhōngxiǎo gōngsī de hǎochu hěn duō, xiǎogōngsī tōngcháng shì yì rén duō gǎng, jiēchù de gōngzuò fànwéi guǎng.
중소기업의 장점은 매우 많은데, 작은 회사는 일반적으로 한 사람이 여러 업무를 하는 경우가 많아서, 경험해볼 수 있는 업무 범위가 넓다.

3   中小企业的用人和经营方式较为灵活，可发挥的空间大。
    Zhōngxiǎo qǐyè de yòngrén hé jīngyíng fāngshì jiào wéi línghuó, kě fāhuī de kōngjiān dà.
    중소기업의 인력과 경영 방식이 비교적 유연하고 융통성이 있어, (자신의 능력을) 발휘할 수 있는 여지가 많다.

답변   1   我认为在大企业工作好，首先，大企业相对稳定，年薪相对较高，在签订合同、保险、加班费等方面都能得到保障。其次，可以了解到大公司工作的流程和制度，一人一岗，可以学到专业性的知识，大公司注重教育，可以培训出有专业性的职场人。最后，大公司可以遇到很多人才，你能跟他们学习到很多知识。所以我觉得大公司发展成熟，管理方面系统化，对我将来的职业发展好。

Wǒ rènwéi zài dàqǐyè gōngzuò hǎo, shǒuxiān, dàqǐyè xiāngduì wěndìng, niánxīn xiāngduì jiào gāo, zài qiāndìng hétong, bǎoxiǎn, jiābānfèi děng fāngmiàn dōu néng dédào bǎozhàng. Qícì, kěyǐ liǎojiě dào dàgōngsī gōngzuò de liúchéng hé zhìdù, yì rén yì gǎng, kěyǐ xuédào zhuānyèxìng de zhīshi, dàgōngsī zhùzhòng jiàoyù, kěyǐ péixùn chū yǒu zhuānyèxìng de zhíchǎngrén. Zuìhòu, dàgōngsī kěyǐ yùdào hěn duō réncái, nǐ néng gēn tāmen xuéxí dào hěn duō zhīshi. Suǒyǐ wǒ juéde dàgōngsī fāzhǎn chéngshú, guǎnlǐ fāngmiàn xìtǒnghuà, duì wǒ jiānglái de zhíyè fāzhǎn hǎo.

저는 대기업에서 일하는 것이 좋다고 생각합니다. 우선 대기업은 상대적으로 안정적이고 연봉도 상대적으로 높으며, 계약 체결이나 보험, 야근수당 등을 보장받을 수 있습니다. 둘째, 대기업은 업무 절차와 제도를 파악할 수 있고, 한 사람이 한 분야에 집중해서 일하면서 전문적 지식을 배울 수 있습니다. 대기업은 인재 교육을 중시하기 때문에 전문성을 갖춘 직원을 많이 양성해낼 수 있습니다. 마지막으로, 대기업은 많은 인재를 만날 수 있는데, 그들에게 많은 지식을 배울 수 있습니다. 그래서 저는 대기업이 발전 정도가 이미 성숙 단계에 이르렀고 관리면에서 체계화되어 있어, 제 장래의 커리어 발전에도 좋다고 생각합니다.

2   我认为在中小企业工作好，首先，进大公司不容易，大公司升职的空间较小，发展很好的大公司往往竞争压力比较大。其次，在大公司也很难得到重用，而中小企业管理者对员工的了解程度较高，能够更多地考虑员工的特点，从而合理利用人才。最后，小公司通常是一人多岗，接触的工作范围广，变成全能者，可以学习生产经营的全过程，还可以学习和提高自己的管理和市场分析等综合能力。中小企业的用人和经营比较自由。员工有更加自由的工作环境，更容易获得展示才能的空间。

Wǒ rènwéi zài zhōngxiǎo qǐyè gōngzuò hǎo, shǒuxiān, jìn dàgōngsī bù róngyì, dàgōngsī shēngzhí de kōngjiān jiào xiǎo, fāzhǎn hěn hǎo de dàgōngsī wǎngwǎng jìngzhēng yālì bǐjiào dà. Qícì, zài dàgōngsī yě hěn nán dédào zhòngyòng, ér zhōngxiǎo qǐyè guǎnlǐzhě duì yuángōng de liǎojiě chéngdù jiào gāo, nénggòu gèng duō de kǎolǜ yuángōng de tèdiǎn, cóng'ér hélǐ lìyòng réncái. Zuìhòu, xiǎogōngsī tōngcháng shì yì rén duō gǎng, jiēchù de gōngzuò fànwéi guǎng, biànchéng quánnéngzhě, kěyǐ xuéxí shēngchǎn jīngyíng de quán guòchéng, hái kěyǐ xuéxí hé tígāo zìjǐ de guǎnlǐ hé shìchǎng fēnxī děng zōnghé nénglì. Zhōngxiǎo qǐyè de yòngrén hé jīngyíng bǐjiào zìyóu. Yuángōng yǒu gèngjiā zìyóu de gōngzuò huánjìng, gèng róngyì huòdé zhǎnshì cáinéng de kōngjiān.

저는 중소기업에서 일하는 것이 좋다고 생각합니다. 우선, 대기업은 입사가 쉽지 않고, 승진할 기회는 비교적 적어서 잘나가는 대기업은 종종 경쟁 스트레스가 비교적 큽니다. 둘째, 대기업에서는 중용되기가 어렵습니다. 반면, 중소기업 관리자는 직원에 대한 이해도가 비교적 높고 직원들의 특성을 더 많이 고려해 줄 수 있어서 합리적으로 인재를 등용합니다. 마지막으로, 작은 회사는 일반적으로 한 명이 여러 가지 업무를 도맡아 하는 경우가 있어, 경험할 수 있는 업무 분야가 넓어서 전능한 인재가 될 수 있습니다. 생산 경영의 전 과정을 배울 수 있고, 자기 관리나 시장 분석 등 종합적인 능력을 배우고 향상시킬 수 있습니다. 중소기업의 인력과 경영은 비교적 자유롭습니다. 직원들은 보다 자유로운 근무 환경을 가지고 있고, 자신의 재능을 펼칠 수 있는 기회를 얻기가 더 쉽습니다.

단어

大企业 dàqǐyè 몡 대기업 | 稳定 wěndìng 톙 안정하다 | 年薪 niánxīn 몡 연봉 | 签订 qiāndìng 됭 체결하다, 함께 서명하다 | 加班费 jiābānfèi 몡 야근수당 | 保障 bǎozhàng 됭 보장하다 | 流程 liúchéng 몡 공정, 절차 | 制度 zhìdù 몡 제도 | 职场人 zhíchǎngrén 몡 직장인 | 成熟 chéngshú 톙 성숙하다, 익다 | 系统化 xìtǒnghuà 됭 체계화하다 | 容易 róngyì 톙 쉽다 | 升职 shēngzhí 됭 승진하다 | 发展 fāzhǎn 됭 발전하다 | 考虑 kǎolǜ 됭 고려하다 | 合理 hélǐ 톙 합리적이다 | 接触 jiēchù 됭 접촉하다 | 范围 fànwéi 몡 범위 | 全能 quánnéng 톙 만능의 | 分析 fēnxī 몡됭 분석(하다) | 经营 jīngyíng 됭 경영하다 | 获得 huòdé 됭 획득하다 | 展示 zhǎnshì 됭 전시하다, 펼쳐 보이다

문제 你怎么看待通过熟人介绍进入公司的情况？请说说你的想法。

🎧5-3-5 Nǐ zěnme kàndài tōngguò shúrén jièshào jìnrù gōngsī de qíngkuàng? Qǐng shuōshuo nǐ de xiǎngfǎ.

지인의 소개로 회사에 입사하는 상황에 대해서 어떻게 생각합니까? 당신의 생각을 말해보세요.

답변 핵심 문장

1 通过熟人进公司比较好。因为这样的话能对这个人知根知底，老板也比较放心把所有业务交给他。

Tōngguò shúrén jìn gōngsī bǐjiào hǎo. Yīnwèi zhèyàng de huà néng duì zhè ge rén zhīgēn zhīdǐ, lǎobǎn yě bǐjiào fàngxīn bǎ suǒyǒu yèwù jiāo gěi tā.

지인을 통하여 입사하는 것은 좋다. 이 사람에 대하여 전반적으로 잘 알고 있고, 사장님 입장에서도 마음 놓고 업무를 맡길 수 있기 때문이다.

2 我觉得通过熟人进公司会比较麻烦，如果这个人干不好的话，还会连累到其他人。

Wǒ juéde tōngguò shúrén jìn gōngsī huì bǐjiào máfan, rúguǒ zhè ge rén gàn bu hǎo de huà, hái huì liánlèi dào qítā rén.

지인을 통하여 입사하는 것은 아주 불편한 일이다. 만약 이 사람이 일을 잘하지 못한다면, 다른 사람한테도 폐를 끼칠 수 있기 때문이다.

3 如果有能力还是靠自己去找工作比较好，俗话说，靠谁也不如靠自己。

Rúguǒ yǒu nénglì háishi kào zìjǐ qù zhǎo gōngzuò bǐjiào hǎo, súhuà shuō, kào shéi yě bùrú kào zìjǐ.

만약 능력이 된다면, 스스로 일자리를 찾는 것이 바람직하다. 옛말에 다른 사람에 의지할 바에야 자신에게 의지하는 것이 낫다는 말이 있다.

답변 1 我很赞成通过熟人介绍进入公司的情况。首先，现在竞争压力大，很多人没有工作，自己又不能找到理想的工作，需要别人的帮忙。其次，因为是熟人介绍，所以他对我很了解，知道我的脾气个性，熟人觉得我很适合的工作，我觉得我应该去试一试。也许我可以胜任这个工作。

Wǒ hěn zànchéng tōngguò shúrén jièshào jìnrù gōngsī de qíngkuàng. Shǒuxiān, xiànzài jìngzhēng yālì dà, hěn duō rén méiyǒu gōngzuò, zìjǐ yòu bù néng zhǎodào lǐxiǎng de gōngzuò, xūyào biérén de bāngmáng. Qícì, yīnwèi shì shúrén jièshào, suǒyǐ tā duì wǒ hěn liǎojiě, zhīdào wǒ de píqi gèxìng, shúrén juéde wǒ hěn shìhé de gōngzuò, wǒ juéde wǒ yīnggāi qù shì yi shì. Yěxǔ wǒ kěyǐ shèngrèn zhè ge gōngzuò.

저는 지인의 소개로 회사에 입사하는 것에 매우 찬성합니다. 우선, 현재 경쟁에 대한 스트레스는 크고, 직업이 없는 사람들이 많은데, 자신이 원하는 이상적인 직업을 찾을 수 없다면 다른 사람의 도움이 필요합니다. 둘째, 지인의 소개이기 때문에, 그 사람은 저의 성격과 개성을 잘 알고 있고, 제가 그 일에 적합하다고 생각하여 소개한 것이므로, 그 일은 충분히 해볼 만한 가치가 있다고 생각합니다. 어쩌면 저는 그 일을 충분히 잘 해낼 수 있습니다.

2   我反对通过熟人介绍进入公司的情况。第一，因为是熟人介绍，待遇不满意，不好意思拒绝别人的好意。第二，自己有能力的话，如果可以找到工作，先自己找，自己去应聘能得到更多有益的经验，除非是特别想做的工作，不必麻烦别人，还要欠人情。第三，和认识的人处事更难，工作的事情有的时候很难讲清楚，因为是认识的人就会很客气，时间长了，会有很大压力，也会产生矛盾，却说不出来，因为面子很重要，要给对方面子，工作不合适，也很难直接说。

Wǒ fǎnduì tōngguò shúrén jièshào jìnrù gōngsī de qíngkuàng. Dì yī, yīnwèi shì shúrén jièshào, dàiyù bù mǎnyì, bùhǎoyìsi jùjué biérén de hǎoyì. Dì èr, zìjǐ yǒu nénglì de huà, rúguǒ kěyǐ zhǎodào gōngzuò, xiān zìjǐ zhǎo, zìjǐ qù yìngpìn néng dédào gèng duō yǒuyì de jīngyàn, chúfēi shì tèbié xiǎng zuò de gōngzuò, búbì máfan biérén, hái yào qiàn rénqíng. Dì sān, hé rènshi de rén chǔshì gèng nán, gōngzuò de shìqing yǒu de shíhou hěn nán jiǎng qīngchu, yīnwèi shì rènshi de rén jiù huì hěn kèqi, shíjiān cháng le, huì yǒu hěn dà yālì, yě huì chǎnshēng máodùn, què shuō bu chūlai, yīnwèi miànzi hěn zhòngyào, yào gěi duìfāng miànzi, gōngzuò bù héshì, yě hěn nán zhíjiē shuō.

저는 지인의 소개를 통해 입사하는 것을 반대합니다. 첫째, 지인의 소개로 회사에 들어가게 되면, 대우가 만족스럽지 못할 수 있고, 다른 사람의 호의를 거절하기도 미안하기 때문입니다. 둘째, 자신이 능력이 있어 만약 직업을 찾을 수 있다면 먼저 스스로 찾아보고, 채용이 된다면 더 많은 유익한 경험을 얻을 수 있습니다. 특별히 하고 싶은 일이 아니라면, 남을 번거롭게 할 필요도 없고, 신세질 필요도 없습니다. 셋째, 아는 사람과는 일하기가 더 어렵습니다. 직장일은 어떤 때는 명확히 설명하기 어려울 때가 있는데, 아는 사람일 경우 예의를 차릴 수 있기 때문입니다. 시간이 길어지면 스트레스를 많이 받을 수 있어 갈등이 생길 수도 있는데, 오히려 말로는 표현하기가 쉽지 않습니다. 왜냐하면 (소개해준 사람의) 체면이 중요하기 때문에 상대방의 체면을 세워 주어야 해서, 일이 맞지 않아도 직접 말하기가 어렵습니다.

제 5 부분

단어   熟人 shúrén 잘 알고 있는 사람 | 理想 lǐxiǎng 📙 이상적이다 | 脾气 píqi 📙 성격, 기질 | 个性 gèxìng 📙 개성 | 拒绝 jùjué 🈺 거절하다 | 能力 nénglì 📙 능력 | 应聘 yìngpìn 🈺 지원하다 | 有益 yǒuyì 📙 유익하다 | 欠 qiàn 🈺 빚지다 | 人情 rénqíng 📙 인정, 은혜 | 矛盾 máodùn 📙 모순, 갈등

POINT 04 생활편

생활은 교통, 주거, 생활습관 등과 같이 일상적인 주제는 물론, 봉사 활동에서부터 인생에 대한 견해나 가치관까지 생활과 관련된 전반적인 현상과 문제에 대해 응시자의 견해를 묻는다. 특히 습관은 식습관, 운동 습관, 소비 습관, 기타 생활 습관 등 좀더 세분화된 범위로 구분 지어 출제된다. 이와 관련된 행동의 빈도 또한 자주 물어보기 때문에 적절한 동량사와 그 쓰임까지 정확히 알아두는 것이 좋다.

问题 1 ★

문제 年轻夫妇结婚后是跟父母一起住好还是分开单独住好？

🎧 5-4-1 Niánqīng fūfù jiéhūn hòu shì gēn fùmǔ yìqǐ zhù hǎo háishi fēnkāi dāndú zhù hǎo?

젊은 부부가 결혼하면 부모님과 함께 사는 것이 좋습니까, 아니면 분가해서 독립적으로 사는 것이 좋습니까?

답변 핵심 문장

分开住好

1 有条件还是分开住好，享受一下二人世界。
Yǒu tiáojiàn háishi fēnkāi zhù hǎo, xiǎngshòu yíxià èr rén shìjiè.
조건이 된다면 따로 살면서 둘만의 생활을 누리는 것이 좋다.

2 合住的话，生活习惯不一样，容易产生矛盾，婆媳难处。
Hézhù de huà, shēnghuó xíguàn bù yíyàng, róngyì chǎnshēng máodùn, póxí nánchǔ.
함께 살면 생활 습관이 달라 갈등이 생기기 쉽고, 고부 간에 잘 지내기가 어렵다.

3 孝敬老人有很多种方式，可以常带着孩子看看老人，也可每周把老人接过来一起吃饭等。
Xiàojìng lǎorén yǒu hěn duō zhǒng fāngshì, kěyǐ cháng dàizhe háizi kànkan lǎorén, yě kě měi zhōu bǎ lǎorén jiē guòlai yìqǐ chī fàn děng.
효도에는 여러 가지 방법이 있다. 자주 아이를 데리고 어르신들께 인사를 드리러 가거나, 매주 부모님을 모시고 나와서 함께 식사를 할 수도 있다.

一起住好

1　老人可以帮做家务、日后可以帮带孩子，让年轻人有精力投身事业和个人发展。

Lǎorén kěyǐ bāng zuò jiāwù、rìhòu kěyǐ bāng dài háizi, ràng niánqīngrén yǒu jīnglì tóushēn shìyè hé gèrén fāzhǎn.

어르신이 집안일을 도와 주실 수 있고, 나중에 아이를 봐주실 수 있어서, 젊은이들이 에너지를 일과 개인의 발전에 집중해서 쓸 수 있다.

2　从经济角度出发，和父母一起住省钱，省去了房租，节省家庭开支。

Cóng jīngjì jiǎodù chūfā, hé fùmǔ yìqǐ zhù shěngqián, shěngqù le fángzū, jiéshěng jiātíng kāizhī.

경제적인 측면에서 보면, 부모님과 함께 살면 돈을 절약할 수 있다. 집세를 아끼게 되어 가계 지출을 줄일 수 있다.

3　双方可以互相照应。年轻人工作忙，家是后方，父母有病，可以得到孩子的照顾。

Shuāngfāng kěyǐ hùxiāng zhàoyìng. Niánqīngrén gōngzuò máng, jiā shì hòufāng, fùmǔ yǒu bìng, kěyǐ dédào háizi de zhàogù.

서로 협력할 수 있다. 젊은이들은 일이 바빠서 집안일이 뒷전이 될 수 있는데(부모가 도와줄 수 있고), 부모님께서 편찮으실 경우에는 자녀의 보살핌을 받을 수 있다.

답변

1　我觉得单独过比较好。因为单独过可以减少与家人的矛盾，并且孝敬老人有很多种方式，可以经常带着孩子回去看看老人，也可以把老人接过来一起吃饭。

Wǒ juéde dāndú guò bǐjiào hǎo. Yīnwèi dāndú guò kěyǐ jiǎnshǎo yǔ jiārén de máodùn, bìngqiě xiàojìng lǎorén yǒu hěn duō zhǒng fāngshì, kěyǐ jīngcháng dàizhe háizi huíqù kànkan lǎorén, yě kěyǐ bǎ lǎorén jiē guòlai yìqǐ chī fàn.

저는 독립적으로 사는 것이 좋습니다. 독립해서 생활하면 가족들과의 불화도 줄일 수 있기 때문입니다. 또한, 부모님께 효도하는 데는 여러 가지 방법이 있는데, 아이를 데리고 자주 어르신을 찾아뵙거나 어르신을 집으로 모셔 와서 함께 식사를 할 수도 있습니다.

2　我认为和父母同住有很多好处。首先，老人可以做家务，洗衣服，做饭等，将来有了孩子，爷爷奶奶会很高兴帮你带孩子，而且你也天天可以看到宝宝。你可以有时间做好工作。其次，分开住的费用会比合住大一些，从经济角度出发，和父母一起住省钱，省去了房租，父母不会计较他们都付出了多少。最后，和父母一起住，可以互相照应。年轻人工作忙，家里有父母帮助照看，父母有病，可以得到孩子的照顾。家有一老，如有一宝，何况是两位老人。所以我觉得和父母同住利大于弊。

Wǒ rènwéi hé fùmǔ tóng zhù yǒu hěn duō hǎochu. Shǒuxiān, lǎorén kěyǐ zuò jiāwù, xǐ yīfu, zuò fàn děng, jiānglái yǒu le háizi, yéye nǎinai huì hěn gāoxìng bāng nǐ dài háizi, érqiě nǐ yě tiāntiān kěyǐ kàndào bǎobǎo. Nǐ kěyǐ yǒu shíjiān zuòhǎo gōngzuò. Qícì, fēnkāi zhù de fèiyòng huì bǐ hézhù dà yìxiē, cóng jīngjì jiǎodù chūfā, hé fùmǔ yìqǐ zhù shěngqián, shěngqù le fángzū, fùmǔ bú huì jìjiào tāmen dōu fùchū le duōshǎo. Zuìhòu, hé fùmǔ yìqǐ zhù, kěyǐ hùxiāng zhàoyìng. Niánqīngrén gōngzuò máng, jiā lǐ yǒu fùmǔ bāngzhù zhàokàn, fùmǔ yǒu bìng, kěyǐ dédào háizi de zhàogù. Jiā yǒu yì lǎo, rú yǒu yì bǎo, hékuàng shì liǎng wèi lǎorén. Suǒyǐ wǒ juéde hé fùmǔ tóng zhù lìdà yúbì.

저는 부모님과 함께 살면 좋은 점이 아주 많다고 생각합니다. 우선, 부모님이 빨래나 요리 등과 같은 집안일을 도와주실 수 있습니다. 나중에 아이가 생겼을 때에도 할아버지, 할머 니께서 기쁘게 당신의 아이를 봐주실 것입니다. 또한 당신 역시 매일 집에서 아기를 볼 수 가 있습니다. 또한 당신은 일을 할 시간도 생길 것입니다. 둘째, 따로 살게 되면, 함께 사는 것보다 비용이 더 많이 듭니다. 경제적인 관점에서 보아도 부모와 함께 살면 집세를 절약 할 수 있습니다. 부모님은 얼마를 지불했는지 등에 대해 따지거나 비교하지 않을 것입니 다. 마지막으로, 부모님과 함께 살면, 서로 협력할 수 있습니다. 젊은이들은 일이 바쁠 때, 집에 부모님께서 가정을 돌보아주실 것이고, 부모님께서 편찮으실 때는, 자녀들의 보살핌 을 받을 수도 있습니다. 집에 노인이 한 명 있으면 보배가 하나 있는 것과 같다고 했습니 다. 하물며 노인 두 분이면 더욱 말할 필요가 없습니다. 그래서 저는 부모님과 함께 사는 것은 단점보다 장점이 더 많다고 생각합니다.

 分开 fēnkāi 통 헤어지다 | 单独 dāndú 부 단독으로, 혼자서 | 减少 jiǎnshǎo 통 적어지다, 감소하다 | 矛盾 máodùn 명 모순, 갈등 | 宝宝 bǎobǎo 명 귀염둥이, 착한 아기[어린애에 대한 애칭] | 费用 fèiyòng 명 비용, 지출 | 合住 hézhù 통 함께 살다 | 角度 jiǎodù 명 각도, 관점 | 省 shěng 통 아끼다, 절약하다 | 房租 fángzū 명 집세 | 互相 hùxiāng 부 서로, 상호 | 照应 zhàoyìng 통 협력하다 | 照顾 zhàogù 통 돌보다 | 何况 hékuàng 접 하물 며, 더군다나 | 利大于弊 lì dà yú bì 장점이 단점보다 많다

문제 养宠物有什么好处和坏处?

5-4-2 Yǎng chǒngwù yǒu shénme hǎochu hé huàichu?

반려동물을 기르는 것은 어떤 좋은 점과 나쁜 점이 있습니까?

답변 핵심 문장

好处

1 宠物作为我们人类的伴侣动物，陪伴主人，温暖主人的心，不会让主人感到寂寞。

Chǒngwù zuòwéi wǒmen rénlèi de bànlǚ dòngwù, péibàn zhǔrén, wēnnuǎn zhǔrén de xīn, bú huì ràng zhǔrén gǎndào jìmò.

애완동물은 인류의 반려동물로서 주인을 따르고, 주인의 마음을 따뜻하게 해주어 외로움을 느끼지 않게 한다.

2 养宠物可以培养儿童的责任感和对动物的理解和爱护。

Yǎng chǒngwù kěyǐ péiyǎng értóng de zérèngǎn hé duì dòngwù de lǐjiě hé àihù.

반려동물을 기르는 것은 어린이의 책임감 및 동물에 대한 이해와 사랑을 키워준다.

3 促进人们进行体育锻炼，提供人与人相互交流的机会。

Cùjìn rénmen jìnxíng tǐyù duànliàn, tígòng rén yǔ rén xiānghù jiāoliú de jīhuì.

사람들이 체력 단련을 하도록 만들고, 사람과 사람이 서로 교류할 수 있는 기회를 제공한다.

坏处

1 狗狗的性情我们不能时时都掌握，有些狗狗会在任意时间段乱叫，导致扰民。

Gǒugǒu de xìngqíng wǒmen bù néng shíshí dōu zhǎngwò, yǒuxiē gǒugǒu huì zài rènyì shíjiānduàn luàn jiào, dǎozhì rǎomín.

강아지의 성격을 우리가 언제든 통제할 수는 없다. 어떤 강아지는 시간을 가리지 않고 제멋대로 짖어 민폐를 끼친다.

2 宠物有很多卫生问题，狗狗身上有很多寄生虫，有些寄生虫强大到可以在人类的身体里生存。

Chǒngwù yǒu hěn duō wèishēng wèntí, gǒugǒu shēn shàng yǒu hěn duō jìshēngchóng, yǒuxiē jìshēngchóng qiángdà dào kěyǐ zài rénlèi de shēntǐ lǐ shēngcún.

반려동물은 위생 문제가 매우 많다. 강아지는 몸에 많은 기생충이 있는데, 어떤 기생충들은 강력해서 사람의 몸에서도 생존할 수 있다.

3　宠物的卫生很难搞，有些狗狗掉毛情况非常严重，把家里搞得很脏。

Chǒngwù de wèishēng hěn nán gǎo, yǒuxiē gǒugǒu diào máo qíngkuàng fēicháng yánzhòng, bǎ jiālǐ gǎo de hěn zāng.

반려동물의 위생을 관리하는 것은 매우 어렵다. 어떤 강아지는 털 빠짐이 매우 심해서 집을 더럽힌다.

답변　1　我认为养宠物的好处有很多。第一，饲养宠物可以带来无限的乐趣，能够陪伴主人，温暖主人的心，跟好朋友一样。特别是对于一些独居的老年人，使老年人生活的更充实。第二，养宠物可以培养孩子的责任心和爱心，和对动物的理解和爱护。第三，养宠物有利于身心健康，减轻生活中的压力。通过遛狗，与它一起玩耍，可以放松人的精神，并能促进体育锻炼，提供人与人相互交流的机会。所以养宠物的好处很多。

Wǒ rènwéi yǎng chǒngwù de hǎochu yǒu hěn duō. Dì yī, sìyǎng chǒngwù kěyǐ dàilái wúxiàn de lèqù, nénggòu péibàn zhǔrén, wēnnuǎn zhǔrén de xīn, gēn hǎo péngyou yíyàng. Tèbié shì duìyú yìxiē dújū de lǎoniánrén, shǐ lǎoniánrén shēnghuó de gèng chōngshí. Dì èr, yǎng chǒngwù kěyǐ péiyǎng háizi de zérènxīn hé àixīn, hé duì dòngwù de lǐjiě hé àihù. Dì sān, yǎng chǒngwù yǒulìyú shēnxīn jiànkāng, jiǎnqīng shēnghuó zhōng de yālì. Tōngguò liù gǒu, yǔ tā yìqǐ wánshuǎ, kěyǐ fàngsōng rén de jīngshen, bìng néng cùjìn tǐyù duànliàn, tígòng rén yǔ rén xiānghù jiāoliú de jīhuì. Suǒyǐ yǎng chǒngwù de hǎochu hěn duō.

저는 반려동물을 기르는 것의 장점이 매우 많다고 생각합니다. 첫째, 반려동물을 기르는 것은 무한한 즐거움을 가져다 줍니다. 주인과 함께 하며, 좋은 친구처럼 주인의 마음을 따뜻하게 합니다. 특히 독거노인들의 경우에는 그들의 생활을 더욱 알차게 해줍니다. 둘째, 반려동물을 기르는 것은 아이들의 책임감과 사랑을 키워주고 동물에 대한 이해와 보호하는 마음을 키워줍니다. 셋째, 반려동물을 기르는 것은 심신 건강에 이롭고, 생활 속의 스트레스를 경감시켜 줍니다. 개를 산책시키며 함께 놀면서 사람의 마음을 이완시킬 수 있습니다. 또한 체력을 단련하도록 촉진시키고, 사람과 사람이 상호 교류할 수 있는 기회를 제공할 수도 있습니다. 그래서 반려동물을 기르는 것의 장점은 매우 많습니다.

2　我认为养宠物会给人带来很多困扰。以养狗为例，第一，有些小狗会在夜晚乱叫，十分扰民。第二，狂犬病不容忽视，如果饲养狗或猫，而不进行有效的狂犬病免疫，就有可能使这些宠物感染狂犬病等各类疾病，并且传染给人类，而且定期还要去宠物医院注射疫苗，很麻烦。第三，宠物的卫生很难搞，把家里搞的很脏。所以我觉得养宠物坏处很多。

Wǒ rènwéi yǎng chǒngwù huì gěi rén dàilái hěn duō kùnrǎo. Yǐ yǎng gǒu wéilì, dì yī, yǒu xiē xiǎogǒu huì zài yèwǎn luàn jiào, shífēn rǎomín. Dì èr, kuángquǎnbìng bù róng hūshì, rúguǒ sìyǎng gǒu huò māo, ér bú jìnxíng yǒuxiào de kuángquǎnbìng miǎnyì, jiù yǒu kěnéng shǐ zhèxiē chǒngwù gǎnrǎn kuángquǎnbìng děng gè lèi jíbìng, bìngqiě chuánrǎn gěi rénlèi, érqiě dìngqī háiyào qù chǒngwù yīyuàn zhùshè yìmiáo, hěn máfan. Dì sān, chǒngwù de wèishēng hěn nán gǎo, bǎ jiālǐ gǎo de hěn zāng. Suǒyǐ wǒ juéde yǎng chǒngwù huàichu hěn duō.

저는 반려동물을 기르는 것은 사람들에게 많은 성가심을 가져다 준다고 생각합니다. 강아지 기르는 것을 예로 든다면 첫째, 어떤 강아지들은 밤에 함부로 짖어서 민폐를 끼치기도 합니다. 둘째, 광견병을 간과할 수 없습니다. 만약 개나 고양이를 기르는데, 효과적인 광견병 면역 치료를 진행하지 않는다면, 이러한 반려동물이 광견병 등 각종 질병에 감염되고, 사람에게까지도 전염시킬 수 있습니다. 또한 정기적으로 동물병원에 가서 백신을 접종해야 하는 것도 번거롭습니다. 셋째, 반려동물의 위생 관리는 매우 어렵고, 집안을 더럽힙니다. 그래서 저는 반려동물을 기르는 것은 나쁜 점이 많다고 생각합니다.

问题 3 ★

문제 你觉得在家上网好，还是在网吧好？

🎧 5-4-3 Nǐ juéde zài jiā shàngwǎng hǎo, háishi zài wǎngbā hǎo?

당신은 집에서 인터넷을 하는 것이 좋다고 생각합니까, 아니면 PC방에서 하는 것이 좋다고 생각합니까?

답변 핵심 문장

1 足不出户，就可以在家上网是一件很方便的事情。

Zú bù chū hù, jiù kěyǐ zài jiā shàngwǎng shì yí jiàn hěn fāngbiàn de shìqing.

집 밖을 나서지 않고서 집에서 인터넷을 할 수 있는 것은 아주 편리한 일이다.

2 在家里上网又省时间，环境又舒适。

Zài jiālǐ shàngwǎng yòu shěng shíjiān, huánjìng yòu shūshì.

집에서 인터넷에 접속하면, 시간도 절약되고 환경도 편안하고 쾌적하다.

---

3 网吧的氛围比较好，和在家里相比网吧更适合打集体游戏。

Wǎngbā de fēnwéi bǐjiào hǎo, hé zài jiālǐ xiāngbǐ wǎngbā gèng shìhé dǎ jítǐ yóuxì.

PC방의 분위기가 더욱 좋다. 집과 비교해, PC방이 단체 게임을 하기에 더 적합하다.

답변

1 我觉得在网吧上网好。第一，网吧的网速非常快，可以快速下载，还能快速加载游戏，玩儿游戏非常流畅。第二，网吧的电脑一般比较好，电脑的配置一般比较新，电脑的速度快，并且显示屏宽大，音响效果也好。第三，网吧的氛围好，相对于家里，网吧的环境更适合玩儿集体游戏。叫上几个朋友，一起去网吧，玩儿网络游戏更加有激情，气氛也更好，比语音一起玩儿更有身临其境的感觉。所以我觉得在网吧上网好。

Wǒ juéde zài wǎngbā shàngwǎng hǎo. Dì yī, wǎngbā de wǎngsù fēicháng kuài, kěyǐ kuàisù xiàzǎi, hái néng kuàisù jiāzǎi yóuxì, wánr yóuxì fēicháng liúchàng. Dì èr, wǎngbā de diànnǎo yìbān bǐjiào hǎo, diànnǎo de pèizhì yìbān bǐjiào xīn, diànnǎo de sùdù kuài, bìngqiě xiǎnshìpíng kuāndà, yīnxiǎng xiàoguǒ yě hǎo. Dì sān, wǎngbā de fēnwéi hǎo, xiāngduì yú jiālǐ, wǎngbā de huánjìng gèng shìhé wánr jítǐ yóuxì. Jiàoshàng jǐ ge péngyou, yìqǐ qù wǎngbā, wánr wǎngluò yóuxì gèng jiā yǒu jīqíng, qìfēn yě gèng hǎo, bǐ yǔyīn yìqǐ wánr gèng yǒu shēnlín qíjìng de gǎnjué. Suǒyǐ wǒ juéde zài wǎngbā shàngwǎng hǎo.

저는 PC방에서 인터넷을 하는 것이 좋다고 생각합니다. 첫째, PC방의 인터넷 속도는 매우 빨라서 빠른 속도로 다운로드할 수 있고, 게임을 빠르게 구동할 수 있어, 매우 원활합니다. 둘째, PC방의 컴퓨터가 일반적으로 더 좋습니다. 컴퓨터가 보통 최신 사양이어서, 컴퓨터의 속도가 빠른데다, 모니터의 크기가 크고 음향 효과도 좋습니다. 셋째, PC방의 분위기가 좋습니다. 상대적으로 집보다 PC방의 환경이 단체 게임을 하기에 더 적합합니다. 몇몇 친구를 불러서 같이 PC방에 가서 온라인 게임을 하는 것이 더 에너지가 넘치고, 분위기도 좋습니다. 음성으로만 함께 하는 것보다 훨씬 더 현장감이 있습니다. 그래서 저는 PC방에서 인터넷을 하는 것이 더 좋다고 생각합니다.

---

2 我觉得在家上网好。第一，现在家里的网速越来越快，可以满足我的日常需要。第二，现在的网吧使用费用越来越贵，在家上网可以节省开支。第三，在家上网比较方便，不用在路上浪费时间，在家想怎么玩儿就怎么玩儿，比较自由，家里的电脑保存一些文件也比较方便。第四，网吧是公共场合，个人信息可能泄露，而在家上网不但很安静，而且比较安全。综上所述，我觉得在家上网更好。

Wǒ juéde zài jiā shàngwǎng hǎo. Dì yī, xiànzài jiālǐ de wǎngsù yuèláiyuè kuài, kěyǐ mǎnzú wǒ de rìcháng xūyào. Dì èr, xiànzài de wǎngbā shǐyòng fèiyòng yuèláiyuè guì, zài jiā shàngwǎng kěyǐ jiéshěng kāizhī. Dì sān, zài jiā shàngwǎng bǐjiào fāngbiàn, búyòng zài lùshàng làngfèi shíjiān, zài jiā xiǎng zěnme wánr jiù zěnme wánr, bǐjiào zìyóu, jiālǐ de diànnǎo bǎocún yìxiē wénjiàn yě bǐjiào fāngbiàn. Dì sì, wǎngbā shì gōnggòng chǎnghé, gèrén xìnxī kěnéng xièlòu, ér zài jiā shàngwǎng búdàn hěn ānjìng, érqiě bǐjiào ānquán. Zōngshàng suǒshù, wǒ juéde zài jiā shàngwǎng gèng hǎo.

저는 집에서 인터넷을 하는 것이 좋다고 생각합니다. 첫째, 이제는 가정의 인터넷 속도가 점점 더 빨라지고 있어서, 저의 일상적인 필요를 충족시켜 줄 수 있습니다. 둘째, 현재의 PC방 요금이 갈수록 비싸지고 있어서 집에서 인터넷을 이용하면 지출을 아낄 수 있습니다. 셋째, 집에서 인터넷을 하는 것이 편합니다. 길에서 시간을 낭비할 필요도 없고, 집에서 자기가 놀고 싶은대로 놀 수 있어 비교적 자유롭습니다. 게다가 집의 컴퓨터는 문서를 보관하는 것도 비교적 편리합니다. 넷째, PC방은 공공장소로, 개인정보가 유출될 수 있지만, 집에서 인터넷을 하면 조용할 뿐만 아니라 안전합니다. 종합해서 말하자면, 저는 집에서 인터넷을 하는 것이 더 좋다고 생각합니다.

단어 快速 kuàisù 휑 쾌속의, 속도가 빠른 | 下载 xiàzǎi 휑 다운로드 | 加载 jiāzǎi 휑 로딩 | 流畅 liúchàng 휑 유창하다, 막힘이 없다 | 配置 pèizhì 통 배치하다 | 显示屏 xiǎnshìpíng 휑 디스플레이 장치, 스크린 | 音响 yīnxiǎng 휑 음향 | 效果 xiàoguǒ 휑 효과 | 氛围 fēnwéi 휑 분위기 | 网络游戏 wǎngluò yóuxì 온라인 게임 | 集体 jítǐ 휑 단체 | 激情 jīqíng 휑 열정, 정열 | 身临其境 shēnlín qíjìng 휑 그 장소에 직접 가다 | 满足 mǎnzú 통 만족하다 | 节省 jiéshěng 통 절약하다 | 开支 kāizhī 휑 지출, 비용 | 保存 bǎocún 통 보존하다, 저장하다 | 公共场合 gōnggòng chǎnghé 공공장소 | 个人信息 gèrén xìnxī 휑 개인정보 | 泄露 xièlòu 통 누설하다, 폭로하다

问题 4 ★

문제 你觉得在你的一生中什么最重要?

🎧 5-4-4 Nǐ juéde zài nǐ de yìshēng zhōng shénme zuì zhòngyào?

당신은 당신의 일생 중 무엇이 가장 중요하다고 생각합니까?

답변 1 人的一生中最重要的是幸福开心。工作生活都是为了幸福而奋斗的。我认为我不是为了自己而活，而是为了家人，为家人尽我们的力量，使他们快乐和幸福是我最大的责任，我需要良好的体魄来完成我的责任，所以我觉得健康也很重要，没有健康的身体你什么也做不成。为自己的梦想能够实现，面对困难，永不放弃，这样完成我的责任，我才能幸福，才是我最重要的事情。

Rén de yìshēng zhōng zuì zhòngyào de shì xìngfú kāixīn. Gōngzuò shēnghuó dōu shì wèile xìngfú ér fèndòu de. Wǒ rènwéi wǒ bú shì wèile zìjǐ ér huó, érshì wèile jiārén, wèi jiārén jìn wǒmen de lìliang, shǐ tāmen kuàilè hé xìngfú shì wǒ zuì dà de zérèn, wǒ xūyào liánghǎo de tǐpò lái wánchéng wǒ de zérèn, suǒyǐ wǒ juéde jiànkāng yě hěn zhòngyào, méiyǒu jiànkāng de shēntǐ nǐ shénme yě zuò bu chéng. Wèi zìjǐ de mèngxiǎng nénggòu shíxiàn, miànduì kùnnan, yǒng bú fàngqì, zhèyàng wánchéng wǒ de zérèn, wǒ cái néng xìngfú, cái shì wǒ zuì zhòngyào de shìqing.

사람의 인생에서 가장 중요한 것은 행복하고 즐거운 것입니다. 직장 생활은 모두 행복을 위하여 애쓰는 것입니다. 저는 저를 위해서 사는 것이 아니라, 가족을 위해서 삽니다. 가족을 위해 있는 힘껏 그들을 행복하고 즐겁게 해주는 것이 저의 가장 큰 책임입니다. 건강한 신체와 정신으로 저의 책임을 완수해야 하므로, 건강도 매우 중요합니다. 건강한 신체가 없으면 아무것도 해낼 수 없습니다. 꿈을 실현하기 위해 어려움을 마주해도 끝까지 포기하지 않고, 이렇게 저의 책임을 다하는 것이야말로 저의 행복이고 가장 중요한 일입니다.

2 我认为最重要的是自信。让自己拥有自信，保持良好的心态，在工作方面，每天给自己树立一个小目标，让自己感觉每天会有一定的收获，这样会增强自信。多多关心家中的成员，适当地付出，让他们感觉你是好爸爸，好丈夫，好妈妈，好妻子，得到认可，这样才能充满自信。拥有一个良好的心态，让自己的自信心十足，只要你有坚定的信念与乐观的态度，面对问题，解决问题，做一个乐观的人，积极向上的人，不断努力奋斗，成功一定会属于你，所以我觉得自信最重要。

Wǒ rènwéi zuì zhòngyào de shì zìxìn. Ràng zìjǐ yōngyǒu zìxìn, bǎochí liánghǎo de xīntài, zài gōngzuò fāngmiàn, měitiān gěi zìjǐ shùlì yí ge xiǎo mùbiāo, ràng zìjǐ gǎnjué měitiān huì yǒu yídìng de shōuhuò, zhèyàng huì zēngqiáng zìxìn. Duōduō guānxīn jiā zhōng de chéngyuán, shìdàng de fùchū, ràng tāmen gǎnjué nǐ shì hǎo bàba, hǎo zhàngfu, hǎo māma, hǎo qīzi, dédào rènkě, zhèyàng cái néng chōngmǎn zìxìn. Yōngyǒu yí ge liánghǎo de xīntài, ràng zìjǐ de zìxìnxīn shízú, zhǐyào nǐ yǒu jiāndìng de xìnniàn yǔ lèguān de tàidu, miànduì wèntí, jiějué wèntí, zuò yí ge lèguān de rén, jījí xiàngshàng de rén, búduàn nǔlì fèndòu, chénggōng yídìng huì shǔyú nǐ, suǒyǐ wǒ juéde zìxìn zuì zhòngyào.

저는 가장 중요한 것이 자신감이라고 생각합니다. 스스로 자신감을 가지고 올바른 마음가짐을 유지해야 합니다. 일할 때도 매일 스스로 작은 목표를 세워서 매일 일정한 성과를 느낌으로써 자신감을 키울 수 있습니다. 가족 구성원들에게도 많은 관심을 가지고 적절한 노력을 기울이면, 가족들로 하여금 당신은 좋은 아빠, 좋은 남편, 좋은 엄마, 좋은 아내로 인정 받을 수 있고, 비로소 자신감으로 가득찰 것입니다. 건강한 마음가짐은 자신감이 충만하게 합니다. 확고한 신념과 긍정적인 태도를 가지고 있으면 문제에 직면했을 때 해결할 수 있습니다. 낙관적이고 적극적으로 발전하는 사람, 끊임없이 노력하는 사람에게 틀림없이 성공이 주어질 것입니다. 그래서 저는 자신감이 가장 중요하다고 생각합니다.

단어 幸福 xìngfú 휑 행복하다 | 开心 kāixīn 휑 즐겁다 | 良好 liánghǎo 휑 양호하다 | 体魄 tǐpò 휑 신체와 정신 | 梦想 mèngxiǎng 휑 갈망, 꿈 | 困难 kùnnan 휑 곤란, 어려움 | 永不放弃 yǒng bú fàngqì 영원히 포기하지 않다 | 拥有 yōngyǒu 휑 소유하다 | 保持 bǎochí 휑 지키다, 유지하다 | 心态 xīntài 휑 심리 상태 | 目标 mùbiāo 휑 목표 | 收获 shōuhuò 휑 수확, 성과 | 付出 fùchū 휑 지출하다 | 认可 rènkě 휑 허가, 인정 | 十足 shízú 휑 충분히 | 信念 xìnniàn 휑 신념 | 态度 tàidu 휑 태도 | 积极 jījí 휑 적극적이다 | 向上 xiàngshàng 휑 향상하다 | 属于 shǔyú ~에 속하다

문제 有些人愿意参加志愿者活动，你怎么看？

🎧5-4-5 Yǒu xiē rén yuànyì cānjiā zhìyuànzhě huódòng, nǐ zěnme kàn?

어떤 사람들은 자원봉사 활동에 참가하기를 원하는데, 당신은 어떻게 생각합니까?

답변 1　我觉得参加志愿者活动有很多好处。首先，帮助他人，快乐自己，当我做了志愿者后，很多人因为我的帮助都很开心，所以我也很开心。其次，参加志愿者活动能结识更多朋友。周末的时间如果只是在家玩电脑，或者看电视，感觉很无聊，朋友圈比较小，当志愿者能让我认识各行各业的朋友。最后，参加志愿者活动，能够让我自己成长。我参加志愿者的活动，需要策划，组织活动，安排全局等等，我觉得自己的能力提高了很多。

Wǒ juéde cānjiā zhìyuànzhě huódòng yǒu hěn duō hǎochu. Shǒuxiān, bāngzhù tārén, kuàilè zìjǐ, dāng wǒ zuò le zhìyuànzhě hòu, hěn duō rén yīnwèi wǒ de bāngzhù dōu hěn kāixīn, suǒyǐ wǒ yě hěn kāixīn. Qícì, cānjiā zhìyuànzhě huódòng néng jiéshí gèng duō péngyou. Zhōumò de shíjiān rúguǒ zhǐshì zài jiā wán diànnǎo, huòzhě kàn diànshì, gǎnjué hěn wúliáo, péngyouquān bǐjiào xiǎo, dāng zhìyuànzhě néng ràng wǒ rènshi gè háng gè yè de péngyou. Zuìhòu, cānjiā zhìyuànzhě huódòng, nénggòu ràng wǒ zìjǐ chéngzhǎng. Wǒ cānjiā zhìyuànzhě de huódòng, xūyào cèhuà, zǔzhī huódòng, ānpái quánjú děngděng, wǒ juéde zìjǐ de nénglì tígāo le hěn duō.

저는 자원봉사에 참여하는 것은 좋은 점이 매우 많다고 생각합니다. 먼저, 남을 도우면 내가 즐겁습니다. 제가 봉사 활동을 했을 때, 많은 사람들이 저의 도움으로 기뻐했고 저도 즐거웠습니다. 둘째, 봉사 활동에 참여하면 더 많은 친구를 사귈 수 있습니다. 주말에 만약 집에서 컴퓨터를 하거나 텔레비전만 보면 무료하고 친구들의 범위도 좁아집니다. 봉사 활동을 하면 다양한 직업을 가진 친구들을 만날 수 있습니다. 마지막으로, 자원봉사를 하면 자신을 성장시킬 수 있습니다. 제가 자원봉사에 참여했을 때, 기획과 활동 조직, 전반적인 스케줄 안배 등을 필요로 했는데, 제 능력이 많이 향상된 것을 느꼈습니다.

2　我喜欢利用业余时间做志愿者服务。我觉得参与志愿工作，好处很多。第一，我觉得我能够奉献社会，有机会为社会出力，尽我最大能力帮助需要的人。第二，志愿者活动给我带来了丰富的生活体验。可以体验社会的人和事，加深对社会的认识。第三，可培养自己的组织及领导能力。学习了很多新知识，还增强了自信心，更重要的是学会了与人相处等。所以我觉得，做志愿者活动，能够帮助别人，还能培养我的沟通能力，增加社会阅历，帮助别人快乐自己，是一件非常有意义的事情。

Wǒ xǐhuan lìyòng yèyú shíjiān zuò zhìyuànzhě fúwù. Wǒ juéde cānyù zhìyuàn gōngzuò, hǎochu hěn duō. Dì yī, wǒ juéde wǒ nénggòu fèngxiàn shèhuì, yǒu jīhuì wèi shèhuì chūlì, jìn wǒ zuì dà nénglì bāngzhù xūyào de rén. Dì èr, zhìyuànzhě huódòng gěi wǒ dàilái le fēngfù de shēnghuó tǐyàn. Kěyǐ tǐyàn shèhuì de rén hé shì, jiāshēn duì shèhuì de rènshi. Dì sān, kě péiyǎng zìjǐ de zǔzhī jí lǐngdǎo nénglì. Xuéxí le hěn duō xīn zhīshi, hái zēngqiáng le zìxìnxīn, gèng zhòngyào de shì xuéhuì le yǔ rén xiāngchǔ děng. Suǒyǐ wǒ juéde, zuò zhìyuànzhě huódòng, nénggòu bāngzhù biérén, hái néng péiyǎng wǒ de gōutōng nénglì, zēngjiā shèhuì yuèlì, bāngzhù biérén kuàilè zìjǐ, shì yí jiàn fēicháng yǒu yìyì de shìqing.

저는 여가 시간을 이용하여 자원봉사하는 것을 좋아합니다. 봉사 활동에 참여하는 것은 좋은 점이 많다고 생각합니다. 첫째, 제가 사회에 공헌할 수 있다고 생각합니다. 사회를 위해 힘을 쓸 수 있는 기회가 있을 때, 제가 가진 모든 능력을 다해서 필요로 하는 사람에게 도움을 줍니다. 둘째, 자원봉사는 풍부한 생활 경험을 가져다 줍니다. 사회 속에서 사람과 일을 경험해 볼 수 있고 사회에 대한 인식에 깊이를 더합니다. 셋째, 자신의 조직 능력과 리더십을 키울 수 있습니다. 새로운 지식을 많이 배우고 자신감을 키울 수 있으며, 더욱 중요한 것은 사람들과 어떻게 지내야 하는지 등을 배울 수 있다는 것입니다. 그래서 자원봉사를 하면 다른 사람을 도울 수 있을 뿐만 아니라, 소통 능력을 기를 수 있고, 사회 경험을 쌓을 수 있다고 생각합니다. 또한 다른 사람을 도우며 내가 즐거워지는 것은 매우 의미있는 일이라고 생각합니다.

| 단어 |

愿意 yuànyì 图 희망하다 | 参加 cānjiā 图 참가하다 | 志愿者活动 zhìyuànzhě huódòng 자원봉사 활동 | 结识 jiéshí 图 사귀다 | 策划 cèhuà 图 기획하다 | 组织 zǔzhī 图 조직하다 | 业余时间 yèyú shíjiān 명 여가 시간 | 奉献 fèngxiàn 图 공헌하다 | 丰富 fēngfù 형 풍부하다 | 体验 tǐyàn 명 체험 | 加深 jiāshēn 图 깊어지다, 심화하다 | 领导能力 lǐngdǎo nénglì 리더십, 지도력 | 相处 xiāngchǔ 图 함께 살다 | 沟通 gōutōng 图 소통하다, 교류하다 | 阅历 yuèlì 图 체험하다, 겪다

운동/건강편

건강을 유지하는 방법과 건강에 해가 되는 식습관이나 생활 습관 등과 같이 건강에 관한 일반 상식을 알아두고, 그에 따른 영향 및 질병도 구분하여 익혀두는 것이 좋다. 운동과 관련해서는 건강 증진 교육이나 체육 시설 설립에 관한 문제 등이 출제될 수 있고, 또한 운동과 관련 지어 다이어트에 대한 내용도 언급될 수 있다. 또한 운동할 때의 분위기에 관한 문제도 출제된다.

问题 1 ˙

문제   你对减肥有什么看法？请简单地谈一谈。

5-5-1   Nǐ duì jiǎnféi yǒu shénme kànfǎ? Qǐng jiǎndān de tán yi tán.

당신은 다이어트에 대해 어떤 견해를 가지고 있습니까? 간단하게 이야기해 보세요.

답변 핵심 문장

減肥的好处

1   减肥可以使自己外观及精神变好，增加自信。
Jiǎnféi kěyǐ shǐ zìjǐ wàiguān jí jīngshen biàn hǎo, zēngjiā zìxìn.
다이어트는 자신의 외모와 정신을 좋게 변화시키고 자신감을 높여준다.

2   减肥还可以防治很多疾病。
Jiǎnféi hái kěyǐ fángzhì hěn duō jíbìng.
다이어트를 하면 많은 질병을 예방할 수 있다.

3   减肥还可以释放压力。
Jiǎnféi hái kěyǐ shìfàng yālì.
다이어트는 스트레스 해소에도 좋다.

1 片面追求苗条，过度节食，导致很多营养元素的缺乏，对身体没有好处，会诱发各种不良后果。

Piànmiàn zhuīqiú miáotiao, guòdù jiéshí, dǎozhì hěn duō yíngyǎng yuánsù de quēfá, duì shēntǐ méiyǒu hǎochu, huì yòufā gè zhǒng bù liáng hòuguǒ.

날씬한 몸매만을 지나치게 추구해서 과도하게 음식을 줄이면, 여러 영양소의 결핍을 초래해서 몸에 좋지 않고, 각종 나쁜 결과를 유발할 수 있다.

2 如果通过药物等不健康的方法来减肥的话，会给心肺肾带来很大负担。

Rúguǒ tōngguò yàowù děng bú jiànkāng de fāngfǎ lái jiǎnféi de huà, huì gěi xīnfèishèn dàilái hěn dà fùdān.

만약 약물 등 건강하지 않은 방법으로 살을 빼면 심장, 폐, 신장에 큰 부담이 될 수 있다.

3 反复减肥，突然暴瘦，体重又反弹，会对免疫系统造成危害。

Fǎnfù jiǎnféi, tūrán bàoshòu, tǐzhòng yòu fǎndàn, huì duì miǎnyì xìtǒng zàochéng wēihài.

다이어트를 반복하면서 살이 갑자기 빠지거나 혹은 체중이 다시 급격히 늘게 되면, 면역 체계에 악영향을 끼친다.

답변

1 我赞成减肥。首先，减肥可以使自己外貌及精神得到改善，肥胖的人成功减肥后，对他的交友、婚姻及就业方面都有帮助，减肥能够增强人的自信心。其次，减肥还可以预防很多疾病，只要体重能减轻一些，就可以预防很多疾病。最后，现代人有很大的压力，运动减肥是释放压力的好方法，让压力全部释放到跑步机上，这样跑过后，心情会变好，同时还减肥。总而言之，减肥不只可以使外表美观，健康及长寿，并且运动减肥有助于释放压力。

Wǒ zànchéng jiǎnféi. Shǒuxiān, jiǎnféi kěyǐ shǐ zìjǐ wàimào jí jīngshen dédào gǎishàn, féipàng de rén chénggōng jiǎnféi hòu, duì tā de jiāoyǒu、hūnyīn jí jiùyè fāngmiàn dōu yǒu bāngzhù, jiǎnféi nénggòu zēngqiáng rén de zìxìnxīn. Qícì, jiǎnféi hái kěyǐ yùfáng hěn duō jíbìng, zhǐyào tǐzhòng néng jiǎnqīng yìxiē, jiù kěyǐ yùfáng hěn duō jíbìng. Zuìhòu, xiàndàirén yǒu hěn dà de yālì, yùndòng jiǎnféi shì shìfàng yālì de hǎo fāngfǎ, ràng yālì quánbù shìfàng dào pǎobùjī shàng, zhèyàng pǎoguo hòu, xīnqíng huì biàn hǎo, tóngshí hái jiǎnféi. Zǒng'ér yánzhī, jiǎnféi bù zhǐ kěyǐ shǐ wàibiǎo měiguān, jiànkāng jí chángshòu, bìngqiě yùndòng jiǎnféi yǒuzhùyú shìfàng yālì.

저는 다이어트에 찬성합니다. 우선, 다이어트는 외모와 정신을 개선시켜 줍니다. 뚱뚱한 사람은 다이어트에 성공한 후에 친구를 사귀거나 결혼이나 취업에 도움이 될 수 있으며, 자신감을 키울 수 있습니다. 또한, 다이어트는 많은 질병을 예방합니다. 체중을 다소 줄이는 것만으로 질병을 예방할 수 있습니다. 마지막으로, 현대인은 스트레스가 많은데, 운동으로 살을 빼는 것은 스트레스를 풀 수 있는 좋은 방법이 됩니다. 모든 스트레스를 러닝머신 위에서 풀고 뛰고 나면, 기분도 좋아지고 동시에 살도 빠질 수 있습니다. 요컨대 다이어트는 외모를 아름답게 할 뿐만 아니라, 건강하고 장수할 수 있으며, 운동을 통한 다이어트는 스트레스를 푸는 데도 도움을 줍니다.

2　我反对减肥。首先，过度减肥导致很多营养元素的缺乏，从而导致营养不良。其次，很多人通过服用减肥药达到减肥的目的，药物减肥导致肾功能下降，心肺功能也将受到严重的影响。最后，减肥成功后，很多人大吃大喝，高热量食物是不可避免的，反复减肥之后，又恢复体重，有可能会伤害免疫系统。所以还是要健康减肥才行，通过合理膳食与适量运动相结合，这样才有利于长期的身心健康。

Wǒ fǎnduì jiǎnféi. Shǒuxiān, guòdù jiǎnféi dǎozhì hěn duō yíngyǎng yuánsù de quēfá, cóng'ér dǎozhì yíngyǎng bùliáng. Qícì, hěn duō rén tōngguò fúyòng jiǎnféiyào dádào jiǎnféi de mùdì, yàowù jiǎnféi dǎozhì shèn gōngnéng xiàjiàng, xīnfèi gōngnéng yě jiāng shòudào yánzhòng de yǐngxiǎng. Zuìhòu, jiǎnféi chénggōng hòu, hěn duō rén dà chī dà hē, gāorèliàng shíwù shì bù kě bìmiǎn de, fǎnfù jiǎnféi zhīhòu, yòu huīfù tǐzhòng, yǒu kěnéng huì shānghài miǎnyì xìtǒng. Suǒyǐ háishi yào jiànkāng jiǎnféi cái xíng, tōngguò hélǐ shànshí yǔ shìliàng yùndòng xiāng jiéhé, zhèyàng cái yǒulìyú chángqī de shēnxīn jiànkāng.

저는 다이어트에 반대합니다. 우선, 과도한 다이어트는 많은 영양소의 결핍을 초래하고 영양 불량을 가져오기도 합니다. 둘째, 많은 사람들이 다이어트 약을 복용함으로써 다이어트의 목적을 달성하고자 하는데, 약물 다이어트는 신장 기능의 저하를 초래하고 심폐 기능에도 심각한 영향을 끼칩니다. 마지막으로, 다이어트에 성공한 후에 많은 사람들이 함부로 많이 먹고 마시게 되는데, 고칼로리 음식도 피할 수는 없습니다. 반복적인 다이어트 이후에 다시 체중이 원상 복귀되면, 면역 체계를 손상시킬 수 있습니다. 따라서 건강한 다이어트를 해야만 하고, 합리적인 식이요법과 적절한 운동이 결합되어야 합니다. 그래야 비로소 장기적으로 심신 건강에 도움이 됩니다.

단어　减肥 jiǎnféi 图 체중을 줄이다 | 外貌 wàimào 圐 외모, 외관 | 肥胖 féipàng 圐 뚱뚱하다 | 交友 jiāoyǒu 圐 친구 图 교우하다 | 婚姻 hūnyīn 圐 혼인 | 就业 jiùyè 圐 취직하다 | 预防 yùfáng 圐 예방하다 | 释放 shìfàng 圐 석방하다, 방출하다 | 跑步机 pǎobùjī 圐 러닝머신 | 外表 wàibiǎo 圐 외모, 겉모양 | 美观 měiguān 圐 보기 좋다, 아름답다 | 过度 guòdù 圐 지나치다, 과도하다 | 导致 dǎozhì 圐 야기하다 | 营养 yíngyǎng 圐 영양 | 元素 yuánsù 圐 원소, 요소 | 缺乏 quēfá 圐 결핍되다, 모자라다 | 不良 bùliáng 圐 불량하다 | 减肥药 jiǎnféiyào 다이어트 약 | 肾 shèn 圐 신장, 콩팥 | 功能 gōngnéng 圐 기능 | 心肺 xīnfèi 圐 심장과 폐 | 热量 rèliàng 圐 열량 | 反复 fǎnfù 圐 반복하다 | 恢复 huīfù 圐 회복하다 | 膳食 shànshí 圐 식사 | 适量 shìliàng 圐 적당량 | 结合 jiéhé 圐 결합하다

问题 2 ⭐

문제
🎧5-5-2
随着社会的发展，绿色食品已经成为一种消费时尚，你觉得有必要发展绿色食品吗？

Suízhe shèhuì de fāzhǎn, lǜsè shípǐn yǐjīng chéngwéi yì zhǒng xiāofèi shíshàng, nǐ juéde yǒu bìyào fāzhǎn lǜsè shípǐn ma?

사회가 발전함에 따라, 유기농 식품은 하나의 소비 풍조가 되었습니다. 당신은 유기농 식품을 발전시킬 필요가 있다고 생각합니까?

답변 1
我认为没有必要发展绿色食品。绿色食品行业的现状相当混乱，市场上鱼龙混杂。首先，超市里普通蔬菜贴个标签就华丽地成为了绿色蔬菜，身价也倍增，我家门前的超市绿色食品区，价格非常贵，不适合大众消费。其次，有些生产者花钱办理了绿色证书，但为了提高收获产量，依然打农药，检查部门也不会每次都检验是否用了农药与化肥。等到没有暴利，市场有了规范，政府有了有效的监督，绿色食品才能真正普及，进入老百姓的家。所以我认为短期内没有必要发展绿色食品。

Wǒ rènwéi méiyǒu bìyào fāzhǎn lǜsè shípǐn. Lǜsè shípǐn hángyè de xiànzhuàng xiāngdāng hùnluàn, shìchǎng shàng yú lóng hùnzá. Shǒuxiān, chāoshì lǐ pǔtōng shūcài tiē ge biāoqiān jiù huálì de chéngwéi le lǜsè shūcài, shēnjià yě bèizēng, wǒ jiā ménqián de chāoshì lǜsè shípǐnqū, jiàgé fēicháng guì, bú shìhé dàzhòng xiāofèi. Qícì, yǒuxiē shēngchǎnzhě huāqián bànlǐ le lǜsè zhèngshū, dàn wèile tígāo shōuhuò chǎnliàng, yīrán dǎ nóngyào, jiǎnchá bùmén yě bú huì měi cì dōu jiǎnyàn shìfǒu yòng le nóngyào yǔ huàféi. Děngdào méiyǒu bàolì, shìchǎng yǒu le guīfàn, zhèngfǔ yǒu le yǒuxiào de jiāndū, lǜsè shípǐn cái néng zhēnzhèng pǔjí, jìnrù lǎobǎixìng de jiā. Suǒyǐ wǒ rènwéi duǎnqī nèi méiyǒu bìyào fāzhǎn lǜsè shípǐn.

저는 유기농 식품을 발전시킬 필요가 없다고 생각합니다. 유기농 식품 업계의 현황은 상당히 혼란스럽고, 시장에는 마치 '물고기와 용이 뒤섞여 있는' 것 같습니다. 우선, 마트의 일반 채소는 태그가 화려하게 붙어 친환경 채소가 되면서 몸값이 치솟습니다. 집앞 마트의 유기농 식품 코너는 가격이 매우 비싸서 대중이 소비하기에 적합하지 않습니다. 둘째, 어떤 생산자들은 돈을 들여 유기농 인증을 발급 받았지만, 수확량을 늘리기 위해 여전히 농약을 칩니다. 검열부 역시 농약과 화학비료 사용 여부를 매번 검사하지는 못합니다. 폭리가 없어지고 시장에 규칙이 생겨 정부의 효과적인 감독이 있어야 유기농 식품이 진정으로 보급되고 일반 가정에 들어갈 수 있을 것입니다. 따라서 저는 당분간은 유기농 식품을 발전시킬 필요가 없다고 생각합니다.

2　我认为有必要发展绿色食品。首先，绿色食品比较健康，而重金属和致癌物含量较低。其次，绿色食物保持食物的原来味道，没有添加化肥农药所产生的苦味涩味。最后，环境有利，绿色食品使用天然物料，减少资源浪费，保护土壤。总而言之，因为绿色食物更健康，更营养，味道好，保护环境，所以我认为有必要发展绿色食品。

Wǒ rènwéi yǒu bìyào fāzhǎn lǜsè shípǐn. Shǒuxiān, lǜsè shípǐn bǐjiào jiànkāng, ér zhòngjīnshǔ hé zhì'áiwù hánliàng jiào dī. Qícì, lǜsè shíwù bǎochí shíwù de yuánlái wèidao, méiyǒu tiānjiā huàféi nóngyào suǒ chǎnshēng de kǔwèi sèwèi. Zuìhòu, huánjìng yǒulì, lǜsè shípǐn shǐyòng tiānrán wùliào, jiǎnshǎo zīyuán làngfèi, bǎohù tǔrǎng. Zǒng'ér yánzhī, yīnwèi lǜsè shíwù gèng jiànkāng, gèng yíngyǎng, wèidao hǎo, bǎohù huánjìng, suǒyǐ wǒ rènwéi yǒu bìyào fāzhǎn lǜsè shípǐn.

저는 유기농 식품을 발전시킬 필요가 있다고 생각합니다. 먼저, 유기농 식품은 비교적 건강하고, 중금속과 발암 물질의 함량이 비교적 낮습니다. 둘째, 유기농 음식은 원래의 맛을 그대로 유지합니다. 화학 비료와 농약을 첨가해 생산했을 때의 쓴맛과 떫은맛이 없습니다. 마지막으로, 환경에 유익하고, 유기농 식품은 천연 재료를 사용하여 자원의 낭비를 줄이며 토양을 보호합니다. 요컨대, 유기농 식품은 더 건강하고 영양이 많으며, 맛이 좋고 환경을 보호하기 때문에 저는 유기농 식품을 발전시킬 필요가 있다고 생각합니다.

단어　随着 suízhe 게 ~에 따라 | 消费时尚 xiāofèi shíshàng 소비 풍조 | 必要 bìyào 형 필요 | 现状 xiànzhuàng 명 현황 | 混乱 hùnluàn 형 혼란하다 | 蔬菜 shūcài 명 채소 | 贴标签 tiē biāoqiān 상표를 붙이다 | 华丽 huálì 형 화려하다 | 倍增 bèizēng 동 갑절로 늘다 | 大众 dàzhòng 명 대중 | 消费 xiāofèi 명 소비 | 证书 zhèngshū 증서, 증명서 | 办理 bànlǐ 동 처리하다 | 收获 shōuhuò 동 수확하다 | 产量 chǎnliàng 명 생산량 | 依然 yīrán 형 전과 다름 없다 | 农药 nóngyào 명 농약 | 暴利 bàolì 명 폭리 | 规范 guīfàn 명 본보기, 규범 | 监督 jiāndū 동 감독하다 | 普及 pǔjí 동 보급되다, 확대되다 | 老百姓 lǎobǎixìng 명 대중, 일반인 | 重金属 zhòngjīnshǔ 중금속 | 致癌 zhì'ái 암을 유발하다 | 含量 hánliàng 명 함량 | 化肥 huàféi 화학 비료 | 味道 wèidao 명 맛 | 苦味 kǔwèi 명 쓴맛 | 涩味 sèwèi 명 떫은맛 | 资源 zīyuán 명 천연자원 | 土壤 tǔrǎng 명 토양

제5부분

문제 你喜欢吃快餐吗?

🎧5-5-3 Nǐ xǐhuan chī kuàicān ma?

당신은 패스트푸드를 즐깁니까?

답변 핵심 문장

吃快餐的好处

1 吃快餐很方便。
Chī kuàicān hěn fāngbiàn.
패스트푸드는 먹기에 아주 편리하다.

2 吃快餐省时间。
Chī kuàicān shěng shíjiān.
패스트푸드를 먹으면 시간을 절약할 수 있다.

3 品种较为简单，操作方法简便，不用自己动手，随时随地都可以进食，是
快速填饱肚子的最好选择，大受都市白领欢迎。
Pǐnzhǒng jiào wéi jiǎndān, cāozuò fāngfǎ jiǎnbiàn, búyòng zìjǐ dòngshǒu, suíshí suídì dōu kěyǐ jìnshí, shì kuàisù tiánbǎo dùzi de zuìhǎo xuǎnzé, dà shòu dūshì báilǐng huānyíng.
메뉴가 간편하고 제작 방법도 간편하므로 직접 손대지 않고도 언제 어디서나 쉽게 먹을 수 있다. 빠르게 배를 채울 수 있는 최적의 선택이어서 도시 직장인들에게 선호되고 있다.

吃快餐的坏处

1 营养不均衡。
Yíngyǎng bù jūnhéng.
영양이 균형적이지 않다.

2 长期吃快餐会引发疾病。
Chángqī chī kuàicān huì yǐnfā jíbìng.
장기적인 패스트푸드의 섭취는 질병을 유발할 수 있다.

3 吃快餐很容易导致肥胖。
Chī kuàicān hěn róngyì dǎozhì féipàng.
패스트푸드를 먹으면 쉽게 비만을 유발할 수 있다.

1 我觉得吃快餐挺好的。对于现代人来说，吃快餐已经是一件非常普通的事情了。每天上下班，有时还加班，回到家早就累个半死，根本无心去做饭了。而且现在快餐营养也很均衡，又省时又省力，何乐而不为呢？

Wǒ juéde chī kuàicān tǐng hǎo de. Duìyú xiàndàirén lái shuō, chī kuàicān yǐjīng shì yí jiàn fēicháng pǔtōng de shìqing le. Měitiān shàngxiàbān, yǒushí hái jiābān, huídào jiā zǎojiù lèi ge bànsǐ, gēnběn wúxīn qù zuò fàn le. Érqiě xiànzài kuàicān yíngyǎng yě hěn jūnhéng, yòu shěngshí yòu shěnglì, hé lè ér bù wéi ne?

저는 패스트푸드를 먹는 것이 아주 좋다고 생각합니다. 현대인들에게 있어서 패스트푸드를 먹는 것은 아주 평범한 것이 되었습니다. 매일 출퇴근하고 때로는 잔업도 해야 하기에, 귀가하고 나면 지쳐버리게 되므로 요리를 할 기력이 없습니다. 또한, 지금의 패스트푸드는 영양 성분이 균형을 갖추고 있으며, 시간과 에너지를 모두 절약할 수 있습니다. 그러므로 패스트푸드를 먹지 말아야 할 이유가 없습니다.

2 在当下竞争如此激烈的社会生活中，很多人平时忙得根本没有时间做饭，这时候一般都是吃快餐解决的。吃快餐不仅能省去做饭的烦恼，还能节约很多时间，重要的是快餐种类丰富，口味也比自己在家做的好。但是吃快餐除了花费很高以外，还会给我们的身体带来很多危害，甚至还会致癌。所以，我是不喜欢吃快餐的。

Zài dāngxià jìngzhēng rúcǐ jīliè de shèhuì shēnghuó zhōng, hěn duō rén píngshí máng de gēnběn méiyǒu shíjiān zuò fàn, zhè shíhou yìbān dōu shì chī kuàicān jiějué de. Chī kuàicān bùjǐn néng shěngqù zuò fàn de fánnǎo, hái néng jiéyuē hěn duō shíjiān, zhòngyào de shì kuàicān zhǒnglèi fēngfù, kǒuwèi yě bǐ zìjǐ zài jiā zuò de hǎo. Dànshì chī kuàicān chúle huāfèi hěn gāo yǐwài, hái huì gěi wǒmen de shēntǐ dàilái hěn duō wēihài, shènzhì hái huì zhì'ái. Suǒyǐ, wǒ shì bù xǐhuan chī kuàicān de.

지금처럼 이렇게 경쟁이 치열한 사회에서 생활하느라 많은 사람들이 평소에는 바빠서 요리할 수 있는 시간조차 없습니다. 이런 때 대체로 패스트푸드로 식사를 해결합니다. 패스트푸드를 먹게 되면 요리를 할 때의 고민을 없애줄 뿐만 아니라 많은 시간을 절약할 수도 있습니다. 중요한 것은 패스트푸드의 종류가 다양하고 맛도 집에서 한 것보다 맛있다는 것입니다. 하지만 패스트푸드는 비싼 비용 외에도, 우리의 몸에 많이 해로울 수 있으며, 심지어 암을 유발할 수도 있습니다. 그러므로 저는 패스트푸드를 즐기지 않습니다.

제 **5** 부분

단어 快餐 kuàicān 圆 패스트푸드(fast-food), 스낵 | 普通 pǔtōng 혱 보통이다, 일반적이다 | 营养 yíngyǎng 圆 영양, 양분 | 均衡 jūnhéng 혱 균형, 평형 | 何乐而不为呢？ hé lè ér bù wéi ne? 왜 기꺼이 하지 않겠는가? | 当下 dāngxià 児 즉각, 바로 | 如此 rúcǐ 이와 같다, 이러하다. | 种类 zhǒnglèi 圆 종류 | 花费 huāfèi 통 쓰다, 들이다, 소비하다, 소모하다, 기울이다 | 危害 wēihài 통 해를 끼치다, 해치다, 손상시키다 | 致癌 zhì'ái 통 암을 유발하다

问题 4 ★

문제 大部分学校每年都会举办运动会，请谈谈举办运动会有什么好处。

🎧5-5-4 Dàbùfen xuéxiào měinián dōu huì jǔbàn yùndònghuì, qǐng tántan jǔbàn yùndònghuì yǒu shénme hǎochu.

대다수 학교에서는 매년 운동회를 개최합니다. 운동회를 개최하면 어떤 좋은 점이 있는지 이야기해 보세요.

답변 핵심 문장

参加运动会的好处

1 可以强身健体。
　Kěyǐ qiángshēn jiàntǐ.
　신체 건강을 증진할 수 있다.

2 丰富学生课余生活，增强学生集体意识。
　Fēngfù xuésheng kèyú shēnghuó, zēngqiáng xuésheng jítǐ yìshí.
　학생들의 과외 생활을 다채롭게 할 수 있고, 학생들의 단체정신을 증진시킬 수 있다.

3 感受运动的乐趣，加深同学们之间的感情。
　Gǎnshòu yùndòng de lèqù, jiāshēn tóngxuémen zhījiān de gǎnqíng.
　운동의 즐거움을 만끽할 수 있고, 학우 사이의 감정적 유대를 강화할 수 있다.

답변 1 学校举行运动会有以下两个好处。首先，可以让学生更好地锻炼身体，培养他们的拼搏精神。其次，可以让学生通过参加运动会感受运动的乐趣，加深同学之间的感情，好处非常多。

Xuéxiào jǔxíng yùndònghuì yǒu yǐxià liǎng ge hǎochu. Shǒuxiān, kěyǐ ràng xuésheng gèng hǎo de duànliàn shēntǐ, péiyǎng tāmen de pīnbó jīngshen. Qícì, kěyǐ ràng xuésheng tōngguò cānjiā yùndònghuì gǎnshòu yùndòng de lèqù, jiāshēn tóngxué zhījiān de gǎnqíng, hǎochu fēicháng duō.

학교에서 운동회를 개최하면 다음과 같은 두 가지 장점이 있습니다. 우선, 학생들이 더욱 신체를 단련할 수 있고, 전력을 다해 싸우는 정신을 기르게 합니다. 또한, 운동회를 통해서 학생들로 하여금 운동의 재미를 느끼게 하며, 학우들 간의 감정을 깊게 합니다. 장점이 아주 많습니다.

2 学校举办运动会有许多好处。首先，能培养学生的集体主义精神、协作精神、竞争意识以及坚强的意志。其次，能加强同学之间的团结友谊，活跃校园气氛，丰富学生课余生活，提高学生身体素质和运动技术水平，提供学生展现自我价值的平台，促进学生终身体育观的形成。最后，能促进我国全民体育素质发展，有利于我国向世界体育强国进发。

Xuéxiào jǔbàn yùndònghuì yǒu xǔduō hǎochu. Shǒuxiān, néng péiyǎng xuésheng de jítǐ zhǔyì jīngshen, xiézuò jīngshen, jìngzhēng yìshí yǐjí jiānqiáng de yìzhì. Qícì, néng jiāqiáng tóngxué zhījiān de tuánjié yǒuyì, huóyuè xiàoyuán qìfēn, fēngfù xuésheng kèyú shēnghuó, tígāo xuésheng shēntǐ sùzhì hé yùndòng jìshù shuǐpíng, tígòng xuésheng zhǎnxiàn zìwǒ jiàzhí de píngtái, cùjìn xuésheng zhōngshēn tǐyùguān de xíngchéng. Zuìhòu, néng cùjìn wǒ guó quánmín tǐyù sùzhì fāzhǎn, yǒulìyú wǒ guó xiàng shìjiè tǐyù qiángguó jìnfā.

학교에서 운동회를 개최하면 좋은 점이 많이 있습니다. 우선, 학생들의 단체정신, 협업 정신, 경쟁 의식 및 강인한 의지를 양성할 수 있습니다. 다음으로는 학우 사이의 단결과 우정을 강화할 수 있고, 교정의 분위기를 활성화할 수 있으며, 학생들의 과외 생활을 다채롭게 하고, 학생들의 신체 소질과 운동 기능의 수준을 향상하며 학생들에게 자신의 가치를 펼쳐 보일 수 있는 플랫폼을 제공해줌으로써, 학생들이 평생 체육 관념을 형성하도록 인도할 수 있습니다. 마지막으로, 우리나라 전 국민의 체육 소양의 발전을 촉진할 수 있으며 우리나라가 세계적 체육 강국으로 도약하는 데 도움을 줄 수 있습니다.

단어 锻炼 duànliàn 동 (몸과 마음을) 단련하다 | 拼搏 pīnbó 동 맞붙어 싸우다, 필사적으로 싸우다, 끝까지 다투다 | 感受 gǎnshòu 동 (영향을) 받다 | 乐趣 lèqù 명 즐거움, 재미 | 集体主义 jítǐ zhǔyì 명 집단주의 | 协作精神 xiézuò jīngshen 협력 정신 | 加强 jiāqiáng 동 강화하다, 보강하다 | 团结 tuánjié 동 단결(하다), 결속(하다) | 活跃 huóyuè 형 활동적이다, 행동이 활발하고 적극적이다, 활기 있다 | 技术水平 jìshù shuǐpíng 명 기술 수준 | 展现 zhǎnxiàn 동 전개하다, (눈앞에) 펼쳐지다 | 终生 zhōngshēng 명 일생, 평생 | 素质教育 sùzhì jiàoyù 명 전인교육 | 进发 jìnfā 동 출발하다, 나아가다

문제 有人说为了减肥，调整饮食比运动更重要，对此你有什么看法？请说说
🎧5-5-5 你的意见。

Yǒu rén shuō wèile jiǎnféi, tiáozhěng yǐnshí bǐ yùndòng gèng zhòngyào, duì cǐ
nǐ yǒu shénme kànfǎ? Qǐng shuōshuo nǐ de yìjiàn.

어떤 사람들은 다이어트를 위해서는 식이조절이 운동보다 중요하다고 합니다. 이
것에 대해 어떻게 생각합니까? 당신의 의견을 말해 보세요.

답변 핵심 문장

1 只要充分地运动，不调整饮食也可以减肥。
Zhǐyào chōngfèn de yùndòng, bù tiáozhěng yǐnshí yě kěyǐ jiǎnféi.
운동을 충분히 하면 음식을 조절하지 않아도 다이어트할 수 있다.

2 说到减肥，我觉得和运动相比，调整饮食更为重要。
Shuōdào jiǎnféi, wǒ juéde hé yùndòng xiāngbǐ, tiáozhěng yǐnshí gèng wéi zhòngyào.
다이어트로 말하자면, 나는 운동과 비교해 식이조절이 더욱 중요하다고 생각한다.

3 尽量不要吃油腻的食物。
Jǐnliàng bú yào chī yóunì de shíwù.
가급적 느끼한 음식을 먹지 않는다.

답변 1 很多人一说到减肥就会想到运动。其实，我觉得和运动比起来，调整饮食更为
重要。因为如果减肥期间每天还保持原来的饮食习惯，如暴饮暴食，吃油炸食
品，那么即使运动也减不了肥。所以，我觉得为了减肥一定要少吃。

Hěn duō rén yì shuōdào jiǎnféi jiù huì xiǎngdào yùndòng. Qíshí, wǒ juéde hé yùndòng bǐ qǐlai,
tiáozhěng yǐnshí gèng wéi zhòngyào. Yīnwèi rúguǒ jiǎnféi qījiān měitiān hái bǎochí yuánlái de
yǐnshí xíguàn, rú bàoyǐn bàoshí, chī yóuzhá shípǐn, nàme jíshǐ yùndòng yě jiǎn buliǎo féi. Suǒyǐ
wǒ juéde wèile jiǎnféi yídìng yào shǎo chī.

많은 사람들이 다이어트를 말하면 운동을 생각합니다. 사실 저는 운동에 비해서 음식을
조절하는 것이 더 중요하다고 생각합니다. 왜냐하면 만약 다이어트 기간 동안 매일 원래
의 식습관, 예를 들어 폭식과 기름진 음식을 먹는 것을 유지한다면, 설령 운동을 하더라도
살이 빠질 수 없습니다. 그래서 다이어트를 위해서는 반드시 조금만 먹어야 한다고 생각
합니다.

2   我还是觉得运动比节食更重要。因为我觉得运动量大于饮食摄取量的话，不用调整饮食就可以达到减肥的目的。肥胖的原因就是因为控制不住自己的嘴，也就是摄入了过多高于体内需要的热量。通过运动可以减少这些多余的卡路里，从而达到减肥的目的。所以，我认为只要充分地运动，不调整饮食也可以减肥。

Wǒ háishi juéde yùndòng bǐ jiéshí gèng zhòngyào. Yīnwèi juéde yùndòngliàng dàyú yǐnshí shèqǔliàng de huà, búyòng tiáozhěng yǐnshí jiù kěyǐ dádào jiǎnféi de mùdì. Féipàng de yuányīn jiùshì yīnwèi kòngzhì bu zhù zìjǐ de zuǐ, yě jiùshì shèrù le guòduō gāoyú tǐnèi xūyào de rèliàng. Tōngguò yùndòng kěyǐ jiǎnshǎo zhèxiē duōyú de kǎlùlǐ, cóng'ér dádào jiǎnféi de mùdì. Suǒyǐ, wǒ rènwéi zhǐyào chōngfèn de yùndòng, bù tiáozhěng yǐnshí yě kěyǐ jiǎnféi.

저는 그래도 운동이 절식보다 좋다고 생각합니다. 왜냐하면 운동량이 음식 섭취량보다 많으면, 음식을 조절하지 않아도 다이어트의 목적에 다다를 수 있기 때문입니다. 살이 찌는 원인은 자기의 식욕을 억제하지 못하고, 체내에서 필요로 하는 열량보다 과도하게 많이 섭취하기 때문입니다. 운동을 통해서 남는 칼로리를 없앨 수 있고, 그것으로 다이어트의 목적을 이룰 수 있습니다. 그래서 저는 충분히 운동을 하기만 하면, 음식을 조절하지 않아도 살이 빠질 수 있다고 생각합니다.

단어 减肥 jiǎnféi 图 체중을 줄이다, 다이어트하다 | 调整 tiáozhěng 图 조정[조절]하다 | 饮食 yǐnshí 图 음식 | 暴饮暴食 bàoyǐn bàoshí 폭식하다 | 油炸食品 yóuzhà shípǐn 튀김류, 튀긴 음식 | 节食 jiéshí 图 절식하다, 음식을 줄이다 | 摄取量 shèqǔliàng 섭취량 | 肥胖 féipàng 图 뚱뚱하다 | 控制 kòngzhì 图 제어하다, 억제하다 | 高于 gāoyú 图 ~보다 높다 | 热量 rèliàng 图 열량 | 卡路里 kǎlùlǐ 图 칼로리(cal), 열량의 단위 | 达到 dádào 图 달성하다, 도달하다

5-6-0

문제 1

近年来，随着社会和经济的发展，跨国婚姻已经很普遍。那么我们该如何看待这种现象呢？请谈谈你的看法。

문제 2

你认为农村和城市，哪个更适合孩子的成长？

문제 3

我国的人口老龄化问题给社会的发展所带来的影响有哪些？

문제 4

很多年轻人花很多钱买新手机，你的看法是？

문제 5

为什么越来越多的男人化妆，你的看法是什么？

(30秒)　　　提示音 _____ (50秒)　　　　　结束。

MEMO

第六部分 情景应对
상황에 맞게 대답하기

第六部分: 情景应对
在这部分考试中，你将看到提示图，同时还将听到中文的情景叙述。假设你处于这种情况之下，你将如何应付。请尽量用完整的句子来回答，句子的长短和用词将影响你的分数。请听到提示音之后开始回答问题。每道题请你用30秒思考，回答时间是40秒。
下面开始提问。

제6부분: 상황에 맞게 대답하기

이 부분에서는 제시된 그림을 보고 동시에 중국어로 상황을 듣습니다. 당신이 이런 상황에 처해 있다고 가정하고 어떻게 대응할 것인지 최대한 완전한 문장으로 대답해주십시오. 문장의 길이와 사용한 단어는 당신의 점수에 영향을 미칩니다. 제시음을 듣고 나서 대답해주십시오. 모든 문제마다 생각할 시간은 30초이고, 대답할 시간은 40초입니다.

다음 질문을 시작하겠습니다.

제6부분은 '情景应对(상황에 맞게 대답하기)' 부분으로 3문제가 출제된다. 문제와 함께 그림이 제시되는데, 응시자 본인이 주어진 그림의 상황에서 누군가와 대화를 한다는 가정 하에 대답하는 문제가 출제된다. 가정, 직장, 일상생활에서 겪을 수 있는 여러 가지 상황이 문제로 출제된다. 예를 들면 새로 구매한 가전제품에 문제가 있을 때 전화를 해서 해결해보라는 등의 문제도 출제된다.

제6부분	
준비시간	30초
답변시간	40초
문항수	3문항
문제유형	상황에 맞게 대답하기
난이도	상

대답하는 요령은 첫째, 주어진 상황에서 대화의 형식에 맞게 자연스럽게 표현하는 것이다. 전화를 하는 경우에, '喂，是电脑维修中心吗? (여보세요, 컴퓨터 수리센터죠?)'라는 말로 시작하는 것이 좋다. 둘째, 문제에서 요구하는 과제를 달성한다. 예를 들어 금방 산 TV에 문제가 있어서, 상점에 항의하고 문제를 해결하라는 문제라면, 불만을 나타내며 항의하고, 문제를 해결하는 것까지 대답 안에 포함되어야 한다. 문제에서 벗어난 답만 잔뜩 이야기한다면 아무리 길게 말해도 좋은 점수를 기대할 수 없다.

제6부분에서 주의해야 할 점은 반드시 대화하듯이 자연스러워야 한다는 점이다. 따라서 일상에서 자주 쓰는 구어체로 말하는 것이 좋다. 또한 대화의 형식으로 대답해야 하므로, 접속사는 많이 사용하지 않아도 된다. 오히려 불필요한 접속사가 많아지면 말이 길어지고 부자연스러워질 수 있다. 대신 중국인이 생활에서 자주 사용하는 성어, 속담 등을 활용하여 표현하는 것은 아주 좋다. 마지막으로 본인의 수준에 맞는 길이로 대답하되, 반드시 완전한 문장으로 대답해야 한다.

제6부분에 대비하기 위해서는 평소에 어휘를 많이 익혀두어야 한다. 다루는 상황, 주제의 범위가 넓어지고 있기 때문에 다양하게 어휘를 익힐 필요가 있다. 회화를 연습할 때도 여러 가지 상황에 대해서 다양한 역할로 연습을 하는 것이 좋다. 또한 중국인들이 자주 사용하는 구어를 많이 익혀서 외우되, 무조건 외우지만 말고 자신의 것으로 소화하여 상황에 따라서 응용할 수 있는 정도로 만드는 것이 좋다.

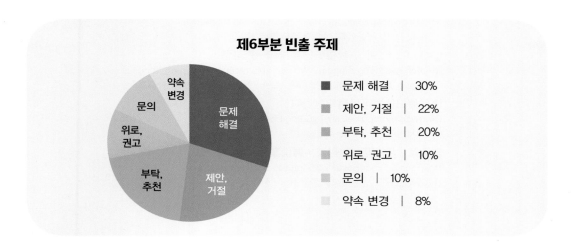

제6부분 빈출 주제

- 문제 해결 ｜ 30%
- 제안, 거절 ｜ 22%
- 부탁, 추천 ｜ 20%
- 위로, 권고 ｜ 10%
- 문의 ｜ 10%
- 약속 변경 ｜ 8%

상황 설명편

상황 설명편은 제6부분에서 가장 자주 출제되는 문제이다. 이 부분에서는 일상생활을 비롯한 여러 가지 상황과 관련된 문제가 출제된다. 쇼핑과 관련된 문제로 물건의 교환·환불·분실 등에 관한 상황이 출제되었고, 쇼핑몰에서 미아를 찾는 상황, 전자 제품이 고장 나서 해결을 해야 하는 상황 등이 출제되었다. 이 영역에서 대답을 완전하게 하기 위해서는 구체적으로 설명을 해야 한다. 상황을 설명할 경우에는 사건이 발생한 시간, 장소를 포함한 대체적인 발생 과정 등을, 물건일 경우에는 크기, 색깔, 모양 등을, 사람일 경우에는 외모, 연령, 옷차림 등을 묘사해야 한다. 주로 대화를 주고받는 상황에서 묻거나 답하는 상황이 출제되며, 특히 전화를 걸어서 말하는 상황이 많이 출제된다. 따라서 실제로 대화를 나누는 것처럼 자연스럽게 말해야 한다.

 핵심어휘로 내공 쌓기

식당

· 这家餐厅的菜非常精致美味。
Zhè jiā cāntīng de cài fēicháng jīngzhì měiwèi.
이 식당의 음식은 아주 맛있습니다.

· 他们的服务态度非常好。
Tāmen de fúwù tàidu fēicháng hǎo.
그들의 서비스는 아주 좋습니다.

· 你们的服务态度太差了。我非常不满意。
Nǐmen de fúwù tàidu tài chà le. Wǒ fēicháng bù mǎnyì.
당신들의 서비스는 아주 별로입니다. 저는 매우 불만족스럽습니다.

· 您好，我想订餐。我要一份牛排和一瓶红酒。
Nín hǎo, wǒ xiǎng dìngcān. Wǒ yào yí fèn niúpái hé yì píng hóngjiǔ.
안녕하세요, 음식을 주문하고 싶습니다. 소갈비 한 접시와 와인 한 병 주십시오.

· 请问你们这里可以预定包房吗？
Qǐngwèn nǐmen zhèlǐ kěyǐ yùdìng bāofáng ma?
이곳에서 단독 룸을 예약할 수 있습니까?

· 拿手菜 / 招牌菜 / 中国菜 / 韩国菜
Náshǒucài / zhāopáicài / Zhōngguócài / Hánguócài
가장 뛰어난 음식 / 간판 요리 / 중국 음식 / 한국 음식

구매

· 我想买一个礼物送给我妈妈。
　Wǒ xiǎng mǎi yí ge lǐwù sòng gěi wǒ māma.
　저는 엄마에게 줄 선물을 사고 싶습니다.

· 我要买一条深蓝色的牛仔裤。
　Wǒ yào mǎi yì tiáo shēn lánsè de niúzǎikù.
　저는 짙은 청색의 청바지를 사고 싶습니다.

· 请问，你们这儿有……吗？
　Qǐngwèn, nǐmen zhèr yǒu ……ma?
　실례합니다. 이곳에 ～이 있습니까?

· 这件……多少钱？
　Zhè jiàn ……duōshao qián?
　이 옷은 얼마입니까?

회사·일

· 他们公司经常加班，他非常忙。
　Tāmen gōngsī jīngcháng jiābān, tā fēicháng máng.
　그들의 회사는 자주 야근해서 그는 아주 바쁩니다.

· 代理 / 科长 / 部长 / 常务 / 专务 / 理事
　dàilǐ / kēzhǎng / bùzhǎng / chángwù / zhuānwù / lǐshì
　대리 / 과장 / 부장 / 상무 / 전무 / 이사

· 销售部门 / 市场部 / 管理部 / 人事处
　xiāoshòu bùmén / shìchǎngbù / guǎnlǐbù / rénshìchù
　영업부 / 마케팅부 / 관리부 / 인사부

· 我的电脑死机了。
　Wǒ de diànnǎo sǐjī le.
　저의 컴퓨터가 다운됐습니다.

· 报告写好了。
　Bàogào xiěhǎo le.
　보고서를 다 썼습니다.

· 明天有重要的会议。
　Míngtiān yǒu zhòngyào de huìyì.
　내일 중요한 회의가 있습니다.

· 你上班千万不要迟到。
　Nǐ shàngbān qiānwàn bú yào chídào.
　출근할 때 절대 지각하지 마십시오.

· 我的老板非常和蔼/严厉。
　Wǒ de lǎobǎn fēicháng hé'ǎi / yánlì.
　저의 사장님은 매우 상냥 / 엄격합니다.

· 我的老板要求非常严格。
　Wǒ de lǎobǎn yāoqiú fēicháng yángé.
　저의 사장님의 요구 사항은 매우 엄격합니다.

问题 1 ⭐

문제
🎧6-1-1

你哥哥的女儿要过生日了，你想买一件礼物，
请你向百货商店的售货员咨询。

Nǐ gēge de nǚ'ér yào guò shēngrì le, nǐ xiǎng mǎi
yí jiàn lǐwù, qǐng nǐ xiàng bǎihuò shāngdiàn de
shòuhuòyuán zīxún.

곧 당신 오빠의 딸의 생일이어서 당신은 선물을 사려
고 합니다. 백화점 판매원에게 의견을 구해보세요.

답변요령

1. 인물(대상) 소개

① 저의 조카는 올해 열 살입니다.

② 이것은 여자아이에게 주는 선물이며, 그녀는 키가 크고 활발합니다.

③ 저의 조카는 키가 또래보다 크고, 초등학교 4학년입니다.

2. 선물의 특징 설명

① 책가방, 연필, 필통 등 학용품을 사고 싶습니다.

② 생일 선물을 사려고 하는데, 저한테 추천해 주실 수 있으신가요?

③ 너무 비싼 선물은 사고 싶지 않으며, 5만 원 이하의 것을 원합니다.

답변 1 你好，我想给我的侄女买一件礼物。你能给我推荐一款女孩子喜欢且性价比较
高的礼物吗？

Nǐ hǎo, wǒ xiǎng gěi wǒ de zhínǚ mǎi yí jiàn lǐwù. Nǐ néng gěi wǒ tuījiàn yì kuǎn nǚháizi xǐhuan qiě
xìngjià bǐjiào gāo de lǐwù ma?

안녕하세요, 조카에게 선물을 사주고 싶은데, 여자애가 좋아할 만하고 가격 대비 성능이
좋은 선물을 하나 추천해 줄 수 있으신가요?

2 您好，我想给十岁的小女孩挑一件礼物。她是我哥哥的女儿，她要过生日了，
今年上小学四年级。我不知道什么样的礼物适合她。我想给她买一个新书包，
你觉得怎么样？洋娃娃也可以，听说最近 'KAKAO' 出了新款商品，小孩子都很
喜欢。或者您能帮我推荐几种适合的礼物吗？

Nínhǎo, wǒ xiǎng gěi shí suì de xiǎonǚhái tiāo yí jiàn lǐwù. Tā shì wǒ gēge de nǚ'ér, tā yào guò shēngrì le, jīnnián shàng xiǎoxué sì niánjí. Wǒ bù zhīdào shénmeyàng de lǐwù shìhé tā. Wǒ xiǎng gěi tā mǎi yí ge xīn shūbāo, nǐ juéde zěnmeyàng? Yáng wáwa yě kěyǐ, tīngshuō zuìjìn 'KAKAO' chūle xīnkuǎn shāngpǐn, xiǎoháizi dōu hěn xǐhuan. Huòzhě nín néng bāng wǒ tuījiàn jǐ zhǒng shìhé de lǐwù ma?

안녕하세요, 열 살 된 여자아이에게 선물 하나를 사 주려고요. 제 오빠의 딸인데, 곧 생일이에요. 올해 초등학교 4학년이고요. 저는 어떤 선물이 그녀에게 적합할지 모르겠어요. 책가방을 하나 사주고 싶은데, 어떨까요? 인형도 괜찮고요. 듣기론 최근 카카오에서 새로운 모델이 나와서 아이들이 다 좋아한다던데요. 아니면 혹시 몇 가지 적합한 선물을 추천해 줄 수 있으신가요?

3　您好，我来买礼物。你们这里有什么适合送给小孩子的礼物吗？要好一点儿的，是送给我小侄女的。我来给您介绍一下儿，我的小侄女今年十岁了，明天是她的生日。她个子高高的，比一般的孩子高出了一头。性格呢，有点儿像男孩子，喜欢蹦蹦跳跳，非常活泼。我也是第一次给小侄女买礼物，不知道买什么好。我本来想给她买一套最新款的游戏机，但是又怕她因为打游戏耽误了学习。请问其他的家长都买什么送给他们的孩子呢？要不请你帮我介绍几款新到的礼品吧，我看一看。价格在二十万左右就可以了。

Nín hǎo, wǒ lái mǎi lǐwù. Nǐmen zhèlǐ yǒu shénme shìhé sòng gěi xiǎoháizi de lǐwù ma? Yào hǎo yìdiǎnr de, shì sòng gěi wǒ xiǎo zhínǚ de. Wǒ lái gěi nín jièshào yíxiàr, wǒ de xiǎo zhínǚ jīnnián shí suì le, míngtiān shì tā de shēngrì. Tā gèzi gāogāo de, bǐ yìbān de háizi gāo chū le yì tóu. Xìnggé ne, yǒudiǎnr xiàng nánháizi, xǐhuan bèngbeng tiàotiào, fēicháng huópō. Wǒ yě shì dì yī cì gěi xiǎo zhínǚ mǎi lǐwù, bù zhīdào mǎi shénme hǎo. Wǒ běnlái xiǎng gěi tā mǎi yí tào zuì xīnkuǎn de yóuxìjī, dànshì yòu pà tā yīnwèi dǎ yóuxì dānwu le xuéxí. Qǐng wèn qítā de jiāzhǎng dōu mǎi shénme sòng gěi tāmen de háizi ne? Yàobù qǐng nǐ bāng wǒ jièshào jǐ kuǎn xīn dào de lǐpǐn ba, wǒ kàn yi kàn. Jiàgé zài èrshí wàn zuǒyòu jiù kěyǐ le.

안녕하세요, 제가 선물을 사려고 하는데요, 여기 어린이에게 줄 적당한 선물이 있을까요? 좀 좋은 걸로 해서 조카 딸에게 주려고 합니다. 소개를 드리자면, 조카 딸은 올해 열 살이고, 내일이 생일입니다. 그녀는 키가 큰데요, 일반 또래 아이보다 머리 하나가 큽니다. 성격은 약간 남자아이 같아 뛰어다니는 것을 좋아하고, 아주 활발합니다. 저도 처음으로 조카 딸에게 선물을 사는 거라서 어떤 것을 사는 것이 좋을지 모르겠네요. 원래는 그녀에게 최신형 게임기 한 세트를 사주려고 했지만, 게임 때문에 공부에 영향을 받을까 걱정이 되네요. 다른 부모님들은 자녀들에게 어떤 것을 선물하나요? 아니면, 저에게 새로 들어온 선물을 몇 개 소개해 주시면 제가 좀 볼게요. 가격은 20만 원 내외면 됩니다.

단어　礼物 lǐwù 圈 선물｜售货员 shòuhuòyuán 圈 판매원｜咨询 zīxún 图 의논하다, 상의하다｜推荐 tuījiàn 图 추천하다｜侄女 zhínǚ 圈 조카(딸)｜适合 shìhé 图 적합하다｜蹦蹦跳跳 bèngbeng tiàotiào 껑충껑충 뛰다｜活泼 huópō 圈 활발하다, 활기차다｜新款 xīnkuǎn 圈 새로운 스타일｜游戏机 yóuxìjī 圈 오락기｜耽误 dānwu 图 일을 그르치다, 시간을 허비하다｜价格 jiàgé 圈 가격

问题 2

문제

🎧6-1-2 你打算邀请贵宾吃饭，请给饭店打电话预订好位置，告诉他们上菜时的注意事项。

Nǐ dǎsuan yāoqǐng guìbīn chī fàn, qǐng gěi fàndiàn dǎdiànhuà yùdìng hǎo wèizhì, gàosù tāmen shàngcài shí de zhùyì shìxiàng.

당신은 중요한 손님을 초대해 식사를 대접할 계획입니다. 식당에 전화해서 좌석을 예약하고, 요리를 내올 때의 주의사항에 대해서 말해 보세요.

1. 손님 소개

① 손님은 제 사업의 협력 파트너이며, 우리는 비즈니스 회의를 할 예정입니다.

② 저는 덕망이 높으신 선생님 한 분을 모시려고 하는데, 그분의 연세는 조금 높은 편입니다.

③ 손님은 고수를 드시지 못합니다.

2. 요구사항 설명

① 저는 외부의 경치를 볼 수 있는, 창문과 맞닿아 있는 자리를 원합니다.

② 우리는 약 10명의 손님이 있는데, 큰 방으로 배정해 주시길 바랍니다.

③ 조용한 곳으로 배정해 주시길 바랍니다.

답변 1 您好，请问是阳光酒店吗？明天下午三点，我想预订一个包房，最好是安静一点的。请帮我安排一下。还有，明天邀请的人中有不能吃香菜的，做菜时请不要放！谢谢。

Nín hǎo, qǐngwèn shì Yángguāng jiǔdiàn ma? Míngtiān xiàwǔ sān diǎn, wǒ xiǎng yùdìng yí ge bāofáng, zuìhǎo shì ānjìng yìdiǎn de. Qǐng bāng wǒ ānpái yíxià. Háiyǒu, míngtiān yāoqǐng de rén zhōng yǒu bù néng chī xiāngcài de, zuò cài shí qǐng bú yào fàng! Xièxie.

안녕하세요, 양광호텔입니까? 내일 오후 3시에 (식당) 룸을 하나 예약하려고 하는데, 좀 조용한 곳이면 좋겠습니다. 준비 부탁드립니다. 또한, 내일 모시는 손님 중에 고수를 드시지 못하는 분이 계시니, 조리를 할 때 절대 넣지 마시길 부탁드립니다. 감사합니다.

2   您好，是阳光酒店吗？明天我想在你们酒店宴请贵宾。我们一共八个人，我想预约一个包房，请问还有空房间吗？我们大概明天晚上六点左右过去。我希望你们能够提前准备好。需要提前点菜吗？需要的话，我可以明天提前一点儿过去点菜。好的，谢谢您。

Nín hǎo, shì Yángguāng jiǔdiàn ma? Míngtiān wǒ xiǎng zài nǐmen jiǔdiàn yànqǐng guìbīn. Wǒmen yígòng bā ge rén, wǒ xiǎng yùyuē yí ge bāofáng, qǐngwèn háiyǒu kōng fángjiān ma? Wǒmen dàgài míngtiān wǎnshang liù diǎn zuǒyòu guòqù. Wǒ xīwàng nǐmen nénggòu tíqián zhǔnbèi hǎo. Xūyào tíqián diǎncài ma? Xūyào de huà, wǒ kěyǐ míngtiān tíqián yìdiǎnr guòqù diǎncài. Hǎode, xièxie nín.

안녕하세요, 양광호텔입니까? 내일 저는 그 호텔에 귀빈을 초대해 식사를 하려고 합니다. 저희는 모두 8명이고 단독 룸으로 예약을 하고 싶은데, 비어있는 룸이 있습니까? 대략 내일 저녁 6시 전후에 갈 겁니다. 미리 준비해 주시면 좋겠습니다. 미리 주문을 해야 합니까? 그렇다면 제가 내일 조금 일찍 가서 음식을 주문하도록 하겠습니다. 네, 고맙습니다.

---

3   您好，是阳光酒店吗？我想预订一个包房。我要宴请一位重要的客人。你们能给我安排一间比较宽敞安静的房间吗？房间的位置最好是靠窗的。请为我安排一下。你们家的拿手菜都有哪些？我想先了解一下。好的，那么我们大概下午五点左右到达，等我们到了之后再点菜。还有你们家可以刷VISA卡吗？另外我们有要紧的事需要商谈，所以不希望有任何人，包括服务员来打扰我们。需要上菜的时候，我会通知你们。到时候你们再上菜。对了，我姓王，叫王成功，如果客人提前到了，麻烦你把他们带到指定的包房。

Nín hǎo, shì Yángguāng jiǔdiàn ma? Wǒ xiǎng yùdìng yí ge bāofáng. Wǒ yào yànqǐng yí wèi zhòngyào de kèrén. Nǐmen néng gěi wǒ ānpái yì jiān bǐjiào kuānchang ānjìng de fángjiān ma? Fángjiān de wèizhì zuìhǎo shì kào chuāng de. Qǐng wèi wǒ ānpái yíxià. Nǐmen jiā de náshǒucài dōu yǒu nǎxiē? Wǒ xiǎng xiān liǎojiě yíxià. Hǎode, nàme wǒmen dàgài xiàwǔ wǔ diǎn zuǒyòu dàodá, děng wǒmen dào le zhīhòu zài diǎncài. Háiyǒu nǐmen jiā kěyǐ shuā VISA kǎ ma? Lìngwài wǒmen yǒu yàojǐn de shì xūyào shāngtán, suǒyǐ bù xīwàng yǒu rènhé rén, bāokuò fúwùyuán lái dǎrǎo wǒmen. Xūyào shàng cài de shíhòu, wǒ huì tōngzhī nǐmen. Dào shíhòu nǐmen zài shàng cài. Duìle, wǒ xìng Wáng, jiào Wáng Chénggōng, rúguǒ kèrén tíqián dào le, máfan nǐ bǎ tāmen dàidào zhǐdìng de bāofáng.

안녕하세요, 양광호텔입니까? 식당 룸을 예약하고 싶습니다. 중요한 손님 한 분을 모시고 식사를 하려고 하는데, 비교적 넓고 조용한 룸을 준비해 주실 수 있습니까? 위치는 창가 쪽이 제일 좋을 것 같습니다. 그곳으로 준비 부탁드립니다. 제일 잘하는 음식은 어떤 것들이 있습니까? 미리 좀 알아두고 싶습니다. 네, 그럼 오후 5시 전후로 도착하겠습니다. 일행이 도착하면 주문하겠습니다. 비자카드 사용이 가능합니까? 그리고 저희가 중요하게 협의할 일이 있어서 종업원을 포함해 아무에게도 방해받고 싶지 않습니다. 요리가 필요할 때는 제가 말씀드리겠습니다. 그때 음식을 올려주시면 됩니다. 참, 저는 왕 씨이고, 왕성공이라고 합니다. 만약 손님이 먼저 도착하시면, 번거로우시겠지만 그분을 지정된 룸으로 안내해 주시길 부탁드리겠습니다.

제 **6** 부분

贵宾 guìbīn 몡 귀빈 | 预订 yùdìng 동 예약하다 | 位置 wèizhì 몡 위치 | 包房 bāofáng 몡 (대절한) 방 | 安静
ānjìng 톙 조용하다 | 安排 ānpái 동 안배하다, 배치하다 | 宴请 yànqǐng 동 손님을 초대하다 | 预约 yùyuē 동 예
약하다 | 提前 tíqián 동 앞당기다 | 点菜 diǎncài 동 요리를 주문하다 | 宽敞 kuānchang 톙 넓다 | 靠窗 kào
chuāng 창가, 창쪽 | 要紧 yàojǐn 톙 중요하다 | 商谈 shāngtán 동 협의하다 | 包括 bāokuò 동 포함하다 | 打扰
dǎrǎo 동 방해하다 | 通知 tōngzhī 동 알리다 | 麻烦 máfan 동 귀찮게 하다 | 指定 zhǐdìng 동 지정하다

问题 3 ★

 문제

你在地铁上捡到一个钱包，钱包里有失主的名片，请你给失主打电话说明情况。

Nǐ zài dìtiě shàng jiǎndào yí ge qiánbāo, qiánbāo lǐ yǒu shīzhǔ de míngpiàn, qǐng nǐ gěi shīzhǔ dǎ diànhuà shuōmíng qíngkuàng.

당신이 지하철에서 지갑 하나를 주웠는데, 지갑 안에 잃어버린 사람의 명함이 있습니다. 지갑 주인에게 전화를 걸어 상황을 설명해 보세요.

답변요령

1. 상황 설명

① 오늘 오후 3시경에 ○○에서 당신의 지갑을 습득하였습니다.

② 검은색 지갑이고, 소가죽과 흡사한 소재로 되어 있습니다.

③ 지갑에는 은행카드 몇 개가 있고, 현금 10만원 정도가 있습니다.

2. 반환 방법 제안

① 언제 시간이 괜찮으신가요? 혹시 ○○으로 와주실 수 있으신가요?

② 제가 지갑을 전철역의 유실물 센터에 맡기겠습니다.

③ 지갑을 어떻게 돌려 드리는 것이 좋으시겠습니까?

답변 1

你好，我昨天在地铁上捡到一个钱包。钱包里有你的名片、现金，还有登录证。明晚七点我们在江南站八号出口见可以吗？

Nǐ hǎo, wǒ zuótiān zài dìtiě shàng jiǎndào yí ge qiánbāo. Qiánbāo lǐ yǒu nǐ de míngpiàn、xiànjīn、háiyǒu dēnglùzhèng. Míngwǎn qī diǎn wǒmen zài Jiāngnán zhàn bā hào chūkǒu jiàn kěyǐ ma?

안녕하세요, 제가 어제 지하철에서 지갑을 주웠는데요. 지갑에는 귀하의 명함, 현금 그리고 주민등록증이 있었어요. 내일 저녁 7시에 강남역 8번 출구에서 뵙는 것 어떠세요?

2　你好，请问是李英美吗？请问你最近有没有丢东西呢？是这样的，我在地铁上捡到了你的钱包，里面有你的名片。所以打电话来跟你确认一下。不用谢，这是应该的。你看你什么时候有时间，我们约个时间地点，我把钱包还给你吧。

Nǐ hǎo, qǐngwèn shì Lǐ Yīngměi ma? Qǐngwèn nǐ zuìjìn yǒu méiyǒu diū dōngxi ne? Shì zhèyàng de, wǒ zài dìtiě shàng jiǎndào le nǐ de qiánbāo, lǐmiàn yǒu nǐ de míngpiàn. Suǒyǐ dǎ diànhuà lái gēn nǐ quèrèn yíxià. Búyòng xiè, zhè shì yīnggāi de. Nǐ kàn nǐ shénme shíhou yǒu shíjiān, wǒmen yuē ge shíjiān dìdiǎn, wǒ bǎ qiánbāo huán gěi nǐ ba.

안녕하세요. 실례지만, 이영미 씨신가요? 최근에 물건을 잃어버리지 않으셨나요? 이렇게 된 거예요, 제가 지하철에서 당신의 지갑을 주웠는데, 안에 당신의 명함이 들어 있었어요. 그래서 당신에게 확인하고자 전화 드린 거예요. 고마워하지 않으셔도 돼요. 당연한 일이니까요. 당신이 언제 시간이 되실지 한번 보시고, 저희가 시간과 장소를 정합시다. 제가 지갑을 돌려드릴게요.

3　喂，你好。你是李英美吗？我在地铁上捡到了一个钱包，这里面有你的名片。所以，我按名片上的号码给你打这个电话，不知道是不是你丢了钱包呢？或者是你身边认识的人。哦，这钱包是你的吗？那你能说一下，钱包里都有什么吗？我得确认一下。好的，确认好了。我怎么把钱包还给你呢？我今天没有时间，不如这样吧，我帮你把钱包交到地铁管理办公室，你有时间去地铁站的失物招领处领取就可以了。地铁站的失物招领处应该是在二号线的市厅站。你看怎么样？

Wéi, nǐ hǎo. Nǐ shì Lǐ Yīngměi ma? Wǒ zài dìtiě shàng jiǎndào le yí ge qiánbāo, zhè lǐmiàn yǒu nǐ de míngpiàn. Suǒyǐ, wǒ àn míngpiàn shàng de hàomǎ gěi nǐ dǎ zhè ge diànhuà, bù zhīdào shì bú shì nǐ diū le qiánbāo ne? Huòzhě shì nǐ shēnbiān rènshi de rén. O, zhè qiánbāo shì nǐ de ma? Nà nǐ néng shuō yíxià, qiánbāo lǐ dōu yǒu shéme ma? Wǒ děi quèrèn yíxià. Hǎode, quèrèn hǎo le. Wǒ zěnme bǎ qiánbāo huán gěi nǐ ne? Wǒ jīntiān méiyǒu shíjiān, bùrú zhèyàng ba, wǒ bāng nǐ bǎ qiánbāo jiāodào dìtiě guǎnlǐ bàngōngshì, nǐ yǒu shíjiān qù dìtiězhàn de shīwù zhāolǐngchù lǐngqǔ jiù kěyǐ le. Dìtiězhàn de shīwù zhāolǐngchù yīnggāi shì zài èr hàoxiàn de Shìtīng zhàn. Nǐ kàn zěnmeyàng?

여보세요, 안녕하세요, 이영미 씨신가요? 제가 지하철에서 지갑을 주웠는데, 이 안에 당신의 명함이 있었어요. 그래서 명함의 번호를 보고 전화 드리는 건데, 혹시 지갑을 잃어버리신 건 아니세요? 아니면 당신 주변의 아시는 분이나요? 아, 이 지갑이 당신 것인가요? 그럼 지갑 안에 어떤 것들이 있는지 말씀해 주실 수 있을까요? 확인 좀 해볼게요. 네, 확인했어요. 지갑을 어떻게 돌려드릴까요? 제가 오늘은 시간이 없으니, 차라리 이렇게 하시죠. 지갑을 지하철 관리 사무실에 전달해 놓을테니, 시간이 되실 때 지하철역 유실물 취급소에 가서 수령하시면 될 것 같아요. 지하철역의 유실물 취급소는 2호선 시청역에 있을 거예요. 당신 생각에는 어떠세요?

단어　捡 jiǎn 圖 줍다 | 钱包 qiánbāo 圆 지갑 | 失主 shīzhǔ 圆 물건을 잃어버린 사람 | 名片 míngpiàn 圆 명함 | 丢 diū 圖 잃어버리다 | 确认 quèrèn 圖 확인하다 | 失物招领处 shīwù zhāolǐngchù 유실물 취급소 | 领取 lǐngqǔ 圖 수령하다

문제
🎧 6-1-4

你在学校生病了，病得很严重，不能上课，你
给妈妈打电话说明情况并让妈妈去接你 。

Nǐ zài xuéxiào shēngbìng le, bìng de hěn yánzhòng,
bù néng shàngkè, nǐ gěi māma dǎ diànhuà
shuōmíng qíngkuàng bìng ràng māma qù jiē nǐ.

학교에서 병이 났는데, 심하게 아파서 수업을 들을 수
없습니다. 엄마에게 전화를 드려서 상황을 설명하고
엄마에게 당신을 데리러 오시도록 말해 보세요.

1. 병세 설명

① 열이 나고, 머리가 어지러우며, 온몸이 으슬으슬 추워요.

② 배가 아프고, 설사를 하고 구토도 할 것 같아요.

③ 체육 시간에 실수로 넘어져서 다쳤는데, 다리가 너무 아파 제대로 걸을 수가 없어요.

2. 마중 요청

① 엄마, 혹시 지금 가능하다면 바로 저를 데리러 와주세요.

② 하교하고 난 후, 교실에서 기다리고 있을게요.

③ 선생님께서 저를 데리고 병원에 가신다고 하셨으니, 병원으로 데리러 와주세요.

답변

1 妈妈，你在哪里？我现在肚子疼得厉害。从早上就开始疼了，我已经告诉老师
了。你能不能快点儿过来接我？我要疼死了。

Māma, nǐ zài nǎlǐ? Wǒ xiànzài dùzi téng de lìhai. Cóng zǎoshang jiù kāishǐ téng le, wǒ yǐjīng gàosù
lǎoshī le. Nǐ néng bu néng kuài diǎnr guòlái jiē wǒ? Wǒ yào téng sǐ le.

엄마, 어디에 계세요? 지금 배가 심하게 아파요. 아침부터 아프기 시작했는데, 이미 선생
님께는 말씀 드렸어요. 빨리 데리러 오실 수 있어요? 아파서 죽을 것 같아요.

2 妈妈，你在哪儿呢？你能来接我吗？我好像感冒了，突然觉得头疼，全身发冷。好
像还有一点儿发烧。我已经和老师请好假了，回家休息。你方便的话来接我好吗？
妈妈你大概什么时候能到？那我现在在教室里等你好了。可以的话，你快点儿来吧。

Māma, nǐ zài nǎr ne? Nǐ néng lái jiē wǒ ma? Wǒ hǎoxiàng gǎnmào le, tūrán juéde tóuténg,
quánshēn fālěng. Hǎoxiàng háiyǒu yìdiǎnr fāshāo. Wǒ yǐjīng hé lǎoshī qǐng hǎo jià le, huíjiā xiūxi.
Nǐ fāngbiàn de huà lái jiē wǒ hǎo ma? Māma nǐ dàgài shénme shíhou néng dào? Nà wǒ xiànzài
zài jiàoshì lǐ děng nǐ hǎo le. Kěyǐ de huà, nǐ kuài diǎnr lái ba.

엄마, 어디세요? 저를 좀 데리러 오실 수 있어요? 감기 걸린 것 같아요. 갑자기 머리가 아프고 온몸에 오한이 있어요. 열도 조금 있는 것 같아요. 이미 선생님께는 병가 신청을 했고 집에 돌아가 쉬기로 했어요. 괜찮으시면 저를 데리러 오실 수 있으세요? 엄마는 대략 언제쯤 도착하실 것 같으세요? 그럼 저는 지금 교실에서 기다리고 있을게요. 가능하면 조금 빨리 와 주세요.

3　妈妈，你在哪儿呢? 我生病了，你快来学校接我回家吧。我也不知道怎么回事，突然肚子疼得很厉害，胃也疼，还吐了。其实今天早晨就有点儿不舒服，我本来想坚持一下等到放学再回家。可是现在疼得太厉害了，我实在是坚持不住了。刚才上课的时候疼得一直出汗，还去了好几趟洗手间。后来同学们陪我去了校医院，校医院的老师说我可能得了急性胃肠炎。给我开了药，让我回家休息。校医生说如果下午还不见好转的话，建议我去大医院看一看。还有，我已经和班主任老师请好假了。总之，可以的话，你快点儿来接我吧。我现在已经走不动了，你快到的时候给我打电话，然后我到学校门口等你。

Māma, nǐ zài nǎr ne? Wǒ shēngbìng le, nǐ kuài lái xuéxiào jiē wǒ huíjiā ba. Wǒ yě bù zhīdào zěnme huí shì, tūrán dùzi téng de hěn lìhai, wèi yě téng, hái tù le. Qíshí jīntiān zǎochen jiù yǒudiǎnr bù shūfu, wǒ běnlái xiǎng jiānchí yíxià děngdào fàngxué zài huíjiā. Kěshì xiànzài téng de tài lìhai le, wǒ shízài shì jiānchí bu zhù le. Gāngcái shàngkè de shíhou téng de yìzhí chūhàn, hái qù le hǎo jǐ tàng xǐshǒujiān. Hòulái tóngxuémen péi wǒ qù le xiào yīyuàn, xiào yīyuàn de lǎoshī shuō wǒ kěnéng dé le jíxìng wèichángyán. Gěi wǒ kāi le yào, ràng wǒ huíjiā xiūxi. Xiào yīshēng shuō rúguǒ xiàwǔ hái bú jiàn hǎozhuǎn de huà, jiànyì wǒ qù dà yīyuàn kàn yi kàn. Háiyǒu, wǒ yǐjīng hé bānzhǔrèn lǎoshī qǐng hǎo jià le. Zǒngzhī, kěyǐ de huà, nǐ kuài diǎnr lái jiē wǒ ba. Wǒ xiànzài yǐjīng zǒu bu dòng le, nǐ kuài dào de shíhou gěi wǒ dǎ diànhuà, ránhòu wǒ dào xuéxiào ménkǒu děng nǐ.

엄마, 어디세요? 저 병났어요, 빨리 학교에 와서 저를 데리고 가주세요. 왜 그런지는 저도 잘 모르겠지만, 갑자기 배가 몹시 아프고 위도 아프고 구토를 했어요. 사실 오늘 아침에 몸이 좀 불편했는데, 원래는 하교할 때까지 좀 견뎌보다가 집으로 가려고 했어요. 그런데 지금은 너무 아파서 정말 참을 수가 없어요. 방금 수업할 때 아파서 계속 땀이 나고, 그리고 화장실도 몇 번 갔다왔어요. 나중에 친구들이 저를 데리고 학교 병원에 갔어요. 학교 병원의 선생님은 제가 급성 위염에 걸린 것 같다고 했어요. 약을 지어주셨고, 저한테 집에 가서 쉬라고 했어요. 의사 선생님이 오후에도 호전되지 않으면 큰 병원에 가서 진찰을 받아보라고 했어요. 그리고 저는 이미 담임 선생님께 병가를 신청했어요. 아무튼 가능하시면 빨리 저를 데리러 와주세요. 이제 움직이지도 못하겠어요. 도착할 때 전화 주시면 제가 학교 입구에서 기다리고 있을게요.

단어　严重 yánzhòng 웹 심각하다, 중대하다 | 情况 qíngkuàng 몡 상황, 형편 | 接 jiē 图 마중하다 | 厉害 lìhai 웹 대단하다, 심하다 | 感冒 gǎnmào 图 감기에 걸리다 | 发冷 fālěng 오한이 나다 | 发烧 fāshāo 열나다 | 大概 dàgài 몡 대략 | 吐 tù 图 구토하다 | 坚持 jiānchí 견지하다, 끝까지 버티다 | 趟 tàng 彤 번(왕복한 횟수) | 急性 jíxìng 웹 급성의 | 胃肠炎 wèichángyán 몡 위염 | 好转 hǎozhuǎn 图 호전되다 | 建议 jiànyì 图 제안하다 | 班主任 bānzhǔrèn 몡 학급 담임 | 走不动 zǒu bu dòng 걷지 못하다

问题 5 ★

문제 你有要紧的业务要处理，可是你的电脑突然死
🎧 6-1-5 机了。请你给管理部门打电话，要求解决问题。

Nǐ yǒu yàojǐn de yèwù yào chǔlǐ, kěshì nǐ de diànnǎo
tūrán sǐjī le. Qǐng nǐ gěi guǎnlǐ bùmén dǎ diànhuà,
yāoqiú jiějué wèntí.

당신은 중요하게 처리해야 할 업무가 있는데, 당신의
컴퓨터가 갑자기 다운되었습니다. 관리 부서에 전화를
걸어서 문제를 해결해 달라고 요청하세요.

1. 상황 설명

① 컴퓨터가 갑자기 다운되고, 아무런 반응도 보이지 않습니다.

② 한창 과제를 하고 있을 때, 컴퓨터 스크린이 검게 변했으며, 그 후로는 다시 작동되지 않습니다.

③ 파일을 저장한 뒤 열 수가 없으며, 어떻게 하면 좋을지 모르겠습니다.

2. 수리 요청

① 오늘 오후에 중요한 회의가 있습니다.

② 파일을 저장하지 않았습니다. 부디 복구해 주십시오.

③ 내일 바로 출장을 가야 하는데, 컴퓨터가 빨리 복구되어야 합니다.

답변 1 你好，是管理部吗？我是营业部的小李。我的电脑突然死机了，我现在很着
急，明天开会用的材料全没了，你能过来一下吗？

Nǐ hǎo, shì guǎnlǐbù ma? Wǒ shì yíngyèbù de Xiǎo Lǐ. Wǒ de diànnǎo tūrán sǐjī le, wǒ xiànzài hěn
zháojí, míngtiān kāihuì yòng de cáiliào quán méi le, nǐ néng guòlái yíxià ma?

안녕하세요, 관리팀이죠? 저는 영업부의 샤오리라고 해요. 제 컴퓨터가 갑자기 다운되었
는데, 지금 너무 급해서요. 내일 회의 때 사용하게 될 자료가 모두 사라졌는데, 혹시 한번
와주실 수 있으신가요?

2 你好，我是市场营业部门的小张。我正在处理业务的时候，电脑突然死机了。
我也不敢随便重启电脑，因为我有很重要的文件还没有保存，你们能派技术人
员过来给我看一看吗？什么时候能到呢？最好快一点儿吧。好的，我就在办公
室等你们。

Nǐ hǎo, wǒ shì shìchǎng yíngyè bùmén de Xiǎo Zhāng. Wǒ zhèngzài chǔlǐ yèwù de shíhou, diànnǎo tūrán sǐjī le. Wǒ yě bù gǎn suíbiàn chóngqǐ diànnǎo, yīnwèi wǒ yǒu hěn zhòngyào de wénjiàn hái méiyǒu bǎocún, nǐmen néng pài jìshù rényuán guòlái gěi wǒ kàn yi kàn ma? Shénme shíhou néng dào ne? Zuìhǎo kuài yìdiǎnr ba. Hǎode, wǒ jiù zài bàngōngshì děng nǐmen.

안녕하세요, 저는 마케팅영업부의 샤오장이에요. 제가 업무를 처리하고 있는데, 컴퓨터가 갑자기 다운되었어요. 제가 함부로 재부팅을 할 수도 없어요. 왜냐하면 매우 중요한 문서를 아직 저장하지 못했거든요. 기술자를 보내주셔서 한번 봐주실 수 있을까요? 언제쯤 도착하실까요? 가능하시면 빨리 좀 부탁드릴게요. 좋아요, 사무실에서 기다리고 있을게요.

3. 喂，您好。请问是管理部吗？您好，我是销售部门的小张。是这样的，我的电脑好像出故障了，刚才用着用着突然死机了，然后就再也打不开了。我已经试了好几个重启的方法都不管用。我今天下午还有很重要的会议，所有的文件都在这部电脑里呢。今天必须得用电脑。这可怎么办好呢？下午两点就开会了，还有两个小时能修好吗？如果能把文件倒出来，先装到别的电脑上看也可以。你们可以做到，是吧？那我现在就马上把电脑送到技术支持部去。

Wéi, nín hǎo. Qǐngwèn shì guǎnlǐbù ma? Nín hǎo, wǒ shì xiāoshòu bùmén de Xiǎo Zhāng. Shì zhèyàng de, wǒ de diànnǎo hǎoxiàng chū gùzhàng le, gāngcái yòngzhe yòngzhe tūrán sǐjī le, ránhòu jiù zài yě dǎ bu kāi le. Wǒ yǐjīng shì le hǎo jǐ ge chóngqǐ de fāngfǎ dōu bù guǎnyòng. Wǒ jīntiān xiàwǔ háiyǒu hěn zhòngyào de huìyì, suǒyǒu de wénjiàn dōu zài zhè bù diànnǎo lǐ ne. Jīntiān bìxū děi yòng diànnǎo. Zhè kě zěnmebàn hǎo ne? Xiàwǔ liǎng diǎn jiù kāihuì le, háiyǒu liǎng ge xiǎoshí néng xiūhǎo ma? Rúguǒ néng bǎ wénjiàn dǎo chūlái, xiān zhuāngdào biéde diànnǎo shàng kàn yě kěyǐ. Nǐmen kěyǐ zuòdào, shì ba? Nà wǒ xiànzài jiù mǎshàng bǎ diànnǎo sòngdào jìshù zhīchíbù qù.

여보세요, 안녕하세요? 관리부이신가요? 안녕하세요, 저는 영업부의 샤오장이에요. 현재 상황을 말씀드리자면, 제 컴퓨터가 고장이 난 것 같아요. 방금 잘 쓰다가 갑자기 다운되고 나서 다시 켜지지 않네요. 제가 이미 몇 가지 재부팅 방법을 시도해 봤지만 소용이 없어요. 제가 오늘 오후에 또 아주 중요한 회의가 있는데, 모든 파일이 다 이 컴퓨터 안에 있어요. 오늘 반드시 컴퓨터를 사용해야 하는데, 이를 어떻게 하면 좋을까요? 오후 두 시면 회의가 시작되는데, 아직 2시간 남아 있으니 수리가 가능할까요? 만약 파일만 꺼낼 수 있다면, 우선 다른 컴퓨터에 넣어서 보는 것도 가능하고요. 당신들께서는 할 수 있으시죠? 그럼 지금 바로 컴퓨터를 기술지원부로 보내겠습니다.

단어 要紧 yàojǐn 혱 중요하다 | 业务 yèwù 몡 업무 | 处理 chǔlǐ 동 처리하다 | 突然 tūrán 뿐 갑자기 | 死机 sǐjī 동 컴퓨터가 다운되다 | 市场营业部门 shìchǎng yíngyè bùmén 마케팅영업부 | 随便 suíbiàn 뿐 마음대로, 제멋대로 | 重启电脑 chóngqǐ diànnǎo 컴퓨터를 재부팅하다 | 保存 bǎocún 동 보존하다 | 派 pài 동 보내다, 파견하다 | 销售部门 xiāoshòu bùmén 몡 영업부 | 出故障 chū gùzhàng 고장이 나다 | 管用 guǎnyòng 혱 유효하다, 쓸모가 있다 | 技术支持部 jìshù zhīchíbù 기술지원부

제 6 부분

설득 / 충고편

다른 사람에게 설득이나 충고를 할 때 중국인들은 성어나 속담 등을 자주 사용한다.
예를 들면, "不听老人言，吃亏在眼前(어른의 말을 듣지 않으면 바로 손해를 본다)"
등과 같은 말을 사용한다. 요점을 열거할 때는 "第一(첫째)，第二(둘째)，首先(우선)，
其次(다음으로)，再次(그다음으로)，最后(마지막으로)" 등을 써서 조리있고 명확하게
말하는 것이 좋다. 또한 예시를 들어서 말해도 좋다. 문제 유형으로는 직업과 관련된
구직, 면접, 인간관계 등에 대해서 충고하는 문제, 학업이나 건강에 대해서 충고하는
문제, 또는 의견이 서로 다를 때 상대방을 설득하는 문제 등이 있다.

 핵심어휘로 내공 쌓기

설득·충고

- 学生以学为本。/ 学生以学业为重。
  Xuésheng yǐ xué wéi běn. / Xuésheng yǐ xuéyè wéi zhòng.
  학생은 공부를 근본으로 삼는다. / 학생은 학업에 중점을 둔다.
- ……可以增长知识，丰富人生经验。
  …… kěyǐ zēngzhǎng zhīshi, fēngfù rénshēng jīngyàn.
  ～는 지식을 쌓게 하고, 경험을 풍부하게 한다.
- 身体是革命的本钱。Shēntǐ shì gémìng de běnqián. 건강은 혁명의 밑천이다.
- 吃得苦中苦，方为人上人。Chī dé kǔ zhōng kǔ, fāng wéi rén shàng rén.
  갖은 고생을 견뎌내야만, 비로소 큰 사람이 된다.
- 亡羊补牢，为时不晚。Wáng yáng bǔ láo, wéi shí bù wǎn. 지금도 늦지 않다.
- 推荐 / 建议 / 提出建议 tuījiàn / jiànyì / tíchū jiànyì 추천하다 / 제안하다 / 건의하다
- 应该…… /不应该…… yīnggāi / bù yīnggāi …… 마땅히 ～ 해야 한다 / ～해서는 안 된다
- 我有一个建议…… Wǒ yǒu yí ge jiànyì …… ～한 제안 사항이 있습니다.
- 你看这样做怎么样？Nǐ kàn zhèyàng zuò zěnmeyàng?
  당신은 이렇게 하는 것이 어떻다고 생각합니까?
- 我同意 / 不同意你的意见。Wǒ tóngyì / bù tóngyì nǐ de yìjiàn.
  저는 당신의 의견에 동의 / 동의하지 않습니다.
- 要不 / 不如…… yàobu / bùrú…… 그렇지 않으면, / ～하는 편이 낫다
- A对B好 / 不好 / 有好处 / 有害 A duì B hǎo / bù hǎo / yǒu hǎochù / yǒu hài
  A가 B에게 잘한다 / 잘하지 않는다 / 이점이 있다 / 해롭다
- 第一，第二，第三…… dì yī, dì èr, dì sān…… 첫째, 둘째, 셋째
- 因为……，所以…… yīnwèi……, suǒyǐ…… ～하기 때문에 ～하다
- 首先，其次，而且，最后 shǒuxiān, qícì, érqiě, zuìhòu 우선, 그다음, 게다가, 마지막으로
- 首先，另外，还有 shǒuxiān, lìngwài, háiyǒu 우선, 이외에, 그리고

问题 1 *

문제
6-2-1

你的儿子要上高中了，他想去打工，你应该给他一些什么忠告？

Nǐ de érzi yào shàng gāozhōng le, tā xiǎng qù dǎgōng, nǐ yīnggāi gěi tā yìxiē shénme zhōnggào?

당신의 아들이 곧 고등학교에 진학하는데, 아르바이트를 하고 싶어 합니다. 어떤 충고를 해주어야 합니까?

답변요령

1. 아르바이트의 좋은 점과 나쁜 점 설명
① 용돈을 벌어 노동의 고됨을 이해할 수 있습니다.
② 사회 경험을 늘리고 인생 경험을 풍부하게 합니다.
③ 공부하는 시간을 뺏길 수 있습니다.

2. 제안
① 지금은 공부가 우선시 되어야 합니다. 아르바이트는 나중에 해보면 됩니다.
② 학업에만 영향을 주지 않는다면 아르바이트 하는 것에 찬성합니다.
③ 더욱 의미가 있는 인턴 업무를 찾아볼 것을 권장하는데, 예를 들어 실습 기자 같은 것 말입니다.

답변 1 在不影响学业的情况下，你去打工，爸爸还是同意的。在工作之前，你多体验一下生活，才知道挣钱的不易。

Zài bù yǐngxiǎng xuéyè de qíngkuàng xià, nǐ qù dǎgōng, bàba háishi tóngyì de. Zài gōngzuò zhīqián, nǐ duō tǐyàn yíxià shēnghuó, cái zhīdào zhèngqián de búyì.

학업에 영향 주지 않는 것을 전제로 한다면, 네가 아르바이트를 하는 것에 아빠는 찬성이다. 직장 생활을 시작하기 전에, 많이 경험해 보렴. 그래야 돈 벌기가 쉽지 않다는 것을 알게 될 거다.

2 爸爸其实不太建议你现在去打工。你还小，正是需要努力学习的年纪，应该把更多的时间放在学习上。很多人参加了工作以后，还想找机会回到学校学习呢。这样吧，爸爸同意你上大学以后再去打工，咱们现在好好儿学习，先考上好大学，你觉得怎么样？

Bàba qíshí bú tài jiànyì nǐ xiànzài qù dǎgōng. Nǐ hái xiǎo, zhèng shì xūyào nǔlì xuéxí de niánjì, yīnggāi bǎ gèng duō de shíjiān fàngzài xuéxí shàng. Hěn duō rén cānjiā le gōngzuò yǐhòu, hái xiǎng zhǎo jīhuì huídào xuéxiào xuéxí ne. Zhèyàng ba, bàba tóngyì nǐ shàng dàxué yǐhòu zài qù dǎgōng, zánmen xiànzài hǎohāor xuéxí, xiān kǎoshàng hǎo dàxué, nǐ juéde zěnmeyàng?

아빠는 사실 네가 지금 아르바이트 하는 것을 별로 제안하고 싶지는 않다. 너는 아직 어리고, 열심히 공부해야 하는 나이이니, 더 많은 시간을 공부하는 데 썼으면 좋겠다. 많은 사람들이 직장 생활을 시작한 후에도, 다시 학교로 돌아가 공부할 기회를 찾고 싶어한단다. 이렇게 하자. 아빠는 네가 대학에 들어간 후에 아르바이트를 하는 것은 동의한다. 우리 지금은 열심히 공부하고, 먼저 좋은 대학에 가도록 하자. 네 생각은 어떠니?

3   打工这个主意非常好，爸爸非常支持你。打工可以增长知识，丰富人生经验，爸爸小时候也打过工，自己打工赚钱才会体会到赚钱的辛苦，以后才能更好的管理自己的收入。你想去哪儿打工呢？打工有很多方法，我想先听听你的想法。我也有一点建议：比如你很喜欢写作，那么我觉得，比起在麦当劳餐馆做服务生，你更应该尝试去报社、图书馆这样的地方找工作。这样的经历对你以后的人生更有帮助。如果你有问题，你可以随时和爸爸讨论，你也可以问问你学校的老师，看看老师有什么好的建议。

Dǎgōng zhè ge zhǔyi fēicháng hǎo, bàba fēicháng zhīchí nǐ. Dǎgōng kěyǐ zēngzhǎng zhīshi, fēngfù rénshēng jīngyàn, bàba xiǎoshíhou yě dǎguo gōng, zìjǐ dǎgōng zhuànqián cái huì tǐhuì dào zhuànqián de xīnkǔ, yǐhòu cái néng gèng hǎo de guǎnlǐ zìjǐ de shōurù. Nǐ xiǎng qù nǎr dǎgōng ne? Dǎgōng yǒu hěn duō fāngfǎ, wǒ xiǎng xiān tīngting nǐ de xiǎngfǎ. Wǒ yě yǒu yìdiǎn jiànyì: bǐrú nǐ hěn xǐhuan xiězuò, nàme wǒ juéde, bǐqǐ zài Màidāngláo cānguǎn zuò fúwùshēng, nǐ gèng yīnggāi chángshì qù bàoshè, túshūguǎn zhèyàng de dìfang zhǎo gōngzuò. Zhèyàng de jīnglì duì nǐ yǐhòu de rénshēng gèng yǒu bāngzhù. Rúguǒ nǐ yǒu wèntí, nǐ kěyǐ suíshí hé bàba tǎolùn, nǐ yě kěyǐ wènwen nǐ xuéxiào de lǎoshī, kànkan lǎoshī yǒu shénme hǎo de jiànyì.

아르바이트를 한다는 생각은 매우 좋다. 아빠는 너를 매우 지지한단다. 아르바이트는 지식을 향상시키고 인생 경험을 풍부하게 한다. 아빠도 어렸을 때 아르바이트를 해보았단다. 직접 아르바이트를 해서 돈을 벌면, 비로소 돈 버는 것의 노고를 깨닫게 된단다. 이후에도 자신의 수입을 더 잘 관리할 수 있게 된다. 어디 가서 아르바이트를 하려고 하니? 아르바이트는 다양한 방법이 있는데, 먼저 너의 생각을 듣고 싶구나. 나도 한 가지 제안이 있다. 예를 들어 네가 글쓰기를 좋아한다면, 맥도날드 음식점에서 종업원이 되는 것보다는 신문사나 도서관 같은 곳에 가서 일을 찾아봐야 한다고 생각해. 이러한 경험이 너의 앞으로의 인생에 더욱 도움이 될 것이다. 만약 문제가 생긴다면, 언제든지 아빠한테 상담해도 된다. 학교 선생님께 여쭤보는 것도 좋으니, 선생님께서 어떤 좋은 제안을 주시는지 들어보렴.

단어   忠告 zhōnggào 圆 충고 | 建议 jiànyì 图 건의하다 | 需要 xūyào 图 요구되다, 필요로 하다 | 年纪 niánjì 圆 나이, 연령 | 同意 tóngyì 图 동의하다, 승인하다 | 考大学 kǎo dàxué 대학에 붙다 | 主意 zhǔyi 圆 생각, 방법 | 丰富 fēngfù 圈 풍부하게 하다 | 赚钱 zhuànqián 图 돈을 벌다 | 餐馆 cānguǎn 圆 식당 | 报社 bàoshè 圆 신문사 | 经历 jīnglì 圆 경험 | 随时 suíshí 囲 수시로, 아무때나 | 讨论 tǎolùn 图 토론하다, 상담하다

문제 你的孩子很喜欢玩儿游戏，作为父母你应该如何劝导他们?

🎧6-2-2

Nǐ de háizi hěn xǐhuan wánr yóuxì, zuòwéi fùmǔ nǐ yīnggāi rúhé quàndǎo tāmen?

당신의 아이가 게임하는 것을 매우 좋아한다면, 부모로서 어떻게 아이를 타일러서 충고하겠습니까?

1. 게임을 하면 나쁜 점 설명

① 시력이 점점 나빠집니다.

② 최근 학업 성적이 내려갔습니다.

③ 게임 때문에 잠을 이루지 못하는데, 이는 신체 건강에 영향을 줍니다.

2. 제안

① 친구들과 함께 실외 활동을 많이 하세요.

② 게임을 적게 하고, 공부를 많이 하고 책을 많이 읽으세요.

③ 주말에 한 번씩 게임을 하는 것은 가능하나, 평일에는 안 돼요.

답변

1 儿子呀，你最近玩儿游戏玩儿得太猛了。爸爸很心疼你的身体。你可以每天玩儿一两个小时，然后去学习或者运动，怎么样?

Érzi ya, nǐ zuìjìn wánr yóuxì wánr de tài měng le. Bàba hěn xīnténg nǐ de shēntǐ. Nǐ kěyǐ měitiān wánr yì liǎng ge xiǎoshí, ránhòu qù xuéxí huòzhě yùndòng, zěnmeyàng?

아들, 요즘 게임을 너무 많이 하는 것 같구나. 아빠는 너의 건강이 심히 안타깝구나. 혹시 하루에 게임을 한두 시간만 하고, 그 다음에는 공부나 운동을 하자. 어때?

2 儿子，爸爸发现你最近每天都在玩儿游戏，我很担心你。你看你最近眼睛视力越来越不好了，还有打游戏非常耽误学习，爸爸不想你考不上好学校以后才后悔。你看这样吧，爸爸同意你以后每周末的时候玩儿一次游戏，平时不可以玩儿。

Érzi, bàba fāxiàn nǐ zuìjìn měitiān dōu zài wánr yóuxì, wǒ hěn dānxīn nǐ. Nǐ kàn nǐ zuìjìn yǎnjing shìlì yuèláiyuè bù hǎo le, háiyǒu dǎ yóuxì fēicháng dānwu xuéxí, bàba bù xiǎng nǐ kǎo bu shàng hǎo xuéxiào yǐhòu cái hòuhuǐ. Nǐ kàn zhèyàng ba, bàba tóngyì nǐ yǐhòu měi zhōumò de shíhou wánr yí cì yóuxì, píngshí bù kěyǐ wánr.

아들아, 아빠는 네가 최근에 매일 게임을 하고 있다는 것을 알았다. 걱정이 많이 되는구나. 봐라, 요즘 너의 시력이 점점 나빠지고 있어. 그리고 게임을 하면 공부 시간을 너무 허비하게 돼. 아빠는 네가 좋은 학교에 가지 못한 후에 후회하는 것을 원하지 않는단다. 이렇게 하도록 하자. 아빠는 네가 앞으로 매주 주말마다 한 번 게임하는 것에 동의할테니, 평소에는 하지 말거라.

3 我的宝贝，你最近经常玩儿游戏，爸爸不太高兴，也非常担心你。你现在正是应该成长的时候，可是玩儿游戏却有很多坏处：第一，影响身体正常发育，你也知道电脑辐射对身体和眼睛的害处都非常大。第二，你把学习的时间都花在打游戏上，你最近的学习成绩已经下降了，你的班主任老师还特意打了电话给我。不如我们做一个约定，如果你连续一个星期不玩儿游戏，爸爸就买一个你喜欢的礼物送给你。如果一个月没玩儿游戏，我就带你去一次游乐园。如果一个学期都没玩儿游戏，假期的时候爸爸就带你去旅游。

Wǒ de bǎobèi, nǐ zuìjìn jīngcháng wánr yóuxì, bàba bú tài gāoxìng, yě fēicháng dānxīn nǐ. Nǐ xiànzài zhèng shì yīnggāi chéngzhǎng de shíhou, kěshì wánr yóuxì què yǒu hěn duō huàichu: dì yī, yǐngxiǎng shēntǐ zhèngcháng fāyù, nǐ yě zhīdào diànnǎo fúshè duì shēntǐ hé yǎnjing de hàichu dōu fēicháng dà. Dì èr, nǐ bǎ xuéxí de shíjiān dōu huā zài dǎ yóuxì shàng, nǐ zuìjìn de xuéxí chéngjì yǐjīng xiàjiàng le, nǐ de bānzhǔrèn lǎoshī hái tèyì dǎ le diànhuà gěi wǒ. Bùrú wǒmen zuò yí ge yuēdìng, rúguǒ nǐ liánxù yí ge xīngqī bù wánr yóuxì, bàba jiù mǎi yí ge nǐ xǐhuan de lǐwù sòng gěi nǐ. Rúguǒ yí ge yuè méi wánr yóuxì, wǒ jiù dài nǐ qù yí cì yóulèyuán. Rúguǒ yí gè xuéqī dōu méi wánr yóuxì, jiàqī de shíhou bàba jiù dài nǐ qù lǚyóu.

우리 아가, 너 요즘 게임을 자주 하는데, 아빠는 별로 기쁘지 않은 데다 매우 걱정된다. 너는 지금이 많이 성장해 할 때인데 게임을 하면 나쁜 점이 많아. 첫째, 신체의 정상적인 발육에 영향을 미치게 된다. 너도 알다시피 컴퓨터의 전자파가 신체와 눈에 가져오는 해로움은 매우 크단다. 둘째, 너는 공부해야 할 시간을 모두 게임에 쓰고 있는데, 요즘 학습 성적이 이미 떨어져서 너의 담임 선생님이 특별히 나에게 전화를 걸었단다. 약속을 하나 하는 것이 좋을 것 같아. 만약 연속으로 일주일간 게임을 하지 않으면, 아빠가 네가 좋아하는 선물을 사줄게. 만약 한 달 동안 게임을 안 하면 놀이공원에 데려가 줄게. 만약 한 학기 동안 게임을 안 하면, 방학 때 아빠가 너를 데리고 여행을 가도록 할게.

단어 如何 rúhé 떼 어떻게 | 劝导 quàndǎo 통 설득하다 | 猛 měng 형 극심하다 | 心疼 xīnténg 통 아까워하다, 애석해 하다 | 视力 shìlì 명 시력 | 耽误 dānwu 통 시간을 허비하다, 지체하다 | 后悔 hòuhuǐ 통 후회하다 | 坏处 huàichu 명 나쁜 점, 해로운 점 | 影响 yǐngxiǎng 통 영향을 끼치다 | 发育 fāyù 통 발육 | 辐射 fúshè 명 방사 | 下降 xiàjiàng 통 하강하다 | 特意 tèyì 톙 특별히, 일부러 | 连续 liánxù 통 연속하다 | 游乐园 yóulèyuán 명 놀이공원 | 假期 jiàqī 명 휴일, 방학

问题 3

문제

🎧 6-2-3

你和你的朋友们打算去旅游，你想在国内玩儿，你的朋友想去国外旅游，你怎么说服你的朋友们？

Nǐ hé nǐ de péngyǒumen dǎsuan qù lǚyóu, nǐ xiǎng zài guónèi wánr, nǐ de péngyou xiǎng qù guówài lǚyóu, nǐ zěnme shuōfú nǐ de péngyǒumen?

당신과 당신의 친구들은 여행을 가기로 했는데, 당신은 국내 여행을 가고 싶지만, 당신의 친구들은 국외 여행을 가고 싶어 합니다. 당신은 어떻게 친구들을 설득하겠습니까?

1. 국내 여행의 좋은 점 설명

① 돈을 절약합니다.

② 언어의 장벽이 없습니다.

③ 이동에 소요되는 비용을 절약할 수 있습니다.

2. 해외여행의 단점 설명

① 비용이 많이 듭니다.

② 이동 시간이 길고, 교통도 국내에 비해 불편합니다.

③ 사람도 땅도 낯설고, 위험합니다.

답변 1

我想和大家商量一下，这次我们就在国内旅游怎么样？我们的旅游时间太紧了，去国外旅行我觉得时间都花在路上了，有点不值得。下次我们再去国外旅行怎么样？

Wǒ xiǎng hé dàjiā shāngliang yíxià, zhè cì wǒmen jiù zài guónèi lǚyóu zěnmeyàng? Wǒmen de lǚyóu shíjiān tài jǐn le, qù guówài lǚxíng wǒ juéde shíjiān dōu huā zài lùshàng le, yǒudiǎn bù zhídé. Xiàcì wǒmen zài qù guówài lǚxíng zěnmeyàng?

너희들과 좀 상의하고 싶은 게 있는데, 이번에는 국내에서 여행하는 것이 어떨까? 우리 여행 시간이 너무 짧아서 해외로 여행을 가면 시간을 다 길에서 쓰게 되니까 갈만한 가치가 못 된다고 생각해. 다음 번에 해외로 여행을 가는 게 어때?

2　朋友们，我知道你们一直都想去国外旅行，但是我还是希望这次能在国内旅行。第一，去国外旅行，路上用的时间比较多，而我们只有四天假，玩儿不了很长时间，而国内旅行不用花很多时间在路上。第二，国外旅行的花费也很大，我们刚工作不久，现在还不太适合花费这么大的旅行，起码在国内我们花费的比较少，你们觉得呢？

Péngyǒumen, wǒ zhīdào nǐmen yìzhí dōu xiǎng qù guówài lǚxíng, dànshì wǒ háishi xīwàng zhè cì néng zài guónèi lǚxíng. Dì yī, qù guówài lǚxíng, lùshàng yòng de shíjiān bǐjiào duō, ér wǒmen zhǐ yǒu sì tiān jià, wánr buliǎo hěn cháng shíjiān, ér guónèi lǚxíng búyòng huā hěn duō shíjiān zài lùshàng. Dì èr, guówài lǚxíng de huāfèi yě hěn dà, wǒmen gāng gōngzuò bù jiǔ, xiànzài hái bú tài shìhé huāfèi zhème dà de lǚxíng, qǐmǎ zài guónèi wǒmen huāfèi de bǐjiào shǎo, nǐmen juéde ne?

친구들아, 나는 너희들이 줄곧 해외여행을 가고 싶어 한다는 걸 알지만 그래도 이번에는 국내 여행을 갔으면 좋겠어. 첫째, 해외여행을 가면, 길에서 쓰는 시간이 비교적 많아. 게다가 우리는 나흘간의 휴가밖에 없잖아. 긴 시간을 놀 수가 없어. 하지만 국내 여행은 길에서 많은 시간을 낭비하지도 않아. 둘째, 해외여행은 비용도 많이 들어. 우리는 일을 시작한지 얼마 되지도 않았는데, 지금 이렇게 비용이 많이 드는 여행을 하기에는 적합하지 않은 것 같아. 적어도 국내 여행은 비용도 적게 들잖아. 너희들 생각은 어때?

3　咱们这次放假的旅行，一起去国内旅行怎么样？我最近发现国内也有很多值得去的地方。比如江原道的海边，平时大家都去江陵市的镜浦台。可我上次去的时候才发现，其实在江原道，很多不是那么出名的海边却更漂亮，还可以像国外一样在水里浮潜，也能看到各种各样的鱼。还有，咱们韩国的山也特别好看，每一个地方的风景都很不一样。而且我认为比起去国外，这次在国内旅游可能会更有意思，因为没有语言的障碍，我们想去哪儿就去哪儿。我们还可以一起租一辆车，进行一次全国范围的自驾游。我还从来没有尝试过自驾游呢，想一想应该会非常有意思。

Zánmen zhè cì fàngjià de lǚxíng, yìqǐ qù guónèi lǚxíng zěnmeyàng? Wǒ zuìjìn fāxiàn guónèi yě yǒu hěn duō zhídé qù de dìfang. Bǐrú Jiāngyuán dào de hǎibiān, píngshí dàjiā dōu qù Jiānglíng shì de Jìngpǔtái. Kě wǒ shàngcì qù de shíhou cái fāxiàn, qíshí zài Jiāngyuán dào, hěn duō bú shì nàme chūmíng de hǎibiān què gèng piàoliang, hái kěyǐ xiàng guówài yíyàng zài shuǐlǐ fúqián, yě néng kàndào gè zhǒng gè yàng de yú. Háiyǒu, zánmen Hánguó de shān yě tèbié hǎokàn, měi yí ge dìfang de fēngjǐng dōu hěn bù yíyàng. Érqiě wǒ rènwéi bǐqǐ qù guówài, zhè cì zài guónèi lǚyóu kěnéng huì gèng yǒuyìsi, yīnwèi méiyǒu yǔyán de zhàng'ài, wǒmen xiǎng qù nǎr jiù qù nǎr. Wǒmen hái kěyǐ yìqǐ zū yí liàng chē, jìnxíng yí cì quánguó fànwéi de zìjiàyóu. Wǒ hái cónglái méiyǒu chángshìguo zìjiàyóu ne, xiǎng yi xiǎng yīnggāi huì fēicháng yǒuyìsi.

우리 이번 방학 여행은 같이 국내 여행으로 가는 것이 어떨까? 요즘 국내에도 가볼만 한 곳이 많다는 걸 알았어. 예를 들어 강원도의 해변 같은 곳은 평소에 다들 강릉시의 경포대로 가지만, 내가 지난번에 갔을 때 알게 되었는데, 사실 강원도에는 그렇게 유명하지 않은 해변이 오히려 더 아름다운 곳이 많아. 외국처럼 스노클링도 가능하고, 다양한 종류의 물고기도 볼 수 있어. 그리고 우리 한국의 산은 특히 아름답잖아. 각 지방마다 그 풍경이 모두 다 달라. 그리고 내 생각에는 외국에 가는 것보다 이번엔 국내에서 여행하는 것이 훨씬 더 재미있을 것 같아. 언어의 장벽이 없으니까 우리가 가고 싶은 곳 어디든 갈 수 있잖아. 우리 같이 차 한 대를 빌려서 전국으로 자가용 여행을 할 수 있어. 나는 아직까지 자가용 여행을 해 본 적이 없어. 생각해 봐, 무척 재미있을 거야.

 단어

打算 dǎsuan ⑤ ~할 예정이다 | 说服 shuōfú ⑤ 설득하다 | 花 huā ⑤ 쓰다, 소비하다 | 值得 zhídé ⑤ ~할만한 가치가 있다 | 花费 huāfèi ⑲ 비용, 경비 | 起码 qǐmǎ ⑨ 적어도, 최저한도로 | 发现 fāxiàn ⑤ 발견하다 | 江原道 Jiāngyuán dào 지명 강원도 | 镜浦台 Jìngpǔtái 지명 경포대 | 浮潜 fúqián ⑤ 스노클링(하다) | 障碍 zhàng'ài ⑲ 장애 | 范围 fànwéi ⑲ 범위 | 自驾游 zìjiàyóu ⑤ 자가운전 여행을 하다 | 尝试 chángshì ⑤ 시험해보다

问题 4 ★

문제 作为公司的前辈，给刚进公司的后辈提一些忠告。

Zuòwéi gōngsī de qiánbèi, gěi gāng jìn gōngsī de hòubèi tí yìxiē zhōnggào.

회사의 선배로서, 갓 입사한 후배에게 충고를 좀 해 주세요.

답변요령

1. 회사 소개
① 회사의 분위기와 동료의 관계는 아주 조화롭습니다.
② 상사는 업무에 대한 요구가 아주 엄격합니다.
③ 레스토랑은 맨 위층에 있으며, 그곳에는 카페와 휴게실도 있습니다.

2. 충고
① 업무를 진행할 때, 착실하고 꼼꼼히 해야 합니다.
② 절대로 지각하거나 조퇴해서는 안 됩니다.
③ 모르는 것이 있으면, 언제든지 도움을 구하러 와야 합니다.

1 作为公司的前辈，我要告诉你，在公司里，你要多做事，少说话。而且如果和同事之间有矛盾时，也别憋在心里，尽可能找一个合适的时机去解决。

Zuòwéi gōngsī de qiánbèi, wǒ yào gàosu nǐ, zài gōngsī lǐ, nǐ yào duō zuò shì, shǎo shuōhuà. Érqiě rúguǒ hé tóngshì zhījiān yǒu máodùn shí, yě bié biēzài xīn lǐ, jìnkěnéng zhǎo yí ge héshì de shíjī qù jiějué.

회사의 선배로서 알려주는 건데, 회사에서는 일은 많이 하고 말은 적게 해야 해요. 또한, 만약 동료와 불화가 생겼을 때는, 마음속에 담아 두지 말고 가능한 적당한 시기를 찾아 문제를 해결해야 해요.

2 作为公司的前辈，首先欢迎你加入我们的大家庭。我们这里有着宽松和谐的办公环境。公司给予员工的待遇非常好，也非常人性化。但是相对的，我们也要时刻遵守公司的制度，不能违反公司的相关规定。否则，将会受到严厉的处罚。

Zuòwéi gōngsī de qiánbèi, shǒuxiān huānyíng nǐ jiārù wǒmen de dàjiātíng. Wǒmen zhèlǐ yǒuzhe kuānsōng héxié de bàngōng huánjìng. Gōngsī jǐyǔ yuángōng de dàiyù fēicháng hǎo, yě fēicháng rénxìnghuà. Dànshì xiāngduì de, wǒmen yě yào shíkè zūnshǒu gōngsī de zhìdù, bù néng wéifǎn gōngsī de xiāngguān guīdìng. Fǒuzé, jiāng huì shòudào yánlì de chǔfá.

회사 선배로서, 우선 우리 회사의 한 식구가 된 것을 환영해요. 이곳은 편안하고 화목한 근무 환경을 갖추었어요. 회사는 직원들에게 대우가 매우 좋고, 사람 중심적입니다. 그러나 상대적으로 우리 역시 회사의 제도를 늘 준수해야 하며, 회사의 관련 규정을 어겨서는 안 돼요. 그렇지 않을 경우, 엄중한 처벌을 받을 수 있어요.

3 欢迎你来到我们公司，以后我们就要在一起工作了。作为一个前辈，给你一些忠告，希望能对你有所帮助，首先，我们公司对于时间的要求非常严格，所以尽量不要迟到或早退；另外，公司有几位领导，虽然官职不高，但是却是绝对不能招惹的人物。他们的名字和所管辖的范围，一会儿我会发邮件给你。再就是刚加入我们公司，你做事一定要勤快一些。领导交给你的任务，要尽可能的提前完成。这样会给领导们留下很好的印象。最后，希望你会喜欢我们这里的工作环境，与大家一起创造很多美好的记忆，成为好朋友，有什么问题也可以随时来问我。

Huānyíng nǐ láidào wǒmen gōngsī, yǐhòu wǒmen jiù yào zài yìqǐ gōngzuò le. Zuòwéi yí ge qiánbèi, gěi nǐ yìxiē zhōnggào, xīwàng néng duì nǐ yǒu suǒ bāngzhù, shǒuxiān, wǒmen gōngsī duìyú shíjiān de yāoqiú fēicháng yángé, suǒyǐ jǐnliàng bú yào chídào huò zǎotuì; lìngwài, gōngsī yǒu jǐ wèi lǐngdǎo, suīrán guānzhí bù gāo, dànshì què shì juéduì bù néng zhāorě de rénwù. Tāmen de míngzi hé suǒ guǎnxiá de fànwéi, yíhuìr wǒ huì fā yóujiàn gěi nǐ. Zài jiùshì gāng jiārù wǒmen gōngsī, nǐ zuò shì yídìng yào qínkuài yìxiē. Lǐngdǎo jiāo gěi nǐ de rènwu, yào jìnkěnéng de tíqián wánchéng. Zhèyàng huì gěi lǐngdǎomen liúxià hěn hǎo de yìnxiàng. Zuìhòu, xīwàng nǐ huì xǐhuan wǒmen zhèlǐ de gōngzuò huánjìng, yǔ dàjiā yìqǐ chuàngzào hěn duō měihǎo de jìyì, chéngwéi hǎopéngyou, yǒu shénme wèntí yě kěyǐ suíshí lái wèn wǒ.

우리 회사에 오신 것을 환영해요. 앞으로 우리는 함께 일하게 되었어요. 선배로서 조언을 해 줄게요. 도움이 되었으면 좋겠네요. 우선 우리 회사는 시간에 대한 요구가 매우 엄격하므로, 되도록 지각이나 조퇴를 하지 마세요. 그외에 회사에 몇 분의 간부들이 계시는데, 비록 직급은 높지 않지만, 절대 건드리면 안 되는 인물들이에요. 그분들의 이름과 관할 범위는, 이따가 제가 이메일을 보내줄게요. 게다가 입사한 지 얼마 안 되었지만, 일을 할 때는 확실히 부지런해야 해요. 리더가 맡긴 임무는 가능한 한 미리 완수하는 것이 좋아요. 이렇게 하면 리더들에게 좋은 인상을 남길 수 있을 거예요. 끝으로, 이곳의 근무 환경을 좋아하고, 모두가 함께 좋은 추억을 많이 만들며 좋은 친구가 되기를 바랄게요. 무슨 문제가 있으면 언제든지 제게 물어보세요.

단어 前辈 qiánbèi 명 선배 | 后辈 hòubèi 명 후배 | 加入 jiārù 동 가입하다 | 宽松 kuānsōng 형 편안하다 | 和谐 héxié 형 화목하다 | 办公 bàngōng 동 집무하다 | 制度 zhìdù 명 제도 | 违反 wéifǎn 동 위반하다 | 否则 fǒuzé 접 만약 그렇지 않으면 | 严厉 yánlì 형 호되다, 매섭다 | 处罚 chǔfá 동 처벌하다 | 招惹 zhāorě 동 야기하다 | 管辖 guǎnxiá 동 관할하다 | 勤快 qínkuài 형 부지런하다 | 创造 chuàngzào 동 창조하다

问题 5 ★

문제
🎧 6-2-5

结了婚的夫妇，休假时一个人想去旅游，另一个人想回家看父母。如果是你，你会怎么劝说你的爱人改变想法。

Jié le hūn de fūfù, xiūjià shí yí ge rén xiǎng qù lǚyóu, lìng yí ge rén xiǎng huíjiā kàn fùmǔ. Rúguǒ shì nǐ, nǐ huì zěnme quànshuō nǐ de àiren gǎibiàn xiǎngfǎ.

결혼한 부부가, 휴가 때 한 사람은 여행을 가려고 하고, 다른 한 사람은 집에 가서 부모님을 뵙고 싶어 합니다. 만약 당신이라면 어떻게 배우자의 생각을 바꾸겠습니까?

답변요령

1. 여행을 가지 않으면 좋은 점
① 지출을 아낄 수 있습니다.
② 집에서 더 잘 쉴 수 있습니다.

2. 부모님을 뵈러 가는 이유
① 연세가 점점 많아지실수록, 더욱 많은 관심이 필요합니다.
② 평소에는 시간이 없으므로 휴가가 생기면 더욱 부모님과 함께 있고 싶어집니다.
③ 효도는 우리가 반드시 해야 할 의무입니다.

1 老婆，这次我们就不去旅游了，好吗？ 你看平时我们工作太忙，根本没时间好好陪家人，这次好不容易休息几天，我们回去好不好？ 其实老人就是希望我们常回家看看。

Lǎopo, zhè cì wǒmen jiù bú qù lǚyóu le, hǎo ma? Nǐ kàn píngshí wǒmen gōngzuò tài máng, gēnběn méi shíjiān hǎohāo péi jiārén, zhè cì hǎo bu róngyì xiūxi jǐ tiān, wǒmen huíqù hǎo bu hǎo? Qíshí lǎorén jiùshì xīwàng wǒmen cháng huíjiā kànkan.

여보, 이번에는 여행을 가지 않는 것이 어떨까? 당신도 알다시피, 평소에는 우리가 일이 너무 바빠서, 가족과 함께할 시간이 도무지 없었잖아. 이번에 간신히 며칠 쉬는데, 집에 가는 것이 좋지 않을까? 사실 어르신들은 우리가 자주 찾아 뵙는 것을 바라고 계셔.

2 老婆，这次休假，我们不要出去旅游了。每次休假我们都出去旅游，不如这次我们回家看望父母怎么样？你看我们的父母，年纪一年比一年大了，我觉得我们应该留下时间多陪陪他们了。而且每次放假都出去旅游，也有点辛苦。不如我们在家好好儿休息一下，还能给父母敬孝心，是一举两得的好事。

Lǎopo, zhè cì xiūjià, wǒmen bú yào chūqù lǚyóu le. Měi cì xiūjià wǒmen dōu chūqù lǚyóu, bùrú zhè cì wǒmen huíjiā kànwàng fùmǔ zěnmeyàng? Nǐ kàn wǒmen de fùmǔ, niánjì yì nián bǐ yì nián dà le, wǒ juéde wǒmen yīnggāi liúxià shíjiān duō péipei tāmen le. Érqiě měi cì fàngjià dōu chūqù lǚyóu, yě yǒudiǎn xīnkǔ. Bùrú wǒmen zài jiā hǎohāor xiūxi yíxià, hái néng gěi fùmǔ jìng xiàoxīn, shì yìjǔ liǎngdé de hǎo shì.

여보, 이번 휴가에는 우리 여행 가지 말자. 매번 휴가 때마다 여행을 갔잖아. 우리 이번에는 부모님을 찾아뵙는 것이 어떨까? 우리 부모님을 좀 봐, 해가 갈수록 연세 드시잖아. 나는 우리가 시간을 마련해서 부모님과 함께하는 것이 좋을 것 같아. 게다가 매번 휴가 때마다 여행을 떠나는 것도 좀 힘들잖아. 집에서 잘 쉬고, 부모님께 효도도 할 수 있으니, 일거양득인 것 같아.

3 亲爱的，今年休假，我不想出去旅游了。我得回家看望我的父母，我父母虽然嘴上没有说，但是我觉得他们其实很希望我多回去看他们，而不是自己经常出去玩儿。而且我心里也有点儿过不去，毕竟父母年纪大了，作为子女应该多陪陪他们。你也是，从现在开始，应该多花时间陪陪你的爸妈，他们也很想你，上次咱们回家，你妈一直和我说，让我和你多回家看看。所以，咱们俩这次就不要去旅游了，一来，多给父母敬敬孝心；二来，也可以节省开支。你说我这个想法怎么样？我们把去旅游省下来的钱给爸妈买点儿好的礼物吧。

Qīn'ài de, jīnnián xiūjià, wǒ bù xiǎng chūqù lǚyóu le. Wǒ děi huíjiā kànwàng wǒ de fùmǔ, wǒ fùmǔ suīrán zuǐshàng méiyǒu shuō, dànshì wǒ juéde tāmen qíshí hěn xīwàng wǒ duō huíqù kàn tāmen, ér bú shì zìjǐ jīngcháng chūqù wánr. Érqiě wǒ xīn lǐ yě yǒudiǎn guò bu qù, bìjìng fùmǔ niánjì dà le, zuòwéi zǐnǚ yīnggāi duō péipei tāmen. Nǐ yě shì, cóng xiànzài kāishǐ, yīnggāi duō huā shíjiān péipei nǐ de bà mā, tāmen yě hěn xiǎng nǐ, shàngcì zánmen huíjiā, nǐ mā yìzhí hé wǒ shuō, ràng wǒ hé nǐ duō huíjiā kànkan. Suǒyǐ, zánmen liǎ zhè cì jiù bú yào qù lǚyóu le, yì lái, duō gěi fùmǔ jìngjing xiàoxīn; èr lái, yě kěyǐ jiéshěng kāizhī. Nǐ shuō wǒ zhè ge xiǎngfa zěnmeyàng? Wǒmen bǎ qù lǚyóu shěng xiàlai de qián gěi bà mā mǎi diǎnr hǎo de lǐwù ba.

여보, 올해 휴가엔 여행가기 싫어요. 부모님 찾아뵈러 집에 가야 해요. 부모님께서는 겉으로는 말씀하시지 않았지만, 내가 많이 찾아가 뵙는 것을 바라고 계실 거예요. 그렇다고 자주 놀러 나가시는 것도 아니시니까요. 게다가 나는 마음에 걸려서 미안한 것이 있는데, 어쨌든 부모님께서 연세가 많으신데, 자식으로서 잘 모셔야 할 것 같아요. 당신도 지금부터 시간을 내서 당신 부모님을 자주 찾아뵙고 모시도록 해요. 당신을 무척 그리워하실 거예요. 지난번에 갔을 때, 당신 어머니께서 저한테 당신이랑 자주 좀 집에 내려오라고 계속 말씀하셨어요. 그러니 이번에는 우리 여행을 가지 말기로 해요. 첫째는, 부모님께 더 많이 효도하고, 둘째는, 지출을 아낄 수 있어요. 내 의견에 대해서 당신은 어떻게 생각해요? 우리 여행 가는데 절약한 돈으로 부모님께 좋은 선물을 좀 사드리도록 해요.

단어

劝说 quànshuō 图 타이르다, 설득하다 | 老婆 lǎopo 圆 (구어) 마누라, 처 | 根本 gēnběn 囝 워낙, 아예 | 看望 kànwàng 图 방문하다 | 年纪 niánjì 圆 연령, 나이 | 敬 jìng 图 공경하다 | 一举两得 yìjǔ liǎngdé 囵 일거양득 | 孝心 xiàoxīn 圆 효심 | 老公 lǎogōng 圆 (구어) 남편 | 其实 qíshí 囝 사실은 | 希望 xīwàng 图 희망하다 | 毕竟 bìjìng 囝 결국, 필경 | 节省 jiéshěng 图 아끼다, 절약하다 | 开支 kāizhī 圆 지출, 비용

제안/상의편

제안을 할 때 먼저 주어진 상황에서 필요한 제안을 파악하고, 자신의 입장과 제안에 대한 근거까지 구체적으로 설명한다. 미리 상대방의 반응까지 예상할 수 있다면 더욱 적절한 제안을 할 수 있다. 제안의 말을 할 때 끝에 상대방의 생각과 의향을 물어보는 것이 좋다. 예를 들어 '~, 怎么样?', '~, 好不好' '要不要 ~' 등으로 나타낼 수 있다. 또한 제안이 즉시 적용되기 어려운 상황일 때 '要不~' '改天~' '下次吧。'라는 표현을 더하면 상호 배려를 바탕으로 한 유연한 제안을 할 수 있다.

 핵심어휘로 **내공 쌓기**

제안·상의

· 我想麻烦 / 拜托你……
　Wǒ xiǎng máfan / Bàituō nǐ ……
　당신께 부탁드리고 싶습니다.

· 真是太感谢你了。/ 太麻烦你了。
　Zhēnshì tài gǎnxiè nǐ le. / Tài máfan nǐ le.
　정말 감사드립니다. / 당신을 번거롭게 해드렸네요.

· 我一定好好报答你。
　Wǒ yídìng hǎohāo bàodá nǐ.
　제가 반드시 보답하겠습니다.

· 你觉得这样做怎么样?
　Nǐ juéde zhèyàng zuò zěnmeyàng?
　당신 생각에 이렇게 하면 어떻습니까?

· 希望你们可以……
　Xīwàng nǐmen kěyǐ……
　저는 당신이 ~했으면 좋겠습니다.

· 可不可以……? /能不能……?
　Kě bu kěyǐ……? / Néng bu néng……?
　~해주실 수 있습니까?

· ……吧。
　……ba.
　~합시다.

· 真是不好意思。/很抱歉。
　Zhēnshì bùhǎoyìsi. / Hěn bàoqiàn.
　정말 미안합니다.

问题 1 ⭐

문제 你要和家人一起度假，但是家里的小狗没人照顾，请你拜托你的朋友帮助你，你会怎么和他说呢？

🎧 6-3-1

Nǐ yào hé jiārén yìqǐ dùjià, dànshì jiālǐ de xiǎogǒu méi rén zhàogù, qǐng nǐ bàituō nǐ de péngyou bāngzhù nǐ, nǐ huì zěnme hé tā shuō ne?

가족과 함께 휴가를 보내려고 하는데 강아지를 돌봐줄 사람이 없어서, 당신의 친구에게 도와달라고 부탁하려고 합니다. 어떻게 말하면 좋겠습니까?

1. 부탁 내용

① 도무지 방법을 찾지 못하여, 도움을 받으러 왔습니다.

② 2주 동안 돌보아 주셔야 합니다.

③ 모든 물건은 제가 준비해 두도록 하겠습니다.

2. 주의 사항

① 매일 한 차례씩 음식과 물을 먹여 주어야 합니다.

② 매일 한 번씩 데리고 산책을 해야 합니다.

③ 강아지는 외로움을 무서워하고, 그리고 낯선 사람도 무서워합니다.

답변 1 小王，我带家人去度假，可是家里的小狗没人照顾，你有空去看看它可以吗？买点儿狗粮送过去就可以。你看行吗？

Xiǎo Wáng, Wǒ dài jiārén qù dùjià, kěshì jiālǐ de xiǎogǒu méi rén zhàogù, nǐ yǒu kòng qù kànkan tā kěyǐ ma? Mǎi diǎnr gǒuliáng sòng guòqu jiù kěyǐ. Nǐ kàn xíng ma?

샤오왕, 나 가족들을 데리고 휴가를 가게 되었어. 그런데 집에 강아지를 돌봐줄 사람이 없어. 혹시 시간이 되면 좀 봐줄 수 있니? 개 사료를 조금 사서 가면 돼. 혹시 가능할까?

---

2   我和家人好不容易约好一起去度假，可是家里的小狗没人照料。实在不好意思，只能拜托你帮忙照顾一下了。我知道你很喜欢我家的小狗，而且最细心了。我回来一定请你吃饭，还有你告诉我你喜欢什么，我回来的时候一定给你带礼物。谢谢。

Wǒ hé jiārén hǎoburóngyì yuē hǎo yìqǐ qù dùjià, kěshì jiālǐ de xiǎogǒu méi rén zhàoliào. Shízài bù hǎoyìsi, zhǐnéng bàituō nǐ bāngmáng zhàogù yíxià le. Wǒ zhīdào nǐ hěn xǐhuan wǒ jiā de xiǎogǒu, érqiě zuì xìxīn le. Wǒ huílái yídìng qǐng nǐ chī fàn, háiyǒu nǐ gàosu wǒ nǐ xǐhuan shénme, wǒ huílái de shíhou yídìng gěi nǐ dài lǐwù. Xièxie.

내가 모처럼 가족과 같이 휴가를 가게 되었는데, 집에 있는 강아지를 돌볼 사람이 없어. 정말 미안한데, 너한테 좀 대신 봐달라고 부탁할 수 밖에 없네. 너는 우리 집 강아지를 매우 좋아하는 데다가 아주 세심하잖아. 내가 돌아와서 꼭 밥 살게. 그리고 네가 뭘 좋아하는지 알려주면, 돌아올 때 꼭 선물 사다줄게. 고마워.

3   前一段时间，我忙于工作，家里外头都是我爱人一个人照料，所以我觉得亏欠了他很多。这次度假是为了纪念我和爱人第十个结婚纪念日。但是家里的小狗没人照料，实在是很抱歉，只好拜托你了。我家的小狗平时跟你最亲了，它最喜欢跟你玩儿。它的习性你也很了解，所以交给你我最放心。我们这次旅行会去10天，12月24号走，1月4号回来。你看你在24号以前什么时候方便，我把小狗带到你家去。狗粮和所有的必需品，我都会准备好，你每天早晨或者晚上出去遛一次狗，狗粮和水也是每天换一次就可以。真是太麻烦你了。

Qián yí duàn shíjiān, wǒ mángyú gōngzuò, jiālǐ wàitou dōu shì wǒ àiren yí ge rén zhàoliào, suǒyǐ wǒ juéde kuīqiàn le tā hěn duō. Zhè cì dùjià shì wèile jìniàn wǒ hé àiren dì shí ge jiéhūn jìniànrì. Dànshì jiālǐ de xiǎogǒu méi rén zhàoliào, shízài shì hěn bàoqiàn, zhǐhǎo bàituō nǐ le. Wǒ jiā de xiǎogǒu píngshí gēn nǐ zuì qīn le, tā zuì xǐhuan gēn nǐ wánr. Tā de xíxìng nǐ yě hěn liǎojiě, suǒyǐ jiāo gěi nǐ wǒ zuì fàngxīn. Wǒmen zhè cì lǚxíng huì qù shí tiān, shí'èr yuè èrshísì hào zǒu, yī yuè sì hào huílái. Nǐ kàn nǐ zài èrshísì hào yǐqián shénme shíhou fāngbiàn, wǒ bǎ xiǎogǒu dàidào nǐ jiā qù. Gǒuliáng hé suǒyǒu de bìxūpǐn, wǒ dōu huì zhǔnbèi hǎo, nǐ měitiān zǎochen huòzhě wǎnshang chūqù liù yí cì gǒu, gǒuliáng hé shuǐ yě shì měitiān huàn yí cì jiù kěyǐ. Zhēnshì tài máfan nǐ le.

얼마 전 내가 일이 바빠서 집 안팎의 모든 걸 남편이 혼자 보살폈어. 그래서 내가 남편에게 빚진 마음이 컸어. 이번 휴가는 나와 남편의 열 번째 결혼기념일을 위한 여행이야. 그런데 집에 있는 강아지를 돌봐줄 사람이 없어. 정말 미안한데 너한테 부탁할 수밖에 없게 됐어. 우리 집 강아지가 평소에 너랑 제일 친하잖아. 넌 그 녀석의 습성도 잘 알고 있고, 그래서 너한테 맡겨야 제일 마음이 놓여. 우리 이번 여행은 열흘 동안 가는데, 12월 24일에 떠나서 1월 4일에 돌아올거야. 네가 24일 이전에 언제 편한지 알려주면 내가 강아지를 너희 집으로 데리고 갈게. 개 사료랑 모든 필수품들은 내가 다 준비해 놓을 거야. 너는 매일 아침이나 저녁에 한 번 나가서 산책시켜주고, 개밥과 물도 매일 한 번씩 갈아주면 돼. 귀찮게 해서 진짜 미안하다.

问题 2 *

문제 你今天在餐厅吃饭的时候，突然有客人带着宠物也进来就餐，你很不喜欢，你应该如何向餐厅经理反映这个情况？

Nǐ jīntiān zài cāntīng chīfàn de shíhou, tūrán yǒu kèrén dàizhe chǒngwù yě jìnlái jiùcān, nǐ hěn bù xǐhuan, nǐ yīnggāi rúhé xiàng cāntīng jīnglǐ fǎnyìng zhè ge qíngkuàng?

오늘 식당에서 식사를 할 때, 갑자기 어떤 손님이 반려동물을 데리고 들어와 식사를 해서 당신은 불쾌했습니다. 어떻게 식당 지배인에게 이 상황을 설명하겠습니까?

1. 상황 설명
① 저는 문쪽에 앉은 손님입니다.
② 어떤 손님이 큰 개 한 마리를 데리고 왔는데, 사람 키의 절반 정도 되는 크기였습니다.
③ 레스토랑에는 반려동물을 데리고 들어올 수 없다고 명백히 쓰여 있습니다.

2. 반려동물을 데리고 출입하는 것이 적합하지 않은 이유 설명
① 레스토랑에 반려동물이 들어오게 되면, 위생상의 문제가 있게 됩니다.
② 반려동물을 좋아하지 않는 손님에게 불편을 초래합니다.
③ 만약 손님이 개에 물려 상처를 입는다면, 어떻게 하실 생각이신가요?

1 你是大堂经理吗？我在这里用餐，怎么可以让宠物进来呢？您能马上处理一下这件事情吗？不然的话我就没法在这里进餐了。

Nǐ shì dàtáng jīnglǐ ma? Wǒ zài zhèlǐ yòngcān, zěnme kěyǐ ràng chǒngwù jìnlái ne? Nín néng mǎshàng chǔlǐ yíxià zhè jiàn shìqing ma? Bùrán de huà wǒ jiù méifǎ zài zhèlǐ jìncān le.

혹시 홀 매니저님이신가요? 제가 이곳에서 식사하고 있는데, 어떻게 반려동물을 데리고 들어올 수 있나요? 지금 바로 이 일을 처리해 주실 수 있나요? 만약 그렇지 않으면, 저는 이곳에서 식사를 할 수 없겠어요.

2 你好，我是五号台的客人。请问你们餐厅是如何管理客人的宠物呢？我们正在就餐，突然有客人带着他的狗进来了，你们的服务员好像也没有阻拦。首先，我觉得这样子是对其他客人的不尊敬，虽然有的人不介意，但是并不代表所有的客人都不在意；再次，这里是公共用餐场所，客人带来的狗如果不卫生可能引发卫生隐患。出了问题餐厅能够负责吗？

Nǐ hǎo, wǒ shì wǔ hào tái de kèrén. Qǐngwèn nǐmen cāntīng shì rúhé guǎnlǐ kèrén de chǒngwù ne? Wǒmen zhèngzài jiùcān, tūrán yǒu kèrén dàizhe tā de gǒu jìnlái le, nǐmen de fúwùyuán hǎoxiàng yě méiyǒu zǔlán. Shǒuxiān, wǒ juéde zhèyàngzi shì duì qítā kèrén de bù zūnjìng, suīrán yǒu de rén bú jièyì, dànshì bìng bú dàibiǎo suǒyǒu de kèrén dōu bú zàiyì; zàicì, zhèlǐ shì gōnggòng yòngcān chǎngsuǒ, kèrén dàilái de gǒu rúguǒ bú wèishēng kěnéng yǐnfā wèishēng yǐnhuàn. Chū le wèntí cāntīng nénggòu fùzé ma?

안녕하세요, 저는 5번 테이블의 손님이에요. 실례지만, 여기 식당에서는 손님의 반려동물을 어떻게 관리하나요? 저희가 한창 식사 중인데, 갑자기 어떤 손님이 개를 데리고 들어왔는데, 여기 종업원도 제지하지 않으시는 것 같던데요. 먼저, 이런 상황은 다른 손님을 존중하지 않는 것이라고 생각되네요. 비록 어떤 사람들은 개의치 않지만, 결코 그것이 모든 손님들이 개의치 않는다는 뜻은 아니거든요. 게다가, 이곳은 공공 음식점인데, 손님이 데리고 온 개가 위생적이지 않다면, 위생상 위험의 소지가 있어요. 만약 문제가 생긴다면 식당에서 책임질 수 있습니까?

3 请问是大堂经理吗？我想向您反映一下情况。是这样的，我现在跟我的客人在你们餐厅用餐。你们这里不是五星级餐厅吗？因为对方是对我很重要的客户，所以我今天特意带他来了你们这里。可是，令我非常失望的是，在你们这么高档的餐厅里，我发现我们旁边的一桌客人，居然是带着小狗一起进来用餐的。我在预约的时候你们也并没有提到过这家餐厅是可以带宠物进入的。不知道是你们职员的失职还是什么情况，总之，我认为这样非常不合适。我希望你们能尽快处理好这个问题。

Qǐngwèn shì dàtáng jīnglǐ ma? Wǒ xiǎng xiàng nín fǎnyìng yíxià qíngkuàng. Shì zhèyàng de, wǒ xiànzài gēn wǒ de kèrén zài nǐmen cāntīng yòngcān. Nǐmen zhèlǐ bú shì wǔ xīngjí cāntīng ma? Yīnwèi duìfāng shì duì wǒ hěn zhòngyào de kèhù, suǒyǐ wǒ jīntiān tèyì dài tā lái le nǐmen zhèlǐ. Kěshì, lìng wǒ fēicháng shīwàng de shì, zài nǐmen zhème gāodàng de cāntīng lǐ, wǒ fāxiàn wǒmen pángbiān de yì zhuō kèrén, jūrán shì dàizhe xiǎogǒu yìqǐ jìnlái yòngcān de. Wǒ zài yùyuē de shíhou nǐmen yě bìng méiyǒu tídàoguo zhè jiā cāntīng shì kěyǐ dài chǒngwù jìnrù de. Bù zhīdào shì nǐmen zhíyuán de shīzhí háishi shénme qíngkuàng, zǒngzhī, wǒ rènwéi zhèyàng fēicháng bù héshì. Wǒ xīwàng nǐmen néng jìnkuài chǔlǐ hǎo zhè ge wèntí.

실례지만 홀 매니저님이신가요? 당신께 상황을 좀 말씀드리고 싶은데요, 상황은 이러해요. 제가 지금 저의 손님과 이 식당에서 식사 중인데요, 여기 5성급 식당이 아닌가요? 제 손님이 저에게는 매우 중요한 고객이시기 때문에, 오늘 특별히 이곳으로 모시고 왔습니다. 그런데 제가 실망한 것은 이렇게 고급스러운 식당에서, 옆 테이블의 손님이 뜻밖에도 강아지를 데리고 들어와서 식사를 하시더군요. 제가 예약할 때 당신들은 이 식당이 반려동물을 데리고 들어와도 되는 곳이라는 말은 없었습니다. 여기 직원의 과실인지 아니면 무슨 상황인지 모르겠지만, 어쨌든, 이 상황이 매우 적절하지 않은 것 같네요. 이 문제를 가능한 빨리 해결해 주시기 바랄게요.

단어 宠物 chǒngwù 명 반려동물 | 就餐 jiùcān 동 밥을 먹다 | 经理 jīnglǐ 명 지배인, 매니저 | 反映 fǎnyìng 동 반영하다, 보고하다 | 大堂 dàtáng 명 호텔이나 식당의 중앙홀 | 用餐 yòngcān 동 식사를 하다 | 阻拦 zǔlán 동 저지하다 | 尊敬 zūnjìng 동 존경하다 | 介意 jièyì 동 개의하다, 신경쓰다 | 代表 dàibiǎo 동 나타내다 | 场所 chǎngsuǒ 명 장소 | 隐患 yǐnhuàn 명 잠복해 있는 병 | 负责 fùzé 동 책임이 있다, 책임을 지다 | 特意 tèyì 부 특별히 | 令 lìng 동 ~하게 하다 | 失望 shīwàng 동 실망하다 | 高档 gāodàng 형 고급의, 상등의 | 预约 yùyuē 동 예약하다 | 提 tí 동 언급하다, 말하다 | 失职 shīzhí 명 직무상의 과실 | 处理 chǔlǐ 동 처리하다

问题 3 ★

문제 你是公司的采购员，在采购的过程中，有新的公司向你推荐他们的产品，你的老板让你多比较几家再做出决定，请你向你的卖家说明这个情况。

🎧 6-3-3

Nǐ shì gōngsī de cǎigòuyuán, zài cǎigòu de guòchéng zhōng, yǒu xīn de gōngsī xiàng nǐ tuījiàn tāmen de chǎnpǐn, nǐ de lǎobǎn ràng nǐ duō bǐjiào jǐ jiā zài zuòchū juédìng, qǐng nǐ xiàng nǐ de màijiā shuōmíng zhè ge qíngkuàng.

당신은 회사의 구매 담당 직원입니다. 구매 과정 중, 신규 회사가 당신에게 그들의 제품을 추천했습니다. 당신의 사장은 몇 개의 회사를 더 비교해보고 결정하기를 원합니다. 판매자 측에 이 상황을 설명해 보세요.

1. 자기소개

① 저는 XXX 회사의 구매 담당 직원인 샤오리입니다.

② 저희는 지난번 박람회에서 만난 적 있습니다. 당신은 저에게 이 번호를 남겨 주셨습니다.

③ 이 일에 관해서는 저희 사장님께서 결정을 내리셔야 합니다.

2. 거절하는 이유 설명

① 귀사의 제품은 가격이 너무 비쌉니다.

② 제품은 우리의 요건에 부합되지 않습니다.

③ 다음 주에야 최종적인 결정을 내릴 수 있습니다.

---

 1 请问是○○公司吗? 您好, 我是光明公司采购部负责人。上次看过贵公司的产品介绍, 但我们公司要开完会才能给您最终答复。请你们再等一等可以吗?

Qǐngwèn shì ○○ gōngsī ma? Nín hǎo, wǒ shì Guāngmíng gōngsī cǎigòubù fùzérén. Shàngcì kàn guo guì gōngsī de chǎnpǐn jièshào, dàn wǒmen gōngsī yào kāi wán huì cái néng gěi nín zuìzhōng dáfù. Qǐng nǐmen zài děng yi děng kěyǐ ma?

혹시 ○○회사입니까? 안녕하세요, 저는 광명회사 구매팀의 담당자입니다. 지난번에 귀사의 제품 소개를 본 적이 있는데, 우리 회사에서는 회의를 진행한 후 최종 답변을 드릴 수 있습니다. 조금만 더 기다려 주실 수 있으십니까?

2 我是光明公司的采购员。首先, 感谢您推荐了这么好的产品给我们。我已经看过了你们公司的产品介绍, 但是我们的上司有指示, 我们还需要多考虑一些其他的因素才能做出购买决定, 请你们再等一等可以吗? 最后的采购决定可能下个月中旬的时候能出来, 到时候我们会通知你们。

Wǒ shì Guāngmíng gōngsī de cǎigòuyuán. Shǒuxiān, gǎnxiè nín tuījiàn le zhème hǎo de chǎnpǐn gěi wǒmen. Wǒ yǐjīng kànguo le nǐmen gōngsī de chǎnpǐn jièshào, dànshì wǒmen de shàngsi yǒu zhǐshì, wǒmen hái xūyào duō kǎolǜ yìxiē qítā de yīnsù cái néng zuòchū gòumǎi juédìng, qǐng nǐmen zài děng yi děng kěyǐ ma? Zuìhòu de cǎigòu juédìng kěnéng xià ge yuè zhōngxún de shíhou néng chūlái, dào shíhou wǒmen huì tōngzhī nǐmen.

저는 광명회사의 구매 담당 직원입니다. 우선 이렇게 좋은 제품을 추천해 주셔서 감사합니다. 저는 이미 귀사의 제품 소개를 보았습니다. 그러나 저희쪽 상사의 지시가 있어서, 다른 요인들을 좀 더 고려해봐야 구매 결정을 내릴 수 있을 것 같습니다. 조금만 더 기다려 주실 수 있겠습니까? 최종 구매 결정은 다음달 중순에 나올 것입니다. 그때가 되면 저희가 다시 연락드리도록 하겠습니다.

3　是○○公司吗？您好，我是光明公司的采购部负责人，我们上次在仁川的展览会上见过面。你还记得我吗？是这样的，我们公司仔细地研究了一下你们产品，你们的产品不错，但是我们觉得价格上有点儿超过了我们之前的预算，所以我们目前不能马上做出购买决定。而且现在也有其他厂商在联系我们。我们还需要时间综合考虑一下。同时，我想问一下，如果订购的话，从生产到发货，你们大概需要多长时间？还有，如果大批量订货的话，能不能给我们打个折？好的。这些情况我都记下来了。我和公司领导商量一下再和你们联系。

Shì ○○ gōngsī ma? Nín hǎo, wǒ shì Guāngmíng gōngsī de cǎigòubù fùzérén, wǒmen shàngcì zài Rénchuān de zhǎnlǎnhuì shàng jiànguo miàn. Nǐ hái jìde wǒ ma? Shì zhèyàng de, wǒmen gōngsī zǐxì de yánjiū le yíxià nǐmen chǎnpǐn, nǐmen de chǎnpǐn búcuò, dànshì wǒmen juéde jiàgé shàng yǒudiǎnr chāoguò le wǒmen zhīqián de yùsuàn, suǒyǐ wǒmen mùqián bù néng mǎshàng zuòchū gòumǎi juédìng. Érqiě xiànzài yě yǒu qítā chǎngshāng zài liánxì wǒmen. Wǒmen hái xūyào shíjiān zōnghé kǎolǜ yíxià. Tóngshí, wǒ xiǎng wèn yíxià, rúguǒ dìnggòu de huà, cóng shēngchǎn dào fāhuò, nǐmen dàgài xūyào duōcháng shíjiān? Háiyǒu, rúguǒ dàpīliàng dìnghuò de huà, néng bu néng gěi wǒmen dǎ ge zhé? Hǎode. Zhèxiē qíngkuàng wǒ dōu jì xiàlai le. Wǒ hé gōngsī lǐngdǎo shāngliang yíxià zài hé nǐmen liánxì.

○○회사입니까? 안녕하세요, 저는 광명 회사의 구매 담당자입니다. 저희는 지난번 인천 박람회에서 만난 적이 있습니다. 기억하시겠습니까? 상황은 이렇습니다. 저희 회사는 귀사의 제품을 자세히 연구해 보았습니다. 제품은 괜찮지만, 가격이 저희 이전 예산보다 약간 초과한 것 같습니다. 그래서 지금은 바로 구매 결정을 할 수가 없습니다. 게다가 지금 다른 제조업체에서 저희에게 연락을 하고 있습니다. 저희는 아직 좀더 종합적으로 고려해 볼 시간이 필요합니다. 또한, 여쭤보고 싶은 것이 있습니다. 만약 주문을 하면, 생산에서 출하까지 대략 얼마나 걸립니까? 그리고 만약 대량으로 주문을 하면 할인해 주실 수 있습니까? 알겠습니다. 현 상황들을 모두 기록해 놓았습니다. 회사 팀장님과 상의해서 다시 연락드리도록 하겠습니다.

단어　采购员 cǎigòuyuán 명 구매 담당 직원 | 采购 cǎigòu 동 구매하다 | 推荐 tuījiàn 동 추천하다 | 答复 dáfù 명 회답 | 指示 zhǐshì 명동 지시(하다) | 考虑 kǎolǜ 동 고려하다 | 因素 yīnsù 명 요소 | 购买 gòumǎi 동 구입하다, 구매하다 | 展览会 zhǎnlǎnhuì 명 전시회, 박람회 | 研究 yánjiū 동 연구하다 | 超过 chāoguò 동 초과하다, 추월하다 | 预算 yùsuàn 명 예산 | 联系 liánxì 동 연락하다 | 综合 zōnghé 동 종합하다 | 订购 dìnggòu 동 주문하여 구입하다 | 生产 shēngchǎn 동 생산하다 | 发货 fāhuò 동 출하하다 | 大概 dàgài 부 대략 | 大批量 dàpīliàng 대규모 생산량 | 打折 dǎzhé 동 할인하다 | 商量 shāngliang 동 상의하다, 논의하다

제 6 부분

问题 4 ⭐

문제 你最近正在减肥，可是你的朋友想叫你一起去
吃炸鸡，你要劝她吃别的，你该怎么和她说呢？

🎧 6-3-4

Nǐ zuìjìn zhèngzài jiǎnféi, kěshì nǐ de péngyou xiǎng
jiào nǐ yìqǐ qù chī zhájī, nǐ yào quàn tā chī biéde, nǐ
gāi zěnme hé tā shuō ne?

당신은 요즘 다이어트 중인데, 친구가 당신을 불러서 함
께 치킨을 먹고 싶어 합니다. 친구에게 다른 것을 먹자
고 설득하려면 당신은 친구에게 어떻게 말하겠습니까?

답변요령

1. 치킨을 먹는 것의 나쁜 점 설명
① 튀긴 음식은 열량이 높아 살을 찌게 하고, 건강에도 좋은 점이 없습니다.
② 튀김은 소화가 잘 되지 않고, 위장병을 일으킬 수 있습니다.
③ 매일 고기를 먹고 있기 때문에, 우리는 채소를 더욱 많이 먹어야 합니다.

2. 제안
① 오늘은 간편하고 담백한 음식을 먹으러 갑시다.
② 점심 때 너무 많이 먹어서, 저녁에는 아무것도 먹지 말고 커피나 마시러 갑시다.
③ 제가 다이어트를 하고 있으니, 나중에 함께 먹으러 갑시다.

답변

1 咱们还是别吃炸鸡了。最近我在减肥，不想吃油腻的东西。咱们吃点清淡的好
吗？

Zánmen háishi bié chī zhájī le. Zuìjìn wǒ zài jiǎnféi, bù xiǎng chī yóunì de dōngxi. Zánmen chī diǎn
qīngdàn de hǎo ma?

우리 치킨을 먹지 않는 게 낫겠어. 난 요즘에 다이어트를 하고 있어서 기름진 음식을 먹고
싶지 않아. 혹시 담백한 음식을 먹는 것이 어떨까？

2 吃炸鸡啊，我最近正在减肥，炸鸡的热量太高了，而且对身体不好。咱们能不
能吃点儿别的呀？除了炸鸡，还有什么你想吃的？或者我们去SUBWAY怎么
样？ 那儿的三明治又健康又好吃。如果你实在想吃炸鸡的话，我们找一家既能
吃炸鸡又有其他菜的店吧。

Chī zhájī a, wǒ zuìjìn zhèngzài jiǎnféi, zhájī de rèliàng tài gāo le, érqiě duì shēntǐ bù hǎo. Zánmen néng bu néng chī diǎnr biéde ya? Chúle zhájī, hái yǒu shénme nǐ xiǎng chī de? Huòzhě wǒmen qù SUBWAY zěnmeyàng? Nàr de sānmíngzhì yòu jiànkāng yòu hǎochī. Rúguǒ nǐ shízài xiǎng chī zhájī de huà, wǒmen zhǎo yì jiā jì néng chī zhájī yòu yǒu qítā cài de diàn ba.

치킨 먹자고? 나 요즘 다이어트 중이야. 치킨은 열량이 너무 높고, 게다가 몸에도 안 좋아. 우리 다른 거 먹으면 안 될까? 치킨 말고 다른 먹고 싶은 것 있어? 아니면, 우리 서브웨이 가는 건 어때? 거기 샌드위치 건강하고 맛있어. 만약 치킨을 정말 먹고 싶다면, 치킨과 다른 음식을 함께 먹을 수 있는 식당을 찾아보자.

---

3 咱们别去吃炸鸡了，我最近正减肥呢。炸鸡吃了会胖的。你也少吃点儿吧。现在都流行吃健康食品，炸鸡这种油炸类的是健康的大忌！我看网上说，第一，油炸食品不易消化，比较油腻，容易引起胃病。第二，油炸食品热量高，含有较高的油脂和氧化物质，经常吃容易导致肥胖、高脂血症和冠心病。第三，油脂里的维生素A、E等营养在高温下受到破坏，大大降低了油脂的营养价值。第四，油炸的过程中，产生了大量的致癌物质，经常吃炸鸡的人更容易得癌症。要不，咱们去吃烤鸡吧，公司对面就有一家烤鸡店，我去过，味道不错，而且比炸鸡健康很多。

Zánmen bié qù chī zhájī le, wǒ zuìjìn zhèng jiǎnféi ne. Zhájī chī le huì pàng de. Nǐ yě shǎo chī diǎnr ba. Xiànzài dōu liúxíng chī jiànkāng shípǐn, zhájī zhè zhǒng yóuzhálèi de shì jiànkāng de dàjì! Wǒ kàn wǎngshàng shuō, dì yī, yóuzhá shípǐn búyì xiāohuà, bǐjiào yóunì, róngyì yǐnqǐ wèibìng. Dì èr, yóuzhá shípǐn rèliàng gāo, hányǒu jiào gāo de yóuzhī hé yǎnghuà wùzhì, jīngcháng chī róngyì dǎozhì féipàng、gāozhīxuèzhèng hé guānxīnbìng. Dì sān, yóuzhī lǐ de wéishēngsù A、E děng yíngyǎng zài gāowēn xià shòudào pòhuài, dà dà jiàngdī le yóuzhī de yíngyǎng jiàzhí. Dì sì, yóuzhá de guòchéng zhōng, chǎnshēng le dàliàng de zhì'ái wùzhì, jīngcháng chī zhájī de rén gèng róngyì dé áizhèng. Yàobù, zánmen qù chī kǎojī ba, gōngsī duìmiàn jiù yǒu yì jiā kǎojīdiàn, wǒ qù guo, wèidao búcuò, érqiě bǐ zhájī jiànkāng hěn duō.

우리 치킨 먹으러 가지 말자. 나 요즘 다이어트 중이야. 치킨 먹으면 살쪄. 너도 좀 적게 먹어. 지금은 웰빙 식품이 유행인데 치킨 같은 튀김류는 건강에 해로운 금기식품이야. 내가 인터넷에서 봤는데, 첫째, 튀김은 소화가 잘 되지 않고 기름기가 많은 편이라 위장병을 일으키기 쉽다고 해. 둘째, 튀김은 칼로리가 높고 지방과 산화 물질을 포함하고 있어서, 자주 먹으면 비만을 초래할 뿐만 아니라 고지혈증과 관상 동맥 질환을 유발할 수 있어. 셋째, 지방 안의 비타민 A, E 등의 영양분은 고온에서 파괴되어 지방의 영양 가치를 크게 떨어뜨리게 돼. 넷째, 기름에 튀기는 과정에서 다량의 발암 물질이 발생해서 치킨을 자주 먹는 사람은 더 암에 걸리기 쉽대. 아니면, 우리 닭구이 먹으러 가자. 회사 맞은편에 닭구이 집이 있어. 내가 가봤는데 맛도 괜찮고, 그리고 치킨보다 훨씬 건강해.

단어 减肥 jiǎnféi 圄 다이어트하다 | 炸鸡 zhájī 圕 치킨 | 油腻 yóunì 圐 기름지다, 느끼하다 | 清淡 qīngdàn 圐 담백하다 | 热量 rèliàng 圕 열량 | 三明治 sānmíngzhì 圕 샌드위치 | 实在 shízài 圕 진정으로 | 既…又 jì …yòu ~하고 또 ~하다 | 流行 liúxíng 圐 유행하다 | 油炸类 yóuzhálèi 기름에 튀긴 류 | 危害 wēihài 圐 해를 끼치다 | 大忌 dàjì 圐 매우 꺼리다 | 消化 xiāohuà 圐 소화하다 | 胃病 wèibìng 圕 위장병 | 油脂 yóuzhī 圕 유지, 지방 | 氧化物质 yǎnghuà wùzhì 산화 물질 | 导致 dǎozhì 圐 야기하다, 초래하다 | 高脂血症 gāozhīxuèzhèng 고지혈증 | 冠心病 guānxīnbìng 관상 동맥 질환 | 维生素 wéishēngsù 圕 비타민 | 破坏 pòhuài 圐 훼손하다, 파괴하다 | 降低 jiàngdī 圐 낮추다 | 价值 jiàzhí 圕 가치 | 致癌 zhì'ái 圐 암을 유발하다 | 烤鸡 kǎojī 닭구이

问题 5 ★

문제

🎧 6-3-5

你家的打印机没有墨了，请你向你的室友打电话说明情况，让他买墨回来。

Nǐ jiā de dǎyìnjī méiyǒu mò le. Qǐng nǐ xiàng nǐ de shìyǒu dǎ diànhuà shuōmíng qíngkuàng, ràng tā mǎi mò huílai.

당신 집의 프린터 잉크가 떨어졌습니다. 룸메이트에게 전화해서 상황을 설명하고, 친구에게 잉크를 사 오라고 하세요.

답변요령

1. 조건 설명
① 우리 집의 프린터는 삼성 제품입니다.
② 레이저 프린터의 잉크 카트리지를 사야 하고 다른 종류는 작동되지 않을 수 있습니다.
③ 검은색으로만 사면 됩니다.

2. 구매에 관한 건의
① 용산 근처의 마트에서 가면 구입할 수 있습니다.
② 잉크 카트리지 한 개의 가격은 3만 원 내외입니다.
③ 해적판 잉크 카트리지가 너무 많으므로 정품 인증이 있는지 잘 살펴봐야 합니다.

답변

1 喂，是小王吗？家里打印机的墨用完了，你能不能回家时顺便帮我买一下呢？我本来想出去自己买的，但今天没时间出去呀！拜托你了，好吗？

Wéi, shì Xiǎo Wáng ma? Jiālǐ dǎyìnjī de mò yòngwán le, nǐ néng bu néng huíjiā shí shùnbiàn bāng wǒ mǎi yíxià ne? Wǒ běnlái xiǎng chūqù zìjǐ mǎi de, dàn jīntiān méi shíjiān chūqù ya! Bàituō nǐ le, hǎo ma?

여보세요, 샤오왕이니? 집에 있는 프린터의 카트리지가 소진되었어. 혹시 집에 오는 길에, 나 대신 하나 사다줄 수 있니? 원래 내가 사러 가려고 했는데, 오늘 갈 시간이 없네. 부탁해도 괜찮을까?

2 小王呀，是我。咱家的打印机没有墨了，我打电话想问你，今天下班以后有没有空买些墨回来？本来我打算下班以后去的，可是我们部门突然说今天晚上要聚餐，所以只好拜托你了。买黑色的和黄色的，这两个颜色的墨没有了，先买这两个就可以。龙山附近的店一般都有卖的。咱们家的打印机是三星M100。

Xiǎo Wáng ya, shì wǒ. Zán jiā de dǎyìnjī méiyǒu mò le, wǒ dǎ diànhuà xiǎng wèn nǐ, jīntiān xiàbān yǐhòu yǒu méiyǒu kòng mǎi xiē mò huílai? Běnlái wǒ dǎsuan xiàbān yǐhòu qù de, kěshì wǒmen bùmén tūrán shuō jīntiān wǎnshang yào jùcān, suǒyǐ zhǐhǎo bàituō nǐ le. Mǎi hēisè de hé huángsè de, zhè liǎng ge yánsè de mò méiyǒu le, xiān mǎi zhè liǎng ge jiù kěyǐ. Lóngshān fùjìn de diàn yìbān dōu yǒu mài de. Zánmen jiā de dǎyìnjī shì Sānxīng M Yìbǎi.

샤오왕, 나야. 우리 집 프린터의 잉크가 떨어졌는데, 너한테 물어보고 싶어서 전화했어. 오늘 퇴근 후에 잉크 사 올 시간이 있어? 원래는 내가 퇴근 후에 가려고 했는데, 우리 부서에서 갑자기 오늘 저녁에 회식을 한다서 너한테 부탁할 수 밖에 없네. 검은색과 노란색 이 두 가지 색깔의 잉크가 없으니 먼저 이 두 개만 사면 돼. 용산 근처 상점들은 거의 팔 거야. 우리 집 프린터는 삼성 M100이야.

3   喂? 是小李吗? 是这样的, 我正准备打印的时候发现咱们家打印机的墨好像用完了, 不能再打印和复印了。 你什么时候回家啊? 你回来的时候能否顺路去把墨买回来? 你几个月前换过了吗? 是不是买了次品或者墨已经干了呢。 估计现在咱们已经过了质保期, 也没有办法再去找卖家投诉了。 我们先重新买一下吧。 对, 咱家是激光打印机, 你把型号告诉售货员他们就会知道, 打印机型号是M100。 要三星正版的, 正版的价钱大概是9万块一套, 我回头再给你钱。

Wéi? Shì Xiǎo Lǐ ma? Shì zhèyàng de, wǒ zhèng zhǔnbèi dǎyìn de shíhou fāxiàn zánmen jiā dǎyìnjī de mò hǎoxiàng yòngwán le, bù néng zài dǎyìn hé fùyìn le. Nǐ shénme shíhou huíjiā a? Nǐ huílái de shíhou néngfǒu shùnlù qù bǎ mò mǎi huílái? Nǐ jǐ ge yuè qián huànguo le ma? Shì bu shì mǎi le cìpǐn huòzhě mò yǐjīng gān le ne. Gūjì xiànzài zánmen yǐjīng guò le zhìbǎoqī, yě méiyǒu bànfǎ zài qù zhǎo màijiā tóusù le. Wǒmen xiān chóngxīn mǎi yíxià ba. Duì, zánjiā shì jīguāng dǎyìnjī, nǐ bǎ xínghào gàosu shòuhuòyuán tāmen jiù huì zhīdào, dǎyìnjī xínghào shì M Yìbǎi. Yào Sānxīng zhèngbǎn de, zhèngbǎn de jiàqián dàgài shì jiǔ wàn kuài yí tào, wǒ huítóu zài gěi nǐ qián.

여보세요? 샤오리니? 있잖아, 내가 인쇄를 하려고 하는데, 우리 집 프린터가 잉크를 다 쓴 것 같아. 더 이상 인쇄와 복사를 할 수 없네. 너는 언제 집에 들어와? 올 때 오는 길에 잉크를 사올 수 있을까? 응? 네가 몇 달 전에 바꿨다고? 불량품을 샀거나 잉크가 벌써 다 마른 게 아닌가? 아마 지금은 이미 품질 보증 기간이 지났을 것 같은데, 다시 판매자한테 가서 뭐라 할 수도 없어. 일단 새로 하나 사자. 맞아, 우리는 레이저 프린터야. 네가 모델 번호를 판매자에게 알려주면 그들이 바로 알거야. 우리 프린터 모델은 M100이야. 삼성 정품을 사야 해. 정품 가격은 한 세트가 대략 9만원 정도 할 거야. 내가 나중에 너에게 돈을 줄게.

단어   打印机 dǎyìnjī 몡 프린터 | 墨 mò 몡 잉크, 먹 | 室友 shìyǒu 몡 룸메이트 | 部门 bùmén 몡 부서 | 聚餐 jùcān 몡통 회식(하다) | 颜色 yánsè 몡 색깔 | 复印 fùyìn 통 복사하다 | 顺路 shùnlù 틘 가는 김에, 오는 길에 | 次品 cìpǐn 질이 낮은 물건 | 质保期 zhìbǎoqī 품질 보증 기간 | 投诉 tóusù 통 하소연하다, 소송하다 | 重新 chóngxīn 틘 다시, 거듭 | 激光 jīguāng 몡 레이저 | 型号 xínghào 몡 모델, 사이즈 | 售货员 shòuhuòyuán 몡 판매원 | 正版 zhèngbǎn 몡 정품

불만/거절편

불만이나 거절의 의사를 나타낼 때 가장 주의할 점은 너무 극명하게 표출하거나 직접 적으로 거절을 표현하지 말아야 한다는 점이다. 중국인들은 거절을 할 때도 비교적 완곡하게 거절의 이유를 말한 뒤, 반드시 겸손하게 사양하는 인사말을 덧붙인다. 예를 들면, "下次吧(다음에 하죠)", "改天吧(다음에 하죠)", "如果有机会(만일 기회가 있다면)", "人不到礼先到(사람은 못 가도 선물은 보내요)" 등과 같은 말을 덧붙인다. 문제 유형 으로는 불만을 나타내고 상대방에게 요구하는 유형, 도움을 요청하는 말에 거절하는 유형이 있다. 친구가 차를 빌려달라거나, 영화를 보러 가자는 요청에 거절하는 문제 등 이 출제되었다.

 핵심어휘로 내공 쌓기

불만

· 对……非常满意/不满意/很失望
Duì……fēicháng mǎnyì / bù mǎnyì / hěn shīwàng
~에 대하여 아주 만족하다 / 만족하지 못하다 / 아주 실망스럽다

· 千万不要…… Qiānwàn bú yào …… 제발 ~하지 마십시오.

· 这是/这里是……而不是…… Zhè shì / zhèlǐ shì ……ér bú shì ……
이것은/이곳은 ~이지, ~이 아닙니다.

· 打扰别人。 Dǎrǎo biérén.
다른 사람에게 폐를 끼치다.

· 这是怎么回事啊? Zhè shì zěnme huí shì a?
이것은 어떻게 된 일입니까?

· 这是怎么弄的/学的/花的? Zhè shì zěnme nòng de / xué de / huā de?
이것은 어떻게 한 / 배운 / 쓴 것입니까?

· 再也不……了。 Zài yě bù ……le.
다시는 ~하지 않겠다.

거절

· 实在太……了。 Shízài tài ……le.
정말 ~합니다.

· 非常抱歉/非常不好意思/对不起，我想……
Fēicháng bàoqiàn / Fēicháng bùhǎoyìsi / Duìbuqǐ, wǒ xiǎng ……
정말 죄송합니다 / 정말 미안합니다 / 죄송합니다만, 저는 ~하고 싶습니다.

· 可以……吗? Kěyǐ ……ma?
~해도 되겠습니까?

问题 1 ★

文제 你在网上购买了一套化妆品，可是收到后发现
6-4-1 发错了。请你给卖家打电话要求退货。

Nǐ zài wǎngshàng gòumǎi le yí tào huàzhuāngpǐn,
kěshì shōudào hòu fāxiàn fācuò le. Qǐng nǐ gěi
màijiā dǎ diànhuà yāoqiú tuìhuò.

당신은 인터넷으로 화장품 한 세트를 샀는데, 받고 나
서 잘못 보내진 것을 알았습니다. 판매자에게 전화를
걸어서 반품을 요구하세요.

답변요령

1. 구매한 화장품 설명

① 저는 토너와 로션으로 구성된 기본 세트 하나를 구매하였습니다.

② 지난주 수요일에 귀사의 홈페이지에서 구매하였습니다.

③ 제품은 오늘 배송 받았습니다.

2. 환불 절차 문의

① 환불하려면, 제가 택배를 보내야 하나요, 아니면 귀사 측에서 회수하시나요?

② 배송비는 어떻게 산정되나요?

③ 오늘 제가 집에 있지 않으니 내일 찾으러 오십시오.

답변 1 你好。我上周在你们店里买的化妆品今天收到了，但我发现这不是我买的那一
套。我是你们店的常客，你们的做法让我感觉有点儿失望。你们能不能尽快给
我解决呢？

Nǐ hǎo. Wǒ shàngzhōu zài nǐmen diàn lǐ mǎi de huàzhuāngpǐn jīntiān shōudào le, dàn wǒ fāxiàn
zhè bú shì wǒ mǎi de nà yí tào. Wǒ shì nǐmen diàn de chángkè, nǐmen de zuòfǎ ràng wǒ gǎnjué
yǒudiǎnr shīwàng. Nǐmen néng bu néng jǐnkuài gěi wǒ jiějué ne?

안녕하세요, 지난주에 귀하의 상점에서 구매한 화장품을 오늘 받았어요. 하지만 이것은 제
가 구매한 세트가 아니라는 것을 알았어요. 저는 단골인데, 귀하의 상점 시스템에 다소 실
망스럽네요. 혹시 신속히 해결해 주실 수 있으신가요?

2　你好，我在你家买的化妆品今天收到了，可是你们把货给发错了。我要的是美白的，可是你们发来的是保湿的。我会尽快把这个发回去，也请你们尽快把我要的东西发过来，好吗？另外，回来的邮费，也是需要你们承担的。

Nǐ hǎo, wǒ zài nǐ jiā mǎi de huàzhuāngpǐn jīntiān shōudào le, kěshì nǐmen bǎ huò gěi fācuò le. Wǒ yào de shì měibái de, kěshì nǐmen fālái de shì bǎoshī de. Wǒ huì jǐnkuài bǎ zhè ge fā huíqu, yě qǐng nǐmen jǐnkuài bǎ wǒ yào de dōngxi fā guòlai, hǎo ma? Lìngwài, huílái de yóufèi, yě shì xūyào nǐmen chéngdān de.

안녕하세요, 그쪽에서 산 화장품을 오늘 받았는데, 물건을 잘못 보내셨네요. 제가 원한 건 미백 제품인데, 보내주신 것은 보습 제품이에요. 제가 가능한 빨리 이 물건을 돌려 보낼테니, 그쪽에서도 제가 요청한 물건을 가능한 빨리 보내주시면 좋겠어요. 그리고 돌려 보내는 우편요금도 그쪽에서 부담해 주세요.

3　喂，是化妆品公司吗？你好！我前几天在你们店买了化妆品。我回家后打开箱子一看，发现我买的东西和款式都给弄错了。我要的是保湿水，而你们给我的是面霜。我可是你们的常客。这次我很失望，我会尽快把东西寄过去。希望你们尽快把我所购买的保湿水发过来。折腾这么一次，彼此都费时费力，所以这次一定不要弄错了。另外，我希望你们多给我点儿赠品。

Wéi, shì huàzhuāngpǐn gōngsī ma? Nǐ hǎo! Wǒ qiánjǐtiān zài nǐmen diàn mǎi le huàzhuāngpǐn. Wǒ huíjiā hòu dǎkāi xiāngzi yí kàn, fāxiàn wǒ mǎi de dōngxi hé kuǎnshì dōu gěi nòngcuò le. Wǒ yào de shì bǎoshīshuǐ, ér nǐmen gěi wǒ de shì miànshuāng. Wǒ kě shì nǐmen de chángkè. Zhè cì wǒ hěn shīwàng, wǒ huì jǐnkuài bǎ dōngxi jì guòqu. Xīwàng nǐmen jǐnkuài bǎ wǒ suǒ gòumǎi de bǎoshīshuǐ fā guòlai. Zhēteng zhème yí cì, bǐcǐ dōu fèishí fèilì, suǒyǐ zhè cì yídìng bú yào nòngcuò le. Lìngwài, wǒ xīwàng nǐmen duō gěi wǒ diǎnr zèngpǐn.

여보세요, 화장품 회사인가요? 안녕하세요! 저는 며칠전 귀하의 가게에서 화장품을 샀는데요. 제가 집에 돌아와 상자를 열어보니 제가 산 물건과 사양이 모두 잘못되어 있었어요. 제가 원하는 것은 보습 토너인데, 주신 것은 크림이네요. 저는 단골인데, 이번은 실망스럽네요. 제가 가능한 빨리 물건을 보낼게요. 빠른 시일 내에 제가 구매한 보습 토너도 보내주시기 바랍니다. 이렇게 한 번 번거롭게 되면, 서로 시간과 에너지를 낭비하게 되니, 이번에는 꼭 실수하지 마세요. 그리고 증정품을 조금 주셨으면 좋겠어요.

단어　化妆品 huàzhuāngpǐn 몡 화장품 | 退货 tuìhuò 몡동 반품(하다) | 常客 chángkè 몡 단골손님 | 美白 měibái 동 미백하다 | 保湿 bǎoshī 동 보습하다 | 邮费 yóufèi 몡 우편요금 | 承担 chéngdān 동 담당하다 | 打开 dǎkāi 동 열다 | 箱子 xiāngzi 몡 상자 | 款式 kuǎnshì 몡 양식, 스타일 | 面霜 miànshuāng 몡 크림 | 寄 jì 동 부치다 | 折腾 zhēteng 동 반복하다 | 彼此 bǐcǐ 몡 피차, 서로 | 费时 fèishí 시간을 소비하다 | 费力 fèilì 에너지를 소모하다 | 弄错 nòngcuò 동 실수하다 | 赠品 zèngpǐn 몡 증정품

问题 2 ★

문제

图书馆是大家学习的地方，这一天，你去图书馆，有几个同学一直在你旁边聊天。影响你学习，所以你很生气，请你告诉他们安静一点。

Túshūguǎn shì dàjiā xuéxí de dìfang, zhè yì tiān, nǐ qù túshūguǎn, yǒu jǐ ge tóngxué yìzhí zài nǐ pángbiān liáotiān. Yǐngxiǎng nǐ xuéxí, suǒyǐ nǐ hěn shēngqì, qǐng nǐ gàosu tāmen ānjìng yìdiǎn.

도서관은 여러 사람이 공부하는 곳입니다. 오늘 당신이 도서관에 갔는데, 몇몇 학우들이 옆에서 계속 잡담을 나누고 있습니다. 당신의 공부에 영향을 주어 매우 화가 났습니다. 그들에게 좀 조용히 하라고 말해 보세요.

1. 도서관의 이용 규칙 설명

① 도서관은 공공시설이며, 개인 공간이 아닙니다.

② 도서관에서는 정숙을 유지해야 합니다.

③ 대화를 나누면 주변 사람한테 폐를 끼치게 됩니다.

2. 상대방에 대한 경고

① 당신들이 계속 이렇게 소란을 피우면, 도서관 관리 사무실에 신고할 수밖에 없습니다.

② 조용히 해주시고, 도서관의 이용 규칙을 준수해주시기 바랍니다.

③ 만약 대화를 나누려면, 위층의 휴게실로 가십시오.

답변 1

你好，同学。你们可以安静一下吗？你们的行为已经影响到我了。这里是公共场所，是大家共同使用的地方，如果你们想聊天，可以换一个地方吗？

Nǐ hǎo, tóngxué. Nǐmen kěyǐ ānjìng yíxià ma? Nǐmen de xíngwéi yǐjīng yǐngxiǎng dào wǒ le. Zhèlǐ shì gōnggòng chǎngsuǒ, shì dàjiā gòngtóng shǐyòng de dìfang, rúguǒ nǐmen xiǎng liáotiān, kěyǐ huàn yí ge dìfang ma?

안녕하세요. 조용히 해주실 수 있나요? 학생들의 행동이 저에게 방해가 되네요. 이곳은 공공장소이며, 모든 사람이 함께 이용하는 곳이에요. 만약 대화를 나누고 싶다면, 다른 곳으로 옮겨 주실 수 있나요?

2　你好，同学。你们可以小一点儿声音吗？我在这里学习，你们一直在旁边聊天，真的非常影响我。而且图书馆是公共场所，大家都是因为喜欢看书才来的，而不是来这里聊天的。你们这样做是打扰别人的学习空间，是非常不礼貌的。你们如果需要聊天的话，应该去外面聊，或者去咖啡店，而不是在这里。

Nǐ hǎo, tóngxué. Nǐmen kěyǐ xiǎo yìdiǎnr shēngyīn ma? Wǒ zài zhèlǐ xuéxí, nǐmen yìzhí zài pángbiān liáotiān, zhēnde fēicháng yǐngxiǎng wǒ. Érqiě túshūguǎn shì gōnggòng chǎngsuǒ, dàjiā dōu shì yīnwèi xǐhuan kàn shū cái lái de, ér bú shì lái zhèlǐ liáotiān de. Nǐmen zhèyàng zuò shì dǎrǎo biérén de xuéxí kōngjiān, shì fēicháng bù lǐmào de. Nǐmen rúguǒ xūyào liáotiān de huà, yīnggāi qù wàimiàn liáo, huòzhě qù kāfēidiàn, ér bú shì zài zhèlǐ.

안녕하세요, 목소리를 조금 줄여줄 수 있겠어요? 제가 여기에서 공부하는데, 옆에서 계속 이야기를 하니 정말 저에게 방해되네요. 게다가 도서관은 공공장소잖아요. 모두들 책을 읽기 좋아해서 온 것이지, 이야기하러 온 게 아니에요. 여러분들이 이렇게 하는 것은 다른 사람의 학습 공간을 방해하는 매우 예의없는 행동이에요. 만약 대화가 필요하다면 밖에 나가서 얘기하거나 카페에 가야지, 여기서는 안 돼요.

3　你好，打扰一下。我在你们旁边看书，但是你们的声音实在太大了，我完全无法专心学习。我想其他的人的想法也和我一样，忍了好久但是不好意思和你们说。你看你们能不能安静一点儿，或者换个地方呢？这里是大家看书学习的地方，一直在这里聊天好像不太合适吧。图书馆五层也有专门提供给大家可以聊天的咖啡厅和室外空间。我建议你们去那儿看看。如果你们觉得我说的不对，继续这样做的话，那我只好把现在这个情况报告给图书馆的管理室了。图书馆的准则你们也是知道的。到时候可能会对你们更不好。

Nǐ hǎo, dǎrǎo yíxià. Wǒ zài nǐmen pángbiān kàn shū, dànshì nǐmen de shēngyīn shízài tài dà le, wǒ wánquán wúfǎ zhuānxīn xuéxí. Wǒ xiǎng qítā de rén de xiǎngfǎ yě hé wǒ yíyàng, rěn le hǎo jiǔ dànshì bùhǎoyìsi hé nǐmen shuō. Nǐ kàn nǐmen néng bu néng ānjìng yídiǎnr, huòzhě huàn ge dìfang ne? Zhèlǐ shì dàjiā kàn shū xuéxí de dìfang, yìzhí zài zhèlǐ liáotiān hǎoxiàng bú tài héshì ba. Túshūguǎn wǔ céng yě yǒu zhuānmén tígōng gěi dàjiā kěyǐ liáotiān de kāfēitīng hé shìwài kōngjiān. Wǒ jiànyì nǐmen qù nàr kànkan. Rúguǒ nǐmen juéde wǒ shuō de bú duì, jìxù zhèyàng zuò de huà, nà wǒ zhǐhǎo bǎ xiànzài zhè ge qíngkuàng bàogào gěi túshūguǎn de guǎnlǐshì le. Túshūguǎn de zhǔnzé nǐmen yě shì zhīdào de. Dào shíhou kěnéng huì duì nǐmen gèng bù hǎo.

안녕하세요. 실례할게요. 제가 당신들 옆에서 책을 보는데요, 목소리가 정말 너무 커서, 전혀 집중해서 공부할 수가 없어요. 제가 생각하기에 다른 분들의 생각도 저와 같을 거예요. 꽤 오래 참았는데, 말하기 민망해서요. 좀 조용히 해 주시거나 아니면 장소를 바꿔 주시면 어떨까요? 여기는 여러 사람이 책을 보고 공부하는 곳이에요. 여기서 계속 이야기하는 것은 별로 바람직하지 않은 것 같네요. 도서관 5층에도 여러 사람이 대화할 수 있는 카페와 야외 공간을 별도로 제공하고 있어요. 그곳에 가 보시는 것을 추천드립니다. 만일 당신들이 내가 말한 것이 옳지 않다고 생각하고 계속 이렇게 하신다면, 저는 이 상황을 도서관 관리실에 보고할 수밖에 없습니다. 도서관의 규칙은 당신들도 알고 있을 거예요. 그때는 당신들에게 더 좋지 않을 거예요.

단어　影响 yǐngxiǎng 图 영향을 주다 | 安静 ānjìng 형 조용하다 | 公共场所 gōnggòng chǎngsuǒ 명 공공장소 | 打扰 dǎrǎo 图 방해하다 | 礼貌 lǐmào 명 예의 형 예의바르다 | 无法 wúfǎ 图 ~할 방법이 없다 | 专心 zhuānxīn 图 몰두하다 | 忍 rěn 图 참다, 견디다 | 建议 jiànyì 图 제의하다 | 继续 jìxù 图 계속 | 只好 zhǐhǎo 부 할 수 없이 | 情况 qíngkuàng 명 상황 | 报告 bàogào 图 보고하다 | 准则 zhǔnzé 명 규범, 규칙

问题 3 ★

문제 你已经约好了休假的时候去旅游，可是突然接
🎧 6-4-3 到公司出差的通知，你会怎么拒绝你的家人？

Nǐ yǐjīng yuēhǎo le xiūjià de shíhou qù lǚyóu, kěshì tūrán jiēdào gōngsī chūchāi de tōngzhī, nǐ huì zěnme jùjué nǐ de jiārén?

당신은 휴가 때 여행을 가기로 이미 약속을 했는데, 갑자기 회사에서 출장 통보를 받았습니다. 당신은 가족들에게 어떻게 거절하겠습니까?

답변요령

1. 출장의 성격 설명

① 저는 미국으로 파견되어 출장을 갑니다.

② 이번 출장은 회사로서도 아주 중요하며, 거부할 수가 없습니다.

③ 이번 출장은 연말의 승진과 연관됩니다.

2. 해결 방법과 의견 제시

① 다음번에 더욱 좋은 곳으로 데리고 가겠습니다.

② 모든 사람이 마음에 드는 선물을 보상으로 받게 될 것입니다.

③ 너희는 이번에는 우선 엄마하고 같이 가거라.

답변 1

老婆！我这次不能陪你和孩子去度假了。公司突然派我去中国出差，正好和我们旅游的时间冲突了。真不好意思，我们下次去好吗？

Lǎopo! Wǒ zhè cì bù néng péi nǐ hé háizi qù dùjià le. Gōngsī tūrán pài wǒ qù Zhōngguó chūchāi, zhènghǎo hé wǒmen lǚyóu de shíjiān chōngtū le. Zhēn bùhǎoyìsi, wǒmen xiàcì qù hǎo ma?

여보, 이번에 당신과 아이를 데리고 휴가를 갈 수 없을 것 같아요. 회사에서 중국으로 출장 가라고 통지가 왔는데, 마침 우리의 여행 기간과 겹치게 되었어요. 정말 미안한데, 다음번에 같이 가는 것이 어때요?

2　很抱歉，公司给我打电话，说是要我明天去美国出差，事情有点儿突然，但是没办法。这次出差要办的事情对我、对公司都很重要。所以我没有办法拒绝。真的对不起，我想我们的旅游要取消了。下次一定找机会补偿你们，好吗？

Hěn bàoqiàn, gōngsī gěi wǒ dǎ diànhuà, shuō shì yào wǒ míngtiān qù Měiguó chūchāi, shìqing yǒudiǎnr tūrán, dànshì méi bànfǎ. Zhè cì chūchāi yào bàn de shìqing duì wǒ、duì gōngsī dōu hěn zhòngyào. Suǒyǐ wǒ méiyǒu bànfǎ jùjué. Zhēnde duìbuqǐ, wǒ xiǎng wǒmen de lǚyóu yào qǔxiāo le. Xiàcì yídìng zhǎo jīhuì bǔcháng nǐmen, hǎo ma?

너무 미안해요, 회사에서 전화가 왔는데 나더러 내일 미국 출장을 가라고 하네요. 일이 좀 급작스럽긴 한데, 어쩔 수가 없네요. 이번 출장에서 처리해야 할 일은 나와 회사 모두에게 매우 중요해요. 그래서 내가 거절할 방법이 없어요. 정말 미안한데, 우리 여행은 취소해야 할 것 같아요. 다음번에 꼭 기회를 봐서 보상해 줄게요, 알겠죠?

3　老婆，有件事情得和你说一下。真是非常不好意思，我突然接到了公司的通知，要出差。我也没办法，我也不想去。但是上司说这次出差对公司很重要，对我也很重要。如果工作成绩优秀的话，可能有机会升职。而且会有很多奖金，也会给我比这次还长的休假。到时候我们可以去夏威夷旅游，你不是最想去那里吗？而且你不是很想买衣服和包吗？我们都可以买。虽然这次去不了，但是下次假期更长，不是更好吗？你放心，我以后一定会弥补你这次的损失的。

Lǎopo, yǒu jiàn shìqing děi hé nǐ shuō yíxià. Zhēnshì fēicháng bùhǎoyìsi, wǒ tūrán jiēdào le gōngsī de tōngzhī, yào chūchāi. Wǒ yě méi bànfǎ, wǒ yě bù xiǎng qù. Dànshì shàngsi shuō zhè cì chūchāi duì gōngsī hěn zhòngyào, duì wǒ yě hěn zhòngyào. Rúguǒ gōngzuò chéngjì yōuxiù de huà, kěnéng yǒu jīhuì shēngzhí. Érqiě huì yǒu hěn duō jiǎngjīn, yě huì gěi wǒ bǐ zhè cì hái cháng de xiūjià. Dào shíhou wǒmen kěyǐ qù Xiàwēiyí lǚyóu, nǐ bú shì zuì xiǎng qù nàlǐ ma? Érqiě nǐ bú shì hěn xiǎng mǎi yīfu hé bāo ma? Wǒmen dōu kěyǐ mǎi. Suīrán zhè cì qù buliǎo, dànshì xiàcì jiàqī gèng cháng, bú shì gèng hǎo ma? Nǐ fàngxīn, wǒ yǐhòu yídìng huì míbǔ nǐ zhè cì de sǔnshī de.

여보, 당신에게 이야기할 게 있어요. 정말 너무 미안한데, 갑자기 회사로부터 출장을 가야 한다는 통지를 받았어요. 나도 방법이 없어요. 나도 안 가고 싶어요. 하지만 상사가 말하길 이번 출장이 회사에도 나에게도 매우 중요하다고 해요. 업무 성적이 우수하면 승진할 기회가 있을 거예요. 보너스도 많을 거고요. 이번보다 휴가도 더 길게 줄 거예요. 그때가 되면 우리 하와이로 여행을 갈 수 있어요. 거기 제일 가고 싶어 하지 않았어요? 그리고 옷이나 가방을 사고 싶어 하지 않았어요? 다 살 수 있어요. 비록 이번엔 못 가지만 다음번 휴가가 더 길면 더 좋지 않겠어요? 걱정하지 말아요. 내가 나중에 반드시 이번에 실망시킨 것에 대해서 보상해 줄게요.

단어　突然 tūrán [부] 돌연, 갑자기 | 拒绝 jùjué [동] 거절하다 | 度假 dùjià [동] 휴가를 보내다 | 冲突 chōngtū [동] 겹치다, 충돌하다 | 取消 qǔxiāo [동] 취소하다 | 补偿 bǔcháng [동] 보상하다 | 优秀 yōuxiù [형] 뛰어나다, 우수하다 | 升职 shēngzhí [동] 승진하다 | 奖金 jiǎngjīn [명] 장려금, 상여금 | 夏威夷 Xiàwēiyí [지명] 하와이 | 弥补 míbǔ [동] 보충하다, 보완하다 | 损失 sǔnshī [명] 손실(하다), 손해(보다)

问题 4 ⭐

문제 你刚买了新车，你的朋友管你借车，请你拒绝。

🎧6-4-4 Nǐ gāng mǎi le xīn chē, nǐ de péngyou guǎn nǐ jièchē, qǐng nǐ jùjué.

당신이 얼마전에 새 차를 구입하였는데, 당신의 친구가 차를 빌려달라고 합니다. 거절해 보세요.

답변요령

1. 자동차에 대한 설명

① 제가 일주일 전에 산 자동차입니다.

② 50만 위안을 들였으며, 가장 최신형의 BMW입니다.

③ 비록 새로 샀지만, 자동차의 엔진에는 아마도 문제가 있는 것 같습니다.

2. 거절하는 이유

① 이것은 새로 산 것이며, 아직 운전해 본 적이 없습니다.

② 당신이 빌리려는 시간에 나도 타야 해서 빌려 줄 수 없습니다.

③ 이 자동차는 운전할 때마다 진동이 있어서 공장으로 보내 점검을 진행해야 합니다.

답변 1 真不巧，这次我就不能借给你车了。最近老婆接送孩子还需要用车，我也只能坐地铁上下班呢。等下次用车时我再借给你，可以吗？

Zhēn bù qiǎo, zhè cì wǒ jiù bù néng jiè gěi nǐ chē le. Zuìjìn lǎopo jiēsòng háizi hái xūyào yòng chē, wǒ yě zhǐ néng zuò dìtiě shàngxiàbān ne. Děng xiàcì yòng chē shí wǒ zài jiè gěi nǐ, kěyǐ ma?

정말 공교롭게도, 이번에는 차를 빌려줄 수 없을 것 같아. 요즘 아내가 애를 데려다 주고 데려오는데 차가 필요해서 말이야. 그래서 나도 전철을 타고 출퇴근하고 있어. 다음번에 차를 사용하게 되면, 그때 빌려줄게. 괜찮니?

---

2 对不起啊，不是我小气不借你车。一来我的车是新买的，才开了没几天。二来最近事情比较多，也正是用车的时候。所以不是很方便借出去。请你理解。

Duìbuqǐ a, bú shì wǒ xiǎoqì bú jiè nǐ chē. Yì lái wǒ de chē shì xīn mǎi de, cái kāi le méi jǐ tiān. Èr lái zuìjìn shìqing bǐjiào duō, yě zhèng shì yòng chē de shíhou. Suǒyǐ bú shì hěn fāngbiàn jiè chūqu. Qǐng nǐ lǐjiě.

미안해. 내가 인색하게 차를 안 빌려주려는 것이 아니야. 일단은 차를 새로 샀고, 며칠 타지 않았어. 그리고 요즘 일이 좀 많아서, 마침 차를 써야할 때이기도 해. 그래서 차를 빌려주는 것이 쉽지가 않아. 이해 바란다.

3   不好意思啊，这次我不能把车借给你。主要是因为我的车才买来没几天，还没有过磨合期，我最近正在磨合，所以不太方便外借。特别是你要出远门，又不太熟悉我的车。开得快很容易出事故。我倒不是心疼我的车，只是如果发生什么意外的话，我对你的家人也没有办法交代。如果你只是在市内开一开，那我就没什么太多要担心的了。市内交通没有那么复杂，速度也不会开得太快。总之请你原谅。下次我一定借给你。

Bùhǎoyìsi a, zhè cì wǒ bù néng bǎ chē jiè gěi nǐ. Zhǔyào shì yīnwèi wǒ de chē cái mǎilái méi jǐ tiān, hái méiyǒu guò móhéqī, wǒ zuìjìn zhèngzài móhé, suǒyǐ bú tài fāngbiàn wài jiè. Tèbié shì nǐ yào chū yuǎnmén, yòu bú tài shúxī wǒ de chē. Kāi de kuài hěn róngyì chū shìgù. Wǒ dào bú shì xīnténg wǒ de chē, zhǐshì rúguǒ fāshēng shénme yìwài de huà, wǒ duì nǐ de jiārén yě méiyǒu bànfǎ jiāodài. Rúguǒ nǐ zhǐshì zài shìnèi kāi yi kāi, nà wǒ jiù méi shénme tài duō yào dānxīn de le. Shìnèi jiāotōng méiyǒu nàme fùzá, sùdù yě bú huì kāi de tài kuài. Zǒngzhī qǐng nǐ yuánliàng. Xiàcì wǒ yídìng jiè gěi nǐ.

미안하지만, 이번에 너에게 차를 빌려줄 수 없어. 왜냐하면 우선은 내가 차를 산 지 며칠 되지 않아서, 아직 적응도 안 되었고 최근까지도 적응 중이야. 그래서 빌려주기가 쉽지 않아. 특히 네가 먼 길을 가려고 하는데, 내 차가 익숙하지도 않잖아. 빨리 운전하면 사고가 나기도 쉽고. 꼭 내 차를 아껴서라기보다는, 행여나 어떤 의외의 일이 발생하기라도 한다면, 네 가족을 볼 낯이 없어. 만약 네가 단지 시내에서만 운전한다면, 크게 걱정하진 않겠지만 말이야. 시내 교통은 그렇게 복잡하지도 않고, 속도도 빠르지 않잖아. 어쨌든 이해해 줘. 다음에 내가 꼭 너에게 빌려줄게.

단어   管 guǎn 깨 ~에게 │ 不巧 bùqiǎo 형 형편이 좋지 않다 │ 小气 xiǎoqì 형 인색하다 │ 磨合期 móhéqī 적응 기간 │ 外界 wàijiè 명 외부 │ 熟悉 shúxī 동 숙지하다 │ 倒不是… dào bú shì… ~때문이 아니라 │ 心疼 xīnténg 동 몹시 아끼다 │ 意外 yìwài 명 뜻밖의 사고, 의외의 재난 │ 交代 jiāodài 동 교대하다 │ 复杂 fùzá 형 복잡하다 │ 速度 sùdù 명 속도 │ 原谅 yuánliàng 동 용서하다

问题 5 ★

문제 你去给儿子交话费，结果发现儿子这个月的手机
话费特别高，你回家后会对儿子说些什么?

Nǐ qù gěi érzi jiāo huàfèi, jiéguǒ fāxiàn érzi zhè ge
yuè de shǒujī huàfèi tèbié gāo, nǐ huíjiā hòu huì duì
érzi shuō xiē shénme?

아들의 통신비를 납부하러 갔는데 이번달 휴대전화 요
금이 유난히 많은 것을 알게 되었습니다. 집에 돌아가
서 아들에게 어떻게 말하겠습니까?

답변요령

1. 휴대전화의 사용 상황

① 최근 몇 달 동안 통신 요금이 15만 원을 초과했습니다.

② 명세서를 조회하니, 많은 게임을 구매하였고, 또한, 게임을 하느라 데이터를 많이 소비했습니다.

③ 이번 달 통화료는 8만 원이나 사용하였는데, 누구랑 통화하였는지요?

2. 해결 방법

① 이번 달에 아들에게 선불카드로 바꾸어 드렸습니다.

② 모든 데이터와 통화 시간에 제한을 걸어 두었습니다.

③ 다음 달부터 아버지께서 아들의 휴대전화를 압수할 것입니다.

답변 1 儿子，你过来一下，妈妈有事和你说。你这个月的电话费太贵了，妈妈倒不是
心疼钱，咱们花钱能不能花在刀刃上呀?

Érzi, nǐ guòlái yíxià, māma yǒu shì hé nǐ shuō. Nǐ zhè ge yuè de diànhuàfèi tài guì le, māma dào bú
shì xīnténg qián, zánmen huāqián néng bu néng huā zài dāorèn shàng ya?

아들, 이쪽으로 와보렴. 엄마가 너한테 할 말이 있어. 네가 이번 달에 사용한 통신 요금이
너무 비싸. 엄마는 이 돈이 아까워서가 아니라 돈을 좀 필요한 곳에 써야 하지 않겠어?

2 儿子，你过来一下。妈妈有话要和你说。这个月你的手机费用出来了，你猜猜
多少钱。15万! 你都是怎么花的? 我看下个月开始我要没收你的手机了。否则
你把时间都花在和朋友聊天、打游戏上。浪费钱不说，也浪费你的时间。你还
是学生，应该把精力多放在学习上。

Érzi, nǐ guòlái yíxià. Māma yǒu huà yào hé nǐ shuō. Zhè ge yuè nǐ de shǒujī fèiyòng chūlái le, nǐ cāicai duōshao qián. Shíwǔ wàn! Nǐ dōu shì zěnme huā de? Wǒ kàn xià ge yuè kāishǐ wǒ yào mò shōu nǐ de shǒujī le. Fǒuzé nǐ bǎ shíjiān dōu huā zài hé péngyou liáotiān、dǎ yóuxì shàng. Làngfèi qián bù shuō, yě làngfèi nǐ de shíjiān. Nǐ háishi xuésheng, yīnggāi bǎ jīnglì duō fàng zài xuéxí shàng.

아들아, 이쪽으로 와보렴. 엄마가 너랑 할 말이 있단다. 이번 달에 너의 휴대전화 요금이 나왔는데, 얼마 나왔을 것 같니? 15만원! 너 무엇을 어떻게 쓴거니? 다음 달부터 너의 휴대전화를 압수해야 할 것 같구나. 그렇지 않으면 너는 친구들과 수다를 떨고 게임하는 데 시간을 허비할 것 같구나. 돈을 낭비하는 것은 말할 것도 없고, 너의 시간도 낭비한단다. 너는 아직 학생이니, 공부에 더 에너지를 쏟아야 한다.

3   儿子，妈妈有事情要和你谈谈，你这个月的手机话费出来了，你知道你的手机费用是多少吗？这个月你的手机费比我和你爸的话费加起来还要多。我查了一下具体消费内容：和朋友煲电话粥、上网、买游戏币。这都是怎么回事？请你来给我解释一下。你还是学生，现在就开始这么铺张浪费，像话吗？你叫妈妈怎么能放心？咱们家不是大富大贵，经不起你这么折腾。爸爸妈妈平时省吃俭用，把最好的留给你。结果你却如此不珍惜。这件事情如果让你爸爸知道了，他会很生气。可能以后再也不让你用手机了。你自己好好反省反省吧。

Érzi, māma yǒu shìqing yào hé nǐ tántan, nǐ zhè ge yuè de shǒujī huàfèi chūlái le, nǐ zhīdào nǐ de shǒujī fèiyòng shì duōshao ma? Zhè ge yuè nǐ de shǒujīfèi bǐ wǒ hé nǐ bà de huàfèi jiā qǐlai hái yào duō. Wǒ chá le yíxià jùtǐ xiāofèi nèiróng: hé péngyou bāo diànhuàzhōu、shàngwǎng、mǎi yóuxì bì. Zhè dōu shì zěnme huí shì? Qǐng nǐ lái gěi wǒ jiěshì yíxià. Nǐ háishi xuésheng, xiànzài jiù kāishǐ zhème pūzhāng làngfèi, xiànghuà ma? Nǐ jiào māma zěnme néng fàngxīn? Zánmen jiā bú shì dàfù dàguì, jīng bu qǐ nǐ zhème zhēteng. Bàba māma píngshí shěng chī jiǎn yòng, bǎ zuìhǎo de liú gěi nǐ. Jiéguǒ nǐ què rúcǐ bù zhēnxī. Zhè jiàn shìqing rúguǒ ràng nǐ bàba zhīdào le, tā huì hěn shēngqì. Kěnéng yǐhòu zài yě bú ràng nǐ yòng shǒujī le. Nǐ zìjǐ hǎohāo fǎnxǐng fǎnxǐng ba.

아들아, 엄마가 너랑 얘기해야 할 일이 있는데, 이번 달 휴대전화 요금이 나왔는데, 얼마가 나왔는지 아니? 이번 달 네 휴대전화 요금은 나와 너의 아버지의 전화 요금을 합친 것보다 더 많이 나왔단다. 상세한 사용 내역을 조사해 보았는데, 친구들과 장시간 전화 통화, 인터넷 서핑, 게임 머니 구매. 이게 다 무슨 일이니? 설명 좀 해보렴. 너는 아직 학생인데, 이렇게 낭비하는 게 말이 되니? 엄마가 어떻게 마음을 놓을 수 있겠니? 우리 집은 부잣집도 아닌데, 네가 이렇게 낭비하는 것을 감당할 수 없어. 아빠와 엄마는 평소에 아껴 먹고 아껴 쓰면서, 가장 좋은 것을 너에게 남겨주고 있어. 그런데 오히려 너는 이렇게 소중히 여기지 않다니. 이 일을 만약 아버지께서 아시면, 매우 화내실 거야. 아마도 앞으로 다시는 휴대전화를 사용하지 못하게 하실지도 몰라. 스스로 잘 반성해 보거라.

단어   交 jiāo 图 내다, 제출하다 | 话费 huàfèi 명 통화 요금 | 猜 cāi 图 추측하다, 알아맞히다 | 花 huā 图 쓰다 | 浪费 làngfèi 图 낭비하다 | 精力 jīnglì 图 정력, 에너지 | 查 chá 图 조사하다 | 具体 jùtǐ 图 구체적이다 | 煲电话粥 bāo diànhuàzhōu 장시간 통화하다 | 解释 jiěshì 图 해명하다, 설명하다 | 铺张浪费 pūzhāng làngfèi 지나치게 꾸며서 낭비하다 | 像话 xiànghuà 图 이치에 맞다 | 大富大贵 dàfù dàguì 부자 | 经不起 jīng bu qǐ 견딜 수 없다 | 折腾 zhēteng 图 낭비하다, 괴로워하다 | 省吃俭用 shěng chī jiǎn yòng 아껴 먹고 아껴 쓰다, 절약해서 생활하다 | 珍惜 zhēnxī 图 소중히 여기다 | 反省 fǎnxǐng 图 반성하다

축하/위로/휴가 신청편

일반적으로 축하는 생일을 비롯해, 승진, 결혼, 출산, 대학 합격, 새로운 곳으로의 전학이나 이사 등의 상황이 주어진다. 사자성어로 대답하는 것이 비교적 좋다. 반대로 위로는 이별이나 실연, 순탄치 않은 업무, 승진 실패, 시험 탈락, 대학 불합격, 물건을 분실했을 때 등의 상황이 주어진다.

 핵심어휘로 내공 쌓기

축하	· 恭喜你呀！ Gōngxǐ nǐ ya! 정말 축하해! · 恭喜恭喜！ Gōngxǐ gōngxǐ! 축하합니다! · 我真为你开心！ Wǒ zhēn wèi nǐ kāixīn! 내가 다 기쁘다! · 为你骄傲/自豪。 Wèi nǐ jiāo'ào / zìháo. 네가 자랑스러워.
위로	· 是金子总会发光的。 Shì jīnzi zǒng huì fāguāng de. 금이라면 언젠가 빛날 것이다. · 你别伤心 / 担心 / 难过了。 Nǐ bié shāngxīn / dānxīn / nánguò le. 너무 상심하지 / 걱정하지 / 힘들어하지 마. · 有压力才会有动力。 Yǒu yālì cái huì yǒu dònglì. 스트레스가 있어야 비로소 원동력이 된다. · 留得青山在，不怕没柴烧。 Liú dé qīngshān zài, bú pà méi chái shāo. 푸르고 무성한 산이 있는 한, 땔나무 걱정은 없다. (근본이 착실하게 갖추어지면, 걱정할 필요가 없다.)
휴가신청	· 我生病了，需要在家休息。 Wǒ shēngbìng le, xūyào zài jiā xiūxi. 몸이 아파서 집에서 좀 쉬어야겠습니다. · 我想请一天假。 Wǒ xiǎng qǐng yì tiān jià. 저는 하루 휴가를 신청하고 싶습니다. · 我明天有事，不能来上班 / 公司 / 学校。 Wǒ míngtiān yǒu shì, bù néng lái shàngbān / gōngsī / xuéxiào. 저는 내일 일이 있어서, 출근하러 / 회사에 / 학교에 올 수 없습니다.

제
6
부
분

问题 1 ★

문제

(6-5-1)

你的朋友应该晋升的，可是没晋升，你会说些什么安慰他？

Nǐ de péngyou yīnggāi jìnshēng de, kěshì méi jìnshēng, nǐ huì shuō xiē shénme ānwèi tā?

당신의 친구가 마땅히 승진을 해야 하는데 하지 못했습니다. 당신은 무슨 말로 그를 위로하겠습니까?

답변요령

1. 위로와 격려의 말

① 너의 이야기를 들었어. 너무 낙담하지마.

② 금은 언젠가는 빛나게 되어 있어. 분발하자.

③ 너는 이렇게 젊은 나이에 큰 성과를 이루었으니 다음 번에 틀림없이 기회가 또 있을 거야.

답변 1

小李，你的事情我听说了，你别太难过，你还年轻，今后的路还很长。凡事想开点，别伤到身体，下次再接再厉！加油！

Xiǎo Lǐ, nǐ de shìqing wǒ tīngshuō le, nǐ bié tài nánguò, nǐ hái niánqīng, jīnhòu de lù hái hěn cháng. Fánshì xiǎngkāi diǎn, bié shāngdào shēntǐ, xiàcì zàijiē zàilì! Jiāyóu!

샤오리, 너의 상황은 모두 들었어. 너무 상심하지 마. 너는 아직 젊고 앞으로의 길이 더욱 많아. 모든 일에 생각을 넓게 가지고, 건강 해치지 말고, 앞으로의 일에 더욱 분발하자! 파이팅!

2

张伟，我听说你的事了，大家都很意外。你也别不开心了。我理解你现在的心情，但是你要相信自己的能力。你还这么年轻，就做出了很多同龄人没有的成绩。这次不成，我们争取下一次。我相信是金子总会发光的。

Zhāng Wěi, wǒ tīngshuō nǐ de shì le, dàjiā dōu hěn yìwài. Nǐ yě bié bù kāixīn le. Wǒ lǐjiě nǐ xiànzài de xīnqíng, dànshì nǐ yào xiāngxìn zìjǐ de nénglì. Nǐ hái zhème niánqīng, jiù zuòchū le hěn duō tónglíngrén méiyǒu de chéngjì. Zhè cì bù chéng, wǒmen zhēngqǔ xià yí cì. Wǒ xiāngxìn shì jīnzi zǒng huì fāguāng de.

장웨이, 네 얘기 들었어. 모두들 의외라고 생각하고 있어. 너도 너무 슬퍼하지 마. 나는 너의 지금 심정을 이해해. 하지만 너의 능력을 믿어야 해. 너는 아직 이렇게 젊고, 또래 사람들이 해내지 못한 성적을 거두었잖아. 이번에는 이루지 못했지만, 다음 기회를 노리자. 나는 인재는 언젠가 그 빛을 낼 것이라고 믿어.

3　俗话说"塞翁失马，焉知非福"。你知道吗？我听说这次晋升的人将被派到非洲去出差，而没晋升的可能被派到中国出差。去中国出差不是你期待已久的吗？而且你汉语也说得那么流利，去中国你会有很多施展才华的机会。想开点，你这么优秀，一定还会有机会的。你要相信自己的能力，一方面总结经验教训，一方面继续努力。是金子总会发光的，这次晋升的职位可能不是你擅长的领域，下次一定没问题。

Súhuà shuō "Sàiwēng shīmǎ, yānzhī fēifú". Nǐ zhīdào ma? Wǒ tīngshuō zhè cì jìnshēng de rén jiāng bèi pàidào fēizhōu qù chūchāi, ér méi jìnshēng de kěnéng bèi pàidào Zhōngguó chūchāi. Qù Zhōngguó chūchāi bú shì nǐ qīdài yǐjiǔ de ma? Érqiě nǐ Hànyǔ yě shuō de nàme liúlì, qù Zhōngguó nǐ huì yǒu hěn duō shīzhǎn cáihuá de jīhuì. Xiǎngkāi diǎn, nǐ zhème yōuxiù, yídìng hái huì yǒu jīhuì de. Nǐ yào xiāngxìn zìjǐ de nénglì, yì fāngmiàn zǒngjié jīngyàn jiàoxun, yì fāngmiàn jìxù nǔlì. Shì jīnzi zǒng huì fāguāng de, zhè cì jìnshēng de zhíwèi kěnéng bú shì nǐ shàncháng de lǐngyù, xiàcì yídìng méi wèntí.

속담에 '새옹이 말을 잃는다고 어찌 복이 아님을 알 수 있겠는가'라는 말이있어. 그거 아니? 이번에 승진한 사람이 아프리카로 파견을 가게 될 것이라고 들었어. 승진하지 못한 사람은 아마도 중국으로 파견되겠지. 중국에 파견가는 것은 네가 오랫동안 기대해 온 것이 아니니? 게다가 중국어 실력도 아주 유창하잖아. 중국에 가면 재능을 발휘할 기회가 많을 거야. 생각해 봐, 너는 이렇게 훌륭하니, 틀림없이 기회가 있을 거야. 자신의 능력을 믿어야해. 한편으로는 경험과 교훈을 모으고, 또 한편으로는 계속 노력하면 돼. 우수한 인재는 언제든 빛이 나게 되어 있어. 이번에 승진한 자리는 아마 네가 잘하는 영역이 아니었을 수 있어. 다음에는 분명 전혀 문제가 없을 거야.

단어　晋升 jìnshēng 동 승진하다 | 安慰 ānwèi 동 위로하다 | 凡事 fánshì 명 모든 일, 만사, 범사 | 想开 xiǎngkāi 동 생각을 넓게 갖다 | 再接再厉 zàijiēzàilì 성 한층 더 분발하다 | 意外 yìwài 형 의외이다, 뜻밖이다 | 同龄 tónglíng 동 나이가 같다 | 争取 zhēngqǔ 동 쟁취하다 | 是金子总会发光的 shì jīnzi zǒng huì fāguāng de 금이라면 언젠가 빛날 것이다 | 塞翁失马, 焉知非福 Sàiwēng shīmǎ, yānzhī fēifú 성 새옹지마 | 非洲 Fēizhōu 지명 아프리카 | 期待 qīdài 동 기대하다 | 流利 liúlì 형 유창하다 | 施展 shīzhǎn 동 발휘하다 | 才华 cáihuá 명 뛰어난 재능 | 总结 zǒngjié 동 총화하다,총괄하다 | 教训 jiàoxun 명 교훈 | 擅长 shàncháng 동 뛰어나다, 장기가 있다 | 领域 lǐngyù 명 영역

문제 你的弟弟今年上高三，下个月就要高考了，他
6-5-2 的压力非常大，你会怎么安慰他?

Nǐ de dìdi jīnnián shàng gāosān, xià ge yuè jiùyào
gāokǎo le, tā de yālì fēicháng dà, nǐ huì zěnme
ānwèi tā?

당신의 남동생은 올해 고3입니다. 다음달에 곧 대입 시
험인데, 그의 스트레스가 너무 큽니다. 어떻게 동생을
위로하겠습니까?

1. 동생 위로
① 너의 기분을 이해할 수 있어. 하지만 스트레스를 해소하는 법도 알아야 해. 그렇지 않으면 몸 상해.

② 누나는 경험자잖아. 스트레스 받을 때 나와 이야기 해도 돼.

③ 스트레스가 쌓이면 나가서 좀 뛰어. 그러면 기분도 전환돼.

답변

1. 弟弟，我看你最近比较焦虑，我非常理解你现在的心情。心放宽点儿，像平时
对待模拟考试一样就行了。

Dìdi, wǒ kàn nǐ zuìjìn bǐjiào jiāolǜ, wǒ fēicháng lǐjiě nǐ xiànzài de xīnqíng. Xīn fàngkuān diǎnr, xiàng
píngshí duìdài mónǐ kǎoshì yíyàng jiù xíng le.

동생아, 너 요즘 많이 걱정하고 있는 것 같아. 지금 너의 마음이 어떨지 잘 알아. 마음을 느
긋하게 먹고, 평소 모의고사처럼 대하면 돼.

2. 有压力才会有动力。如果你想把事情做好，那就一定更要随时保持良好的身体
和精神状态。给自己太大压力的话，不仅不会对你要做的事有帮助，反而会影
响你的正常判断。再换句话说，万一你累倒了，那就什么事也做不了了。

Yǒu yālì cái huì yǒu dònglì. Rúguǒ nǐ xiǎng bǎ shìqing zuòhǎo, nà jiù yídìng gèng yào suíshí
bǎochí liánghǎo de shēntǐ hé jīngshen zhuàngtài. Gěi zìjǐ tài dà yālì de huà, bùjǐn bú huì duì nǐ yào
zuò de shì yǒu bāngzhù, fǎn'ér huì yǐngxiǎng nǐ de zhèngcháng pànduàn. Zài huàn jùhuà shuō,
wànyī nǐ lèidǎo le, nà jiù shénme shì yě zuò buliǎo le.

스트레스가 있어야 그것이 또 동기 부여가 될 거야. 만약 네가 일을 잘하고 싶다면, 반드시 늘 건강한 신체와 정신 상태를 유지해야 해. 자신에게 너무 많은 스트레스를 주면, 네가 해야 할 일에 도움이 안 될 뿐 아니라 오히려 정상적 판단에도 영향을 미칠 수 있어. 다시 말해, 만약 네가 지쳐 쓰러지면, 아무 일도 할 수 없게 돼.

3   不管什么时候，压力太大，就会容易把人压倒，压垮。所以，一定要适当地放松，不能总是太紧张。俗话说：车到山前必有路，船到桥头自然直。不要给自己太大的压力。不管什么事，总会有办法解决的。我相信你的能力，你也要相信自己。不管什么时候，你的身边都会有家人，有朋友。所以，不要把所有的事都自己扛在身上，要学会跟身边的人分享，学会倾诉。此外，不管你做得好也罢，坏也罢，大家都不会责怪你的。你还年轻，还有很长的路要走，就把所有的经历都当成是一种经验的积累吧。

Bùguǎn shénme shíhou, yālì tài dà, jiù huì róngyì bǎ rén yādǎo, yākuǎ. Suǒyǐ, yídìng yào shìdàng de fàngsōng, bù néng zǒngshì tài jǐnzhāng. Súhuà shuō: chē dào shānqián bì yǒu lù, chuán dào qiáotóu zìrán zhí. Bú yào gěi zìjǐ tài dà de yālì. Bùguǎn shénme shì, zǒng huì yǒu bànfǎ jiějué de. Wǒ xiāngxìn nǐ de nénglì, nǐ yě yào xiāngxìn zìjǐ. Bùguǎn shénme shíhou, nǐ de shēnbiān dōu huì yǒu jiārén, yǒu péngyou. Suǒyǐ, bú yào bǎ suǒyǒu de shì dōu zìjǐ káng zài shēn shàng, yào xuéhuì gēn shēnbiān de rén fēnxiǎng, xuéhuì qīngsù. Cǐwài, bùguǎn nǐ zuò de hǎo yěbà, huài yěbà, dàjiā dōu bú huì zéguài nǐ de. Nǐ hái niánqīng, háiyǒu hěn cháng de lù yào zǒu, jiù bǎ suǒyǒu de jīnglì dōu dāngchéng shì yì zhǒng jīngyàn de jīlěi ba.

언제든지 스트레스가 너무 많으면 사람이 쉽게 억눌리고, 좌절할 수 있어. 그러므로 반드시 적당히 긴장을 늦춰야 하고, 늘 너무 긴장하고 있으면 안 돼. 속담에 차가 산 앞에 오면 반드시 길이 있고, 배가 어귀에 오면 자연히 바로 돌려진다고 했어. 자신에게 너무 큰 스트레스를 주지 마. 무슨 일이 있더라도 해결할 방법이 있는 법이야. 나는 너의 능력을 믿어, 너도 너를 믿어 봐. 언제든 네 곁에는 가족이 있고 친구가 있을 거야. 그러니 모든 일을 혼자 짊어지지 말고 주변 사람들과 나누고 털어놓을 줄 알아야 해. 또 네가 잘하든지 못하든지 사람들은 너를 탓하지 않을 거야. 너는 아직 젊고, 아직 갈 길이 머니간 모든 과정을 경험을 쌓을 수 있는 과정으로 여기자.

단어   高考 gāokǎo 명 대학 입학 시험 | 压力 yālì 명 스트레스, 압박 | 焦虑 jiāolǜ 통 마음을 졸이다, 애타게 걱정하다 | 放宽 fàngkuān 통 (마음을)느긋하게 가지다 | 对待 duìdài 통 다루다, 대응하다 | 模拟考试 mónǐ kǎoshì 통 모의고사를 치다 | 动力 dònglì 명 동력 | 状态 zhuàngtài 명 상태 | 判断 pànduàn 통 판단하다 | 换句话 说 huàn jùhuà shuō 다시 말하면 | 累倒 lèidǎo 통 지쳐 쓰러지다 | 压倒 yādǎo 통 압도하다 | 压垮 yākuǎ 통 압박하여 좌절시키다 | 车到山前必有路，船到桥头自然直 chē dào shānqián bì yǒu lù, chuán dào qiáotóu zìrán zhí 고난과 역경에 맞닥뜨려도 자연스레 해결 방법이 생긴다 | 扛 káng 통 어깨에 메다, (책임, 임무 따위를) 짊어지다 | 分享 fēnxiǎng 통 함께 나누다 | 倾诉 qīngsù 통 다 털어놓다 | ……也罢，……也罢 yěbà……yěbà ~이든 ~이든 | 责怪 zéguài 통 책망하다 | 积累 jīlěi 통 누적하다, 축적하다

问题 3

문제

🎧6-5-3

妹妹今年大学毕业，即将参加工作，她希望你
能给她一些好的建议和忠告。

Mèimei jīnnián dàxué bìyè, jíjiāng cānjiā gōngzuò,
tā xīwàng nǐ néng gěi tā yìxiē hǎo de jiànyì hé
zhōnggào.

여동생이 올해 대학을 졸업하고, 곧 사회에 나가 일하
게 되었습니다. 그녀는 당신이 그녀에게 좋은 제안과
조언을 해줄 것을 원하고 있습니다.

답변요령

1. 직장 생활에 대한 조언

① 경험자로서 내가 몇 가지 제안을 해 줄게.

② 반드시 말은 적게 하고, 일은 많이 해야 해.

③ 사장님이 준 업무는 가능한 미리 끝내도록 해.

답변

1 妹妹，恭喜你顺利毕业，真心为你感到高兴，作为姐姐，想给你一些建议。进
公司后，一定要多做事，少说话，多向前辈虚心请教。

Mèimei, gōngxǐ nǐ shùnlì bìyè, zhēnxīn wèi nǐ gǎndào gāoxìng, zuòwéi jiějie, xiǎng gěi nǐ yìxiē
jiànyì. Jìn gōngsī hòu, yídìng yào duō zuò shì, shǎo shuō huà, duō xiàng qiánbèi xūxīn qǐngjiào.

동생아, 무사히 졸업하는 것을 축하해. 정말 내가 다 기쁘구나. 언니로서 너에게 한 가지
조언을 해주고 싶어. 회사에 들어간 후에 꼭 일은 많이 하고, 말은 적게 하고, 선배에게 겸
손한 마음으로 많이 배워.

2 恭喜你终于毕业了，还找到了满意的工作！妈妈一定开心极了吧？我也由衷地
为你高兴。作为姐姐，想给你一些建议，希望你能作为参考。刚上班的第一
年，你可能会有很多困惑，不知道工作是不是适合自己，这是每个人都会经历
的阶段。很多人会在这个时候放弃。可是姐姐希望你不要那么轻易放弃，而是
坚持一年以后再做决定。

| 일단 합격 TSC 한권이면 끝

Gōngxǐ nǐ zhōngyú bìyè le, hái zhǎodào le mǎnyì de gōngzuò! Māma yídìng kāixīn jí le ba? Wǒ yě yóuzhōng de wèi nǐ gāoxìng. Zuòwéi jiějie, xiǎng gěi nǐ yìxiē jiànyì, xīwàng nǐ néng zuò wéi cānkǎo. Gāng shàngbān de dì yī nián, nǐ kěnéng huì yǒu hěn duō kùnhuò, bù zhīdào gōngzuò shì bú shì shìhé zìjǐ, zhè shì měi ge rén dōu huì jīnglì de jiēduàn. Hěn duō rén huì zài zhè ge shíhou fàngqì. Kěshì jiějie xīwàng nǐ bú yào nàme qīngyì fàngqì, érshì jiānchí yì nián yǐhòu zài zuò juédìng.

축하해, 드디어 졸업이구나. 게다가 만족스러운 직장도 찾고! 엄마는 틀림없이 기뻐하셨지? 나도 진심으로 기뻐. 언니로서 너에게 조언을 해주고 싶은데, 참고가 되길 바랄게. 막 출근한 첫해에는 많은 어려움을 겪을 거야. 일이 자신에게 적합한지 아닌지도 모를 거고, 이는 모든 사람들이 겪는 단계야. 많은 사람들은 이때에 포기하지. 그러나 언니는 네가 그렇게 쉽게 포기하지 말고 1년을 버텨보고 나서 다시 결정했으면 좋겠어.

3 亲爱的妹妹！恭喜恭喜！听说你找到工作了！我真为你感到骄傲！在这里我想给你提几个重要的建议：第一年参加工作，可能前几个月你是非常兴奋的，每天神清气爽，精神抖擞。可是过了几个月你开始觉得问题来了。比如，工作有很多压力啦，上班不如上学自由啦，不知道工作是不是合适自己啦，加班太多啦等等。这是每个人在开始参加工作的前几年里都会出现的问题，这就是从学生到上班族，从学校走入社会的过渡阶段。希望你能有所准备，不要因为问题的出现而轻易放弃。

Qīn'ài de mèimei! Gōngxǐ gōngxǐ! Tīngshuō nǐ zhǎodào gōngzuò le! Wǒ zhēn wèi nǐ gǎndào jiāo'ào! Zài zhèlǐ wǒ xiǎng gěi nǐ tí jǐ ge zhòngyào de jiànyì: dì yī nián cānjiā gōngzuò, kěnéng qián jǐ ge yuè nǐ shì fēicháng xìngfèn de, měitiān shénqīng qìshuǎng, jīngshen dǒusǒu. Kěshì guò le jǐ ge yuè nǐ kāishǐ juéde wèntí lái le. Bǐrú, gōngzuò yǒu hěn duō yālì la, shàngbān bùrú shàngxué zìyóu la, bù zhīdào gōngzuò shì bú shì héshì zìjǐ la, jiābān tài duō la děngděng. Zhè shì měi ge rén zài kāishǐ cānjiā gōngzuò de qián jǐ nián lǐ dōu huì chūxiàn de wèntí, zhè jiù shì cóng xuésheng dào shàngbānzú, cóng xuéxiào zǒurù shèhuì de guòdù jiēduàn. Xīwàng nǐ néng yǒu suǒ zhǔnbèi, bú yào yīnwèi wèntí de chūxiàn ér qīngyì fàngqì.

사랑하는 여동생아! 축하한다! 듣자니 직장을 구했다며! 나는 네가 정말 자랑스러워! 그리고 이참에 여기서 너한테 몇 가지 중요한 조언을 해주고 싶어. 일하는 첫해에, 처음 몇 달은 아마 매우 흥분되어서 기분이 상쾌하고, 활력이 넘칠 거야. 그러나 몇 달이 지나고 나면 문제를 느끼기 시작할 거야. 예를 들어, 일하는 데 스트레스가 많다거나, 출근하는 것이 학교 다닐 때만큼 자유롭지 않다던가, 업무가 나에게 맞는지 안 맞는지 모르겠다던가, 야근이 너무 많다던가 등등. 하지만 이것은 모든 사람이 일을 시작하면서 처음 몇 년간 맞닥뜨리게 되는 문제야. 이건 바로 학생에서 직장인이 되고, 학교에서 사회로 진입하면서 생기는 과도기이기 때문이야. 언니는 네가 준비된 바가 있었으면 해. 문제가 생긴다고 쉽게 포기해서는 안 돼.

단어 即将 jíjiāng 閉 곧, 머지않아 | 建议 jiànyì 閉 건의, 제안 | 忠告 zhōnggào 閉 충고 | 恭喜 gōngxǐ 축하하다 | 顺利 shùnlì 閉 순조롭다 | 终于 zhōngyú 閉 마침내 | 由衷 yóuzhōng 閉 진심에서 우러나오다 | 参考 cānkǎo 閉 참고하다 | 困惑 kùnhuò 閉 당혹스럽다 | 经历 jīnglì 閉 겪다 | 阶段 jiēduàn 閉 단계 | 放弃 fàngqì 閉 포기하다 | 骄傲 jiāo'ào 閉 자랑스럽다 | 参加 cānjiā 閉 참가하다 | 兴奋 xìngfèn 閉 흥분하다 | 神清气爽 shénqīng qìshuǎng 기분이 상쾌하다 | 精神抖擞 jīngshen dǒusǒu 혈기왕성하다 | 上班族 shàngbānzú 閉 직장인 | 过渡阶段 guòdù jiēduàn 과도기 | 轻易 qīngyì 閉 쉽사리

问题 4 ★

문제 你的同事生病了，却还坚持工作，你会如何和他说？

Nǐ de tóngshì shēngbìng le, què hái jiānchí gōngzuò, nǐ huì rúhé hé tā shuō?

당신의 동료가 병이 났는데도, 계속 출근해서 일합니다. 그에게 어떻게 말하겠습니까?

답변요령

1. 동료의 건강을 염려하는 내용

① 신체는 혁명의 근원이야. 너는 휴식을 취해야 해.

② 너는 너무 일을 열심히 해. 이렇게 하면 몸을 망가뜨릴 수 있어. 아프면 집에 가서 쉬는 것이 나을 거야.

③ 이렇게 아픈데 어떻게 계속 일을 하니?

답변 1 小王，我觉得你还需要在家多休息几天，你的脸色还是不太好。你的工作我来帮你做，你不要太担心。你要记住，身体才是最重要的！

Xiǎo Wáng, wǒ juéde nǐ hái xūyào zài jiā duō xiūxi jǐ tiān, nǐ de liǎnsè háishi bú tài hǎo. Nǐ de gōngzuò wǒ lái bāng nǐ zuò, nǐ bú yào tài dānxīn. Nǐ yào jìzhù, shēntǐ cái shì zuì zhòngyào de!

샤오왕, 내 생각에 너는 집에서 며칠 더 쉬어야 할 것 같아. 안색이 아직도 안 좋아. 너의 일은 내가 도와서 해줄테니, 너무 걱정하지 말고. 기억해, 건강이야말로 가장 중요한 것이야!

2 我听说你生病了，却还一直坚持工作。说实话，我有点儿担心你，你有什么工作，我可以帮你分担。你不要和我客气，我们是同事嘛！应该互相关心，互相帮助。以后我生病了，说不定也需要你的照顾呢。下午我和老板说一下，你的工作我来做，你放心回家休息吧。有重要的事情我会打电话给你。

Wǒ tīngshuō nǐ shēngbìng le, què hái yìzhí jiānchí gōngzuò. Shuō shíhuà, wǒ yǒudiǎnr dānxīn nǐ, nǐ yǒu shénme gōngzuò, wǒ kěyǐ bāng nǐ fēndān. Nǐ bú yào hé wǒ kèqi, wǒmen shì tóngshì ma! Yīnggāi hùxiāng guānxīn, hùxiāng bāngzhù. Yǐhòu wǒ shēngbìng le, shuō bu dìng yě xūyào nǐ de zhàogù ne. Xiàwǔ wǒ hé lǎobǎn shuō yíxià, nǐ de gōngzuò wǒ lái zuò, nǐ fàngxīn huíjiā xiūxi ba. Yǒu zhòngyào de shìqing wǒ huì dǎ diànhuà gěi nǐ.

나는 네가 병이 났는데도, 여전히 일을 하고 있다고 들었어. 솔직히 말해서, 나는 좀 걱정스러워. 네가 맡은 일은 내가 너를 도와 분담할 수 있어. 사양하지 마. 우리는 동료잖아! 서로 관심을 가지고 서로 도와야 해. 나중에 내가 병이 나면, 아마 너의 보살핌이 필요할지도 몰라. 오후에 사장님과 상의해 보고, 네 일을 내가 하는 것으로 할테니, 넌 마음 놓고 집에 가서 쉬어. 중요한 일이 있으면 내가 전화할게.

3 小王，你看你都病成这个样子了，还在坚持工作。你不要命了吗？你快回家休息吧。俗话说："身体是革命的本钱。"，"留得青山在，不怕没柴烧。"我说你也别太拼命了，别因为一时的争强好胜，给身体健康带来更大的伤害就不好了。我看你脸色特别不好。你具体哪里不舒服呢？你吃药了没有？要不要我陪你去医院看一下？工作上，最近其实没有什么特别要紧的事，大多数任务我和其他同事也可以帮你分担。你呢，就安心先把病养好，所有的事情你就放心交给我们吧。

Xiǎo Wáng, nǐ kàn nǐ dōu bìngchéng zhè ge yàngzi le, hái zài jiānchí gōngzuò. Nǐ búyàomìng le ma? Nǐ kuài huíjiā xiūxi ba. Súhuà shuō: "shēntǐ shì gémìng de běnqián.", "liú dé qīngshān zài, bú pà méi chái shāo." Wǒ shuō nǐ yě bié tài pīnmìng le, bié yīnwèi yìshí de zhēngqiáng hàoshèng, gěi shēntǐ jiànkāng dàilái gèng dà de shānghài jiù bù hǎo le. Wǒ kàn nǐ liǎnsè tèbié bù hǎo. Nǐ jùtǐ nǎlǐ bù shūfu ne? Nǐ chī yào le méiyǒu? Yào bu yào wǒ péi nǐ qù yīyuàn kàn yíxià? Gōngzuò shàng, zuìjìn qíshí méiyǒu shénme tèbié yàojǐn de shì, dàduōshù rènwu wǒ hé qítā tóngshì yě kěyǐ bāng nǐ fēndān. Nǐ ne, jiù ānxīn xiān bǎ bìng yǎng hǎo, suǒyǒu de shìqing nǐ jiù fàngxīn jiāo gěi wǒmen ba.

샤오왕, 너 병이 나서 이런데, 아직도 계속 일을 하겠다고. 너 죽으려고 환장했니? 빨리 집에 가서 쉬어. 속담에 '몸은 혁명의 밑천이다', '푸른 산이 남아있는 한, 땔감 걱정은 하지 않는다.' 라는 말이 있어. 너도 너무 목숨 걸지 마. 한때의 승부욕 때문에 건강에 더 큰 문제가 생기게 되면 안 돼. 내가 보니 네 안색이 많이 안 좋은데, 구체적으로 어디가 불편하니? 약은 먹었니? 내가 병원에 같이 한번 가줄까? 업무상, 요즘에는 사실 특별히 급한 일은 없어. 대부분의 업무는 나와 동료들이 너를 도와 분담할 수 있어. 일단 안심하고, 병부터 낫도록 하자. 모든 일은 걱정 말고 우리에게 넘기도록 해.

단어 坚持 jiānchí 통 견지하다, 고수하다 | 脸色 liǎnsè 명 안색 | 说实话 shuō shíhuà 진실한 말, 정말 | 担心 dānxīn 통 걱정하다 | 分担 fēndān 통 분담하다 | 客气 kèqi 통 정중하다, 예의가 바르다 | 互相 hùxiāng 부 서로, 상호 | 关心 guānxīn 통 관심을 갖다 | 照顾 zhàogù 통 보살피다 | 不要命 búyàomìng 목숨을 아끼지 않다 | 俗话 súhuà 명 속담 | 拼命 pīnmìng 통 목숨을 내던지다, 필사적으로 하다 | 争强好胜 zhēngqiáng hàoshèng 성 승부욕이 강하다 | 伤害 shānghài 통 손상시키다 | 陪 péi 통 모시다, 동반하다 | 要紧 yàojǐn 형 중요하다 | 放心 fàngxīn 통 마음을 놓다

问题 5 ★

[문제] 你生病的时候，你应该如何向你的老板请假？

🎧 6-5-5 Nǐ shēngbìng de shíhou, nǐ yīnggāi rúhé xiàng nǐ de lǎobǎn qǐngjià?

당신이 병이 났을 때, 어떻게 당신의 사장에게 휴가를 신청해야 하겠습니까?

1. 휴가 신청 이유

① 저는 아침부터 매우 아픕니다. 어제 뭘 잘못 먹었는지 모르겠지만 하루 병가를 내고 싶은데, 괜찮을까요?

② 업무에 관한 것은 이미 대리님께 전달드렸습니다. 그래서 내일 회의에 참석하지 않아도 문제가 생기지 않을 것입니다.

③ 저는 갑자기 배가 불편해서 아파 죽겠습니다. 반차를 써도 될까요?

[답변] 1 李部长，真不好意思，我生病了。从昨天开始头疼、恶心，一宿没睡好。我今天想去医院看一下，所以想和您请一天假。您看可以吗？

Lǐ bùzhǎng, zhēn bùhǎoyìsi, wǒ shēngbìng le. Cóng zuótiān kāishǐ tóuténg、ěxin, yì xiǔ méi shuì hǎo. Wǒ jīntiān xiǎng qù yīyuàn kàn yíxià, suǒyǐ xiǎng hé nín qǐng yì tiān jià. Nín kàn kěyǐ ma?

이 부장님, 정말 죄송한데 제가 병이 났습니다. 어제부터 머리가 아프고, 속이 안 좋고, 밤새 잠을 못 잤습니다. 오늘 병원에 가보려고 하루 휴가를 내고 싶은데 괜찮으시겠습니까？

2 老板，真不好意思。我今天生病了，可能没办法去上班了，我今天早晨起来就胃疼，拉肚子，还有点儿发烧。我想我可能昨天吃错了东西，得了肠胃炎。一会儿我得先去医院看医生，所以我想和您请一天假。如果下午我觉得好一点儿了，我马上就回去上班。我知道最近公司工作挺忙的，真是非常对不起。

Lǎobǎn, zhēn bùhǎoyìsi. Wǒ jīntiān shēngbìng le, kěnéng méi bànfǎ qù shàngbān le, wǒ jīntiān zǎochen qǐlái jiù wèiténg, lā dùzi, hái yǒudiǎnr fāshāo. Wǒ xiǎng wǒ kěnéng zuótiān chīcuò le dōngxi, dé le chángwèiyán. Yíhuìr wǒ děi xiān qù yīyuàn kàn yīshēng, suǒyǐ wǒ xiǎng hé nín qǐng yì tiān jià. Rúguǒ xiàwǔ wǒ juéde hǎo yìdiǎnr le, wǒ mǎshàng jiù huíqù shàngbān. Wǒ zhīdào zuìjìn gōngsī gōngzuò tǐng máng de, zhēnshì fēicháng duìbuqǐ.

사장님, 정말 죄송합니다. 저는 오늘 병이 나서, 출근할 수 없을 것 같습니다. 오늘 아침에 일어났는데, 위가 아프고 설사를 했습니다. 또 약간 열이 있습니다. 제 생각에는, 어제 음식을 잘못 먹어서 장염에 걸린 것 같습니다. 조금 이따가 먼저 병원에 가서 진찰을 받아봐야 할 것 같습니다. 그래서 오늘 하루 휴가를 신청하고 싶습니다. 만약 오후에 좀 괜찮아지면, 바로 돌아가 출근하도록 하겠습니다. 요즘 회사일이 많이 바쁘다는 걸 알고 있습니다. 정말 죄송합니다.

3　李总，我是小张。这么一大早儿就给您打电话打扰您，真不好意思啊。 是这样的，我想和您请个病假。我生病了，这个星期开始我一直感冒，然后现在又发高烧了。我已经吃了药了，但是好像没有什么效果，我想我今天必须得去医院打针了，然后下午在家休息。我也希望能快点儿好起来。工作上的事情，我一会儿会打个电话给丽丽，请她帮我处理一下要紧的业务。还有您昨天发给我的文件，下午或者晚上如果我的身体好一点儿了，我会尽快做完，不会耽误您后天出差的。我一定会尽量处理好，您不必担心。还有非常感谢您的体谅。

Lǐ zǒng, wǒ shì Xiǎo Zhāng. Zhème yí dà zǎor jiù gěi nín dǎ diànhuà dǎrǎo nín, zhēn bùhǎoyìsi a. Shì zhèyàng de, wǒ xiǎng hé nín qǐng ge bìngjià. Wǒ shēngbìng le, zhè ge xīngqī kāishǐ wǒ yìzhí gǎnmào, ránhòu xiànzài yòu fā gāoshāo le. Wǒ yǐjīng chī le yào le, dànshì hǎoxiàng méiyǒu shénme xiàoguǒ, wǒ xiǎng wǒ jīntiān bìxū děi qù yīyuàn dǎzhēn le, ránhòu xiàwǔ zài jiā xiūxi. Wǒ yě xīwàng néng kuài diǎnr hǎo qǐlai. Gōngzuò shàng de shìqing, wǒ yíhuìr huì dǎ ge diànhuà gěi Lìlì, qǐng tā bāng wǒ chǔlǐ yíxià yàojǐn de yèwù. Háiyǒu nín zuótiān fā gěi wǒ de wénjiàn, xiàwǔ huòzhě wǎnshang rúguǒ wǒ de shēntǐ hǎo yìdiǎnr le, wǒ huì jǐnkuài zuò wán, bú huì dānwu nín hòutiān chūchāi de. Wǒ yídìng huì jǐnliàng chǔlǐ hǎo, nín búbì dānxīn. Háiyǒu fēicháng gǎnxiè nín de tǐliàng.

이 대표님, 저는 샤오장입니다. 이렇게 이른 아침부터 전화로 번거롭게 해드려 죄송합니다. 실은 병가를 내려고 합니다. 제가 좀 아픕니다. 이번 주부터 시작해서 계속 감기를 앓고 있고, 지금은 고열이 있습니다. 벌써 약을 먹었지만 별로 효과가 없는 것 같습니다. 오늘 꼭 병원에 가서 주사를 맞고 오후에 집에서 쉬어야 할 것 같습니다. 저도 빨리 좋아졌으면 좋겠습니다. 업무상의 일은 이따 리리에게 전화하겠습니다. 그녀에게 중요한 업무를 좀 처리해달라고 부탁하겠습니다. 그리고 어제 제게 보내신 파일은 오후나 아니면 저녁에 몸이 조금 괜찮아지면 최대한 빨리 완성해서, 모레 출장가시는 데 지장을 드리지 않도록 하겠습니다. 최대한 빨리 처리하겠습니다. 걱정하지 않으셔도 됩니다. 그리고 양해해 주셔서 너무 감사드립니다.

제 **6** 부분

단어　请假 qǐngjià 图 휴가를 신청하다 | 头疼 tóuténg 뎡 두통 휑 머리가 아프다 | 恶心 ěxin 구역질이 나다 | 一宿没睡 yì xiǔ méi shuì 밤새 자지 못하다 | 拉肚子 lā dùzi 설사하다 | 发烧 fāshāo 열이 나다 | 吃错东西 chīcuò dōngxi 음식을 잘못 먹다 | 肠胃炎 chángwèiyán 뎡 장염 | 打扰 dǎrǎo 图 방해하다, 폐를 끼치다 | 病假 bìngjià 뎡 병가 | 感冒 gǎnmào 图 감기에 걸리다 | 效果 xiàoguǒ 뎡 효과 | 必须 bìxū 븓 반드시 ~해야 한다 | 打针 dǎzhēn 图 주사를 맞다 | 处理 chǔlǐ 图 처리하다 | 业务 yèwù 뎡 업무, 일 | 文件 wénjiàn 뎡 문건, (전자)파일 | 要紧 yàojǐn 휑 중요하다 | 尽快 jǐnkuài 븓 되도록 빨리 | 耽误 dānwu 图 시간을 허비하다, 지체하다 | 体谅 tǐliàng 图 알아주다, 양해하다

다음의 제6부분 문제를 풀어보세요.

问题 1 你们部门的领导住院了，请把这个消息转给大家。

问题 2 你刚买了电视，但是回家后发现电视上有划痕，不是新的，给商店打电话并要求解决。

问题 3 你的朋友最近失恋了，作为朋友你会怎么安慰他?

问题 4 本来说好周末的时候和朋友聚会，但是由于父母来学校看你，所以要陪父母。请你拒绝你的朋友。

问题 5 你的朋友最近因为每天加班感到很辛苦。请你安慰他，并且帮他定出周末的休息计划。

(30秒)　　　提示音 _____ (40秒)　　　　　结束。

MEMO

第七部分 看图说话
그림 보고 이야기하기

第七部分：看图说话

在这部分考试中，你将看到四幅连续的图片。请你根据图片的内容讲述一个完整的故事。请认真看下列四幅图片。(30秒)

现在请根据图片的内容讲述故事，请尽量完整、详细。讲述时间是90秒。请听到提示音之后开始回答。

제7부분: 그림 보고 이야기하기

이 부분에서는 네 개의 연속된 그림을 보게 됩니다. 그림의 내용에 근거하여 하나의 완전한 이야기를 진술해보십시오. 다음 네 개의 그림을 자세히 보십시오. (30초)

이제 그림의 내용에 근거하여 이야기를 진술해주십시오. 최대한 완전하고 자세하게 이야기해주십시오. 진술시간은 90초입니다. 제시음을 듣고 대답해주십시오.

제7부분	
준비시간	30초
답변시간	90초
문항수	1문항
문제유형	그림 보고 이야기하기
난이도	상

제7부분은 '看图说话(그림 보고 이야기하기)'로 1문제가 출제된다. 연속된 내용의 그림 네 개가 제시되고, 이 그림의 내용을 완전한 이야기로 구성하는 문제이다. 보통 제3자의 입장에서 설명하면 된다. 그림으로 제시되는 내용은 그야말로 광범위하다. 일상생활, 일, 여행, 데이트, 쇼핑 등 따로 정해져 있지 않으며, 모든 생활 속에서 벌어질 수 있는 어떤 장면이 문제로 출제된다고 생각하면 된다. 제7부분 문제의 특징이 있다면 내용에 반전이 있는 문제가 많다는 점이다. 예를 들면, 자신의 생일에 갑자기 일이 많아져 불평을 하며 야근을 하는데, 밤에 동료들이 케이크를 들고 와서 깜짝 파티를 해준다는 등의 내용이 있다. 따라서 반전되는 상황에 따라 기분이 좋아진다든가, 화가 난다든가, 감동을 한다든가 등의 내용으로 마무리가 되는 문제가 많다. 그림이 제시되면 30초 동안 말할 내용을 준비했다가, 90초 동안 설명을 하면 된다.

대답하는 요령은 첫째, 제3자의 입장에서 설명한다. 그림1에서 4까지 주어 혹은 호칭 등을 헷갈리지 않고 일관되게 말해야 하며, 그림의 내용을 모르는 사람도 이해할 수 있도록 설명해야 한다. 둘째, 일반적으로 시간, 장소, 인물, 원인, 사건의 경과, 결과 등의 순서로 서술한다. 조리있게 설명해야 하며, 접속사와 시간사 등을 적절하게 사용하여 앞뒤 문장을 매끄럽게 연결하도록 한다. 셋째, 그림에 있는 내용을 기본으로 말하고 추가로 상상력을 발휘하여 스토리를 구성한다. 즉 그림에 근거하여 설득력 있는 내용으로 상상을 더하여 이야기를 구성하여 말하면 된다. 넷째, 큰 소리로 말하고, 감정을 풍부하게 표현한다.

제7부분에서 주의해야 할 점은 먼저, 4개의 그림을 모두 설명해야 한다는 점이다. 하나라도 빠뜨리지 않도록 주의해야 한다. 또한 그림에 없거나 관련이 없는 이야기는 하지 않도록 주의해야 한다. 중국어 초급자는 가능한 간단하게 설명하고, 문법이 틀릴 수 있으니 문장에 수식을 많이 사용하지 않는 게 좋다.

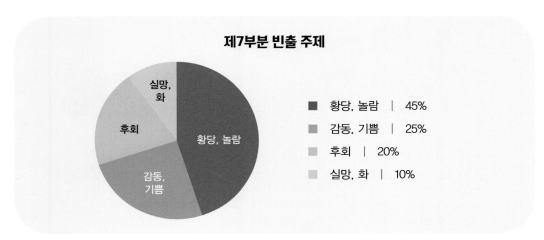

제7부분 빈출 주제

실망, 화
후회
황당, 놀람
감동, 기쁨

- 황당, 놀람 | 45%
- 감동, 기쁨 | 25%
- 후회 | 20%
- 실망, 화 | 10%

오해편(화/후회 등)

이 부분의 문제는 두 가지 종류의 이야기가 있다. 좋은 의도로 하려 했던 일이 어떤 이유로 인해 좋지 않은 결과를 낳게 되어 누군가를 화나게 하는 문제가 있고, 어떤 상황에 대해서 오해를 했다가 나중에 후회를 하게 되는 문제가 있다. 따라서 일반적으로 그림3, 4에서 그림1, 2의 내용과 전환되는 말을 하게 된다. 이렇게 내용의 전환을 이야기할 때, '突然(갑자기)', '惊讶地发现(발견하고 소스라치게 놀라다)', '原来是(알고 보니 ~이다)' 등의 말을 쓸 수 있고, 뒤에 '很生气(화가 난다)', '真后悔(정말 후회된다)', '我真不好意思(정말 미안하다)' 등의 감정을 나타내는 말을 덧붙일 수 있다.

问题 1 7-1-1

❶ 빵집에서 손님이 계산대에서 계산을 하고 있고, 가방을 멘 한 아이가 빵을 보고 있다.
❷ 쟁반 위에 있던 빵이 보이지 않고, 마침 아이는 빵집을 나가려고 한다. 종업원은 빵이 없어진 걸 알고는 아이를 의심하며, 화난 표정으로 아이의 가방을 확인하려고 한다.
❸ 가방을 확인해보니 가방 안에 빵은 없고 장난감만 들어 있어서 종업원은 미안해 한다.
❹ 종업원과 아이는 빵집 구석에 있는 고양이가 없어진 줄 알았던 그 빵을 먹고 있는 걸 발견한다.

1 ❶ 面包店里，一位客人买完面包正在结账，有一个背着书包的孩子正在买面包。

Miànbāodiàn lǐ, yí wèi kèrén mǎiwán miànbāo zhèngzài jiézhàng, yǒu yí ge bēizhe shūbāo de háizi zhèngzài mǎi miànbāo.

빵집에서 한 손님이 빵을 사서 계산을 하고 있었고, 책가방을 멘 아이 하나도 빵을 사고 있었습니다.

❷ 服务员突然发现一盘面包没有了，这时孩子正要出去。于是服务员怀疑孩子拿走了面包，要检查孩子的书包。

Fúwùyuán tūrán fāxiàn yì pán miànbāo méiyǒu le, zhèshí háizi zhèng yào chūqù. Yúshì fúwùyuán huáiyí háizi názǒu le miànbāo, yào jiǎnchá háizi de shūbāo.

종업원은 문득 빵 한 접시가 없어진 것을 발견했는데, 이때 아이가 막 밖으로 나가려고 했습니다. 그래서 종업원은 아이가 빵을 가져갔다고 의심하고, 아이의 책가방을 살펴보려고 했습니다.

❸ 服务员检查了好几遍，发现书包里只有玩具，根本没有面包。服务员觉得错怪了孩子，所以很不好意思。

Fúwùyuán jiǎnchá le hǎo jǐ biàn, fāxiàn shūbāo lǐ zhǐ yǒu wánjù, gēnběn méiyǒu miànbāo. Fúwùyuán juéde cuòguài le háizi, suǒyǐ hěn bùhǎoyìsi.

책가방을 여러 번 살펴보았지만, 아이의 가방 안에는 장난감만 있고 빵은 없다는 걸 알았습니다. 종업원은 아이를 오해하고 꾸짖어서 매우 미안하게 생각했습니다.

❹ 他们看了看周围，突然发现一只猫趴在垫子上，正在吃那盘丢了的面包。

Tāmen kàn le kàn zhōuwéi, tūrán fāxiàn yì zhī māo pā zài diànzi shàng, zhèngzài chī nà pán diū le de miànbāo.

그들은 주위를 둘러보다가, 뜻밖에도 고양이 한 마리가 깔개 위에 엎드린 채 없어진 그 빵을 먹고 있는 것을 발견했습니다.

2 ❶ 在面包店里，一位顾客在结账，一个孩子背着书包走来走去挑选面包。

Zài miànbāodiàn lǐ, yí wèi gùkè zài jiézhàng, yí ge háizi bēizhe shūbāo zǒulái zǒuqù tiāoxuǎn miànbāo.

빵집에서 한 손님이 계산을 하고 있고, 책가방을 멘 아이 한 명이 왔다갔다하며 빵을 고르고 있었습니다.

❷ 服务员突然发现一盘面包不见了。恰巧的是，这时候孩子正要出去。服务员怀疑孩子拿走了面包，所以想检查孩子的书包。

Fúwùyuán tūrán fāxiàn yì pán miànbāo bújiàn le. Qiàqiǎo de shì, zhè shíhou háizi zhèng yào chūqù. Fúwùyuán huáiyí háizi názǒu le miànbāo, suǒyǐ xiǎng jiǎnchá háizi de shūbāo.

종업원은 문득 빵 한 접시가 없어진 것을 알았는데, 때마침 이때 아이가 나가려고 했습니다. 종업원은 아이가 빵을 가져갔다고 의심하여 아이의 가방을 살펴보고 싶었습니다.

❸ 服务员检查了好几遍，发现书包里只有玩具，根本没有面包。服务员觉得错怪了孩子，所以羞愧万分。

Fúwùyuán jiǎnchá le hǎo jǐ biàn, fāxiàn shūbāo lǐ zhǐyǒu wánjù, gēnběn méiyǒu miànbāo. Fúwùyuán juéde cuòguài le háizi, suǒyǐ xiūkuì wànfēn.

종업원은 가방을 여러 차례 살펴보았지만, 가방 안에는 장난감만 있고 빵은 전혀 없다는 걸 발견했습니다. 종업원은 잘못 알고 아이를 야단쳐서 매우 부끄러웠습니다.

❹ 大家看了看周围，突然惊讶地发现一只猫趴在垫子上，正在吃那些不见了的面包。

Dàjiā kàn le kàn zhōuwéi, tūrán jīngyà de fāxiàn yì zhī māo pā zài diànzi shàng, zhèngzài chī nàxiē bújiàn le de miànbāo.

모두들 주위를 살펴보다가 문득 고양이 한 마리가 깔개 위에 엎드린 채 보이지 않았던 그 빵을 먹고 있는 것을 발견하고 깜짝 놀랐습니다.

단어 　结账 jiézhàng 图 계산하다 | 突然 tūrán 图 갑자기 | 发现 fāxiàn 图 발견하다 | 盘 pán 図 판, 그릇[평평한 물건을 세는 양사] | 怀疑 huáiyí 图 의심하다 | 检查 jiǎnchá 图 검사하다 | 玩具 wánjù 図 장난감 | 根本 gēnběn 图 전혀 | 错怪 cuòguài 图 잘못 알고 야단치다 | 不好意思 bùhǎoyìsi 부끄럽다, 창피하다 | 周围 zhōuwéi 図 주위 | 丢 diū 图 잃어버리다 | 顾客 gùkè 図 고객 | 挑选 tiāoxuǎn 图 고르다, 선택하다 | 恰巧 qiàqiǎo 图 때마침 | 羞愧 xiūkuì 图 부끄러워하다 | 万分 wànfēn 图 극히, 대단히 | 惊讶 jīngyà 图 놀랍고 의아하다

问题 2 ★ 🎧 7-1-2

❶

❷

❸

❹

① 공원에서 연인이 산책을 하다가 그림을 마주하게 되었다. 그림에는 남자가 무릎을 꿇은 채 여자에게 꽃다발을 건네며 청혼하는 모습이 그려져 있다. 여자친구는 매우 부러워하는 표정이다.

② 그걸 본 남자친구는 꽃가게에 가서 장미 한 다발을 사서 여자친구에게 주기로 한다.

③ 남자는 꽃다발을 들고 버스에 탔는데, 버스 안에 사람이 너무 많아서 꽃다발이 망가졌다.

④ 약속 장소에서 여자친구를 만나 꽃다발을 주는데 여자가 난처한 표정을 짓는다.

답변 1 ❶ 一对热恋中的情侣，在公园一边散步一边聊天。他们突然看到一幅画，画上一个男人拿着漂亮的花正在向一个女人求婚，女人很羡慕。

Yí duì rèliàn zhōng de qínglǚ, zài gōngyuán yìbiān sànbù yìbiān liáotiān. Tāmen tūrán kàndào yì fú huà, huàshàng yí ge nánrén názhe piàoliang de huā zhèngzài xiàng yí ge nǚrén qiúhūn, nǚrén hěn xiànmù.

열애 중인 연인 한 쌍이 공원에서 산책하며 이야기를 하고 있었습니다. 그들은 문득 그림 한 점을 보게 되었는데, 그림에는 남자가 예쁜 꽃을 들고 여자에게 청혼을 하고 있었습니다. 여자는 몹시 부러웠습니다.

❷ 男人看到这一幕后，决定也要买一束漂亮的花送给他的女朋友，让她开心。

Nánrén kàndào zhè yí mù hòu, juédìng yě yào mǎi yí shù piàoliang de huā sòng gěi tā de nǚpéngyou, ràng tā kāixīn.

남자는 이 장면을 보고, 예쁜 꽃다발을 사서 여자친구에게 선물하여 그녀를 기쁘게 해 주기로 했습니다.

❸ 买完花以后他坐公交车去和女朋友见面。可是车上人太多了，把刚买的花挤得不像样。

Mǎi wán huā yǐhòu tā zuò gōngjiāochē qù hé nǚpéngyou jiànmiàn. Kěshì chē shàng rén tài duō le, bǎ gāng mǎi de huā jǐ de bú xiàngyàng.

꽃을 사고 나서, 그는 여자친구를 만나러 가려고 버스를 탔습니다. 그런데 차 안에 사람이 너무 많아서 방금 산 꽃이 눌려 흉하게 망가졌습니다.

❹ 来到约会地点以后，男人不好意思地拿出花送给女朋友。女朋友看着花，真是哭笑不得。

Láidào yuēhuì dìdiǎn yǐhòu, nánrén bùhǎoyìsi de náchū huā sòng gěi nǚpéngyou. Nǚpéngyou kànzhe huā, zhēnshì kūxiào bùdé.

약속 장소에 도착한 후 남자친구는 겸연쩍어하며 꽃을 내밀어 여자친구에게 주었습니다. 여자친구는 꽃을 보고는 울 수도 웃을 수도 없었습니다.

답변 2 ❶ 一对热恋中的情侣，正在公园里悠闲地散步。这时候，他们看到身边的一幅画。画上一个男人拿着一束漂亮的玫瑰花正在向一个女人求婚。女朋友羡慕得要命。

Yí duì rèliàn zhōng de qínglǚ, zhèngzài gōngyuán lǐ yōuxián de sànbù. Zhè shíhou, tāmen kàndào shēnbiān de yì fú huà. Huàshàng yí ge nánrén názhe yí shù piàoliang de méiguīhuā zhèngzài xiàng yí ge nǚrén qiúhūn. Nǚpéngyou xiànmù de yàomìng.

열애 중인 연인 한 쌍이 공원에서 한가로이 산책을 하고 있었습니다. 이때 그들은 옆에 있는 그림을 보게 되었는데, 그림에는 남자가 예쁜 장미 다발을 들고 여자에게 청혼을 하고 있었습니다. 여자친구는 몹시 부러웠습니다.

❷ 男朋友很细心，看到了这一幕。于是他决定，也为自己的女朋友买一束同样漂亮的花，让女朋友高兴高兴。

Nánpéngyou hěn xìxīn, kàndào le zhè yí mù. Yúshì tā juédìng, yě wèi zìjǐ de nǚpéngyou mǎi yí shù tóngyàng piàoliang de huā, ràng nǚpéngyou gāoxìng gāoxìng.

남자는 세심하게도 이 장면을 보았습니다. 그래서 그는 자신의 여자친구에게도 그림과 같이 예쁜 꽃다발을 사줘서, 여자친구를 기쁘게 해주려 했습니다.

❸ 他精心地挑选了一束漂亮的花，准备去见女朋友。可是，公共汽车上的人太多了，他手里拿着的玫瑰花被挤得七零八落。

Tā jīngxīn de tiāoxuǎn le yí shù piàoliang de huā, zhǔnbèi qù jiàn nǚpéngyou. Kěshì, gōnggòng qìchē shàng de rén tài duō le, tā shǒulǐ názhe de méiguīhuā bèi jǐ de qīlíng bāluò.

그는 예쁜 장미 한 다발을 정성껏 골라서 여자친구를 만나러 가기로 했습니다. 그런데 버스 안에 사람이 너무 많아서 손에 든 장미가 눌려서 마구 흐트러졌습니다.

❹ 来到约会地点以后，男朋友一边摸着头，一边小心翼翼地拿出被挤坏了的花。女朋友接过花来一看，真是哭笑不得。男朋友觉得非常不好意思。

Láidào yuēhuì dìdiǎn yǐhòu, nánpéngyou yìbiān mōzhe tóu, yìbiān xiǎoxīn yìyì de náchū bèi jǐhuài le de huā. Nǚpéngyou jiēguò huā lái yí kàn, zhēnshì kūxiào bùdé. Nánpéngyou juéde fēicháng bùhǎoyìsi.

약속 장소에 도착한 후, 남자친구는 머리를 긁적이며 눌려서 엉망이 된 꽃을 조심스럽게 내밀었습니다. 여자친구는 꽃을 받아 들고는 정말이지 이러지도 저러지도 못했습니다. 남자친구는 너무 미안했습니다.

단어 | 热恋 rèliàn 图 열애하다 | 情侣 qínglǚ 图 사랑하는 사람, 연인 | 幅 fú 图 폭[옷감·종이·그림 등을 세는 양사] | 求婚 qiúhūn 图 청혼하다 | 羡慕 xiànmù 图 부러워하다 | 一幕 yímù 图 (생활 중의) 한 장면 | 决定 juédìng 图 결정하다 | 让 ràng 图 ~하게 하다 | 挤 jǐ 图 빽빽이 들어차다, 붐비다 | 不像样 búxiàngyàng 图 흉하다 | 哭笑不得 kūxiào bùdé 圀 이러지도 저러지도 못하다, 울 수도 웃을 수도 없다 | 悠闲 yōuxián 图 한가롭다 | 玫瑰 méigui 图 장미 | 要命 yàomìng 图 정도가 심하다, 죽을 지경이다 | 精心 jīngxīn 图 공들이다, 정성을 들이다 | 挑选 tiāoxuǎn 图 고르다, 선택하다 | 七零八落 qīlíng bāluò 圀 이리저리 흩어지다, 산산이 조각나다 | 小心翼翼 xiǎoxīn yìyì 圀 매우 조심스럽다

问题 3

🎧 7-1-3

 ❶

 ❷

 ❸

 ❹

 그림
분석

❶ 아침에 등교하려는 딸에게 엄마가 큰 우산을 가져 가라고 하나, 딸은 싫은 표정으로 그냥 나간다.

❷ 딸은 학교 가는 도중에 가게에서 작고 예쁜 우산을 하나 산다.

❸ 수업 도중에 밖에 비가 많이 내리자, 딸은 비를 보며 미소 짓는다.

❹ 딸의 우산은 너무 작아서 비에 흠뻑 젖었다. 엄마가 말한 큰 우산을 떠올리며 후회하는 듯한 표정을 짓는다.

답변 1 ❶ 女儿要去上学，妈妈让女儿带雨伞。女儿觉得雨伞不好看，不想带，不高兴地走出了家门。

Nǚ'ér yào qù shàngxué, māma ràng nǚ'ér dài yǔsǎn. Nǚ'ér juéde yǔsǎn bù hǎokàn, bù xiǎng dài, bù gāoxìng de zǒuchū le jiāmén.

딸이 학교에 가려 하는데 엄마는 딸에게 우산을 가져가라고 했습니다. 딸은 우산이 예쁘지 않아서 가져가기 싫었고, 안 좋은 기분으로 집을 나섰습니다.

❷ 去学校的路上，她在一家小超市买了一把自己喜欢的小雨伞。虽然有点贵，但是她觉得很漂亮，很值。

Qù xuéxiào de lùshàng, tā zài yì jiā xiǎo chāoshì mǎi le yì bǎ zìjǐ xǐhuan de xiǎo yǔsǎn. Suīrán yǒudiǎn guì, dànshì tā juéde hěn piàoliang, hěn zhí.

학교 가는 길에 그녀는 작은 슈퍼마켓에서 자기가 좋아하는 조그마한 우산을 하나 샀습니다. 약간 비싸긴 했지만 예쁘고 살 만하다고 생각했습니다.

제
❼
부
분

❸ 上课上到一半，外面突然下起了大雨，女儿觉得很庆幸自己买了小雨伞。

Shàngkè shàng dào yíbàn, wàimiàn tūrán xià qǐ le dàyǔ, nǚ'ér juéde hěn qìngxìng zìjǐ mǎi le xiǎo yǔsǎn.

수업 중간 즈음에, 밖에서 갑자기 비가 세차게 내리기 시작했습니다. 딸은 작은 우산을 사서 다행이라고 여겼습니다.

❹ 可是在回家的路上，雨实在太大了。小雨伞根本不管用，她从头到脚都淋湿了。她真后悔没听妈妈的话。

Kěshì zài huíjiā de lùshàng, yǔ shízài tài dà le. Xiǎo yǔsǎn gēnběn bù guǎnyòng, tā cóngtóu dàojiǎo dōu línshī le. Tā zhēn hòuhuǐ méi tīng māma de huà.

그러나 집으로 가는 도중에 비가 정말 많이 내려서 작은 우산은 전혀 쓸모가 없었고, 그녀는 머리부터 발끝까지 모두 젖었습니다. 그녀는 엄마의 말을 듣지 않은 걸 후회했습니다.

답변 2 **❶** 女儿要去上学的时候，妈妈让女儿带雨伞，因为会下大雨。可是女儿觉得大雨伞又难看又重，最后她没带雨伞就走出了家门。

Nǚ'ér yào qù shàngxué de shíhou, māma ràng nǚ'ér dài yǔsǎn, yīnwèi huì xià dàyǔ. Kěshì nǚ'ér juéde dà yǔsǎn yòu nánkàn yòu zhòng, zuìhòu tā méi dài yǔsǎn jiù zǒuchū le jiāmén.

딸이 등교를 하려 할 때, 엄마는 비가 많이 올 것이라며 딸에게 우산을 가져가게 했습니다. 하지만 딸은 큰 우산이 예쁘지도 않고 무거운 것 같아 결국 우산 없이 집을 나섰습니다.

❷ 在路上，她在一家小超市买了一把自己喜欢的小雨伞。虽然有点贵，但是她觉得很漂亮，很值。

Zài lùshàng, tā zài yì jiā xiǎo chāoshì mǎi le yì bǎ zìjǐ xǐhuan de xiǎo yǔsǎn. Suīrán yǒudiǎn guì, dànshì tā juéde hěn piàoliang, hěn zhí.

가는 길에 그녀는 작은 슈퍼마켓에서 자기가 좋아하는 조그마한 우산을 하나 샀습니다. 약간 비싸긴 했지만 예쁘고 살 만하다고 생각하였습니다.

❸ 上课的时候，外面下起了瓢泼大雨，女儿看着外面的雨心里暗喜，自己带了雨伞，一会儿就会派上用场。

Shàngkè de shíhou, wàimiàn xiàqǐ le piáopō dàyǔ, nǚ'er kànzhe wàimiàn de yǔ xīnlǐ ànxǐ, zìjǐ dài le yǔsǎn, yíhuìr jiù huì pàishang yòngchǎng.

수업할 때 밖에 갑자기 억수 같은 비가 내리기 시작했습니다. 딸은 바깥의 비를 보면서 속으로 자신은 우산을 가져와서 이따가 잘 쓸거라 생각하며 좋아했습니다.

❹ 可是在回家的路上，雨下得越来越大，她被淋成了落汤鸡。她真懊悔自己没听妈妈的话，可是现在后悔也来不及了。这真是不听老人言，吃亏在眼前。

Kěshì zài huíjiā de lùshàng yǔxià de yuèláiyuè dà, tā bèi línchéng le luòtāngjī. Tā zhēn àohuǐ zìjǐ méi tīng māma de huà, kěshì xiànzài hòuhuǐ yě láibují le. Zhè zhēnshì bù tīng lǎorén yán, chīkuī zài yǎnqián.

하지만 집으로 가는 길에 비는 점점 더 세차게 내렸고, 그녀는 물에 빠진 생쥐처럼 흠뻑 젖었습니다. 그녀는 엄마의 말을 듣지 않은 것을 정말 후회했지만 지금 후회해도 이미 늦었습니다. 그야말로 어른의 말을 듣지 않아 손해를 보는 격이었습니다.

단어

带 dài 图 가지다 | 家门 jiāmén 图 집의 대문, 집 | 值 zhí 图 ~할 만한 가치가 있다 | 庆幸 qìngxìng 图 다행이다 | 实在 shízài 图 진정, 참으로 | 根本 gēnběn 图 전혀 | 管用 guǎnyòng 图 쓸모가 있다 | 从头到脚 cóngtóu dàojiǎo 머리부터 발끝까지 | 淋湿 línshī 图 젖다 | 后悔 hòuhuǐ 图 후회하다 | 瓢泼大雨 piáopō dàyǔ 图 (비유)억수같이 퍼붓는 비 | 暗喜 ànxǐ 图 은근히 기뻐하다 | 派上用场 pàishangyòngchǎng 도움이 되다, 유용하게 쓰이다 | 落汤鸡 luòtāngjī 물에 빠진 생쥐(병아리) | 懊悔 àohuǐ 图 후회하다 | 不听老人言 , 吃亏在眼前 bù tīng lǎorén yán, chīkuī zài yǎnqián 图 윗사람의 말을 듣지 않으면 곧잘 곤란을 당하는 법이다

问题 4 🎧 7-1-4

❶

❷

❸

❹

 그림 분석

❶ 양복을 입은 남자가 자동차 매장에서 새 차를 구입하려는 생각으로 자동차를 시승하고 있다.
❷ 새 차를 구입해서 새 차를 몰고 출근하여 회사 동료들에게 자랑하는 상상을 한다.
❸ 차를 몰고 출근하는데 길이 많이 막힌다.
❹ 결국 지각을 해서 상사에게 꾸중을 듣는다.

❶ 一个穿着西服的男人，正在买新车。

Yí ge chuānzhe xīfú de nánrén, zhèngzài mǎi xīn chē.

양복을 입은 한 남자가 새 차를 사고 있습니다.

❷ 他想明天开着新车上班，同事们看到以后一定会很羡慕他，所以他心里很高兴。

Tā xiǎng míngtiān kāizhe xīn chē shàngbān, tóngshìmen kàndào yǐhòu yídìng huì hěn xiànmù tā, suǒyǐ tā xīnlǐ hěn gāoxìng.

그는 내일 새 차를 몰고 출근하면, 동료들이 보고 분명히 자신을 부러워할 것이라 생각하며 속으로 즐거워했습니다.

❸ 第二天，男人高高兴兴地开着新车去上班。可是路上堵车堵得太厉害了，一看表已经九点一刻了，可是他还没到公司。

Dì-èr tiān, nánrén gāogao xìngxìng de kāizhe xīn chē qù shàngbān. Kěshì lùshàng dǔchē dǔ de tài lìhai le, yí kàn biǎo yǐjīng jiǔ diǎn yí kè le, kěshì tā hái méi dào gōngsī.

이튿날 남자는 신나게 새 차를 몰고 출근했는데 길에서 차가 심하게 막혔습니다. 시계를 보니, 벌써 9시 15분이었지만 아직도 회사에 도착하지 못했습니다.

❹ 九点三刻，他终于到了公司。可是上司气坏了，他一到公司，上司就把他骂了一顿。

Jiǔ diǎn sān kè, tā zhōngyú dào le gōngsī. Kěshì shàngsi qìhuài le, tā yí dào gōngsī, shàngsi jiù bǎ tā mà le yí dùn.

9시 45분에 마침내 회사에 도착했습니다. 하지만 상사는 화가 머리 끝까지 나있었고, 그가 회사에 도착하자마자 상사는 그를 야단쳤습니다.

❶ 一个穿着西服的男人，在奔驰店里买车。他买的是今年的新款，车型很漂亮，功能也很不错。

Yí ge chuānzhe xīfú de nánrén, zài Bēnchí diàn lǐ mǎi chē. Tā mǎi de shì jīnnián de xīnkuǎn, chēxíng hěn piàoliang, gōngnéng yě hěn búcuò.

양복을 입은 한 남자가 벤츠 영업소에서 차를 사고 있습니다. 그가 산 차는 올해 신형으로 외관이 매우 아름답고, 성능도 매우 좋습니다.

❷ 男人暗自高兴。明天要是开着车去上班，周围的同事一定会羡慕他，特别是女同事也会对他产生好感。

Nánrén ànzì gāoxìng. Míngtiān yàoshi kāizhe chē qù shàngbān, zhōuwéi de tóngshì yídìng huì xiànmù tā, tèbié shì nǚtóngshì yě huì duì tā chǎnshēng hǎogǎn.

남자는 속으로 내일 새 차를 몰고 출근하면 주위 동료들이 분명히 부러워할 것이고, 특히 여자 동료들도 그에게 호감을 가질거라 생각하며 좋아했습니다.

❸ 第二天，他兴高采烈地开着新车去上班。可是天有不测风云，路上堵车堵得很严重。已经九点一刻了，还没到公司。他虽然急得满头大汗，但也无可奈何。

Dì èr tiān, tā xìnggāo cǎiliè de kāizhe xīn chē qù shàngbān. Kěshì tiān yǒu búcè fēngyún, lùshàng dǔchē dǔ de hěn yánzhòng. Yǐjīng jiǔ diǎn yí kè le, hái méi dào gōngsī. Tā suīrán jí de mǎntóu dàhàn, dàn yě wúkě nàihé.

이튿날 남자는 신나게 새 차를 몰고 출근했습니다. 하지만 예상외로 길에서 차가 심하게 막혔습니다. 9시 15분이 되었는데도 회사에 도착하지 못했습니다. 그는 머리에 땀이 송골송골 맺힐 정도로 다급했지만, 어쩔 도리가 없었습니다.

❹ 九点三刻他终于到了公司。可是上司生气极了，他一到公司，上司就把他骂了一顿。

Jiǔ diǎn sān kè tā zhōngyú dào le gōngsī. Kěshì shàngsi shēngqì jí le, tā yí dào gōngsī, shàngsi jiù bǎ tā mà le yí dùn.

9시 45분에 마침내 회사에 도착했습니다. 하지만 상사는 화가 머리 끝까지 나있었고, 그가 회사에 도착하자마자 상사는 그를 야단쳤습니다.

단어 　西服 xīfú 명 양복 | 羡慕 xiànmù 동 부러워하다 | 堵车 dǔchē 동 차가 막히다 | 一刻 yí kè 15분 | 三刻 sān kè 45분 | 上司 shàngsi 명 상사 | 骂了一顿 mà le yídùn 한바탕 혼내다 | 功能 gōngnéng 명 기능, 작용 | 暗自 ànzì 부 몰래, 속으로 | 兴高采烈 xìnggāo cǎiliè 성 매우 흥겹다 | 不测风云 búcè fēngyún 성 갑자기 찾아오는 재앙은 예측하기 어렵다 | 满头大汗 mǎntóu dàhàn 성 얼굴이 땀투성이다 | 无可奈何 wúkě nàihé 성 어찌 할 도리가 없다, 방법이 없다

问题 5
🎧 7-1-5

❶

❷

❸

❹

그림 분석

❶ 한 남학생이 골목길 모퉁이를 돌다가 치한 두 명이 한 여자를 둘러싸고 있는 것을 발견한다.

❷ 남학생이 치한 두 명을 단번에 때려 눕힌다.

❸ 이 이야기는 남학생이 교실에서 수업 시간에 졸다가 꾼 꿈이었다. 꿈속에서 치한을 때릴 때 발길질을 했는데, 실제로 옆 책상을 발로 찼고, 그 소리에 선생님이 깜짝 놀란다.

❹ 선생님이 학생을 불러내서 야단을 친다.

답변 1 ❶ 在放学的路上，一个学生看到两个男人站在一个女人前边儿，女人看起来很害怕。

Zài fàngxué de lùshàng, yí ge xuésheng kàndào liǎng ge nánrén zhàn zài yí ge nǚrén qiánbiānr, nǚrén kànqǐlái hěn hàipà.

하교 중이던 학생은 두 명의 남자가 한 여자 앞에 서있는 걸 보았습니다. 여자는 매우 두려워하는 것 같았습니다.

❷ 学生毫不犹豫，过去把两个坏人打跑了。女人非常感激。

Xuésheng háobù yóuyù, guòqù bǎ liǎng ge huàirén dǎ pǎo le. Nǚrén fēicháng gǎnjī.

학생은 조금도 망설이지 않고 다가가 나쁜 놈들을 때려서 쫓아버렸습니다. 여자는 매우 감격했습니다.

❸ 谁知道，这不是现实，而是学生上课时睡着了，做了这样的梦。学生做梦的时候，因为动作太大，把桌子都踢倒了，老师和周围的学生都吓了一跳。

Shéi zhīdào, zhè bú shì xiànshí, érshì xuésheng shàngkè shí shuìzháo le, zuò le zhèyàng de mèng. Xuésheng zuòmèng de shíhou, yīnwèi dòngzuò tài dà, bǎ zhuōzi dōu tīdǎo le, lǎoshī hé zhōuwéi de xuésheng dōu xià le yí tiào.

누가 알았을까요, 이것은 현실이 아니라 학생이 수업 시간에 잠이 들어서 꿈을 꾼 것이었습니다. 학생이 꿈을 꿀 때 동작이 너무 커서 책상을 발로 차서 쓰러뜨렸고, 선생님과 주위의 학생이 깜짝 놀랐습니다.

❹ 老师生气地教训了他一顿，让他以后上课不要再睡觉了，好好听课。

Lǎoshī shēngqì de jiàoxun le tā yí dùn, ràng tā yǐhòu shàngkè bú yào zài shuìjiào le, hǎohāo tīngkè.

선생님은 화가 나서 그를 꾸짖으며, 앞으로 수업할 때 다시는 잠을 자지 말고 수업을 잘 들으라고 했습니다.

답변 2 ❶ 放学回家的时候，学生看到两个男人拦住了一个女人。女人看起来非常害怕，学生觉得他们是坏人，决定去救那个女人。

Fàngxué huíjiā de shíhou, xuésheng kàndào liǎng ge nánrén lánzhù le yí ge nǚrén. Nǚrén kànqǐlái fēicháng hàipà, xuésheng juéde tāmen shì huàirén, juédìng qù jiù nà ge nǚrén.

수업이 끝나고 집에 돌아가는 길에 학생은 두 남자가 한 여자를 가로막고 있는 걸 보았습니다. 여자는 굉장히 두려워하는 것 같았고, 학생은 그들이 나쁜 놈들이라고 생각해서 여자를 구해주기로 했습니다.

❷ 于是他二话没说冲了上去，一下子把两个坏人踢得仰面朝天，女人向他表示感谢。他这种见义勇为的精神，得到了老师和同学的赞扬。

Yúshì tā èrhuà méishuō chōng le shàngqu, yíxiàzi bǎ liǎng ge huàirén tī de yǎngmiàn cháotiān, nǚrén xiàng tā biǎoshì gǎnxiè. Tā zhè zhǒng jiànyì yǒngwéi de jīngshén, dédào le lǎoshī hé tóngxué de zànyáng.

그래서 그는 두말 않고 그대로 돌진하여 단번에 나쁜 놈들을 발로 차서 바닥에 드러눕혔습니다. 여자는 그에게 감사의 표시를 했습니다. 그는 이러한 불의를 보고 참지 못하는 정신으로 선생님과 학우들의 칭찬을 들었습니다.

❸ 谁知道这原来是场梦，梦里的故事真实得让人惊心动魄。可是现实里，他把旁边的桌子都踢翻了，老师和同学们都吓出了一身冷汗。

Shéi zhīdào zhè yuánlái shì chǎng mèng, mènglǐ de gùshì zhēnshí de ràng rén jīngxīn dòngpò. Kěshì xiànshí lǐ, tā bǎ pángbiān de zhuōzi dōu tīfān le, lǎoshī hé tóngxuémen dōu xiàchū le yì shēn lěnghàn.

실은 이것이 꿈이었다는 걸 누가 알았을까요? 꿈속의 이야기는 손에 땀을 쥐게 할 정도로 진짜 같았습니다. 하지만 현실에서는 그가 옆의 책상을 발로 차서 쓰러뜨려, 선생님과 학생들을 식은 땀이 날 정도로 놀라게 했습니다.

❹ 老师生气地教训了他一顿，让他以后上课不要再睡觉了，好好听课。

Lǎoshī shēngqì de jiàoxun le tā yí dùn, ràng tā yǐhòu shàngkè bú yào zài shuìjiào le, hǎohāo tīngkè.

선생님은 화가 나서 그를 꾸짖으며, 앞으로 수업할 때 다시는 잠을 자지 말고 수업을 잘 들으라고 했습니다.

단어 害怕 hàipà 图 두려워하다 | 毫不犹豫 háobù yóuyù 껭 조금도 망설이지 않다 | 感激 gǎnjī 图 감격하다 | 现实 xiànshí 몡 현실 | 睡着 shuìzháo 图 잠들다 | 做梦 zuòmèng 图 꿈꾸다 | 踢倒 tīdǎo (발로) 차서 뒤집다 | 周围 zhōuwéi 몡 주위, 주변 | 教训 jiàoxun 图 가르치고 타이르다 | 一顿 yídùn 한바탕 | 让 ràng 图 ~하게 하다 | 拦住 lánzhù 图 막다, 차단하다 | 仰面朝天 yǎngmiàn cháotiān 껭 반듯이 눕다, 큰 대자로 드러눕다 | 见义勇为 jiànyì yǒngwéi 정의를 보고 용감하게 뛰어들다 | 赞扬 zànyáng 몡 칭찬 | 惊心动魄 jīngxīn dòngpò 껭 손에 땀을 쥐게 하다, 조마조마하게 하다 | 冷汗 lěnghàn 몡 식은땀

이 부분 문제의 그림1, 2에서는 보통 생일, 기념일, 약속 등과 같이 즐거운 일에 대해서 잔뜩 기대를 하거나 계획을 세우는 장면이 나오고, 그림3, 4에서는 일이 예상과 의도대로 되지 않거나 기대가 너무 커서 실망하거나 상심하는 장면이 나온다. 따라서 이 부분에서는 실망이나 상심했을 때 중국인이 자주 쓰는 다음과 같은 표현을 사용하는 것이 좋다. '出乎意料(뜻밖이다)', '意料之外(의외이다)', '大失所望(크게 실망하다)', '万万没有想到(결코 생각하지 못했다)', '没料到(예상하지 못했다)' 등이 있다. 또한 그림에 실망하거나 상심한 표정이 드러나 있기 때문에 이를 묘사하는 것이 좋다. 표정, 감정을 묘사할 때는 '看起来(보아하니)', '好像(~인 것 같다)'으로 시작하여, '很伤心(마음이 아프다)', '很失落(풀이 죽다)', '难过(슬퍼하다)', '难受(괴롭다)' 등으로 구체적인 표정이나 감정을 표현하면 된다.

问题 1 ★ 🎧7-2-1

❶

❷

❸

❹

❶ 아빠와 엄마, 아들이 즐거워하는 표정으로 동물원의 원숭이를 관람하고 있다.

❷ 갑자기 아이가 보이지 않고, 이를 알게 된 아빠는 놀란다.

❸ 아빠, 엄마가 경찰서에 도움을 청하러 간다.

❹ 결국 아이를 못 찾고 집으로 돌아왔는데 아이가 대문 앞에서 울고 있다.

답변 1

❶ 周末，爸爸妈妈和孩子一起去动物园看动物。

Zhōumò, bàba māma hé háizi yìqǐ qù dòngwùyuán kàn dòngwù.

주말에 아빠와 엄마는 아이와 함께 동물을 보러 동물원에 갔습니다.

---

❷ 在逛动物园的时候，人很多，孩子突然不见了。

Zài guàng dòngwùyuán de shíhou, rén hěn duō, háizi tūrán bú jiàn le.

동물원에서 구경을 할 때 사람이 매우 많았는데 갑자기 아이가 보이지 않았습니다.

---

❸ 爸爸妈妈很着急，不知道怎么办，最后决定去警察局。

Bàba māma hěn zháojí, bù zhīdào zěnme bàn, zuìhòu juédìng qù jǐngchájú.

아빠, 엄마는 매우 조급해하며 어쩔 줄 몰라하다가 결국 경찰서에 가기로 했습니다.

---

❹ 最后孩子还是没找到，他们伤心地回家了。没想到，孩子正坐在家门口。

Zuìhòu háizi háishi méi zhǎodào, tāmen shāngxīn de huíjiā le. Méixiǎngdào, háizi zhèng zuò zài jiā ménkǒu.

하지만 온종일 찾아도 아이를 찾지 못했습니다. 부모는 무척 상심하여 집으로 돌아왔는데, 뜻밖에도 아이가 집 대문 앞에서 울면서 부모님을 기다리고 있었습니다.

답변 2

❶ 一个周末，爸爸妈妈带孩子在动物园看动物。动物的种类真多，但孩子最喜欢的还是活泼的小猴子。

Yí ge zhōumò, bàba māma dài háizi zài dòngwùyuán kàn dòngwù. Dòngwù de zhǒnglèi zhēn duō, dàn háizi zuì xǐhuan de háishi huópō de xiǎo hóuzi.

어느 주말, 아빠와 엄마는 아이를 데리고 동물원에서 동물을 구경하고 있었습니다. 동물의 종류가 정말 많지만, 아이가 가장 좋아하는 것은 활발한 어린 원숭이였습니다.

---

❷ 可是，在爸爸妈妈不注意的时候，孩子突然不见了，这可急坏了他们。

Kěshì, zài bàba māma bú zhùyì de shíhou, háizi tūrán bújiàn le, zhè kě jíhuài le tāmen.

그런데 아빠, 엄마가 부주의한 틈에 아이가 갑자기 없어졌습니다. 부모는 매우 애가 탔습니다.

제 ❼ 부분

제7부분 | **343**

❸ 他们找遍了动物园的每个角落，但是都没找到。于是他们赶快去警察局报了警。

Tāmen zhǎo biàn le dòngwùyuán de měi ge jiǎoluò, dànshì dōu méi zhǎodào. Yúshì tāmen gǎnkuài qù jǐngchájú bào le jǐng.

그들은 동물원의 구석구석을 찾아보았지만 찾지 못했습니다. 그래서 그들은 재빨리 경찰서로 가서 신고했습니다.

❹ 可是他们找了一整天，也没找到孩子。父母伤心极了，没办法只好回家。没想到，孩子正一边哭一边坐在家门口等着他们呢。

Kěshì tāmen zhǎo le yì zhěngtiān, yě méi zhǎodào háizi. Fùmǔ shāngxīn jí le, méi bànfǎ zhǐhǎo huíjiā. Méixiǎngdào, háizi zhèng yìbiān kū yìbiān zuò zài jiā ménkǒu děngzhe tāmen ne.

하지만 온종일 찾아도 아이를 찾지 못했습니다. 부모는 무척 마음이 아팠지만 어쩔 수 없이 집으로 돌아왔습니다. 뜻밖에도 아이가 집 대문 앞에서 울면서 부모님을 기다리고 있었습니다.

📖 단어 ┃ 动物园 dòngwùyuán 몡 동물원 | 警察局 jǐngchájú 몡 경찰서 | 没找到 méi zhǎodào 찾지 못했다 | 伤心 shāngxīn 통 마음 아파하다 | 种类 zhǒnglèi 몡 종류 | 活泼 huópō 혱 활발하다 | 不注意 búzhùyì 통 부주의하다 | 急坏了 jíhuài le 매우 애가 타다 | 角落 jiǎoluò 몡 구석, 모퉁이 | 报警 bàojǐng 통 경찰에 신고하다 | 一整天 yì zhěngtiān 온종일 | 只好 zhǐhǎo 뫼 하는 수 없이 | 没想到 méixiǎngdào 생각지도 못하다, 상심하다

问题 2 ★ 🎧 7-2-2

❶

❷

❸

❹

① 공원에서 아이 두 명이 배구를 하고 있고 옆에 강아지가 놀고 있다.

② 배구공을 잘못 쳐서 숲 쪽으로 날아갔다.

③ 강아지가 공을 가지러 빠르게 달려가고, 아이들은 기대에 찬 눈으로 강아지를 보고 있다.

④ 강아지는 터져버린 공을 입에 물고 숲 속에서 나오는데, 아이들은 실망스러워했다.

답변 1 **①** 公园里，两个孩子正在打排球，旁边有一只小狗。

Gōngyuán lǐ, liǎng ge háizi zhèngzài dǎ páiqiú, pángbiān yǒu yì zhī xiǎogǒu.

공원에서 두 아이가 배구를 하고 있고, 옆에는 강아지 한 마리가 있습니다.

② 一不小心，球被打进了树丛里。孩子们看着树丛，不知道怎么办才好。

Yí bù xiǎoxīn, qiú bèi dǎjìn le shùcóng lǐ. Háizǐmen kànzhe shùcóng, bù zhīdào zěnme bàn cái hǎo.

잘못하여 공이 숲 속으로 들어갔고, 아이들은 숲 속을 바라보며 어찌할 바를 몰랐습니다.

③ 幸亏有小狗。小狗飞快地跑过去找球，孩子们高兴地跟在它后面。

Xìngkuī yǒu xiǎogǒu. Xiǎogǒu fēikuài de pǎo guòqu zhǎo qiú, háizǐmen gāoxìng de gēn zài tā hòumiàn.

강아지가 있어서 다행이었습니다. 강아지가 공을 찾으러 재빨리 뛰어갔고, 아이들도 기뻐하며 강아지의 뒤를 쫓아갔습니다.

④ 可是，小狗咬着球出来的时候，孩子们伤心极了。因为球被小狗咬坏了。

Kěshì, xiǎogǒu yǎozhe qiú chūlái de shíhou, háizǐmen shāngxīn jí le. Yīnwèi qiú bèi xiǎogǒu yǎohuài le.

그러나 강아지가 공을 입으로 물고 나왔을 때 아이들은 매우 실망했습니다. 왜냐하면 강아지가 공을 물어뜯어서 망가뜨렸기 때문입니다.

답변 2 **①** 一个温暖的下午，在公园里，两个孩子在高兴地打着排球。这是他们最喜欢的运动，所以他们打得很起劲儿。他们的小狗坐在一旁看他们打球。

Yí ge wēnnuǎn de xiàwǔ, zài gōngyuán lǐ, liǎng ge háizi zài gāoxìng de dǎzhe páiqiú. Zhè shì tāmen zuì xǐhuan de yùndòng, suǒyǐ tāmen dǎ de hěn qǐjìnr. Tāmen de xiǎogǒu zuò zài yì páng kàn tāmen dǎqiú.

어느 따뜻한 오후, 공원에서 두 아이가 즐겁게 배구를 하고 있었습니다. 배구는 그들이 가장 좋아하는 운동이어서, 아이들은 매우 재미있게 하고 있었습니다. 아이들의 강아지는 한쪽 옆에 앉아서 아이들이 배구하는 걸 보고 있었습니다.

❷ 可是，一不留神，球被打进了茂密的树丛里。谁也够不到球，孩子们看着干着急，这可怎么办啊？他们看起来很无奈。

Kěshì, yíbù liúshén, qiú bèi dǎjìn le màomì de shùcóng lǐ. Shéi yě gòu bú dào qiú, háizǐmen kànzhe gānzháojí, zhè kě zěnme bàn a? Tāmen kànqǐlái hěn wúnài.

하지만 잘못하여 공이 울창한 숲 속으로 들어갔습니다. 아무도 공을 잡을 수 없었고, 아이들은 바라보고 애만 태우며 어찌해야 할지 몰랐습니다. 그들은 방법이 없어 보였습니다.

❸ 多亏有他们的小狗。小狗飞快地跑进树丛去找球，孩子们高兴地跟在小狗后面。

Duōkuī yǒu tāmen de xiǎogǒu. Xiǎogǒu fēikuài de pǎojìn shùcóng qù zhǎo qiú, háizǐmen gāoxìng de gēn zài xiǎogǒu hòumiàn.

하지만 다행히도 그들의 강아지가 있었습니다. 강아지는 공을 찾으러 쏜살같이 숲으로 뛰어들어 갔고, 아이들도 기뻐하며 강아지의 뒤를 따라갔습니다.

❹ 可是，谁会想到，小狗跑出来嘴里叼着一个坏了的球。原来小狗把球当成了自己的玩具，孩子们无可奈何地看着球，真是大失所望。

Kěshì, shéi huì xiǎngdào, xiǎogǒu pǎo chūlai zuǐlǐ diāozhe yí ge huài le de qiú. Yuánlái xiǎogǒu bǎ qiú dàngchéng le zìjǐ de wánjù, háizǐmen wúkě nàihé de kànzhe qiú, zhēnshì dàshī suǒwàng.

그러나 뜻밖에도 강아지는 망가진 공을 입에 물고 뛰어 나왔습니다. 알고 보니 강아지는 공을 자신의 장난감으로 여겼던 겁니다. 아이들은 이러지도 저러지도 못한 채 공을 바라보고 있었습니다. 정말 크게 실망했습니다.

단어 打排球 dǎ páiqiú 동 배구하다 | 小狗 xiǎogǒu 명 강아지 | 一不小心 yíbù xiǎoxīn 조심하지 않다 | 树丛 shùcóng 명 나무 숲 | 幸亏 xìngkuī 부 다행히, 요행으로 | 飞快地 fēikuài de 신속하게 | 跟 gēn 동 따라가다 | 咬 yǎo 동 물다 | 伤心 shāngxīn 동 상심하다 | 咬坏 yǎohuài 물어 뜯다 | 温暖 wēnnuǎn 형 따뜻하다 | 起劲(儿) qǐjìn(r) 동 기운이 나다, 흥이 나다 | 留神 liúshén 동 주의하다, 조심하다 | 茂密 màomì 형 빽빽이 무성하다 | 够不到 gòu bu dào 동 (손이나 발이) 닿지 않다 | 干着急 gānzháojí 동 다만 애태울 뿐 어떻게 하지 못하다 | 多亏 duōkuī 부 덕분에, 다행히 | 叼 diāo 동 입에 물다 | 当成 dàngchéng 동 ~로 여기다, ~로 간주하다 | 玩具 wánjù 명 장난감 | 大失所望 dàshī suǒwàng 성 크게 실망하다

问题 3 🎧 7-2-3

그림 분석

❶ 손님이 꽤 많은 어느 카페에서 한 여자가 열심히 피아노를 치고 있다.

❷ 이때 종업원이 커피를 들고 지나가다가, 바닥이 미끄러워 넘어지며 들고 있던 커피를 피아노와 연주자의 몸에 쏟는다

❸ 여자가 속상해하며 치마를 털면서, 급히 뛰쳐 나간다.

❹ 여자는 나갔으나 피아노 소리가 계속 흘러 나오고 있고, 손님들은 매우 실망한 표정을 짓는다.

답변

1 ❶ 咖啡厅里，一个女人在弹钢琴，弹得很好听。

Kāfēitīng lǐ, yí ge nǚrén zài tán gāngqín, tán de hěn hǎotīng.

카페에서 한 여자가 피아노를 치고 있었는데, 매우 듣기 좋았습니다.

---

❷ 这时候，一名服务员端着咖啡走过来。因为地板太滑了，他一不小心摔倒了，把咖啡洒在了琴上。

Zhè shíhou, yì míng fúwùyuán duānzhe kāfēi zǒu guòlai. Yīnwèi dìbǎn tài huá le, tā yíbù xiǎoxīn shuāidǎo le, bǎ kāfēi sǎ zài le qín shàng.

이때 한 종업원이 커피를 받쳐들고 걸어왔습니다. 바닥이 너무 미끄러웠는데 잘못하여 넘어졌고, 커피가 피아노 위에 쏟아졌습니다.

---

❸ 女人也被泼了一身的咖啡，她急匆匆地跑了出去。

Nǚrén yě bèi pō le yì shēn de kāfēi, tā jícōngcōng de pǎo le chūqu.

여자의 몸에도 커피가 쏟아져서, 여자는 황급히 뛰어나갔습니다.

❹ 可是大家没想到，虽然弹琴的女人走了，但是琴声还在继续。原来大家听到的是录音，真是让人失望啊。

Kěshì dàjiā méixiǎngdào, suīrán tánqín de nǚrén zǒu le, dànshì qínshēng hái zài jìxù. Yuánlái dàjiā tīngdào de shì lùyīn, zhēnshì ràng rén shīwàng a.

그러나 뜻밖에도 피아노를 연주하던 여자가 떠났는데도 피아노 소리가 여전히 계속 났습니다. 알고 보니 사람들이 들은 것은 녹음이었고, 사람들은 정말 실망했습니다.

답변 2 ❶ 咖啡厅里，一个女人正坐在钢琴前弹琴。钢琴优美的旋律充满了整个咖啡厅，客人们一边喝着咖啡一边听着音乐，真是享受。

Kāfēitīng lǐ, yí ge nǚrén zhèng zuò zài gāngqín qián tán qín. Gāngqín yōuměi de xuánlǜ chōngmǎn le zhěng ge kāfēitīng, kèrénmen yìbiān hēzhe kāfēi yìbiān tīngzhe yīnyuè, zhēnshì xiǎngshòu.

카페에서 한 여자가 피아노 앞에서 피아노를 치고 있었습니다. 피아노의 우아한 선율이 카페 안에 가득 퍼졌습니다. 손님들은 커피를 마시며 음악을 듣고 있었는데, 정말 듣기 좋았습니다.

❷ 这时，一名服务员端着客人点好的咖啡走了过来。谁知地板太滑了，他一不小心摔了一跤，手中的咖啡洒在了琴上，也洒在了女人的身上。

Zhè shí, yì míng fúwùyuán duānzhe kèrén diǎnhǎo de kāfēi zǒu le guòlai. Shéi zhī dìbǎn tài huá le, tā yíbù xiǎoxīn shuāi le yì jiāo, shǒuzhōng de kāfēi sǎ zài le qín shàng, yě sǎ zài le nǚrén de shēn shàng.

이때 한 종업원이 손님이 주문한 커피를 들고 걸어왔습니다. 그런데 바닥이 너무 미끄러워 잘못하여 넘어질 줄 누가 알았겠습니까? 들고 있던 커피는 피아노와 여자의 몸에 엎질러졌습니다.

❸ 女人一边拍打着裙子一边急匆匆地往外跑。女人又吃惊又生气，这可是她新买的裙子。

Nǚrén yìbiān pāidǎzhe qúnzi yìbiān jícōngcōng de wǎng wài pǎo. Nǚrén yòu chījīng yòu shēngqì, zhè kě shì tā xīn mǎi de qúnzi.

여자는 치마를 털면서 황급히 밖으로 뛰쳐나갔습니다. 여자는 놀라고 화가 났습니다. 이것은 새로 산 치마였기 때문입니다.

❹ 可是让人惊讶的是，弹琴的女人虽然走了，可是她的琴声还在继续。这时，大家才恍然大悟，原来咖啡厅放的是录音，真是让人失望透顶。

Kěshì ràng rén jīngyà de shì, tán qín de nǚrén suīrán zǒu le, kěshì tā de qínshēng hái zài jìxù. Zhè shí, dàjiā cái huǎngrán dàwù, yuánlái kāfēitīng fàng de shì lùyīn, zhēnshì ràng rén shīwàng tòudǐng.

그러나 놀라웠던 것은 피아노를 연주하는 여자가 떠났는데도 여전히 그녀의 연주 소리가 계속 나고 있었던 겁니다. 사람들은 그때 카페에 울렸던 것은 녹음된 소리였다는 것을 깨닫고 무척 실망했습니다.

단어 弹钢琴 tán gāngqín 피아노를 치다 | 好听 hǎotīng 🔞 듣기 좋다 | 端着 duānzhe 받쳐들다 | 地板 dìbǎn 🔞 바닥 | 滑 huá 🔞 반들반들하다, 미끄럽다 | 摔倒 shuāidǎo 🔞 (몸이 균형을 잃고) 넘어지다, 자빠지다 | 洒 sǎ 🔞 엎지르다 | 泼 pō 🔞 물을 뿌리다 | 急匆匆 jícōngcōng 🔞 급히 | 录音 lùyīn 🔞 녹음, 기록된 소리 | 失望 shīwàng 🔞 실망하다 | 优美 yōuměi 🔞 우아하고 아름답다 | 旋律 xuánlǜ 🔞 선율, 멜로디 | 充满 chōngmǎn 🔞 가득 채우다, 충만하다 | 享受 xiǎngshòu 🔞 향수, 즐김 | 摔跤 shuāijiāo 🔞 넘어지다 | 惊讶 jīngyà 🔞 의아해하다 | 恍然大悟 huǎngrán dàwù 🔞 갑자기 모두 알게 되다 | 失望 shīwàng 🔞 낙담하다, 실망하다 | 透顶 tòudǐng 🔞 극도에 이르다, 짝이 없다

 7-2-4

❶

❷

❸

❹

❶ 엄마가 아이에게 돈을 주면서 치킨을 사오라고 심부름을 시킨다.
❷ 아이는 심부름 가는 길에 여러 상점을 보며 즐거워한다.
❸ 아이는 자기가 좋아하는 사탕, 과자, 장난감을 사서 돌아간다.
❹ 아이가 사온 물건을 보고 엄마가 화를 낸다.

1 ❶ 一天，孩子和妈妈不知道吃什么，于是妈妈给了孩子一些钱，让孩子去买炸鸡回来。

Yì tiān, háizi hé māma bù zhīdào chī shénme, yúshì māma gěi le háizi yìxiē qián, ràng háizi qù mǎi zhájī huílai.

어느 날, 아이와 엄마는 무엇을 먹을지 몰라서, 엄마는 아이에게 돈을 조금 주며, 치킨을 사오게 하였습니다.

❷ 孩子拿着钱高高兴兴地在去买炸鸡的路上东看看，西看看，商店真多啊，各种商品都有。

Háizi názhe qián gāogao xìngxing de zài qù mǎi zhájī de lùshàng dōng kànkan, xī kànkan, shāngdiàn zhēn duō a, gè zhǒng shāngpǐn dōu yǒu.

아이는 돈을 가지고 신이 나서 치킨을 사러 가는 길에 이리저리 두리번거렸습니다. 상점은 정말 많고, 여러 가지 물건이 모두 있었습니다.

❸ 孩子回到了家，买回来了各种各样的东西。有他喜欢的糖果、零食和玩具等等。

Háizi huídào le jiā, mǎi huílai le gè zhǒng gèyàng de dōngxi. Yǒu tā xǐhuan de tángguǒ、língshí hé wánjù děngděng.

아이는 집에 왔는데, 여러 가지 물건들을 사서 돌아왔습니다. 그가 좋아하는 사탕, 과자, 장난감 등이었습니다.

❹ 妈妈看到孩子买这些东西回来，非常生气，问孩子为什么不买炸鸡，而买这些东西。

Māma kàndào háizi mǎi zhèxiē dōngxi huílai, fēicháng shēngqì, wèn háizi wèishénme bù mǎi zhájī, ér mǎi zhèxiē dōngxi.

엄마는 아이가 사 온 물건들을 보고 무척 화가 나서, 왜 치킨을 사지 않고 이런 것들을 사왔냐고 물었습니다.

2 ❶ 为庆祝孩子爸爸升职，妈妈特意提前下班，准备回家大展身手，结果爸爸把菜弄糊了。无奈之下，妈妈只好让孩子去市场买一只炸鸡回来。

Wèi qìngzhù háizi bàba shēngzhí, māma tèyì tíqián xiàbān, zhǔnbèi huíjiā dàzhǎn shēnshǒu, jiéguǒ bàba bǎ cài nònghú le. Wúnài zhīxià, māma zhǐhǎo ràng háizi qù shìchǎng mǎi yì zhī zhájī huílai.

아이 아빠의 승진을 축하하기 위하여, 아이 엄마는 특별히 미리 퇴근해서, 집으로 돌아가 요리 솜씨를 발휘하려 했습니다. 그러나 아빠의 실수로 요리가 모두 눌러 붙었습니다. 하는 수 없이, 엄마는 아이에게 마트에 가서 치킨을 사오라고 하였습니다.

❷ 孩子一路上蹦蹦跳跳，一点儿都耐不住兴奋。一想到可以吃到炸鸡，就高兴得不得了。

Háizi yílùshàng bèngbeng tiàotiào, yìdiǎnr dōu nài bu zhù xìngfèn. Yì xiǎngdào kěyǐ chīdào zhájī, jiù gāoxìng de bù dé liǎo.

아이는 가는 길에 깡충깡충 거리며, 마음속의 흥분을 멈출 줄 몰랐습니다. 치킨을 먹을 생각만 하면, 너무 기분이 좋았습니다.

❸ 路上，孩子看见了一家商店。里面各种商品一应俱全。他买了糖果、饼干、还有玩具。

Lùshàng, háizi kànjiàn le yì jiā shāngdiàn. Lǐmiàn gè zhǒng shāngpǐn yìyīng jùquán. Tā mǎi le tángguǒ、bǐnggàn、háiyǒu wánjù.

도중에 아이는 상점 하나를 발견했습니다. 안에는 온갖 물건이 있었습니다. 그는 사탕, 비스킷 그리고 장난감을 샀습니다.

❹ 回到家后，孩子把新买的东西给妈妈看，妈妈顿时火冒三丈，并质问妈妈让买的炸鸡为什么没买。

Huídào jiā hòu, háizi bǎ xīn mǎi de dōngxi gěi māma kàn, māma dùnshí huǒmào sānzhàng, bìng zhìwèn māma ràng mǎi de zhájī wèishéme méi mǎi.

집에 돌아온 후, 아이는 새로 산 물건을 엄마에게 보여주었는데, 엄마는 갑자기 화가 머리 끝까지 나서 아이에게 왜 치킨을 사오지 않았느냐고 물었습니다.

 炸鸡 zhájī 몡 치킨 | 东看看西看看 dōng kànkan xī kànkan 두리번거리다 | 各种各样 gè zhǒng gèyàng 각양각색 | 糖果 tángguǒ 몡 사탕 | 零食 língshí 몡 간식 | 玩具 wánjù 몡 장난감 | 特意 tèyì 뷔 특별히, 일부러 | 大展身手 dàzhǎn shēnshǒu 솅 솜씨를 과시하다 | 结果 jiéguǒ 몡 결과 뷔 결국, 끝내 | 糊 hú 동 (음식이나 옷 따위가) 눋다, 타다 | 无奈之下 wúnài zhīxià 어쩔 도리가 없다 | 蹦蹦跳跳 bèngbeng tiàotiào 활발하게 뛰는 모양, 깡충깡충 | 耐不住 nài bu zhù 참을 수 없다, 견디지 못하다 | 一应俱全 yìyīng jùquán 솅 모두 갖추어져 있다 | 顿时 dùnshí 뷔 갑자기, 문득 | 火冒三丈 huǒmào sānzhàng 솅 화가 머리 끝까지 치밀다

问题 5 ★

🎧 7-2-5

❶

❷

❸

❹

 ❶ 통통한 체형의 여자가 인터넷에서 스웨터를 보고 있다.

❷ 택배를 받고 보니 스웨터가 너무 작아서 입을 수 없다.

❸ 헬스장에서 열심히 운동하고 있다.

❹ 살을 빼고 다시 입어보니 스웨터가 헐렁해서 매우 실망하는 표정이다.

답변 1 **❶** 一个胖乎乎的人在网上买了一件毛衣。

Yí ge pànghūhū de rén zài wǎngshàng mǎi le yí jiàn máoyī.

한 뚱뚱한 사람이 인터넷으로 스웨터 한 벌을 샀습니다.

❷ 收到以后，穿上一看，毛衣太紧了，不能穿出去。她就下定决心减肥。

Shōudào yǐhòu, chuānshàng yí kàn, máoyī tài jǐn le, bù néng chuān chūqu. Tā jiù xià dìng juéxīn jiǎnféi.

받은 후 입어보니 스웨터가 너무 꽉 끼어 입고 나갈 수 없었습니다. 그녀는 다이어트를 하기로 결심했습니다.

❸ 她从二月份开始减肥。每天去健身房运动。

Tā cóng èr yuèfèn kāishǐ jiǎnféi. Měitiān qù jiànshēnfáng yùndòng.

그녀는 2월부터 다이어트를 시작했습니다. 매일 헬스장에 가서 운동을 했습니다.

---

❹ 到了七月，她终于减肥成功，穿上了毛衣，这一下太肥了。再说夏天了不能穿毛衣，看来还要增肥啊。

Dào le qī yuè, tā zhōngyú jiǎnféi chénggōng, chuānshàng le máoyī, zhè yíxià tài féi le. Zàishuō xiàtiān le bù néng chuān máoyī, kànlái hái yào zēngféi a.

7월이 되었고 그녀는 마침에 다이어트에 성공했습니다. 스웨터를 입어보니 이번에는 너무 헐렁했습니다. 게다가 여름에는 스웨터를 입을 수 없으니 다시 살을 찌워야 하겠습니다.

답변 2 ❶ 一个胖乎乎的女孩在网上买到了一款心仪的毛衣。女孩儿收到毛衣后，迫不及待地打开一看，简直和网上的一模一样。她高兴坏了。

Yí ge pànghūhū de nǚhái zài wǎngshàng mǎidào le yì kuǎn xīnyí de máoyī. Nǚháir shōudào máoyī hòu, pòbù jídài de dǎkāi yí kàn, jiǎnzhí hé wǎngshàng de yìmú yíyàng. Tā gāoxìng huài le.

한 뚱뚱한 여자가 인터넷으로 마음에 드는 스웨터를 하나 구매했습니다. 스웨터를 받은 후, 기다릴 새도 없이 열어 보았는데, 인터넷에서 본 것과 똑같았습니다. 그녀는 정말 기뻤습니다.

❷ 她赶忙穿上了毛衣，可是发现毛衣太紧了。她很受伤，决定从明天开始运动减肥。

Tā gǎnmáng chuānshàng le máoyī, kěshì fāxiàn máoyī tài jǐn le. Tā hěn shòushāng, juédìng cóng míngtiān kāishǐ yùndòng jiǎnféi.

그녀는 서둘러 스웨터를 입어보았는데, 스웨터가 너무 작다는 것을 알았습니다. 그녀는 매우 상심하여, 내일부터 운동을 시작해 다이어트를 하기로 결심했습니다.

❸ 为了达到瘦身目标，她制定了一份运动计划，每天都坚持不懈地去健身房运动。

Wèile dádào shòushēn mùbiāo, tā zhìdìng le yí fèn yùndòng jìhuà, měitiān dōu jiānchí búxiè de qù jiànshēnfáng yùndòng.

살을 뺄 목표에 이르기 위해 운동 계획을 세웠고, 매일 부지런히 헬스장에 가서 운동하였습니다.

❹ 到了七月，她终于瘦身成功了。她又发现毛衣太肥了。这真是让人哭笑不得。

Dào le qī yuè, tā zhōngyú shòushēn chénggōng le. Tā yòu fāxiàn máoyī tài féi le. Zhè zhēnshì ràng rén kūxiào bù dé.

7월이 되어 드디어 살을 빼는 데 성공했지만, 스웨터가 너무 크다는 걸 알았습니다. 정말 울지도 웃지도 못하는 상황이 되어 버렸습니다.

단어 | 胖乎乎 pànghūhū 🔖 뚱뚱하다 | 毛衣 máoyī 🔖 스웨터 | 紧 jǐn 🔖 팽팽하다, 죄다 | 下定决心 xià dìng juéxīn 결심하다 | 减肥 jiǎnféi 🔖 다이어트하다 | 健身房 jiànshēnfáng 🔖 헬스장 | 增肥 zēngféi 살이 찌다 | 心仪 xīnyí 🔖 마음에 들다 | 迫不及待 pòbù jídài 한시도 지체할 수 없다 | 简直 jiǎnzhí 🔖 그야말로, 정말 | 一模一样 yìmú yíyàng 🔖 모양이 완전 같다 | 赶忙 gǎnmáng 🔖 서둘러, 급히 | 制定 zhìdìng 🔖 만들다 | 坚持不懈 jiānchí búxiè 🔖 꾸준히 견지하며 태만하지 않다 | 哭笑不得 kūxiào bùdé 울 수도 웃을 수도 없다

이 부분 문제의 그림3, 4에는 대부분 생각지도 못한 상황 때문에 놀라는 장면이 나온다. 따라서 그림1, 2를 서술할 때에는 평이한 단어와 간단한 표현으로 서술하고, 뒷부분에서 뜻밖의 상황이 발생한 것에 대해서 구체적으로 표현하면 된다. 놀랐을 때는 보통 '突然(갑자기)', '没想到(뜻밖에도)', '出人意料(뜻밖에도)', '令人意外(의외로)' 등으로 나타내며, '惊喜(서프라이즈)', '吃惊(놀라다)', '大吃一惊(깜짝 놀라다)', '惊讶(놀라다)', '吓了一跳(깜짝 놀라다)', '哑口无言(말문이 막히다)', '惊慌失措(놀라고 당황하여 어쩔 줄을 모르다)', '不知所措(어찌할 바를 모르다)', '无所适从(어떻게 해야 할지 모르다)', '脑子一片空白(아무런 생각이 나지 않다)', '不知道怎么办才好(어떻게 해야 좋을지 모르겠다)' 등으로 놀람의 정도를 표현한다.

问题 1 ★

🎧 7-3-1

❶

❷

❸

❹

❶ 길을 가던 한 여자가 어느 옷가게의 쇼윈도에서 마음에 드는 옷을 발견하고는 매우 좋아한다.

❷ 옷가게에 들어가서 자신의 외투를 진열된 옷걸이 위에 올려 놓고 새 옷을 입어보고 있다.

❸ 옷이 잘 맞아서 사려고 계산을 하고 있는데, 다른 손님이 그 여자가 벗어놓은 외투를 보고는 마음에 들어서 입어보려 한다.

❹ 그 손님은 그 여자의 외투가 마음에 들어 그 옷을 사려고 계산대를 향해 오고 있고, 그 외투의 주인인 여자 손님은 황당한 듯 쳐다보고 있다.

답변 1 ❶ 有一天，一个女人走在路上，突然看见商店里的一件衣服，样子又时尚又漂亮。

Yǒu yì tiān, yí ge nǚrén zǒu zài lùshàng, tūrán kànjiàn shāngdiàn lǐ de yí jiàn yīfu, yàngzi yòu shíshàng yòu piàoliang.

어느 날 한 여자가 길을 걷다가, 문득 상점 안에 있는 옷 한 벌을 보았는데, 요즘 유행하는 예쁜 옷이었습니다.

❷ 她走进商店，脱下自己的外套，把它挂在衣架上，然后到试衣间去试衣服。她在镜子前面照了一会儿。

Tā zǒujìn shāngdiàn, tuōxià zìjǐ de wàitào, bǎ tā guàzài yījià shàng, ránhòu dào shìyījiān qù shì yīfu. Tā zài jìngzi qiánmiàn zhào le yíhuìr.

그녀는 상점으로 들어가서 자신의 외투를 벗어서 옷걸이에 걸고, 탈의실에 가서 옷을 입어본 후 거울 앞에서 잠시 비춰봤습니다.

❸ 女人很喜欢刚才试的那件衣服，决定购买。女人结账的时候，一位女客人看到了她脱下来的外套，很喜欢，想试试。

Nǚrén hěn xǐhuan gāngcái shì de nà jiàn yīfu, juédìng gòumǎi. Nǚrén jiézhàng de shíhou, yí wèi nǚ kèrén kàndào le tā tuō xiàlai de wàitào, hěn xǐhuan, xiǎng shìshi.

여자는 방금 입어본 그 옷이 마음에 들어서 사기로 결정했습니다. 여자가 계산을 할 때, 한 여자 손님이 그녀가 벗어놓은 외투를 보고는 마음에 들어서 입어보고 싶었습니다.

❹ 女客人试了以后很喜欢，打算买，交钱的时候，女人看到别的客人拿着自己的衣服，觉得很惊讶。

Nǚ kèrén shì le yǐhòu hěn xǐhuan, dǎsuan mǎi, jiāoqián de shíhou, nǚrén kàndào bié de kèrén názhe zìjǐ de yīfu, juéde hěn jīngyà.

여자 손님은 입어 본 다음 마음에 들어서 사기로 했습니다. 돈을 낼 때 여자는 다른 손님이 자신의 옷을 가지고 있는 것을 보고 무척 놀랐습니다.

제 **7** 부분

답변 2 ❶ 有一天，一个女人悠闲自在地逛街。当她路过一家商店的时候，看到橱窗里一件衣服又漂亮又时髦，她非常喜欢。

Yǒu yì tiān, yí ge nǚrén yōuxián zìzài de guàngjiē. Dāng tā lùguò yì jiā shāngdiàn de shíhou, kàndào chúchuāng lǐ yí jiàn yīfu yòu piàoliang yòu shímáo, tā fēicháng xǐhuan.

어느 날 한 여자가 한가롭게 아이쇼핑을 하고 있었습니다. 한 가게를 지나다가 쇼윈도 안의 예쁘고 세련된 옷을 봤는데 굉장히 마음에 들었습니다.

❷ 于是她走进商店，直奔那件衣服走去，并马上脱下外套挂在衣架上，迫不及待地去试那件衣服。

Yúshì tā zǒujìn shāngdiàn, zhíbèn nà jiàn yīfu zǒuqù, bìng mǎshàng tuōxià wàitào guà zài yījià shàng, pòbú jídài de qù shì nà jiàn yīfu.

그래서 그녀는 상점에 들어가 곧장 그 옷이 있는 곳으로 다가갔습니다. 그리고 바로 외투를 벗어서 옷걸이에 걸어놓고 재빠르게 그 옷을 입어봤습니다.

❸ 衣服的款式和价格她都很满意，决定去结账。在她结账的时候，另一位女客看到了她挂在衣架上的那件衣服，她错认为是商店卖的衣服，所以她决定试一试。

Yīfu de kuǎnshì hé jiàgé tā dōu hěn mǎnyì, juédìng qù jiézhàng. Zài tā jiézhàng de shíhou, lìng yí wèi nǚkè kàndào le tā guà zài yījià shàng de nà jiàn yīfu, tā cuò rènwéi shì shāngdiàn mài de yīfu, suǒyǐ tā juédìng shì yi shì.

그녀는 옷의 스타일과 가격이 모두 마음에 들어서 사기로 결정했습니다. 그녀가 계산을 할 때, 다른 한 여자 손님이 그녀가 옷걸이에 걸어둔 외투를 보고, 상점에서 판매하는 옷인 줄 알고 입어보려 했습니다.

❹ 试过后，女客人觉得既漂亮又合身，她高兴地结账。外套的主人突然看到自己的衣服在别人的手里，并且那个人准备去结账，她惊得目瞪口呆。

Shìguo hòu, nǚkèrén juéde jì piàoliang yòu héshēn, tā gāoxìng de jiézhàng. Wàitào de zhǔrén tūrán kàndào zìjǐ de yīfu zài biérén de shǒulǐ, bìngqiě nà ge rén zhǔnbèi qù jiézhàng, tā jīng de mùdèng kǒudāi.

입어본 후에, 여자 손님은 그 옷이 예쁘기도 하고 몸에도 잘 맞아서 기분 좋게 계산을 하러 갔습니다. 외투의 주인은 자신의 옷이 다른 사람의 손에 들려 있고, 게다가 그 사람이 계산을 하려는 것을 보고는 놀라서 어안이 벙벙했습니다.

단어

时尚 shíshàng 휑 유행이다 | 脱 tuō 동 벗다 | 外套 wàitào 명 외투 | 挂 guà 동 (고리·못 따위에) 걸다 | 镜子 jìngzi 명 거울 | 照 zhào 동 (거울·호수면 등에) 비추다 | 决定 juédìng 동 결정하다 | 结账 jiézhàng 동 계산하다 | 打算 dǎsuan 동 ~할 생각이다, ~할 작정이다 | 交钱 jiāoqián 돈을 내다 | 惊讶 jīngyà 형 놀랍고 의아하다 | 悠闲自在 yōuxián zìzài 여유 있고 한가하다 | 逛街 guàngjiē 동 거리를 구경하며 돌아다니다 | 橱窗 chúchuāng 명 쇼윈도, 진열대 | 时髦 shímáo 형 유행이다, 현대적이다 | 款式 kuǎnshì 명 스타일, 디자인 | 目瞪口呆 mùdèng kǒudāi 셍 어안이 벙벙하다

 ❶ 한 여자 직원이 몸이 아파 상사에게 병가를 냈다.

❷ 이를 본 남자 동료가 부러운 마음에 자기도 몸이 아프다며 거짓말을 하고 상사에게 병가를 냈다.

❸ 남자 직원은 커피숍에서 커피를 마시며 음악을 들으며 쉬고 있다.

❹ 갑자기 상사가 나타나 마주치고 남자 직원은 매우 놀란다.

답변 1 ❶ 办公室里有女职员和男职员。一名女职员觉得不舒服，要去医院，老板同意女职员去看病。

Bàngōngshì lǐ yǒu nǚ zhíyuán hé nán zhíyuán. Yì míng nǚ zhíyuán juéde bù shūfu, yào qù yīyuàn, lǎobǎn tóngyì nǚ zhíyuán qù kànbìng.

사무실에 여자 직원과 남자 직원이 있습니다. 여자 직원이 몸이 아파 병원에 가려고 하자, 사장은 여자 직원이 진료를 받으러 가도록 허락했습니다.

❷ 旁边的男同事看见了，很羡慕。他决定也请假，说自己不舒服，老板也同意了。

Pángbiān de nán tóngshì kànjiàn le, hěn xiànmù. Tā juédìng yě qǐngjià, shuō zìjǐ bù shūfu, lǎobǎn yě tóngyì le.

옆의 남자 동료는 그것을 보고 부러웠습니다. 자신도 휴가를 내기로 하고 몸이 아프다고 말했고 사장은 허락했습니다.

제
❼
부분

❸ 他开心极了。他来到公司附近的咖啡厅，点了一杯咖啡。边听音乐边休息，非常自在。

Tā kāixīn jí le. Tā láidào gōngsī fùjìn de kāfēitīng, diǎn le yì bēi kāfēi. Biān tīng yīnyuè biān xiūxi, fēicháng zìzai.

그는 무척 기뻤습니다. 그는 회사 근처의 카페에 와서 커피 한 잔을 주문했습니다. 음악을 들으며 쉬는데 아주 편안했습니다.

❹ 他的老板突然走进咖啡厅，看见了男职员，男职员很吃惊。

Tā de lǎobǎn tūrán zǒujìn kāfēitīng, kànjiàn le nán zhíyuán, nán zhíyuán hěn chījīng.

갑자기 사장이 카페로 들어와 남자 직원을 보았고, 남자 직원은 매우 놀랐습니다.

답변 2 **❶** 在办公室里，职员们正在工作。一名女职员突然觉得身体不舒服。于是向老板请了病假去医院看看。

Zài bàngōngshì lǐ, zhíyuánmen zhèngzài gōngzuò. Yì míng nǚ zhíyuán tūrán juéde shēntǐ bù shūfu. Yúshì xiàng lǎobǎn qǐng le bìngjià qù yīyuàn kànkan.

사무실에서 직원들이 일을 하고 있습니다. 한 여자 직원이 갑자기 몸이 아파서 사장에게 병가를 내고 진료를 받으러 병원에 갔습니다.

❷ 旁边的男同事看到了，很羡慕她，可以不用工作。他灵机一动，也想出个主意：假装生病，向老板请假。老板居然没有看穿他，答应了他请病假。

Pángbiān de nán tóngshì kàndào le, hěn xiànmù tā, kěyǐ búyòng gōngzuò. Tā língjī yídòng, yě xiǎng chū ge zhǔyì: jiǎzhuāng shēngbìng, xiàng lǎobǎn qǐngjià. Lǎobǎn jūrán méiyǒu kàn chuān tā, dāying le tā qǐng bìngjià.

옆의 남자 동료가 보았는데, 일을 하지 않아도 되는 그녀가 부러웠습니다. 그는 기지를 발휘해 아이디어를 냈습니다. 병이 난 척 하고, 사장에게 병가를 신청했습니다. 뜻밖에도 사장은 그를 간파하지 못했고, 그가 병가 내는 것을 허락했습니다.

❸ 男职员坐在咖啡厅里，一边悠闲地喝着咖啡，一边暗暗窃喜自己的计划成功了。

Nán zhíyuán zuò zài kāfēitīng lǐ, yìbiān yōuxián de hēzhe kāfēi, yìbiān àn'àn qièxǐ zìjǐ de jìhuà chénggōng le.

남자 직원은 카페에서 앉아 한가로이 커피를 마시며 자신의 계획이 성공한 것을 남몰래 기뻐하고 있었습니다.

❹ 就在他高兴的时候，他的老板突然走进了咖啡厅。看到老板的一瞬间，他吓得魂飞魄散。

jiù zài tā gāoxìng de shíhou, tā de lǎobǎn tūrán zǒujìn le kāfēitīng, kàndào lǎobǎn de yì shùnjiān, tā xià de hún fēi pò sàn.

그가 좋아하고 있는 바로 그때, 사장이 갑자기 카페로 들어왔습니다. 사장을 본 순간 그는 놀라서 혼비백산했습니다.

단어
不舒服 bùshūfu 🔵 (몸이) 아프다 | 看病 kànbìng 🔵 진료하다 | 羡慕 xiànmù 🔵 부러워하다 | 请假 qǐngjià 🔵 휴가를 내다 | 自在 zìzai 🔵 편안하다, 안락하다 | 吃惊 chījīng 🔵 깜짝 놀라다 | 病假 bìngjià 🔵 병가 | 灵机一动 língjī yídòng 🔵 교묘한 생각이 떠오르다 | 假装 jiǎzhuāng 🔵 가장하다, 짐짓 ~체하다 | 居然 jūrán 🔵 뜻밖에 | 看穿 kànchuān 🔵 간파하다 | 答应 dāying 🔵 승낙하다 | 暗暗 àn'àn 🔵 은근히, 남몰래 | 窃喜 qièxǐ 🔵 남몰래 기뻐하다 | 一瞬间 yíshùnjiān 🔵 순식간 | 魂飞魄散 húnfēi pòsàn 🔵 혼비백산하다

问题 3 ⭐ 🎧 7-3-3

❶

❷

❸

❹

그림분석
❶ 여자가 집 앞마당에서 한가로이 책을 보고 있는데, 이때 옆집 개가 짖어대서 여자는 화가 났다.
❷ 여자가 옆집 주인을 찾아가 개가 시끄럽다고 얘기를 하자, 옆집 개가 조용해졌다.
❸ 여자는 밤에 자다가 개가 짖는 소리에 잠이 깼다.
❹ 화가 나서 문을 열고 밖으로 나갔는데, 개가 담을 넘고 있는 도둑의 다리를 물고 있었다.

답변 1 ❶ 女人坐在椅子上，一边看书一边喝咖啡。邻居家有一只小狗，一直在叫，女人很生气。

Nǚrén zuò zài yǐzi shàng, yìbiān kànshū yìbiān hē kāfēi. Línjū jiā yǒu yì zhī xiǎogǒu, yìzhí zài jiào, nǚrén hěn shēngqì.

여자가 의자에 앉아서 책을 보며 커피를 마시고 있었습니다. 이웃집에 강아지 한 마리가 있는데 계속 짖어대서 여자는 매우 화가 났습니다.

❷ 她对邻居说小狗太吵了，她不能看书。从那以后，小狗就不叫了。

Tā duì línjū shuō xiǎogǒu tài chǎo le, tā bù néng kàn shū. Cóng nà yǐhòu, xiǎogǒu jiù bú jiào le.

그녀는 이웃에게 강아지가 너무 시끄러워서 책을 볼 수 없다고 말했고, 그 후에 강아지는 짖지 않았습니다.

❸ 晚上，她正在睡觉的时候，小狗又开始叫了，吵得她睡不着觉。

Wǎnshang, tā zhèngzài shuìjiào de shíhou, xiǎogǒu yòu kāishǐ jiào le, chǎo de tā shuì bu zháo jiào.

밤에 그녀가 잠을 자고 있을 때 강아지가 또 짖기 시작했고, 그녀는 시끄러워 잠을 잘 수가 없었습니다.

❹ 于是她生气地跑出去，要教训那只小狗。没想到，小狗正紧紧地咬着一个人的腿。原来那个人要偷女人家的东西，女人觉得很愧疚。

Yúshì tā shēngqì de pǎo chūqu, yào jiàoxun nà zhī xiǎogǒu. Méixiǎngdào, xiǎogǒu zhèng jǐnjǐn de yǎozhe yí ge rén de tuǐ. Yuánlái nà ge rén yào tōu nǚrén jiā de dōngxi, nǚrén juéde hěn kuìjiù.

그래서 화가 나서 밖으로 나와 그 개를 혼내려고 했습니다. 그런데 뜻밖에도 강아지가 어떤 사람의 다리를 물고 있었는데, 알고 보니 그 사람은 여자 집의 물건을 훔치려고 했던 것이었습니다. 여자는 미안하고 부끄러웠습니다.

---

2 ❶ 女孩儿正在院子里惬意地一边看书一边喝咖啡。突然邻居家的小狗不停地叫，弄得女孩儿无法专心看书，她很生气。

Nǚháir zhèngzài yuànzi lǐ qièyì de yìbiān kàn shū yìbiān hē kāfēi. Tūrán línjū jiā de xiǎogǒu bùtíng de jiào, nòng de nǚháir wúfǎ zhuānxīn kàn shū, tā hěn shēngqì.

여자가 정원에서 기분 좋게 책을 보며 커피를 마시고 있었습니다. 갑자기 옆집 강아지가 쉴 새 없이 짖어대어 여자는 책을 볼 수 없어 매우 화가 났습니다.

❷ 女孩儿来到邻居家，对邻居说，小狗吵得她不能看书，让主人管好自己的小狗，小狗真的变得很安静。

Nǚháir láidào línjū jiā, duì línjū shuō, xiǎogǒu chǎo de tā bù néng kàn shū, ràng zhǔrén guǎn hǎo zìjǐ de xiǎogǒu, xiǎogǒu zhēnde biàn de hěn ānjìng.

여자는 이웃집에 와서 이웃에게 강아지가 시끄럽게 해서 책을 볼 수 없으니 주인에게 강아지를 잘 보라고 말했습니다. 강아지는 정말 조용해졌습니다.

❸ 到了晚上，她睡得正香，突然被一阵狗叫声惊醒。她火冒三丈地走出去，打算好好教训教训那只小狗。

Dào le wǎnshang, tā shuì de zhèng xiāng, tūrán bèi yí zhèn gǒu jiàoshēng jīngxǐng. Tā huǒmào sānzhàng de zǒu chūqu, dǎsuan hǎohāo jiàoxun jiàoxun nà zhī xiǎogǒu.

밤이 되어서 그녀는 마침 달게 자고 있었는데, 갑자기 한바탕 개 짖는 소리에 놀라 깼습니다. 그녀는 화가 머리 끝까지 나서 밖으로 나가 그 강아지를 혼낼 생각이었습니다.

❹ 可是当她走出去的时候，看见小狗正紧紧地咬着一个人的腿。那个人手里拿着女孩儿的钱包，女孩儿大吃一惊。觉得自己错怪了小狗，很后悔。

Kěshì dāng tā zǒu chūqu de shíhou, kànjiàn xiǎogǒu zhèng jǐnjǐn de yǎozhe yí ge rén de tuǐ. Nà ge rén shǒu lǐ názhe nǚháir de qiánbāo, nǚháir dàchī yìjīng. Juéde zìjǐ cuòguài le xiǎogǒu, hěn hòuhuǐ.

그러나 그녀가 밖으로 나갔을 때, 강아지가 어떤 사람의 다리를 꽉 물고 있는 게 보였습니다. 그 사람은 여자의 지갑을 들고 있어서 여자는 크게 놀랐습니다. 또한 강아지를 괜히 탓했다고 생각하며 후회스러웠습니다.

단어 │ 邻居 línjū 몡 이웃집 │ 叫 jiào 동 (동물이) 울다, 짖다 │ 生气 shēngqì 동 화 나다 │ 吵 chǎo 혱 시끄럽다, 떠들썩하다 │ 教训 jiàoxun 동 혼내다 │ 咬 yǎo 동 물다, 깨물다 │ 偷 tōu 동 훔치다 │ 愧疚 kuìjiù 동 (양심의 가책으로) 부끄러워하다 │ 惬意 qièyì 동 만족하다, 흐뭇하다 │ 香 xiāng 혱 (잠이)달콤하다 │ 惊醒 jīngxǐng 동 깜짝 놀라서 깨다 │ 火冒三丈 huǒmào sānzhàng 성 화가 머리끝까지 치밀다 │ 后悔 hòuhuǐ 동 후회하다

问题 4 ★

🎧 7-3-4

그림분석

❶ 아이와 아빠가 거실 바닥에서 그림을 그리고 있다.
❷ 그림을 다 그린 후에 아빠는 아이와 소파에 앉아 TV를 보고, 엄마는 옆에서 그들의 그림을 정리한다.
❸ 다음 날 아빠가 출근할 준비를 하며 자신의 설계도를 챙겨 갔다.
❹ 회사에 와서 발표를 하기 위해 설계도를 꺼내는데, 설계도가 아니라 아이가 그린 그림을 가져왔다는 것을 깨달았다.

1 ❶ 有一天，孩子坐在地上画画儿，爸爸在一旁画设计图纸。

Yǒu yì tiān, háizi zuò zài dìshang huàhuàr, bàba zài yì páng huà shèjì túzhǐ.

어느 날 아이는 바닥에 앉아서 그림을 그리고, 아빠는 옆에서 설계 도면을 그리고 있었습니다.

❷ 画完以后，爸爸带着孩子坐在沙发上看电视，妈妈在一旁整理他们的画儿。

Huàwán yǐhòu, bàba dàizhe háizi zuò zài shāfā shàng kàn diànshì, māma zài yì páng zhěnglǐ tāmen de huàr.

그림을 다 그린 후에 아빠는 아이를 데리고 소파에 앉아 TV를 보았고, 엄마는 옆에서 그들의 그림을 정리했습니다.

❸ 第二天，爸爸穿着西服准备去公司上班，顺手拿了昨天画的图纸。

Dì-èr tiān, bàba chuānzhe xīfú zhǔnbèi qù gōngsī shàngbān, shùnshǒu nále zuótiān huà de túzhǐ.

이튿날, 아빠는 양복을 입고 회사에 출근할 준비를 하면서, 어제 그린 도면을 손 닿는 대로 손에 들었습니다.

❹ 到了公司，他准备向同事们说明自己画的图纸。可是在打开图纸的一瞬间，他吓了一跳。因为他把孩子画的画儿带来了。

Dào le gōngsī, tā zhǔnbèi xiàng tóngshìmen shuōmíng zìjǐ huà de túzhǐ. Kěshì zài dǎkāi túzhǐ de yíshùnjiān, tā xiàle yítiào. Yīnwèi tā bǎ háizi huà de huàr dàilái le.

회사에 도착하여 그는 동료들에게 자기가 그린 도면을 설명하려고 했습니다. 그러나 그림을 펼친 순간 그는 깜짝 놀랐습니다. 아이가 그린 그림을 가져왔기 때문입니다.

2 ❶ 有一天，孩子坐在地板上高兴地画着画儿。爸爸在一旁工作，画第二天需要用的设计图纸。

Yǒu yì tiān, háizi zuò zài dìbǎn shàng gāoxìng de huàzhe huàr. Bàba zài yì páng gōngzuò, huà dì èr tiān xūyào yòng de shèjì túzhǐ.

어느 날 아이는 바닥에 앉아서 즐겁게 그림을 그리고 있었습니다. 아빠는 옆에서 일을 하고 있었는데, 이튿날 사용할 설계 도면을 그리고 있었습니다.

❷ 他们画好了以后，一起坐在沙发上看电视，妈妈在一旁整理他们的画儿。

Tāmen huàhǎo le yǐhòu, yìqǐ zuò zài shāfā shàng kàn diànshì, māma zài yì páng zhěnglǐ tāmen de huàr.

그들은 다 그린 후에 함께 소파에 앉아서 TV를 보았고, 엄마는 옆에서 그들이 그린 그림을 정리했습니다.

❸ 第二天，爸爸穿着西服准备去公司上班，顺手拿了自己的图纸。

Dì èr tiān, bàba chuānzhe xīfú zhǔnbèi qù gōngsī shàngbān, shùnshǒu ná le zìjǐ de túzhǐ.

다음 날 아빠는 양복을 입고 출근할 준비를 했고, 손에는 자신의 도면을 들었습니다.

❹ 到了公司，他拿出图纸。正要准备为大家说明的时候，他大惊失色。原来他带来了孩子画的卡通画儿。自己的图纸还在家里，真是太粗心大意了。

Dào le gōngsī, tā náchū túzhǐ. Zhèng yào zhǔnbèi wèi dàjiā shuōmíng de shíhou, tā dàjīng shīsè. Yuánlái tā dàilái le háizi huà de kǎtōng huàr. Zìjǐ de túzhǐ hái zài jiālǐ, zhēnshì tài cūxīn dàyì le.

회사에 도착해 그는 도면을 꺼냈습니다. 사람들에게 막 설명하려고 했을 때 그는 너무 놀라 얼굴빛이 크게 변했습니다. 알고 보니 그는 아이가 그린 만화를 가져왔고, 자신의 도면은 집에 있었던 겁니다. 너무 덜렁댔습니다.

단어 设计 shèjì 튌 설계하다, 디자인하다 | 图纸 túzhǐ 튌 도면, 설계도 | 一旁 yìpáng 튌 옆, 곁 | 整理 zhěnglǐ 튌 정리하다 | 西服 xīfú 튌 양복 | 顺手 shùnshǒu 튌 막힘없다 | 说明 shuōmíng 튌 설명하다 | 一瞬间 yíshùnjiān 튌 순간 | 吓了一跳 xiàle yítiào 깜짝 놀라다 | 大惊失色 dàjīng shīsè 튌 아연실색하다 | 卡通 kǎtōng 튌 만화 | 粗心大意 cūxīn dàyì 튌 꼼꼼하지 않다

问题 5
7-3-5

❶

❷

❸

❹

❶ 오늘은 샤오왕 자신의 생일이라, 한껏 부풀어 있다.

❷ 퇴근 무렵 갑자기 상사가 일을 많이 주어서 야근을 해야 할 상황에 놓인 샤오왕은 불만이 가득하다.

❸ 저녁 10시가 되자, 동료들이 케이크와 선물을 들고 샤오왕이 있는 사무실로 들어왔다.

❹ 동료들이 깜짝 파티를 준비해주어, 샤오왕은 매우 감동하여 눈물이 났다.

답변 1 ❶ 今天是小王的生日，他打算约朋友去大吃一顿。

Jīntiān shì Xiǎo Wáng de shēngrì, tā dǎsuan yuē péngyou qù dàchī yídùn.

오늘은 샤오왕의 생일입니다. 그는 친구와 식사 약속을 할 생각이었습니다.

❷ 可是老板给了他很多工作，他必须加班到很晚。他非常生气，却又不能说什么。

Kěshì lǎobǎn gěi le tā hěn duō gōngzuò, tā bìxū jiābān dào hěn wǎn. Tā fēicháng shēngqì, què yòu bù néng shuō shénme.

하지만 상사가 그에게 많은 일을 주어서, 그는 늦게까지 야근을 해야 합니다. 매우 화가 났지만 뭐라고 말할 수가 없었습니다.

❸ 到了晚上十点，他的同事们突然拿着蛋糕进来了。

Dào le wǎnshang shí diǎn, tā de tóngshìmen tūrán názhe dàngāo jìnlái le.

저녁 10시가 되었을 때 그의 동료들이 갑자기 케이크를 들고 들어왔습니다.

❹ 那时，他才明白，这原来是同事们给他的惊喜，他感动得哭了。

Nà shí, tā cái míngbai, zhè yuánlái shì tóngshìmen gěi tā de jīngxǐ, tā gǎndòng de kū le.

그때 그는 비로소 동료들이 그에게 깜짝 파티를 해준 것이라는 것을 알고, 감동하여 울었습니다.

답변 2 ❶ 今天是小王的生日，小王从下午开始就计划怎么过生日。他想和朋友们一起出去大吃一顿，然后再去歌厅唱歌。因为最近工作很忙。好久没跟朋友见面聊天儿了，正好也叙叙旧。

Jīntiān shì Xiǎo Wáng de shēngrì, Xiǎo Wáng cóng xiàwǔ kāishǐ jiù jìhuà zěnme guò shēngrì. Tā xiǎng hé péngyoumen yìqǐ chūqù dàchī yídùn, ránhòu zài qù gētīng chànggē. Yīnwèi zuìjìn gōngzuò hěn máng. Hǎo jiǔ méi gēn péngyǒu jiànmiàn liáotiānr le, zhènghǎo yě xùxù jiù.

오늘은 샤오왕의 생일입니다. 샤오왕은 오후부터 생일을 어떻게 보낼지 계획했습니다. 그는 친구들과 함께 밖에서 식사를 하고 노래방에서 노래를 하고 싶었습니다. 요즘 일하느라 바빠서 친구들과 만나서 수다 떤 지도 오래 되어 마침 회포를 풀고 싶었습니다.

❷ 可是快要下班的时候，老板莫名其妙地给他布置了很多任务。他连晚饭都没吃，他不得不加班到很晚。他真是气不打一处来，可是又无能为力，只能继续留在办公室工作。

Kěshì kuàiyào xiàbān de shíhou, lǎobǎn mòmíng qímiào de gěi tā bùzhì le hěn duō rènwu. Tā lián wǎnfàn dōu méi chī, tā bùdébù jiābān dào hěn wǎn. Tā zhēnshì qì bù dǎ yí chù lái, kěshì yòu wúnéng wéilì, zhǐnéng jìxù liú zài bàngōngshì gōngzuò.

그러나 퇴근 무렵에 상사가 이상하게도 많은 업무를 주었습니다. 그는 저녁밥도 먹지 못하고, 늦게까지 야근을 해야 했습니다. 그는 정말 무척 화가 났지만 또 어떻게 할 수도 없어서, 계속 사무실에 남아 일을 할 수 밖에 없었습니다.

❸ 他一直工作到了晚上十点可还有很多工作要做，他觉得今晚不得不熬夜了。突然他的同事们出现在办公室里，手里拿着蛋糕和给他的礼物，原来是同事给他的生日惊喜。

Tā yìzhí gōngzuò dào le wǎnshang shí diǎn kě háiyǒu hěn duō gōngzuò yào zuò, tā juéde jīnwǎn bùdébù áo'yè le. Tūrán tā de tóngshìmen chūxiàn zài bàngōngshì lǐ, shǒulǐ názhe dàngāo hé gěi tā de lǐwù, yuánlái shì tóngshì gěi tā de shēngrì jīngxǐ.

그는 밤 10시까지 계속 일을 했는데도 여전히 할 일이 많이 남았습니다. 그는 오늘밤을 새울 수밖에 없겠다고 생각했습니다. 그런데 갑자기 그의 동료들이 사무실에 나타났는데, 손에 케이크와 그에게 줄 선물을 들고 있었습니다. 알고 보니 동료들이 그에게 생일 깜짝 파티를 해준 겁니다.

❹ 他真是没想到，大家会给他这么大的惊喜。小王喜极而泣，这是他过得最有意义的一次生日了。因为刚才他还在打电话跟朋友发牢骚，说老板的坏话呢！没想到老板这么用心，他很感动。

Tā zhēnshì méixiǎngdào, dàjiā huì gěi tā zhème dà de jīngxǐ. Xiǎo Wáng xǐjí érqì, zhè shì tā guò de zuì yǒu yìyì de yí cì shēngrì le. Yīnwèi gāngcái tā háizài dǎ diànhuà gēn péngyou fā láosāo, shuō lǎobǎn de huàihuà ne! Méixiǎngdào lǎobǎn zhème yòngxīn, tā hěn gǎndòng.

그는 동료들이 그에게 이런 서프라이즈 파티를 해줄 거라고는 정말 생각도 못했습니다. 샤오왕은 기뻐서 눈물이 났습니다. 이것은 그가 보낸 가장 의미 있는 생일이었습니다. 방금 전에도 그는 친구에게 전화를 걸어 투덜거리면서 상사의 욕을 했거든요! 상사가 이렇게 신경을 써줄 거라고는 생각도 못했기에 매우 감동했습니다.

단어 　大吃一顿 dàchī yídùn 호화로운 식사를 하다 | 必须 bìxū 則 반드시 ~해야 한다, 꼭 ~해야 한다 | 却 què 則 도리어, 오히려 | 惊喜 jīngxǐ 졩 서프라이즈 | 感动 gǎndòng 졩 감동하다 | 计划 jìhuà 圄 계획하다 | 叙旧 xùjiù 圄 (친구간에)옛일을 이야기하다 | 莫名其妙 mòmíng qímiào 圂 아무도 그 오묘함을 설명할 수 없다, 영문을 모르다 | 任务 rènwu 졩 임무, 책무 | 不得不 bùdébù 則 ~하지 않으면 안 된다 | 气不打一处来 qì bù dǎ yí chù lái (속담) 몹시 화가 나다 | 无能为力 wúnéng wéilì 圂 무능해서 아무 일도 못하다, 일을 추진시킬 힘이 없다 | 熬夜 áo'yè 圄 밤을 새다 | 意义 yìyì 졩 의미, 가치 | 喜极而泣 xǐjí érqì 몹시 기쁘거나 감격하여 눈물을 흘리다 | 发牢骚 fā láosāo 불평하다, 투덜거리다 | 坏话 huàihuà 졩 험담, 욕 | 用心 yòngxīn 圄 마음을 쓰다

POINT 04 서술편

이 부분의 문제는 감정의 묘사가 아닌 순서대로 이야기를 서술하는 그림이 나온다. 따라서 시간, 장소, 인물, 원인, 사건의 과정, 결과 등 순서에 따라서 서술을 하면 된다. 따라서 여기에는 고정적으로 자주 쓰이는 표현이 따로 없다. 이야기에 원인이 있을 경우, 원인은 간단하게 말하고 과정은 가능한 구체적으로 말하는 것이 좋다. 이야기에 교훈이 있거나 느끼는 바가 있을 때, 자신의 생각을 간략하게 표현하는 것도 좋다. 이야기를 풍성하게 서술하기 위해서는 상상력이 필요하다. 자신의 상상력을 충분히 발휘하여 말하도록 연습해보자.

问题 1 ★ 7-4-1

❶ 엄마가 아침 7시에 아이를 깨우는데, 아이는 일어나지 않는다.
❷ 아이는 여전히 침대에 누워 있고, 엄마는 알람 시계로 아이를 깨우려고 한다.
❸ 알람 시계가 울리자 아이는 시끄러워 알람 시계를 창밖으로 집어던진다.
❹ 잠시 후, 아이가 던진 알람 시계를 강아지가 입에 물고 방에 들어와서, 아이는 하는 수 없이 일어난다.

1 ❶ 已经早晨七点了，该去上学了。但是孩子还躺在床上睡觉，无论妈妈怎么叫他，他都不想起来。

Yǐjīng zǎochen qī diǎn le, gāi qù shàngxué le. Dànshì háizi hái tǎng zài chuángshàng shuìjiào, wúlùn māma zěnme jiào tā, tā dōu bù xiǎng qǐlái.

벌써 아침 7시가 되어 학교에 갈 시간이 되었습니다. 아이는 여전히 침대에 누워 자고 있고, 엄마가 아무리 깨워도 일어나려 하지 않았습니다.

❷ 妈妈想出了一个好办法。她把闹钟拿来，放在孩子枕头旁边，想吵醒孩子。

Māma xiǎng chū le yí ge hǎo bànfǎ. Tā bǎ nàozhōng nálái, fàng zài háizi zhěntou pángbiān, xiǎng chǎoxǐng háizi.

엄마는 한 가지 좋은 방법을 생각해냈습니다. 엄마는 알람 시계를 가져와서 아이의 베개 옆에 놓고 아이를 깨우려 했습니다.

❸ 这个办法真管用，孩子被闹钟吵醒了。但是，孩子一甩把闹钟甩出了窗外，继续呼呼大睡。

Zhè ge bànfǎ zhēn guǎnyòng, háizi bèi nàozhōng chǎoxǐng le. Dànshì, háizi yì shuǎi bǎ nàozhōng shuǎichū le chuāngwài, jìxù hūhū dàshuì.

이 방법은 효과가 있었고, 아이는 알람 소리가 시끄러워서 깨어났습니다. 하지만 아이는 바로 알람 시계를 창밖으로 던져 버리고 계속 쿨쿨 잠을 잤습니다.

❹ 过了二十五分钟左右，他家的小狗从外面跑了进来。嘴里叼着那个闹钟，闹钟还在一直响。孩子实在没有办法，只好起床准备去上学。

Guò le èrshíwǔ fēnzhōng zuǒyòu, tā jiā de xiǎogǒu cóng wàimiàn pǎo le jìnlai. Zuǐlǐ diāozhe nà ge nàozhōng, nàozhōng hái zài yìzhí xiǎng. Háizi shízài méiyǒu bànfǎ, zhǐhǎo qǐchuáng zhǔnbèi qù shàngxué.

25분 정도가 지난 후에, 그 집 강아지가 밖에서 뛰어 들어왔습니다. 입에는 알람 시계를 물고 있었는데, 알람 시계는 계속 울리고 있었습니다. 아이는 참으로 방법이 없었고, 하는 수 없이 일어나 학교 갈 준비를 했습니다.

2 ❶ 早晨七点，到了起床的时间。孩子还躺在床上呼呼大睡，妈妈叫了他好几遍，可是一点用都没有。

Zǎochen qī diǎn, dào le qǐchuáng de shíjiān. Háizi hái tǎng zài chuángshàng hūhū dàshuì, māma jiào le tā hǎo jǐ biàn, kěshì yìdiǎn yòng dōu méiyǒu.

아침 7시, 일어날 시간이 되었습니다. 아이는 여전히 침대에서 쿨쿨 자고 있고, 엄마가 몇 번을 깨워도 소용이 없었습니다.

❷ 妈妈灵机一动，把闹钟拿了过来，打算用闹钟的威力把孩子弄醒。于是她定好了闹钟，闹钟嗡嗡作响，孩子从梦里惊醒了。

Māma língjī yídòng, bǎ nàozhōng ná le guòlai, dǎsuan yòng nàozhōng de wēilì bǎ háizi nòngxǐng. Yúshì tā dìnghǎo le nàozhōng, nàozhōng wēngwēng zuò xiǎng, háizi cóng mènglǐ jīngxǐng le.

엄마는 좋은 생각이 떠올랐습니다. 알람 시계를 가져와서 알람 시계의 위력으로 아이를 깨워보려고 하였습니다. 그래서 엄마는 알람 시계를 맞춰 놓았고, 시계의 따르릉 하는 소리에 아이는 꿈속에서 놀라 깨어났습니다.

❸ 可谁知，孩子一甩手，把闹钟扔出了窗外，继续倒头大睡。这可急坏了妈妈，妈妈无可奈何地走了出去。

Kě shéi zhī, háizi yì shuǎi shǒu, bǎ nàozhōng rēngchū le chuāngwài, jìxù dǎotóu dàshuì. Zhè kě jíhuài le māma, māma wúkě nàihé de zǒu le chūqu.

하지만 아이는 뜻밖에도 알람 시계를 창 밖으로 던져버리고 다시 곯아 떨어졌습니다. 엄마는 애가 탔지만 어쩔 수 없이 방을 나갈 수밖에 없었습니다.

❹ 过了二十五分钟左右，他家的小狗突然跑进孩子的房间，嘴里叼着那个嗡嗡作响的闹钟，原来小狗也叫孩子起床。孩子只好起床，准备去学校。

Guò le èrshíwǔ fēnzhōng zuǒyòu, tā jiā de xiǎogǒu tūrán pǎojìn háizi de fángjiān, zuǐlǐ diāozhe nà ge wēngwēng zuò xiǎng de nàozhōng, yuánlái xiǎogǒu yě jiào háizi qǐchuáng. Háizi zhǐhǎo qǐchuáng, zhǔnbèi qù xuéxiào.

25분 정도 지난 후에, 그 집 강아지가 돌연 아이의 방으로 뛰어 들어왔습니다. 입에는 계속 따르릉 울리고 있는 알람 시계를 물고 있었습니다. 알고 보니 강아지마저 아이를 깨워서 일어나게 한 것입니다. 아이는 어쩔 수 없이 일어나서 학교 갈 준비를 했습니다.

 早晨 zǎochen 圀 (이른)아침, 새벽 | 闹钟 nàozhōng 圀 알람 시계 | 枕头 zhěntou 圀 베개 | 吵醒 chǎoxǐng 圐 (시끄러워 잠을) 깨다 | 管用 guǎnyòng 圀 효과가 있다 | 甩 shuǎi 圐 내던지다 | 呼呼大睡 hūhū dàshuì 쿨쿨 거리며 자다 | 叼 diāo 圐 (물체의 일부분을) 입에 물다 | 响 xiǎng 圐 울리다, 소리가 나다 | 实在 shízài 圀 참으로 | 只好 zhǐhǎo 圀 어쩔 수 없이 | 灵机一动 língjī yídòng 圀 교묘한 생각이 떠오르다 | 威力 wēilì 圀 위력 | 惊醒 jīngxǐng 圐 깜짝 놀라서 깨다 | 倒头 dǎotóu 圐 드러눕다 | 气坏 qìhuài 圐 몹시 성내다 | 无可奈何 wúkě nàihé 圀 어찌 할 도리가 없다, 방법이 없다

그림분석

❶ 아이들이 시험지를 가져와서 엄마에게 보여준다. 아들은 100점, 딸은 70점이다.

❷ 식사를 하는데 엄마는 아들에게만 음식을 챙겨주고 딸은 신경도 쓰지 않아, 딸은 매우 풀이 죽은 모습이다.

❸ 그 후 아들은 공부는 안 하고 TV를 보고 게임을 했지만, 딸은 열심히 공부했다.

❹ 시간이 지난 뒤, 아이들이 다시 성적표를 가져왔는데, 아들은 60점, 딸은 100점이었다.

답변 1

❶ 有一天，妈妈在厨房做料理。儿子和女儿放学后各自把成绩给妈妈看。儿子考了一百分，女儿却考了七十分。

Yǒu yì tiān, māma zài chúfáng zuò liàolǐ. Érzi hé nǚ'ér fàngxué hòu gèzì bǎ chéngjì gěi māma kàn. Érzi kǎo le yìbǎi fēn, nǚ'ér què kǎo le qīshí fēn.

어느 날 엄마가 주방에서 요리를 하고 있었습니다. 아들과 딸은 하교 후에 집에 와서 시험성적을 엄마에게 보여주었습니다. 아들은 만점을 받았고, 딸아이는 70점을 받았습니다.

❷ 妈妈看着儿子的成绩单后高兴极了，不停地夸儿子聪明。晚上吃饭的时候，不停地给他往碗里夹菜，女儿坐在一旁失落极了。

Māma kànzhe érzi de chéngjìdān hòu gāoxìng jí le, bùtíng de kuā érzi cōngmíng. Wǎnshang chī fàn de shíhou, bùtíng de gěi tā wǎng wǎnlǐ jiācài, nǚ'ér zuò zài yì páng shīluò jí le.

아들의 성적을 본 엄마는 무척 기뻐하며 계속해서 아들이 똑똑하다고 칭찬하였습니다. 저녁에 밥을 먹을 때에도 아들의 밥 그릇에 계속 반찬을 집어주었고, 딸은 옆에 앉아서 매우 풀이 죽어 있었습니다.

❸ 从那以后，儿子每天玩儿电脑游戏，对学习一点儿都不感兴趣。女儿却每天努力学习，经常学到很晚才睡觉。

Cóng nà yǐhòu, érzi měitiān wánr diànnǎo yóuxì, duì xuéxí yìdiǎnr dōu bù gǎn xìngqu. Nǚ'ér què měitiān nǔlì xuéxí, jīngcháng xuédào hěn wǎn cái shuìjiào.

그때부터 아들은 매일 컴퓨터 게임을 하고 공부는 전혀 관심이 없었습니다. 하지만 딸은 매일 열심히 공부했고, 자주 늦게까지 공부하다가 잠을 잤습니다.

❹ 第二次考试结束了，他们又拿着成绩单回家， 这次的成绩让人很惊讶。女儿考了满分，儿子却只得了六十分，差点儿不及格，这次考试给了骄傲的儿子一个教训。

Dì-èr cì kǎoshì jiéshù le, tāmen yòu názhe chéngjìdān huíjiā, zhè cì de chéngjì ràng rén hěn jīngyà. Nǚ'ér kǎo le mǎn fēn, érzi què zhǐ dé le liùshí fēn, chàdiǎnr bù jígé, zhècì kǎoshì gěi le jiāo'ào de érzi yí ge jiàoxùn.

두 번째 시험이 끝났습니다. 두 아이는 또 성적표를 갖고 집에 왔는데, 이번 성적은 놀란 만했습니다. 딸은 만점을 받았고 아들은 60점밖에 못 맞아 낙제를 할 뻔 했습니다. 이번 성적은 자만하던 아들에게 큰 가르침을 주었습니다.

답변 **2** **❶** 一天，妈妈正在厨房做菜。儿子和女儿放学回家，他们把考试成绩给妈妈看。儿子得了满分，女儿得了七十分。

Yì tiān, māma zhèngzài chúfáng zuò cài. Érzi hé nǚ'ér fàngxué huíjiā, tāmen bǎ kǎoshì chéngjì gěi māma kàn. Érzi dé le mǎn fēn, nǚ'ér dé le qīshí fēn.

어느 날 엄마가 주방에서 요리하고 있었습니다. 아들과 딸은 하교 후 집에 와서, 시험 성적을 엄마에게 보여주었습니다. 아들은 만점을 받았고, 딸은 70점을 받았습니다.

❷ 妈妈看着儿子的成绩单，高兴极了。吃晚饭的时候，给儿子夹了很多好吃的菜。但是却不理女儿，女儿很伤心。

Māma kànzhe érzi de chéngjìdān, gāoxìng jíle. Chī wǎnfàn de shíhou, gěi érzi jiā le hěn duō hǎochī de cài. Dànshì què bùlǐ nǚ'ér, nǚ'ér hěn shāngxīn.

아들의 성적을 본 엄마는 기분이 너무 좋았습니다. 저녁밥을 먹으면서 아들에게 맛있는 반찬을 많이 집어주었습니다. 하지만 딸은 본 척도 하지 않아 딸은 너무 속상했습니다.

❸ 考完试以后，儿子感到很骄傲。开始不努力学习，每天看电视，玩儿游戏。女儿却很努力，一天到晚都在学习。

Kǎowán shì yǐhòu, érzi gǎndào hěn jiāo'ào. Kāishǐ bù nǔlì xuéxí, měitiān kàn diànshì, wánr yóuxì. Nǚ'ér què hěn nǔlì, yì tiān dào wǎn dōu zài xuéxí.

시험이 끝난 후부터 아들은 자만하여 열심히 공부하지 않았습니다. 매일 텔레비전을 보고 게임을 했습니다. 하지만 딸은 열심히 하였고, 온종일 공부를 하였습니다.

❹ 第二次考试，他们又把成绩单拿回家了。这次女儿考得棒极了，成绩是满分。
但是儿子却只得了六十分。看来，想要有好的成绩，就一定要努力学习。

Dì èr cì kǎoshì, tāmen yòu bǎ chéngjìdān ná huíjiā le. Zhè cì nǚ'ér kǎo de bàng jí le, chéngjì shì mǎn fēn. Dànshì érzi què zhǐ dé le liùshí fēn. Kànlái, xiǎngyào yǒu hǎo de chéngjì, jiù yídìng yào nǔlì xuéxí.

두 번째 시험에서 두 아이는 다시 성적표를 가져왔습니다. 이번에는 딸이 시험을 아주
잘 봐서 만점을 받았습니다. 하지만 아들은 60점밖에 받지 못했습니다. 좋은 성적을 받
으려면 반드시 열심히 공부해야 하는 것 같습니다.

단어 厨房 chúfáng 몡 주방 | 做菜 zuò cài 동 요리하다 | 满分 mǎn fēn 몡 만점 | 成绩单 chéngjìdān 몡 성적표 |
夹 jiā 동 집다 | 失落 shīluò 몡 망연자실하다, 사라지다 | 结束 jiéshù 동 마치다, 끝나다 | 及格 jígé 동 합격하다 |
骄傲 jiāo'ào 혱 거만하다 | 不理 bùlǐ 동 무시하다, 상대하지 않다 | 伤心 shāngxīn 동 슬퍼하다

问题 3 🎧 7-4-3

❶

❷

❸

❹

---

❶ 한 남자가 산기슭에서 여자친구를 기다리고 있다. 약속 시간에 늦는 여자친구 때문에 초조하다.
❷ 늦은 여자친구는 오자마자 커다란 보온병과 도시락을 가지고 와서는 남자친구에게 들게 한다.
❸ 남자친구는 무거운 보온병과 도시락 때문에 힘이 들고 화가 나는 반면, 여자친구는 신나서 앞서 산을 오르고 있다.
❹ 드디어 산 정상까지 올라와서 남자와 여자는 풍경을 보며 즐겁게 도시락을 먹는다.

1 ❶ 男人在山脚下等待自己的女朋友，可是等了很久还没来。他有点儿着急了，左看看右看看。

Nánren zài shānjiǎo xià děngdài zìjǐ de nǚpéngyou, kěshì děng le hěn jiǔ hái méi lái. Tā yǒudiǎnr zháojí le, zuǒ kànkan yòu kànkan.

남자가 산기슭에서 자신의 여자친구를 기다리는데, 오랫동안 기다려도 오지 않았습니다. 그는 조금 초조해하며 이쪽저쪽을 둘러 보았습니다.

❷ 过了一会儿，女朋友终于到了。她带着一个大保温瓶和一个大便当，让他男朋友拿着。

Guò le yíhuìr, nǚpéngyou zhōngyú dào le. Tā dàizhe yí ge dà bǎowēnpíng hé yí ge dà biàndāng, ràng tā nánpéngyǒu názhe.

잠시 후에 여자친구가 마침내 도착했습니다. 그녀는 커다란 보온병과 큰 도시락을 가지고 와서 그것을 남자친구에게 들게 했습니다.

❸ 女朋友因为没拿东西，所以爬山爬得很快。男朋友拿着这些很沉的东西，生气地跟在后面。

Nǚpéngyou yīnwèi méi ná dōngxi, suǒyǐ páshān pá de hěn kuài. Nánpéngyou názhe zhèxiē hěn chén de dōngxi, shēngqì de gēn zài hòumian.

여자친구는 짐이 없어서 산을 빨리 올라갔습니다. 하지만 남자친구는 이 무거운 것을 들고 화를 내며 뒤에서 따라갔습니다.

❹ 终于到了山顶，他们打开盒饭。看到这么多的美食，一下子忘记了一路的不愉快，高高兴兴地吃了午饭。

Zhōngyú dào le shāndǐng, tāmen dǎkāi héfàn. Kàndào zhème duō de měishí, Yíxiàzi wàngjì le yílù de bù yúkuài, gāogāo xìngxìng de chī le wǔfàn.

마침내 산 정상에 도착한 그들은 도시락을 열었습니다. 많은 맛있는 음식들을 보자, 올라오면서 기분이 나빴던 것은 금새 잊어버리고, 즐겁게 점심을 먹었습니다.

2 ❶ 男人在山脚下焦急地等着自己的女朋友，等了又等还没来，他开始着急了。左顾右盼，而且给她打了好几通电话，她都没接，他很害怕女朋友会出什么意外，因为女朋友很少迟到的。

Nánrén zài shānjiǎo xià jiāojí de děngzhe zìjǐ de nǚpéngyou, děng le yòu děng hái méi lái, tā kāishǐ zháojí le. Zuǒgù yòupàn, érqiě gěi tā dǎ le hǎo jǐ tōng diànhuà, tā dōu méi jiē, tā hěn hàipà nǚpéngyou huì chū shénme yìwài, yīnwèi nǚpéngyou hěn shǎo chídào de.

남자가 산기슭에서 초조하게 여자친구를 기다리고 있었습니다. 기다리고 또 기다려도 오지 않자 그는 조급해지기 시작하여 이리저리 둘러보았습니다. 또한 전화도 여러 차례 걸어 봤는데 받지 않았습니다. 여자친구는 평소 잘 늦지 않기 때문에, 그는 여자친구가 사고가 났을 까 봐 매우 걱정됐습니다.

❷ 这时，女朋友终于出现了，手里提着一个大保温瓶和大饭盒，让男朋友拿着。男朋友真是又高兴又生气。女朋友为了这次约会亲自下厨，精心准备了好多他爱吃的东西，他很感动。

Zhè shí, nǚpéngyou zhōngyú chūxiàn le, shǒulǐ tízhe yí ge dà bǎowēnpíng hé dà fànhé, ràng nánpéngyou názhe. Nánpéngyou zhēnshì yòu gāoxìng yòu shēngqì. Nǚpéngyou wèile zhè cì yuēhuì qīnzì xiàchú, jīngxīn zhǔnbèi le hǎo duō tā ài chī de dōngxi, tā hěn gǎndòng.

이때 마침내 여자친구가 나타났는데, 손에는 커다란 보온병과 큰 도시락을 들고 있었고, 남자친구에게 들게 했습니다. 남자친구는 기분이 좋으면서도 화가 났습니다. 여자친구가 이 데이트를 위해서 손수 요리를 하고, 정성스럽게 그가 좋아하는 음식을 준비해와서 그는 매우 감동했습니다.

❸ 男朋友提着很重的东西，不高兴地跟在女朋友后面。但是女朋友并没有察觉到这一切，兴高采烈地在前面走着。

Nánpéngyou tízhe hěn zhòng de dōngxi, bù gāoxìng de gēn zài nǚpéngyou hòumian. Dànshì nǚpéngyou bìng méiyǒu chájué dào zhè yíqiè, xìnggāo cǎiliè de zài qiánmiàn zǒuzhe.

남자친구는 무거운 물건을 들고 언짢아하며 여자친구의 뒤를 따라 갔습니다. 하지만 여자친구는 이 모든 것을 전혀 알아채지 못했고, 신이 나서 앞으로 걸어가고 있었습니다.

❹ 终于爬到了山顶，他们找到了一块阴凉处坐了下来。男朋友打开饭盒一看，很丰盛。扑鼻的美味让他们忘记了一路上的疲劳和不快。他们高兴地一边欣赏着风景一边用餐。他们觉得这一刻很幸福。

Zhōngyú pádào le shāndǐng, tāmen zhǎodào le yí kuài yīnliángchù zuò le xiàlai. Nánpéngyou dǎkāi fànhé yí kàn, hěn fēngshèng. Pūbí de měiwèi ràng tāmen wàngjì le yílùshàng de píláo hé bú kuài. Tāmen gāoxìng de yìbiān xīnshǎngzhe fēngjǐng yìbiān yòngcān. Tāmen juéde zhè yí kè hěn xìngfú.

드디어 산 정상에 도착했습니다. 그들은 그늘진 곳을 찾아 앉았습니다. 남자친구가 도시락을 열어보니 음식이 매우 풍성했습니다. 코를 찌르는 맛있는 냄새에 그들은 올라오면서 느꼈던 피로와 언짢은 기분을 모두 잊었습니다. 그들은 기분 좋게 풍경을 감상하며 식사를 했습니다. 그들은 이 순간 아주 행복했습니다.

단어 山脚 shānjiǎo 圆 산기슭 | 等 děng 통 (사물·상황 등을) 기다리다 | 着急 zháojí 초조해하다, 조급해하다 | 保温瓶 bǎowēnpíng 圆 보온병 | 便当 biàndāng 圆 도시락 | 拿着 názhe 통 ~을 가지고 | 跟 gēn 젠 ~과, 와 | 山顶 shāndǐng 圆 산꼭대기, 산 정상 | 盒饭 héfàn 圆 도시락, 찬합 | 美食 měishí 圆 맛있는 음식 | 愉快 yúkuài 휑 기분이 좋다, 유쾌하다 | 焦急 jiāojí 圆 초조하다, 애타다 | 左顾右盼 zuǒgù yòupàn 젱 이리저리 두리번거리다 | 意外 yìwài 휑 의외이다, 뜻밖이다 | 迟到 chídào 통 지각하다 | 约会 yuēhuì 圆 만날 약속을 하다 | 亲自 qīnzì 휜 몸소, 직접 | 下厨 xiàchú 통 (주방에 가서)밥 짓고 요리하다, 음식을 만들다 | 精心 jīngxīn 휑 정성 들이다, 심혈을 기울이다 | 察觉 chájué 통 발견하다, 느끼다 | 阴凉处 yīnliángchù 그늘진 곳 | 丰盛 fēngshèng 휑 풍부하다, 성대하다 | 疲劳 píláo 통 지치다, 피로해지다 | 欣赏 xīnshǎng 통 감상하다, 좋아하다 | 用餐 yòngcān 통 식사를 하다

❶

❷

❸

❹

그림 분석

❶ 오늘은 남편의 생일이다. 부인이 남편을 위해 요리하고, 남편은 부인 옆에서 바라보고 있다.

❷ 전화가 와서 아내가 전화를 받으러 갔다. 남편은 부인이 만들고 있던 음식을 맛보는데, 맛이 없다.

❸ 남편은 아내 몰래 음식에 조미료를 넣는다.

❹ 통화를 끝낸 아내가 돌아와 음식의 맛을 보고 좋아한다.

답변 1

❶ 今天是丈夫的生日，妻子为丈夫做饭，丈夫看着他心爱的妻子。桌子上放着蛋糕和手机。

Jīntiān shì zhàngfu de shēngrì, qīzi wèi zhàngfu zuò fàn, zhàngfu kànzhe tā xīn'ài de qīzi. Zhuōzi shàng fàngzhe dàngāo hé shǒujī.

오늘은 남편의 생일입니다. 아내는 남편을 위해서 요리를 합니다. 남편은 사랑하는 아내의 모습을 바라보고 있습니다. 식탁에는 케이크와 휴대전화가 놓여있습니다.

❷ 这时，突然来电话了，妻子去接电话，丈夫尝了一口妻子做的饭，觉得没什么味道。

Zhè shí, tūrán lái diànhuà le, qīzi qù jiē diànhuà, zhàngfu cháng le yì kǒu qīzi zuò de fàn, juéde méi shénme wèidao.

이때, 갑자기 전화가 와서 아내는 전화를 받으러 갔습니다. 남편은 아내가 만든 음식을 한입 맛보았는데, 맛이 없었습니다.

❸ 于是，为了饭能够更好吃一些，趁妻子不在的时候，丈夫在饭里加了一些调味料。

Yúshì, wèile fàn nénggòu gèng hǎochī yìxiē, chèn qīzi bú zài de shíhou, zhàngfu zài fànlǐ jiā le yìxiē tiáowèiliào.

그래서 밥을 더욱 맛있게 하려고 아내가 없는 틈에 남편이 조미료를 조금 넣었습니다.

❹ 通完电话以后，妻子回来了，尝了尝饭的味道，觉得非常好吃，丈夫也觉得好吃。一家人高高兴兴地过生日。

Tōng wán diànhuà yǐhòu, qīzi huílái le, cháng le cháng fàn de wèidao, juéde fēicháng hǎochī, zhàngfu yě juéde hǎochī. Yìjiārén gāogao xìngxìng de guò shēngrì.

통화가 끝난 뒤 아내가 돌아와 음식의 맛을 봤는데 아주 맛있었고, 남편이 생각할 때도 아주 맛있었습니다. 온 가족은 행복하게 생일을 보냈습니다.

답변 2 **❶** 为庆祝丈夫的生日，妻子买了蛋糕和手机。回到家后，妻子做了很多饭菜。看到一桌子的美食，丈夫非常感动。

Wèi qìngzhù zhàngfu de shēngrì, qīzi mǎi le dàngāo hé shǒujī. Huídào jiā hòu, qīzi zuò le hěn duō fàncài. Kàndào yì zhuōzi de měishí, zhàngfu fēicháng gǎndòng.

남편의 생일을 축하하기 위해, 아내는 케이크를 하나 구매했습니다. 집에 돌아와 많은 요리도 했습니다. 식탁 한가득 진열된 요리를 보고 남편은 아주 감동 받았습니다.

❷ 这时，电话突然响了。妻子赶忙去接电话，丈夫趁妻子不在，品尝了一口妻子做的饭菜。感觉味道有点淡。

Zhè shí, diànhuà tūrán xiǎng le. Qīzi gǎnmáng qù jiē diànhuà, zhàngfu chèn qīzi bú zài, pǐncháng le yì kǒu qīzi zuò de fàncài. Gǎnjué wèidao yǒudiǎn dàn.

그때, 갑자기 전화 벨 소리가 울렸고, 아내는 급히 전화를 받으러 갔습니다. 남편은 아내가 자리를 비운 사이, 아내가 해준 요리를 한입 맛보았는데, 맛이 약간 싱거웠습니다.

❸ 为了让味道更鲜美，丈夫偷偷在饭菜里加了一些调味料。

Wèile ràng wèidao gèng xiānměi, zhàngfu tōutōu zài fàncài lǐ jiā le yìxiē tiáowèiliào.

요리를 더욱 맛있게 만들기 위하여, 남편은 몰래 요리에 조미료를 조금 첨가했습니다.

❹ 接完电话后，妻子回来了。妻子大口品尝着自己做的菜，觉得非常好吃。妻子看着丈夫露出了甜甜的微笑。丈夫看到妻子的笑容，心里也暖暖的。

Jiē wán diànhuà hòu, qīzi huílái le. Qīzi dàkǒu pǐnchángzhe zìjǐ zuò de cài, juéde fēicháng hǎochī. Qīzi kànzhe zhàngfu lùchū le tiántián de wēixiào. Zhàngfu kàndào qīzi de xiàoróng, xīnlǐ yě nuǎnnuǎn de.

전화를 받고 난 후, 아내가 돌아왔습니다. 아내는 입을 크게 벌려 자신이 만든 요리를 맛보고 아주 맛있다고 생각했습니다. 아내는 남편이 달콤한 미소를 짓는 것을 보았고, 남편도 아내의 웃는 얼굴을 보며, 마음도 따뜻해졌습니다.

단어 心爱 xīn'ài 图 진심으로 사랑하다 | 味道 wèidao 图 맛 | 趁 chèn 团 ~를 빌어서, 틈타서 | 加 jiā 图 더하다, 증가하다 | 调味料 tiáowèiliào 图 조미료 | 庆祝 qìngzhù 图 축하하다 | 品尝 pǐncháng 图 시식하다, 맛보다 | 淡 dàn 图 싱겁다 | 鲜美 xiānměi 图 맛이 대단히 좋다 | 偷偷 tōutōu 슬며시, 살짝 | 笑容 xiàoróng 图 웃는 얼굴, 웃음 띤 표정 | 露出 lùchū 图 드러나다, 나타나다 | 微笑 wēixiào 图 미소를 짓다

 问题 5 7-4-5

❶

❷

❸

❹

 그림 분석

❶ 아빠, 엄마는 퇴근하고 밤늦게 돌아와서 매우 피곤해 보인다.

❷ 아빠, 엄마는 늦은 시간에 집안일을 한다. 아빠는 청소, 엄마는 설거지를 한다.

❸ 다음날 아이들이 낮에 청소를 한다.

❹ 그날 아빠, 엄마가 퇴근하여 집에 오니 집이 깨끗해서 기뻐한다.

1 ❶ 爸爸妈妈工作到很晚终于回家了。孩子们终于等回了爸爸妈妈，高高兴兴地向爸爸妈妈问好，可是爸爸妈妈看起来非常累。

Bàba māma gōngzuò dào hěn wǎn zhōngyú huíjiā le. Háizǐmen zhōngyú děnghuí le bàba māma, gāogao xìngxing de xiàng bàba māma wènhǎo, kěshì bàba māma kànqǐlái fēicháng lèi.

아빠, 엄마가 일하고 아주 늦게서야 집에 왔습니다. 아이들은 마침내 집에 돌아온 아빠와 엄마를 보고 기뻐하며 인사했지만, 아빠, 엄마는 매우 피곤해 보입니다.

❷ 虽然已经很晚了，可是爸爸妈妈还在做家务，爸爸打扫房间，妈妈洗碗。

Suīrán yǐjīng hěn wǎn le, kěshì bàba māma hái zài zuò jiāwù, bàba dǎsǎo fángjiān, māma xǐ wǎn.

비록 이미 늦은 시간이지만, 아빠, 엄마는 여전히 집안일을 합니다. 아빠는 방을 청소하고, 엄마는 설거지를 합니다.

❸ 第二天白天，孩子们想着父母工作一天肯定很辛苦，于是把家里的卫生全都打扫了。

Dì èr tiān báitiān, háizǐmen xiǎngzhe fùmǔ gōngzuò yì tiān kěndìng hěn xīnkǔ, yúshì bǎ jiālǐ de wèishēng quán dōu dǎsǎo le.

다음날 낮에 아이들은 부모님이 하루종일 일하는 것이 매우 힘든 것이라는 걸 알고, 집안 청소를 모두 합니다.

❹ 爸爸妈妈晚上回到家后，看到家里如此干净，感动不已。

Bàba māma wǎnshàng huídào jiā hòu, kàndào jiālǐ rúcǐ gānjìng, gǎndòng bùyǐ.

아빠와 엄마는 밤에 집에 돌아온 후, 집안이 이렇게 깨끗해진 것을 보고, 감동을 금할 수가 없었습니다.

2 ❶ 爸爸妈妈最近加班比较频繁，孩子们都好几天没看到父母了。爸爸妈妈晚上终于回家了。不过爸爸妈妈看起来却是满脸的疲惫。

Bàba māma zuìjìn jiābān bǐjiào pínfán, háizǐmen dōu hǎo jǐ tiān méi kàndào fùmǔ le. Bàba māma wǎnshàng zhōngyú huíjiā le. Búguò bàba māma kànqǐlái què shì mǎnliǎn de píbèi.

엄마와 아빠는 최근 초과 근무가 잦아져, 아이들은 며칠 동안이나 부모님을 보지 못했습니다. 엄마와 아빠는 드디어 밤에 집으로 돌아왔는데, 하지만 그들의 얼굴은 온통 피로로 가득찬 것처럼 보였습니다.

❷ 夜已深。爸爸妈妈并没有休息，而是做起了家务。他们分工明确。爸爸打扫房间，妈妈洗碗。

Yè yǐ shēn. Bàba māma bìng méiyǒu xiūxi, érshì zuòqǐ le jiāwù. Tāmen fēngōng míngquè. Bàba dǎsǎo fángjiān, māma xǐ wǎn.

밤이 깊어졌지만, 아빠와 엄마는 잠들지 않고, 되려 집안일을 하기 시작했습니다. 그들의 업무 분담은 명확했습니다. 아빠는 방을 청소했고, 엄마는 설거지를 했습니다.

❸ 第二天，孩子们觉得父母最近很累，为了这个家每日奔波心疼不已。 孩子们想为家里做点儿事情。于是把家里重新打扫了一遍。

Dì èr tiān, háizǐmen juéde fùmǔ zuìjìn hěn lèi, wèile zhè ge jiā měirì bēnbō xīnténg bùyǐ. Háizǐmen xiǎng wèi jiālǐ zuò diǎnr shìqing. Yúshì bǎ jiālǐ chóngxīn dǎsǎo le yí biàn.

이튿날, 아이들은 부모님이 요즘 너무 지쳐 있고, 가정을 위하여 매일 열심히 뛰어다니는 것을 깨닫고 가슴이 아팠습니다. 아이들은 가정을 위하여 무언가 하고 싶어 했고, 그래서 집을 다시 한 번 청소했습니다.

❹ 晚上，爸爸妈妈回到家，发现家里非常干净，所以特别高兴。一家人愉快地度过了一个美好的夜晚。

Wǎnshang, bàba māma huídào jiā, fāxiàn jiālǐ fēicháng gānjìng, suǒyǐ tèbié gāoxìng. Yìjiārén yúkuài de dùguò le yí ge měihǎo de yèwǎn.

저녁에 아빠, 엄마가 일을 마치고 집에 돌아왔을 때 집이 매우 깨끗한 것을 보았습니다. 그래서 아주 기뻐했고, 온 가족은 즐겁게 아름다운 저녁 시간을 보냈습니다.

> **단어**
>
> 问好 wènhǎo 图 안부를 묻다 | 做家务 zuò jiāwù 집안일을 하다 | 打扫 dǎsǎo 图 청소하다 | 洗碗 xǐ wǎn 图 설거지하다 | 辛苦 xīnkǔ 图 고생스럽다 | 干净 gānjìng 图 깨끗하다 | 感动 gǎndòng 图 감동하다 | 不已 bùyǐ 그치지 않다, 마지 않다 | 频繁 pínfán 图 빈번하다 | 满脸 mǎnliǎn 온 얼굴 | 疲惫 píbèi 图 매우 피곤하다 | 分工 fēngōng 图 분업하다, 분담하다 | 明确 míngquè 图 명확하다 | 奔波 bēnbō 图 분주하다 | 心疼 xīnténg 图 몹시 아끼다, 아까워하다 | 重新 chóngxīn 图 거듭, 재차 | 度过 dùguò 图 보내다, 지내다 | 美好 měihǎo 图 좋다, 행복하다

감동/기쁨편

이 부분의 문제는 평이한 내용으로 시작해서 그림3, 4에서 기쁘거나 감동적인 장면이 나오는 그림이 제시된다. 따라서 감동, 기쁨을 표현하는 말을 잘 익혀둘 필요가 있다. 기본적인 단어 외에도 성어나 정도보어를 활용한 표현법도 있다. 감동을 표현하는 말로는 '热泪盈眶(감격하여 뜨거운 눈물이 그렁그렁하다)', '感动得哭了(감동하여 울다)', '打动(감동시키다)', '深深地被感动了(매우 깊은 감동을 받다)', '感人(감동시키다)', '感人肺腑(깊은 감명을 주다)' 등이 있고, 기쁨을 표현하는 말로는 '开心得不得了(무척 즐겁다)', '高兴得拍手叫好(기뻐서 손뼉치고 소리를 지르다)', '手舞足蹈(기뻐서 어쩔 줄 모르다)', '眉飞色舞(싱글벙글하다)', '兴高采烈(신바람이 나다)', '兴致勃勃(매우 신이 나다)' 등이 있다.

问题 1 ⭐ 🎧 7-5-1

❶

❷

❸

❹

① 교실에서 수업을 하는데 갑자기 밖에 많은 비가 내리기 시작한다.

② 아이는 엄마의 말을 듣지 않고 우산을 안 가져 와서 집에 갈 일이 걱정된다.

③ 생각지도 못했는데 엄마가 우산을 가지고 학교 앞에서 기다리고 있다. 엄마는 한 손으로는 우산을 받쳐 들고, 한 손에는 또 다른 우산 하나를 들고 있다. 찬바람 때문에 엄마 얼굴이 빨갛게 얼어 있었다.

④ 아이는 감동하여 눈물을 흘린다.

답변 1 ① 有一天，小花正在上课，外面突然下起了大雨，雨下得可真大啊！

Yǒu yì tiān, Xiǎo Huā zhèngzài shàngkè, wàimiàn tūrán xiàqǐ le dàyǔ, yǔ xià de kě zhēn dà a!

어느 날 샤오화가 수업을 하고 있는데 갑자기 비가 많이 내리기 시작했습니다. 비는 억수같이 내립니다.

② 小花今天没有带伞，所以她非常担心。一会儿放学回家可怎么办，如果没有伞一定会淋湿的。

Xiǎo Huā jīntiān méiyǒu dàisǎn, suǒyǐ tā fēicháng dānxīn. Yíhuìr fàngxué huíjiā kě zěnme bàn, rúguǒ méiyǒu sǎn yídìng huì línshī de.

샤오화는 오늘 우산을 가져오지 않아서, 이따가 하교 후 집에 어떻게 갈지 매우 걱정이 되었습니다. 우산이 없으면 젖을 것이 뻔하기 때문입니다.

③ 放学以后，小花刚出学校大门，突然看见自己的妈妈站在门口。手里拿着一把雨伞，正在等小花下课。妈妈看起来很冷，一定等了很长时间。

Fàngxué yǐhòu, Xiǎo Huā gāng chū xuéxiào dàmén, tūrán kànjiàn zìjǐ de māma zhàn zài ménkǒu. Shǒulǐ názhe yì bǎ yǔsǎn, zhèngzài děng Xiǎo Huā xiàkè. Māma kànqǐlái hěn lěng, yídìng děng le hěn cháng shíjiān.

하교 후, 샤오화는 학교 정문을 막 나서자 엄마가 입구에서 기다리고 있는 것이 보였습니다. 엄마는 손에 우산을 들고 샤오화의 수업이 끝나기를 기다리신 것입니다. 엄마는 매우 추워 보였는데, 분명히 오래 기다리신 모양이었습니다.

④ 小花感动得哭了，跑到妈妈身边，紧紧地抱住了妈妈。

Xiǎo Huā gǎndòng de kū le, pǎodào māma shēnbiān, jǐnjǐn de bàozhù le māma.

샤오화는 감동하여 울어버렸고, 엄마에게 달려가 엄마를 꼬옥 껴안았습니다.

답변 2 ① 有一天，正在上课。突然，外面刮起了狂风，不一会儿就下起了大雨，雨下得可真大啊！

Yǒu yì tiān, zhèngzài shàngkè. Tūrán, wàimiàn guāqǐ le kuángfēng, bùyíhuìr jiù xiàqǐ le dàyǔ, yǔ xià de kě zhēn dà a!

어느 날 수업을 하고 있는데, 갑자기 광풍이 몰아치더니 잠시 후 많은 비가 퍼붓기 시작하였습니다. 비가 정말 억수같이 내렸습니다.

❷ 上课的小花一边往窗外看，一边担心。今天早晨没有听妈妈的话，没带伞。一会儿放学回家，一定会被淋成落汤鸡的。

Shàngkè de Xiǎo Huā yìbiān wǎng chuāngwài kàn, yìbiān dānxīn. Jīntiān zǎochen méiyǒu tīng māma de huà, méi dài sǎn. Yíhuìr fàngxué huíjiā, yídìng huì bèi línchéng luòtāngjī de.

수업을 하고 있던 샤오화는 밖을 바라보면서 걱정이 되었습니다. 오늘 아침에 엄마의 말을 듣지 않아서 우산을 가져오지 않았던 것입니다. 수업이 끝나고 집에 갈 때 분명히 비에 젖은 생쥐 꼴이 될 것입니다.

❸ 放学以后，小花焦虑地往外走。突然看见了一个熟悉的身影，原来是妈妈。她一手打伞，一手拿着一把雨伞。正在等小花下课，寒风中的妈妈冻得脸都红了。

Fàngxué yǐhòu, Xiǎo Huā jiāolǜ de wǎng wài zǒu. Tūrán kànjiàn le yí ge shúxī de shēnyǐng, yuánlái shì māma. Tā yì shǒu dǎ sǎn, yì shǒu názhe yì bǎ yǔsǎn. Zhèngzài děng Xiǎo Huā xiàkè, hánfēng zhōng de māma dòng de liǎn dōu hóng le.

하교 후, 샤오화는 초조한 마음으로 밖으로 나갔습니다. 갑자기 익숙한 모습이 보였는데, 알고 보니 엄마였습니다. 엄마는 한 손에 우산을 들고, 다른 한 손에 또 다른 우산을 들고서 샤오화의 수업이 끝나기를 기다리고 계셨습니다. 찬바람 속에서 엄마의 얼굴은 빨갛게 얼어 있었습니다.

❹ 小花看到这一幕，鼻子一酸，她又感动又后悔，流下了眼泪。她赶快跑过去，接过雨伞，紧紧地抱住了妈妈。

Xiǎo Huā kàndào zhè yí mù, bízi yì suān, tā yòu gǎndòng yòu hòuhuǐ, liúxià le yǎnlèi. Tā gǎnkuài pǎo guòqu, jiēguò yǔsǎn, jǐnjǐn de bàozhù le māma.

이 모습을 본 샤오화는 코가 시큰해졌습니다. 감동과 후회의 눈물을 흘렸습니다. 그녀는 잽싸게 뛰어가 엄마의 우산을 받아 들고 엄마를 꼬옥 껴안았습니다.

 突然 tūrán 图 갑자기 ｜ 担心 dānxīn 图 걱정하다 ｜ 淋湿 línshī 图 흠뻑 젖다 ｜ 紧紧 jǐnjǐn 图 꼭 끼다 ｜ 抱住 bàozhù 图 껴안다 ｜ 刮 guā 图 바람이 불다 ｜ 狂风 kuángfēng 图 광풍 ｜ 落汤鸡 luòtāngjī 물에 빠진 생쥐(비에 온몸이 흠뻑 젖은 모습을 비유) ｜ 焦虑 jiāolǜ 图 마음을 졸이다, 애타게 걱정하다 ｜ 熟悉 shúxī 图 익히 알다 ｜ 身影 shēnyǐng 图 모습 ｜ 眼泪 yǎnlèi 图 눈물

问题 2

 7-5-2

❶

❷

❸

❹

그림 분석

❶ 남자가 개를 데리고 공원에서 산책을 하고 있는데, 옆에 다른 개 한 마리가 계속 따라온다.

❷ 남자는 쪼그리고 앉아서 그 개의 머리를 쓰다듬어 주다가, 마침 게시판에 그 개를 찾는 벽보가 붙어있는 걸 보게 된다.

❸ 남자가 개 주인에게 전화를 건 후, 개를 데리고 벽보의 주소로 가 주인에게 데려다준다. 그 개의 주인은 여자였고, 매우 고마워한다.

❹ 이후에 남자와 개의 주인은 친해져서, 함께 개들을 데리고 공원에서 같이 산책한다.

답변 1

❶ 一个男人带着狗在公园散步。旁边儿有一只小狗一直跟着他，可是没有看到主人。

Yí ge nánren dàizhe gǒu zài gōngyuán sànbù. Pángbiānr yǒu yì zhī xiǎo gǒu yìzhí gēnzhe tā, kěshì méiyǒu kàndào zhǔrén.

한 남자가 개를 데리고 공원에서 산책을 했습니다. 옆에 강아지 한 마리가 계속 그들을 따라 오는데, 주인은 보이지 않았습니다.

❷ 男人觉得小狗非常可爱，摸了摸小狗的头。这时候，他看见旁边的公告板上，贴着一张小狗的照片。照片里的狗和旁边的这只小狗长得一模一样，照片下边有主人的电话号码。

Nánren juéde xiǎogǒu fēicháng kě'ài, mō le mō xiǎogǒu de tóu. Zhè shíhou, tā kànjiàn pángbiān de gōnggàobǎn shàng, tiēzhe yì zhāng xiǎogǒu de zhàopiàn. Zhàopiàn lǐ de gǒu hé pángbiān de zhè zhī xiǎogǒu zhǎng de yìmú yíyàng, zhàopiàn xiàbian yǒu zhǔrén de diànhuà hàomǎ.

남자는 강아지가 매우 귀여워서 머리를 쓰다듬었습니다. 이때 그는 옆에 있는 게시판에 강아지의 사진이 붙어있는 걸 보았습니다. 사진 속의 개와 옆에 있는 강아지가 똑같이 생겼고, 사진 밑에는 주인의 전화번호가 있었습니다.

❸ 男人给主人打了电话，把狗还给了主人，女主人非常感谢男人。

Nánren gěi zhǔrén dǎ le diànhuà, bǎ gǒu huán gěi le zhǔrén, nǚ zhǔrén fēicháng gǎnxiè nánren.

남자는 주인에게 전화를 걸어 개를 주인에게 돌려주었고, 여자 주인은 남자에게 매우 고마워했습니다.

❹ 从那天以后，男人和女人一起带着自己的小狗，在公园散步。

Cóng nà tiān yǐhòu, nánren hé nǚrén yìqǐ dàizhe zìjǐ de xiǎogǒu, zài gōngyuán sànbù.

그날 이후로 남자와 여자는 함께 강아지를 데리고 공원에서 산책을 했습니다.

답변 2 ❶ 一个阳光明媚的下午，一个男人带着小狗在公园散步。旁边有一只小狗一直跟着他，可是没看见主人。

Yí ge yángguāng míngmèi de xiàwǔ, yí ge nánrén dàizhe xiǎogǒu zài gōngyuán sànbù. Pángbiān yǒu yì zhī xiǎogǒu yìzhí gēnzhe tā, kěshì méi kànjiàn zhǔrén.

햇빛이 밝게 빛나는 오후, 한 남자가 강아지를 데리고 공원에서 산책을 하고 있었습니다. 옆에 강아지 한 마리가 계속 그들을 따라오는데, 주인은 보이지 않았습니다.

❷ 小狗一边不停地摇着尾巴，一边在旁边跟着他。样子可爱极了。男人蹲下来，摸了摸小狗的头，正在想办法。这时，他看见旁边的公告板上贴着一张寻狗启示，照片上的狗和身边这只狗长得一模一样，照片下面写着失主的联系方式。

Xiǎogǒu yìbiān bùtíng de yáozhe wěiba, yìbiān zài pángbiān gēnzhe tā. Yàngzi kě'ài jí le. Nánrén dūn xiàlai, mō le mō xiǎogǒu de tóu, zhèngzài xiǎng bànfǎ. Zhè shí, tā kànjiàn pángbiān de gōnggàobǎn shàng tiēzhe yì zhāng xúngǒu qǐshì, zhàopiàn shàng de gǒu hé shēnbiān zhè zhī gǒu zhǎng de yìmú yíyàng, zhàopiàn xiàmiàn xiězhe shīzhǔ de liánxì fāngshì.

강아지는 계속해서 꼬리를 흔들며 옆에서 그들을 따라오는데 생김새가 무척 귀여웠습니다. 남자는 쪼그리고 앉아서 강아지의 머리를 쓰다듬으며 어떻게 할지 생각했습니다. 이때 그는 옆쪽의 게시판에 강아지를 찾는 공고가 붙어있는 걸 보았는데, 사진 속의 강아지와 옆에 있는 이 강아지가 똑같이 생겼고, 사진 아래에는 주인의 연락처가 쓰여 있었습니다.

❸ 男人按照联系方式，把狗送回了家。女主人看到丢了的小狗，真是喜出望外，不停地感谢男人。因为她已经找了一个月了，每天都吃不下睡不着。女人和男人约定以后一起去公园遛狗散步。

Nánrén ànzhào liánxì fāngshì, bǎ gǒu sònghuí le jiā. Nǚ zhǔrén kàndào diū le de xiǎogǒu, zhēnshì xǐchū wàngwài, bùtíng de gǎnxiè nánrén. Yīnwèi tā yǐjīng zhǎo le yí ge yuè le, měitiān dōu chī bu xià shuì bu zháo. Nǚrén hé nánrén yuēdìng yǐhòu yìqǐ qù gōngyuán liùgǒu sànbù.

남자는 연락처로 강아지를 데려다 주었습니다. 여자 주인은 잃어버렸던 강아지를 보고 너무 놀라고 기뻐서 연신 남자에게 고마워했습니다. 그녀는 강아지를 한 달 동안이나 찾으며 매일 제대로 먹지도 못하고 잠도 못 잤기 때문입니다. 여자와 남자는 나중에 함께 강아지를 데리고 공원에서 산책을 하기로 약속했습니다.

❹ 从那以后，公园里出现了两个一起遛狗、散步的身影。他们因为有了养狗这个共同话题，经常一起带狗遛弯，给狗洗澡、买狗粮，狗生病的时候还一起带狗去宠物医院。久而久之，他们成了一对情侣。

Cóng nà yǐhòu, gōngyuán lǐ chūxiàn le liǎng ge yìqǐ liùgǒu、sànbù de shēnyǐng. Tāmen yīnwèi yǒu le yǎnggǒu zhè ge gòngtóng huàtí, jīngcháng yìqǐ dài gǒu liùwān, gěi gǒu xǐzǎo、mǎi gǒu liáng, gǒu shēngbìng de shíhou hái yìqǐ dài gǒu qù chǒngwù yīyuàn. Jiǔ'ér jiǔzhī, tāmen chéng le yí duì qínglǚ.

그날 이후 공원에서는 두 사람이 강아지를 데리고 함께 산책하는 모습이 보였습니다. 그들은 개를 키우는 공통의 화제가 있기 때문에, 자주 함께 개를 데리고 산책하고, 목욕을 시키고, 개 사료를 사고, 개가 아플 때 함께 병원에 가곤 했습니다. 오랜 시간이 흐른 후 그들은 연인이 되었습니다.

단어 散步 sànbù 图 산책하다 | 主人 zhǔrén 명 주인 | 可爱 kě'ài 형 귀엽다 | 摸 mō 图 쓰다듬다 | 公告板 gōnggàobǎn 명 게시판 | 贴 tiē 图 붙이다 | 阳光 yángguāng 명 햇빛 | 明媚 míngmèi 형 맑고 아름답다 | 不停 bùtíng 图 멈추지 않다 | 摇 yáo 图 (손·머리·꼬리 등을) 흔들다 | 尾巴 wěiba 명 꼬리 | 蹲 dūn 图 쪼그리고 앉다 | 寻 xún 图 찾다, 탐색해서 찾다 | 启示 qǐshì 图 시사하다 | 联系 liánxì 图 연락하다 | 方式 fāngshì 명 방식 | 喜出望外 xǐchū wàngwài 성 뜻밖의 기쁜 일을 만나 기뻐 어쩔 줄 모르다 | 约定 yuēdìng 图 약속하다 | 遛狗 liùgǒu 图 개를 산책시키다 | 共同 gòngtóng 형 공통의 | 话题 huàtí 명 화제 | 遛弯 liùwān 图 산책하다 | 洗澡 xǐzǎo 图 목욕하다 | 狗粮 gǒuliáng 명 애견 사료 | 宠物 chǒngwù 명 반려동물 | 久而久之 jiǔ'ér jiǔzhī 성 오랜 시일이 지나다 | 情侣 qínglǚ 명 연인

问题 3 🎧 7-5-3

그림분석

❶ 6시 30분, 엄마는 등산 가서 먹을 것을 준비하고 아버지는 이불을 정리하고 있다.

❷ 자고 있는 두 아이를 깨운다. 누나는 겨우 일어났으나 아들은 아직 자고 있어서 아빠가 깨워도 잘 일어나지 않는다.

❸ 등산을 가기 위해 아빠가 운전하고, 엄마는 옆자리에 앉았는데, 둘 다 졸린 표정이다. 뒷좌석의 아이들은 신이 났다.

❹ 산 정상에서 돗자리를 깔자마자 아빠는 누워서 자고, 엄마는 꾸벅꾸벅 졸고 있다. 아이들은 즐겁게 공놀이를 한다.

답변 1

❶ 周末早晨，一家人准备去登山。爸妈起得很早，六点半已经开始准备登山的东西了。

Zhōumò zǎochen, yìjiārén zhǔnbèi qù dēngshān. Bàmā qǐ de hěn zǎo, liù diǎn bàn yǐjīng kāishǐ zhǔnbèi dēngshān de dōngxi le.

주말 이른 아침 한 가족이 등산을 갈 준비를 합니다. 아빠와 엄마는 일찍 일어나서 6시 반에 벌써 등산용품을 준비하기 시작했습니다.

---

❷ 可是这时候，孩子们还在房间睡觉。爸爸去叫他们起床，姐姐很快就起来了，可是弟弟却一直不想起床。

Kěshì zhè shíhou, háizǐmen hái zài fángjiān shuìjiào. Bàba qù jiào tāmen qǐchuáng, jiějie hěn kuài jiù qǐlái le, kěshì dìdi què yìzhí bù xiǎng qǐchuáng.

하지만 이때 아이들은 아직도 방에서 자고 있어서, 아빠가 그들을 깨우러 갔습니다. 누나는 바로 일어났지만 동생은 계속 일어나고 싶어하지 않았습니다.

제**7**부분

제7부분 | 385

❸ 折腾了一早晨，一家人终于出发了。爸爸开车，妈妈坐在副驾驶的位置。两个孩子坐在后面，有说有笑。但是爸爸妈妈因为起得太早了，看起来很疲倦。

Zhēteng le yì zǎochen, yìjiārén zhōngyú chūfā le. Bàba kāichē, māma zuò zài fùjiàshǐ de wèizhì. Liǎng ge háizi zuò zài hòumian, yǒushuō yǒuxiào. Dànshì bàba māma yīnwèi qǐ de tài zǎo le, kànqǐlái hěn píjuàn.

아침 내내 씨름하다, 가족들은 마침내 출발을 했습니다. 아빠는 운전을 하고 엄마는 조수석에 앉고, 두 아이는 뒤에 앉아서 웃고 떠들었습니다. 하지만 아빠와 엄마는 너무 일찍 일어나서인지 매우 피곤해 보입니다.

❹ 到了山上以后，爸爸躺在地上睡觉，妈妈也快要睡着了。但是孩子们却玩儿得非常高兴。

Dào le shānshàng yǐhòu, bàba tǎng zài dìshang shuìjiào, māma yě kuàiyào shuìzháo le. Dànshì háizǐmen què wánr de fēicháng gāoxìng.

산에 올라간 후에 아빠는 바닥에 누워서 잠을 자고, 엄마도 곧 잠이 들려고 합니다. 하지만 아이들은 신나게 놉니다.

답변 2 ❶ 周末的早晨，爸爸妈妈正为登山做准备。虽然刚刚早晨六点半，但妈妈已经开始准备登山的东西，爸爸在收拾屋子。

Zhōumò de zǎochen, bàba māma zhèng wèi dēngshān zuò zhǔnbèi. Suīrán gānggāng zǎochen liù diǎn bàn, dàn māma yǐjīng kāishǐ zhǔnbèi dēngshān de dōngxi, bàba zài shōushi wūzi.

주말 아침 아빠와 엄마는 등산 갈 준비를 하고 있습니다. 막 6시 반 밖에 되지 않았지만, 엄마는 벌써 등산용품을 준비하기 시작하였고, 아빠는 방을 정리하고 있습니다.

❷ 两个孩子却还在房间里呼呼大睡。爸爸走进他们的房间，叫他们赶快起床。女儿马上就起了，可是叫儿子叫了半天，他一点反应都没有，爸爸真是无可奈何。

Liǎng ge háizi què hái zài fángjiān lǐ hūhū dàshuì. Bàba zǒujìn tāmen de fángjiān, jiào tāmen gǎnkuài qǐchuáng. Nǚ'ér mǎshàng jiù qǐ le, kěshì jiào érzi jiào le bàntiān, tā yìdiǎn fǎnyìng dōu méiyǒu, bàba zhēnshì wúkě nàihé.

두 아이는 아직도 방에서 쿨쿨 자고 있어서, 아빠가 방에 들어가 빨리 일어나라고 깨웠습니다. 딸은 바로 일어났지만 아들은 한참을 깨워도 반응조차 없었습니다. 아빠는 정말 어떻게 할 수가 없었습니다.

❸ 折腾了半天，一家人终于准备出发了。爸爸负责开车，妈妈坐在副驾驶的位置。两个孩子坐在后面。因为起得太早了，爸爸妈妈看起来很困，但是孩子们却精神百倍，不停地在后边说说笑笑。

Zhēteng le bàntiān, yìjiārén zhōngyú zhǔnbèi chūfā le. Bàba fùzé kāichē, māma zuò zài fùjiàshǐ de wèizhì. Liǎng ge háizi zuò zài hòumian. Yīnwèi qǐ de tài zǎo le, bàba māma kànqǐlái hěn kùn, dànshì háizǐmen què jīngshén bǎibèi, bùtíng de zài hòubian shuōshuo xiàoxiào.

한참을 씨름한 후에 가족은 드디어 출발을 하려 합니다. 아빠가 운전을 책임지고, 엄마는 조수석에서 앉고, 두 아이는 뒤에 앉았습니다. 엄마와 아빠는 너무 일찍 일어나서 매우 졸려 보입니다. 하지만 아이들은 활기가 넘치며, 뒤에서 쉬지 않고 떠듭니다.

❹ 到了目的地，爸爸在地上铺上垫子，很快就睡着了。妈妈在一旁一边看着孩子，一边打瞌睡。孩子们这时候却在一旁玩儿得起劲儿。

Dào le mùdìdì, bàba zài dìshang pūshàng diànzi, hěn kuài jiù shuìzháo le. Māma zài yì páng yìbiān kànzhe háizi, yìbiān dǎ kēshuì. Háizǐmen zhè shíhou què zài yì páng wánr de qǐjìnr.

목적지에 도착하여, 아빠는 바닥에 자리를 깔고, 금새 잠이 들었습니다. 엄마는 옆에서 아이들을 보며 졸고 있습니다. 하지만 아이들은 옆에서 신나게 놀고 있습니다.

단어 登山 dēngshān 통 등산하다 | 却 què 분 오히려, 도리어 | 折腾 zhēteng 통 실랑이를 벌이다 | 副驾驶 fùjiàshǐ 부조종사, (자동차) 조수석 | 位置 wèizhì 명 위치, 자리 | 有说有笑 yǒushuō yǒuxiào 웃음꽃을 피우며 즐겁게 이야기하다 | 疲倦 píjuàn 통 지치다, 나른해지다 | 收拾 shōushi 통 치우다, 정돈하다 | 屋子 wūzi 명 방, 집 | 反应 fǎnyìng 명 반응 | 负责 fùzé 통 책임을 지다 | 精神 jīngshen 명 활기차다 | 倍 bèi 양 배,곱절 | 打瞌睡 dǎkēshuì 통 졸다 | 起劲 qǐjìn 통 기운이 나다

问题 4

🎧 7-5-4

❶

❷

❸

❹

그림분석

❶ 방에서 아이가 엄마와 함께 도화지에 크레파스로 그림을 그리고 있다.

❷ 갑자기 전화가 와서 엄마는 전화를 받으러 거실로 나가고, 아이는 방에서 계속 그림을 그린다.

❸ 엄마가 전화를 받고 있는 동안, 아이는 도화지에 그림이 가득 차서 방 벽에 그림을 그렸고, 엄마는 방에 들어와서 그것을 보고는 깜짝 놀란다.

❹ 엄마는 혼내지 않고 웃으면서 아이와 함께 벽에 그림을 같이 그린다.

 1 ❶ 孩子在屋里画画儿，妈妈在旁边看着孩子。

Háizi zài wūlǐ huàhuàr, māma zài pángbiān kànzhe háizi.

아이는 방에서 그림을 그리고 있고, 엄마는 옆에서 아이를 보고 있습니다.

❷ 这时候客厅里的电话响了。妈妈走出去接电话，孩子自己在屋子里继续画画儿。

Zhè shíhou kètīng lǐ de diànhuà xiǎng le. Māma zǒu chūqù jiē diànhuà, háizi zìjǐ zài wūzi lǐ jìxù huàhuàr.

이때 거실에서 전화벨이 울렸습니다. 엄마는 전화를 받으러 나가고, 아이는 혼자 방에서 계속 그림을 그렸습니다.

❸ 妈妈在接电话的时候，孩子走到墙前，开始在墙上画画儿。妈妈进屋以后，吓了一跳。

Māmā zài jiē diànhuà de shíhou, háizi zǒudào qiáng qián, kāishǐ zài qiáng shàng huàhuàr. Māma jìn wū yǐhòu, xiàle yí tiào.

엄마가 전화를 받을 때 아이는 벽 앞으로 가서 벽에 그림을 그리기 시작했습니다. 엄마는 방에 들어와서 깜짝 놀랐습니다.

❹ 没想到，妈妈不但没有生气，而且和孩子一起在墙上画了起来。妈妈夸奖孩子的画儿画得真漂亮，孩子听了很高兴，越画越好。

Méixiǎngdào, māma búdàn méiyǒu shēngqì, érqiě hé háizi yìqǐ zài qiángshàng huà le qǐlai. Māma kuājiǎng háizi de huàr huà de zhēn piàoliang, háizi tīng le hěn gāoxìng, yuè huà yuè hǎo.

뜻밖에도 엄마는 화를 내지도 않고, 아이와 함께 벽에 그림을 그리기 시작했습니다. 엄마가 아이에게 그림을 정말 잘 그린다고 칭찬하자, 아이는 기뻐서 더 잘 그렸습니다.

답변 **2** **❶** 孩子在屋子里画画儿，孩子很喜欢画画儿。一会儿就画一只小狗。

Háizi zài wūzi lǐ huàhuàr, háizi hěn xǐhuan huàhuàr. Yíhuìr jiù huà yì zhī xiǎogǒu.

아이가 방안에서 그림을 그리고 있습니다. 아이는 그림 그리는 걸 매우 좋아해서 금세 강아지 한 마리를 그립니다.

❷ 这时候，客厅里的电话响了。妈妈走出去接电话，孩子自己在屋子里继续画画儿。

Zhè shíhou, kètīng lǐ de diànhuà xiǎng le. Māma zǒu chūqu jiē diànhuà, háizi zìjǐ zài wūzi lǐ jìxù huàhuàr.

이때 거실에서 전화벨이 울렸습니다. 엄마는 전화를 받으러 나가고, 아이는 혼자 방에서 계속 그림을 그렸습니다.

❸ 孩子在纸上画着画着，突然拿着蜡笔走到墙前，开始在墙上涂着涂着，把白色的墙画得乱七八糟。妈妈走进房间，真是吓了一大跳。

Háizi zài zhǐ shàng huàzhe huàzhe, tūrán názhe làbǐ zǒudào qiáng qián, kāishǐ zài qiáng shàng túzhe túzhe, bǎ báisè de qiáng huà de luànqī bāzāo. Māma zǒujìn fángjiān, zhēnshì xiàle yí dà tiào.

아이는 종이에 그림을 그리다가 갑자기 크레파스를 들고 벽 앞으로 가서는, 벽에다 마구 칠하기 시작하더니 하얀 벽에 엉망진창으로 그려놓았습니다. 엄마는 방안에 들어와 무척 놀랐습니다.

❹ 没想到，妈妈不但没有生气，而且和孩子一起在墙上画了起来。妈妈夸奖孩子的画儿画得真漂亮，孩子听了很高兴，越画越好。

Méi xiǎngdào, māma búdàn méiyǒu shēngqì, érqiě hé háizi yìqǐ zài qiáng shàng huà le qǐlai. Māma kuājiǎng háizi de huàr huà de zhēn piàoliang, háizi tīng le hěn gāoxìng, yuè huà yuè hǎo.

뜻밖에도 엄마는 화를 내지도 않고, 아이와 함께 벽에 그림을 그리기 시작했습니다. 엄마가 아이에게 그림을 정말 잘 그린다고 칭찬하자, 아이는 기뻐서 더 잘 그렸습니다.

问题 5

🎧 7-5-5

그림분석

❶ 여자가 서둘러 집을 나가고 나서, 떨어져 있는 기차표를 엄마가 보았다.

❷ 여자가 기차를 타는데 승무원이 표 검사를 한다. 여자는 표가 없다는 것을 발견하고 당황한다.

❸ 승무원이 기차를 탈 수 없다며 여자를 막는다.

❹ 그때 멀리서 엄마가 표를 가지고 달려온다. 여자는 매우 감동받았다.

1 ❶ 女孩要去火车站，可是火车还有三十分钟就要开了，女孩急冲冲地从家里出来了，妈妈看到火车票掉在了地上。

Nǚhái yào qù huǒchēzhàn, kěshì huǒchē háiyǒu sānshí fēnzhōng jiùyào kāi le, nǚhái jíchōngchōng de cóng jiālǐ chūlái le, māma kàndào huǒchēpiào diào zài le dìshang.

여자는 기차역에 가려고 합니다. 기차는 30분 뒤에 출발하므로 여자는 서둘러 집에서 나섰습니다. 그때 엄마는 기차표가 바닥으로 떨어지는 것을 보았습니다.

❷ 女孩终于赶上了火车，上车的时候，列车员要检票，可是这时女孩发现自己的车票丢了，非常着急。

Nǚhái zhōngyú gǎnshàng le huǒchē, shàngchē de shíhou, lièchēyuán yào jiǎnpiào, kěshì zhèshí nǚhái fāxiàn zìjǐ de chēpiào diū le, fēicháng zháojí.

여자는 드디어 기차를 잡을 수 있었습니다. 기차에 오를 때 승무원이 표를 검사하려는데, 이때 여자는 표가 없다는 것을 알게 되자, 매우 조급했습니다.

❸ 列车员说如果没有火车票的话，就不能上车，列车员说着就把门挡住了。

Lièchēyuán shuō rúguǒ méiyǒu huǒchēpiào de huà, jiù bù néng shàngchē, lièchēyuán shuōzhe jiù bǎ mén dǎngzhù le.

승무원은 만약 기차표가 없으면 차에 탈 수 없다고 말하며 문을 막았습니다.

❹ 这时妈妈拿着票从远处跑来，女孩看到非常高兴，她终于能上火车啦。

Zhèshí māma názhe piào cóng yuǎnchù pǎolái, nǚhái kàndào fēicháng gāoxìng, tā zhōngyú néng shàng huǒchē la.

이때 엄마가 표를 들고 멀리서 뛰어왔습니다. 여자는 매우 기뻤고, 마침내 기차에 탈 수 있었습니다.

2 ❶ 女孩要去火车站，可是火车还有三十分钟就要开了，女孩急冲冲地从家里跑出来，妈妈看到火车票掉在了地上。

Nǚhái yào qù huǒchēzhàn, kěshì huǒchē háiyǒu sānshí fēnzhōng jiùyào kāi le, nǚhái jíchōngchōng de cóng pǎo jiālǐ chūlái, māma kàndào huǒchēpiào diàozài le dìshang.

여자는 기차역으로 가야 했는데, 기차는 30분 후면 떠나야 했습니다. 여자는 부랴부랴 집을 나섰고, 엄마는 기차표가 땅에 떨어져 있는 것을 발견하였습니다.

❷ 女孩终于赶上了火车，上车的时候，列车员要检票，这时女孩才发现自己的车票丢了，非常着急。

Nǚhái zhōngyú gǎnshàng le huǒchē, shàngchē de shíhou, lièchēyuán yào jiǎnpiào, zhè shí nǚhái cái fāxiàn zìjǐ de chēpiào diū le, fēicháng zháojí.

여자는 드디어 기차를 잡을 수 있었는데, 기차에 오를 때, 승무원이 표를 검사하려 했습니다. 이때, 여자는 기차표가 사라졌다는 것을 발견하고 아주 조급해졌습니다.

❸ 列车员说别着急，再好好找找，女孩儿找了半天也没找到，急得满头大汗。

Lièchēyuán shuō bié zháojí, zài hǎohāo zhǎozhao, nǚháir zhǎo le bàntiān yě méi zhǎodào, jí de mǎntóu dàhàn.

승무원은 조급해하지 말라고 하며, 다시 잘 찾아보라고 했습니다. 하지만 여자는 한참이나 찾아보아도 찾을 수가 없었으며, 온몸이 땀에 젖도록 조급했습니다.

❹ 就在这时，妈妈从远处拿着票跑了过来，女孩看到妈妈后感动得留下了眼泪。她终于能上火车了。此时此刻，她深深地感受到了母爱。

Jiù zài zhè shí, māma cóng yuǎnchù názhe piào pǎo le guòlai, nǚhái kàndào māma hòu gǎndòng de liúxià le yǎnlèi. Tā zhōngyú néng shàng huǒchē le. Cǐshí cǐkè, tā shēnshēn de gǎnshòudào le mǔ'ài.

바로 이때, 엄마가 먼 곳에서부터 기차표를 들고서 달려오고 있었습니다. 여자는 엄마를 보자마자 감동받아 눈물을 흘렸고, 드디어 기차에 탈 수 있었습니다. 이 순간 여자는 진정으로 어머니의 사랑을 느끼게 되었습니다.

단어 火车站 huǒchēzhàn 몡 기차역 | 火车票 huǒchēpiào 몡 기차표 | 掉 diào 동 떨어뜨리다 | 列车员 lièchēyuán 몡 열차 승무원 | 检票 jiǎnpiào 동 검표하다 | 着急 zháojí 동 조급해하다 | 挡住 dǎngzhù 동 저지하다, 막다 | 远处 yuǎnchù 몡 먼 곳, 먼 데 | 满头大汗 mǎntóu dàhàn 얼굴이 땀투성이다 | 眼泪 yǎnlèi 몡 눈물 | 此时此刻 cǐshí cǐkè 바로 이때 | 深深 shēnshēn 튀 깊숙이 | 感受 gǎnshòu 동 (영향을) 받다 | 母爱 mǔ'ài 몡 모성애

문제 1

❶

❷

❸

❹

test
모의고사

모의고사.mp3

在这部分试题中，你将听到四个简单的问句。请听到提示音之后开始回答。每道题的回答时间是10秒。
下面开始提问。

问题 1   你叫什么名字？

提示音　　　　　　（10秒）　　　　　　结束。

问题 2   请说出你的出生年月日。

提示音　　　　　　（10秒）　　　　　　结束。

问题 3   你家有几口人？

提示音　　　　　　（10秒）　　　　　　结束。

问题 4   你在什么地方工作？或者你在哪个学校上学？

提示音　　　　　　（10秒）　　　　　　结束。

남은 시간

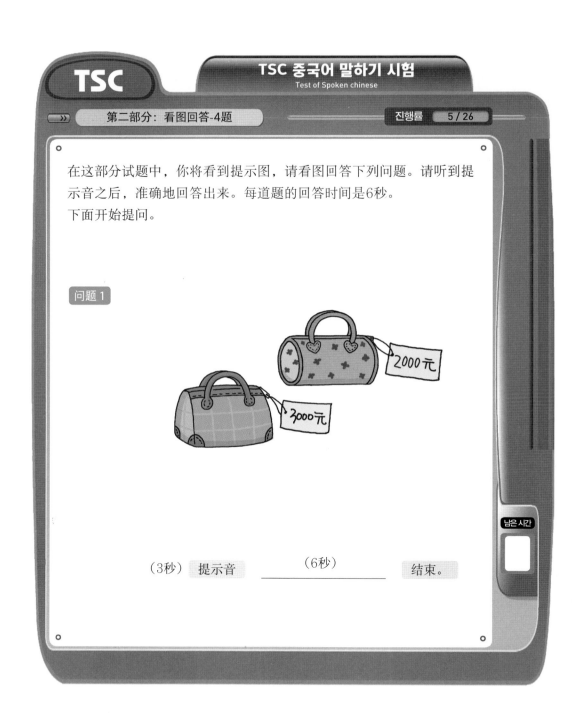

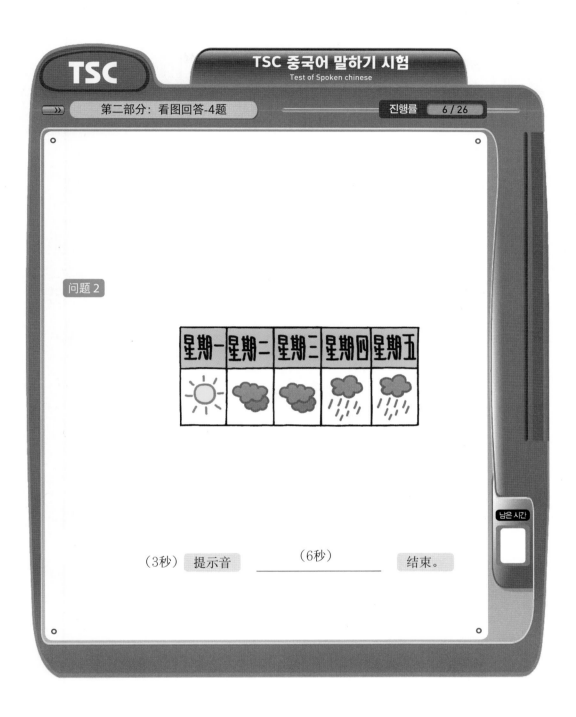

（3秒）提示音 ＿＿＿＿＿＿＿＿（6秒） 结束。

问题 3

（3秒）　提示音　＿＿＿＿＿＿（6秒）＿＿＿＿＿＿　结束。

第三部分：快速回答-5题 　　　　　　　　　　　　진행률

在这部分试题中，你需要完成五段简短对话。这些对话出自不同的日常生活情景，在每段对话前，你将看到提示图。请尽量用完整的句子回答，句子的长短和用词将影响你的分数。请听例句。

问题：老张在吗？

回答1：不在。

回答2：他现在不在，您有什么事儿吗？要给他留言吗？

两种回答都可以，但第二种回答更完整更详细，你将得到较高的分数。请听到提示音之后开始回答问题。每道题的回答时间是15秒。下面开始提问。

남은 시간

问题 1

（2秒） 提示音 _____（15秒）_____ 结束。

问题 2

（2秒） 提示音 _____（15秒）_____ 结束。

남은 시간

问题 3

（2秒）　提示音 _____（15秒）_____ 结束。

남은 시간

问题 4

（2秒） 提示音 _____（15秒） 结束。

问题 5

（2秒）　提示音　　　　（15秒）　　　　　结束。

在这部分试题中，你将听到五个问题。请尽量用完整的句子来回答，句子的长短和用词将影响你的分数。

请听例句。

问题： 上下班的时候，你坐地铁还是自己开车?

回答1: 我每天坐地铁上班，坐地铁不堵车。

回答2: 我每天坐地铁上班，坐地铁不堵车，而且很便宜，在地铁里可以看书，还可以听音乐，非常方便，所以我常常坐地铁上下班。

两种回答都可以，但第二种回答更完整更详细，你将得到较高的分数。请听到提示音之后开始回答问题。每道题请你用15秒思考，回答时间是25秒。

下面开始提问。

问题 1   如果朋友去你家，你会给他做料理吗？

남은 시간

（15秒） 提示音   （25秒） _____ 结束。

问题 3   放假回老家的时候一般会怎么回去?

（15秒）　提示音　　　　（25秒）　　　　结束。

남은 시간

TSC

TSC 중국어 말하기 시험
Test of Spoken chinese

第四部分：简短回答-5题

진행률 17 / 26

모의고사

问题 4 　　　公司附近都有什么样的商店?

（15秒）　提示音　　　　　（25秒）　　　　　结束。

在这部分试题中，你将听到四个问题，请发表你的观点和看法，请尽量用完整的句子来回答，句子的长短和用词将影响你的分数。
请听例句。

问题：　你怎么看待减肥?
回答1：我觉得减肥不太好。
回答2：我认为减肥是件好事，不但可以使身体更健康，而且还能让自己看起来更漂亮，减肥还要注意适当的方法，比如通过适当的运动和调整饮食来达到减肥的目的。

两种回答都可以，但第二种回答更完整更详细，你将得到较高的分数。请听到提示音之后开始回答问题。每道题请你用30秒思考，回答时间是50秒。
下面开始提问。

问题 1　　　你认为我们国家最有名的运动员是谁?

（30秒）　提示音　　　　（50秒）　　　　　结束。

남은시간

问题 2　你认为国家应该对人们进行终身教育吗?

（30秒）　提示音　　　　　（50秒）　　　　结束。

남은시간

问题 3　　你觉得公寓的优点和缺点是什么?

（30秒）　提示音　　　　（50秒）　　　　结束。

남은 시간

TSC

TSC 중국어 말하기 시험
Test of Spoken chinese

第六部分：情景应对-3题

진행률 23 / 26

모의고사

在这部分试题中，你将看到提示图，同时还将听到中文的情景叙述。假设你处于这种情况之下，你将如何应对。请尽量用完整的句子来回答，句子的长短和用词将影响你的分数。请听到提示音之后开始回答问题。每道题请你用30秒思考，回答时间是40秒。下面开始提问。

问题 1

你在网上买了三本书，但是卖家只寄来了一本书，请你打电话并解决问题。

（30秒） 提示音 　　　（50秒）　　　 结束。

남은 시간

问题 2

你身体很不舒服，让你的朋友帮你买一下感冒药，并且送到你的宿舍。

（30秒）　提示音　　　　（50秒）　　　　结束。

남은시간

问题3

家里没有人，请嘱托住在隔壁的朋友替你收拾东西。

（30秒） 提示音 （50秒） 结束。

在这部分试题中，你将看到四幅连续的图片。请根据图片内容讲述一个完整的故事。请认真看下列四幅图。（30秒）

①

②

③

④

问题1　现在请根据图片的内容讲述故事，请尽量完整、详细。讲述时间是90秒。请听到提示音之后开始回答。

남은시간

（30秒）　提示音　　　　　　（90秒）　　　　　　结束。

考试结束。

最后，如果您对我们的考试有什么感想的话，请说出来。

请听到提示音之后开始发言。发言时间是30秒。

(2秒) 提示音 ⎯⎯⎯⎯⎯⎯ (30秒) ⎯⎯⎯⎯⎯⎯ 结束。

answer

모범답안 및 해석

Nǐ zěnme le?

왜 그러니?

A 我从早上开始就头疼，好像感冒了。

Wǒ cóng zǎoshang kāishǐ jiù tóuténg, hǎoxiàng gǎnmào le.

저는 아침부터 머리가 아프기 시작했는데, 감기에 걸린 것 같아요.

파트별 실력 점검

제2부분   p.83

问题 1   🎧 2-8-1

Q 他在做什么?

Tā zài zuò shénme?

그는 무엇을 하고 있습니까?

A 他在快走。

Tā zài kuài zǒu.

그는 빨리 걷고 있습니다.

问题 2   🎧 2-8-2

Q 哪个更大?

Nǎ ge gèng dà?

어느 것이 더 큽니까?

A 苹果比桔子更大。

Píngguǒ bǐ júzi gèng dà.

사과가 귤보다 더 큽니다.

问题 3   🎧 2-8-3

Q 这是袜子吗?

Zhè shì wàzi ma?

이것은 양말입니까?

A 这不是袜子，这是鞋。

Zhè bú shì wàzi, zhè shì xié.

이것은 양말이 아니고, 신발입니다.

问题 4   🎧 2-8-4

Q 花瓶里有几枝花?

Huāpíng lǐ yǒu jǐ zhī huā?

꽃병에는 꽃이 몇 송이 있습니까?

A 花瓶里有一枝花。

Huāpíng lǐ yǒu yì zhī huā.

꽃병에는 꽃이 한 송이 있습니다.

问题 5   🎧 2-8-5

Q 你怎么了?

제3부분   p.143

问题 1   🎧 3-9-1

Q 怎么开了这么长时间的会? 有什么事儿吗?

Zěnme kāi le zhème cháng shíjiān de huì? Yǒu shénme shìr ma?

왜 이렇게 회의를 오래 하는 겁니까? 무슨 일이 있습니까?

A 我也不清楚为什么会议开这么长。听说公司出现了财政问题，好像要进行裁员。

Wǒ yě bù qīngchu wèishénme huìyì kāi zhème cháng. Tīngshuō gōngsī chūxiàn le cáizhèng wèntí, hǎoxiàng yào jìnxíng cáiyuán.

저도 왜 이렇게 회의를 길게 하는지 잘 모르겠습니다. 그런데 듣자 하니 회사에 재정 문제가 생겨서 감원을 해야 한다고 합니다.

问题 2   🎧 3-9-2

Q 这家饭店太贵了，我们去别的食堂吧。

Zhè jiā fàndiàn tài guì le, wǒmen qù bié de shítáng ba.

이 식당 너무 비싸네요. 우리 다른 식당으로 가요.

A 好的，那我们就去吃羊肉串吧。这附近有一家羊肉串店，又便宜又好吃。

Hǎode, nà wǒmen jiù qù chī yángròuchuàn ba. Zhè fùjìn yǒu yì jiā yángròuchuàn diàn, yòu piányi yòu hǎochī.

좋아요. 그럼 우리 양꼬치 먹으러 가요. 이 근처에 양꼬치집이 하나 있는데 싸고 맛있어요.

问题 3   🎧 3-9-3

Q 这次派谁去出差?

Zhè cì pài shéi qù chūchāi?

이번에 누구를 출장 보냅니까?

A 听说这次派小王去出差。小王不仅精通外语，而且业务能力也很强。我看派他去很合适。

모범답안

421

Tīngshuō zhè cì pài Xiǎo Wáng qù chūchāi. Xiǎo Wáng bùjǐn jīngtōng wàiyǔ, érqiě yèwù nénglì yě hěn qiáng. Wǒ kàn pài tā qù hěn héshì.

듣자 하니 이번에 샤오왕을 보낸다고 해요. 샤오왕은 외국어에 능통할 뿐 아니라 업무 능력도 매우 뛰어나요. 저는 그를 보내는 게 적합하다고 생각해요.

(问题 4) ······················· 🎧 3-9-4

Q 这是我昨天新买的衣服，你觉得怎么样？

Zhè shì wǒ zuótiān xīn mǎi de yīfu, nǐ juéde zěnmeyàng?

이것은 제가 어제 새로 산 옷인데, 어때요?

A 我觉得很漂亮，质量好，款式好，颜色也不错。

Wǒ juéde hěn piàoliang, zhìliàng hǎo, kuǎnshì hǎo, yánsè yě búcuò.

제 생각에는 아주 예쁜 것 같아요. 품질도 좋고, 스타일도 좋고, 색깔도 좋네요.

(问题 5) ······················· 🎧 3-9-5

Q 电影票都卖完了，怎么办呢？

Diànyǐng piào dōu màiwán le, zěnme bàn ne?

영화표가 매진되었어요. 어떻게 하죠?

A 真可惜，我们只好下次再来看了。

Zhēn kěxī, wǒmen zhǐhǎo xiàcì zài lái kàn le.

정말 아쉽네요. 다음에 다시 와서 보는 수밖에 없겠어요.

제4부분　　　　　　　　　　　　p.203

(问题 1) ······················· 🎧 4-7-1

Q 你希望结婚后生男孩儿还是女孩儿？为什么？

Nǐ xīwàng jiéhūn hòu shēng nánháir háishi nǚháir? Wèishénme?

당신은 결혼한 후에 남자아이를 낳고 싶습니까, 여자아이를 낳고 싶습니까? 왜 그렇게 생각하나요?

A ❶ 我希望生男孩儿。因为我可以和儿子一起玩儿游戏、一起运动、一起去洗澡。

Wǒ xīwàng shēng nánháir. Yīnwèi wǒ kěyǐ hé érzi yìqǐ wánr yóuxì, yìqǐ yùndòng, yìqǐ qù xǐzǎo.

저는 남자아이를 낳고 싶습니다. 아들과 함께 게임도 하고 운동도 하고, 목욕탕에도 갈 수 있기 때문입니다.

❷ 我觉得男孩儿女孩儿不重要，只要他们能健康、快乐地成长。长大以后，成为一个正直、有责任心、有上进心、对社会有贡献的人，我就很满意了。

Wǒ juéde nánháir nǚháir bú zhòngyào, zhǐyào tāmen néng jiànkāng、kuàilè de chéngzhǎng. Zhǎngdà yǐhòu, chéngwéi yí ge zhèngzhí、yǒu zérènxīn、yǒu shàngjìnxīn、duì shèhuì yǒu gòngxiàn de rén, wǒ jiù hěn mǎnyì le.

저는 남자아이인지 여자아이인지는 중요하지 않다고 생각합니다. 아이가 건강하고 즐겁게 자라고, 커서는 정직하고 책임감이 있으며, 진취적이고 사회에 기여할 수 있는 사람이 된다면, 저는 만족합니다.

❸ 我希望生女孩儿。与男孩儿相比，女孩儿更乖巧、听话、懂事。长大以后还可以帮父母做家务，而且更贴心。都说女孩儿是父母的小棉袄，可能是因为女孩儿要比男孩儿在情感上更细腻。所以，我想生女孩儿。

Wǒ xīwàng shēng nǚháir. Yǔ nánháir xiāngbǐ, nǚháir gèng guāiqiǎo、tīnghuà、dǒngshì. Zhǎngdà yǐhòu hái kěyǐ bāng fùmǔ zuò jiāwù, érqiě gèng tiēxīn. Dōu shuō nǚháir shì fùmǔ de xiǎo mián'ǎo. Kěnéng shì yīnwèi nǚháir yào bǐ nánháir zài qínggǎn shàng gèng xìnì. Suǒyǐ, wǒ xiǎng shēng nǚháir.

저는 여자아이를 낳고 싶습니다. 남자아이에 비해 여자아이는 귀엽고 말도 잘 듣고, 철이 듭니다. 커서는 부모님을 도와 집안일도 하고 더욱 세심합니다. 다들 딸은 부모의 '솜저고리'라고 합니다. 아마도 여자아이는 남자아이에 비해서 감정에 있어 더욱 섬세하기 때문일 것입니다. 그래서 저는 여자아이를 낳고 싶습니다.

(问题 2) ······················· 🎧 4-7-2

Q 在你住过的地方中，哪个地方最拥挤？

Zài nǐ zhù guo de dìfang zhōng, nǎ ge dìfang zuì yōngjǐ?

당신이 살았던 곳 중에 어느 곳이 가장 혼잡합니까?

A ❶ 我在三星公司工作，住在公司附近。每天上下班的时候公司门口车很多，有公司的班车，也有职员的车，所以很拥挤。

Wǒ zài Sānxīng gōngsī gōngzuò, zhùzài gōngsī fùjìn. Měitiān shàngxiàbān de shíhou gōngsī ménkǒu chē hěn duō, yǒu gōngsī de bānchē, yě yǒu zhíyuán de chē, suǒyǐ hěn yōngjǐ.

저는 삼성에서 일하고 회사 근처에 살고 있습니다. 매일 출퇴근 시간에 회사 입구에 차가 매우 많은데, 회사 통근 버스도 있고 직원들의 차도 있어서 매우 혼잡합니다.

❷ 江南站附近最拥挤。那里是年轻时尚达人聚会的最佳去处。是一个集购物、餐饮、休闲娱乐为一体的多功能区域。饭店、酒吧、KTV等餐饮与休闲娱乐场所遍布周围，也是公司聚会、聚餐的首选之地。

Jiāngnánzhàn fùjìn zuì yōngjǐ. Nàlǐ shì niánqīng shíshàng dárén jùhuì de zuìjiā qùchù. Shì yí ge jí gòuwù、cānyǐn、xiūxián yúlè wéi yìtǐ de duō gōngnéng qūyù. Fàndiàn、jiǔbā、KTV děng cānyǐn yǔ xiūxián yúlè chǎngsuǒ biànbù zhōuwéi. Yě shì gōngsī jùhuì、jùcān de shǒuxuǎn zhīdì.

강남역 근처가 가장 혼잡합니다. 그곳은 젊고 유행에 민감한 사람들이 모이기에 가장 좋은 곳이고 쇼핑, 요식업과 휴식과 오락이 하나로 모인 다기능 지역입니다. 음식점, 술집, 노래방(KTV) 등 요식업과 유흥오락 장소가 주위에 많이 퍼져있습니다. 또한 회사의 모임, 회식 장소로 가장 손꼽히는 곳입니다.

❸ 三成站最拥挤。那里是韩国著名的金融中心，周围布满了大大小小的公司，可谓寸土寸金。不仅很多韩国大企业纷纷把总部设在那里，而且大部分的外资银行和全球五百强的公司都位于那里。所以三成站总是人潮涌动，车流不断。

Sānchéngzhàn zuì yōngjǐ. Nàlǐ shì Hánguó zhùmíng de jīnróng zhōngxīn, zhōuwéi bùmǎn le dàdà xiǎoxiǎo de gōngsī, kě wèi cùntǔ cùnjīn. Bùjǐn hěn duō Hánguó dàqǐyè fēnfēn bǎ zǒngbù shèzài nàlǐ, érqiě dàbùfen de wàizī yínháng hé quánqiú wǔbǎi qiáng de gōngsī dōu wèiyú nàlǐ. Suǒyǐ Sānchéngzhàn zǒngshì réncháo yǒngdòng, chēliú búduàn.

삼성역이 가장 혼잡합니다. 그곳은 한국의 유명한 금융 중심지로 주위에 크고 작은 회사가 퍼져있어서 금싸라기 땅이라고 할 수 있습니다. 많은 한국의 대기업들이 잇달아 본사를 그곳에 세울 뿐만 아니라, 대부분의 외자 은행과 세계적인 유명 회사가 그곳에 위치하고 있습니다. 따라서 삼성역은 늘 사람들이 넘쳐나며 차량 행렬이 끊이지 않습니다.

问题 3   🎧 4-7-3

Q 退休以后, 你打算做什么?

Tuìxiū yǐhòu, nǐ dǎsuan zuò shénme?

정년퇴직하고 나서는 무엇을 할 계획입니까?

A ❶ 我是那种闲不下来的人。我打算退休以后开一家炸鸡店。

Wǒ shì nà zhǒng xián bu xiàlai de rén. Wǒ dǎsuan tuìxiū yǐhòu kāi yì jiā zhájīdiàn.

저는 한가함을 견디지 못하는 사람입니다. 정년퇴직하고 나서는 치킨집을 차리고 싶습니다.

❷ 年轻时为了事业而打拼，每天忙于应酬而忽视了家庭。我打算退休以后好好陪陪家人。比如说去旅旅游、学学唱歌什么的。

Niánqīng shí wèile shìyè ér dǎpīn, měitiān mángyú yìngchou ér hūshì le jiātíng. Wǒ dǎsuan tuìxiū yǐhòu hǎohǎo péipei jiārén. Bǐrú shuō qù lǚlǚyóu、xuéxue chàng gē shénme de.

젊었을 때는 사업을 위하여 분주히 살았고, 매일 사람들을 접대하느라 가정을 제대로 돌보지 못하였습니다. 정

년퇴직하고 나서는 가족들과 함께 시간을 보내고 싶습니다. 예로 든다면, 여행을 떠나거나 노래를 배우는 것과 같은 것들 말입니다.

❸ 我是一个闲不下来的人。退休以后，我打算回老家种地。我的家乡有山有水，非常美丽。小时候我还在小溪里钓鱼游泳呢。我特别想回到家乡体验一番田园般的生活。

Wǒ shì yí ge xián bu xiàlai de rén. Tuìxiū yǐhòu, wǒ dǎsuan huí lǎojiā zhòngdì. Wǒ de jiāxiāng yǒushān yǒushuǐ, fēicháng měilì. Xiǎoshíhou wǒ hái zài xiǎoxī lǐ diàoyú yóuyǒng ne. Wǒ tèbié xiǎng huídào jiāxiāng tǐyàn yì fān tiányuán bān de shēnghuó.

저는 한가함을 견디지 못하는 사람입니다. 퇴직하고 나서는 고향으로 돌아가 귀농하고 싶습니다. 저의 고향은 경치가 아름다운 산과 하천이 있습니다. 어렸을 때에는 개울에서 낚시도 하고 수영도 하였습니다. 정말로 고향에 돌아가 시골의 생활을 제대로 한번 체험해 보고 싶습니다.

问题 4   🎧 4-7-4

Q 你买衣服的时候注意哪些方面?

Nǐ mǎi yīfu de shíhou zhùyì nǎxiē fāngmiàn?

당신은 옷을 살 때 어떤 면을 신경씁니까?

A ❶ 我买衣服的时候，觉得价格很重要。因为我是工薪阶层，每个月的收入不高。

Wǒ mǎi yīfu de shíhou, juéde jiàgé hěn zhòngyào. Yīnwèi wǒ shì gōngxīn jiēcéng, měi ge yuè de shōurù bù gāo.

저는 옷을 살 때 가격이 중요하다고 생각합니다. 저는 직장인이라 매월 수입이 많지 않기 때문입니다.

❷ 对我来说，买衣服的时候，面料和舒适度很重要。我喜欢买棉麻制品的衣物。因为手感比较好，穿起来也很舒服、很方便，也容易清洗。

Duì wǒ láishuō, mǎi yīfu de shíhou, miànliào hé shūshìdù hěn zhòngyào. Wǒ xǐhuan mǎi miánmá zhìpǐn de yīwù. Yīnwèi shǒugǎn bǐjiào hǎo, chuān qǐlái yě hěn shūfu、hěn fāngbiàn, yě róngyì qīngxǐ.

제 경우에는 옷을 살 때, 원단과 착용감이 중요합니다. 저는 면과 마 제품의 옷을 좋아합니다. 감촉이 비교적 좋고, 입었을 때 편하고 편리하며, 세탁하기도 쉽기 때문입니다.

❸ 我买衣服的时候，注重款式、品牌、做工等方面。我觉得品牌服装设计大方、选料讲究、做工精细。特别是款式不会很快过时。所以即使再贵，也物有所值。

Wǒ mǎi yīfu de shíhou, zhùzhòng kuǎnshì、pǐnpái、zuògōng děng fāngmiàn. Wǒ juéde

423

pǐnpái fúzhuāng shèjì dàfang, xuǎnliào jiǎngjiū, zuògōng jīngxì. Tèbié shì kuǎnshì bú huì hěn kuài guòshí. Suǒyǐ jíshǐ zài guì, yě wù yǒu suǒzhí.

저는 옷을 살 때, 스타일, 브랜드, 가공 등을 중시합니다. 브랜드 옷은 디자인이 고상하고, 원단 선정에 신경을 쓰며, 가공이 정교하다고 생각합니다. 특히 스타일이 빨리 유행에 뒤떨어지지 않아서, 아무리 비싸도 가격 대비 그 값을 한다고 생각합니다.

问题 5 ᯤ 4-7-5

Q 谈谈大型超市的优点。

Tántan dàxíng chāoshì de yōudiǎn.

대형 마트의 장점에 대해서 말해보세요.

A ❶ 大型超市商品很全，选择的机会比较多，还很便宜，质量也不错。

Dàxíng chāoshì shāngpǐn hěn quán, xuǎnzé de jīhuì bǐjiào duō, hái hěn piányi, zhìliàng yě búcuò.

대형 마트는 상품이 완비되어 있어 선택의 기회가 비교적 많고, 또 매우 저렴하며 품질도 괜찮습니다.

❷ 大型超市不仅商品丰富、种类齐全、价格合理，购物环境好，而且质量和售后服务有保证。如果遇到质量问题，退换、退款都很方便。

Dàxíng chāoshì bùjǐn shāngpǐn fēngfù, zhǒnglèi qíquán, jiàgé hélǐ, gòuwù huánjìng hǎo, érqiě zhìliàng hé shòuhòu fúwù yǒu bǎozhèng. Rúguǒ yùdào zhìliàng wèntí, tuìhuàn, tuìkuǎn dōu hěn fāngbiàn.

대형 마트는 상품이 많아 종류별로 다 갖추어져 있고, 가격이 합리적이고 쇼핑 환경이 좋습니다. 게다가 품질과 구매 후 서비스가 보장됩니다. 만약 품질에 문제가 있으면, 교환, 환불도 편리합니다.

❸ 大型超市物美价廉、购物环境舒适，服务热情周到。还经常搞打折促销活动，特别是节假日的时候有很多优惠活动。而且凭借购物小票可以积累积分，还提供免费停车服务。

Dàxíng chāoshì wùměi jiàlián, gòuwù huánjìng shūshì, fúwù rèqíng zhōudào. Hái jīngcháng gǎo dǎzhé cùxiāo huódòng, tèbié shì jiéjiàrì de shíhou yǒu hěn duō yōuhuì huódòng. Érqiě píngjiè gòuwù xiǎopiào kěyǐ jīlěi jīfēn, hái tígōng miǎnfèi tíngchē fúwù.

대형 마트는 물건이 좋고 저렴하며, 쇼핑 환경이 쾌적하고 서비스가 좋고 세심합니다. 또한 자주 할인 판촉 행사를 하는데, 특히 명절에 많은 우대 이벤트가 있습니다. 게다가 구매 영수증으로 마일리지를 적립할 수 있고, 무료 주차 서비스도 제공합니다.

问题 1 ᯤ 5-6-1

Q 近年来，随着社会和经济的发展，跨国婚姻已经很普遍。那么我们该如何看待这种现象呢？请谈谈你的看法。

Jìnniánlái, suízhe shèhuì hé jīngjì de fāzhǎn, kuàguó hūnyīn yǐjīng hěn pǔbiàn. Nàme wǒmen gāi rúhé kàndài zhè zhǒng xiànxiàng ne? Qǐng tántan nǐ de kànfǎ.

최근 몇 년 동안 사회와 경제가 발전함에 따라서 국제결혼이 보편화되었습니다. 우리는 이런 현상을 어떻게 봐야합니까? 당신의 생각을 말해보세요.

A ❶ 我不赞同。因为语言、文化、生活习惯什么的都不一样，在一起生活很不方便。

Wǒ bú zàntóng. Yīnwèi yǔyán, wénhuà, shēnghuó xíguàn shénme de dōu bù yíyàng, zài yìqǐ shēnghuó hěn bù fāngbiàn.

저는 찬성하지 않습니다. 언어, 문화, 생활 습관 등이 모두 다르기 때문에 함께 생활하기에 불편하기 때문입니다.

❷ 我不赞同。因为文化差异和语言不同，会造成夫妻之间沟通有障碍，影响夫妻之间的感情。久而久之会激化矛盾，严重的话会导致婚姻破裂、家庭不幸，进而带来很多社会问题。

Wǒ bú zàntóng. Yīnwèi wénhuà chāyì hé yǔyán bù tóng, huì zàochéng fūqī zhījiān gōutōng yǒu zhàng'ài, yǐngxiǎng fūqī zhījiān de gǎnqíng. Jiǔ'ér jiǔzhī huì jīhuà máodùn, yánzhòng de huà huì dǎozhì hūnyīn pòliè, jiātíng bú xìng, jìn'ér dàilái hěn duō shèhuì wèntí.

저는 찬성하지 않습니다. 문화가 다르고 언어가 다르기 때문에, 부부 사이의 소통에 장애가 생길 수 있고, 부부 사이의 감정에 영향을 줄 수 있기 때문입니다. 오래되다 보면 갈등이 격화될 수 있고, 심각해지면 결혼이 깨지고 가정이 불행해질 수 있습니다. 더 나아가 사회적인 문제를 야기할 수도 있습니다.

❸ 我觉得这种现象很普遍。随着经济全球化进程的加快，增加了人们与外界交流合作的机会。比如通过旅游、留学、移民等途径，可加深对其他国家的了解。传统的婚姻观念正受到猛烈的冲击。国籍并不重要，只要两个人真心相爱，文化差异、语言问题都会随之克服的。

Wǒ juéde zhè zhǒng xiànxiàng hěn pǔbiàn. Suízhe jīngjì quánqiúhuà jìnchéng de jiākuài, zēngjiā le rénmen yǔ wàijiè jiāoliú hézuò de jīhuì. Bǐrú tōngguò lǚyóu, liúxué, yímín děng tújìng, kě jiāshēn duì qítā guójiā de liǎojiě. Chuántǒng de hūnyīn guānniàn zhèng shòudào měngliè de chōngjī. Guójí bìng bú zhòngyào, zhǐyào liǎng ge rén zhēnxīn xiāng'ài, wénhuà chāyì, yǔyán wèntí dōu huì suízhī kèfú de.

저는 이런 현상이 매우 보편화되었다고 생각합니다. 경제 글로벌화가 더욱 빨리 진행됨에 따라서 사람들은 외국과 교류하고 협력하는 기회가 늘어났습니다. 예를 들면 여행, 유학, 이민 등의 경로를 통하여 다른 나라에 대한 이해도 더욱 깊어졌습니다. 전통적인 결혼 관념도 거센 충격을 받고 있습니다. 국적은 중요하지 않으며 두 사람이 진심으로 사랑하기만 한다면, 문화 차이나 언어 문제도 극복할 수 있을 것입니다.

问题 2 🎧 5-6-2

Q 你认为农村和城市，哪个更适合孩子的成长?

Nǐ rènwéi nóngcūn hé chéngshì, nǎ ge gèng shìhé háizi de chéngzhǎng?

농촌과 도시 중, 어느 곳이 아이의 성장에 적합하다고 생각하시나요?

A ❶ 我觉得城市更适合孩子成长。因为城市里有很多好学校，对孩子来说发展机会也相对更多一些。

Wǒ juéde chéngshì gèng shìhé háizi chéngzhǎng. Yīnwèi chéngshì lǐ yǒu hěn duō hǎo xuéxiào, duì háizi láishuō fāzhǎn jīhuì yě xiāngduì gèng duō yìxiē.

저는 도시가 아이들이 성장하는 데 더욱 적합하다고 생각합니다. 왜냐하면, 도시에는 많은 훌륭한 학교가 있어서, 아이들에게 발전의 기회도 상대적으로 더욱 많기 때문입니다.

❷ 我认为城市的发展有利于孩子的成长。城市能提供给孩子更多学习的机会，可以让孩子从小见识更多的事物，所以我认为城市更适合孩子的成长。

Wǒ rènwéi chéngshì de fāzhǎn yǒulìyú háizi de chéngzhǎng. Chéngshì néng tígòng gěi háizi gèng duō xuéxí de jīhuì, kěyǐ ràng háizi cóng xiǎo jiànshí gèng duō de shìwù, suǒyǐ wǒ rènwéi chéngshì gèng shìhé háizi de chéngzhǎng.

저는 도시가 아이들의 발전에 더욱 도움이 된다고 생각합니다. 도시는 아이들에게 더욱 많은 배움의 기회를 가져다줄 수 있으며, 아이들이 어렸을 때부터 더욱 많은 사물을 접하고 견문을 넓힐 수 있습니다. 그러므로 저는 도시가 아이들이 성장하는 데 더욱 적합하다고 생각합니다.

❸ 我认为农村更适合孩子成长。农村的空气好，食物也比较新鲜，对于孩子的成长没有比身体健康更重要的了，孩子长大以后上大学可能会进入城市生活，所以我认为从小生活在农村这种单纯和自由的环境下会对一个孩子的成长更有帮助。

Wǒ rènwéi nóngcūn gèng shìhé háizi chéngzhǎng. Nóngcūn de kōngqì hǎo, shíwù yě bǐjiào xīnxiān,

duìyú háizi de chéngzhǎng méiyǒu bǐ shēntǐ jiànkāng gèng zhòngyào de le, háizi zhǎngdà yǐhòu shàng dàxué kěnéng huì jìnrù chéngshì shēnghuó, suǒyǐ wǒ rènwéi cóngxiǎo shēnghuó zài nóngcūn zhè zhǒng dānchún hé zìyóu de huánjìng xià huì duì yí ge háizi de chéngzhǎng gèng yǒu bāngzhù.

저는 농촌이 아이들의 성장에 더욱 적합하다고 생각합니다. 농촌은 공기가 맑으며 음식도 상대적으로 신선합니다. 아이들의 성장에 있어서, 신체 건강보다 더욱 중요한 것은 없습니다. 또한, 장차 커서 대학에 진학하게 된다면 아마도 도시 생활을 시작하게 될 것이므로, 저는 어렸을 때부터 농촌과 같은 순박하고도 자유로운 환경에서 생활하는 것이 아이들의 성장에 더욱 도움이 된다고 생각합니다.

问题 3 🎧 5-6-3

Q 我国的人口老龄化问题给社会的发展所带来的影响有哪些?

Wǒ guó de rénkǒu lǎolínghuà wèntí gěi shèhuì de fāzhǎn suǒ dàilái de yǐngxiǎng yǒu nǎxiē?

우리나라의 인구 노령화 문제가 사회 발전에 미치는 영향에는 어떤 것이 있습니까?

A ❶ 人口老龄化问题对个人来说，会给子女带来负担，也会增加政府和社会的财政经济负担。

Rénkǒu lǎolínghuà wèntí duì gèrén láishuō, huì gěi zǐnǚ dàilái fùdān, yě huì zēngjiā zhèngfǔ hé shèhuì de cáizhèng jīngjì fùdān.

인구 노령화 문제는 개인으로 보면 자녀에게 부담을 가져다주고, 정부와 사회에도 경제적인 부담을 증가시킬 것입니다.

❷ 随着经济的发展、生活水平的提高，人们的寿命也得到相应的延长。与此同时带来了人口老龄化的问题。人口老龄化首要的问题就是养老问题。国家要投入很多资金在医疗和保险上，会给国家带来很大的财政负担。

Suízhe jīngjì de fāzhǎn、shēnghuó shuǐpíng de tígāo, rénmen de shòumìng yě dédào xiāngyìng de yáncháng. Yǔcǐ tóngshí dàilái le rénkǒu lǎolínghuà de wèntí. Rénkǒu lǎolínghuà shǒuyào de wèntí jiùshì yǎnglǎo wèntí. Guójiā yào tóurù hěn duō zījīn zài yīliáo hé bǎoxiǎn shàng, huì gěi guójiā dàilái hěn dà de cáizhèng fùdān.

경제 발전과 생활 수준의 향상에 따라서 사람들의 수명도 그만큼 늘어나게 되었습니다. 이와 동시에 인구 노령화 문제를 초래하였습니다. 인구 노령화의 가장 중요한 문제는 바로 양로 문제입니다. 국가가 의료와 보험에 많은 자금을 투입해야 하는데, 이는 국가에 큰 재정적인 부담을 초래할 수 있습니다.

❸ 社会人口老龄化所带来的问题，不仅是老年人自身的问题，它牵涉到政治、经济、文化和社会发展诸多方面，带来一系列的问题。会导致劳动力不足，还会加重国家的社会负担。比如，老年人医疗费用负担随年龄增加而加重，赡养老人所需要的社会资源增加。

Shèhuì rénkǒu lǎolínghuà suǒ dàilái de wèntí, bùjǐn shì lǎoniánrén zìshēn de wèntí, tā qiānshè dào zhèngzhì, jīngjì, wénhuà hé shèhuì fāzhǎn zhūduō fāngmiàn, dàilái yí xìliè de wèntí. Huì dǎozhì láodònglì bù zú, hái huì jiāzhòng guójiā de shèhuì fùdān. Bǐrú, lǎoniánrén yīliáo fèiyòng fùdān suí niánlíng zēngjiā ér jiāzhòng, shànyǎng lǎorén suǒ xūyào de shèhuì zīyuán zēngjiā.

사회의 인구노령화가 초래하는 문제는 노인 자신의 문제일 뿐만 아니라, 정치, 경제, 문화와 사회 발전의 여러 가지 면에 영향을 미쳐서 일련의 문제를 일으킬 수 있습니다. 노동력이 부족하게 될 수 있으며, 또한 국가의 사회적인 부담이 가중될 수 있습니다. 예를 들면, 노인 의료 비용은 연령이 높아짐에 따라서 증가하고, 노인을 부양하는 데에 필요한 사회 자원도 늘어나게 됩니다.

问题 4 ⋯⋯⋯⋯⋯⋯⋯ 🎧 5-6-4

Q 很多年轻人花很多钱买新手机, 你的看法是?

Hěn duō niánqīngrén huā hěn duō qián mǎi xīn shǒujī, nǐ de kànfǎ shì?

많은 젊은이들이 새 휴대전화를 사는 데 많은 돈을 쓰는데, 당신은 어떻게 생각합니까?

A ❶ 智能手机的不断更新吸引了很多年轻消费群体, 也是因为年轻人对这些新科技的好奇心, 就连新型手机的功能都是面对这些年轻人的, 所以现在年轻人花很多钱去买手机换新手机。

Zhìnéng shǒujī de búduàn gēngxīn xīyǐn le hěn duō niánqīng xiāofèi qúntǐ, yě shì yīnwèi niánqīngrén duì zhèxiē xīn kējì de hàoqíxīn, jiù lián xīnxíng shǒujī de gōngnéng dōu shì miànduì zhèxiē niánqīngrén de, suǒyǐ xiànzài niánqīngrén huā hěn duō qián qù mǎi shǒujī huàn xīn shǒujī.

스마트폰의 지속적인 발전은 많은 젊은 소비자들을 이끕니다. 또한 젊은이들은 이런 신기술에 호기심을 갖기 때문에, 신형 휴대전화의 기능 조차도 모두 젊은이들을 겨냥합니다. 그래서 현재 젊은이들은 많은 돈을 써서 새로운 휴대전화로 바꿉니다.

❷ 年轻人喜欢新东西, 喜欢新手机, 还喜欢漂亮的手机, 但是我的看法是浪费的。手机可以用就好, 为什么总换呢? 有钱可以用到其他地方, 经常换手机并不是一种好习惯。

Niánqīngrén xǐhuan xīn dōngxi, xǐhuan xīn shǒujī, hái xǐhuan piàoliang de shǒujī, dànshì wǒ de kànfǎ shì làngfèi de. Shǒujī kěyǐ yòng jiù hǎo, wèishénme zǒng huàn ne? Yǒu qián kěyǐ yòngdào qítā dìfang, jīngcháng huàn shǒujī bìng bú shì yì zhǒng hǎo xíguàn.

젊은이들은 새로운 물건을 좋아하고, 새로운 휴대전화를 좋아하며 또, 예쁜 휴대전화도 좋아합니다. 하지만 저는 이것이 낭비라고 생각합니다. 휴대전화는 사용할 수만 있으면 충분한데, 왜 항상 새것으로 바꿔야 할까요? 금전 여유가 있다면 다른 곳에 쓸 수도 있으며, 자주 휴대전화를 바꾸는 것은 좋은 습관이 아닙니다.

❸ 我的看法是手机的更新太快了。随着社会的不断发展, 智能手机代替了老式手机, 新增了更多的性能, 男孩子为了玩儿游戏总是更换速度更快手感更好的手机, 女孩子却把手机当成了照相机和装饰品, 买像素最好的手机还不如用照相机, 所以我觉得现在的年轻人经常换新手机是一种浪费。有限的时间和金钱还不如用来去学习, 或者节省下来。我觉得经常换手机并不是一种好习惯。

Wǒ de kànfǎ shì shǒujī de gēngxīn tài kuài le. Suízhe shèhuì de búduàn fāzhǎn, zhìnéng shǒujī dàitì le lǎoshì shǒujī, xīnzēng le gèng duō de xìngnéng, nánháizi wèile wánr yóuxì zǒngshì gēnghuàn sùdù gèng kuài shǒugǎn gèng hǎo de shǒujī, nǚháizi què bǎ shǒujī dāngchéng le zhàoxiàngjī hé zhuāngshìpǐn, mǎi xiàngsù zuì hǎo de shǒujī hái bùrú yòng zhàoxiàngjī, suǒyǐ wǒ juéde xiànzài de niánqīngrén jīngcháng huàn xīn shǒujī shì yì zhǒng làngfèi. Yǒuxiàn de shíjiān hé jīnqián hái bùrú yònglái qù xuéxí, huòzhě jiéshěng xiàlai. Wǒ juéde jīngcháng huàn shǒujī bìng bú shì yì zhǒng hǎo xíguàn.

저는 휴대전화의 갱신이 너무 빠르다고 생각합니다. 사회가 부단히 발전함에 따라, 스마트폰이 구식 휴대전화를 대체하고 더욱 많은 새로운 기능을 추가하였습니다. 남자아이들은 게임을 즐기기 위해, 더욱 빠르고 그립감도 좋은 휴대전화로 자주 바꿉니다. 반대로, 여자아이들은 휴대전화를 카메라와 장식품으로 사용하고 있는데, 초고화질의 휴대전화를 구매할 바에야 카메라를 사용하는 것이 더욱 낫다고 생각합니다. 그러므로 저는 젊은이들이 자주 새 휴대전화로 바꾸는 것은 낭비라고 생각하며, 제한된 시간과 금전을 학습에 투자하거나 돈을 절약하는 것이 더욱 낫다고 생각합니다. 그러므로 자주 휴대전화를 바꾸는 것은 좋은 습관이 아니라고 생각합니다.

问题 5 ⋯⋯⋯⋯⋯⋯⋯ 🎧 5-6-5

Q 为什么越来越多的男人化妆, 你的看法是什么?

Wèishénme yuèláiyuè duō de nánrén huàzhuāng, nǐ de kànfǎ shì shénme?

왜 갈수록 많은 남자들이 화장을 합니까? 당신의 생각은 어떻습니까?

A ❶ 我觉得现代社会男女平等。男人也可以化妆，但是，化妆只要不过度就可以，要不然少了些男人的阳刚之气就不太好了。

Wǒ juéde xiàndài shèhuì nánnǚ píngděng. Nánrén yě kěyǐ huàzhuāng, dànshì, huàzhuāng zhǐyào bú guòdù jiù kěyǐ, yàoburán shǎo le xiē nánrén de yánggāng zhīqì jiù bú tài hǎo le.

저는 현대 사회 남녀는 평등하다고 생각합니다. 남자도 화장을 할 수 있으나 과도하게 하지 않으면 괜찮습니다. 그렇지 않으면 남성적인 느낌이 줄어 그다지 좋지 않을 것입니다.

❷ 男生化妆这件事，很平常，尤其是娱乐圈或者时尚工作从业者，毕竟是靠脸吃饭的，当然需要用化妆品来修饰的。只要不过度，都没什么。人们通过化妆看到更好的自己，更加自信。也有人通过化妆发现自己的另一面，认识自己。这是每个人的权利，应该尊重。

Nánshēng huàzhuāng zhè jiàn shì, hěn píngcháng, yóuqí shì yúlèquān huòzhě shíshàng gōngzuò cóngyèzhě, bìjìng shì kàoliǎn chī fàn de, dāngrán xūyào yòng huàzhuāngpǐn lái xiūshì de. Zhǐyào bú guòdù, dōu méi shéme. Rénmen tōngguò huàzhuāng kàndào gèng hǎo de zìjǐ, gèngjiā zìxìn. Yě yǒu rén tōngguò huàzhuāng fāxiàn zìjǐ de lìng yí miàn, rènshi zìjǐ. Zhè shì měi ge rén de quánlì, yīnggāi zūnzhòng.

남자가 화장하는 것은 아주 정상적인 일입니다. 특히 연예계나 패션업계 종사자들은 외모가 일하는 데 중요하기 때문에 화장품으로 꾸며야 합니다. 너무 과하지만 않으면 다 괜찮습니다. 사람들은 화장으로 스스로를 더 멋져 보이게 하고, 더욱 자신감을 가질 수 있습니다. 또한, 어떤 사람들은 화장으로 자신의 새로운 모습을 발견하고 스스로를 알아갑니다. 이것은 모든 사람의 권리이며 마땅히 존중 받아야 합니다.

❸ 爱美之心，人皆有之。我觉得男人和女人一样，都有追求美的权利。现代社会无论求职、求偶，外貌都很重要。男人化妆一来可以让自己看上去更自信，二来也可以让别人心情愉悦，这种一举两得的事情何乐而不为呢？我们不应该用歧视的眼光看待他们，应该平等、公平地对待他们，要尊重他们。

Àiměi zhī xīn, rénjiē yǒuzhī. Wǒ juéde nánrén hé nǚrén yíyàng, dōu yǒu zhuīqiú měi de quánlì. Xiàndài shèhuì wúlùn qiúzhí、qiú'ǒu, wàimào dōu hěn zhòngyào. Nánrén huàzhuāng yī lái kěyǐ ràng zìjǐ kàn shàngqu gèng zìxìn, èr lái yě kěyǐ ràng biérén xīnqíng yúyuè, zhè zhǒng yìjǔ liǎngdé de shìqing hé lè ér bù wéi ne? Wǒmen bù yīnggāi yòng qíshì de yǎnguāng kàndài tāmen, yīnggāi píngděng、gōngpíng de duìdài tāmen, yào zūnzhòng tāmen.

사람들은 모두 아름다운 것을 좋아합니다. 남자도 여자와 마찬가지로 아름다움을 추구할 권리가 있다고 생각합니다. 현대 사회에서는 일을 찾든 배우자를 찾든 간에 모두 외모가 매우 중요합니다. 남자가 화장을 하면 첫째, 스스로를 더욱 자신감이 있어 보이게 할 수 있고 둘째, 다른 사람을 즐겁게 해줄 수 있습니다. 이렇게 일거양득인 일을 왜 안 하려 하겠습니까? 우리는 경시하는 눈빛으로 그들을 대하지 말고, 평등하고 공정하게 그들을 대하고 존중해야 합니다.

제6부분　　　　p.326

问题 1 　　　　🎧 6-6-1

Q 你们部门的领导住院了，请把这个消息转给大家。

Nǐmen bùmén de lǐngdǎo zhùyuàn le, qǐng bǎ zhè ge xiāoxi zhuǎn gěi dàjiā.

당신 부서의 부서장이 입원했습니다. 이 소식을 동료들에게 알려주세요.

A ❶ 你们听说了吗？金部长住院了。好像要做手术，我们找一个时间去看看他吧，我觉得下班以后去比较好。

Nǐmen tīngshuō le ma? Jīn bùzhǎng zhùyuàn le. Hǎoxiàng yào zuò shǒushù, wǒmen zhǎo yí ge shíjiān qù kànkan tā ba, wǒ juéde xiàbān yǐhòu qù bǐjiào hǎo.

알고 있나요? 김 부장님이 입원하셨습니다. 아마 수술하실 것 같습니다. 우리 시간을 내서 그를 뵈러 갑시다. 제 생각엔 퇴근 후에 가는 것이 비교적 좋을 것 같습니다.

❷ 大家好！金部长今天没来上班，你们知道吗？我听说他住院了，好像挺严重的。我们下班后一起去医院看看金部长怎么样？有事儿的同事，明天再去也行。

Dàjiā hǎo! Jīn bùzhǎng jīntiān méi lái shàngbān, nǐmen zhīdào ma? Wǒ tīngshuō tā zhùyuàn le, hǎoxiàng tǐng yánzhòng de. Wǒmen xiàbān hòu yìqǐ qù yīyuàn kànkan Jīn bùzhǎng zěnmeyàng? Yǒu shìr de tóngshì, míngtiān zài qù yě xíng.

안녕하세요. 오늘 김 부장님께서 출근하지 않으셨는데, 여러분 알고 있나요? 제가 듣기론 입원하셨다고 하는데, 꽤 심각하다고 합니다. 퇴근하고 나서 함께 김 부장님의 병문안을 가는 것이 어떨까요? 일이 있으신 분들은 내일 가셔도 무방합니다.

❸ 各位早上好。听说金部长住院了，可能两周之内都不能来上班！我也不清楚是什么病，但听说病得挺严重，做完检查就直接住院了。我们找时间一起去看看领导吧，买些鲜花和水果表示一下。医院去太多人也不好，我们可以分两批去。

427

Gè wèi zǎoshang hǎo. Tīngshuō Jīn bùzhǎng zhùyuàn le, kěnéng liǎngzhōu zhīnèi dōu bù néng lái shàngbān! Wǒ yě bù qīngchu shì shénme bìng, dàn tīngshuō bìng de tǐng yánzhòng, zuówǎn jiǎnchá jiù zhíjiē zhùyuàn le. Wǒmen zhǎo shíjiān yìqǐ qù kànkan lǐngdǎo ba, mǎi xiē xiānhuā hé shuǐguǒ biǎoshì yíxià. Yīyuàn qù tài duō rén yě bù hǎo, wǒmen kěyǐ fēn liǎng pī qù.

여러분 좋은 아침입니다. 제가 듣기론 김 부장님께서 입원하셨다고 하는데, 2주 동안 출근할 수 없다고 합니다. 저도 어떤 병인지는 알지 못합니다만, 듣기론 병세가 꽤 심각하다고 하며, 검사를 하고나서 바로 입원하셨다고 합니다. 시간을 내어 꽃이나 과일을 사서 한번 병문안을 가도록 합시다. 한꺼번에 너무 많은 사람이 병원으로 가도 좋지 않으니, 두 팀으로 나눠서 가는 것도 괜찮을 것 같습니다.

问题 2   🎧 6-6-2

Q 你刚买了电视，但是回家后发现电视上有划痕，不是新的，给商店打电话并要求解决。

Nǐ gāng mǎi le diànshì, dànshì huíjiā hòu fāxiàn diànshì shàng yǒu huáhén, bú shì xīn de, gěi shāngdiàn dǎ diànhuà bìng yāoqiú jiějué.

당신이 막 TV를 샀는데, 집에 와서 TV 위에 긁힌 자국이 있는 걸 발견했습니다. 새것이 아니었던 겁니다. 상점에 전화해서 해결해달라고 요구해 보세요.

A ❶ 昨天刚在你家店里买了电视，但是回家以后发现电视有划痕，不是新的。你们赶快给我解决。

Zuótiān gāng zài nǐ jiā diàn lǐ mǎi le diànshì, dànshì huíjiā yǐhòu fāxiàn diànshì yǒu huáhén, bú shì xīn de. Nǐmen gǎnkuài gěi wǒ jiějué.

어제 거기에서 TV를 샀는데, 집에 와서 TV 위에 긁힌 자국이 있는 걸 봤습니다. 새것이 아닌 거죠. 어서 빨리 해결해주세요.

❷ 我昨天在你们店里买了台智能电视，可是收到以后发现有划痕，这哪是新电视啊？我是你们的老顾客了，你们怎么可以这样对待消费者呢！真是太过分了！你们赶紧给我换新的。

Wǒ zuótiān zài nǐmen diàn lǐ mǎi le tái zhìnéng diànshì, kěshì shōudào yǐhòu fāxiàn yǒu huáhén, zhè nǎ shì xīn diànshì a? Wǒ shì nǐmen de lǎo gùkè le, nǐmen zěnme kěyǐ zhèyàng duìdài xiāofèizhě ne! Zhēnshì tài guòfèn le! Nǐmen gǎnjǐn gěi wǒ huàn xīn de.

제가 어제 그 상점에서 스마트 TV를 샀는데, 받은 후에 긁힌 자국이 있는 걸 발견했습니다. 이게 무슨 새 TV입니까? 저는 당신네 단골인데, 어떻게 소비자에게 이렇게 대할 수 있죠? 정말 너무 하네요! 빨리 새것으로 바꿔주세요.

---

❸ 你好，是客服吗？两天前，我在你们那儿买了电视，但是回家以后发现电视有划痕，根本不是新的。你们也太过分了，这不是欺骗消费者吗？你们马上给我换台新的，还有我要求你们向我道歉，否则我要投诉你们。

Nǐ hǎo, shì kèfú ma? Liǎng tiān qián, wǒ zài nǐmen nàr mǎi le diànshì, dànshì huíjiā yǐhòu fāxiàn diànshì yǒu huáhén, gēnběn bú shì xīn de. Nǐmen yě tài guòfèn le, zhè bú shì qīpiàn xiāofèizhě ma? Nǐmen mǎshàng gěi wǒ huàn tái xīn de, háiyǒu wǒ yāoqiú nǐmen xiàng wǒ dàoqiàn, fǒuzé wǒ yào tóusù nǐmen.

안녕하세요, 고객 서비스팀이죠? 이틀 전에 제가 그곳에서 TV를 샀는데, 집에 와서 TV에 긁힌 자국이 있는 걸 발견했습니다. 애초에 새것이 아니었던 거죠. 너무 심하네요, 이건 소비자를 속이는 거 아닙니까? 바로 새 걸로 바꿔주시고, 제게 사과해주세요. 그렇지 않으면 고발할 겁니다.

问题 3   🎧 6-6-3

Q 你的朋友最近失恋了，作为朋友你会怎么安慰他？

Nǐ de péngyou zuìjìn shīliàn le, zuòwéi péngyou nǐ huì zěnme ānwèi tā?

당신의 친구가 최근에 실연을 했는데, 친구로서 어떻게 위로해주겠습니까?

A ❶ 我听说你失恋了，别想不开了。世界上好女人多的是，像你这么年轻有为的，今后一定会找到更优秀的。

Wǒ tīngshuō nǐ shīliàn le, bié xiǎng bu kāi le. Shìjiè shàng hǎo nǚrén duō de shì, xiàng nǐ zhème niánqīng yǒu wéi de, jīnhòu yídìng huì zhǎodào gèng yōuxiù de.

네가 실연했다고 들었는데, 너무 연연해하지 마. 세상에 좋은 여자는 많아. 넌 이렇게 젊고 능력이 있으니 나중에 반드시 더 좋은 사람을 만날 거야.

❷ 别伤心难过了，感情是不能勉强的。你们俩的性格不一样，根本不合适。在一起也经常吵架，三天两头闹分手的，两个人都痛苦。现在分开对你们都好。大丈夫何患无妻，我再给你介绍女朋友吧。

Bié shāngxīn nánguò le, gǎnqíng shì bù néng miǎnqiǎng de. Nǐmen liǎ de xìnggé bù yíyàng, gēnběn bù héshì. Zài yìqǐ yě jīngcháng chǎojià, sāntiān liǎngtóu nào fēnshǒu de, liǎng ge rén dōu tòngkǔ. Xiànzài fēnkāi duì nǐmen dōu hǎo. Dàzhàngfu hé huàn wúqī, wǒ zài gěi nǐ jièshào nǚpéngyou ba.

너무 슬퍼하지 마. 감정은 억지로 할 수 있는 게 아니야. 너희 둘은 성격이 달라서 전혀 어울리지 않았어. 같이 있어도 자주 싸우고 사흘이 멀다 하고 헤어진다고 해서 두 사람 다 힘들었잖아. 지금 헤어지는 게 너희 모두에게 좋아. 여자가 없을까 걱정하는 거야? 내가 다시 여자친구 소개해줄게.

❸ 别想她了，听说她已经有新的男朋友了。像你这么体贴的男朋友，她上哪儿找去呀，是她不懂得珍惜。你也要重新开始，寻找一段新的恋情。俗话说"旧的不去，新的不来"嘛！别为她毁了大好的青春年华，你要活得潇洒点儿。

Bié xiǎng tā le, tīngshuō tā yǐjīng yǒu xīn de nánpéngyou le. Xiàng nǐ zhème tǐtiē de nánpéngyou, tā shàng nǎr zhǎo qù ya, shì tā bù dǒngde zhēnxī. Nǐ yě yào chóngxīn kāishǐ, xúnzhǎo yí duàn xīn de liànqíng. Súhuà shuō "jiù de bú qù, xīn de bù lái" ma! Bié wèi tā huǐ le dà hǎo de qīngchūn niánhuá, nǐ yào huó de xiāosǎ diǎnr.

그 여자 생각하지 마. 듣자하니 벌써 새 남자친구가 생겼다고 하더라. 너같이 이렇게 자상한 남자친구를 어디가서 찾겠어. 그녀가 소중히 할 줄 몰랐던 거야. 너도다시 시작해야지, 새로운 사랑을 찾아. 속담에 '옛 것이가야 새로운 것이 온다'고 하잖아!' 그 여자 때문에 좋은청춘 시절을 망치지 말고, 좀 자유롭게 살아봐!

Q 本来说好周末的时候和朋友聚会，但是由于父母来学校看你，所以要陪父母。请你拒绝你的朋友。

Běnlái shuōhǎo zhōumò de shíhou hé péngyou jùhuì, dànshì yóuyú fùmǔ lái xuéxiào kàn nǐ, suǒyǐ yào péi fùmǔ. Qǐng nǐ jùjué nǐ de péngyou.

원래는 주말에 친구와 만나기로 했는데, 부모님이 학교로 당신을 보러 와서 부모님과 함께 있어야 합니다. 당신의 친구에게 거절을 해보세요.

A ❶ 实在对不起，这个周末我父母来看我，所以我要去陪他们。这次聚会我不能参加了。

Shízài duìbuqǐ, zhè ge zhōumò wǒ fùmǔ lái kàn wǒ, suǒyǐ wǒ yào qù péi tāmen. Zhè cì jùhuì wǒ bù néng cānjiā le.

정말 미안해. 이번 주말에 우리 부모님께서 날 보러 오실 거라 부모님과 같이 있어야 해. 이번 모임은 못 갈 것 같아.

❷ 本来说好了这个周末要聚一聚，我也很期待这次聚会。但是我父母说要来看我，他们从地方来，我得开车去接他们。只好下次了。

Běnlái shuōhǎo le zhè ge zhōumò yào jù yi jù, wǒ yě hěn qīdài zhè cì jùhuì. Dànshì wǒ fùmǔ shuō yào lái kàn wǒ, tāmen cóng dìfāng lái, wǒ děi kāichē qù jiē tāmen. Zhǐhǎo xiàcì le.

원래는 이번 주말에 모이기로 해서, 나도 매우 기대했었어. 그런데 우리 부모님께서 날 보러 오신다고 하네. 부모님께서는 지방에서 오시는 거라 내가 차를 가지고 마중을 나가야 해. 할 수 없이 다음에 봐야겠다.

❸ 我知道这次聚会机会很难得，大家好不容易抽出时间能聚在一起。但是实在很抱歉，这个周末我父母来看我。他们这次从地方来主要是为了看病。平时很少有时间在他们身边尽孝心，所以我得陪他们去医院，这次聚会我不能参加了。

Wǒ zhīdào zhè cì jùhuì jīhuì hěn nándé, dàjiā hǎoburóngyì chōuchū shíjiān néng jù zài yìqǐ. Dànshì shízài hěn bàoqiàn, zhè ge zhōumò wǒ fùmǔ lái kàn wǒ. Tāmen zhè cì cóng dìfāng lái zhǔyào shì wèile kànbìng. Píngshí hěn shǎo yǒu shíjiān zài tāmen shēnbiān jìn xiàoxīn, suǒyǐ wǒ děi péi tāmen qù yīyuàn, zhè cì jùhuì wǒ bù néng cānjiā le.

이번 모임이 어렵게 만든 기회이고, 모두 어렵사리 시간을 내서 같이 모이는 거라는 거 알고 있어. 그런데 정말미안하게 됐다. 이번 주말에 우리 부모님께서 나를 보러오신대. 진찰 때문에 지방에서 올라오시는 거라. 평소에 부모님 옆에서 효도를 하는 시간이 거의 없잖아. 그래서 내가 모시고 병원에 가야 해서 이번 모임에 못 가게 됐어.

Q 你的朋友最近因为每天加班感到很辛苦。请你安慰他，并且帮他定出周末的休息计划。

Nǐ de péngyou zuìjìn yīnwèi měitiān jiābān gǎndào hěn xīnkǔ. Qǐng nǐ ānwèi tā, bìngqiě bāng tā dìngchū zhōumò de xiūxi jìhuà.

당신의 친구가 요즘 매일 야근하면서 힘들어 합니다. 그를 위로하고 그에게 주말 휴가계획을 세워주세요.

A ❶ 小李，最近工作怎么这么忙！你看上去很疲劳的样子，当周末就不要出去了，好好补补觉。工作忙的时候要记得适当的放松自己，释放下压力，可以去KTV唱唱歌，缓解一下！

Xiǎo Lǐ, zuìjìn gōngzuò zěnme zhème máng! Nǐ kànshàngqù hěn píláo de yàngzi, dāng zhōumò jiù bú yào chūqù le, hǎohǎo bǔbu jiào. Gōngzuò máng de shíhou yào jìde shìdàng de fàngsōng zìji, shìfàng xià yālì, kěyǐ qù KTV chàngchang gē, huǎnjiě yíxià!

샤오리, 요즘 어쩜 이렇게나 바쁘니! 너 보기에 정말 피곤해 보여. 주말에 너 나가지 말고 잠을 좀 보충해. 일이 바쁠 때는 적절히 스스로 긴장을 풀어주고, 스트레스를 해소해야 한다는 것을 기억해. 노래방에서 노래를 부르면서 해소할 수 있어!

❷ 亲爱的，我看你最近加班也辛苦哦！一定要注意营养啊！如果想吃点什么的话来我家我做给你吃，不要委屈了自己的肚子哦！如果这周末有空来我家，我给你做点好吃的。看你这么辛苦我都心疼了！

Qīn'ài de, wǒ kàn nǐ zuìjìn jiābān yě xīnkǔ ò! Yídìng yào zhùyì yíngyǎng a! Rúguǒ xiǎng chī diǎn shéme de huà lái wǒ jiā wǒ zuò gěi nǐ chī, bú yào wěiqū le zìjǐ de dùzi ò! Rúguǒ zhè zhōumò yǒu kòng lái wǒ jiā, wǒ gěi nǐ zuò diǎn hǎo chī de. Kàn nǐ zhème xīnkǔ wǒ dōu xīnténg le!

친구야, 내가 볼 때 너 야근이 정말 피곤하겠어! 반드시 영양섭취에 주의해야 해! 만약에 먹고 싶은 것이 있으면 우리 집에 오면 내가 만들어 줄게. 배를 서운하게 하지 마! 만약 이번 주말에 시간이 있으면 우리 집에 와. 내가 너에게 맛있는 것을 만들어 줄게. 네가 이렇게 고생하는 모습을 보니 내 마음이 아파!

❸ 好辛苦了，小李！相信你的辛苦会有好的未来发展的，虽然很辛苦，一切会好的，心态很重要哦！我相信这样的辛苦都是暂时的！再坚持一下，会好的。我建议你放松一下，比如说看看近期的《runningman》李光洙超搞笑，周六休息的时候，可以看一期放松一下大脑或者出去到江边坐坐看看绿色的植物换个心情，你觉得怎么样？

Hǎo xīnkǔ le, Xiǎo Lǐ! Xiāngxìn nǐ de xīnkǔ huì yǒu hǎo de wèilái fāzhǎn de, suīrán hěn xīnkǔ, yíqiè huì hǎo de, xīntài hěn zhòngyào ò! Wǒ xiāngxìn zhèyàng de xīnkǔ dōu shì zànshí de! Zài jiānchí yíxià, huì hǎo de. Wǒ jiànyì nǐ fàngsōng yíxià, bǐrú shuō kànkan jìnqī de «runningman» Lǐ Guāngzhū chāo gǎoxiào, zhōu liù xiūxi de shíhou, kěyǐ kàn yì qī fàngsōng yíxià dànǎo huòzhě chūqù dào jiāngbiān zuòzuo kànkan lǜsè de zhíwù huàn ge xīnqíng, nǐ juéde zěnmeyàng?

얼마나 힘드니, 샤오리! 너의 고생이 좋은 미래의 발전에 좋을 것이라고 믿어. 비록 많이 힘들지만 모든 것이 잘 될 거야. 마음가짐이 중요해! 나는 이 힘든 것이 잠깐일 거라고 생각해! 조금만 견지하면 좋아질 거야. 나는 네가 긴장을 좀 풀 것을 제안해. 예를 들어 요즘에 〈런닝맨〉에 이광수가 엄청 웃겨. 토요일에 쉴 때 한 편 보면서 머리를 좀 식히거나, 강변에 나가서 좀 앉아서 푸른 식물을 보면서 마음을 다잡을 수도 있어. 네 생각은 어때?

문제 1

A ❶   7-6-1

操场上，穿着棒球服的孩子们在练习棒球，教练在一旁看着他们训练。

Cāochǎng shàng, chuānzhe bàngqiúfú de háizǐmen zài liànxí bàngqiú, jiàoliàn zài yì páng kànzhe tāmen xùnliàn.

운동장에 야구복을 입은 아이들이 야구 연습을 하고 있고, 코치는 옆에서 그들이 훈련하는 것을 보고 있습니다.

❷ 教练让孩子们每个人都练习，但是孩子们打得不好。

Jiàoliàn ràng háizǐmen měi ge rén dōu liànxí, dànshì háizǐmen dǎ de bù hǎo.

코치는 아이들을 한 명씩 연습을 시키는데, 아이들이 공을 잘 치지 못합니다.

❸ 教练打算教孩子们怎么打棒球，孩子们都很期待。

Jiàoliàn dǎsuan jiāo háizǐmen zěnme dǎ bàngqiú, háizǐmen dōu hěn qīdài.

코치가 아이들에게 야구공을 어떻게 쳐야 하는지 가르쳐 주려고 했고, 아이들은 매우 기대를 합니다.

❹ 但是球突然飞向了远处，把教室的玻璃打碎了。孩子们和教练都很吃惊。

Dànshì qiú tūrán fēi xiàng le yuǎnchù, bǎ jiàoshì de bōli dǎsuì le. Háizǐmen hé jiàoliàn dōu hěn chījīng.

하지만 갑자기 공은 멀리 날아가서 교실의 유리창을 깨뜨렸습니다. 아이들과 코치는 매우 놀랐습니다.

A ❶   7-6-2

一个烈日炎炎的下午，运动场上孩子们整齐地穿着棒球服，个个精神抖擞。有的在练习投球，有的在练习接球，非常认真。教练在一旁看训练的情况。

Yí ge lièrì yányán de xiàwǔ, yùndòngchǎng shàng háizǐmen zhěngqí de chuānzhe bàngqiúfú, gègè jīngshen dǒusǒu. Yǒu de zài liànxí tóuqiú, yǒu de zài liànxí jiēqiú, fēicháng rènzhēn. Jiàoliàn zài yì páng kàn xùnliàn de qíngkuàng.

무더운 날 오후, 운동장에 아이들이 단정하게 야구복을 입고 있는데, 모두 활기차 보였습니다. 어떤 아이는 공을 던지는 연습을 하고, 어떤 아이는 공을 받는 연습을 하며 매우 열심히 하고 있었습니다. 코치는 옆에서 훈련하는 상황을 보고 있었습니다.

❷ 教练让每个孩子站出列队，一个一个地击球。但是孩子们没掌握击球的要领，姿势不对，打得都不太好。教练不太满意。

Jiàoliàn ràng měi ge háizi zhànchū lièduì, yí ge yí ge de jīqiú. Dànshì háizimen méi zhǎngwò jīqiú de yàolǐng, zīshì bú duì, dǎ de dōu bú tài hǎo. Jiàoliàn bú tài mǎnyì.

코치는 아이들에게 줄을 서게 하고, 한 명씩 타격을 하게 했습니다. 하지만 아이들은 타격 요령을 잘 파악하지 못하고, 자세도 맞지 않아서 그다지 잘 치지 못했습니다. 코치는 그다지 만족스럽지 않았습니다.

❸ 看到孩子们训练的效果不好，教练决定亲自示范给孩子们看。先说明击球的姿势，然后讲解挥球的力度。孩子们都认真地听着。

Kàndào háizimen xùnliàn de xiàoguǒ bù hǎo, jiàoliàn juédìng qīnzì shìfàn gěi háizimen kàn. Xiān shuōmíng jīqiú de zīshì, ránhòu jiǎngjiě huīqiú de lìdù. Háizimen dōu rènzhēn de tīngzhe.

아이들의 훈련 효과가 좋지 않을 걸 보고, 코치는 직접 아이들에게 시범을 보여주기로 했습니다. 먼저 타격 자세를 설명하고, 야구 방망이를 휘두르는 힘의 세기에 대해서 설명했습니다. 아이들은 모두 열심히 듣고 있었습니다.

❹ 讲解完以后，只见教练用力一挥球棒。教练本来想炫耀一下，可没想到用力过猛，球飞得太远了，把教室的玻璃打碎了。教练很吃惊，孩子们都非常失望。

Jiǎngjiě wán yǐhòu, zhǐ jiàn jiàoliàn yònglì yì huī qiúbàng. Jiàoliàn běnlái xiǎng xuànyào yíxià, kě méixiǎngdào yònglì guòměng, qiú fēi de tài yuǎn le, bǎ jiàoshì de bōli dǎsuì le. Jiàoliàn hěn chījīng, háizimen dōu fēicháng shīwàng.

설명을 다 하고, 코치가 힘껏 야구 방망이를 휘두르는 게 보였습니다. 코치는 원래는 과시를 좀 하려고 했던 건데, 생각지도 못하게 너무 힘을 줘서 공이 너무 멀리 날아가 교실의 유리창을 깨뜨렸습니다. 코치는 놀랐고, 아이들은 굉장히 실망했습니다.

A ❶ 🎧 7-6-3

暑假的一天，为了准备参加棒球比赛，操场上孩子们身穿棒球服，顶着炎炎的烈日正在练习。虽然天气酷热难耐，但是孩子们激情饱满，丝毫没有倦怠之意。教练在一旁指导。

Shǔjià de yì tiān, wèile zhǔnbèi cānjiā bàngqiú bǐsài, cāochǎng shàng háizimen shēnchuān bàngqiúfú, dǐngzhe yányán de lièrì zhèngzài liànxí. Suīrán tiānqì kùrè nánnài, dànshì háizimen jīqíng bǎomǎn, sīháo méiyǒu juàndài zhīyì. Jiàoliàn zài yì páng zhǐdǎo.

여름방학 중의 어느 날, 야구 시합에 참가할 준비를 하기 위해 운동장에서 아이들이 야구복을 입고, 무더위에도 아랑곳하지 않고 연습을 하고 있었습니다. 비록 날씨가 찌는 듯이 더웠지만 아이들은 열정으로 가득 차 조금도 지쳐 보이는 기색이 없었습니다. 코치는 옆에서 지도하고 있었습니다.

❷ 自由练习结束以后，为了检验训练结果，教练让每个孩子站出列队，一个一个地击球。但是情况不好，孩子们并没有掌握击球的要领。有的姿势不对，有的力度不够。教练露出不满的神情。

Zìyóu liànxí jiéshù yǐhòu, wèile jiǎnyàn xùnliàn jiéguǒ, jiàoliàn ràng měi ge háizi zhànchū lièduì, yí ge yí ge de jīqiú. Dànshì qíngkuàng bùhǎo, háizimen bìng méiyǒu zhǎngwò jīqiú de yàolǐng. Yǒu de zīshì bú duì, yǒu de lìdù bú gòu. Jiàoliàn lùchū bù mǎn de shénqíng.

자유 연습이 끝나고, 훈련 결과를 점검하기 위해서 코치는 아이들을 줄을 세우고, 한 명씩 타격을 해보게 했습니다. 하지만 상황이 좋지 않았습니다. 아이들은 타격 요령을 파악하지 못하고 있었습니다. 어떤 아이는 자세가 안 좋고, 어떤 아이는 힘이 부족했습니다. 코치는 불만족스러운 기색을 드러냈습니다.

❸ 于是教练亲自示范给孩子们击球的方法和要领。讲解击球的姿势和挥球的力度时，孩子们都全神贯注地听讲，并用崇拜的眼光看着教练。教练的姿势很标准，讲解也很专业。

Yúshì jiàoliàn qīnzì shìfàn gěi háizimen jīqiú de fāngfǎ hé yàolǐng. Jiǎngjiě jīqiú de zīshì hé huīqiú de lìdù shí, háizimen dōu quánshén guànzhù de tīngjiǎng, bìng yòng chóngbài de yǎnguāng kànzhe jiàoliàn. Jiàoliàn de zīshì hěn biāozhǔn, jiǎngjiě yě hěn zhuānyè.

그래서 코치는 아이들에게 타격 방법과 요령에 대해서 직접 시범을 보여줬습니다. 타격 자세와 방망이를 휘두르는 힘에 대해서 설명할 때, 아이들은 온 정신을 집중하여 들으면서 우러러보는 눈빛으로 코치를 바라보았습니다. 코치의 자세는 매우 정확했고, 설명도 아주 전문적이었습니다.

❹ 教练打算借这个机会大显身手，做完准备活动后，用力一挥球棒，球速很快。教练感觉发挥良好，孩子们也在旁边拍手称赞。出乎意料的是，球飞出了操场，把教室的玻璃打碎了。教练感到很没面子。

Jiàoliàn dǎsuan jiè zhè ge jīhuì dàxiǎn shēnshǒu, zuò wán zhǔnbèi huódòng hòu, yònglì yì huī qiúbàng, qiúsù hěn kuài. Jiàoliàn gǎnjué fāhuī liánghǎo, háizimen yě zài pángbiān pāishǒu chēngzàn. Chūhū yìliào de shì, qiú fēichū le cāochǎng, bǎ jiàoshì de bōli dǎsuì le. Jiàoliàn gǎndào hěn méi miànzi.

코치는 이번 기회에 한껏 실력을 뽐낼 생각으로, 준비 동작을 마친 후 힘껏 야구 방망이를 휘둘렀고 구속이 매우 빨랐습니다. 코치는 아주 잘했다고 느꼈고, 아이들도 옆에서 손뼉을 치며 칭찬 했습니다. 뜻밖이었던 것은 공이 운동장을 벗어나서 교실의 유리창을 깨뜨린 것입니다. 코치는 체면이 말이 아니었습니다.

모의고사

제1부분   p.395

제1부분 ⋯⋯ p.395

问题 1 ⋯⋯⋯⋯⋯⋯⋯⋯⋯⋯⋯⋯⋯⋯⋯⋯ 🎧 m01

Q 你叫什么名字？

Nǐ jiào shénme míngzi?

당신의 이름은 무엇입니까?

A 我姓朴，我叫朴在兄。

Wǒ xìng Piáo, wǒ jiào Piáo Zàixiōng.

저는 박 씨이고, 박재형이라고 합니다.

问题 2 ⋯⋯⋯⋯⋯⋯⋯⋯⋯⋯⋯⋯⋯⋯⋯⋯ 🎧 m02

Q 请说出你的出生年月日。

Qǐng shuōchū nǐ de chūshēng niányuèrì.

당신의 생년월일을 말해 보세요.

A 我出生于一九九一年二月二十七日。

Wǒ chūshēngyú yī jiǔ jiǔ yī nián èr yuè èrshíqī rì.

저는 1991년 2월 27일에 태어났습니다.

问题 3 ⋯⋯⋯⋯⋯⋯⋯⋯⋯⋯⋯⋯⋯⋯⋯⋯ 🎧 m03

Q 你家有几口人？

Nǐ jiā yǒu jǐ kǒu rén?

당신의 가족은 몇 명입니까?

A 我家有四口人。爱人、一个女儿、一个儿子和我。

Wǒ jiā yǒu sì kǒu rén. àirén、yí ge nǚ'ér、yí ge érzi hé wǒ.

우리 가족은 네 명입니다. 배우자, 딸 하나, 아들 하나 그리고 저입니다.

问题 4 ⋯⋯⋯⋯⋯⋯⋯⋯⋯⋯⋯⋯⋯⋯⋯⋯ 🎧 m04

Q 你在什么地方工作？或者你在哪个学校上学？

Nǐ zài shénme dìfang gōngzuò? Huòzhě nǐ zài nǎ ge xuéxiào shàngxué?

당신은 어디에서 근무합니까? 혹은 어느 학교에 다닙니까?

A 我在三星电子财务部工作。

Wǒ zài Sānxīng diànzǐ cáiwùbù gōngzuò.

저는 삼성전자 재무팀에서 근무합니다.

제2부분   p.396

제2부분 ⋯⋯ p.396

问题 1 ⋯⋯⋯⋯⋯⋯⋯⋯⋯⋯⋯⋯⋯⋯⋯⋯ 🎧 m05

Q 哪个包贵？

Nǎ ge bāo guì?

어느 가방이 더 비쌉니까?

A 左边的包三千元，右边的包两千元，左边的包比较贵。

Zuǒbiān de bāo sānqiān yuán, yòubiān de bāo liǎngqiān yuán, zuǒbiān de bāo bǐjiào guì.

왼쪽 가방은 3천 위안이고, 오른쪽 가방은 2천 위안입니다. 왼쪽 가방이 비교적 비쌉니다.

问题 2 ⋯⋯⋯⋯⋯⋯⋯⋯⋯⋯⋯⋯⋯⋯⋯⋯ 🎧 m06

Q 星期一的天气怎么样？

Xīngqīyī de tiānqì zěnmeyàng?

월요일 날씨는 어떻습니까?

A 星期一的天气很好，很晴朗。

Xīngqīyī de tiānqì hěn hǎo, hěn qínglǎng.

월요일 날씨는 아주 좋고 쾌청합니다.

问题 3 ⋯⋯⋯⋯⋯⋯⋯⋯⋯⋯⋯⋯⋯⋯⋯⋯ 🎧 m07

Q 笔记本在哪儿？

Bǐjìběn zài nǎr?

노트는 어디 있습니까?

A 笔记本在桌子右边的第二个抽屉里。

Bǐjìběn zài zhuōzi yòubiān de dì èr ge chōuti lǐ.

노트는 책상 오른쪽 두 번째 서랍에 있습니다.

问题 4 ⋯⋯⋯⋯⋯⋯⋯⋯⋯⋯⋯⋯⋯⋯⋯⋯ 🎧 m08

Q 他的结婚纪念日是哪天？

Tā de jiéhūn jìniànrì shì nǎ tiān?

그의 결혼기념일은 언제입니까?

A 他的结婚纪念日是九月十五日。

Tā de jiéhūn jìniànrì shì jiǔ yuè shíwǔ rì.

그의 결혼기념일은 9월 15일입니다.

제3부분   p.400

제3부분 ⋯⋯ p.400

问题 1 ⋯⋯⋯⋯⋯⋯⋯⋯⋯⋯⋯⋯⋯⋯⋯⋯ 🎧 m09

Q 去水果店想吃什么？

Qù shuǐguǒdiàn xiǎng chī shénme?

과일 가게에 가면 무엇을 먹고 싶나요?

A 去水果店的话我想吃香蕉。

Qù shuǐguǒdiàn de huà wǒ xiǎng chī xiāngjiāo.

만약 과일 가게에 가면 저는 바나나를 먹고 싶습니다.

问题 2 · · · · · · · · · · · · · · · · 🎧 m10

Q 房间里有两个人，她们在打扫吗？

Fángjiān lǐ yǒu liǎng ge rén, tāmen zài dǎsǎo ma?

방에는 두 명이 있습니다. 그들은 청소를 하고 있나요?

A 没有，她们在房间里聊天呢，聊得很开心。

Méiyǒu, tāmen zài fángjiān lǐ liáotiān ne, liáo de hěn kāixīn.

아니요, 그들은 지금 방에서 아주 즐겁게 대화를 나누고 있어요.

问题 3 · · · · · · · · · · · · · · · · 🎧 m11

Q 他坐几路公交车？

Tā zuò jǐ lù gōngjiāochē?

그는 몇 번 버스를 타나요?

A 他每天坐三路公交车回家。

Tā měitiān zuò sān lù gōngjiāochē huíjiā.

그는 매일 3번 버스를 타고 집에 가요.

问题 4 · · · · · · · · · · · · · · · · 🎧 m12

Q 去中国出差你会买什么礼物回来？

Qù Zhōngguó chūchāi nǐ huì mǎi shénme lǐwù huílai?

중국에 출장 갈 때, 당신은 어떤 선물을 사오나요?

A 去中国的话，我会买当地的土特产回来。

Qù Zhōngguó de huà, wǒ huì mǎi dāngdì de tǔtèchǎn huílai.

중국에 가면 저는 현지의 특산품을 사와요.

问题 5 · · · · · · · · · · · · · · · · 🎧 m13

Q 你有兄弟姐妹吗？

Nǐ yǒu xiōngdì jiěmèi ma?

당신은 형제자매가 있나요?

A 有，我有一个哥哥和一个妹妹。

Yǒu, wǒ yǒu yí ge gēge hé yí ge mèimei.

네, 있어요. 저는 오빠 한 명과 여동생 한 명이 있어요.

问题 1 · · · · · · · · · · · · · · · · 🎧 m14

Q 如果朋友去你家，你会给他做料理吗？

Rúguǒ péngyou qù nǐ jiā, nǐ huì gěi tā zuò liàolǐ ma?

만약 친구가 당신의 집을 방문한다면, 그에게 요리를 만들어 줄 수 있나요?

A 我和我的爱人都是双职工，平时工作特别忙，几乎没有时间在家做饭。并且我不善于做料理，如果朋友来我家做客，我可能会点一桌的美食来招待我的朋友。我觉得这样又省时间又能保证味道。何乐而不为呢？

Wǒ hé wǒ de àiren dōu shì shuāngzhígōng, píngshí gōngzuò tèbié máng, jīhū méiyǒu shíjiān zài jiā zuò fàn. Bìngqiě wǒ bú shànyú zuò liàolǐ, rúguǒ péngyou lái wǒ jiā zuòkè, wǒ kěnéng huì diǎn yì zhuō de měishí lái zhāodài wǒ de péngyou. Wǒ juéde zhèyàng yòu shěng shíjiān yòu néng bǎozhèng wèidao. Hé lè ér bù wéi ne?

저와 저의 배우자는 맞벌이인데, 평소에는 업무로 아주 바빠서 집에서 요리할 시간이 거의 없어요. 또한, 저는 요리를 하는 데 능숙하지 않아서 만약 친구가 저희 집을 방문한다면, 저는 배달 음식을 시켜서 친구를 대접해요. 이렇게 하는 것이 시간도 절약하고 음식의 맛도 확보할 수 있어서 저는 일거양득이라고 생각해요. 그렇지 않나요?

问题 2 · · · · · · · · · · · · · · · · 🎧 m15

Q 在你的记忆里，印象最深刻的事情是什么？

Zài nǐ de jìyì lǐ, yìnxiàng zuì shēnkè de shìqing shì shénme?

당신의 기억 속에 가장 인상 깊었던 일은 무엇인가요?

A 在我的记忆里，印象最深刻的事情是第一天上班时的情景。上班的第一天，我穿着西装，打着领带，走进办公室时，真的又紧张又兴奋。办公室的同事们对我非常的热情，我就在和谐的氛围下开展了我第一天的工作。这就是我印象最深刻的事情。

Zài wǒ de jìyì lǐ, yìnxiàng zuì shēnkè de shìqing shì dì yī tiān shàngbān shí de qíngjǐng. Shàngbān de dì yī tiān, wǒ chuānzhe xīzhuāng, dǎzhe lǐngdài, zǒujìn bàngōngshì shí, zhēnde yòu jǐnzhāng yòu xīngfèn. Bàngōngshì de tóngshìmen duì wǒ fēicháng de rèqíng, wǒ jiù zài héxié de fēnwéi xià kāizhǎn le wǒ dì yī tiān de gōngzuò. Zhè jiùshì wǒ yìnxiàng zuì shēnkè de shìqing.

저의 기억 속에서 가장 인상 깊은 것은 첫 출근 날입니다. 출근 첫날, 저는 정장을 입고, 넥타이를 착용하였

모범답안

습니다. 사무실에 들어갔을 때 정말 긴장하고 흥분되었습니다. 동료들은 모두 저를 반갑게 대하여 주었고, 저는 유쾌한 분위기 속에서 첫날의 근무에 임하였습니다. 이것이 가장 인상 깊은 일입니다.

약국이 두 개 있고, 화장품 가게가 하나 있습니다. 전반적으로 볼 때, 회사 근처에는 아주 많은 가게가 있습니다. 그러므로 생활하기에 아주 편리합니다. 퇴근하고 나서 저는 동료들과 자주 회사 근처에서 회식합니다.

问题 3 〔🎧 m16〕

Q 放假回老家的时候一般会怎么回去?

Fàngjià huí lǎojiā de shíhou yìbān huì zěnme huíqù?

휴가 기간에 고향으로 돌아갈 때, 보통 어떻게 갑니까?

A 我一般放假的时候会坐大巴回去。平时上班,我都开车,我觉得很累。并且我的老家离首尔特别远。从首尔出发到釜山要花四个小时。所以,我会选择坐KTX回老家。我觉得坐KTX又舒服又快。

Wǒ yìbān fàngjià de shíhou huì zuò dàbā huíqù. Píngshí shàngbān, wǒ dōu kāichē, wǒ juéde hěn lèi. Bìngqiě wǒ de lǎojiā lí Shǒu'ěr tèbié yuǎn. Cóng Shǒu'ěr chūfā dào Fǔshān yào huā sì ge xiǎoshí. Suǒyǐ, wǒ huì xuǎnzé zuò KTX huí lǎojiā. Wǒ juéde zuò KTX yòu shūfu yòu kuài.

저는 휴가 때 보통 버스를 타고 귀향합니다. 평상시 출근할 때에는 직접 운전하는데, 이것은 몹시 피곤한 일입니다. 또한, 저의 고향은 서울과 멀어서, 서울에서 출발하여 부산까지 가는 데 4시간이나 소요됩니다. 그러므로 저는 KTX를 타고 귀향하는 방법을 택합니다. KTX는 편안하면서도 빠릅니다.

问题 4 〔🎧 m17〕

Q 公司附近都有什么样的商店?

Gōngsī fùjìn dōu yǒu shénmeyàng de shāngdiàn?

회사 근처에는 어떤 가게들이 있습니까?

A 我的公司是三星公司,公司附近有各种各样的饭馆儿,还有酒屋、咖啡厅、练歌房和便利店等,除了这些还有两家药店和一家化妆品商店。总的来说,公司附近的商店非常多,所以生活起来非常方便。下班后,我和同事们经常在公司附近聚餐。

Wǒ de gōngsī shì Sānxīng gōngsī, gōngsī fùjìn yǒu gè zhǒng gè yàng de fànguǎnr, háiyǒu jiǔwū, kāfēitīng, liàngēfáng hé biànlìdiàn děng, chúle zhèxiē háiyǒu liǎng jiā yàodiàn hé yì jiā huàzhuāngpǐn shāngdiàn. Zǒngde láishuō, gōngsī fùjìn de shāngdiàn fēicháng duō, suǒyǐ shēnghuó qǐlái fēicháng fāngbiàn. Xiàbān hòu, wǒ hé tóngshìmén jīngcháng zài gōngsī fùjìn jùcān.

저는 삼성에 다니고 있으며, 회사 근처에는 여러 레스토랑이 있습니다. 그 외에도 호프집, 카페, 노래방 및 편의점과 같은 가게가 자리 잡고 있습니다. 이것들 외에도

问题 5 〔🎧 m18〕

Q 你会开车吗?

Nǐ huì kāichē ma?

당신은 운전을 할 줄 압니까?

A 我不会开车。虽然现在开车对很多人来说,是必须要掌握的技能,但是,我小的时候,经历过一次有些严重的交通事故,当时因为坐在车的前面,所以非常清楚地看见了事故发生的经过,因此,非常害怕开车。但是现在在努力克服这个问题,希望以后能学会开车。

Wǒ bú huì kāichē. Suīrán xiànzài kāichē duì hěn duō rén láishuō, shì bìxū yào zhǎngwò de jìnéng, dànshì, wǒ xiǎo de shíhou, jīnglìguò yí cì yǒuxiē yánzhòng de jiāotōng shìgù, dāngshí yīnwèi zuò zài chē de qiánmiàn, suǒyǐ fēicháng qīngchu de kànjiàn le shìgù fāshēng de jīngguò, yīncǐ, fēicháng hàipà kāichē. Dànshì xiànzài zài nǔlì kèfú zhè ge wèntí, xīwàng yǐhòu néng xué huì kāichē.

저는 운전할 줄 모릅니다. 비록 요즘은 운전하는 것이 대다수 사람에게 필수로 장악해야 하는 기능이 되었지만, 저는 어릴 적에 심각한 교통사고를 경험하였고, 그때 마침 자동차의 앞 좌석에 앉아있어서 사고의 발생 과정을 아주 분명히 볼 수 있었습니다. 그래서 운전하는 것을 매우 무서워합니다. 하지만 지금은 이를 극복하고자 노력하고 있으며 차후에는 운전을 배울 수 있었으면 합니다.

제5부분 p.411

问题 1 〔🎧 m19〕

Q 你认为我们国家最有名的运动员是谁?

Nǐ rènwéi wǒmen guójiā zuì yǒumíng de yùndòngyuán shì shéi?

우리나라에서 가장 유명한 운동선수는 누구라고 생각합니까?

A 我认为最有名的运动员是金妍儿,她是我国著名的女单花样滑冰运动员。被称作"冰上精灵",她是花滑史上第一位集冬奥会、世锦赛、大奖赛、总决赛、四大洲赛、世青赛冠军于一身的女单大满贯得主,在冰场上的艺术表现力和技术难度都是数一数二的,是非常优秀的运动选手,2014年,虽然她退出了花样滑冰的舞台,但是她的光辉历史却永远留在了人们的心中。

Wǒ rènwéi zuì yǒumíng de yùndòngyuán shì
Jīn Yán'ér, tā shì wǒ guó zhùmíng de nǚ dān
huāyàng huábīng yùndòngyuán. Bèi chēngzuò
"bīngshàng jīnglíng", tā shì huāhuá shǐshàng
dì yī wèi jí dōng'àohuì、shìjǐnsài、dà jiǎngsài、
zǒngjuésài、sì dàzhōu sài、shìqīngsài guànjūn
yú yìshēn de nǚdān dàmǎnguàn dézhǔ, zài
bīngchǎng shàng de yìshù biǎoxiànlì hé jìshù
nándù dōushì shǔ yī shǔ èr de, shì fēicháng
yōuxiù de yùndòng xuǎnshǒu, èr líng yī sì nián,
suīrán tā tuìchū le huāyàng huábīng de wǔtái,
dànshì tā de guānghuī lìshǐ què yǒngyuǎn liú zài
le rénmen de xīnzhōng.

제 생각에 가장 유명한 운동선수는 김연아라고 생각합
니다. 그녀는 우리나라의 가장 유명한 여자 피겨 스케이
팅 선수이며 "은반 위의 요정"이라고 불립니다. 그녀는
피겨 역사상 동계 올림픽, 세계 선수권 대회, 경연대회,
결승전, 4대륙 피겨 선수권 대회, 세계 청소년 대회에
서 그랜드슬램을 달성한 유일한 사람입니다. 스케이트
장에서의 예술 표현력과 기술 난이도 모두 1, 2등을 다
투는 아주 우수한 운동선수입니다. 2014년에 비록 피
겨 스케이팅을 은퇴했지만, 그녀의 찬란한 역사는 영원
히 사람들의 마음속에 남아있을 것입니다.

问题 2 .... 🎧 m20

Q 你认为国家应该对人们进行终身教育吗?

Nǐ rènwéi guójiā yīnggāi duì rénmen jìnxíng
zhōngshēn jiàoyù ma?

당신 생각에는 국가가 국민에게 평생교육을 진행해야
한다고 생각합니까?

A 我觉得应该,因为现在社会发展非常迅速,如果
一个人不能够一直地学习提高自己的能力,那么
就会停滞不前,每个人都这样的话,社会也会得
不到进步,所以如果国家能够对人们进行终身教
育的话,这是一种社会进步的表现。

Wǒ juéde yīnggāi, yīnwèi xiànzài shèhuì fāzhǎn
fēicháng xùnsù, rúguǒ yí ge rén bù nénggòu
yìzhí de xuéxí tígāo zìjǐ de nénglì, nàme jiù huì
tíngzhì bùqián, měi ge rén dōu zhèyàng de huà,
shèhuì yě huì dé bu dào jìnbù, suǒyǐ rúguǒ guójiā
nénggòu duì rénmen jìnxíng zhōngshēn jiàoyù de
huà, zhè shì yì zhǒng shèhuì jìnbù de biǎoxiàn.

저는 마땅히 해야 한다고 생각합니다. 왜냐하면 지금은
사회의 발전이 점점 빨라지고 있기 때문에, 만약 사람들
이 지속해서 자신의 능력을 향상하지 않는다면, 정체되
어버리고 맙니다. 만약 모든 사람이 이렇게 된다면 사회
도 발전을 이룰 수 없습니다. 그러므로 국가가 국민에게
평생교육을 진행한다면, 이는 하나의 사회발전의 표현이
라고 생각됩니다.

问题 3 .... 🎧 m21

Q 你觉得公寓的优点和缺点是什么?

Nǐ juéde gōngyù de yōudiǎn hé quēdiǎn shì
shénme?

아파트의 장단점은 무엇이라고 생각합니까?

A 我觉得公寓的优点和缺点都很多,首先,它的优
点是在相同的城市面积里,可以实现更多的人有
房居住,土地的利用率高。除此之外,公寓基本
上都是现代住房,比以前的房子更加干净,房间
的设计也更合理。但是,它也有很多缺点,比
如,以前住在平房的时候,左邻右舍都非常亲
近,但是现在,大多数人都不知道自己旁边的房
间或者对面的房间住了什么人,交流很少。再
者,公寓的安全隐患非常的大,如果有一家发生
了火灾,那么整个公寓都有可能受到伤害。

Wǒ juéde gōngyù de yōudiǎn hé quēdiǎn
dōu hěn duō, shǒuxiān, tā de yōudiǎn shì zài
xiāngtóng de chéngshì miànjī lǐ, kěyǐ shíxiàn
gèng duō de rén yǒu fáng jūzhù, tǔdì de lìyònglǜ
gāo. Chúcǐ zhīwài, gōngyù jīběn shàng dōushì
xiàndài zhùfáng, bǐ yǐqián de fángzi gèngjiā
gānjìng, fángjiān de shèjì yě gèng hélǐ. Dànshì,
tā yě yǒu hěn duō quēdiǎn, bǐrú, yǐqián zhùzài
píngfáng de shíhou, zuǒ lín yòu shè dōu fēicháng
qīnjìn, dànshì xiànzài, dàduōshù rén dōu bù
zhīdào zìjǐ pángbiān de fángjiān huòzhě duìmiàn
de fángjiān zhù le shénme rén, jiāoliú hěn shǎo.
Zàizhě, gōngyù de ānquán yǐnhuàn fēicháng
de dà, rúguǒ yǒu yì jiā fāshēng le huǒzāi, nàme
zhěng ge gōngyù dōu yǒukěnéng shòudào
shānghài.

저는 아파트는 장점과 단점을 모두 많이 가지고 있다고
생각합니다. 우선, 장점으로는 제한된 도시 면적에서
더욱 많은 사람이 거주할 수 있도록 하여, 토지 이용률
이 높은 것입니다. 이외에도, 아파트는 기본적으로 현
대 주택이며, 기존의 주택보다 더욱 깨끗하고 주택의
설계도 더욱 합리적입니다. 하지만 아파트는 또한 많은
단점이 있습니다. 예로 든다면, 예전에 단층집에 거주
할 때에는 주변의 이웃들과 아주 친하게 지냈는데, 지
금은 대다수 사람이 자신의 옆집이나 맞은편 집에 어떤
사람이 거주하고 있는지 잘 알지 못하고, 상호 교류가
아주 적습니다. 또한, 아파트는 안전 문제에도 큰 우려
가 동반하는데, 만약 한 집에서 화재가 발생했다면, 전
체 아파트 건물이 모두 피해를 입을 수 있습니다.

问题 4 .... 🎧 m22

Q 你认为理想的职业是什么?

Nǐ rènwéi lǐxiǎng de zhíyè shì shénme?

당신은 이상적인 직업은 무엇이라고 생각합니까?

A 我最理想的职业是进大公司工作。在大公司工作，收入高，福利待遇好，而且大公司的工作氛围特别好，虽然工作强度会很大，但是我坚信，人只有压力才会有更大的动力去胜任这份工作。并且，在大公司工作还能解决孩子的教育问题。所以对我来说，最理想的职业是进大公司工作。

Wǒ zuì lǐxiǎng de zhíyè shì jìn dàgōngsī gōngzuò. Zài dàgōngsī gōngzuò, shōurù gāo, fúlì dàiyù hǎo, érqiě dàgōngsī de gōngzuò fēnwéi tèbié hǎo, suīrán gōngzuò qiángdù huì hěn dà, dànshì wǒ jiānxìn, rén zhǐyǒu yālì cái huì yǒu gèng dà de dònglì qù shèngrèn zhè fèn gōngzuò. Bìngqiě, zài dàgōngsī gōngzuò hái néng jiějué háizi de jiāoyù wèntí. Suǒyǐ duì wǒ láishuō, zuì lǐxiǎng de zhíyè shì jìn dàgōngsī gōngzuò.

저의 가장 이상적인 직업은 대기업에서 근무하는 것입니다. 대기업에서 근무하게 되면 급여도 많고 복지도 좋습니다. 또한 근무환경도 아주 훌륭합니다. 비록 업무 강도는 크지만, 사람은 오직 부담이 있어야만 더욱 큰 원동력으로 업무에 임할 수 있다고 저는 굳게 믿고 있습니다. 게다가 대기업에서 근무하면 자녀의 교육문제도 해결됩니다. 그러므로 저로서는 대기업에서 근무하는 것이 가장 이상적인 직업이라고 생각됩니다.

제6부분 p.415

问题 1 m23

Q 你在网上买了三本书，但是卖家只寄来了一本书，请你打电话并解决问题。

Nǐ zài wǎngshàng mǎi le sān běn shū, dànshì màijiā zhǐ jìlái le yì běn shū, qǐng nǐ dǎ diànhuà bìng jiějué wèntí.

당신이 온라인으로 책 3권을 구매하였는데, 판매자가 단 한 권만 보내왔습니다. 전화하여 문제를 해결해 보십시오.

A 喂，你好！是当当网吗？我前天在京东网上买了三本书，可是今天我只收到了一本。你能帮我确认一下订单吗？我可是你们的常客，之前也没发生过类似的事情。我大后天要回中国。这三本书我是帮朋友带的。我希望你们尽快帮我解决这个问题。

Wéi, nǐ hǎo! Shì Dāngdāngwǎng ma? Wǒ qiántiān zài Jīngdōng wǎngshàng mǎi le sān běn shū, kěshì jīntiān wǒ zhǐ shōudào le yì běn. Nǐ néng bāng wǒ quèrèn yíxià dìngdān ma? Wǒ kěshì nǐmen de chángkè, zhīqián yě méi fāshēngguo lèisì de shìqing. Wǒ dàhòutiān yào huí Zhōngguó. Zhè sān běn shū wǒ shì bāng péngyou dài de. Wǒ xīwàng nǐmen jǐnkuài bāng wǒ jiějué zhè ge

wèntí.

여보세요, 안녕하세요? 당당 홈쇼핑 맞으시죠? 제가 그저께 징둥 홈페이지에서 책 3권을 주문하였는데, 오늘 한 권밖에 받지 못하였습니다. 혹시 저의 주문 내역을 한번 확인해 주실 수 있으신가요? 저는 귀사를 자주 이용하는 단골손님인데, 예전에는 이러한 일이 발생한 적 없었습니다. 저는 내일모레 중국으로 귀국해야 합니다. 이 세 권의 책은 제가 친구한테 주려고 구매한 것이니, 빠른 조치를 취하여 도와주시기를 부탁하는 바입니다.

问题 2 m24

Q 你身体很不舒服，让你的朋友帮你买一下感冒药，并且送到你的宿舍。

Nǐ shēntǐ hěn bù shūfu, ràng nǐ de péngyou bāng nǐ mǎi yíxià yào, bìngqiě sòngdào nǐ de sùshè.

당신은 몸이 안 좋습니다. 친구에게 감기약을 사서 당신의 기숙사에 가져다 달라고 부탁해 보십시오.

A 喂，是小花吗？我从昨天开始就浑身不舒服。早上还一直咳嗽，还有点儿发烧。我现在全身没劲儿，根本下不了床。你能不能帮我买一下感冒药呢？然后把药给我送过来可以吗？拜托你了！

Wéi, shì Xiǎo Huā ma? Wǒ cóng zuótiān kāishǐ jiù húnshēn bù shūfu. Zǎoshang hái yìzhí késou, hái yǒudiǎnr fāshāo. Wǒ xiànzài quánshēn méi jìnr, gēnběn xià buliǎo chuáng. Nǐ néng bu néng bāng wǒ mǎi yíxià gǎnmàoyào ne? Ránhòu bǎ yào gěi wǒ sòng guòlai kěyǐ ma? Bàituō nǐ le!

샤오화, 안녕! 어제부터 온몸이 불편하기 시작하더니, 아침부터는 줄곧 기침을 하고, 열도 조금 나. 지금 온몸에 힘이 빠져, 침대 밖으로 나가기가 힘든 상황이야. 혹시 나를 대신하여 감기약을 사다 줄 수 있어? 그리고 약을 내 쪽으로 가져다줄 수 있어? 부탁해!

问题 3 m25

Q 家里没有人，请嘱托住在隔壁的朋友替你收拾东西。

Jiālǐ méiyǒu rén, qǐng zhǔtuō zhù zài gébì de péngyou tì nǐ shōushi dōngxi.

집에 아무도 없습니다. 옆집에 사는 친구에게 당신의 물건을 정리해줄 수 있는지 부탁해보세요.

A 朋友，我这两天要去出差，但是走得很急，忘记了收晾在院子里的衣服，你能帮我收拾一下吗？在院子的右边，只有五件衣服，帮我收一下，先放在你的家里，等我出差回来去你那里取好吗？麻烦你啦。

Péngyou, wǒ zhè liǎng tiān yào qù chūchāi, dànshì zǒu de hěn zháojí, wàngjì le shōu liàng zài yuànzi lǐ de yīfu, nǐ néng bāng wǒ shōushi yíxià ma? Zài yuànzi de yòubian, zhǐ yǒu wǔ jiàn yīfu, bāng wǒ shōu yíxià, xiān fàngzài nǐ de jiā lǐ, děng wǒ chūchāi huílái qù nǐ nàlǐ qǔ hǎo ma? Má fán nǐ la.

친구야, 내가 요 며칠 출장 와있는데, 너무 급하게 떠나는지라, 정원에 빨래를 말리려고 내다 놓은 옷들을 걷는 것을 깜빡했어. 나 대신에 걷어줄 수 있어? 정원의 오른쪽에 옷 다섯 벌뿐이야. 나 대신 정리한 다음, 우선 너희 집에 보관하고 있으면 내가 출장을 마치고 귀가한 다음 찾으러 갈게. 귀찮게 해서 미안해.

하지만 뛰어가 보니 그녀는 그저 가수와 비슷하게 생긴 여성분이었으며, 가수가 아니었습니다. 저와 남자친구는 매우 난처해서 죄송하다고 말한 후, 그 자리를 떠났습니다.

제7부분 p.418

问题 1 .... 🎧 m26

A ❶ 我今天和男朋友一起去看了我喜欢的歌手的演唱会。

Wǒ jīntiān hé nánpéngyou yìqǐ qù kàn le wǒ xǐhuan de gēshǒu de yǎnchànghuì.

저는 오늘 남자친구와 함께, 제가 좋아하는 가수의 콘서트를 보러 갔습니다.

❷ 演唱会结束后，我看见走廊里有海报，我和男朋友一起和海报合了影。

Yǎnchànghuì jiéshù hòu, wǒ kànjiàn zǒuláng lǐ yǒu hǎibào, wǒ hé nánpéngyou yìqǐ hé hǎibào hé le yǐng.

콘서트가 끝난 후, 저는 복도에서 포스터를 발견하였고, 저와 남자친구는 포스터를 배경으로 함께 사진을 찍었습니다.

❸ 但是，就在刚刚照完相的时候，我突然看见门口有一辆车，那个歌手正要上车，我非常激动，跑了过去。

Dànshì, jiù zài gānggāng zhàowán xiàng de shíhou, wǒ tūrán kànjiàn ménkǒu yǒu yí liàng chē, nà ge gēshǒu zhèng yào shàngchē, wǒ fēicháng jīdòng, pǎo le guòqu.

하지만 막 사진을 찍고 났을 때, 저는 문득 문 앞에 한 대의 차가 있는 것을 발견하였고, 그 가수가 차에 탑승하려고 하고 있었습니다. 저는 너무나 흥분해서 달려갔습니다.

❹ 但是过去了之后才发现，原来只是一个和歌手长得很像的女人，不是歌手，我和男朋友都很尴尬，于是，道歉之后就离开了。

Dànshì guòqù le zhīhòu cái fāxiàn, yuánlái zhǐshì yí ge hé gēshǒu zhǎng de hěn xiàng de nǚrén, bú shì gēshǒu, wǒ hé nánpéngyou dōu hěn gāngà, yúshì, dàoqiàn zhīhòu jiù líkāi le.

437

MEMO

MEMO

MEMO

외국어 출판 40년의 신뢰
외국어 전문 출판 그룹
동양북스가 만드는 책은 다릅니다.

40년의 쉽 없는 노력과 도전으로 책 만들기에 최선을 다해온 동양북스는
오늘도 미래의 가치에 투자하고 있습니다.
대한민국의 내일을 생각하는 도전 정신과 믿음으로 최선을 다하겠습니다.

📖 동양북스

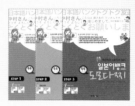

중국어 교재의 최강자, 동양북스 추천 교재

중국어뱅크 북경대학 신한어구어
1·2·3·4·5·6

중국어뱅크 스마트중국어
STEP 1·2·3·4

중국어뱅크 집중중국어
STEP 1·2·3·4

중국어뱅크
문화중국어 1·2

중국어뱅크
관광 중국어 1·2

중국어뱅크
여행실무 중국어

중국어뱅크
호텔 중국어

중국어뱅크
판매 중국어

중국어뱅크
항공 서비스 중국어

중국어뱅크
시청각 중국어

정반합 新HSK
1급·2급·3급·4급·5급·6급

버전업! 新HSK 한 권이면 끝
3급·4급·5급·6급

버전업! 新HSK
VOCA 5급·6급

가장 쉬운 독학 중국어 단어장

중국어뱅크
중국어 간체자 1000

특허받은
중국어 한자 암기박사

📖 동양북스 추천 교재

중고급 학습

첫걸음 끝내고 보는
프랑스어
중고급의 모든 것

첫걸음 끝내고 보는
스페인어
중고급의 모든 것

첫걸음 끝내고 보는
독일어
중고급의 모든 것

첫걸음 끝내고 보는
태국어
중고급의 모든 것

단어장

버전업! 가장 쉬운
프랑스어 단어장

버전업! 가장 쉬운
스페인어 단어장

버전업! 가장 쉬운
독일어 단어장

여행 회화

NEW 후다닥
여행 중국어

NEW 후다닥
여행 일본어

NEW 후다닥
여행 영어

NEW 후다닥
여행 독일어

NEW 후다닥
여행 프랑스어

NEW 후다닥
여행 스페인어

NEW 후다닥
여행 베트남어

NEW 후다닥
여행 태국어

수험서 · 교재

한 권으로 끝내는 DELE
어휘 · 쓰기 · 관용구편 (B2~C1)

수능 기초 베트남어
한 권이면 끝!

버전업!
스마트 프랑스어

일단 합격하고 오겠습니다
독일어능력시험
A1 · A2 · B1 · B2(근간 예정)